# 関西ことば辞典

増井金典著

ミネルヴァ書房

装幀　石川九楊

# はしがき

## ――関西言葉は本来の中央語――

東京地方を関東と呼ぶのに対して、京阪神地方を、関西と呼んでいる。使われている言葉を関西弁と言っている。近畿地方の共通語である。

近畿とは、皇居の所在地に近い地を言う。六世紀の飛鳥京から、七世紀には、近江大津京、八世紀には　恭仁京、難波宮、紫香楽宮、平城京、長岡京、続いて十二世紀まで平安京に都が置かれていた。以後、明治期東京遷都まで、近畿は千数百年間、政治、文化の中心地方であった。

一時期、福原、吉野に皇居が移ったが、その地も近畿地方である。他に、都以上に経済的政治的中心であった安土・大阪の大都市も、近畿であった。これらの都市の、政治、経済、文化を支えたのは、すべて、関西の言葉であったといっても過言ではない。

したがって、四世紀余の中央語としての歴史しかない東京語に対して、関西の言葉は、十数世紀の歴史と文化を支えた古来からの共通語であり、本来の中央語なのである。関西の言葉は、一小地域の方言ではない。現在でも、西日本の共通語として生きている言葉であって、日本人の大きな文化遺産である。

昭和五十二年度から昭和六十年度にかけ、文化庁によって、方言の緊急調査が行われ、急速に失われつつある各地の伝統的言葉を記録保存した。私も、近畿地方の一小地域を担当した。しかし、西日本全体に共通して通用する、広い意味の中央語に近い方言、関西の言葉は、その対象にはなっていなかったように思う。

本書は、千数百年の中央語、共通語として、日本の歴史と文化を支えてきた「関西の言葉」の、意味と用例を記録したものである。つまり、二十一世紀以降へ、文化を継承し、創造して行くための言葉の辞典であると自負している。

関西の言葉は、中央語であるだけに包容力があり、他地域の言葉を軽蔑したり排斥したりしない。また、関西の言葉は、十数世紀の遺産であるだけに、用例が、非常に豊富である。例えば、

「見る＋打消の助動詞」「見ない」の言い方は、次のように、驚くほど多い。

見ない　見やへん　見いひん　見ぬ　見ん　見ず

「来る＋打消の助動詞」「来ない」の言い方も、同じように多い。

来ない　来やへん　来いひん　来ぬ　来ん　来ず　来ーへん（コーヘン）　来ーへん（キーヘン）

長い歴史を持った関西の言葉は、多くの言葉をそのまま包容して生きて使われている。一語一用例が、他の語を排斥しない語であり、寛容な中央語であった。多くある用例の、どの言い方で表現しても通用するし、広く西日本で理解され、生きて使われている。

本書に上げた関西の言葉は、次のような言葉である。

一、狭い意味で、関西特有の方言のすべて、及びその方言の用例。
二、西日本、中国、四国の言葉で、関西の言葉に合わせて使う方言、用例。
三、近畿地方で、生まれ、作られた言葉。万葉集、古事記、日本書紀、源氏物語、枕草子、徒然草等の基本語と現代語としての用例。
四、近畿地方で、中世以後近代にかけて使われるようになった基本語及び現代語としての用例。

本辞典は、現在の共通語を否定するものではない。しかしながら、東京語に由来する現代共通語のほとんどは、関西で発生し、関西で使われ、関西に由来する言葉であることは忘れられている。

あらためて、関西の言葉を日本古来の中央語として理解し、表現し、解釈すると、新たな発見もあるのではないだろうか。

二〇一八年二月

増井　金典

# あ

**ああ**（感動詞）感じて発する語。例：アアこわ。アアしんど。アアつめた。

**あーず**（名詞）小豆。例：アーズのおいしいまんじゅうやな。

**ああいやこうゆう**（熟語）ああ言やこう言う。ああ言えばこう言う。例：アアイヤコウユウ、口答えするな。

**ああし**（熟語）ああせよ。あのようにせよ。

**ああせ**（熟語）あのようにせよ。例：アアセ、こうせと、おせっかいやくな。

**ああそうやったな**（熟語）ああそうだったな。例：アアソウヤッタナ、間違いゆうてごめんな。

**ああそうやな**（熟語）ああそうだな。例：アアソウヤナ、うちの、間違いやった。

**ああたらこうたら**（熟語）ああだとか、こうだとか。例：アアタラコウタラ、言い訳ばかりするな。

**あい**（名詞）中間。中。間（空間的なアイ、時間的なアイ、いずれも使用）。例：簞笥と簞笥のアイ。山アイ。アイのおやつ。

**あい**（名詞）ふだん。例：アイに勉強せなんだら、京大なんぞ入れへん。

**あい**（名詞）鮎。例：ようけ、アイが上がっとるわ。

**あいあいがさ**（名詞）相合い傘。一本の傘を二人でさすこと。例：アイアイガサで、駅まで頼むわな。

**あいいろ**（名詞）藍色の染料。アイロとも。例：アイイロのかすりの浴衣。

**あいかぎ**（名詞）合鍵。その錠に合うもうひとつの鍵。例：家のアイカギを息子に渡す。

**あいかた**（名詞）相方。相棒。漫才などのコンビの一方。例：漫才のアイカタ、誰や。

**あいかた**（名詞）合方。鳴り物。三味線。例：今日のアイカタ、すばらしいわ。

**あいきょう**（名詞）愛嬌。人うけがよくかわいい。例：アイキョウをふりまく。

**あいきょう**（名詞）愛郷。郷土を愛すること。例：アイキョウ心。

**あいぐい**（名詞）間食。例：入院中は、アイグイしたらあかん。

**あいくろしい**（形容詞）愛くろしい。大変あいらしくかわいい。例：ほんまにアイクロシイ子やわ。

**あいこ**（名詞）相子。互いに勝ち負けのないこと。互いに同じこと。例：前に勝って、今度負けたさかいアイコや。

**あいことば**（名詞）合い言葉。味方同士か確認するための合図の言葉。例：混乱の中で、アイコトバをかけ合う。

**あいさ**（名詞）あいだ。間。例：机と机のアイサは、どれぐらいや。

**あいさつ**（名詞）挨拶。朝夕の儀礼的な言葉。例：生徒同士でアイサツしよう。

**あいさに**（副詞）時たま。時折。例：アイサニ来やはりまっせ。

**あいじゃく**（名詞）愛着。愛情が強く思い切れない気持ち。例：昔の校舎にアイジャクがある。

**あいしゅう**（名詞）哀愁。もの悲しい思い。例：アイシュウをたたえた曲。

**あいじょう**（名詞）愛情。いつくしみ愛するこころ。例：お母さんのアイジョウのこもった服や。

**あいそ**（名詞）愛想。もてなし。例：なんのアイソもしませんで。

**あいそない**（形容詞）もてなしが悪い。例：ほんまにアイソナイことで。

**あいぞめ**（名詞）藍染め。藍の染料で染めること。例：藍の産地は徳島だが、アイゾメは、全国の各地にある。

**あいそもこそも**（熟語）愛想もこそも。すっかり愛想が尽きたと見限る意。例：あんな態度ではアイソモコソモない。

**あいそもこそもつきはてる**（熟語）愛想もこそも尽き果てる。すっかりいやになる。例：大悪人や。アイソモコソモツキハテたわ。

**あいだ**（名詞）間。物と物との間隔。例：柱と柱のアイダ。食事と食事とのアイダ。

**あいだ**（名詞）日常。ふだん。例：アイダは遊んでて、試験やと、ばたばたしよる。

**あいたけ**（名詞）初茸。例：これ、今年のアイタケなんや。

**あいたた**（感動詞）あ痛た。ああ痛い。

例：アイタタ。足踏むな。
**あいづち**（名詞） 相槌。相手の話に同感して調子をあわせること。例：アイヅチを打つ。
**あいつめ**（代名詞） 彼奴。あの奴め。例：アイツメ。うまいこと瞞しよったな。
**あいて**（名詞） 相手。物事を一緒にする先方。対象になる人。例：結婚のアイテが見つからぬ。
**あいでし**（名詞） 相弟子。同じ先生について、共に学ぶ者。例：横綱と大関とは同門のアイデシや。
**あいには**（熟語） ふだんには。例：アイニハ、ちっとも勉強しよらへん。
**あいのもん**（名詞） おやつ。間食。食事と食事の間に食べるもの。例：アイノモン、なんぞないか。
**あいのり**（名詞） 相乗り。同じ車に一緒に乗ること。例：タクシーにアイノリする。
**あいびき**（名詞） 逢引き。男女が人目をしのんで会うこと。例：現代は人目をしのばないアイビキや。
**あいふさぎ**（名詞） 合性。相性。性が合う合わないの間柄。例：何でも、アイフサギがあるさかいな。
**あいべつりく**（名詞） 愛別離苦。親、兄弟、妻子などと、生別、死別する苦しみ。例：アイベツリクの悲しみを、故郷の雪に重ねる。
**あいぼう**（名詞） 相棒。二人組の相手。相方。例：わしのアイボウ、誰やいな。

**あいま**（名詞） すきま（空間）。いとま（時間）。例：そこのアイマに何か落ちてへんか。アイマアイマに本を読むのやで。
**あいみたがい**（名詞） 相身互い。同じ境遇。また、そういう人々の助け合い。例：同じ境遇どうし、アイミタガイや。
**あいやこ**（名詞） 共有。アヤコとも。例：アイヤコで使わしてもらう。
**あいやら**（感動詞） まあいやだ。アイヤラシとも。例：アイヤラ、また雨や。
**あいよ**（名詞） 足（幼児語）。例：それこっちのアイヨ上げて。
**あいよく**（名詞） 愛欲。異性に対する欲望。例：アイヨクに溺れたらあかん。
**あいらしい**（形容詞） 愛らしい。かわいい。いとおしい。例：アイラシイ人や。
**あいれん**（名詞） 哀憐。あわれみ、の意。例：津波で両親を失った少年にアイレンの情がわく。
**あう**（動詞） 合う。一つになる。一致する。例：計算がアウ。
**あう**（動詞） 会う。出会う。例：友人にアウ。
**あう**（動詞） 遭う。遭難する。例：嵐にアウ。
**あえて**（副詞） 敢えて。進んで。押し切って。強いて。例：アエテ、出発することにしたんや。
**あえもち**（名詞） ぼた餅。例：アエモチ、三時になったら皆で、よばれな。
**あえる**（動詞） 和える。野菜、魚介などに味噌、胡麻、酢などを混ぜる。例：今晩は、葱と貝とをアエてみるわな。
**あお**（名詞） 青。青色。緑色。例：アオ信号。海のアオ。アオアオとした山。
**あおうり**（名詞） 青瓜。菜瓜。白瓜。例：アオウリの酒の粕漬、つまり奈良漬や。
**あおくさ**（名詞） 青草。青々とした草。例：アオクサに寝転び、大空を見る。
**あおじ**（名詞） 紺木綿。例：アオジのぱっち、替わりを出してくれ。
**あおぞら**（名詞） 青空。あおあおと澄みきった空。例：アオゾラに飛行機雲。
**あおた**（名詞） 青田。まだ実らない稲田。例：道路工事で、アオタを刈らんならん。
**あおた**（名詞） 興行物などをむしろの陰などから無料で見ること、見る者。例：そんなところから覗いて、アオタしたらあかん。
**あおだけ**（名詞） 青竹。幹の青い竹。例：祭りに使うアオダケがほしい。
**あおたん**（名詞） 花札で青短冊が描かれている牡丹、菊、紅葉の札。例：アオタンが欲しい。
**あおち**（名詞） うちわ。例：そこのアオチ、ちょっと貸して。
**あおつ**（動詞） 煽る。アウツとも。例：まだ唐箕でアオツ仕事があるわ。
**あおな**（名詞） 青菜。青い野菜の総称。例：アオナに塩で、元気がないな。
**あおのけ**（名詞） 仰向け。アオムケとも。例：アオノケになって寝て下さい。
**あおばな**（名詞） 青花。つゆ草の花の汁を和紙に吸収させたもの（友禅染め用）。

例：アオバナ、友禅の下絵に使うんや。

**あおむく**（名詞）仰向く。上を向く。例：うつむいたらあかん。しっかりアオムイて。

**あおもの**（名詞）青物。野菜類の総称。例：アオモノの店。

**あか**（名詞）赤色。三原色の一つ。例：アカ信号。アカ字。白地にアカの日の丸。

**あか**（名詞）赤がね。つまり銅のこと。赤銅にも使う。例：アカの金盥（かなだらい）。

**あか……**（熟語）赤……。全くの。ひどい。例：アカの他人。アカ裸。アカ恥。

**あが**（名詞）自分。自分の。例：アガばかりよいようにしてる。アガことばかりしかしよらん。

**あかい**（形容詞）明るい、からルの脱落。例：まだ空がアカイでなあ、もう一仕事してくるわ。

**あがい**（熟語）あのように。例：さかあがりは、アガイに土を蹴って、鉄棒に腰を巻くようにするのや。

**あがえ**（名詞）我が家。私の家。例：アガエに来んか。

**あがく**（動詞）足掻く。もがく。騒ぎ立てる。例：もうあかん。どんなにアガイてもあかん。

**あかご**（名詞）赤ん坊。アカとも。例：アカゴ抱くのははじめてやろ。

**あかごはん**（名詞）赤飯。例：アカゴハン炊いて近所に配ろうか。

**あかし**（名詞）証。証明。例：身のアカシが立たん。

**あかしまへん**（熟語）いけません。例：なんぼ頑張ってもアカシマヘン。

**あかす**（動詞）明かす。夜を過ごす。例：地下室で、夜をアカス。

**あかすり**（名詞）垢すり。入浴の時、垢をすりおとす布など。例：アカスリのへちま。

**あかせん**（熟語）開かない。アカヘンとも。例：蔵の錠前、子供ではなかなかアカセンわ。

**あかだし**（名詞）赤だし。赤味噌の汁。関西では、白味噌の汁。例：今朝はアカダシや。

**あがためし**（名詞）県召。中古に、諸国の国司を任命された行事。例：アガタメシは、正月におこなわれた。

**あかたん**（名詞）花札で赤短冊が描かれている松、梅、桜の札。例：アカタンが揃ったわ。

**あかつき**（名詞）暁。明け方、いくらか明るくなった時分。転じて、物事の実現、完成する時。例：成功のアカツキには、大祝いをしよう。

**あがったり**（名詞）上がったり。上がったきりでさっぱりや。見込みがなくてだめだ。例：スーパーがでけてみたら、個人商店はさっぱりわやや。ほんまにアガッタリや。

**あがっと**（名詞）玄関口。式台。例：アガットに早う座布団出して。

**あがっといで**（熟語）上がっておいで。例：早うアガットイデ、皆さんそろってお待ちやで。

**あがっとくなはれ**（熟語）上がってください。例：そこでは端近（はしぢか）や、アガットクナハレ。

**あがっとくれ**（熟語）上がって下さい（客に丁寧な表現、アガットクレヤス、の約）。例：よう来やはった。どうぞアガットクレ。

**あがっとくれやす**（熟語）上がっとくれやす。お上がりください。例：すこしだけでも、まあアガットクレヤス。

**あがっとくれんか**（熟語）上がっとくれんか。上がってくださいませんか。例：端近で話もでけん。まあ、ちょっとアガットクレンカ。

**あかなんだ**（熟語）駄目であった。例：今度の試験もアカナンダわ。

**あかぬけしてる**（熟語）あか抜けしている。洗練され、すっきりしている。例：アカヌケシテル女性。

**あかね**（名詞）茜。茜色の染料。暗い赤色。例：夜が開けて、アカネ色の雲が広がってとってもきれいやった。

**あかのみず**（名詞）閼伽の水。仏に供える清い水。例：アカノミズ、汲んできて。

**あかはじ**（名詞）赤恥。明らかな恥。人前でかく恥。例：皆の前で、アカハジかいた。

**あかはだ**（名詞）赤肌。まるはだか。草木がなく、赤土がむき出しの地はだ。例：アカハダの山。

**あかはだか**（名詞） 赤裸。まったくのはだか。丸裸。例：人間生まれた時は、アカハダカや。

**あかはら**（名詞） 川魚のうぐい。石斑魚。例：アカハラ、ようけ釣れるわ、今年は。

**あかはん**（名詞） 赤飯。例：喜寿の祝いのアカハンもろたで。

**あかべ**（名詞） あかんべ。赤目の転。例：（いやなことを命じられた時）アカベや。

**あかへん**（熟語） 駄目だ。いけない。無駄だ。例：そこで、右にハンドルきったらアカヘン。

**あかへんがな**（熟語） 駄目じゃないか。例：そんなことしたらアカヘンガナ。

**あがめる**（動詞） 崇める。尊ぶ。尊敬する。例：神仏をアガメル。

**あからさま**（形容動詞） 明白なこと。はっきりする。例：アカラサマに報告する。

**あがらしてもろとくれ**（熟語） 座敷へ上がらせてもらって下さい。例：どうぞ、アガラシテモロトクレ。

**あかり**（名詞） 灯火。ともしび。光線。明かり。例：アカリ取りの窓。

**あがり**（動詞） 上がりなさい。例：早うアガリ。暑かったやろ。

**……あがり**（接尾語） 上がり。前にこれこれの勤めをしてきた人。例：役人アガリ。

**あがりがき**（名詞） 上がり柿。甘柿。例：木についたままで甘い柿を、アガリガキ言うてるところもある。

**あがりぐち**（名詞） 上がり口。玄関先。階段などの上がるところ。例：アガリグチ、掃除しといてや。

**あがりこぐち**（名詞） 上がり小口。玄関先。例：アガリコグチ、スリッパきちんとならべといてや。

**あかりしょうじ**（名詞） 明かり障子。明かり取りを兼ねている障子。いまの普通の障子のこと。例：襖障子に対して、アカリショウジといっていたんや。

**あかりて**（動詞） 明かりて。明るくなって。例：ようようしろくなりゆく山際、少しアカリテ、と枕草子にある。

**あかりとり**（名詞） 明かり取り。外からの光を取り入れるための小さな窓。例：蔵の窓は、小さなアカリトリだけや。

**あかる**（動詞） 明かる。やむ。あがる。雨が止んで明るくなる。例：雨がアカル。

**あがる**（動詞） 上がる。食べるの敬語。召し上がる。例：こんなざんないもんどすけど、アガッとくれやす。

**あがる**（動詞） 上がる。学校を卒業する。例：今年、高校アガラはった娘さん。

**あかん**（熟語） 駄目だ。役に立たん。いけない。やわらかくて、広く西日本に使われる否定語。例：もうアカン。

**あかんかった**（熟語） 駄目だった。いけなかった。例：アカンカッタら、仕方がない。

**あかんたれ**（名詞） 駄目な人間。いくじなし。例：うちの坊主（男の子供）ほんまにアカンタレや。

**あかんねやね**（熟語） いけないのだねえ。例：そんなことしたらアカンネヤネ。

**あかんぼう**（名詞） 赤ん坊。あかご。ややこ。例：ややこのこと、アカンボウてゆう人ふえた。

**あかんやろ**（熟語） 駄目だろう。うまくいかないだろう。例：そんなやりかたではアカンヤロ。

**あかんわ**（熟語） 駄目だ。うまくいかない。例：どうもこのセメントではアカンワ。うまく付かへん。

**あきかぜ**（名詞） 秋風。例：心にアキカゼが吹く。秋と飽きとの掛け言葉。

**あきくさ**（名詞） 秋草。秋に咲く草。例：アキクサが、咲きかけてくる。

**あきごがつ**（名詞） 農繁期。五月秋とも。陰暦五月の田植で忙しい時期の意。例：アキゴガツぐらい手伝ってくれんか。

**あきざくら**（名詞） 秋桜。コスモス。例：今、アキザクラ、綺麗な頃や。

**あきだな**（名詞） 空き店。空き家。人の住んでいない家。例：アキダナが増えてきた。

**あぎと**（名詞） あご。例：アギトは、下あご。魚のえら、のことや。

**あきない**（名詞） 商売。例：アキナイは牛のよだれ。気長にな。

**あきないがみ**（名詞） 商売の神様。例：店には、アキナイガミが祀ってある。

**あきないぶね**（名詞） 商い船。漁船に対して商売をする船。例：北前船は、大きなアキナイブネやった。

**あきなすび**（名詞） 秋茄子。秋口の実の小さくなった茄子。例：アキナスビは嫁に食わすな。

**あきのそら**（名詞）秋の空。変わりやすいたとえ。例：男心とアキノソラ。

**あきのななくさ**（名詞）秋に咲く代表的七つの草。おみなえし、すすき、ききょう、なでしこ、ふじばかま、くず、はぎ。例：おすきなふくは、アキノナナクサ。

**あきのゆうぐれ**（名詞）秋の夕暮れ。例：見渡せば花も紅葉もなかりけり浦の苫屋のアキノユウグレ。

**あきません**（熟語）駄目です。いけません。アカン、の丁寧語。教え諭す意にも。例：そんなことをしたらアキマセン。

**あきまへん**（熟語）駄目です。アカン、の丁寧語。例：お借りしたいのやけどアキマヘンやろか。

**あきまめ**（名詞）秋＋豆。大豆。例：アキマメ、ようけ取れたな。

**あきや**（名詞）空家。人のすんでいない家。例：あっこの家、いつからアキヤやの。

**あきゃせん**（熟語）いけない。だめだ。例：そんなことしても、アキャセン。

**あきゅうど**（名詞）商人。例：アキュウドの空証文。

**あきんど**（名詞）商人。商売をする人。例：アキンドの多い町なんや。

**あきんどなかせ**（熟語）商人泣かせ。商人を困らせる。例：アキンドナカセのお客さんや。

**あく**（名詞）悪。例：アクにはうとく、善に近づくようにせよ。

**あく**（動詞）飽きる。例：同じ料理にアクとは贅沢なこっちゃ。

**あくいん**（名詞）悪因。悪い結果を起こす原因。例：アクイン悪果、悪事はするな。

**あくぎゃく**（名詞）悪逆。道理に外れた大悪事。例：アクギャク無道の戦争や。

**あくしゅう**（名詞）悪習。悪い習慣の意。例：朝寝坊のアクシュウを断つ。

**あくしゅう**（名詞）悪臭。悪い臭い。例：腐ってアクシュウを放つ。

**あくしょうな**（形容動詞）ずいぶんな。悪性＋な、が語源。例：アクショウなことを言わはる。

**あくしん**（名詞）悪心。人を恨む心。例：アクシンを持つのはよくない。

**あくすい**（名詞）悪水。飲用に適しない水。役にたたない水。例：アクスイが湧く低い住宅地。

**あくた**（名詞）芥。ごみ、ちり。例：アクタ川というのは、あまりええ姓氏やないなあ。

**あくたい**（名詞）悪態。憎まれ口。例：アクタイをつく。

**あくだし**（名詞）わらび、蕗、ごぼう等の苦みの強いものを茹でたり、水に浸し除くこと。例：アクダシで、苦み渋みを取る。

**あくたれ**（名詞）悪たれ。いたずら児。例：このアクタレめ。

**あくち**（名詞）口角炎。口辺に生じる小さな腫れ物。例：親に反抗するとアクチが切れる。

**あくとう**（名詞）悪党。悪人の仲間。例：国を滅ぼしたアクトウどもは、死刑になった。

**あくにん**（名詞）悪人。悪い人間のこと。例：地震、津波には、善人もアクニンもない。まず身を守れ。

**あくへき**（名詞）悪癖。悪いくせ。例：嘘は、アクヘキ、というより、悪事や。

**あくま**（名詞）悪魔。人の心をまどわして悪に誘うもの。極悪人。例：善に導く神仏修行を妨げるアクマや。

**あくまで**（副詞）思う存分。どこまでも。例：アクマデ、反対するのやで。

**……あぐむ**（補助動詞）もてあます。例：考えアグム。四キロでも走りアグムぐらいや。

**あくゆう**（名詞）悪友。悪い友人。例：俗に遊び友達のことをアクユウというてるわ。

**あぐらをかく**（熟語）胡座をかく。両足を組んですわる。例：そんなにきちんとすわらんとアグラカキな。

**あくるとし**（名詞）明くる年。翌年。例：アクルトシの春、就任式やった。

**あくるひ**（名詞）明くる日。明日。例：大勝ちしたアクルヒが、大変や。気を付けなや。

**あげ**（名詞）揚げ。油揚げ。例：アゲと豆腐買うて来てんか。

**あげあし**（名詞）挙げ足。ことばじり。失言。例：いつも他人のアゲアシをとる男や。

**あげいた**（名詞） 揚げ板。台所などの床下を物入れに利用して、取り外しできるようにした床板。例：アゲイタ上げて、醤油出しとくれ。

**あけがた**（名詞） 明け方。夜の明けるころ。例：アケガタ、余震があったわ。

**あげぐさ**（名詞） 上げ草。稲田の最終の草取り。一番草、二番草に対してシマイグサ、トメグサともいう。例：次郎さんとこ、明日がアゲグサや。

**あげくのはて**（名詞） 挙句の果て。終わり。結局。とどのつまり。例：アゲクノハテ、土地を集落に寄付したんや。

**あけくれ**（名詞） 明け暮れ。夜明けと日暮れ。転じて毎日毎日。例：育児にアケクレの毎日。

**あけすけに**（副詞） 露骨に。心底を包み隠さずつけつけとあからさまに言う。例：そないにアケスケニ言うもんやない。

**あげそこ**（名詞） 上げ底。箱入りや桶入りの土産物などを、内容を多くみせるため、底を二重にして高く上げた商品。例：ひどいアゲソコの菓子箱や。

**あげた**（名詞） 乾田。ミズタ（湿田）に対する語。例：あっこの家、アゲタばっかりやで稲刈り楽やわ。

**あげたりさげたり**（熟語） 上げたり下げたり。誉めたりけなしたり。例：人をアゲタリサゲタリするもんやないわ。

**あげつくだす**（熟語） 上げつ下す。食べたものを、吐いたり、下痢したりする。上げつ下しつの変化であろう。例：食あたりか中毒かアゲックダスの大騒ぎや。

**あげつらう**（動詞） 論う。いい争う。ささいなことをいいとがめる。例：ちょっとした人の過ちをアゲツラウな。

**あげとくれやす**（熟語） さし上げて下さい。例：子供さんにアゲトクレヤス。

**あけなんこに**（副詞） ありのままに。例：アケナンコニ相談するとええ。

**あけのひ**（熟語） 明けの日。翌日。例：アケノヒ、油断したらあかん。

**あけはなす**（動詞） 開け放す。戸や障子を明け広げること。例：二階の窓をアケハナシとくれ。

**あけぼの**（名詞） 曙。夜のあけはなれるころ。例：春はアケボノがよい。

**あげもん**（名詞） 揚げ物のこと。てんぷら。例：アゲモンのおいしい店や。

**あげる**（動詞） 上げる。ただでやる。やる。例：これあんたにアゲル。

**あげる**（動詞） 吐瀉する。吐く。例：むかついたら、早うアゲルとええわ。

**……あげる**（補助動詞） ……してあげる。例：窓を拭いてアゲル。

**あこ**（代名詞） あそこ。あっこ、とも。例：アコまで泳いでみ。

**あご**（名詞） トビウオのこと。例：アゴの竹輪、うまいで。

**あご**（名詞） 顎。動物の口の上下の器官。オトガイとも。例：アゴがはずれる。

**あこうなる**（熟語） 赤うなる。赤くなる、のウ音便。例：ちょっとひやかすと、すぐアコウナル。

**あこうなる**（熟語） 明こうなる。明るくなる。例：天井が高うなり、照明を替えたら、アコウナッて気持ちがええわ。

**あこか**（熟語） 不可である。いけない。駄目だ。例：そんなやりかたでアコカ。もうちょっと考えてみ。

**あこかい**（熟語） 不可である。間に合わない。だめじゃなか。アコカイナとも。例：そんな方法でアコカイ。

**あこがれる**（動詞） 憧れる。心を奪われ、思い慕う。例：歌手にアコガレル。

**あこぎな**（形容動詞） 阿漕な。同じことを度々すること。限りなく、むさぼり欲張る意。例：アコギナことをしなはんな。

**あこさんとこ**（熟語） あそこのうち。あの人。アッコサントコとも。例：アコサントコも、来年早々建前（棟上げ）やて。

**あごた**（名詞） あご。顎。アゴタンとも。例：働かなんだら家族五人アゴタが、干上がるわ。

**あこなる**（熟語） 赤くなる、のウ音便の短音化。形容詞連用形に動詞がつく時、長音化する場合と短音化する言い方もある。例：スイッチを入れたら、すぐアコナルやろ。

**あころぶ**（動詞） 赤らむ。熟する。例：トマトがアコロブのを待つ。

**あさ**（名詞） 朝。日の出の頃。例：アサ御飯。アサ露。アサ市。

**あさい**（形容詞） 浅い。水が少ない。色が薄い。人情が薄い。例：川のアサイ所。

**あさいち**（名詞）朝市。朝開く野菜や魚類などを売る市場。例：鹿野のアサイチ。

**あさうり**（名詞）しろうり。うり。例：アサウリで鉄砲漬けでも作ろう。

**あさかぜ**（名詞）朝風。朝のさわやかな風。例：アサカゼという名の急行列車が昔あったな。

**あさぎ**（名詞）浅葱。浅い葱の色。例：薄い藍色が、アサギ色や。

**あさぎり**（名詞）朝霧。朝たちこめる霧。例：アサギリのたちこめた湖畔の宿。

**あさげいこ**（名詞）朝稽古。武術などの朝早くする稽古。例：アサゲイコに励む。

**あざける**（動詞）嘲る。ばかにしてそしり笑う。例：ひとをアザケルのは、止めなさい。

**あさしお**（名詞）朝潮。朝方の潮の満ち干。例：アサシオのうち寄せる漁港。

**あさせ**（名詞）浅瀬。浅くて流れの速い所。例：アサセに気を付けて舟を漕ぐ。

**あさづけ**（名詞）浅漬け。塩の少ないぬかみそ漬。例：茄子のアサヅケ、食べたい。

**あさって**（名詞）明後日。例：アサッテの朝、参上します。

**あさつゆ**（名詞）朝露。朝おく露。例：アサツユを踏んで、畑仕事や。

**あざとい**（形容詞）あさはか。深い考えもない。例：ただ反対するのは、アザトイ奴と思われる。

**あさね**（名詞）朝寝。朝、遅くまで寝ていること。例：アサネ、朝酒で、家をつぶす。

**あさはか**（形容動詞）浅はか。考えが浅いさま。例：アサハカな考えは、休むに似たりや。

**あさひ**（名詞）朝日。朝の太陽。例：アサヒに輝く新雪の美しさ。

**あさぼらけ**（名詞）朝ぼらけ。朝ほんのりと空が明けるころ。例：曙とアサボラケとは、同じ意味や。

**あさま**（名詞）朝間。朝方。朝＋間。例：草刈りは、太陽が照らぬアサマにやるのがええ。

**あさましい**（形容詞）浅ましい。なげかわしい。例：アサマシイなりをして歩くな。

**あさまだき**（名詞）朝まだき。まだ朝でない早朝。例：アサマダキに起きて、新聞配達や。

**あさみどり**（名詞）浅緑。薄い緑色。例：春の川の堤、アサミドリで美しい。

**あざむく**（動詞）欺く。うそをつく。だます。例：人をアザムクとは許せん行為や。

**あさめし**（名詞）朝飯。朝の食事。例：アサメシを食べる。アサメシ前。

**あざやか**（形容動詞）鮮やか。鮮明なこと。例：色アザヤカな、訪問着や。

**あさゆう**（名詞）朝夕。朝と夕。転じていつも。例：アサユウの食事も十分でなかった。

**あざわらう**（動詞）嘲笑う。馬鹿にして大声で笑う。例：教室に座っているだけで、アザワラウ悪友がいたんや。

**あし**（名詞）足。脚。身体を支える部分。例：アシ首。アシ音。アシ腰。机のアシ。

**あしあと**（名詞）足跡。人の歩いた跡。例：犯人の足どり、偉人の業績、どちらも、アシアトっていうんや。

**あしいれ**（名詞）足入れ。挙式前の嫁または婿の仮の迎え。例：アシイレは、大安の六日やて。

**あしがき**（名詞）葦垣。葦で作った垣根。例：アシガキは、庭の仕切りや目隠しに使われているわ。

**あしがはやい**（熟語）食物が腐りやすい。例：今頃の鯖、アシガハヤイで。

**あしくび**（名詞）足首。足のくるぶしの上。例：アシクビに対し手首という。

**あじけない**（形容詞）味気ない。物足りない。例：アジケナイ芝居やった。

**あじこい**（形容詞）綺麗。美しい。例：そりゃ、アジコイ娘さんやで。

**あしこし**（名詞）足腰。例：年を取ると、アシコシが弱ってなあ。

**あしざま**（形容動詞）悪し様。悪いように。例：ひまがあると、人をアシザマに言うて喜んでおる男がおる。

**あしだす**（熟語）足出す。予定より使い過ぎて、赤字になる。例：同窓会、アシダシたわ。

**あしつぎ**（名詞）足継ぎ。踏み台。脚立。例：おーい。アシツギ持ってきてくれ。

**あじない**（形容詞）味ない。味がない。まずい。例：アジナイ寿司やなあ。

**あしなみ**（名詞） 足並み。複数の人の足の運び方。転じて、考えや行動の一致の意にも。例：アシナミが揃っていない。
**あしば**（名詞） 足場。工事の際、足を置いて支える所。例：高い建築工事で、しっかりしたアシバが必要や。
**あしぶみ**（名詞） 足踏み。立ち止まって足を踏む。転じて、事業が停滞する意にも。例：どうも会社の業績がアシブミ状態や。
**あしべ**（名詞） 葦辺。葦のあるあたり。例：湖畔のアシベに、水鳥が遊んでる。
**あしもと**（名詞） 道。足＋許、が語源。例：アシモトが悪いのによう来てくれはった。
**あしもと**（名詞） 足元。立っている足のあたり。立場、弱み。例：アシモトを見る。
**あしらう**（動詞） 配合する。取り合わせる。例：筍に蕗をアシラウ。
**あしらう**（動詞） 待遇。世話する。例：客アシライがええ。鼻でアシラウ。
**あじろ**（名詞） 網代。川の瀬に竹や木を連ねて編み、網のかわりにして魚を取る漁具。例：川のアジロ、あちこちに見られるわ。
**あじろ**（名詞） ヒノキまたは、竹の薄い板で、ななめ、または縦横に編んだもの。天井、引き戸などに使われている。例：天井、アジロやで。
**あじろ**（名詞） 網代。地名では、網を入れる良い漁場。漁に良い港、の意。例：アジロは、各地の漁場や漁港の名に使われてるわ。
**あじわい**（名詞） 味わい。食物の味。物事のおもむき。例：母のおはぎのアジワイを知る。
**あしわら**（名詞） 葦原。葦が生い茂っている原。例：豊アシワラの瑞穂の国。
**あしをあらう**（熟語） 足を洗う。心を入れ替える。悪の世界から抜け出す。水商売から素人になる。例：もうええかげんにアシヲアラエばええ。
**あじをおぼえる**（熟語） 味を覚える。分かる。味をしめる。例：やっと商売のアジヲオボエよったな。
**あしをとられる**（熟語） 足を取られる。酒に酔っぱらって立てなくなる。例：悪酔いしてアシヲトラレてしもたわ。
**あしをひろわしてもらう**（熟語） 行かねばならないところを他にことづける意。例：すまんな。アシヲヒロワシテモロテ。
**あす**（名詞） 明日。あくる朝。例：アスの命がわからぬ毎日や。
**あずかりしらない**（熟語） あずかり知らない。かかわりあっていないので知らない。例：私は旅行中やったのでアズカリシランことや。
**あずかりもの**（名詞） 預かり物。責任を持って保管するもの。例：アズカリモノ案内所。
**あずかる**（動詞） 預かる。責任を持って保管する。例：預金を、アズカル。
**あずき**（名詞） 小豆。マメ科の一年草。餡、汁粉、菓子の材料。例：北海道産の大納言アズキや、おいしいで。
**あずきもち**（名詞） 小豆餅。あずきの餡の入った餅。例：大福餅、ぼた餅を、アズキモチって言うねや。
**あすこ**（代名詞） あそこ。例：アスコまで泳げへん。
**あすばへん**（熟語） 遊ばない。アソバヘンとも。例：今日は用があるさかいアスバヘン。
**あすび**（名詞） 遊び、の転。アソビとも。例：どっかアスビに行かへん。
**あすびよらへん**（熟語） 遊びよらへん。いっしょに遊ぼうとしない。アソビヨラヘンとも。例：あいつ、旅行してもアスビヨラヘン。
**あずまや**（名詞） 東屋。屋根を四方に葺いた休憩所。例：公園のアズマヤで休む。
**あずる**（動詞） もがく。例：夢を見てるのか布団の上でアズリまわってるわ。
**あすんだらへん**（熟語） 遊んでやらない。アソンダラヘンとも。例：そんなこと言うやつは、アスンダラヘン。
**あすんでやらん**（熟語） 遊んでやらない。アソンデヤランとも。例：いたずらするから、アスンデヤラン。
**あぜぐさかり**（名詞） 畦草刈り。稲田の畦の草刈り。例：夏のアゼグサカリ、暑いし大変や。
**あせくさする**（動詞） おちつきがない。例：何をそんなにアセクサシてるのやな。
**あせずっくり**（熟語） 汗ずっくり。あせびっしょり。例：早う着替えな。アセズックリや。

**あせだく**（熟語） 汗でびっしょりになる。例：アセダクになって、草刈りや。

**あそばす**（動詞） する、の尊敬語。例：皇太子様も、京都にお出でアソバサれる。

**あそばせことば**（名詞） あそばせをつけて特に上品丁寧になることば。例：ごめんアソバセ。およしアソバセ。

**あそぶ**（動詞） 遊ぶ。すきなことをして楽しむ。例：元気に野原でアソブ。

**あせぼ**（名詞） 汗疹（あせも）。例：アセボのええ薬ないやろか。

**あぜまめ**（名詞） 畦豆。大豆。田の畦に作付けすることが多かった豆。例：アゼマメようけ取れたな。

**あせみず**（名詞） 汗水。水のように流れる汗。例：アセミズ垂らして働く。

**あたかも**（副詞） まるで。ちょうど。例：アタカモ富士のようや。時アタカモ花見の候。

**あだざくら**（名詞） 徒桜。散りやすい、はかない桜。例：あすありと思う心のアダザクラやなあ。

**あたってくだける**（熟語） 当たって砕ける。とにかくやってみる。例：アタッテクダケてみるか。

**あだな**（名詞） 徒名。恋愛などの噂。親しみをこめた特徴をもじった名。例：現在のアダナは、ニックネームのことや。

**あたにする**（動詞） しかえしをする。害する。仇にする、が語源。アタンスルとも。例：世話ばかりかけやがって、そやのにアタニシやがって。

**あだばな**（名詞） 徒花。実を結ばない花。例：アダバナは、表面ははなやかでも、実質がともなわない意に使うてる。

**あたまから**（熟語） 頭から。はじめから。全く。例：わしの話、アタマカラ信じよらへん。

**あたまはねる**（熟語） 頭はねる。うわまえをはねる。口銭を不正にとる。例：大分アタマをハネた値段やな。

**あたまわり**（名詞） 頭割り。割り勘の一人当り。ヒトリアタマとも。例：アタマワリ、いくらや。

**あたらしい**（形容詞） 新しい。できて間もない。例：アタラシク建った家。まっさらや。

**あたらしがる**（動詞） 新しがる。新しい傾向を好んで取り入れる。例：奇抜な衣装を身につけてアタラシガル。

**あたりき**（名詞） 当り前。当然。例：アタリキ、しゃりきや。

**あたりまい**（名詞） 当然だ。通常。普通の。あたりまえ、の変化。例：アタリマイの返事しといたらええわ。

**あたる**（動詞） 当たる。もらう。もらえる。例：手伝うたさかい、褒美がアタル。

**あたる**（動詞） 当たる。焚火の前にあたたまる。例：囲炉裏にアタル。

**あたん**（名詞） しかえし。かたきうち。例：駐車違反や言うたら、隣の奥さん、なにかあると、アタンしやはるわ。

**あたんする**（動詞） 復讐する。しかえしをする。例：ちょっと注意しただけやのにすぐ、アタンスルような人や。

**あちゃら**（名詞） 外国。アッチ＋ラ、の転。例：アチャラの言葉。アチャラサン（外国人）。

**あちゃらづけ**（名詞） あっさり漬けのこと。アッチャリヅケが転じアチャラヅケ。例：このアチャラヅケうまいな。

**あつあつ**（名詞） 出来立て。新婚早々。例：アツアツの団子。アツアツのお二人。

**あつい**（形容詞） 暑い。気温が高く不快。例：アツイ日が、毎日続く。

**あつかい**（名詞） 扱い。もてなし。待遇。例：客アツカイに慣れた店員。

**あっかい**（熟語） いけない。アコカイとも。例：そんなことしたらアッカイ。

**あつかう**（動詞） 扱う。操作する。例：大きな計算機をアツカウ。

**あつがま**（名詞） 厚鎌。灌木（低い木）も刈れる刃の厚い鎌。例：今度の作業日、アツガマ用意して来な。

**あつがみ**（名詞） 厚紙。厚い紙。ボール紙。例：アツガミの菓子箱。

**あつくろしい**（形容詞） 暑い＋苦しい、の転。苦しいほど暑い。例：アツクロシイ服装やなあ。

**あっけらかんな**（形容動詞） ぽかんとした。例：なんぼゆうてもあかん。アッケラカンナ奴や。

**あっこう**（名詞） 悪口。人を悪くいうこと。例：アッコウ雑言を並べ立てる。

**あっこわ**（感動詞） ああこわい。アコワ、アアコワとも。例：アッコワ、そんなにゆすらんといて。

**あっさり**（副詞） 淡泊。さっぱり。例：アッサリした味。アッサリした人柄。

**あったかい**（形容詞） 暖かい。例：そりゃ、アッタカイ毛布や。

**あったって**（熟語） あったのだって、の意。例：そんな話がアッタッテ。ふーん。

**あったって**（熟語） あっても。あったとしても。例：そんな中傷がアッタッテ気にせんかてええ。

**あったのやろけど**（熟語） あったのだろうけれども。例：食糧は十分アッタノヤロケド、戦い利あらず、負けてしもたんや。

**あったら**（副詞） 惜しいことに。例：アッタラ図書館まで焼けてしもた。

**あったわな**（熟語） あったね。あったなあ。例：この本図書館にアッタワナ。

**あったんやが**（熟語） あったのだが。例：娘が三人アッタンヤガ。

**あっちべら**（代名詞） あちらがわ。あちらの方。例：アッチベラちょっと捜してんか。

**あっちゃ**（代名詞） あちら。彼方。例：アッチャの家も新築や。

**あっちゃこっちゃ**（名詞） 反対。あべこべ。ヘチコチとも。例：ホースの繋ぎ方、アッチャコッチャや。

**あっちんする**（動詞） 幼児語。座る。オッチンスルとも。例：さあ、アッチンシて。

**あっつする**（動詞） 幼児語。やけど（火傷）する。例：気をつけんとアッツスルえ。

**あってんやわ**（熟語） あったのだよ。例：生まれた時は、四キロ近くアッテンヤワ。

**あっぱれ**（感動詞） 天晴れ。見事だ、立派だ。例：アッパレ、テニス優勝や。

**あつべたい**（形容詞） 分厚い。例：アツベタイ辞典や。

**あっぽう**（名詞） あほ、の幼児語。アッポ、アッポチャンとも。例：アッポウやな。そんなことしたらあかんがな。

**あつめる**（動詞） 集める。ある所に多くのものを寄せる。例：講堂に学生を、アツメましょか。

**あつらえ**（名詞） 誂え。注文すること。例：アツラエの服。アツラエ向きの家。

**あて**（代名詞） 私。ウチとも。例：アテも、乗せてって。

**あて**（名詞） 宛。名指しすること。例：アテ名。アテ先。

**あて**（名詞） 当て。見当。見込み。例：就職のアテあるのか。他人の懐をアテにするな。

**あてうた**（名詞） あてこすりの機織歌。即興で悪口が入る歌。例：アテウタでも歌うて、織りましょかい。

**あてがいぶち**（名詞） 宛がい扶持。一方的に決めて与えること。例：仕事は、ちっとも相談せんとアテガイブチばっかりや。

**あてこすり**（名詞） つらあて。皮肉。風刺。例：あいつ、アテコスリばっかり言いよる。

**あてずっぽ**（名詞） 目標のないこと。あて推量。ええ加減。例：アテズッポに言うても当たるかもしれん。

**あてにでけへん**（熟語） あてにできない。アテニデキヒン、アテニデキヘンとも。例：あいつに任してもアテニデケヘンで。

**あてにならへん**（熟語） あてにならへん。あてにならない。例：あいつは、アテニナラヘンわ。

**あてもん**（名詞） 当て物。駄菓子屋の福引。なぞなぞ。例：アテモンみたいな問題や。

**あでやか**（形容動詞） 艶やか。つややかで美しい。例：アデヤカで、高貴な方。

**あてる**（動詞） 敷く。例：座布団アテとくれやす。

**あてる**（動詞） 投げつける。例：先生に、雪の玉アテてやれ。

**あどい**（形容詞） あどけない。例：アドイ幼稚園児や。孫もこの中におるわ。

**あといり**（名詞） 後入り。隣組やアパート、宴会など後から入った人。後妻。例：アトイリのくせに偉そうなことを言うな。

**あとくち**（名詞） 後口。食物のあと味。食べた後の気持ち。例：アトクチが悪い。

**あとさきかまわず**（熟語） 後先構わず。周囲への影響を考えずに。例：一人前の男が、アトサキカマワズ行動したらあかん。

**あとずさり**（名詞）　後ずさり。後退すること。アトシザリ、アトスザリとも。例：こわがって、アトズサリばかりや。

**あとまわし**（名詞）　後回し。順番を後にまわすこと。例：ちょっと遅れたらアトマワシにされてしもた。

**あとめ**（名詞）　跡目。後継者。例：代々譲り受けた家のアトメがない。

**あとよび**（名詞）　後呼び。婚礼や葬儀のあと、手伝いの人に御馳走すること。例：アトヨビ、どこでや。料理屋か。

**あな**（名詞）　穴。くぼんだところ。くりぬいたところ。例：アナを開ける。

**あない**（連体詞）　あんな。例：アナイに言うてはるわ。アナイなことしよって。

**あながち**（副詞）　強ち。強いて。無理に。まんざら。必ずしも。例：アナガチ悪いとは思わへん。

**あなこぼ**（名詞）　穴＋コボ。水たまり。例：道がいたんでアナコボだらけや。

**あなずる**（動詞）　侮る。軽蔑する。例：後輩をアナズって大失敗や。

**あなどる**（動詞）　アナズルと同じ。見下げる。馬鹿にする。例：子供や思うてアナドッたらあかんえ。

**あにき**（名詞）　兄貴。例：アニキは東京で世帯もっとるわ。

**あにぼん**（名詞）　兄坊。他人の長男坊。次男がナカボン。コボンは末っ子の男子。例：あそこの家のアニボン、たちが悪いやつや。

**あねさんかぶり**（名詞）　姉さんかぶり。女性が髪に埃がかからぬようにする手拭いの被り方。例：洋服姿でアネサンカブリはおかしい。

**あのな**（感動詞）　あのね。アンナとも。例：アノナ、宿題のヒント教えたろか。

**あのほれ**（感動詞）　あの……。それ……。話の継ぎ目の言葉。例：アノホレ。何とか言う女優さん、あの女優さんなあ。

**あのよ**（名詞）　あの世。死後に行く世界。例：冥土のことを、俗にアノヨっていうてるわ。

**あばきがとれぬ**（熟語）　しまつがつかぬ。どうにもならぬ。例：網が岩に引っ掛かって、アバキガトレヌわい。

**あばらや**（名詞）　荒家。荒屋。すきまの多い家。荒れはてた家。例：アバラヤをこぼつ。

**あばれうまさわぎ**（名詞）　暴れ馬騒ぎ。狂ったように馬が暴れ回ること。例：競馬の発走前ひどいアバレウマサワギや。

**あびる**（動詞）　浴びる。水泳をする。水泳を水アビという。例：裏の川でちょっと水アビてくるわ。

**あぶつく**（動詞）　あわてる。例：予習をしとかなんで、アブツイた。

**あぶらげ**（名詞）　油揚げ。例：アブラゲ、何枚買うてきたらええのや。

**あぶらでり**（名詞）　真夏の午後の油汗の出るような暑さ。例：アブラデリ、まあ暑いわ。汗が吹き出しよる。

**あぶらとる**（動詞）　油取る。怠ける。例：こんなところでアブラトルと、旦那はんに怒られまっせ。

**あぶらむし**（名詞）　油虫。ごきぶり（台所の害虫）。ありまき（農作物に付く小型の害虫）。例：駆除しにくいから、アブラムシいうのやろ。

**あぶり餅**（名詞）　焙り餅。火にかざして焼く餅。例：現在の焼き餅が、アブリ餅や。

**あぶれ**（名詞）　余った者。余計な者の意。例：アブレは、何人や。

**あぶれやはったんやて**（熟語）　仕事にはずれなさったのだって。仕事にありつけない人への同情表現。例：仕事にアブレヤハッタンヤテ。

**あぶれる**（動詞）　仕事がない。例：仕事にアブレて、ずっとパチンコや。

**あべこべ**（名詞）　さかさま。逆。反対。例：この配線、アベコベやないか。

**あほ**（名詞）　阿房。阿呆。知恵の薄い者。愚か者。ぼうとして知恵がまわらぬ人。例：アホは、少し間の抜けた馬鹿のことや。

**あほか**（熟語）　阿呆か。そんな馬鹿な。例：首相が女性問題やて。アホカ。

**あほかいな**（熟語）　そんな馬鹿なことがあるか。他人の発言を無視、または軽蔑していう。例：アホカイナ、俺は帰るわい。

**あほがたらんと**（熟語）　自分の間違いをあざける語。アホガタライデとも。例：アホガタラント、掃除がすんでるのに、また掃除してたんや。

**あほくさ**（名詞） 馬鹿らしい。アホクサイとも。例：アホクサ、そんなことがあったんやったらうち、黙ってやへん。

**あほぐち**（名詞） 阿呆口。冗談。例：入院患者やのに、アホグチばかりたたいてはる。

**あほだら**（名詞） 馬鹿者。相手をののしっていう。例：あいつ、ほんまにアホダラや。

**あほたれ**（名詞） 馬鹿者。アホッタレとも。相手を叱る語。例：アホタレ、そんな返事するやつあるか。

**あほちがうか**（熟語） 馬鹿じゃないか。例：間違った情報ばっかりや。アホチガウカ。

**あほづら**（名詞） 阿呆面。馬鹿面。例：何をアホヅラかいて。えらそうにさらすな。

**あほな**（形容動詞） 阿呆な。馬鹿な。例：そんなアホナ。馬鹿にするにもほどがある。

**あほなこといわんとき**（熟語） つまらないことは言わないほうがよい。例：アホナコトイワントキ。相手にされんようになってしまうさかい。

**あほのこっちょ**（熟語） 大馬鹿者。例：アホノコッチョや。無免許運転は。

**あほほど**（副詞） たくさん。ずいぶん多く。例：今日は、アホホド魚が釣れてなあ。

**あほみたい**（熟語） 馬鹿らしい。例：易しい問題でアホミタイ。

**あほらし**（形容詞） 馬鹿らしい。ばかばかしい。例：アホラシ、変な噂、立てんといて。

**あほらしいおもわへん**（熟語） 馬鹿らしいと思わないか。反語表現。例：流感で旅行中止やて。アホラシイオモワヘン。

**あほらしゅうもない**（熟語） たいそうばかばかしい。ナイは甚しの意。例：アホラシュウモナイ。そんなに儲かるもんと違いまっせ。

**あほんだら**（名詞） 馬鹿野郎。ダラは軽蔑の意の接尾語。例：アホンダラ、もういっぺん行って謝ってこい。

**あまい**（形容詞） 甘い。だらしない。きびしくない。例：おまえの育て方がアマイ。

**あまい**（形容詞） 甘い。刃物の切れ味が悪い。例：刃のアマイ包丁や。

**あまいかおする**（熟語） 甘い顔する。油断する。きびしさのない意。例：アマイカオシてると、子供にまでつけ込まれるわ。

**あまえた**（名詞） 甘えた。甘えっ子。気まま。例：あの子、ほんまにアマエタやわ。

**あまおおい**（名詞） 雨おおい。雨を防ぐおおい。例：大雨なので苗床にアマオオイが要る。

**あまがさ**（名詞） 雨傘。雨降りの時にさす傘。例：アマガサやけど日傘にもなるわ。

**あまぐ**（名詞） 雨具。雨降りに使う道具。例：傘、レインコート、雨靴等のアマグ。

**あまくち**（名詞） 甘口。味が薄いこと。薄口。例：アマクチの醤油。アマクチの味付け。

**あまくち**（名詞） 甘口。条件のよい取引。例：そりゃ、アマクチの商売や。

**あまけ**（名詞） 雨気。雨の降りそうな気配。例：昨晩からアマケやなあ。

**あまごい**（名詞） 雨乞い。雨の降ることを祈る。例：日照り続きで、アマゴイや。

**あまざけ**（名詞） 甘酒。もち米を炊いて糀を加え、発酵させて作った甘い飲み物。例：ここまでおいで、アマザケ進上。

**あまじお**（名詞） 甘塩。魚などに塩をするとき塩を利かさず薄味にする。例：アマジオの鮭、おくれ。からい塩鮭はかなんで。

**あまずっぱい**（形容詞） 甘酸っぱい。甘くてすっぱい。例：アマズッパイ菓子やなあ。

**あまだい**（名詞） 甘鯛。ぐじ。例：今晩は、アマダイの御馳走や。

**あまだい**（名詞） あまだい。アマは女の意。裁縫の時に使う針箱。裁縫箱。例：ちょっとアマダイ貸して。

**あまだれ**（名詞） 雨垂れ。軒などからしたたり落ちる雨水。例：庇間（ひあわい）の所アマダレがひどい。

**あまちゃ**（名詞） 甘茶。ユキノシタ科の落葉低木。アマチャの木。茶にした甘い飲料。例：四月八日は誕生仏にアマチャを注ぐ日や。

**あまつさえ**（副詞） 剰え。そればかりか。

その上。例：道をあやまった。アマツサエ悪に手を貸してしまった。

**あまったるい**（形容詞） 甘ったるい。たんへん甘い。甘過ぎる時に使う。例：アマッタルイお菓子やわ。

**あまっちょろい**（形容詞） 甘い。いいかげんだ。例：そんなアマッチョロイ考えで、世の中渡っていけるか。

**あまのがわ**（名詞） 天の川。銀河。例：荒海や佐渡に横たふアマノガワ。

**あまのはら**（名詞） 天の原。天空。そら。例：アマノハラふりかえると大和が思われることだ。

**あまのり**（名詞） 海苔。例：ひっつける糊と区別して、食べるノリはアマノリって、言うてるわ。

**あまみず**（名詞） 雨水。雨が降ってたまった水。例：アマミズをためて飲料水にしてるのや。

**あまやかす**（動詞） 甘やかす。気ままに甘く育てる。例：子供をアマヤカシたらあかん。

**あまやどり**（名詞） 雨宿り。軒下で、雨を避けること。例：アマヤドリの武将に山吹の花を差し出す。

**あまり**（名詞） 余り。少し多くて、余った分。例：二か月アマリ入院いたしました。

**あまんずる**（動詞） 甘んずる。我慢し満足する。例：安月給にアマンズル。

**あめ**（名詞） 雨。水蒸気が空中で冷えて、空から水滴になって降ってくるもの。例：アメ降って地固まる。

**あめ**（名詞） 飴。澱粉を糖分にかえて作った甘い食品。例：アメ玉。アメ細工。

**あめがふってもやりがふっても**（熟語） 雨が降っても槍が降っても。どんな障害があっても。例：アメガフッテモヤリガフッテモ、きっと参上いたします。

**あめこんこん**（名詞） 雨のふる様子（幼児語）。例：かあちゃん、アメコンコン降ってきたよ。

**あめさん**（名詞） 飴（幼児語）。例：このアメサンおいしいえ。

**あめのうお**（名詞） やまめ。例：奈良和歌山で、やまめをアメノウオというてるが、伊勢では、きすごのこと。かわむつをさす所もある。

**あも**（名詞） 餡餅。餡の入った餅。例：主人は、アモが大好物やね。

**あもうない**（形容詞） 甘くないのウ音便。アモナイとも。例：この大福、ちっともアモウナイなあ。

**あやこで**（副詞） 二人で。共同で。例：この勉強部屋、弟とアヤコデ使うてる。

**あやしい**（形容詞） 妖しい。疑わしい。信用できない。例：どうもアヤシイ男や。

**あやす**（動詞） 子供の機嫌をとる。例：母親がアヤスとすぐ泣き止む。

**あやつる**（動詞） 操る。上手に扱う。うまく利用する。例：フランス語をアヤツル人。

**あやまつ**（動詞） 誤つ。まちがえる。例：アヤマッて、反対車線に入ってしまった。

**あやめ**（名詞） アヤメ科の多年草。白紫の花が五月頃咲く。例：アヤメの節句端午の節句。

**あゆ**（名詞） 鮎。年魚。アユ科の淡水魚。香気のある魚。例：アユの飴煮。

**あゆみよる**（動詞） 歩み寄る。歩いて近寄る。例：労使双方がアユミヨル。

**あらあへん**（熟語） ありはしない。アラアセンとも。例：悪いことはちっともアラアヘンがな。

**あらあらしいもの**（熟語） 粗々しい物。大層粗末なもの（贈り物）。例：ほんまにアラアラシイモンどすが、どうぞ、おあがりやしとくれやす。

**あらい**（名詞） 洗い。鯉の刺身。例：法事の料理、鯉のアライでええかな。

**あらいあげる**（動詞） 洗い上げる。すっかり洗い終わる。転じて、すっかり調べる。例：容疑者の身辺をアライアゲル。

**あらいざらし**（副詞） 洗い浚し。ある限りの。ありったけ。アライザライとも。例：ここまでわかったのやからアライザラシ白状しな。

**あらいそ**（名詞） 荒磯。岩石の多い海岸。例：アライソの多い日本海の海辺。

**あらうみ**（名詞） 荒海。波の荒い海。例：アラウミや佐渡に横たふ天の川。

**あらかじめ**（副詞） まえまえから。例：アラカジメ、記念式典の案内をさしあげます。

**あらかた**（副詞） おおかた。たいてい。大部分。例：片付けは、アラカタ終わったわ。

**あらくたい**（形容詞）荒々しい。あらっぽい。例：アラクタイことをするな。

**あらけずり**（名詞）粗削り。おおざっぱに削ること。例：アラケズリの仏像や。

**あらけない**（形容詞）荒けない。荒々しい。乱暴な。例：アラケナイ掃除の仕方やなあ。

**あらける**（動詞）粗ける。開きがある。例：あっこの嫁さん、御主人と年が大分アラケたるわ。

**あらし**（名詞）嵐。暴風。強い風。例：今晩から、アラシが強くなってくる。

**あらしまへん**（熟語）ありません。例：そんなことアラシマヘン。

**あらしゃります**（熟語）ございます。御所言葉。例：今日は、お釈迦さまの御誕生日で、アラシャリマス。

**あらすじ**（名詞）だいたいの筋道。概略。例：森鷗外の舞姫、アラスジを話してあげて。

**あらた**（形容動詞）新た。新しくする。例：アラタに、事業を展開する。

**あらだてる**（動詞）荒立てる。事件を面倒にする。例：事をアラダテルのは止めにしよう。

**あらためる**（動詞）改める。新しくする。転じて、検査する。例：法律をアラタメル。空港で査証をアラタメル。

**あらっぽい**（形容詞）荒っぽい。荒い。例：アラッポイ字の手紙や。

**あらへなんだ**（熟語）ありはしなかった。例：そんな話は、アラヘナンダ。

**あらへん**（熟語）ない。アラーヘンとも。例：そんなことアラヘン。

**あらへんし**（熟語）ないので。例：げんのしょうこは、ぎょうさんアラヘンシ、市販の胃腸薬で我慢しとくわ。

**あらまし**（副詞）あらかた。大部分。概略。おおよそ。例：アラマシ片付いた。

**あられ**（名詞）霰。例：雨がアラレに変わった。

**あられ**（名詞）あられ餅。例：賽の目に刻んで炒った餅菓子。例：おやつにアラレがほしい。

**あられもない**（形容詞）ふさわしくない。例：アラレモナイ姿を見せたらあかん。

**あらわす**（動詞）表わす。現わす。隠れていたものを外に出す。例：心の中を文章にアラワス。

**ありあけ**（名詞）有明け。夜明け。明け方。例：アリアケの月。

**ありあまる**（熟語）有り余る。よく普及している。あふれている。例：物のアリアマッている時代。

**ありあわせ**（名詞）有り合わせ。特に整えたものでなく、家に通常ある物でまにあわせる、意。例：すみません、アリアワセのもんで、ドウゾ。

**ありか……**（熟語）してよいのか。例：そんなすごい手、アリカ……。

**ありがたい**（形容詞）有り難い。感謝の気持ち。例：アリガタイお話とお経。

**ありがためいわく**（名詞）有難迷惑。人の親切や厚意がかえって迷惑に感じられる。例：親切にしてもろて、かえって、アリガタメイワクや。

**ありがとさん**（熟語）有難うさんの約。ありがとうございます。例：本日は、お祝いの品、アリガトサンでございます。

**ありきたり**（名詞）普通にある。何のへんてつもない。平凡な。例：アリキタリの油絵や。

**ありさま**（名詞）有様。ようす。状態。例：空襲の跡、焼け跡のアリサマ。

**ありったけ**（名詞、副詞）有りったけ。ある限りの。例：アリッタケの知恵を出す。

**ありてい**（名詞）有体。事実のまま。例：アリテイに申し上げる。

**ありとあらゆる**（熟語）あらゆるの強め。例：アリトアラユル治療を試みたんや。

**ありのまま**（名詞）事実のまま。実状。例：アリノママ書いたらええんや。

**ありまへん**（熟語）ありません。例：お話することは何もアリマヘン。

**ありもせんこと**（熟語）事実無根のこと。例：アリモセンコトを、皆にしゃべるな。

**ありゃーせん**（熟語）ありはせぬ。全くない。例：余った金なんぞ、アリャーセン。

**ありようのところ**（熟語）ありのままを言うと。アリヨナトコロとも。例：アリヨウノトコロ、すこし寄付があったんや。

**ありようのはなし**（熟語）ありのままの話

例：アリヨウノハナシ、家の中は、火の車や。

**ありようのまんなか**（熟語）ありのままの真実。例：事故の時は、黙ってないで、アリヨウノマンナカ言わなあかん。

**ある**（動詞）在る。有る。存在する。発生する。所有する。例：国会がアル。火事がアッた。二億の財産がアル。

**あるかぎり**（名詞）あるだけ。残らず。例：皆の考えを、アルダケ出してみてくれんか。

**あるきあるき**（熟語）歩きながら。例：アルキアルキ話そうか。

**あるじ**（名詞）主人。例：古本屋のアルジ。宿の女アルジ。

**あるだけ**（名詞）ある限り。ありたけ。例：アルダケ、貸してくれ。

**あるときばらい**（名詞）支払期限を決めずに、お金ができた時に払うこと。例：この代金、アルトキバライにしてくれんか。すまんのう。

**あるわして**（熟語）あるじゃないか。アラーシテとも。例：そこにアルワシテ。

**あるんじゃい**（熟語）あるのだぞ。例：空襲の時、倉庫の地下に入ったことが、アルンジャイ。

**あるんや**（熟語）あるのだ。例：観艦式を見たことがアルンヤ。

**あれち**（名詞）荒れ地。農作物のできない土地。例：耕さないでアレチのままにして捨ててある。

**あれの**（名詞）荒れ野。雑草が生え荒れている野。例：アレノを、コウヤ、アラノなどとも読んでいる。

**あれよあれよと**（副詞）感動詞を重ねて副詞に使った語。例：アレヨアレヨと言うてる間に、焼けてしもた。

**あわい**（名詞）間（あわい）。物と物の間。アワイサとも。例：本箱と壁のアワイに落としてしもた。

**あわてふためく**（動詞）慌てふためく。ひどく慌てて、うろたえること。例：飛行機の搭乗時刻が過ぎてアワテフタメク外人。

**あわてる**（動詞）慌てる。おどろいてとまどう。ひどく急ぐ。例：急いでアワテて、免許状を忘れてしまった。

**あわび**（名詞）鮑。鰒。ミミガイ科の海産の貝。例：アワビの片思い。

**あわゆき**（名詞）淡い雪。薄くて消えやすい雪。例：春のアワユキ。

**あわれむ**（動詞）憐れむ。かわいそうに思う。例：難民の死亡をアワレム毎日である。

**あんがい**（副詞、形容動詞）案外。思いの外。意外。例：大学の入試、アンガイ易しかった。

**あんけつ**（名詞）暗穴。人をののしる語。馬鹿。例：アンケツは、大阪淡路瀬戸内北陸中部地方で使う語やが、感じが悪いので近頃は耳にしないわ。

**あんこく**（名詞）暗黒。真っ暗闇。秩序道徳が乱れていること。例：中世アンコク時代。

**あんさん**（代名詞）あなたさん。商人用語。アンタハンとも。例：アンサン、長いこと待たしてすんまへん。

**あんじゅう**（名詞）安住。平和に住み暮らすこと。例：東京も、アンジュウの地でない。

**あんじょう**（副詞）具合よく。上手に。よくよく都合よく。味＋よく、が語源か。例：アンジョウ答えられた。アンジョウ見てみな。あるはずやさかい。

**あんしん**（名詞）安心。心が安らかであること。例：安全でアンシンな市場。

**あんする**（動詞）うんざりする。手をあげる。観念する。困惑する。例：難しい試験でアンシたわ。

**あんぜん**（名詞）安全。安らかで危険でないこと。例：アンゼン第一の職場。

**あんた**（代名詞）あなた。例：アンタが、この落書きしたんとちがう？

**あんたい**（名詞）安泰。安らかで無事。例：津波のない高台で、アンタイでした。

**あんだけ**（副詞）あれほど。例：アンダケ練習したのにあかなんだ。

**あんたとこ**（代名詞）あなたのおうち（家）。例：アンタトコ、竹の子出たか。

**あんたはん**（代名詞）あなたさま。例：アンタハンとこ田植え済んだ？

**あんたら**（代名詞）あなた達は。複数の意識が薄れ、あなたなど。あなたなんか、の意にも。例：アンタラには、私の気持ちわからへんやろ。

**あんだら**（名詞）まぬけ。ぼんやり。例：

お前みたいなアンダラには、わからんはずや。

**あんど**（名詞）安堵。安心すること。例：アンドの胸をなでおろす。

**あんなあ**（感動詞）あのねえ。例：アンナア、あと三日やで。

**あんなあーえ**（感動詞）あのねえ。例：アンナアーエ、お隣さんとこ奥さん亡くならはったんやて。

**あんない**（名詞）案内。取り次いだり見せて歩くこと。例：観光地をアンナイする。

**あんなり**（副詞）あのまま。例：アンナリ、置き忘れてしもたんや。

**あんなん**（連体詞）あんな（事、物）あのようなもの。例：アンナンと喧嘩してられん。

**あんのぅ**（感動詞）あのねえ。例：アンノウ、この話、よう聞いとかんと後で困るで。

**あんのうなる**（熟語）まずくなる。味なくなる。例：すぐ食べんとアンノウナルで。

**あんのじょぅ**（熟語）案の定。思っていた通り。例：アンノジョウ、優勝してしもた。

**あんのん**（名詞、形容動詞）安穏。何もおこらず、穏やかなこと。例：無事にアンノンに暮らす。

**あんばい**（名詞）按排。具合、状態、加減、手配、段取り、天候。例：仕事のアンバイしてから帰る。雲のアンバイはどうや。

**あんばい**（副詞）ちゃんと、うまく。例：おじさんにアンバイ言うといてや。うまく焼けるようアンバイ見ててや。

**あんばいやと**（熟語）この調子だと。この様子だと。例：このアンバイヤト、明日は雨や。田植えできるぞ。

**あんばいよう**（熟語）しっかりと、うまく、都合良く。例：アンバイヨウ運転してや。

**あんぴ**（名詞）安否。無事かどうか。例：地震のあと、アンピを知りたいんや。

**あんぽんたん**（名詞）あほう。うつけもの。例：アンポンタンやな、これがわからんか。

**あんまりなこと**（名詞）ひどいこと。例：アンマリナコト言わんとき。

**あんまりやで**（熟語）ひどすぎるぞ。例：アンマリヤデ、そんなひどいこと、言わんといて。

**あんまりやないか**（熟語）あまりにもひどいではないか。例：うちに嘘つくやなんて、アンマリヤナイカ。

**あんや**（名詞）暗夜。月のない夜。闇夜。例：アンヤに、船を出すのはあかん。

**あんよ**（名詞）足、歩行（幼児語）。例：アンヨは上手。

**あんらく**（名詞、形容動詞）安楽。安らかで楽しい。例：アンラク椅子。アンラクな生活だけを望んではならぬ。

# い

**い……**（名詞）ゆいの変化。例：茶摘みと田植え、すまんけどイ……にしといて。

**……い**（動詞語尾）命令の意。五段活用動詞の未然形＋イ。上一、下一、カ変、サ変、未然形＋イ。例：早う行かイ。今ここで話さイ。これ見イ。早く煮イ。

**いー**（数詞）五。一音節語の長音化。例：ひー。ふー。みー。よー。いー。むー。

**いー**（名詞）胃。一音節語の長音化。例：イーの手術をしてもろた。

**いー**（名詞）亥。一音節語の長音化。例：来年はイーの年やなあ。

**いあつ**（名詞）威圧。威力をもって圧迫する。例：相手チームをイアツするような連続トライ。

**いいあてる**（動詞）言い当てる。推し量って、正しい答えを言う。例：当選か否かをイイアテル。

**いいあわす**（動詞）言い合わす。あらかじめ相談する約束する。例：再会をイイアワス。

**いいあんばい**（熟語）良い天気。例：イイアンバイやな。運動会日和や。

**いいええな**（感動詞）いいえ、しかし。いいえいいえ、そんなにおっしゃいますけれどの意。例：イイエエナ、うちの考えそ

う と違うね。

**いいかけ**（名詞）途中まで言ってやめること。イイサシとも。例：イイカケてなぜ止めたんや。

**いいきかせる**（動詞）言って聞かせる。例：子供にイイキカセますわ。

**いいきる**（動詞）言い切る。言い終える。断言する。例：はっきりとイイキル。

**いいじゃん**（熟語）良いのではないか。例：ここはこうすれば、イイジャン。

**いいすてる**（動詞）言い捨てる。言いっ放しにする。例：返事は要らんとイイステて席を立つ。

**いいぞこない**（名詞）言い損ない。言い誤り。例：それは、私のイイゾコナイや。

**いいたいこといい**（熟語）言いたいこと言い。勝手な意見をいつでも言う人。例：あの人イイタイコトイイや。

**いいだしべえ**（名詞）言い出しべえ。首謀者。発案者。先に言い出した人。例：イイダシベエはお父さんやで。責任とって。

**いいつける**（動詞）言い付ける。命令する。告げ口する。例：先生にイイツケル勇気も必要や。

**いいつたえる**（動詞）言い伝える。語り伝える。例：昔話を、いつまでもイイツタエルのや。

**いいないな**（熟語）言いなさるな。例：あほなことイイナイナ。

**いいなし**（熟語）言い無し。他言無用。例：学校に知れると困るんで、みんなでイイナシや。

**いいならわす**（動詞）言い習わす。口癖に言う。例：弘法にも筆の誤り、親父のイイナラワシていた諺や。

**いいはった**（熟語）言いはった。言われた。例：先生がイイハッタこと覚えてる?

**いいはる**（動詞）言いはる。おっしゃる。イワハルとも。例：先生があかんとイイハルさかい、やめとこう。

**いいひん**（熟語）いない。イヤヘンとも。例：教室には誰もイイヒン。

**いいふくめる**（動詞）言い含める。言い聞かせて納得させる。例：息子にイイフクメます。

**いいや**（感動詞）いいえ。強い否定。イイエ、インヤ、とも。例：結婚するの。イイヤ、うち行かへんわ。

**いいやい**（名詞）言い合い。口げんか。例：あの夫婦、イイヤイばかりしてやる。

**いいやる**（動詞）言いやる。言いなさる。おっしゃる。イワハルとも。例：危ないと、イイヤルで、止めとくわ。

**いいようもなく**（熟語）言いようもなく。言い表す方法もないほど。例：足がイイヨウモナイほどかゆい。

**いいよった**（熟語）言いよった。言っていた。例：うちの息子が、そうイイヨッタでなあ。

**いいよる**（動詞）言いよる。言うの卑語。例：うちの息子も、そうイイヨル。

**いいわたす**（動詞）言い渡す。決定や命令事項を、部下に伝える。例：社員に安全第一をイイワタス。

**いいん**（名詞）医院。個人経営の小さな診療所。例：駅近くのイインで診てもらう。

**いいん**（名詞）委員。団体から選ばれてある仕事にあたる数人の人。例：イイン会で審議をするのや。

**いう**（動詞）言う。心の内を言葉に出す。例：きっぱりとイイはなった。

**いうた**（熟語）言った、のウ音便。例：おまえがイウタんか。

**いうてしまよった**（熟語）言うてしまよった。言ってしまった、の卑語。例：あいつにまで僕等の秘密イウテシマヨッタ。

**いうてはる**（熟語）言うてはる。言っていなさる。例：先生もそうイウテハッたわ。

**いうてみ**（熟語）言うてみ。言ってごらん。イウトウミとも。例：先生にそっとイウテミ。きっとわかってくれはる。

**いうてやはったわ**（熟語）言うてやはったわ。言っていなさったよ。例：以前から反対やイウテヤハッタワ。

**いうてんか**（熟語）言うてんか。言って下さい。例：早うイウテンカ。

**いえ**（名詞）家。住み家。例：イエに帰る。故郷のイエ。イエ移り。

**いえざくら**（名詞）家桜。家の庭に植えてある桜。例：今年もイエザクラが美しい。

**いえたぎりか**（熟語）言えた義理か。とても言えない。義理にも言えない。例：

あの人に断りなんてイエタギリカ。
**いえへん**（熟語） 言えへん。言えない。言えぬ。例：そんなことは、うちからはイエヘン。
**いえまへん**（熟語） 言えまへん。言えません。例：面と向かっては、何にもイエマヘンで。
**いえやへん**（熟語） 言えやへん。言えない。例：親には、何にもイエヤヘン。
**いおり**（名詞） 庵。粗末な家。例：奥の細道の後、休息したイオリや。
**いか**（名詞） 凧（たこ）。イカダコとも。例：河原にイカあげに行こか。
**いかい**（形容詞） 大きい。大変な。沢山多量。大仰などの意。イッカイとも。例：イカイ家に住んどるなあ。イカイ世話になったな。
**いかい**（動詞） 行かい。行きなさい。行け。例：早うイカイ。遅刻するで。
**いがい**（名詞、形容動詞） 意外。思いのほか。例：大統領選挙はイガイな結果やった。
**いがい**（名詞） 以外。それよりほか。例：職員イガイ、立ち入り禁止。
**いかいでも**（熟語） 行かいでも。行かなくても。例：あんな店へはイカイデモよかった。
**いかが**（副詞） どんなに、どのように。例：御機嫌はイカガですか。
**いかき**（名詞） ざる。笊。例：イカキは、近畿、中国中部地方の語やが、奥羽でも使うのは、北前船のせいやろか。

**いがく**（名詞） 医学。病気の治療や予防を研究する学問。例：イガク博士。
**いかさま**（名詞） にせ。まやかし。いんちき。例：イカサマ物を、展示するな。
**いかさん**（熟語） 行かさん。行かさぬ。行かさない。例：テロの多い国にはイカサン。
**いかしまへんやろ**（熟語） 行かしまへんやろ。いかないでしょう。例：自分の考え通りなかなかうまくイカシマヘンヤロ。
**いかずち**（名詞） 雷。かみなり。例：イカズチのよく落ちはる土地や。
**いかせん**（熟語） 行かせん。行かせない。行かせることはない。例：危険な冬山に、そんな軽装備では、とてもイカセン。
**いかせん**（熟語） 行かせん。行かない。イカヘンとも。例：わしは同窓会には、イカセン。
**いかだ**（名詞） 筏。木材を運送するため、幾本かを組み括り、水に浮かべ流すもの。例：イカダ流し。イカダ師。
**いかつい**（形容詞） ぶこつな。いかめしい。例：イカツイ顔した男やわ。
**いかなこと**（熟語） いかにも。例：イカナコト、私も心配しました。
**いかなる**（連体詞） どのような。例：この問題に対して、イカナル対策が考えられるか、お教え願いたいんや。
**いかなれば**（熟語） どういうわけで。例：イカナレバ、こういう事態に至ったか。御説明願いたい。
**いかなんだら**（熟語） いかなかったら。

例：うまくイカナンダラ帰ってきな。
**いかにも**（副詞） 如何にも。なるほど。たしかに。例：イカニモお説の通りや。
**いかばかり**（副詞） 状態、程度の推量。どんなにか。例：悲しみはイカバカリか、心からお悔やみ申しあげます。
**いかはったやろ**（熟語） 行きなさっただろう。行かれただろう。例：公開講座の講師にイカハッタヤロ。
**いかはったやろけど**（熟語） 行かはったやろけど。お行きになったのだろうが。例：先生も知っててお嫁にイカハッタヤロケド、辛抱できなんだらしいわ。
**いかはりましたで**（熟語） 行かはりましたで。行きなさいましたよ。例：もうイカハリマシタデ。
**いかはる**（熟語） 行かはる。行きなさる。例：先生も付いてイカハル。
**いかへなんだ**（熟語） 行かへなんだ。行かなかった。例：今度の慰安旅行、イカヘナンダ。
**いかへんか**（熟語） 行かへんか。行かないか。例：一緒に遊びにイカヘンカ。
**いかへんかな**（熟語） 行かへんかな。行きませんか（柔らかい表現）。例：今度の同窓会、イカヘンカナ。
**いかほど**（副詞） 如何ほど。どれほど。例：イカホド努力しても見つからない。
**いがむ**（動詞） 歪む。曲がる。例：この定規、イガンだるわ。
**いがむ**（動詞） 病気になる。例：お爺さん、イガムとすぐ入院や。

**いがめる**（動詞）　歪める。曲げる。例：畑の畝、道に合わせてイガメルとええわ。

**いがらい**（形容詞）　あくが強くてからい。例：イガライ唐辛子や。

**いかる**（動詞）　怒る。腹を立てる。おこる。例：境界線を、隣家が勝手に動かしたので、父がイカルのも無理はない。

**いかれころ**（熟語）　してやられること。ころっといかれる意の上下転倒。例：またやられた。ほんまにイカレコロや。

**いかれる**（動詞）　やられる。取られる。してやられる。例：財布ごと、イカレてしもた。

**いかん**（形容詞）　いけない。第三者に言うときは禁止。自らにいけない、駄目だ、と言うときは、アカンを使うのが普通である。例：そんなこと言うたらイカン。

**いかん**（名詞）　遺憾。思い通りでなく残念だの意。例：イカンなく戦ってほしい。

**いかん**（名詞）　如何。事の次第。例：話のイカンによっては、お詫びもしよう。

**いかんこと**（熟語）　よくないこと。例：これはイカンコトしたな（迷惑をおかけしました、の意）。

**いかんでもええ**（熟語）　行かんでもええ。行かなくってもよい。例：危ないさかい、おまえはイカンデモエエわ。

**いかんといて**（熟語）　行かんといて。行かないで。例：うちだけ残して、イカントイテ。

**いかんとこう**（熟語）　行かんとこう。行かないでおこう。……ないでおこう（ントコウ）。……しておこう（シトコウ）のように、トコウで表す。例：風邪を移すさかい、学校へイカントコウ。

**いかんならん**（熟語）　行かんならん。行かなければならない。例：十日には、研究発表にイカンナラン。

**いかんならんどすんや**（熟語）　行かんならんどすんや。行かなければならないのですのよ。例：迎えに駅までイカンナランドスンヤ。

**いき**（名詞、形容動詞）　粋。さっぱりとして洗練されていること。例：イキな着物やなあ。

**いきあう**（動詞）　出会う。例：美術展見に行って、運ようイキアッたんや。

**いきあたりばったり**（熟語）　行きあたりばったり。計画や目的なく成り行きまかせの意。例：イキアタリバッタリの調査しかできん。

**いきうつし**（名詞）　生き写し。区別できないほどよく似ている。例：死んだ父にイキウツシや。

**いきおい**（名詞）　勢い。元気。威力。威勢。例：今、一番イキオイのある相撲取りや。

**いきかえる**（動詞）　生き返る。よみがえる。蘇生する。例：良い空気吸うてイキカエッたようや。

**いきがけ**（名詞）　行き掛け。行くついで。例：イキガケの駄賃に、これ貰うとこ。

**いききしとる**（熟語）　往き来しとる。往き来している。交際している。例：半年前からイキキシトルわ。

**いきぐるしい**（形容詞）　息苦しい。呼吸が苦しい。気持ちが重い。例：暖房しすぎて、暑くてイキグルシイ。

**いきしな**（名詞）　行きしな。行く途中。行きがけ。例：学校のイキシナに拾うた。

**いきしに**（名詞）　生き死に。生きることと死ぬこと。例：安い運賃のバスにしたのが、イキシニの分かれめや。

**いきちがい**（名詞）　行き違い。連絡不十分で食い違うこと。例：待ってたんやけどイキチガイになってしもて。

**いきつぎ**（名詞）　息継ぎ。水泳の途中で息を吸いこむこと。例：クロールのイキツギも大事なことや。

**いきつく**（動詞）　行き着く。目指す所に行き着く。例：やっと山の頂上にイキツイた。

**いきつくとこ**（熟語）　行き着くとこ。最後には。結局。例：イキツクトコは、焼き場や。

**いきっとる**（動詞）　いきりたっている。興奮している。例：ええ作品を作るのやと、えろうイキットルわ。

**いきていかれへんのや**（熟語）　生きていかれへんのや。生きていくことができないのだ。例：一日五千円の収入では、家族五人イキテイカレヘンノヤ。

**いきどうしい**（形容詞）　息苦しい。イキドシイとも。例：ちょっと急いだらイキドウシイわ。

**いきとうなるんやけど**（熟語）　行きとう

なるんやけど。行きたくなるのだけれど。例：湖見ると、すぐイキトウナルンヤケド、暇がない。

**いきどおる**（動詞） 憤る。不平をいだく。怒る。例：他国の安全を脅かす行為に、イキドオルばかりや。

**いきどまり**（名詞） 行き止まり。道の突き当りになっているところ。袋小路の意。例：この道、イキドマリやで。

**いきなり**（副詞） 急に。不意に。だしぬけに。例：空港に着いたと思ったら、イキナリ添乗員が走り出した。イキナリ殴りかかってきた。

**いきぬき**（名詞） 息抜き。休憩。例：イキヌキにちょっと歩いてくる。

**いきのびる**（動詞） 生き延びる。生き残る。生きながらえる。例：子供たちは大震災にイキノビた。

**いきはった**（熟語） 行きはった。行きなさった。イキナハッタとも。例：先生、神戸まで学会でイキハッタ。

**いきひきとる**（熟語） 息引きとる。死ぬ。例：いつイキヒキトラはった？

**いきまく**（動詞） 息巻く。息を荒くして怒る。例：相手の不正に対し、怒って、イキマクっても無駄、まず冷静に。

**いきむ**（動詞） 息む。息、の動詞化。息をつめて力むこと。陣痛などで気張ること。例：さあ、もう少ししっかりイキムのやで。

**いきやがる**（動詞） 行きやがる。行くの卑語。例：あの野郎も、大学へイキヤガル。

**いきやせん**（熟語） 行きやせん。行かない。行きはしない。イキャセンとも。例：あんた行くか。イキヤセン。

**いきょく**（名詞） 委曲。くわしくこまかなこと。例：イキョクをつくして説明するんや。

**いきよる**（動詞） 行きよる。行く。行き＋オル、の約。イッキョルとも。例：うちの子も、明日から旅行にイキヨルわ。

**いきり**（名詞） 調子者。調子にのる人。例：あいつ、クラス一番のイキリや。

**いきる**（動詞） 生きる。生命を保つ。生存する。例：イキルために仕事を。

**いきる**（動詞） 気負う。張り切る。興奮する。力む。また、威張る意にも。例：あいつ会長になってイキッとったわ。

**いく**（動詞） できる。はいる。例：碗にひびがイク。

**いく**（動詞） 行く。例：イク春。学校へイク。出かけてイク。

**いく**（動詞） なる。例：火事がイク。

**いくいく**（名詞） 将来。今後。例：イクイクは、ここに住めへんで。

**いくえ**（名詞） 幾重。いくつか重なっていること。例：イクエにもお詫び申し上げる次第です。

**いくえ**（熟語） 行くか（女性的）。例：あんたもイクエ？

**いくえ**（熟語） 行くよ（女性的）。例：うちも、イクエ。

**いくかぐらい**（熟語） 幾日ぐらい。イクニチグライ。ナンニチグライとも。例：これが建つまでに、イクカグライかかる？

**いくきがせん**（熟語） 行く気がせん。行く気になれない。例：道が直るまで、どうもイクキガセン。

**いくさ**（名詞） 戦。戦い。戦争。戦闘。例：イクサ上手。大イクサになるかも知れん。

**いくさば**（名詞） 軍場。戦争をする場所。例：一の谷は、源氏と平家のイクサバや。

**いくたび**（名詞） 幾度。何度。いくど。例：イクタビも振り返って故郷に別れを告げた。

**いぐち**（名詞） 井口。井堰。例：灌漑用水池の放水口をイグチというてるわ。

**いくで**（熟語） 行くで。行くよ。行こう。例：さあ、イクデ。

**いくとせ**（名詞） 幾年。どれほどの年数。例：イクトセふるさと来てみれば。

**いくにち**（名詞） 幾日。どれだけの日数。何日。例：これだけの準備、イクニチかかったやろ。

**いくばく**（副詞） 幾何。どれほど。どのくらい。例：イクバクもなく退職した。

**いくほどものう**（熟語） どれほどもなく。例：退職後イクホドモノウ世を去った。

**いくよ**（名詞） 幾代。幾世。何代。例：この大杉、イクヨ経た杉やろ。

**いくら**（名詞） どれほど。どんな。例：この辞書の値段イクラですか。イクラ呼んでも返事がない。

**いくらいうても**（熟語） どれほど話して

聞かせても。例：イクラユウテモ、返事しよらん。

**いくん**（熟語）行くん。行くのか。例：あんたも一緒にイクン？

**いくんや**（熟語）行くんや。行くのだ。例：八日は朝からよばれてイクンヤ。

**いけ**（名詞）池。凹んで自然に水のたまった所、水をたたえている所。例：猿沢のイケ。大沢のイケ。

**いけず**（名詞）意地悪。例：いつもイケズばっかりしやはる。

**いけへん**（熟語）行けへん。行かない。でかけない。例：みんなで一緒にイケヘンか。

**いけやへん**（熟語）行けやへん。行けない。例：五時にはとてもイケヤヘン。

**いける**（動詞）埋ける。埋める。例：父の亡骸を土葬でさんまいにイケル。

**いける**（動詞）酒がのめる。酒が強い。例：あいつ、ようイケルわ。

**いけん**（名詞）意見。ある人の考え。忠告。例：私のイケンをいいます。我が子にイケンをする。

**いこ**（動詞）行こう。例：映画、見にイコ。

**いこう**（動詞）憩う。息を継ぐ。休息する。例：この山の峠の茶屋で、しばらくイコイの時を持とう。

**いこう**（名詞）以降。それからあと。以後。例：卒業式イコウの行動を慎みなさい。

**いこう**（名詞）意向。心の向かうところ。おもわく。例：先方のイコウを聞いてくれんか。

**いこう**（名詞）衣桁。着物などをかけておく家具。例：イコウにかけた着物。

**いこか**（熟語）行こうか。例：時間やし、もうイコカ。

**いごかす**（動詞）動かす。例：ここの庭石、イゴカシてくれんか。

**いこく**（名詞）異国。自国と風習を異にする国。例：イコク人。イコク情緒。

**いごく**（動詞）動く。例：バス、台風やのにイゴイたるわ。

**いこす**（動詞）炭火をおこす。例：炭イコシといて。

**いこる**（動詞）炭火がおこる。例：七輪の火、もうイコッたで。

**いこん**（名詞）遺恨。あとに残った恨み。例：イコンを晴らす。

**いざさらば**（熟語）さあ、さようなら。例：なつかしの母校よ、イザサラバ。

**いざしらず**（熟語）さあ……どうだかしらないが。古語イサ……シラズの変化。例：飛行機ならイザシラズ、搭乗手続きのない新幹線の方が便利で速く着く。

**いさむ**（動詞）勇む。気が張って勢いづく。例：イサミ足。イサミすぎて失敗した。

**いざよう**（動詞）ためらう。たゆたう。例：イザヨイの月。イザヨウ波。

**いさりび**（名詞）漁火。漁をする船のあかり。例：イサリビが、遠くかすかに見える。

**いしあたま**（名詞）石頭。石のようにかたい頭。融通がきかずがんこな人のたとえ。例：ものわかりの悪いイシアタマのようなお人や。

**いじいじする**（動詞）気が弱くもじもじする。例：ちょっと失敗したぐらいでイジイジスルな。

**いしがき**（名詞）石垣。石を積みあげた垣。例：城跡のイシガキ。イシガケとも。

**いしがけ**（名詞）崖の石垣。例：高い高い城のイシガケ登ってなあ。

**いじぎたない**（形容詞）意地汚い。心がいやしいこと。例：イジギタナイやつやなあ。

**いしく**（名詞）石工。石屋の商人。例：イシクに、石を注文する。

**いじくる**（動詞）もてあそぶ。必要以上にイジル意。例：もうイジクルの止めとき。

**いじけ**（名詞）おびえて元気がないもの。寒がり。弱虫。例：イジケてんと外で遊んで来な。イジケの子供。

**いしけり**（名詞）石蹴り。石蹴り遊び。ケンケンともいう。例：イシケリせえへん？

**いしころ**（名詞）小石。例：イシコロの多い河原や。

**いしじぞう**（名詞）石地蔵。石材に彫った地蔵菩薩。例：イシジゾウは、道の辻や道端に立って、万物を救済なさる仏様や。

**いしずえ**（名詞）礎。家の土台の石。転じて、重要なもの。例：国のイシズエ。

**いしずり**（名詞）石摺り。石碑の文字を、タンポを使って、摺りとったもの。拓本。例：この句碑、イシズリしてくれんか。

**いしだたみ**（名詞） 石畳。例：大寺のイシダタミの雪景色はすがすがしい。

**いしだん**（名詞） 石段。石で作った階段。例：イシダンを上った所に一の鳥居がある。

**いしどうろう**（名詞） 石灯籠。石造りの灯籠。例：庭のイシドウロウ。

**いじのわるい**（熟語） 意地の悪い。あいにくな。例：イジノワルイ、雨が降って来た。

**いしばい**（名詞） 消石灰。昔、建築物の土を固める材料。例：現在は、肥料、消毒などにイシバイを使うてる。

**いしばし**（名詞） 石橋。石で作った橋。例：神社の参道には、ほとんどイシバシが架かっていた。

**いしべきんきち**（名詞） 石部金吉。堅い石、金を使って人名にしたもの。まじめで融通がきかない人のたとえ。例：あいつは、金や女に迷わないイシベキンキチや。

**いしぼとけ**（名詞） 墓石。石仏。例：イシボトケの掃除や。

**いじましい**（形容詞） 考え方が小さくせせこましく、けちくさいこと。例：大臣とはいいながら、イジマシイ男や。

**いじめる**（動詞） 苛める。弱いものを言葉や暴力で苦しめる。例：新入生をイジメルのは、許されぬことや。

**いしゃ**（名詞） 医者。病気を診察したり治療する人。例：イシャの不養生。

**いしゃいらず**（名詞） 医者要らず。げんのしょうこ。例：胃腸によく効くので、イシャイラズ、イシャゴロシなどと、言うてるわ。

**いしやま**（名詞） 石山。石の山。石の多い山。石材を切り出す山。例：イシヤマ寺は、石の山の上にある有名な寺や。

**いしゅ**（名詞） 意趣。考えまたは恨み。例：イシュ返し、つまり、しかえしや。

**いしょう**（名詞） 衣装。着物。衣服。例：卒業式のイショウ、和服がええか？

**いじょう**（名詞） 以上。それより上。そこまで。例：説明はイジョウです。

**いしょく**（名詞） 衣食。衣服と食物。例：イショク足りて礼節を知る。

**いじる**（動詞） ねだる。せびる。例：おやつをイジル。小遣いをイジル。

**いじる**（動詞） 弄る。なぶる。さわる。手で物を弄ぶ。例：大事なものやさかいイジランといて。

**いしわら**（名詞） 石原。石の多い原っぱ。草の多いクサハラに対する語。例：イシワラで陣取りしやへんか。

**いすくめる**（動詞） 矢や視線に、敵を恐れ縮こまらせる。例：横綱にイスクメられたように、おれは、動くこともなく負けてしまった。

**いずくんぞしらん**（熟語） 文語の反語表現。現代語に使うこともよくある。どうして知っているだろうか。知らない。例：イズクンゾシラン。ぐっすり寝ていたんやもん。

**いずこ**（代名詞） 何処。不定称。どこ。例：津波で流された我が子は今イズコ。

**いずまえ**（名詞） 行儀。イズマイとも。例：イズマエ正しくするんやで。

**いずみ**（名詞） 泉。地下水の湧き出た所。例：イズミに沿って、繁る森や林。

**いせい**（名詞） 威勢。勢い。元気。例：イセイのええ、神輿かきの若者や。

**いせき**（名詞） 井堰。用水路に水を流すための堰。例：山あいの地には小規模のイセキが多い。

**いせごい**（名詞） 伊勢＋鯉、が語源。鯔（ぼら）。例：関西北陸で、海魚のボラをイセゴイと呼んでいるわけや。

**いせつ**（名詞） 異説。違った説。例：語源にはいろいろイセツがあるようや。

**いぜん**（名詞） 以前。それより前。例：イゼンにもまして稽古してるわ。

**いそ**（名詞） 磯。石の多い波打ち際。例：イソの鮑。イソで水遊び。イソ菜。

**いそぎ**（名詞） 急ぐ必要のあること。例：イソギの仕事が入ったんや。

**いそづたい**（名詞） 磯伝い。海岸が続いていること。例：この浜からイソヅタイの町。

**いそど**（名詞） 磯人。海女。例：磯で働く漁師、海女をイソドというてるんや。

**いそべ**（名詞） 磯辺。磯ぎわ。例：イソべの松の枝ぶりが面白い。

**いた**（名詞） 板。木材を薄く平らにしたもの。例：杉イタ。イタ前。まなイタ。

**いたい**（形容詞） 痛い。程度がはなはだしい。苦しい。不快。例：足がイタイ。十万円の寄付はイタイ。
**いたいけない**（形容詞）小さくてかわいらしい。例：イタイケナイ子供。
**いたいたしい**（形容詞）見ていてかわいそう。例：イタイタシイ小学生の、新聞配達や。
**いたおみき**（名詞）板御神酒。酒の粕。酒が多く残っているのでオミキを使う。例：イタオミキで、おつゆ作るとおいしいわ。
**いたがこい**（名詞）板囲い。板で囲ったところ。例：工事現場のイタガコイ。
**いたがね**（名詞）板金。薄く伸ばした金属の板。例：銅のイタガネで、屋根を葺く。
**いたがみ**（名詞）板紙。板のように厚い紙。例：イタガミを製造している工場。
**いたく**（名詞）委託。他人にゆだね任せること。例：商品の販売をイタクする。
**いたぐら**（名詞）居て＋あぐら、が語源。例：腰をおろしてあぐらをかくから、イタグラかくちゅうんや。
**いたけだか**（名詞、形容動詞）居丈高。人を威圧するような態度。例：イタケダカな態度で人に接してはいかん。
**いたじき**（名詞）板敷。板を敷いた間。または所。板の間。例：畳の間よりイタジキの方が多い家や。
**いたずら**（名詞）悪戯。わるさ。悪ふざけ。例：イタズラが過ぎる。あかん。
**いただき**（名詞）頂。一番上の部分。てっぺん。例：大山のイタダキに登る。
**いただく**（動詞）頂く。頭に載せる。頭をさげて物をもらう。戴く。例：褒美をイタダク。教えてイタダク。
**いたたまれない**（熟語）居堪まれない。その状態でじっと耐えていられない。イタタマラナイとも。例：教え子が雪崩で死んだという知らせで、イタタマレナイ気持ちや。
**いたって**（副詞）至って。きわめて。非常に。例：イタッテ丈夫な男や。
**いたって**（熟語）居たのだって。例：現場に昨日イタッテ、ほんまか。
**いたで**（名詞）傷手。重傷。例：戦争で、イタデを受けた元軍人の話。
**いたど**（名詞）板戸。板を張った戸。例：雨戸にイタドを使うことが少なくなってしまった。
**いたどり**（名詞）虎杖。タデ科の多年草。夏白い花が咲く。例：イタドリの若い茎を食べたもんや。
**いたば**（名詞）板場。調理場。調理師。例：イタバのことを、東京では板前ということが多い。
**いたばさみ**（名詞）板挟み。両者の間に立って、どちらの味方にもなれないこと。例：上司と部下とのイタバサミになる。
**いたま**（名詞）板間。板を張った部屋。例：イタマの多い間取り。
**いたまえ**（名詞）板前。日本料理の料理人。例：ホテルのイタマエ。
**いたみいる**（動詞）痛み入る。相手の親切や丁寧さに恐縮する意。例：奥様のお気持ち、イタミイリマス。
**いためつける**（動詞）痛めつける。ひどいめにあわせる。例：同級生が、おとなしい子を、イタメツケよった。
**いたれりつくせり**（熟語）至れり尽くせり。用意周到。もてなしのよいことにも。例：イタレリツクセリの接待をする。
**いたわしい**（形容詞）労しい。気の毒だ。例：津波で、なくなった子供の親御さんが、イタワシイんや。
**いち**（名詞）市。多くの人が集まり売買するところ。例：イチ場。朝イチ。
**いち**（名詞）位置。場所。物のある所。例：イチづけ。地球上のイチ。
**いちいち**（副詞）ひとつひとつ。例：イチイチ文句をいうな。
**いちえん**（名詞）一円。その地域一帯。例：東山イチエンの神社仏閣。
**いちおう**（副詞）一応、一往。ひとまず。例：式までにイチオウ応接室にお入りください。
**いちがいに**（副詞）一概に。打ち消しと対応することが多く、ひっくるめて、の意。一般論として。例：君はそういうけどイチガイニそんなこと言えへん。
**いちげん**（名詞）一見。馴染みでない客。例：イチゲンの客は、どうしても後回しになるわな。
**いちご**（名詞）苺。桑いちご。例：近畿中国地方では、西洋種のいちごをささないで、桑イチゴのことを言っていたんや。

**いちご**（名詞）一期。一生。一生涯。例：イチゴ一会。イチゴ末代。
**いちこじん**（名詞）一個人。公の資格を離れた一人の人間。例：総理イチコジンとしての考えを伺いたい。
**いちころ**（熟語）いっぺんにころっと負ける。たやすく負かす。例：相手チームが弱過ぎる。イチコロや。
**いちごん**（名詞）一言。ひとつの言葉。例：イチゴン一句。イチゴン半句。
**いちじゅ**（名詞）一樹。一本の樹木。例：イチジュの陰、一河の流れも他生の縁。
**いちじるしい**（形容詞）著しい。明らかで目立つ。例：中世文学と近世文学のイチジルシイ違いは、どこにあるのか。
**いちず**（形容動詞）一途。ひたむき。例：イチズな答えぶりが、心を打った。
**いちぜんめし**（名詞）一膳飯。葬儀で斎は一膳だけ、の意。例：今日は、宴会ですやろ。イチゼンメシでは、あかん。どうぞもう一膳、どうやな。
**いちづける**（動詞）位置付ける。相応な位置に置く。例：世界二位に、イチヅケた優勝戦。
**いちにんまい**（名詞）一人前の転。例：イチニンマイに働く。
**いちはな**（名詞）一番先。例：イチハナに立候補したのが、現知事や。
**いちはなだつ**（熟語）先走る。イチ（一番に）＋ハナ（先頭）＋ダツ（立つ）、が語源か。例：イチハナダッて歌ってんねやろ。
**いちはやく**（副詞）非常に早く。例：事故の様子をイチハヤク知らせてあげてくださった警官。
**いちびる**（動詞）調子に乗って、はしゃぐ。例：あの子、ようイチビッてるな。
**いちまいかんばん**（名詞）一枚看板。芝居で主役を描いた飾りの看板。転じて一団の中心人物。例：あの人がイチマイカンバンで、代わりがないんや。
**いちめい**（名詞）一命。いのち。生命。例：大事故にイチメイをとりとめる。
**いちめんこに**（副詞）一面こに。そのあたり一面に。例：イチメンコニ撒き散らす。
**いちもにもなく**（副詞）すぐに、さっそく。一も二もなく、が語源。例：電話で誘いを受けてイチモニモナク賛成したんや。
**いちもんじ**（名詞）一文字。劇場や講堂の舞台の、正面の上部に下げる横に長い黒幕。例：イチモンジ、しっかりと固定してな。
**いちもんじ**（名詞）一文字。書画の表装の絹の上下に、横に付ける細長い綾。例：このイチモンジ、なかなか立派や。
**いちゃいちゃする**（動詞）男女があたりかまわず、たわむれる意。例：そんな所でイチャイチャスルな。気恥ずかしいやないか。
**いちゃつく**（動詞）男女が仲良く戯れる。例：若いアベックがイチャツイとるわ。
**いちりづか**（名詞）一里塚。街道の一里ごとに、土を高く盛り、木を植えた里標。例：東海道のイチリヅカ。
**いちりゅうまんばい**（名詞）一粒万倍。わずかな元手で大きな収穫を得る意。例：イチリュウマンバイ、少しでも大事にせんとなあ。
**いちわり**（名詞）一割。十分の一。例：イチワリの支持者では少ない。
**いつ**（代名詞）何時。どの時。なんどき。例：イツぞやは大変お世話になりました。
**いっか**（名詞）一家。一つの家、家族。例：イッカをあげて協力する。
**いつかいつか**（熟語）いまかいまか。例：イツカイツカと待ちあぐむ。
**いつかしらん**（熟語）いつの間にか。例：イツカシラン、雨が降って来た。
**いっかど**（名詞）一角。ひとかど、相当な、一人前の。例：子供やのに、イッカドのことをいいよる。
**いっき**（名詞）一気。一息。途中で休まず。例：イッキ呵成に描いた絵の方が、人をひきつける。
**いっき**（名詞）一揆。ひとつ心になること。徒党を組んで蜂起すること。例：土イッキ。一向イッキ。
**いっきに**（副詞）一気に。ひといきに。すぐに、じきに。例：後入り三杯、さあイッキニ飲んで。
**いっきょく**（名詞）一曲。音楽のまとまった一つの曲。例：イッキョクを鑑賞する。
**いっきょく**（名詞）一局。囲碁将棋の一勝負。例：イッキョクお願いします。

**いっきょったら**（熟語） 行ったら。例：歯医者にイッキョッタラ、休診やね。あほらしい。

**いっきょる**（動詞） 行くの卑語。行き＋オル、が語源か。例：うちの息子も、イッキョルわ。

**いつく**（動詞） 居付く。住み着く。例：預かっていた子が、イツイてしまいよったのや。

**いつくしみ**（名詞） 慈しみ。恵み。慈愛。例：母のイツクシミは、有り難かった。

**いっけん**（名詞） 一軒。一つの家。例：道沿いのイッケン屋。

**いっけん**（名詞） 一件。一つのことがら。例：イッケン落着。イッケン書類。

**いっこう**（副詞） さっぱり。全く。例：イッコウ見かけない顔や。

**いっこくもん**（名詞） 一刻者。考えを押し通す人。例：あいつは、ほんまにイッコクモンや。

**いっさんに**（副詞） 一散に。わきめもふらず急ぐ。一目散に。例：イッサンに逃げる。

**いっし**（名詞） 一糸。一本の糸。例：イッシ乱れず、行進する。

**いっしく**（副詞） 常に。例：いたずらが多いさかい、イッシク叱られていた。

**いっしゅ**（名詞） 一種。一つの種類。転じて、どことなく違う。例：イッシュ異様な感じ。

**いっしゅくいっぱん**（名詞） 一宿一飯。ちょっと泊まって世話になること。例：イッシュクイッパンの恩義にあずかったことをいつまでも忘れない。

**いっしょくた**（熟語） 一緒くた。いろいろなものを混ぜ合わせる意。ごっちゃになっていること。例：土と砂とイッショクタにせんといてや。

**いっしょけんめに**（熟語） 一所懸命の古形が残ったもの。例：イッショケンメニ勉強しとる。

**いっしょになる**（熟語） 一緒になる。結婚する。例：イッショニナッてから何年たったかな。

**いっしんいったい**（名詞） 一進一退。進んだり引いたりすること。良くなったり悪くなったりすること。例：病状はイッシンイッタイや。

**いっしんふらん**（名詞） 一心不乱。集中して心が乱れないこと。例：イッシンフランに受験勉強をする。

**いっそ**（副詞） かえって。むしろ。例：イッソ、鉄道などないほうがええ。

**いつぞや**（副詞） いつだったか。例：イツゾヤは大変迷惑をおかけ致しました。

**いったる**（熟語） ……いっている。例：仕事もうまくイッタルそうや。

**いっち**（副詞） 一番。最も。例：あいつが、イッチ速い。

**いっちはんかい**（名詞） 一知半解。ろくろく知っていないこと。例：イッチハンカイの家庭教師。

**いっちょうらい**（名詞） 晴れ着。一帳羅。イッチョウラとも。例：あいつイッチョウライ着て来よった。

**いってかえります**（熟語） いってきます。いってまいります、の意。例：中国四国では、出掛けの挨拶が、イッテカエリマスや。

**いってしもうた**（熟語） 行ってしもうた。行ってしまった。例：家族みんなイッテシモウタ。

**いってつもん**（名詞） 一徹者。一刻者。短気で考えを曲げない者。例：うちの息子、ほんまにイッテツモンや。

**いってて**（熟語） 行っていて（ほしい）。例：先にイッテテ。すぐ行くし。

**いっとうりょうだん**（名詞） 一刀両断。速やかに断固たる処置をする。例：建築すべきか迷っていたらイットウリョウダン、知事が、許可したのや。

**いっとき**（名詞、副詞） 一時。ちょっと。暫時。例：イットキ待っとくなはれ。

**いっとくいっしつ**（名詞） 一得一失。一方に良いところもあるし、また一方に悪いところも。例：イットクイッシツ一概に、決められない。

**いっぱい**（名詞） 一杯。これ以上は無理だという状態。例：時間イッパイ。精イッパイの努力。

**いっぱいこ**（名詞） 一杯こ。いっぱいにあふれていること。例：風呂の水、イッパイコやで。

**いっぱし**（副詞） 一人前の。人並みに。例：イッパシの文句を並べるな。

**いっぺん**（名詞）一度。一回。一とおり。例：もうイッペン。通りイッペンの読経。

**いつまでも**（副詞）いつ実現するか、わからない意。例：イツマデモ待つわ。

**いつわり**（名詞）偽り。嘘をいったりだましたりすること。例：イツワリの身分証明や。

**いで**（名詞）井手。溝。用水。井堰。近畿中国九州四国と、広く使われている。例：川を堰止めて、用水を取り入れる所が、イデや。

**いてくる**（動詞）行てくる。行ってくる。例：奈良までイテクル。

**いてこう**（熟語）行てこう。行って来よう。例：みんなが行くならわしもイテコウ。

**いてさんじます**（熟語）行て参じます。行ってまいります。例：帰宅の時は、イテサンジマシたや。

**いてつく**（動詞）凍て付く。凍りつく。例：イテツクような星空や。

**……いでも**（熟語）……なくても。例：そんなに詳しく書かイデモええのに。

**いてやはる**（熟語）おいでになる。いらっしゃる。例：日曜日やのに、イテヤハラへん。

**いてやはる**（熟語）勤めてなさる。例：毎日、会社にイテヤハル。

**いでゆ**（名詞）出湯。温泉。例：イデユの多い町なんや。

**いてる**（動詞）凍てる。凍りつく。例：道がようイテたるわ。

**いてる**（動詞）在宅している。例：六時なら家にイテルわ。

**いと**（名詞）糸。繊維を細く長くのばしてよりをかけたもの。例：絹イト。

**いと**（名詞）意図。物事をしようとする考え。計画。例：ここに道を作ろうとするイトがわからん。

**いど**（名詞）緯度。赤道を○度、極を九○度とする地球上の位置を示す角度。例：イドと経度を観測してくれ。

**いど**（名詞）井戸。地下水を汲み上げようとする施設。例：イド水。

**いど**（名詞）尻。おいど。しり。例：おイドを、お客さんに向けんようにして、座りなや。

**いどう**（名詞）医道。人を治療したり予防したりする医者の道。例：イドウに精進して人を救う。

**いとけない**（形容詞）おさない。子供っぽい。例：イトケナイ我が子。

**いとこ**（名詞）父母の兄弟、姉妹の子。例：イトコ同士の結婚。

**いとごんにゃく**（名詞）糸蒟蒻。糸状に作ったこんにゃく。すきやき用に使うことが多い。例：イトゴンニャク、あんまり早くから炊くなよ。

**いとしい**（形容詞）愛しい。かわいい。例：イトシイ我が子を、事故で失う。

**いととり**（名詞）糸取り。あやとり。例：イトトリして遊ぼ。

**いとなむ**（動詞）営む。物事をする。勤める。例：父は、食堂をイトナンでいるんや。

**いとはん**（名詞）おじょうさん。イトサン、トウサンとも。例：イトハン、今日は、短大の卒業式やて。

**いとまごい**（名詞）暇乞い。別れを告げること。例：母上、しばらくイトマゴイです。ごきげんよう。

**いな**（名詞）否。打ち消す言葉。いいえ。例：事実かイナか、調べたい。

**いなう**（動詞）担う。ninauからn音脱落。例：ちょっとそっちイノウて。

**いなおる**（動詞）居直る。急に、態度を変える。例：訪問販売人がイナオッた強盗や。

**いなか**（名詞）田舎。人家が少ない田園地帯。例：イナカ家。イナカ者。

**いなご**（名詞）稲子。蝗。バッタ科の昆虫。例：農薬のせいか、イナゴも少なくなった。

**いなす**（熟語）帰らせる。往な＋す（使役）。例：嫁さんイナス馬鹿がいるかいな。

**いなずま**（名詞）稲妻。いなびかり。例：イナズマの多い年は、豊年や。

**いなはった**（熟語）帰りなさった。帰られた。往ナ＋ハッ＋タ、が語源。例：先生もうイナハッタで。

**いなはる**（熟語）居なはる。居なさる。いらっしゃる。例：今度の日曜、先生イナハルやろか。

**いなはる**（熟語）往なはる。帰りなさる。往ニ＋ナサル、が語源。例：お客さん、もうイナハルで。お送りしてや。

**いなへん**（熟語） 往なへん。帰らない。往ぬの打消が語源。例：まだ早いしイナヘンわ。
**いなり**（名詞） 稲荷神社。例：イナリは、五穀の神、農業の神様や。
**いなり**（名詞） 稲荷寿司。例：イナリは油揚げに寿司をつめたものや。
**いにしえ**（名詞） 往古。昔。例：イニシエに祀られた神社や。
**いにしな**（熟語） 往にしな。帰る途中に。例：イニシナに、これ持って帰ってんか。
**いぬ**（動詞） 帰る。去る。古語往ヌの名残り。連体形のイヌルは使わない。例：学校から家へイヌ。もうイノか。
**いぬい**（名詞） 北西の方角。例：イヌイの方角の、庭園。
**いぬころ**（名詞） 犬の子。子犬。例：イヌコロ、貰うてきたわ。
**いぬじに**（名詞） 犬死に。何の役にも立たず死ぬ。例：このままイヌジニしたくない。
**いぬちくしょう**（名詞） 犬畜生。不倫、不道徳な人を犬やけだものに喩えてののしる言葉。例：あの二人、イヌチクショウにも劣るわ。
**いぬわ**（熟語） 帰るわ。往ヌ＋ワが語源。例：うち、用事あるし、先にイヌワ。
**いねぶり**（名詞） いねむり。例：おじいさん、今日もイネブリや。
**いのいちばん**（名詞） 真っ先。第一番。例：イノイチバンに逃げ出すことや。
**いのう**（熟語） 帰ろう。戻ろう。古語往ヌが四段化して、その命令形。例：先生に黙ってイノウか。
**いのくち**（名詞） 井の口。水口。水を引く口。例：用水を引く口、水口をイノクチっていうんや。
**いのこ**（名詞） 亥の子。旧暦十月の亥の日。例：今年のイノコ、何日や。
**いのこり**（名詞） 居残り。残って仕事をすること。残業。例：今晩、イノコリや。
**いのち**（名詞） 生命。例：イノチあっての物種。
**いのまいか**（熟語） 帰ろうじゃないか。例：もうイノマイカ。なあ、みんな。
**いのる**（動詞） 祈る。神仏に祈願する。例：神仏に、毎日イノッております。
**いはい**（名詞） 位牌。仏壇にまつる戒名札。例：イハイを並べる。
**いはった**（熟語） 居はった。いなさった。おられた。例：日曜には、自宅にイハッタんや。
**いばら**（名詞） 茨。野ばら。棘のある低木。いずれにも使う。例：イバラ切ってしもうた。あんまりきれいやないし。
**いばらぼたん**（名詞） バラ。茨＋牡丹、が語源。棘のある草がイバラ。茨で、牡丹のように美しい花。例：外来種のバラは、すべてイバラボタンなんや。
**いばりたおす**（熟語） やたらによくいばる。威勢を誇示する。例：あの議員さん、いつもイバリタオシていやはる。
**いび**（名詞） 指。例：イビ、怪我したわ。
**いびきり**（名詞） 指切り。例：イビキリげんまんやで。
**いびつ**（名詞、形容動詞） 歪。形の歪んだ物。例：イビツになった桶。
**いびぬき**（名詞） 指抜き（運針しやすいように指にはめるもの）。例：イビヌキ貸して。
**いびる**（動詞） いじめてせびる意。例：あいつちょっとイビッてやれ。
**いぶかる**（動詞） 怪しいと思う。例：留守宅に、灯りがついたのをイブカル。
**いふく**（名詞） 衣服。着物衣装。例：イフクを入れる箪笥。
**いほう**（名詞） 違法。法律や命令にそむくこと。例：イホウ行為を咎める。
**いほう**（名詞） 異邦。外国。異国。例：イホウ人。イホウの都。
**いま**（名詞） 今。この時。現在。例：イマかイマかと待つ。
**いまいましい**（形容詞） 忌ま忌ましい。腹立たしい。例：イマイマシイ男や。
**いまさら**（名詞） 今さら。今となっては。例：イマサラ現状に戻せといっても、うまくいくもんか。
**いまじぶん**（名詞） 今時分。今ごろ。例：イマジブンから会議か。
**いましめる**（動詞） 戒める。前もって教えさとす。例：過ちをせんようにイマシメル。
**いまだに**（副詞） 未だに。今でもまだ。例：イマダニ、蒸気機関車が走っている。
**いまどき**（名詞） 今時。このごろ。例：イマドキの中学生、こわいな。

**いまふう**（名詞）今風。現代の風俗。当世風。例：スカートの短いイマフウの服装や。

**いまめかしい**（形容詞）今めかしい。当世風で華やか。例：イマメカシイことを好む人や。

**いまよう**（名詞）今様。現代風の意。例：イマヨウ歌は、平安時代の歌謡や。

**いもくし**（名詞）痘痕。あばた。ぶつぶつと小さなくぼみがあること。例：あばたのことを、近畿北陸岐阜では、イモクシって言うてるわ。

**いもじ**（名詞）鋳物師。例：イモジのいた町だが、名だけや。いまは鋳物など作っていない。

**いもじ**（名詞）湯文字。腰巻き。例：イモジ干すの気が引けるわ。

**いもづるしき**（名詞）芋づる式。ひとつのことから関係者が次々と現れること。例：犯人がイモヅルシキに捕まる。

**いものしの**（名詞）芋のしの。里芋のずいきを干したもの。さつまいもの葉柄をいうところもある。例：イモノシノ、今晩のおかずや。

**いもぼう**（名詞）芋棒。里芋と棒鱈を一緒に煮た名物料理。例：祇園のイモボウ、お食べやしたか。

**いもむし**（名詞）芋虫。蝶や蛾の幼虫で毛のないもの。例：イモムシが農作物を荒らすんで困ってる。

**いや**（感動詞）否定。そうではない。例：右の道やて。イヤ、そやない。細いけど左なんや。

**いや**（形容動詞）嫌い。すきでないこと。例：イヤな奴や。イヤな仕事に手を出す。

**いやがうえに**（副詞）弥が上に。なおいっそう。ますます。例：イヤガウエニ業績が上がる会社なんや。

**いやがる**（動詞）居やがる。言やがる。居る（卑語）。言う（卑語）。例：三匹もイヤガル。悪口ばかりイヤガル。

**いやさか**（名詞）弥栄。いよいよ栄えること。例：山本家と石田家のイヤサカを祈り乾杯。

**いやしい**（形容詞）卑しい。意地汚い。さもしい。例：イヤシイ根性。食い物にイヤシイ。

**いやじする**（動詞）嫌地する。田畑で連作をきらうこと。例：この畑、イヤジシて、何もでけへん。

**いやしんぼ**（名詞）卑しん坊。食い意地の強い人。例：イヤシンボしたらあかへん。

**いやでもおうでも**（熟語）否でも応でも。ぜひとも。無理にでも。例：イヤデモオウデモ連れて行きたい。

**いやはった**（熟語）居やはった。おられた。例：おじさん、社長室にイヤハッタ。

**いやはや**（感動詞）いやまったくの意。驚いた時の語。例：イヤハヤとんだ交通事故や。イヤハヤ、その通りでして。

**いやはらん**（熟語）居やはらん。居られない。例：旅行中でイヤハランで。

**いやはる**（熟語）居やはる。居なさる。おられる。居る、おる、の敬語表現。例：先生は、職員室にイヤハル。

**いややしなあ**（熟語）嫌やしなあ。いやだからなあ。例：噂を立てられたらイヤヤシナア。

**いややわ**（熟語）嫌やわ。例：イヤヤワ。そんなこと言わんといて。

**いやらし**（形容詞）汚ならしいもの。下品なもの。性的な話などに使う。嫌＋ラシイ、が語源。例：イヤラシ、変なビデオ見てるわ。

**いよいよ**（副詞）ますます。いっそう。ついに。例：イヨイヨこれからが、面白いんや。

**いよく**（名詞）意欲。意志と欲望。何かをしようと思う心。例：毎日、イヨクのある生き方をしたい。

**いよらん**（熟語）居よらん。居ない。例：うちの坊主、今イヨラン。

**いよる**（熟語）居るよ。……ヨルは目下に使う。例：いつも家にイヨル。

**いらい**（名詞）依頼。頼むこと。頼ること。例：イライ心が強い。

**いらい**（名詞）以来。その時からあと。例：最後の手術イライ、元気回復。

**いらう**（動詞）弄う。いじる。なぶる。もてあそぶ。例：子供がイラワんようにしときな。

**いらか**（名詞）甍。かわら。例：イラカの波と雲の波。

**いらだき**（名詞）短時間に炊いて、不完全に煮えたもの。例：イラダキの御飯。

**いらち**（名詞）　せっかちもの。落ち着かない人。例：あいつは、イラチや。
**いらつ**（動詞）　急ぐ。焦る。せく。例：そんなにイラツな。
**いらつく**（動詞）　急ぐ。焦る。せかせかする。例：いつもイラツイとる。
**いらへん**（熟語）　要らない。要りません。例：返事はイラヘンさかいな。
**いらやき**（名詞）　短時間で焼いて十分に焼けていないこと。例：イラヤキの魚もういっぺん焼き直して。
**いらん**（熟語）　要らぬ。不要だ。例：もう返してイラン。
**いりあい**（名詞）　入相。日の入るころ。例：イリアイの鐘、湖上に響きわたる。
**いりえ**（名詞）　入江。海や湖が陸に入り込んだところ。入りうみ。例：奥琵琶湖のイリエの桜。
**いりこ**（名詞）　だしじゃこのこと。例：イリコ買うて来て。
**いりこ**（名詞）　はったい粉。麦こがしを粉にしたもの。例：お母さんイリコこしらえて。
**いりひ**（名詞）　入り日。夕日。落日。例：日本海に沈むイリヒの美しさ。
**いりびと**（名詞）　入り人。他地域から、住民票を移してきた人。転入者。例：瀬田川筋にはイリビトが多い。
**いりまへんか**（熟語）　要りませんか。例：この記念切手イリマヘンカ。
**いりまめ**（名詞）　炒り豆。炒った大豆。例：イリマメに花が咲く。

**いりみだれる**（動詞）　入り乱れる。いろいろなものが交じって、乱れたようになる。例：庭にイリミダレて咲く秋の七草。
**いりもや**（名詞）　入母屋。屋根の形。上が二方へ傾斜、下が四方へ傾斜した屋根。例：寺院の屋根は、ほとんどイリモヤや。
**いりょう**（名詞）　衣料。衣服、着物など。例：イリョウ品。
**いりょう**（名詞）　医療。医術による治療。例：イリョウ設備。
**いりよう**（名詞）　入用。必要経費。必要量など。例：京都の大学生の一月のイリヨウは？
**いるい**（名詞）　衣類。衣服や着物。例：長男のイルイを入れた簞笥。
**いれあげる**（動詞）　入れ揚げる。すっかり注ぎこむ。例：小娘にイレアゲて、議員を棒にふる。
**いれおかい**（名詞）　御飯から粥にしたもの。例：冷や御飯があったら、イレオカイにして。
**いれかわりたちかわり**（熟語）　入れ替わり立ち替わり。出入りや交替がはげしいこと。例：イレカワリタチカワリずいぶん多くの歌手が歌った。
**いれこ**（名詞）　入子。同じ形の箱などを大小順に幾つも入れるようにしたもの。例：イレコの箱。
**いれこむ**（動詞）　入れ込む。熱中する。例：えろう発明にイレコンでいるそうやな。
**いれちがい**（名詞）　入れ違い。入れ替わり。例：大学四年間はイレチガイで、顔を合わしてへん。
**いれもん**（名詞）　入れ物。容器。いれもの。例：イレモン忘れんようにしいや。
**いれる**（動詞）　入れる。外から中へ移す。例：箱にイレル。手をイレル。
**いろ**（名詞）　色。色彩。彩り。例：顔イロ。黄イロ。緑イロ。
**いろ**（名詞）　色。情人。例：あの議員のイロって、この人か。
**いろいろ**（名詞、形容動詞）　色々。種類が多い。例：イロイロな考えがあるのや。
**いろきち**（名詞）　色情が強い人。例：あの人、イロキチや。
**いろづく**（動詞）　色づく。葉や果実などに色がついてくる。例：かえでの葉がイロヅク。
**いろどり**（名詞）　色取り。彩り。色を取り合わせること。例：イロドリのある料理や。おいしそう。
**いろめく**（動詞）　色めく。活気付く。例：大統領が変わって、経済界がイロメイた。
**いわ**（名詞）　岩。巌。巨大な岩石のこと。例：大きなイワの上にある灯台や。
**いわい**（名詞）　祝い。祝福。祝賀。例：卒業イワイの会。
**いわく**（熟語）　曰く。言うこと。理由。わけ。例：孔子、イワク。イワクのある家や。
**いわくいいがたし**（熟語）　曰く言い難し。なんとも説明しにくい。例：その問題は、イワクイイガタシや。

**いわさしてもらう**（熟語） 言わさしてもらう。言わせて頂く。サシはサス、の謙譲表現。例：私もイワサシテモラウわ。

**いわし**（名詞） 鰯。イワシ科の魚の総称。例：イワシの頭も信心からや。

**いわしたら**（熟語） 言わしたら。言わせたなら。例：弟にイワシタラ、あいつは、偉いやつや。

**いわしてしもた**（熟語） いためてしまった。例：事故で、車をすっかりイワシテシモタ。

**いわす**（動詞） こわす。やっつける。例：無理な練習で膝をイワス。生意気やでみんなでイワシたろか。

**いわずかたらず**（熟語） 言わず語らず。何も言わなくても気持ちが通じる、意。例：イワズカタラズのうちに悟る。

**いわずもがな**（熟語） 言わずもがな。言うまでもない意。例：英語はイワズモガナ、フランス語も素晴しい。

**いわせてもろてます**（熟語） 言わせてもろてます。話をさせてもらっています。例：待ち時間があったので、考えをイワセテモロテマス。

**いわなみ**（名詞） 岩波。岩に打ち寄せる波。例：冬の日本海のイワナミは、高くきびしい。

**いわね**（名詞） 岩根。大地に根をおろした大きな岩。例：山のイワネにある寺。

**いわはった**（熟語） 言わはった。言われた。イイハッタとも。例：去年先生がイワハッタことや。覚えてるか。

**いわはりました**（熟語） 言わはりました。おっしゃいました。例：昨日、たしかにイワハリマシタ。

**いわはる**（熟語） 言わはる。言われる。おっしゃる。例：おばさんが、ようイワハル話や。

**いわへなんだ**（熟語） 言わへなんだ。言いはしなかった。例：なんぼ問われても、イワヘナンダ。

**いわへん**（熟語） 言わへん。言わない。例：そんなこと、口が裂けてもイワヘンわ。

**いわんかて**（熟語） 言わんかて。言わなかっても。例：そんなことイワンカテ、よう分かったる。

**いわんこっちゃない**（熟語） 言わんこっちゃない。言わないことではない。例：イワンコッチャナイ、怪我してしもて。

**いわんでもええ**（熟語） 言わんでもええ。言わなくてもよい。例：そんなことはイワンデモエエ。

**いわんといとくれ**（熟語） 言わんといとくれ。言わないで下さい。言わないでおいておくれ、の約。例：僕の失敗、イワントイトクレ。頼むさかい。

**いわんとき**（熟語） 言わんとき。言わずにおけ。言わないでおき。例：他人の悪口はイワントキ。

**いわんや**（副詞） まして。言うまでもなく。例：大人でもできぬ。イワンヤ、子供ならなおさらだ。

**いわんや……をや**（熟語） まして、そのうえ、なおさら……だ。例：大人でさえむずかしいのに、イワンヤ子供においてヲヤ。

**いんきょ**（名詞） 隠居。家業をゆずり気楽に暮らすこと。例：インキョは、離れにいる。

**いんぎん**（名詞） 慇懃。丁寧で礼儀正しいこと。例：インギンな挨拶を受ける。

**いんしゅ**（名詞） 飲酒。酒を飲むこと。例：インシュ運転は、違法です。

**いんしょく**（名詞） 飲食。飲むことと食うこと。例：インショク店。

**いんそつ**（名詞） 引率。人を引き連れること。例：修学旅行のインソツなんや。

**いんだ**（熟語） 往んだ。帰った。例：みんなインデしまよった。みんなインダわ。

**いんでき**（熟語） 往んで来。帰って来なさい。例：宿題とりに、すぐインデキ。

**いんでくる**（熟語） 往んで来る。帰って来る。例：忘れ物したで、ちょっとインデクル。

**いんでこい**（熟語） 往んで来い。帰って来い。例：類焼してるかも知れん。インデコイ。

**いんね**（熟語） 否。いんにゃ、とも。いいえ、の意。例：インネを使うのは、中国、九州の人が多いようや。

**いんねん**（名詞） 因縁。前世から定まっている運命。いいがかり。例：浅くないインネン。インネンをつける。

**いんまに**（副詞） 今に。やがて。例：インマニ内閣つぶれるわ。

**いんまに**（熟語）居ん間に。居ない間に。居ぬ間に。例：鬼のインマニ洗濯や。

**いんりょうすい**（名詞）飲料水。飲み物。例：インリョウスイの自動販売機。

**いんれき**（名詞）陰暦。旧歴。例：インレキの正月は、何日や。

# う

**う**（う抜き）（助動詞）意志。動詞五段活用の未然形そのままで、意志の助動詞「う」を抜いて意志を表す。例：通ろ（ウ）、行こ（ウ）、書こ（ウ）。

**……う**（助動詞）意志。しようと思う。例：今日から学校へ行こウ。

**……う**（助動詞）推量。おしはかって思う。例：もう朝だろウ。

**うー**（名詞）鵜。鳥の、う。一音節語の長音化。例：ウーを飼い慣らす。

**うー**（名詞）鰻。うなぎ。例：ウーの料理の店。複合語では、ウ飲み、ウ巻き、と一音。

**うー**（名詞）卯。干支のうさぎ。一音節語の長音化。例：寅年の次は、ウーの年や。

**うい**（形容詞）憂い。気の毒。つらい。例：また事故やて。ウイ事や。

**ういういしい**（形容詞）初々しい。ものなれない。うぶで、純な感じ。例：ウイシイ感じの新入生。

**ういじん**（名詞）初陣。はじめて試合に出ること。元は、はじめて戦場に出ること。例：ウイジンの選手の心得。

**ういたはなし**（熟語）浮いた話。根拠のない話。例：どうもウイタハナシで信用できん。

**ういたはなし**（熟語）浮いた話。男女の艶聞。例：近頃社内では、ウイタハナシ聞かんなあ。

**ういてんぺん**（名詞）有為転変。この世のものいっさいは、はかないこと。例：ウイテンペンは、中世の言葉や。

**ういろう**（名詞）外郎。米の粉に砂糖を加えて蒸した菓子。例：ウイロウは、名古屋名産のおみやげや。

**ううん**（感動詞）それは違うと否定する時の言葉。例：あの人？　ウウン、あの人やない。

**うえ**（名詞）上。高い所。表面。例：ウエにはウエがある。

**うえき**（名詞）植木。庭や鉢に植えた木。例：ウエキに水をやって。

**うえこみ**（名詞）植込み。庭の植木を植えた所。例：ウエコミの手入れ。

**うえじに**（名詞）飢え死に。飢えて死ぬこと。例：戦後は、ウエジニする人も多かった。

**うえなおす**（動詞）植えなおす。植えかえる。例：庭の木をウエナオス。

**うえぶとん**（名詞）上布団。うわぶとん。敷き布団の上にかける布団。着布団。カケブトンとも。例：ウエブトンも干しといて。

**うえる**（動詞）植える。植物を育てるため根を土に埋める。例：稲をウエル。

**うえる**（動詞）飢える。食物がなくなり苦しむ。例：食料不足でウエル。

**うおうさおう**（名詞）右往左往。大勢の人が行ったり来たりして混乱すること。例：テロ騒ぎで、出口付近でウオウサオウの大混乱や。

**うおや**（名詞）魚屋。活きのいいウオの店。例：ウオヤで、鰤を買うてくる。

**うおんびん**（名詞）ウ音便。用言の連用形などで、「く、ぐ、ひ、び、み」が、「う」に変わること。例：「良くて」が「良うて」、「買ひて」が「買うて」となるのが、ウオンビンや。

**うかがう**（動詞）伺う。聞く。たずねる。例：お話をウカガウ。

**うかつ**（名詞）迂濶。注意が足らず気付かないこと。例：財布を落とすとはウカツだった。

**うかっとする**（動詞）ぼんやりしている。ウッカリスルとも。例：ウカットシテ間違えたんや。ごめん。

**うかつな**（形容動詞）迂闊な。注意が足らず気付かない様子。例：ウカツナ運転したらあかん。

**うかばれる**（動詞）面目が立つ。例：そうしてもろたら、ウカバレルわ。

**うかびあがる**（動詞）浮かび上がる。人に知られていなかったことが表面に出る。

例：隠れた善行が、これでウカビアガルわい。
**うかぶ**（動詞） 浮かぶ。底につかないで、表面に現れる。例：白い雲が空にウカブ。
**うがん**（名詞） 右眼。右の眼。例：ウガンが、病気や。失明のおそれあり。
**うきうき**（副詞） 浮き浮き。楽しくて心が落ち着かないこと。例：ウキウキした気持ちで遊覧船に乗る。
**うきたつ**（動詞） 浮き立つ。心がうきうきする。例：世の中ウキタチ、人の心も定まらん。
**うきめ**（名詞） 憂き目。辛く悲しい経験。例：船が沈没するというウキメに遭う。
**うきよ**（名詞） 浮き世。定めないはかない世。例：ウキヨの風にあたる。ウキヨ草子。
**うく**（動詞） 浮く。水面や空中に存在する。例：木の葉がウク。ウキ雲。
**うぐいす**（名詞） 鶯。ウグイス科の小鳥。鳴き声が美しい。例：梅にウグイス。
**うぐいすばり**（名詞） 鶯張り。寺院や城などの廊下で、踏むと板と板がこすれて音の出るようにしたもの。例：ウグイスバリの廊下。
**うけ**（名詞） 木を伐る方向に斧を入れておくこと（樵の用語）。例：ウケは、しっかりはいっているな。
**……うけ**（接尾語） 値打ち。例：この魚は食いウケがある。読みウケがある。
**うけおう**（動詞） 請負う。引き受ける約束。例：土木建築をウケオウ。

**うけがええ**（熟語） 評判、人気、人うけがよい、意。例：ウケガエエ真面目な先生や。
**うけこたえ**（名詞） 受け答え。質疑に応答すること。例：議員と大臣とのウケコタエを、テレビで見る。
**うけたまわる**（動詞） 承る。聞く、承知するの謙譲語。例：用件はたしかにウケタマワリました。
**うけつけ**（名詞） 受付。用件や外来者を取り次ぐこと、人、場所。例：会社のウケツケで聞いて下さい。
**うけとり**（名詞） 受取。領収書。例：ウケトリもろて来たか。
**うけとり**（名詞） 請負の仕事。例：この普請、ウケトリか。
**うけながす**（動詞） 軽く受けて流す。軽くあしらう。例：相手の抗議を、口頭で詫びてウケナガシたのが悪かった。
**うけにいる**（熟語） 有卦に入る。運が向いて、うまくはかどる。例：土地が値上がりして、ウケニイッとるわ。
**うける**（動詞） 歓迎される。好評である。評判がよい。例：大臣の話がアメリカでウケル。
**うご**（名詞） 雨後。雨の降ったあと。例：ウゴのたけのこ。
**うごかす**（動詞） 動かす。うつす。移動する。発動する。例：家具をウゴカス。機械をウゴカス。
**うごく**（動詞） 動く。状態がかわる。ゆれる。安定しない。移動する。活動する。

例：世の中がウゴク。電車がウゴク。機械がウゴク。
**うこんのたちばな**（名詞） 右近の橘。紫宸殿のきざはしの下の右（天皇から見て）に植えてある橘。例：向かって左がウコンノタチバナや。
**うさぎ**（名詞） 兎。ウサギ科の哺乳動物。例：ウサギの耳。白ウサギ。
**うざこい**（形容詞） きたならしい。気持ちが悪い。例：最後にウザコイ仕事が残ったなあ。
**うさばらし**（名詞） 憂さ晴らし。気晴らし。例：ウサバラシに、ドライブや。
**うし**（名詞） 牛。ウシ科の草食の哺乳動物。例：ウシの歩み。ウシの涎。
**うじうじ**（副詞） ぐずぐず。もじもじ。ウズウズとも。例：何をウジウジしてんねや。はっきりせんか。
**うしかい**（名詞） 牛飼い。牛を飼う人、使う人。例：ウシカイの家。
**うじすじょう**（名詞） 氏素姓。その人の生まれた家柄。例：ウジスジョウを、はっきりさせてほしい。
**うじちゃ**（名詞） 宇治茶。宇治市名産の茶。例：おいしいウジチャをいただく。
**うしのうた**（熟語） 失った、のウ音便。紛失した。例：また傘をウシノウタ。
**うしみつどき**（名詞） 丑三つ時。午前三時ごろ。例：ウシミツドキに、出歩くな。
**うじゃうじゃ**（副詞） たくさん。例：虫がウジャウジャ湧いとるわ。
**うじゃる**（動詞） 群がる。例：鯉がウジャルほどいる。

**うしろ**（名詞） 後。後方。背後。例：右ウシロから、追い着き追い抜いていく。

**うしろぐらい**（形容詞） 後暗い。悪事を人に隠して良心がとがめる。ウシロメタイとも。例：私にもウシログライところがある。

**うしろめたい**（形容詞） 後めたい。うしろぐらい意。例：ウシロメタイことだけは、しないでほしい。

**うず**（名詞） 渦。巻いて流れる水。例：ウズ潮。ウズ巻き。

**うすい**（形容詞） 薄い。厚みが小さい。例：ウスイ紙。ウスイ塩水。

**うずうず**（副詞） 気持ちがはやる。例：試合が早くはじまらんかと、ウズウズしてるわ。

**うすかわ**（名詞） 薄皮。皮が薄いまんじゅう。例：ウスカワのじょうよ饅頭。

**うすくち**（名詞） 薄口醤油の略。例：うまいウスクチや。

**うずくまる**（動詞） しゃがむ。例：グランドにウズクマッている人、熱中症か。

**うすぐろい**（形容詞） 薄黒い。少し黒い。例：ウスグロイ身体の関取や。

**うすげしょう**（名詞） 薄化粧。あっさりした化粧。例：昼の会合やから、ウスゲショウがええ。

**うすずみいろ**（名詞） 薄墨色。墨色の薄いもの。例：薄いねずみ色が、ウスズミイロや。

**うすっぺらな**（形容動詞） 薄っぺらな。薄くて内容がない。薄くてぺらぺらしたもの。例：なんというウスッペラナ人間やろ。

**うすはなざくら**（名詞） 薄花桜。花の色の薄い桜。例：ウスハナザクラが、見事に咲いた。

**うすべり**（名詞） いぐさで編んだ畳表のような敷物。ウワシキ。ゴザとも。例：畳の上にウスベリ敷いておくれ。

**うすむらさき**（名詞） 薄紫。薄い紫色。例：ウスムラサキの藤の花。

**うすらさむい**（形容詞） 薄ら寒い。なんとなく寒い。例：ウスラサムイを、うそ寒い、ともいうわなあ。

**うせる**（動詞） 失せる。なくなる。紛失。例：血の気がウセル。ウセ物。

**うそ**（名詞） 嘘。本当でない。いつわり。例：ウソから出たまこと。ウソも方便。

**うそさむい**（形容詞） 薄ら寒い。例：ウソサムイ晩やなあ。

**うそつき**（名詞） 嘘つき。嘘をいう人。例：ウソツキは、泥棒の始まりや。

**うそっぱち**（名詞） 嘘っぱち。嘘の強調表現。例：候補者の演説、みんなウソッパチや。

**うそのかわ**（名詞） 嘘の皮。全くの嘘。真っ赤な嘘。例：あいつの言うこと全部、ウソノカワや。

**うそぶく**（動詞） 嘘ぶく。大きなことを言う。例：末はノーベル賞やとウソブク。

**うそや**（熟語） 嘘だ。例：被告も弁護人も言うことみなウソヤ。

**うそをだます**（熟語） 嘘をつく。例：またウソヲダマシよった。

**うた**（名詞） 歌。節をつけて歌うもの。例：唱歌、歌謡、短歌、みなウタや。

**うたい**（名詞） 謡。能楽の詞章。謡曲。例：今日もウタイの練習や。

**うたう**（動詞） 歌う。声に節をつけ拍子をとって口に出す。例：歌をウタウ。

**うだうだ**（副詞） くどくど。例：つまらん考えを、ウダウダ言うな。

**うだうだいう**（動詞） くどくど言う。例：済んだことをウダウダイウな。

**うたかた**（名詞） 泡沫。水に浮かぶ泡。はかないもののたとえ。例：流れに浮かぶウタカタ。ウタカタの世の中。

**うたがわしい**（形容詞） 疑わしい。怪しい。例：車を止めた。どうもウタガワシイ。

**うたぐりぶかい**（形容詞） 疑り深い。疑って勘繰る気持ちが強い。例：ウタグリブカイやつやなあ。

**うたたね**（名詞） 寝るとはなしに寝ること。例：縁側でウタタネや。

**うだつがあがらない**（熟語） いつまでも成功できない。ウダツ（梲）は、構えの大きい商家が、軒伝いに延焼するのをふせぐために大屋根の軒下の屋根上に作った土塀。例：父は、今年も課長で、ちっともウダツガアガラナイ。

**うたてい**（形容詞） ウタトイ。ウタテとも。いやで、不快で、つらい、なさけない。古語ウタテシから。特に、雨に濡れた時の不快さに良く使う。例：雨の日の出張は、ウタテイこっちゃ。

**うたまくら**（名詞） 歌枕。和歌に詠まれる諸国の名所や歌の題材。例：その昔、ウタマクラという書物があったそうや。

**うたものがたり**（名詞） 歌物語。和歌を中心とした短い説話を集めた物語。例：伊勢物語は、ウタモノガタリやったな。

**うたよみ**（名詞） 歌を作ること。作る人。歌人。例：ウタヨミは、現代でも多い。

**うだる**（動詞） ゆだる。ウデルの自動詞。暑さなどでぐったりする。例：ウダルような暑さや。

**うち**（代名詞、名詞） 私、我が家、内部。家。例：ウチの子供。ウチの家。ウチの会社。幕のウチ。

**うちあげ**（名詞） 打ち上げ。終わり。結末。興行などを終了すること。例：十三日がウチアゲや。

**うちあげ**（名詞） 打ち上げ。行事が終わった時の宴会。例：ウチアゲに、そこの店で一杯やるか。

**うちあわせる**（動詞） 打合せる。前もって相談する。例：運動会の進行についてウチアワセル。

**うちうち**（名詞） 内々。家の内部事情。家計の内情。経済的内容。例：あそこの家、大分ウチウチが悪そうや。

**うちうみ**（名詞） 内海。入り海。例：日本には、あちこちにウチウミがある。

**うちうら**（名詞） 内面。内側。内＋裏が語源。外から見えない部分。例：県の財政のウチウラは、わからん。

**うちきり**（名詞） 打切り。途中で止めること。例：不正行為で奨学金もウチキリや。

**うちけす**（動詞） 打消す。否定する。ウチケシの助動詞。例：弁明をウチケス。

**うちじに**（名詞） 討ち死。戦場で敵と戦って死ぬこと。例：湊川でウチジニした楠公。

**うちだし**（名詞） 打出し。劇場で芝居の終わること。終わりに太鼓を打ったから。例：国技館のウチダシは六時や。

**うちづらがよい**（形容詞） 内面が良い。うちわの人に対する顔付きや態度が良い意。例：そとづらはともかく、ウチヅラガヨイ子供やった。

**うちとける**（動詞） 打ち解ける。気を許しくつろぐ。例：ウチトケた話で楽しむ。

**うちとこ**（名詞） 私のところ。私の家、ウットコとも。例：ウチトコに遊びに来て。

**うちね**（名詞） ｕｔｉｎｏｉｅからｏｉが脱落。私の家の意。例：ウチネの自動車、傷だらけや。

**うちのひと**（名詞） 自分の夫のこと。例：ウチノヒトには、秘密や。

**うちのひと**（名詞） 我が家の者、妻から夫のことをいう。例：ウチノヒトに電話しとくれ。

**うちのもん**（名詞） 我が家の者、または妻。例：ウチノモンに、連絡してんか。

**うちはなあ**（熟語） 私はねえ。例：ウチハナア、嘘つきが大嫌いや。

**うちばり**（名詞） 内張り。内部に張ること。例：籠や箱のウチバリに使う和紙。

**うちべんけい**（名詞） 内弁慶。家では元気者だが、家庭の外では、しごくおとなしい子供の意。例：うちの坊主、ひどいウチベンケイや。

**うちぼり**（名詞） 内堀。城の内部の堀。例：大阪城のウチボリ。

**うちまた**（名詞） もも（股）の内側。例：ウチマタで歩く。ウチマタ膏薬。

**うちみ**（名詞） 打ち身。打撲傷。例：ひどいウチミで、明日から休場や。

**うちゅう**（名詞） 宇宙。天体その他万物を包含する全空間。例：ウチュウは、中世の辞書にも出てくる言葉や。

**うちょうてん**（名詞） 有頂天。喜びに夢中になること。例：得意の絶頂、つまりウチョウテンになっておるわ。

**うちら**（代名詞） 私ら。例：誰もウチラには言うてくれやらへん。

**うちわ**（名詞） 団扇。あおいで風を起こす道具。円形の竹の骨に紙張り。例：夕涼みに、ウチワが欲しい。

**うちわ**（名詞） 内輪。仲間同士。例：ウチワ揉め。ウチワの話にしておこう。

**うつ**（動詞） 打つ。叩く。強くぶつける。例：頭をウッて、危険や。

**うつうつ**（副詞） うつらうつら。例：疲れているのか、ウツウツいねむりや。

**うっかりする**（熟語） ぼんやりして、不注意なことをする。例：ウッカリシテ、信号見落としてしもうた。

**うっかりすると**（熟語） どうかすると。ぼんやりしていると。例：ウッカリスルト、キー入れたまま、ドア締めてしまうわ。

**うつくしい**（形容詞） 美しい。きれいで快い。例：ウツクシイ景色が見える窓。

**うつす**（動詞） 移す。場所を変える。例：売店をウツス。都をウツス。

**うつす**（動詞） 映す。物の形を映ずる。例：富士の山を逆さにウツス湖や。

**うっすら**（副詞） 薄く、少し。例：そのことはウッスラ聞いたことがある。

**うったえ**（名詞） 訴え。訴訟。例：空腹をウッタエる子供。

**うったって**（熟語） 売ったって。売ってやって。例：休みやけど、ガソリン、ウッタッテ。

**うっちゃらかす**（動詞） そのままに打ち散らかす。例：仕事をウッチャラカス。

**うつつ**（名詞） 現。目の前にある現実。正気。例：夢かウツツか。夢ウツツ。

**うっつけ**（名詞、形容動詞） よく当てはまる。共通語ウッテツケから、テ音の脱落。例：あの男に、この娘さんならウッツケや。話進めとくれ。

**うって**（名詞） 討っ手。賊を追って討つ人。例：もう百騎ほどウッテが欲しい。

**うってかわる**（動詞） 打って変わる。急に態度や状態がかわる。例：昨日とウッテカワッて上天気や。

**うってつけ**（名詞、形容動詞） 打って付け。最適だ。例：ちょうど、ウッテツケや。

**うっとうしい**（形容詞） 鬱陶しい。はればれしない。重苦しい。例：ウットウシイ梅雨空。髪の毛が顔にかかって、ウットウシイわ。

**うっとくれんか**（熟語） 売っとくれんか。売ってくださらないか。例：すまんけど、米ウットクレンカ。

**うっとこ**（熟語） 私の家。ウチノトコロ、ウチトコの約。例：ウットコで怪我の手当したら。

**うっとしい**（形容詞） 鬱陶しい。天気や気分が晴れ晴れしない。例：ウットシイ天気や。

**うっとしい**（形容詞） 鬱陶しい。うるさい。不潔、汚らしい。例：ウットシイ問題を、今持ちださんでもええやろ。

**うつぶく**（動詞） うつむく。例：そのベッドの上にウツブキな。

**うつぶける**（動詞） うつむける。伏せる。例：その笊、ウツブケといて。

**うつぶす**（動詞） 下に向く。頭を垂れる。例：ウツブセになって下さい。

**うっぷん**（名詞） 鬱憤。積もり積もった不満や怒り。例：ウップンを晴らす。

**うつらうつら**（副詞） ねむたくて、意識がはっきりしない。うとうと。例：椅子にもたれてウツラウツラしてる。

**うつり**（名詞） つりあい。調和。例：この着物、ウツリが悪いわ。

**うつり**（名詞） 祝い金の返し。例：結納のウツリ、一割やて。

**うつりか**（名詞） 移り香。他のものから移ったかおり。例：くちなしのウツリカがするんや。

**うつりかわり**（名詞） 移り変わり。変遷。例：奈良の都のウツリカワリを見る。

**うつりかわる**（動詞） 移り変わる。時とともにだんだんと変わっていく。変遷する。例：八十年もたつと神戸の街も、ずいぶんウツリカワルもんや。

**うつる**（動詞） 移る。場所を移動する。伝染する。例：家をウツル。病気がウツル。

**うつろ**（名詞、形容動詞） 空ろ、虚ろ。空洞。空虚虚脱状態。例：ウツロな心。

**うで**（名詞） 腕。肘と手首の間。転じて、腕力。技量。例：ウデまくり。ウデのよい大工さん。ウデまえ。

**うてかえす**（動詞） ひっくりかえす。例：盆をウテカエシたのは、過ちか？

**うてかえる**（動詞） ひっくりかえる。転ぶ。例：マットの上で、ウテカエル運動の練習や。

**うでずもう**（名詞） 腕相撲。腕と腕の力比べ。例：机の上でウデズモウしよう。

**うでたて**（名詞） 腕立て。例：ウデタテふせ。

**うでる**（動詞） ゆでる。例：玉子をウデル。

**うとい**（形容詞） 疎い。良く知らない。例：世事にウトイ学者。

**うとい**（形容詞） 注意深くない。ひどい。例：ウトイ目におうた。

**うとい**（形容詞） 馬鹿。あほう。例：あいつ、だいぶウトイわ。

**うとた**（熟語） 歌った、のウ音便ウトウタの約。例：忘年会でウトタ歌は、その歌かな。

**うとたれ**（熟語） 歌たれ。他人に歌ってあげて。ウトウタレとも。例：卒業生にウトタレ、喜ぶぞ。

**うとてしまった**（熟語） 歌ってしまった。例：忘れていた歌やが、つい思い出してウトテシマッタ。

**うどん**（名詞） 饂飩。小麦粉を練り細長く紐状に切った食品。例：ウドンは、中世の辞書に出てくる。古い言葉や。

**うなぎ**（名詞） 鰻。ウナギ科の淡水魚。例：ウナギ料理。ウナギ登り。

**うなぎのねどこ**（熟語） 鰻の寝床。間口が狭く奥行きの深い家。例：谷町五丁目の店は、ウナギノネドコやった。

**うなじ**（名詞） 項。えり首。例：首の後ろの部分を、ウナジとゆうのや。

**うなばら**（名詞） 海原。広い海。例：カモメの飛ぶウナバラを、汽船でわたった。

**うなる**（動詞） 唸る。大きくて低い声を出す。例：動物のウナル声がきこえる。

**うね**（名詞） 畝。作物を植えつけるために、一定の間隔で畑の土を盛り上げた所。例：畑のウネ。ウネ間。ウネ織り。

**うねきり**（名詞） 畝切り。畝を鍬で作ること。例：畑ならして、ウネキリしてな。よしきた。

**うねたて**（名詞） 畝立て。深く畝を作ること。例：耕した後、ウネタテしとこう。

**うのはな**（名詞） 卯の花。初夏に咲く白い花。例：ウノハナの咲く庭の垣根。

**うぶぎ**（名詞） 産着。赤子に着せる着物。例：ウブギの用意はええか。

**うぶげ**（名詞） 産毛。赤子の柔らかく、薄い毛。例：ウブゲの赤ちゃんを覗く。

**うぶゆ**（名詞） 産湯。生まれた赤ちゃんの入浴する湯。例：ウブユの温度気を付けてや。

**うぶわらい**（名詞） 生まれた赤ん坊が、一人笑いをすること。例：まあ、かわいい。ウブワライしやったで。

**うま**（名詞） 馬。ウマ科の哺乳動物。例：ウマの耳に念仏。競馬ウマ。

**うまい**（形容詞） 美味い。おいしい。あまい。例：ウマイ和菓子やなあ。

**うまい**（形容詞） 都合のよい。例：ウマイ話に乗るなや。

**うまいこっちゃ**（熟語） よかった。例：ウマイコッチャ。クイズが当った。

**うまいもんだ**（熟語） 好都合だ。例：ウマイモンダ。ええ時、売ってよかった。

**うまいもんやのう**（熟語） 上手だねえ。例：ウマイモンヤノウ。上手になおしたる。

**うまうま**（名詞） うまいもの（幼児語）お菓子。おやつ。例：ウマウマ、おくれ。

**うまがあう**（熟語） 意気が投合する。例：あいつとは、なんやらウマガアウ。

**うまき**（名詞） 鰻を芯にした卵焼き。例：付け合わせにウマキを添えますわ。

**うます**（動詞） 熟成させる。むらす。例：炊いた飯を十分ウマス。

**うまのはなむけ**（名詞） 餞別。例：別れに際し、ウマノハナムケをする。

**うまのほね**（名詞） 馬の骨。人の素姓のわからぬこと。例：どこのウマノホネか。

**うまのり**（名詞） 馬乗り。またがること。例：ウマノリになって、犯人を押さえる。

**うまや**（名詞） 馬屋。厩。馬小屋。例：ウマヤの掃除。これが大切や。

**うまや**（名詞） 駅。街道の要所に馬や人足を備えた宿駅。例：駅はウマヤと読む。現在の鉄道の駅は、意味を生かした字や。

**うまる**（動詞） 埋まる。うずもれる。例：赤字がウマル。デモで広場がウマル。

**うまれあわせる**（動詞） 同時代に生まれる。例：食糧難の時にウマレアワセた妻だから、話がよく合う。

**うまれかわる**（動詞） 生まれ変わる。性格や内容が一変する。例：新しい会社にウマレカワル。

**うまれる**（動詞） 生まれる。誕生する。死ぬに対する語。例：子供がウマレル。

**うみ**（名詞） 海。水をたたえた非常に広い所。例：潮のウミ。水のウミ。うちウミ。ウミは広いな大きいな。

**うみ**（名詞） 膿。化膿したところから出る黄色の液。例：ウミがたまって、怪我が直らない。

**うめ**（名詞） 梅。バラ科の落葉高木。白梅、紅梅ともに香りのよい花。例：ウメに鶯。東風が吹いたら匂いをよこしてほしいウメの花。ウメ干。

**うめあわせる**（動詞） 埋め合わせる。不足や損失を他のもので補う。例：遅刻のウメアワセに私がやりましょう。

**うめぼし**（名詞） くるぶし。例：足のウメボシの上にボールが当った。

**うめる**（動詞） 埋める。うずめる。例：タイムカプセルをウメル。

**うめる**（動詞） 湯に水を加えて温度を下げる。増し水をする。例：あと三分ほどウメルとええわ。

**うもれぎ**（名詞） 埋もれ木。樹木が土中埋もれていて炭化したもの。転じて、下積みの恵まれない境遇の意。例：井伊直弼は、ウモレギ舎に住んでいた。

**うら**（名詞） 裏。表の反対側。例：ウラ通り。ウラ返す。ウラ地。ウラ日本。

**うら**（代名詞） おれ。私。例：ウラにも、一本おくれ。

**うら**（名詞） 浦。海や湖の、陸地に入り込んだ所。入江。海辺。例：ウラの船着場。二見がウラ。

**うらうち**（名詞） 裏打ち。箱や籠の補強。転じて、証拠だてる、意。例：実験をくりかえして、ウラウチをする。

**うらさびしい**（形容詞） なんとなくさびしい。例：ウラサビシイ海岸や。

**うらじろ**（名詞） 裏白。ウラジロ科のシダ。例：正月の飾りのウラジロ捜し。

**うらっぺら**（名詞） 裏側。例：家のウラッペラの畑。

**うらはら**（名詞） 裏腹。ウラヘラとも。反対。あべこべ。例：言うこととしてることと、ウラハラや。

**うらみがましい**（名詞） 恨みがましい。うらんでいる様子である。例：ウラミガマシイ顔や。

**うらむ**（動詞） 恨む。人を憎み怒る。また、残念に思う。例：人の死をウラム。

**うらやましい**（形容詞） 羨しい。他人の立派なところを見て、そうなりたい。例：広い家がウラヤマシイんや。

**うらんならん**（熟語） 売らねばならぬ。例：今日中に弁当ウランナラン。

**うり**（名詞） 瓜。ウリ科の一年生つる草シロウリ。例：ウリの蔓になすびはならぬ。

**うりかい**（名詞） 売り買い。商い。取り引き。例：ウリカイも、中世の辞書にある言葉。

**うる**（名詞） 粳。うるち米。餅米に対する語。例：ウルとモチと、どっちが多いのや。

**うる**（名詞） 閏年。ウルドシとも。例：次のウルは、西暦何年や。

**うるさい**（形容詞） 煩い。わずらわしい。やかましい。例：ウルサイ。もう少し静かにしてくれんか。

**うるしざいく**（名詞） 漆細工。漆の塗料を塗り重ねて光沢を出した細工。例：ウルシザイクの、帯留めを買う。

**うれい**（名詞） 憂い。心配。気がかり。例：今年はウレイが多うてなあ。

**うれしい**（形容詞） 嬉しい。喜ばしく楽しい。例：ウレシイ入学式。ウレシイ修学旅行。

**うれしがらせ**（名詞） 嬉しがらせ。人を喜ばせるような言動。例：ウルシガラセを言うておもしろがっている。

**うれしがり**（名詞） 嬉しがり。軽率な人。わずかなことに嬉しがる人。例：あの男、ほんまにウレシガリやわ。

**うれのこり**（名詞） 売れ残り。商品の売れ残った物。転じて、適齢期を過ぎた女性。例：バーゲンセール言うてもウレノコリばかりや。三十五にもなったらウレノコリやな。

**うれやい**（熟語） 売れやい。売ってしまえ。ウレヤとも。例：株、損やけどウレヤイ。

**うれゆき**（動詞） 売れ行き。売れていく状態。売れぐあい。例：子供服のウレユキ、すばらしいわ。

**うれる**（動詞） 売れる。品物が購入される。例：よくウレル店。ウレル商品。

**うれる**（動詞） 熟れる。よく熟する、意。例：ようウレタ瓜や。

**うろ**（名詞） 空洞。大木の空洞。川岸の水中の空洞。ウロタとも。例：両岸のウロ、ずうっとつづいて下りて来てくれ。

**うろおぼえ**（名詞） 空覚え。ウロ（空虚）＋オボエ（覚え）、が語源。確かでない記憶。例：電話番号はウロオボエでしか覚えとらん。

**うろがくる**（熟語） うろたえる。あわてて通常の思考ができなくなる。例：試験前の事故でウロガキてる。

**うろこ**（名詞） 鱗。魚などの体表をおおい守る小片。例：鯛や鯉のウロコ。

**うろたえる**（動詞） 狼狽える。あわて迷いうろうろする。例：川の増水ぐらいでウロタエたらあかん。

**うろつく**（動詞） あてもなく近くをうろうろと歩く。ウロウロスルとも。例：城跡をウロツク。

**うろちょろ**（副詞） 目の前を動いてめざわり。例：舞台の前を、ウロチョロするな。

**うわき**（名詞、形容動詞） 浮気。愛情がうわついて変わりやすいこと。例：うまれつきウワキな男や。

**うわぎ**（名詞） 上着。一番上に着る衣服。上下の分かれた服では、上の服。例：背広のウワギ、汚れてるわい。

**うわしき**（名詞） 上敷。畳の上に敷き詰めるござ。例：居間のウワシキを取り替えようか。

**うわずる**（動詞） 上擦る。声などが調子外れに高い。例：事故で、乗務員の声が、ウワズッている。

**うわっぱり**（名詞） 上っぱり。仕事をするのに、汚れを防ぐため上に羽織るもの。例：ウワッパリの汚れを落とす。

**うわて**（名詞） 上手。技量や知恵が優れている人。例：あいつは、わしより、ずっとウワテや。

**うわぬり**（名詞） 上塗り。壁や漆の最後の仕上げ塗り。転じて、良くないことを重ねること。例：恥のウワヌリ。

**うわのせ**（名詞） 上乗せ。追加。例：もうすこし代金ウワノセしてもらわんと。

**うわのそら**（形容動詞） 上の空。心が他の事にとらわれ集中しないこと。例：注意を、ウワノソラで聞く。

**うわぶとん**（名詞） 上布団。掛け布団。例：ウワブトン、もう一枚掛けて。

**うわまえはねる**（熟語） 上前はねる。口銭を取ること。ピンハネとも。例：ウワマエハネたん誰や。

**うわめづかい**（名詞） 上目使い。顔を上げずに、目だけ上に向けて見る見方。例：ウワメヅカイに親の顔を見る子供。

**うん**（感動詞） はい。承諾、応答。例：おまえもいくか。ウン、行く。

**うんこ**（名詞） 大便の幼児語。ババ、ウンチとも。例：ばばっちい。ウンコ。

**うんこう**（名詞） 運行。天体や交通機関の進行。例：地震後、電車はウンコウしてますか。

**うんすか**（副詞） たくさん。どっさり。例：松茸は、この山でウンスカ取れた。

**うんそう**（名詞） 運送。貨物等を運び送ること。例：海上ウンソウ。

**うんちん**（名詞） 運賃。乗客や貨物の運送料金。例：大阪までのウンチンは、いくらや。

**うんと**（副詞） 十分。たくさん。例：ウント勉強して期待に応えます。

**うんとこさ**（副詞） 十分。たくさん。例：餌はウントコサ食わせてやれ。

**うんともすんともいわん**（熟語） 何の返事もない。例：なんぼ電話してもウントモスントモイワン。

**うんめい**（名詞） 運命。人の意志によらないめぐり合わせ。例：ウンメイ論。

**うんもへんもない**（熟語） 無愛想なこと。例：何をしてやっても、ウンモヘンモナイ男や。

# え

**……え**（助詞） 丁寧な疑問。……ますか。……ですか。例：あんたも行くエ？ うちも行くけど。今度のＰＴＡ会長、誰エ？

**……え**（助詞） 女性的な終助詞。……よ。例：そんなことしたらあかんエ。幼稚園の子には、わからへんエ。

**えー**（名詞） 絵。一音節語の長音化。例：県展に出てるエー、見に行こか。

**えー**（名詞） 柄。一音節語の長音化。例：箒のエー、直しといて。

**えー**（名詞） 餌。一音節語の長音化。例：金魚にエー、やらんといて。

**えいえん**（名詞） 永遠。無限にいつまでも続くこと。例：エイエンに残したい文化遺産や。

**えいが**（名詞） 栄華。権力財力を得て、はなやかな生活をする。例：栄耀エイガの夢。

**えいが**（名詞） 映画。フィルムの映像を映写幕に映す装置。例：劇エイガ。エイガ館。テレビエイガ。
**えいきゅう**（名詞）永久。時間を超越して限りなく続くこと。例：エイキュウ不変。エイキュウ歯。
**えいきょう**（名詞）影響。力や作用が他のものにまで及ぶこと。例：微妙なエイキョウを受ける。
**えいけつ**（名詞）永訣。永久に別れること。例：エイケツの朝。
**えいけつ**（名詞）英傑。すぐれた人物。英雄。例：郷土の生んだエイケツ。
**えいこ**（名詞）栄枯。栄えたり衰えたりすること。例：エイコは移る世の姿。
**えいこせいすい**（名詞）栄枯盛衰。栄えたり衰えたりすること。例：人の世のエイコセイスイ、わからんもんやなあ。
**えいざん**（名詞）叡山。比叡山の意。例：エイザンに登る。エイザン電鉄。
**えいし**（名詞）英詩。イギリスの詩の意。例：エイシの翻訳をしている。
**えいし**（名詞）英姿。りっぱな姿。例：横綱のエイシを、早く見たい。
**えいたつ**（名詞）栄達。高い地位に達すること。立身出世。例：いたずらにエイタツを望んではならない。
**えいゆう**（名詞）英雄。才知のすぐれた人物。例：エイユウの伝説。
**えいよう**（名詞）栄養。生命を維持するために外界からとる養分。例：エイヨウが不足している。
**ええ**（形容詞）良い。好い。善い。ヨイの音韻変化。例：エエ話。してやろか。もうエエわ。
**ええあんばいに**（熟語）いい状態に。例：エエアンバイニ晴れてきた。
**ええうれいき**（熟語）良い売れゆきの意。例：この本、エエウレイキや。
**ええか**（熟語）よいか。例：もう入ってもエエカ。
**ええが**（名詞）映画を、エエガと発音して使う語。例：昔のエエガや。青い山脈はなあ。
**ええかいな**（熟語）よろしいかな。例：これだけ揃えたらエエカイナ。
**ええかいもん**（熟語）良い買い物。例：こりゃ安い。エエカイモンや。
**ええかげん**（熟語）よい程度。例：エエカゲンに、火止めてな。
**ええかげんな**（熟語）無責任な。例：エエカゲンナ事をいうな。
**ええかげんにせえ**（熟語）適当な程度にしておけ。結果としてやめておけの意。エエカゲンデヤメトケ、とも。例：なんぼ言うても分からんのか。エエカゲンニセエ。
**ええかっこする**（熟語）良くみせたがる。例：あいつ、いつでもエエカッコシよる。
**ええかとおもて**（熟語）良いかと思って。調子に乗って。例：弟に任せたらエエカトオモテ、仕送りもしよらへん。
**ええがな**（熟語）よろしいでしょう。例：もうエエガナ。そんなにいじめんとき。かわいそうや。
**ええかんがえおもいついたわ**（熟語）よい考えを思いついたよ。例：エエカンガエオモイツイタワ。こうしたら答えが早う出るのや。
**ええきになる**（熟語）ええ気になる。得意になる。ヨイキニナルとも。例：一回ぐらい優勝しても、エエキニナルな。
**ええけど**（熟語）よいけれども。例：風邪はもうエエケド、腹がなあ。
**ええこ**（熟語）良い子供。例：エエコやなあ。おとなしいしかしこい。
**ええこになる**（熟語）自分ひとりが、人にほめられるように、行動する。例：エエコニナロうとする人が多い。
**ええさかい**（熟語）良いから。例：勉強せんでもエエサカイ、ちょっと庭の掃除手伝え。
**ええしゅ**（名詞）ええ衆。金持ち。財産家。例：エエシュの子供の通う学校や。
**ええぞ**（熟語）良いの強調。例：大関が横綱負かしょった。エエゾ、エエゾ。
**ええとこ**（熟語）良いところ。例：こんな絵、ちっともエエトコあらへん。
**ええとこどり**（熟語）良いところだけ取る意。例：節のないところ、エエトコドリして板を張ってくれ。
**ええとし**（熟語）ええ歳。適齢期。良い年齢。例：エエトシして、まだ、ひとりかな。
**ええひと**（熟語）ええ人。良い人。愛人。例：エエヒトから電話や。
**ええもん**（名詞）ええ物。良い物。間食。

子供にとって良い物の意で、オヤツのこと。例：お母さん、エエモンおくれ。

**ええやないか**（熟語）良いではないか。エエヤナイカナは、さらに柔らかい表現。例：おまえの相手に、こんな人、エエヤナイカ。

**ええやろ**（熟語）良いでしょう。例：この葉書、返事出さんでもエエヤロ。

**ええやんか**（熟語）良いではないか。例：もうエエヤンカ。ごめんしてやんな。

**ええよ**（熟語）いいよ。例：それぐらいでエエヨ。

**ええよ**（名詞）栄養、からウ音脱落。例：エエヨのある食物。

**ええように**（熟語）良いように。思い通りに、の意。例：エエヨウニしとくれ。

**ええわ**（熟語）良いよ。例：もうエエワ。

**えがお**（名詞）笑顔。笑い顔。例：エガオは、中世の辞書にもある言葉や。

**えきちょう**（名詞）駅長。宿場を管理した長。現在は、鉄道の駅の管理者。例：エキチョウの出迎えを受けたんや。

**えきでん**（名詞）駅伝。宿駅から宿駅までリレー式に旅客、荷物を運ぶこと。現在は陸上競技名。例：府県別対抗エキデン。

**えぐい**（形容詞）あくが強い。筍などのえがらっぽいこと。腹黒い意地の悪い人物にもいう。例：エグイ筍や。

**えくぼ**（名詞）笑窪。笑う時にできる頬の小さいくぼみ。例：エクボのかわいい子。

**えげつない**（形容詞）無慈悲で冷酷なこと。強欲な、意にも。例：エゲツナイことをいう先生や。

**えこう**（名詞）回向。仏事を怠らず死者の霊を慰めること。霊。例：仏様にエコウをする。

**えじき**（名詞）餌食。他人の欲望のために犠牲になるもの。例：アメリカ空軍のエジキになった東京の下町。

**えしゃく**（名詞）会釈。軽くおじぎをすること。例：ちょっとエシャクして、通るのよ。ええなあ。

**えず**（名詞）絵図。建物や庭園などの平面図。例：比叡山のエズがほしい。

**えずく**（動詞）嘔吐をもよおす。例：食あたりかな。エズイてきたわ。

**えずくろしい**（形容詞）くどくどしい。毒々しい。例：エズクロシイ柄の帯やな。

**えせ**（接頭語）にせの。つまらない。まやかしの。例：エセ紳士。エセ学者。

**えそらごと**（名詞）絵空事。現実からかけはなれたありもしないきれいごと。例：エソラゴトばかりならべたてるな。

**えだ**（名詞）枝。ものの本すじから分かれたもの。例：エダ道。エダ分かれ。

**えだは**（名詞）枝葉。物事の重要でない部分。例：あんまり、問題のエダハにとらわれん方がええ。

**えだまめ**（名詞）枝豆。枝についたままの若い大豆。また、ゆでた大豆。例：おいしいエダマメや、よかったらどうぞ。

**えっきょう**（名詞）越境。境界線や国境を越えること。例：エッキョウ入学。

**えっちゅうふんどし**（名詞）越中褌。長さ約一メートルの半幅の布にひもをつけたもの。例：今でもエッチュウフンドシ愛好者の一人や。

**えて**（熟語）得手。使い勝手の良い意。例：左あきのドアの方が、エテがええわ。

**えて**（名詞）猿。エテコウとも。例：住宅街までエテが出てきよった。

**えてかって**（熟語）得手勝手。わがまま。例：エテカッテな事をするな。

**えてして**（熟語）得てして。どうかすると。例：事故は、エテシテそんな時に起こる。

**えどる**（動詞）絵取る。透き写す。形をまねる。なぞる。例：白い紙載せて、エドッテみな。

**えにし**（名詞）縁。えん。ゆかり。例：古いエニシの糸にむすばれている。

**えのき**（名詞）榎。ニレ科の落葉高木。例：一里塚にエノキが植えられていた。

**えのぐ**（名詞）絵の具。絵に色をつける顔料。例：二十四色のエノグ買うて。

**えび**（名詞）海老。エビ科の節足動物。水中に住む。食用。例：伊勢エビ。

**えびす**（名詞）福の神。七福神の一つ。例：商売の福の神がエビスさんや。

**えびちゃ**（名詞）えび（山ぶどう）茶。黒みを帯びた赤茶色。例：エビチャ袴。

**えびちゃばかま**（名詞）黒みを帯びた赤茶色の袴。例：エビチャバカマは、明治大正期の女学生が着用した。

**えふで**（名詞）絵筆。絵をかくのに使う筆。

例：エフデを走らせる。

**えべっさん**（名詞） 福の神。エビスさん。例：大国さんとエベッサンが祀ったる。

**えほう**（名詞） 恵方神の略。万事に吉である方角。例：新年のエホウ参りや。

**えほうまいり**（名詞） 恵方参り。正月一日にその年の恵方にある神社や寺に参ること。例：エホウマイリに稲荷神社へ参ってくるわ。

**えほん**（名詞） 絵本。絵入りの読み物。例：子供向けのエホンがほしい。

**えま**（名詞） 絵馬。祈願のために社寺に納める絵の額。絵馬（もともとは馬を奉納する代わりに馬の絵を納めた）。例：小さいけどエマを奉納してきた。

**えもいわれぬ**（熟語） なんとも言えない。言いようがない。例：エモイワレヌ美しさやった。

**えもん**（名詞） 衣紋。衣服の襟もとを合わせた所。例：エモン掛け。

**えら**（感動詞） 疲れた、苦しい意のエライの語幹。例：ああエラ。

**えら**（接頭語） 大、の意の接頭語。例：エラ儲け。エラ損ばかりや。

**えら**（接頭語） たいそう、立派な、の意。例：京大に合格やて、エラ出来や。

**えらい**（形容詞） 疲れた。苦しい。しんどい。例：病み上がりで、十キロも走ったんやて。エラかったやろ。

**えらい**（形容詞） 大変な。非常な。例：エライ騒ぎや。ノーベル賞やて。

**えらい**（形容詞） 偉い。例：エライ大統領や、オバマさんは。

**えらいこっちゃ**（熟語） 大変なことだ。主として男性の用法。例：エライコッチャ、道路が陥没やて。

**えらいさん**（名詞） 偉い方。上役のこと。例：会社のエライサン。

**えらいすまんな**（熟語） どうもすみませんね。例：エライスマンナ、遅刻してしもて。

**えらいすんまへんなあ**（熟語） どうもすみませんね。右のエライスマンナより、丁寧な表現。例：エライスンマヘンナア。いつもいつも、迷惑をおかけしておりまして。

**えらかった**（熟語） 苦しかった。しんどかった。例：比良の山登り、そらエラカッタわ。

**えらがる**（動詞） 苦しがる。例：そこでエラガッている人、保健室に行きな。

**えらしり**（熟語） よく知っている。例：それぐらいエラシリや。

**えらそぶる**（動詞） 偉そうにする。例：隣のおっさん、えらいエラソブっていやはるわ。

**えらぶ**（動詞） 選ぶ。多くの中から良いものを取り出す。選抜する。編集する。例：良い作品をエラブ。選手をエラブ。

**えり**（名詞） 襟。衣服の首を包む部分。例：衣服のエリの汚れ。

**えり**（名詞） 魞。湖沼に、竹の簀を大規模に袋のように立てまわして、魚が中央に自然に集まるようにした漁法。例：琵琶湖のエリ漁。

**えりごのみ**（名詞） 選り好み。好きなものばかりを選ぶこと。例：エリゴノミは、よりごのみ、ともいうなあ。

**える**（動詞） 得る。手に入れる。自分のものにする。例：利益をエル。

**える**（動詞） 選る。えらぶ。よりすぐる。例：大中小、エリわけて下さい。

**えろう**（副詞） 大層。非常に。例：エロウ心配してもろうて、すみません。

**えろうおすわ**（熟語） 苦しいですね。辛いですね。例：十キロでも歩くのは、エロウオスワ。

**えん**（名詞） 縁。すべて原因から結果が生ずるものだという作用。仏縁。例：エンなき衆生。エンは異なものや。

**えんがきれる**（熟語） シャツとズボンが離れて肌が出る。例：風邪引くよ。エンガキレてるやないの。

**えんぎ**（名詞） 縁起。物事のおこり。吉凶の前ぶれ。例：エンギが悪い。

**えんきん**（名詞） 遠近。遠い所と近い所。例：エンキン法にかなった絵画だ。

**えんけい**（名詞） 遠景。遠くの景色。例：エンケイまで誠実に描写している。

**えんこする**（動詞） すわりこむ。故障する。例：またバイクがエンコしよった。

**えんさき**（名詞） 縁先。座敷の縁側。例：エンサキ綺麗に掃除しといてや。

**えんしゅつ**（名詞） 演出。脚本にしたがって、俳優の演技を指導し、映画や演劇をつくること。例：八木雅次エンシュツ

「都の風」。

**えんしょ**（名詞） 炎暑。焼けるような暑さ。きびしい暑さ。例：エンショの最中、来訪をたまわり有難うございました。

**えんしょう**（名詞） 炎症。からだに熱、はれ、痛みなどがおこる症状。例：病原体によるエンショウ。

**えんしょう**（名詞） 延焼。火元から他へ燃え広がること。類焼とも。例：フェーン現象でエンショウしかけると、なかなか止められないもんや。

**えんしょう**（名詞） 煙硝。煙の多く出る火薬。エンショ、とも。例：エンショウの多い花火線香や。

**えんじょう**（名詞） 炎上。燃え上がること。例：内裏エンジョウ。

**えんしんりょく**（名詞） 遠心力。物体が回転運動をするとき、回転軸から遠ざかろうと外へむかう力。例：エンシンリョクで乾燥させる洗濯機が多い。

**えんぜつ**（名詞） 演説。多くの人の前で自分の主張を述べること。例：エンゼツも中世の辞書にある言葉や。

**えんせん**（名詞） 沿線。鉄道に沿った地域。例：紀勢線のエンセン風景を楽しむ旅行や。

**えんそう**（名詞） 演奏。器楽を奏すること。例：オーケストラのエンソウ会。

**えんそく**（名詞） 遠足。できるだけ歩いて日帰りで行楽や見学に行くこと。例：春の全校エンソク。

**えんちょう**（名詞） 延長。距離や期間を長く延ばすこと。例：エンチョウ戦。

**えんてん**（名詞） 炎天。焼け付くような暑い夏の空。例：エンテン下の作業。

**えんとう**（名詞） 遠島。陸地から遠い島。例：昔、刑罰として島流しをエントウと、言うていた。

**えんどまめ**（名詞） 豌豆。例：エンドマメ、種蒔いといて。

**えんにち**（名詞） 縁日。社寺で、神縁、仏縁のある日で、祭りや供養のある日。例：毎月のエンニチに御参りするんや。

**えんね**（名詞） 縁側。例：爺ちゃん、エンネで、うとうとしてはるわ。

**えんばと**（副詞） エンバントとも。折り悪しく。例：荷物が来たときエンバト不在にしてたんや。

**えんばんと**（副詞） あいにく。エンバトとも。縁がなくてかなしい意。例：今日は、エンバント、留守やね。

**えんぺつ**（名詞） 鉛筆。例：エンペツは、HBがええわ。

**えんぽう**（名詞） 遠方。遠くの方。例：エンポウからお越しいただき有難うございます。

**えんまん**（名詞） 円満。十分に満ちて欠けた所がない。例：エンマンな家庭。物事をエンマンに解決する。

**えんめい**（名詞） 延命。寿命を延ばす。例：エンメイ地蔵尊を拝む。

**えんやこーら**（感動詞） 綱引きや力仕事の掛け声。例：それ引け、エンヤコーラ。エンヤコーラ。もひとつ、エンヤコーラ。

**えんゆうかい**（名詞） 園遊会。庭園に多くの客を招いて飲食、余興などをする会。例：ペンクラブのエンユウカイや。

**えんりょ**（名詞） 遠慮。他人に対して、言動を控え目にすること。例：出席をエンリョいたします。

**えんろ**（名詞） 遠路。遠いみちのり。例：エンロはるばるお越し頂き、大きにありがと。

# お

**おー**（名詞） 緒。一音節語の長音化。ひも。例：刀のオー、結び直しといて。

**おー**（名詞） 尾。一音節語の長音化。山の尾根。山の背。例：山のオーを、伝うて下りるとええ。

**おー**（名詞） 尾。一音節語の長音化。しっぽ。例：オーの長い猿や。

**おー**（感動詞） ん（うけ答えの返事）。例：これ頼めるか。オー、引き受けた。

**おあいそ**（名詞） 御愛想。来客へのお茶とお菓子のもてなし。例：何のオアイソもしませんで。

**おあいそ**（名詞） 勘定書き（市街地の料理屋、オアイソ、頼むわな。

アイソ、頼むわな。

**おあいにくさま**（熟語） 相手の期待にそえないときの挨拶。例：柳屋のポマードありますか。オアイニクサマ。

**おあがりやす**（熟語）お上がりやす。お召し上がり下さい。例：よろしゅうオアガリヤス。

**おあげ**（名詞）油揚げ。オアゲサンとも。例：オアゲ、五枚買うてきて。

**おあず**（名詞）小豆。例：オアズ五合ほど、水につけといて。

**おいうって**（熟語）追い打って。不足分を追加して支払って。例：前の車に百万オイウッテ買うた車や。

**おいえさん**（名詞）お家さん。おかみさん。オエサンとも。人の妻。奥様。例：オイエサン、今日は、いやはりますか。

**おいおい**（副詞）順を追って。しだいにそのうち。例：オイオイわかってくるやろう。

**おいかぜ**（名詞）追い風。進行する方向に吹く風。例：駅伝の選手、オイカゼと下り坂で、ここで差を広げておくべきや。

**おいごえ**（名詞）追肥。肥料を後から補って施すこと。例：麦のオイゴエ、堆肥がええ。

**おいさき**（名詞）老い先。老いてからの余生。例：オイサキを、この地で暮らす。

**おいさらばえる**（動詞）老いさらばえる。年をとって、みすぼらしくなる。例：オイサラバエて歩けなくなった。

**おいさん**（名詞）おくさん。奥方。例：オイサン、PTAの用事でお出かけか？

**おいしい**（形容詞）うまい。例：鮎の飴炊きのオイシイ店。

**おいしょ**（感動詞）相手に重量物を渡す時の掛け声。例：しっかり持てよ。オイショ。

**おいしょ**（感動詞）ひきうけた時の言葉。また、掛け声にも。例：これポストへいれといて。オイショ。

**おいそれと**（副詞）たちどころに。すぐに。オイソレトハとも。例：土地は、オイソレト見つからん。

**おいたち**（名詞）生い立ち。成長するまでの経歴。例：伝教大師のオイタチ。

**おいつく**（動詞）追い付く。先に行く者にまで行き着く。例：遅れていたがやっとオイツイたぞ。

**おいで**（熟語）来なさい。例：ここまでオイデ。

**おいでやす**（熟語）いらっしゃいませ。関西の挨拶言葉。例：オイデヤス。何にいたしましょうか。

**おいでる**（熟語）おいでになるの約。例：明日オイデルお客さん、何人？

**おいど**（名詞）尻。オシリ。ケツとも。例：オイドしっかり拭いとくのよ。

**おいといない**（熟語）家計が豊かなこと。お＋厭い＋ない、が語源。例：お宅はこれぐらいの寄付は、オイトイナイやろけど。うちはなあ。

**おいとく**（熟語）置いとく。置いておく。例：そこにオイトイとくれ。

**おいとくれ**（熟語）やめて下さい。例：もうそこらで明日の仕事にして、今日はこれでオイトクレ。

**おいとくれんか**（熟語）やめてくれないか。例：いたずらは、ええかげんにしてオイトクレンカ。

**おいとけ**（熟語）やめておけ。例：ええかげんに犯人さがし、オイトケ。

**おいない**（熟語）おいでなさい。オイナハイとも。例：こっちへオイナイ。

**おいなはらんか**（熟語）いらっしゃいませんか。例：ちょっとお茶でも飲みにオイナハランカ。

**おいなはれ**（熟語）いらっしゃい。例：こちらへオイナハレ。風が通って、涼しいわ。

**おいねる**（動詞）背負う。例：赤児をオイネルのは、健康にええそうや。

**おいはぎ**（名詞）追い剝。通行人をおどして金品を奪うこと。例：オイハギに近いのがヒッタクリや。

**おいぼれ**（名詞）老いぼれ。老人、をあざけった、自嘲的なことば。例：オイボレが出席しました。

**おいやす**（動詞）いらっしゃる。例：先生、オイヤスか？

**おいる**（動詞）老いる。年をとる。例：白寿近くオイル。オイのくりごと。

**おいわけ**（名詞）追分。街道が左右に別れる所。例：草津のオイワケまで行く。

**おう**（動詞）追う。先に行くものに続こうとする。例：先頭の選手をオイ、三秒差でターンや。

**おうか**（名詞）謳歌。ほめたたえる。賛美。例：青春をオウカする。

**おうこ**（名詞）往古。昔。いにしえ。例：オウコの京都は、もっと西寄りやった。鴨川は運河やったんや。
**おうごん**（名詞）黄金。こがね。きん。例：オウゴン時代。オウゴン分割。
**おうじょう**（名詞）往生。死ぬ。困りはてる。例：オウジョウぎわが悪い。
**おうす**（名詞）お薄。薄茶。例：オウス、一ついかが。
**おうたら**（熟語）逢うたら。出会ったら。例：向こうでオウタラ、事情をよう話してな。
**おうつり**（名詞）お移り。贈り物をもらった時のお返しの品。例：オウツリ何にしよう。
**おうてみ**（熟語）逢うてみ。出会ってみよ。例：まあ一度オウテミ。ええ娘さんやから。
**おうてみ**（熟語）負うてみ。背負ってみよ。例：ちょっとオウテミ。重たいぞ。
**おうへい**（形容動詞）横柄。おごりたかぶり無礼なさま。例：オウヘイな男や。
**おうむがえし**（名詞）鸚鵡返し。人から言いかけられた言葉をそのまま答えること。例：オウムガエシは、中世の辞書にある。
**おうらい**（名詞）往来。ゆきき。道路。例：オウライで、遊んだらあかん。
**おえらさん**（名詞）お偉＋様、が語源。偉い人。会社などの上役。役員。例：会社のオエラサンに挨拶しとかんとあかん。
**おえる**（動詞）勃起する意。例：犬のちんぽ、オエルの見たことある？
**おおあめ**（名詞）大雨。激しく降る雨。例：天気予報では、昼からオオアメやて。
**おおいかくす**（動詞）覆い隠す。例：悪事をオオイカクシてしまう。
**おおかた**（副詞）大方。ほとんど。大部分。例：家はオオカタ建ちましたよ。
**おおかみ**（名詞）狼。イヌ科の哺乳動物。例：日本オオカミは、絶滅したんやて。
**おおかれすくなかれ**（熟語）多かれ少なかれ。多くても少なくても。いくらかは。例：オオカレスクナカレ、だれでも短所はあるものや。
**おおきい**（形容詞）大きい。規模、範囲、程度が多くて甚だしい。例：被害がオオキイ。オオキイ建物。
**おおきに**（副詞）大きに。有難う、の意。挨拶言葉。大きに有難うの約。例：毎度オオキニ。
**おおきにはばかりさん**（熟語）大きにはばかりさん。たいへんお邪魔しました、の意の挨拶言葉。例：オオキニハバカリサン。また来るわな。
**おおきみ**（名詞）大君。天皇。例：オオキミの辺にこそ死なめ。
**おおけが**（名詞）大怪我。程度がひどい怪我。例：オオケガは、どんな具合や。
**おおごえ**（名詞）大声。大きな声。例：そんなにオオゴエはりあげんでもよう聞こえるわい。
**おおざけ**（名詞）大酒。多量に酒を飲むこと。例：オオザケ飲みや。
**おおざけのみ**（名詞）大酒飲み。多量に酒を飲む人。例：オオザケノミって、一升口か？
**おおざっぱ**（形容動詞）大雑把。細かなことを気にしない。おおづかみ。おおよそ。例：オオザッパに、計算してみ。
**おおさな**（形容動詞）雑な。大雑把な。例：そんなオオサナことでええのか。
**おおしごとでしたな**（熟語）大仕事でしたな。大変な努力でしたな（ねぎらいの言葉）。例：オオシゴトデシタナ。ごくろうさん。
**おおじょうする**（動詞）閉口する。困る。往生する。例：狭い道で、オオジョウシた。
**おおじょたい**（名詞）大所帯。大家族。例：隣の家は、三代のオオジョタイや。
**おおぜい**（名詞）大勢。多くの人。例：オオゼイで見送りありがとう。
**おおせつかる**（動詞）仰せ付かる。言いつかる、の謙譲語。例：大きな屋敷の留守を頼むと、オオセツカル。
**おおぞら**（名詞）大空。広くて大きい空。例：オオゾラは、中世の辞書にある。
**おおた**（熟語）負うた。背負った。例：オオタ子に教えてもろた。
**おおた**（熟語）逢うた。出会った。例：街でオオタわ。叔父さんに。
**おおた**（熟語）合うた。合致した。例：計算がやっとオオタ。
**おおたちまわり**（名詞）大立回り。芝居で、激しい立ち回りのこと。例：こんな町中で、オオタチマワリみっともない。やめとけ。

**おおだてもの**（名詞）大立者。芝居の一座で最もすぐれた俳優。転じて、社会的に最も重要な人物。例：財界のオオダテモノや。

**おおちんする**（動詞）幼児が腰をおろしてすわる。例：はい、オオチンシて。

**おおつごもり**（名詞）大晦日。オオツモゴリ。オオトシゴモリとも。例：オオツゴモリは、大晦日のことや。

**おおなみ**（名詞）大波。大きい波。例：オオナミとオオナミとの谷間に舟が沈む。

**おおにゅうどう**（名詞）大入道。大きな坊主頭の化け物。例：おおこわ。夢に見たオオニュウドウや。

**おおばあさん**（名詞）大きいお婆さん。例：ひいお婆さんがオオバアサンや。

**おおぶろしき**（名詞）大風呂敷。大げさな誇張の意。できそうもない大きなこと。例：またあいつのオオブロシキか。

**おおみず**（名詞）大水。洪水。川などがあふれること。例：オオミズで堤防が切れるおそれがあるぞ。

**おおむぎ**（名詞）大麦。イネ科の越年草。例：オオムギは、ビール、味噌醤油の原料となるんや。

**おおもじ**（名詞）大文字。大きい文字。また、欧文の文頭に使う字。例：オオモジを細い筆で書くのは難しい。

**おおやけ**（名詞）公。国家政府官庁。公共。公表。例：オオヤケにする。

**おおゆき**（名詞）大雪。ひどく降る雪、ひどく積もった雪。例：オオユキで、高速道路も鉄道も不通や。

**おおよそ**（名詞、副詞）概略。あらまし。だいたい。おおかた。例：オオヨソ、仕事は終わったわ。

**おおよばれ**（名詞）大変な御馳走になること。大＋呼ばれ、が語源。例：先日はオオヨバレになりまして、おおきに。

**おおわざもの**（名詞）大業物。良く切れる刀。例：兄の書斎に先祖伝来のオオワザモノが飾ってある。

**おおわずらい**（名詞）大患い。大病。例：オオワズライで入院してはったそうで。

**おかあはん**（名詞）お母さん。例：オカアハン、これおみやげ。

**おかい**（名詞）お粥。オカイサンとも。例：夕食は、オカイにしとくれ。

**おかいさん**（名詞）粥。お＋粥＋さん。例：病人にオカイサン作ってあげて。

**おかいのあねさん**（熟語）ごく柔らかい御飯。例：オカイノアネサンみたいな御飯になってしもた。

**おかいをすする**（熟語）お粥をすする。粗食をする。倹約して暮らす。例：貧乏してオカイヲススッて育ったんや。

**おかえり**（熟語）お帰りなさい（挨拶言葉）。例：オカエリ。早かったな。

**おかえりやす**（熟語）お帰りなさい（挨拶言葉）。例：オカエリヤス、早いお帰りで。

**おかがみさん**（名詞）鏡餅。例：この大きいのがオカガミサンや。

**おかがみびらき**（名詞）お鏡開き。供えていた鏡餅を、切る行事。例：オカガミビラキは明日や。

**おかき**（名詞）かき餅。餅を薄く切って干し、焼いた餅菓子。例：おやつにオカキおくれ。

**おかけやしとくれ**（熟語）お掛けやしとくれ。お掛け下さい。例：どうぞオカケヤシトクレ。

**おがこ**（名詞）鋸粉。鋸の切り粉。オガクズとも。例：製材所からオガコもろてこい。

**おかざり**（名詞）お飾り。新年の飾り。しめなわ、鏡餅。門松など。例：もうオカザリ飾ったかな。

**おかしい**（形容詞）笑いたくなる。例：オカシイ話。

**おかしい**（形容詞）変だ。異常だ。怪しい。例：態度のオカシイ人。対局中、中座が多いのはオカシイ。

**おかしてたまらん**（熟語）おかしくてたまらない。例：あの漫才師の話、いつもオカシテタマランわ。

**おかしな**（形容詞）おかしい。例：いつもオカシナ話する人や。

**おかしらつき**（名詞）尾頭付き。御膳に鯛などの大きい魚の全体を付けること。尾＋頭＋付き、が語源。例：オカシラツキの御馳走やった。

**おかず**（名詞）お惣菜。お菜。例：今晩のオカズ、何にしようかな。

**おかちゃん**（名詞）お母さんの幼児語。例：オカチャン、ええもんおくれ。

**おかって**（名詞）台所。例：オカッテの窓、開けといて。

**おかぼ**（名詞）かぼちゃ。例：今年のオカボ、大きくてうまいわ。

**おかまい**（名詞）お+構い。接待の意。例：何のオカマイもできませんで。

**おかみ**（名詞）女将。料理屋などの女主人。例：車どこにつけたらええか、オカミさんに聞いて来とくれ。

**おがみたおす**（動詞）拝み倒す。再三頼む意。例：議員さんにオガミタオシて推薦書を書いてもらう。

**おから**（名詞）豆腐の絞りかす。例：今晩のおかず、オカラにしとこ。

**おがる**（動詞）叫ぶ、どなる。例：助けてくれと、大声でオガル。

**おかわり**（名詞）御飯やおつゆなど、同じ食品を再びもらうこと。例：おつゆオカワリ、お願いします。

**おかん**（名詞）お母さん。子供の用語。例：オカン、何か手伝おか。

**おかんか**（熟語）置いていないか。持っていないか。例：布団乾燥機、店に置いてオカンカ。うん、あるで。

**おかんむり**（名詞）怒っていること。不機嫌。例：朝から社長、オカンムリや。

**おぎ**（名詞）荻。イネ科の多年草。水辺原野に生える。秋に大きい白い穂がつく。例：オギは、別名カゼキキグサや。

**おきー**（動詞）起きよ。起きろ。オキイとも。例：早うオキー。

**おきいや**（動詞）起きいや。起きよ。例：早うオキイヤ。何時や思てんね。

**おきごたつ**（名詞）置きごたつ。自由に動かせるコタツ。現在では、電気ゴタツをそう呼ぶ。固定した浅いコタツをキリゴタツ、深くて足をおろせるものを、ホリゴタツという。例：冬はオキゴタツ使うてる。

**おきざり**（名詞）置き去り。捨てておいて去る。例：津波で病人をオキザリにして逃げた。

**おきて**（名詞）掟。きまり。規則。例：国のオキテに従うべき。

**おきどころ**（名詞）置く所。置き場所。例：身のオキドコロもない。

**おきな**（名詞）翁。年とった男。例：オキナの面。

**おきばりやす**（熟語）働いている人への挨拶言葉。精が出ますね、の意。例：オキバリヤス、ええ天気やな。

**おきふし**（名詞）起き伏し。起きることと寝ること。転じて、日常生活。例：年寄りのオキフシの世話を誰がするのや。

**おきまどわす**（動詞）置きまどわす。みわけにくいよう置く。例：初霜がオキマドワシたように白菊が咲いている。

**おきみやげ**（名詞）置き土産。立ち去る時に残しておく事物や施設。例：この政策はオバマ大統領のオキミヤゲや。

**おきやがれ**（熟語）止めろ。卑語。例：争いは、この辺でオキヤガレ。

**おきゃくさん**（名詞）お客様。例：オキャクサン、第一の店や。

**おきゃくさん**（名詞）お客さん。月経の隠語。例：うちの娘、いまオキャクサンか。

**おきゃくそう**（名詞）お客僧。葬式の時、お導師以外の僧。例：オキャクソウは、何人やった？

**おきわすれる**（動詞）置き忘れる。置いたまま持って帰るのを忘れる。例：鞄を、事務所にオキワスレてきた。

**おきんか**（熟語）起きんか。起きろ。起きないか。例：早うオキンカ。学校遅れるぞ。

**おきんさい**（熟語）お止めなさい。例：勉強はもうオキンサイ。明日も休みやろ。

**おく**（名詞）奥。中へ深く入ったところ。例：オクの部屋まで案内してあげて。

**おく**（動詞）やめる。閉店。例：店は、九時にオクことにしてる。

**おく**（動詞）置く。貯蔵する。商品として並べる。例：近くに鮒鮨オク店、あらへんか。

**おくがき**（名詞）奥書。書物の最後に、年月、筆者、由来などを記した文。例：辞書のオクガキを読むとええわ。

**おくじょう**（名詞）屋上。屋根の上、の意。例：オクジョウ屋を架す。

**おくじょちゅう**（名詞）奥女中。将軍家諸大名の奥向きに仕えた女中。例：江戸時代のオクジョチュウは、かなり地位が高かったようや。
**おくする**（動詞）臆する。気おくれする。おじける。例：オクスルところなく戦った。
**おくちよごし**（熟語）お口汚し。粗末な食べ物の謙遜語。例：オクチヨゴシやけど、食べとくれ。
**おくて**（名詞）晩生。晩稲。例：今年のオクテ、台風で大分減収や。
**おくどさん**（名詞）くど。竈。例：オクドサン、火付けといて。
**おくなはらんか**（熟語）下さらんか。例：明日、留守番をお願いしたいねやけど、してオクナハランカ。
**おくのま**（名詞）奥の間。四つ住まいの農家では、最上級の部屋。例：オクノマにお客さん、案内して。
**おくびょう**（名詞）憶病。おじけづくこと。例：オクビョウ風をふかす。
**おくやま**（名詞）奥深い山。例：オクヤマで、椎茸の栽培や。
**おくゆかしい**（形容詞）奥ゆかしい。なんとなく心がひかれる。例：オクユカシイ女性や。
**おくゆき**（名詞）奥行。家屋や土地の表から裏までの距離。例：間口は狭いけどオクユキは、百メートルほどあるわ。
**おくり**（名詞）見送り。例：駅まで、オクリに行く。
**おくり**（名詞）送り。葬式。野辺の送り。例：オクリは、何時や？
**おくりこむ**（動詞）送りこむ。人や物を目的の所に届ける。例：会社に新入社員をオクリコム。
**おくりび**（名詞）送り火。盂蘭盆の最終日に祖先の霊魂を送る火。例：大文字のオクリビを焚く山。
**おくりむかい**（名詞）送り迎え。例：お客さんのオクリムカイ、頼んだえ。
**おくりむかえ**（名詞）送迎。例：ホテルでは、お客のオクリムカエが大変や。
**おくりもの**（名詞）贈り物。人に贈る品物。進物。例：オクリモノは、プレゼントのことや。
**おくれ**（動詞、補助動詞）下さい。ください。例：ええもん、オクレ。ゆっくり話してオクレ。
**おくればせ**（名詞）遅れ馳せ。遅れて駆けつける、意。例：オクレバセながら式に参列しました。
**おくれやす**（熟語）下さいませ。例：少しだけ分けてオクレヤス。
**おくれる**（動詞）遅れる。遅くなる。まにあわない。例：授業にオクレル。
……**おくれる**（補助動詞）……下さる。例：子供は隣の奥さんが見ててオクレルさかいに、有り難いねやわ。
**おくんない**（熟語）下さい。オクナイとも。例：ちょっと母さん、聞いてオクンナイ。
**おくんなはれ**（熟語）おくれなはれ。下さい。例：これ、包んでオクンナハレ。
**おけ**（動詞）置くの命令形。やめよ。仕事を置け、の意。例：ええかげんにしてオケ。
**おこうこ**（名詞）たくあん。香のもの。例：オコウコがほしい。
**おこし**（名詞）粔籹。岩おこし。餅米を蒸して乾燥し砂糖と水飴で固めた菓子。例：大阪のオコシ、粟おこしが名物や。
**おこし**（名詞）腰巻き。例：はでなオコシ、使いにくい。
**おこしやす**（熟語）おいでなさい（挨拶言葉）。ようこそいらっしゃいませ。例：店の客には、オイデヤス、訪問客には、オコシヤスを使うようや。
**おこす**（動詞）熾す。炭火をさかんにする。例：火吹き竹で、炭火をオコス。
**おごそか**（形容動詞）厳か。重々しくいかめしい。近寄りがたい。例：宮司のオゴソカな祝詞が始まる。
**おこた**（名詞）こたつ、の女性語。例：オコタの電気付けといて。
**おこたる**（動詞）怠る。なまける。例：注意オコタッたらあかん。
**おこってる**（動詞）怒っている。悪感情を持っている。例：あの人、うちのこと、オコッテル？
**おこっとる**（動詞）怒っている、の卑語。例：あいつ、ちょっとしたことでオコットルわ。
**おこなう**（動詞）行う。物事をする。実行する。例：開会式をオコナウ。
**おこまいか**（熟語）やめよう。例：今日の仕事、このへんでオコマイカ。
**おこりむし**（名詞）よく怒る人。例：お父さんは、オコリムシや。

**おこりんぼ**（名詞） よく怒る人（子供用語）。例：おまえかて、オコリンボや。
**おこる**（動詞） 起こる。発生する。始まる。例：大津波がオコル。
**おこる**（動詞） 怒る。腹を立てる。例：親にオコラれ、兄もオコル。
**おこる**（動詞） 熾る。炭火が、真っ赤になる。イコルとも。例：炭火がようオコッた。何か炊くの？
**おごろもち**（名詞） もぐら。例：また土に穴あけとる。オゴロモチのしわざや。
**おこわ**（名詞） こわめし。白蒸しと赤蒸しとがある。後者を赤飯という。例：小豆を入れないオコワが白蒸し、小豆を入れたオコワが赤飯や。
**おこんめ**（名詞） お手玉。コンメ。オジャミ、とも。例：オコンメして遊ぼう。
**おさい**（名詞） 副食物。サイ。オカズとも。例：近畿四国で、サイ、オサイを使うてる。
**おさえる**（動詞） 押さえる。動かないように押し続ける。例：財産をオサエル。
**おさがり**（名詞） 御下がり。神仏の供物を下げた物。例：オサガリやけど食べて。
**おさがり**（名詞） 御下がり。兄や姉の衣服、学用品で譲られたもの。例：この机も兄さんのオサガリや。
**おさつ**（名詞） お札。紙幣。例：一万円のオサツ、くだいてえな。
**おさつ**（名詞） さつまいも。例：オサツふかしてえな。
**おさなご**（名詞） 幼子。幼児。幼い子供。例：オサナゴを、風邪と肺炎で失う。
**おざぶ**（名詞） お座布。お＋座布団、の略。例：お客さんのオザブ並べて。
**おさめる**（動詞） 修める。修養する。例：身をオサメル。学問をオサメル。
**おさめる**（動詞） 治める。支配する。統治する。例：国をオサメル。
**おさめる**（動詞） 納める。納入する。例：授業料をオサメル。
**おしあいへしあい**（熟語） 押し合い圧し合い。混雑するさま。例：特売場はオシアイヘシアイや。
**おしい**（名詞） お汁。オツユ、吸物、味噌汁。例：オシイのおかわり。
**おじい**（名詞） お爺。祖父。男の老人。おじいちゃん。例：これ、オジイのおやつ、置いとく。
**おしいれ**（名詞） 押入れ。襖障子つきの物入れ。和室に付いていて二段のものが多い。例：オシイレに夏布団入れとく。
**おしかけ**（名詞） お汁かけ。御飯に味噌汁をかけたもの。オシイカケとも。例：もう一杯、オシカケにするわ。
**おしかけにょうぼう**（名詞） 押し掛け女房。女性側から積極的に嫁入りしてきた妻。例：山田さんとこ、オシカケニョウボウやけど、おとなしい嫁さんや。
**おしかける**（動詞） 押し掛ける。招かれないのに行く。例：先輩の家にオシカケル。
**おじぎ**（名詞） 御辞儀。頭を下げて礼をする。例：オジギと挨拶忘れるなよ。
**おしきせいややで**（熟語） お仕着せ。与えられただけで、自主性のないのは嫌だよの意。例：候補者のオシキセイヤヤデ。皆で選ばんと。
**おしくさい**（形容詞） 惜しい。例：オシクサイ人を亡くしたもんや。
**おしこむ**（動詞） 押し込む。無理につめこむ。例：リュックの中に、靴までオシコンだわ。
**おした**（熟語） ありました。例：伏見の古い店にオシタわ。
**おしたじ**（名詞） お下地。お醤油。例：オシタジ、ちょっとこっちへ回して。
**おしたんやな**（熟語） あったのですね。例：こちらの店にもオシタンヤナ。
**おしつける**（動詞） 押し付ける。無理に引き受けさせる。例：町内会の役をオシツケル。
**おしとおす**（動詞） 押し通す。主義主張を変えないで終わりまで貫く。例：自説をどこまでもオシトオスお人や。
**おしなべて**（副詞） 押し並べて。一様に。すべて。だいたい。例：オシナベテ、皆さんに理解してもらえたようですわ。
**おしのび**（名詞） 御忍び。ひそかに外出する。例：二、三日、オシノビの旅行や。
**おしぴん**（名詞） 画鋲。例：オシピンで、そのポスターしっかり留めといて。
**おしまいやす**（熟語） 終了する意。夕方の挨拶言葉。例：オシマイヤス。ずいぶん、日が短こうなりましたな。
**おしめ**（名詞） 赤ん坊の大小便を受ける布。

おむつ。例：オシメ替えてやって。

**おじや**（名詞） 雑炊。例：御飯少ないし、オジヤにして食べとこか。

**おじゃこ**（名詞） 出しジャコ。例：オジャコ、どの棚にあった？

**おしゃべり**（名詞） 口数の多い人。オシャべとも。例：話好きの人のこと、オシャベリさんって言うわな。悪く言うとシャベリ、シャベや。

**おじゃまさんやったな**（熟語） 突然、席を立ったり、中座したりする時の挨拶言葉。例：オジャマサンヤッタナ。おおきに、さいなら。

**おじゃまする**（動詞） 訪問するの謙譲語。例：オジャマシました。

**おじゃみ**（名詞） お手玉。コンメとも。例：オジャミは女の子の遊びや。

**おしゃも**（名詞） 杓子。例：オシャモどこに行ったんかな？

**おしゃもじ**（名詞） 杓子。例：オシャモジは、むかしの御所言葉やて。

**おじゃん**（名詞） 台無し。駄目。例：運動会、雨が降ってオジャンや。

**おしょう**（名詞） 和尚。住職。僧。坊さん。例：オショウのことを、カショウ、ワジョウと読む宗派もある。

**おじょう**（名詞） お嬢。お嬢さん。娘さん。例：隣のオジョウ、いつも挨拶してくれるわ。

**おじょうず**（名詞） お上手。世辞。おべんちゃら。例：オジョウズばっかり。

**おじょうずする**（動詞） お上手する。機嫌をとる。例：下心からオジョウズスル。

**おしよせる**（動詞） 押し寄せる。非常な勢いで寄せてくる。例：オシヨセル軍勢。オシヨセル大波。

**おしょらいさん**（名詞） お精霊さん。先祖の御霊。例：オショライサン、今晩お帰りやで。

**おしろ**（名詞） 後ろ。普通はウシロを使う。例：車のオシロ、警察の車やないやろなあ。

**おしろい**（名詞） 化粧用の白い粉。例：オシロイやクリームが入った箱。

**おす**（動詞） あります。例：お店に、酒の粕オスかな。

**おす**（助動詞） ……です。……である。例：暑うオスな。ほんまに。この土器は縄文の破片でオス。

**おすかいな**（熟語） ありますか。例：お店にオスカイナ。はあ、おすわ。

**おすそわけ**（名詞） 御裾分。貰い物の一部を、分け与えること。例：おめでたのオスソワケや。

**おすまし**（名詞） 澄まし汁。例：夕食は、魚の煮付けと、オスマシや。

**おせおせごんぼ**（熟語） おしくらまんじゅう、の意。例：電車の中、オセオセゴンボやった。オセオセゴンボ、煮えたら煮しめ。

**おせち**（名詞） 御節。おせち料理の略。正月や節句の料理。例：オセチの下ごしらえ。

**おせて**（動詞） 教えて下さい。例：春休みから、ピアノオセテ下さい。

**おせてんか**（熟語） 教えて下さい。例：この字なんて読むのか、オセテンカ。

**おせる**（動詞） 教える。例：漢字の筆順をオセル。

**おせん**（熟語） ありません。オヘンとも。例：うちの店には、オセン。

**おせん**（名詞） 御煎。せんべい。例：このオセン、つらのわりにはうまいわ。

**おせんか**（熟語） ありませんか。例：このお店には、オセンカ。

**おせんだく**（名詞） 仏壇の修理、漆の塗り替え、金箔押し替えをすることをいう。例：仏壇のオセンダク、お頼みしますわ。いくらぐらいかかるかな。

**おそい**（形容詞） 遅い。時間がかかる。おくれる。例：今日は、帰りがオソイわ。夕御飯すましといて。

**おぞい**（形容詞） 恐ろしい。例：オゾイ嫁や。ほんまに。

**おぞい**（形容詞） 性が悪い。ひどい。不人情な。例：オゾイままはは（継母）やで。子供がちっともなつかへん。

**おそうなる**（熟語） 遅うなる。遅くなる、のウ音便。例：えろうオソウなりまして御免やで。

**おそがけ**（名詞） 遅がけ。遅く。例：こんなオソガケに、すまんな。

**おそかれはやかれ**（副詞） 遅かれ早かれ。遅いにしろ早いにしろ、いつかは。例：オソカレハヤカレ大関にはなるだろう。

**おそくさい**（形容詞） 遅くさい。遅い。

時期遅れだ。例：今頃到着していては、オソクサイ。

**おぞけだつ**（熟語）怖気立つ。ぞっとする。例：事故現場を見てオゾケダッた。

**おぞざくら**（名詞）遅咲きの桜。例：オソザクラは、戦乱の時代にも使われていた言葉なんや。

**おそそ**（名詞）女の陰部。主として女性語。オメコが男性語（人前では使わぬ）オ＋ソレソレ、が語源か。例：オソソがみえるわ。気いつけなや。

**おそなわる**（熟語）遅くなる。例：どうも、オソナワリましたな。

**おそまつさんどす**（熟語）お粗末なことです、の意の挨拶言葉。例：これぐらいで、すみまへん。オソマツサンドス。

**おそるおそる**（副詞）恐る恐る。こわごわ。こわいと思いながら。例：オソルオソル、高い灯台の上まで上がってみた。

**おそれいる**（動詞）恐れ入る。恐縮する。例：お迎え頂きオソレイリます。

**おそれる**（動詞）恐れる。こわがる。おびえる。例：ガンの転移をオソレルのや。

**おそろしい**（形容詞）恐ろしい。危険が迫ってこわい。例：オソロシイような人出や。

**おだい**（名詞）大根。例：オダイ一本買うて来て。

**おだいじのもん**（名詞）お大事の物。大切な物。借用時の挨拶。例：オダイジノモン、おおきに。

**おたく**（代名詞）お宅。あなた。あなたの家。例：町内会の旅行、オタク、行かはる？

**おたずねもの**（名詞）お尋ね者。犯罪人。例：オタズネモノが逃げ込んだ。

**おだちん**（名詞）お駄賃。お使いの御褒美。例：オダチンおくれ。

**おたな**（名詞）お店。お＋棚、が語源。店舗。例：オタナは、何町でんねや。

**おたのもうします**（熟語）お頼み申します。例：回覧板、オタノモウシマス。

**おたふくかぜ**（名詞）お多福のように頬がふくれる風邪。例：流行性耳下腺炎を、オタフクカゼ言うてる。

**おたふくまめ**（名詞）お多福豆。そらまめ。お多福のようにふくれた豆。例：オタフクマメが晩のおかずや。

**おだぶつ**（熟語）死ぬ。オ＋陀仏、が語源。例：池の鯉、みなオダブツや。

**おたまじゃくし**（名詞）お玉杓子。蛙の卵がかえったもの。例：和歌山では、カイルゴ、ていうけど、西日本では、ほとんどオタマジャクシってゆうてるようや。

**おため**（名詞）贈り物を受けた時、マッチ、半紙などのちょっとした返礼の物品をいう。例：オタメに、何を入れて返したらいいの。

**おたやん**（名詞）お多福。例：お祭りに行ったら、オタヤンの飴買うて来て。

**おち**（名詞）落ち。落語の結末。地口、語呂、軽口、で結ぶ。例：先生の話には、オチがつくから面白いわ。

**おちあい**（名詞）落合い。川と川の出合うところ。合流点。例：下のオチアイで、魚釣りしてる。

**おちおち**（副詞）ろくろく。例：オチオチ勉強でけへんがな。

**おちかかりよる**（熟語）落ちかかりよる。車から落ちかかったの卑語。例：動き出した車にぶらさがって、オチカカリヨッた。

**おちこち**（名詞）遠近。あちらこちら。例：オチコチを、彼此と書く用字もある。

**おちこぼれ**（名詞）落ちこぼれ。落ちてこぼれた物。余分のもの。転じて、学校教育からこぼれたもの。例：高校のオチコボレが、大学にかかった。

**おちつきはらう**（動詞）すっかり落ち着いている。例：優勝戦を前にオチツキハラッている。

**おちつく**（動詞）落ち着く。安定する。平静な状態になる。例：宿にオチツク。オチツイテ物を言いなさい。

**おちてた**（熟語）落ちていた。例：道に財布がオチテタわ。

**おちど**（名詞）落ち度。過ち。失敗。例：わたしには、なんのオチドも無かったんやけどなあ。

**おちば**（名詞）落ち葉。落ちた木の葉。例：柿のオチバを掃き集める。

**おちぼ**（名詞）落ち穂。刈り入れのあと、稲田に落ち残った穂。例：オチボ拾い。

**おちめ**（名詞）落ち目。下り坂。例：あっこの家、オチメやで。

**おちゃこ**（名詞）御茶子。芝居で客の接待をする人。例：俳優、踊り子、オチャコ、懐かしいなあ、芝居小屋。
**おちゃとう**（名詞）お茶湯。仏前にそなえる茶湯。例：仏壇にオチャトウ供えて来て。
**おちゃのこ**（名詞）茶菓子。茶の子。例：オチャノコ、何かあったかな。
**おちゃのこ**（名詞）手軽。簡単。転じて軽い菓子。例：オチャノコさいさいの略語や。
**おちゃのこさいさい**（熟語）お茶の子がほんの軽い菓子の意味だから、タヤスイ意。例：今日の試験はオチャノコサイサイや。
**おちゅうど**（名詞）落人。オチビトのウ音便。例：敗残の武者がオチュウドや。
**おちょうず**（名詞）お手水、の意。手洗い場。便所のこと。例：オチョウズ貸しとくれ。
**おちょか**（名詞）軽率な者。ひょうきんもの。例：あいつは、ほんまにオチョカや。
**おちょくる**（動詞）ふざける。からかう。馬鹿にする。例：人をオチョクルな。
**おちよった**（熟語）落ちよった。落ちた、の卑語。例：車からころげオチヨッタ。
**おちょぼぐち**（名詞）小さくすぼめた口。例：オチョボグチのかわいい女の子。
**おちょぶる**（動詞）からかう。例：おい、ちょっとオチョブッてやれ。
**おちる**（動詞）落ちる。落下する。太陽、月が沈む。降る。付いていたものがとれる。勢いが弱まる。例：飛行機がオチル。日がオチル。汚れがオチル。水圧がオチル。
**おちるとこやった**（熟語）落ちるとこやった。落ちるところであった。例：もうちょっとで、オチルトコヤッタ。
**おちんする**（動詞）幼児がきちんとすわる。オオチンスル、オッチンスルとも。例：はい、ちゃんとオチンシて。
**おついしょ**（名詞）お追従。お世辞。お上手。おべっか。例：今のは、オツイショやろ。あんまり嬉しがるな。
**おつかいだて**（熟語）お使いだて。他人の労をねぎらう言葉。例：えらいオツカイダテいたしました。
**おつかれさん**（熟語）お疲れさん。夕方の挨拶。主として、目下に使う。例：オツカレサン、おしまいやす、どっちもよう使うなあ。
**おつかれやす**（熟語）お疲れやす。お疲れさまの挨拶言葉。ご苦労様。例：オツカレヤス。ええ天気で、だいぶはかどりましたな。
**おっきに**（副詞）大きに、の促音化。たいへん有難う、の意。例：大変な世話になったな。オッキニ。
**おつくり**（名詞）刺身。料理など皿に並べる時、花柄などにツクッテ盛ったところからか。例：今日のオツクリ、せいが良かったわ。
**おつけ**（名詞）お汁。飯にツケて添える汁、の意。オツユとも。例：味噌汁のこと、オツケともいうわなあ。
**おっさん**（名詞）お和尚さん。寺の住職。和尚のオッサン、のアクセントは、頭高。例：寺のオッサンのお説教。
**おっさん**（名詞）叔父。伯父。またはおじさん。アクセントは平板。例：帰りに鈴木のオッサンの家に寄って来てくれ。
**おった**（熟語）居た。例：わし、その時、家にオッタで。
**おったる**（熟語）落ちている。例：台風で、梨がようけオッタルわ。
**おっちゃく**（形容動詞）横着、の促音化。例：オッチャクで厚かましい男や。
**おっちゃん**（名詞）伯父。叔父。おじさん。例：オッチャン元気やったか。
**おっちょこちょい**（名詞）軽率な者。例：あいつ、ほんまにオッチョコチョイや。
**おっちんする**（動詞）幼児語ですわる意。例：はい、オッチンシて。
**おっつけ**（副詞）間もなく。例：オッツケ講師さんも、来てくれはると思いますさかい。
**おってる**（動詞）落ってる。落ちている。例：橋がオッテルのと違うか。ひどい地震やったでな。
**おっと**（名詞）夫。妻のつれあいの男。例：オットのこと、どう呼んでる？
**おっとどっこい**（感動詞）間違えた時の語。例：オットドッコイ、危ないとこやった。
**おつとめ**（名詞）お勤め。仏壇の前で祈ること。勤行。例：朝のオツトメしなや。
**おつとめ**（名詞）お勤め。勤務。勤務先。例：お父さんのオツトメは、どこ？
**おっとり**（副詞）落ち着いてゆっくりし

た状態。例：オットリした息子さんや。

**おっとり**（副詞）大体。概略。例：仕事もオットリかたづいた。

**おっぱする**（動詞）背負う、の幼児語。例：お母さんにオッパシてもらい。

**おっぱらう**（動詞）追い払う。追い立てて立ち去らせる。例：住み付いた宿無しを、警官がオッパラウ。

**おつや**（名詞）お通夜。葬式の前日に、終夜棺のそばで死者を守ること。例：オツヤは、何時から。

**おつゆ**（名詞）味噌汁。すまし汁。例：オツユ、もう一杯おくれ。

**おつれ**（名詞）お連れ。友達。例：オツレが、来やはった。

**おでき**（名詞）できもの。腫れ物。例：腰にオデキができたようや。

**おてしょ**（名詞）手塩皿。オテシオ、テショ、オテシとも。小皿。例：オテショ、何枚いるのや。

**おてだま**（名詞）お手玉。小豆を入れた布袋。子どもの遊び。オジャミとも。例：オテダマが共通語だが、関西ではオジャミの語をよう使うてる。

**おてまえ**（名詞）お手前。茶の湯の作法。例：オテマエ、ありがたく頂戴いたします。

**おてもと**（名詞）お手許。箸。例：箸の袋に、オテモトと、よう書いたるわ。

**おてもり**（名詞）お手盛り。自分に都合のよいように食べ物を盛る意。転じて、金銭などを自分の利益になるように分配する意。例：オテモリ予算。

**おでん**（名詞）田楽。こんにゃく、芋、はんぺんなどを煮込んだもの。関東風のものは、関東煮（カントウダキ）という。例：どうやオデンでもつついて、一杯いこか。

**おてんか**（副詞）お天下。公然と。例：オテンカで、こんなところに駐車しとるわ。

**おてんきもん**（名詞）お天気もん。気分屋。気の変わりやすい者。例：あいつ、全くオテンキモンや。

**おてんとさん**（名詞）お天道さん。太陽。例：嘘をつくなよ。オテントサンお見通しやでな。

**おてんば**（名詞）お転婆。慎しみのない活発な娘。例：あの娘、ひどいオテンバや。

**おと**（名詞）音。空気を伝わってくる音波。例：波のオト。オトに聞く美術館。

**おとう**（名詞）お父。父。例：オトウにもおかあにも、話したよ。

**おとがい**（名詞）頤。あご。例：オトガイが外れるほど笑う。

**おどかす**（動詞）威かす。驚かせる。おどす。例：少しオドカシてやれ。

**おとき**（名詞）お斎。仏事の時の食事。例：オトキの準備は。

**おとご**（名詞）末っ子。オトンボとも。例：オトゴは、損や。

**おとこし**（名詞）男衆。男の人。下男。例：下男の意が消えて、オトコシは、今も使うてるわ。男性の意で。

**おとこしゅ**（名詞）男衆。オトコシとも。男の人。下男。例：オトコシュは、たった一人や。

**おどし**（名詞）脅し。動物を脅すかがし（案山子）。例：雀オドシ、シシオドシっていうやろ。

**おとしいれる**（動詞）陥れる。だまして計略にかける。例：オトシイレルは、城などを攻め落とす言葉やったんや。

**おとす**（動詞）落とす。失う。なくす。落下させる。例：財布をオトス。

**おどす**（動詞）威す。吠える。おどかす。例：今晩は、犬がようオドシよるなあ。

**おとずれる**（動詞）訪れる。訪問する。訪ねる。例：久しぶりに故郷の母校をオトズレた。

**おとつい**（名詞）一昨日。後＋つ＋日、が語源か。例：オトツイ、家にいたんか。

**おとっつあん**（名詞）お父さん。中流の家庭の語。例：オトッツアンが車で、病院まで送ってくれた。

**おとと**（名詞）弟。例：姉が二人、オトトが一人や。

**おととい**（名詞）一昨日。オトツイとも。例：オトツイの雪崩、あのスキー場に行ってたんか。

**おとな**（名詞）一人前に成長した人。例：オトナげないことをしたらあかん。

**おとなしい**（形容詞）おだやかで従順。例：オトナシイ子供、やんちゃな子供。

**おとふ**（名詞）お＋豆腐、からウ音脱落。

例：オトフ、買うてきて。

**おとましい**（形容詞） 気の毒。もったいない。例：殺されてはったって。オトマシイこっちゃ。捨てるのはオトマシイので食べてしもた。

**おとめ**（名詞） 乙女。オトは若い意。若い女性。例：高校に学ぶオトメたち。

**おどり**（名詞） 踊り。音楽に合わすて手足や身体を動かすこと。舞踊。例：オドリや舞いを楽しむ人は多い。

**おとる**（動詞） 劣る。価値・力量が低い。例：エンジンの性能がオトル自動車や。

**おとろしい**（形容詞） 恐ろしい。オットロシイとも。例：オトロシイ事件やったわ。

**おとろえる**（動詞） 衰える。勢いが弱くなる。例：体力が急にオトロエル。

**おどろく**（動詞） 驚く。びっくりする。例：オドロクような大事件もない。

**おとんぼ**（名詞） 末っ子。例：あの甘えた、オトンボやろ。

**おないどし**（名詞） 同じ年。同年。同年輩。例：彼とはオナイドシや。

**おなか**（名詞） お腹。腹。例：冷たいもの飲み過ぎてオナカこわした。

**おなご**（名詞） 女。女性。例：オナゴの仲間に男が一人（子供たちの冷やかし言葉）。

**おなごし**（名詞） 女中。下女。女衆が語源。例：お医者さんのとこのオナゴシサン、何人いやはる？

**おなごだけ**（名詞） 女子竹。細くて節の立っていない竹。メダケとも。例：オナゴダケ柄にして、小旗を作って来て。

**お……なさる**（熟語） オ……ナハルとも。例：オ話しナサル。オ読みナハル。

**おなじ**（連体詞） 同じ。同一の。等しい。例：オナジ釜の飯を食った仲や。

**おなら**（名詞） 屁。放屁。お＋鳴ら、が語源。例：オナラしたら、御免ぐらい言いな。

**おなり**（名詞） 炊事と食器洗い。例：オナリは、女の仕事と決まってへんで。

**おに**（名詞） 鬼。想像上の無慈悲な化け物。例：オニに金棒。オニ瓦。

**おにがわら**（名詞） 鬼瓦。屋根の棟の両端に置く大きい瓦。例：オニガワラ言うても鬼の顔のないのが多い。

**おにぎり**（名詞） お握り。握り飯。例：遠足の弁当、オニギリでええか。

**おにごと**（名詞） 鬼ごっこ。例：オニゴト、みんなでせえへん？

**おにば**（名詞） 八重歯。鬼の歯が語源。例：オニバのかわいい娘さん。

**おにやらい**（名詞） 鬼遣い。鬼を追い払う豆撒き。例：オニヤライは、節分の行事や。

**おのずから**（副詞） 自から。ひとりでに。自然に。おのずと。例：時間が経てば、オノズカラ、事情が判るはずや。

**おのれ**（代名詞） 己。自分。例：オノレのことは、オノレがやればええのや。

**おのれ**（代名詞） おまえ。例：オノレら、勝手によその家にあがりこんで何しとるか。

**おばあ**（名詞） お婆。おばあさん。例：うちのオバア、今年で米寿や。

**おばけ**（名詞） お化け。空想上の妖怪。化け物。例：オバケのこと、バケモンって言う所も多い。

**おはこ**（名詞） 得意とするもの。転じて癖。例：まあまあとなだめるのが、あいつのオハコや。

**おばな**（名詞） 尾花。秋の七草の一の、ススキの花穂。例：オバナは、ススキの花のことなんや。

**おばはん**（名詞） おばさん。オッチャンに対する語。例：隣のオバハン、ようきばらはるわ。

**おはようおかえり**（熟語） 早く無事にお帰り下さい、の意の挨拶言葉。例：気をつけてな。オハヨウオカエリ。

**おはようさん**（熟語） お早うさん。お早うございますの挨拶言葉。例：オハヨウサンどす。オハヨサン。

**おはらい**（名詞） 御祓。大はらいの神事。例：毎年六月と十二月に、オハライの神事があり、氏子が参列したのんや。

**おはらい**（名詞） 不要品を捨てること。代金をはらうこと。例：屑屋オハライ。オハライ箱。

**おはり**（名詞） 針仕事。例：お婆さん今、オハリや。

**おはりこ**（名詞） お針子。裁縫を習う人。例：オハリコさん、何人来てはる？

**おばんざい**（名詞） ふだんのおかず。日常食べる副食物。惣菜。例：オバンザイは、広く近畿地方の言葉や。

**おび**（名詞）帯。着物の上から胴に巻いて結ぶ細長い布。例：オビに短し襷に長し。オビ締め。オビ留め。

**おびえる**（動詞）脅える。おそれ驚く。こわがってびくびくする。例：核戦争になるかとオビエル。

**おびきだす**（動詞）だまして誘い出す。例：オビキダスは、戦国時代よく使われた言葉や。今は、あまり使わんわ。

**おひさん**（名詞）お日さん。太陽。例：オヒサン高いうちに、刈り取ってしまおう。

**おひと**（名詞）お人。お客。例：今日は、オヒトがあるさかい、静かにしてなや。

**おひどり**（名詞）お日取り。菩提寺へ行って、葬式後の仏事の日取りを決めること。例：七日、七日のオヒドリ、お寺へ行って聞いてきとくれ。

**おびとりはだか**（名詞）帯取り裸。着物を着て帯をしめない姿。例：オビトリハダカで、家の外へ出たらあかんえ。

**おひや**（名詞）お冷や。冷や飯。冷や水。例：オヒヤ、電子レンジでチンして食べて。

**おひらき**（名詞）終わること。例：終わりの忌み言葉が、オヒラキや。

**おひれがつく**（熟語）尾鰭が付く。事実以上に、おおげさに言う。例：話にオヒレガツク。

**おぶう**（名詞）お茶。オブとも。例：お客さんに、オブウ差し上げて。

**おぶったん**（名詞）お仏壇。例：オブッタンに、線香上げて来て。

**おへそのやどがえ**（名詞）大笑い。例：かわいい幼児がませたことを言うので、みんな、オヘソノヤドガエや。

**おへん**（熟語）ありません。例：こんなええ話、オヘン。

**おべんちゃら**（名詞）おべっか。機嫌をとるため、うまいことを言うこと。例：オベンチャラばっかり言う男や。

**おへんちゅうのも**（熟語）無いというのも。例：太鼓叩く人、オヘンチュウノモ、もっともでんな。

**おへんな**（熟語）ありませんね。例：毎日使う必要オヘンナ。

**おぼえる**（動詞）覚える。記憶する。習得する。例：孫が、九九をオボエてるわ。

**おぼこい**（形容詞）子供っぽくて悪ずれしていない。うぶな。例：オボコイ子やな。

**おぼたい**（形容詞）重たい。ｏｍｏ－ｏｂｏの音転。例：あんなオボタイ物、乗用車で運べるかいな。

**おぼとうて**（熟語）重たくて、のウ音便。重くて。例：ほんまに、オボトウテ、オボトウテ手が抜けそうや。

**おぼむ**（動詞）埋める。オゴムとも。例：台所のごもく、土掘ってオボンどいて。

**おぼろげ**（形容動詞）ぼんやりと確かでない。例：オボロゲに覚えてるわ。

**おまい**（代名詞）お前。あなた。例：オマイにも、事情はわかるやろ。

**おまいさん**（代名詞）お前さん。あなた。例：オマイサンも、来てたのか。

**おまいら**（代名詞）お前ら。みんな。例：オマイラに、一つずつ渡そう。

**おまけ**（名詞）景品。添え物。値引きする意のマケル、に接頭語をつけた語。例：はい、この鉛筆、オマケやで。ええ子やな、またおいで。

**おまけに**（熟語）その上さらに。例：事故のとばっちりで傷はつくし、オマケニ二時間遅刻や。

**おます**（動詞）ある。あります。例：お砂糖ありますか。ええ、オマスよ。

**おませ**（名詞）早熟な子供。例：うちの次男坊、オマセで困るわ。

**おまつ**（名詞）雄松（雌松に対する語）。黒松。例：松飾りのオマツ、ええ枝ないかしらん。

**おまっせ**（熟語）ありますよ。例：砥石ありますか。オマッセ。包丁研ぎにええ砥石でっせ。

**おまっとうさん**（熟語）お待ちどうさま、の意の挨拶言葉。オマットハンとも。例：どうもオマットウサンどした。

**おまはん**（代名詞）あなた。親しい者同士が、互いに使う言葉。例：オマハンも行くけ？

**おまはんとこ**（熟語）あなたの家。あなたのうち。例：オマハントコ、地震の被害はどうやった？

**おまはんね**（熟語） あなたの家。例：オマハンネは、津波の心配のうてええなあ。海のない県やでなあ。

**おまへん**（熟語） ありません。例：うちの店にはそんなもんオマヘン。

**おまる**（名詞） 病室用の簡単な便器。古語。例：このオマル使いにくいオマルやわ。

**おまわり**（名詞） 副食物。主食のまわりの食品、が語源。例：オマワリが、少し貧弱か。

**おまん**（名詞） 饅頭、の略。オ＋饅、が語源。例：お客さんに出すオマン、買うて来て。

**おまん**（代名詞） おまえ。君。あなた等オマハン、の約か。例：オマン等、わかるか？

**おまんさんら**（代名詞） あなた方たちオマエサン＋等、が語源。例：オマンサンラにわからへんわい。

**おみき**（名詞） お神酒。神前に供える酒。転じて、酒。例：あいつ、オミキが入っとるな、ふらふらしとるわ。

**おみこっさん**（名詞） 神輿。みこし。お＋神輿＋さん、が語源。例：オミコッサン、どのへんまで来やはったやろ。

**おみや**（名詞） 相手の足。オミアシからシ音脱落。女性語。例：オミヤが、濡れますやろ。

**おむし**（名詞） 味噌。お蒸し（蒸して作った味噌）。例：オムシ、擂り鉢で擂っといて。

**おむすび**（名詞） お結び。握り飯。オニギリとも。例：オムスビの弁当でええわ。

**おむつ**（名詞） おしめ。赤ん坊の大小便を受ける布。例：オムツは、浴衣の古着を使うことが多かったわ。

**おめこ**（名詞） 女性の陰部。または、性行為（人前では使わない）。例：省略。

**おめしもん**（名詞） お召しもん。衣服。着物。例：オメシモン、何にしやはる？

**おめずおくせず**（熟語） 怖めず臆せず。恐れず、気後れもせず。例：オメズオクセズ、堂々と発表した。

**おめだるい**（形容詞） もどかしい。シンキクサイとも。例：オメダルイことやろけど、一緒に頼むわな。

**おめでた**（名詞） 婚礼。妊娠・出産。受賞など。例：あっこね。オメデタ、いつや。

**おめでとさん**（熟語） おめでとうございます、の挨拶言葉。例：オメデトサン。高校合格やてな。

**おめとこ**（名詞） あなたの家。おまえの家。例：オメトコへ、お邪魔するわ。

**おめにかかる**（熟語） お目にかかる。出会う。例：久しぶりで、恩師にオメニカカル。

**おめもじ**（名詞） 御目文字。お目にかかること。例：一度オメモジいたしたく存じております。

**おめる**（動詞） 怖める。恐れる。臆する。例：日の御崎の灯台登りをオメル人が多い。

**おもいあまる**（熟語） 思い余る。自分の胸にだけ、とどめておけない。思案に余る。例：オモイアマッて、弁護士に相談する。

**おもいあわす**（動詞） あれこれと比べて考える。例：少年時代と米寿の今と、オモイアワセて、まどろむことが多い。

**おもいかえす**（動詞） 思い返す。考えなおす。思い出す。例：砂丘に立って、少年時代をオモイカエス。

**おもいきり**（副詞） 思い切り。思いのままに。例：もう一回、オモイキリ跳んでみな。

**おもいしる**（動詞） 思い知る。なるほどとさとる。痛感する。例：仏壇の前で、貧しかった時の、母親の心をオモイシルことが、よくあるんや。

**おもいつく**（動詞） 思い付く。考えが浮かぶ。例：歩いていると、オモイツクことがよくある。それをメモしておくことや。

**おもいとどまる**（動詞） 思い止まる。考え直してやめる。例：自殺しようかと思ったがオモイトドマッた。

**おもいのほか**（熟語） 思いの外。案外。意外。例：オモイノホカ、苦しい旅行やった。

**おもいもうける**（動詞） 思い設ける。前もって考えておく。例：退職したあと、どう生きるかオモイモウケルことが必要や。

**おもいやる**（動詞） 思い遣る。その人の立場に立って同情して考え行動する。

例：貧乏で不幸な人の暮らしをオモイヤル。

**おもう**（動詞） 思う。考える。心を働かせる。例：うれしくオモウ。国の将来をオモウ政治家や。

**おもうたまま**（熟語） 思うたまま。思ったまま、のウ音便。例：日記にオモウタママ書いておきな。

**おもかげ**（名詞） 面影。思い出される顔かたち。例：幼い時のオモカゲが目に浮かぶ。

**おもきをおく**（熟語） 重きを置く。重点を置く。重視する。例：内政にオモキヲオク。

**おもざし**（名詞） 面差し。顔付き。例：ロダンの考える人のオモザシに似てるわ。

**おもしろい**（形容詞） 面白い。こっけいだ。おかしい。楽しい。例：オモシロイ漫画。

**おもたい**（形容詞） 重たい。重い。接尾語タイは甚、の意か。例：オモタイ、ケブタイ、ネブタイのタイは助動詞やない。

**おもだか**（名詞） 沢瀉。オモダカ科の多年草。例：オモダカは、夏、池や水田で、白い花を咲かせる。

**おもたら**（熟語） 思たら。思ったら。例：間違いやオモタラ、せんときな。

**おもちゃ**（名詞） もてあそびものの敬語が語源。例：オモチャの店。

**おもて**（名詞） 表。家の表口。門前。商家では店の前。さらに、公の意。例：オモテでみんなと遊んでおいで。オモテ沙汰。

**おもてどおり**（名詞） 表通り。町の主要な通り。例：オモテドオリに面した大きな店。

**おもてむき**（名詞） 表向き。世間に公然と対すること。例：個人破産はオモテムキの理由や。

**おもとる**（動詞） 思っている。例：いったい自分を何様やとオモトルねやろ。

**おもなが**（名詞） 面長。顔が長めであること。例：オモナガの相撲取りや。

**おもに**（名詞） 重荷。重い荷物。負担の重いこと。例：学長の仕事は、私にとっては、オモニなんや。

**おもむき**（名詞） 趣。味わい。気分。事情。例：オモムキのある絵や。話のオモムキよく判りました。

**おもむろに**（副詞） 徐に。静かに。ゆっくりと。例：儀式だからオモムロニ行動すること。

**おもや**（名詞） 母屋。本家。シンヤ、シンタク（分家）に対して。例：オモヤに挨拶してくる。

**おもや**（名詞） 母家。離れに対して主家屋をいう。例：離れとオモヤのあわい、掃除しときなや。

**おもゆ**（名詞） 重湯。お粥から米粒を取り去った汁。例：病人用のオモユや。

**おもろい**（形容詞） 面白いの約。例：オモロイ考え方やなあ。なんぞオモロイ本、ないか。

**おもわく**（名詞） 思惑。思うところ。考え。例：オモワク違い。

**おや**（名詞） 親。子を育てた父母。例：オヤ子。オヤ孝行。オヤ心。

**おやかた**（名詞） 親方。親代わりの人。例：相撲部屋のオヤカタ。

**おやかたひのまる**（熟語） 親方日の丸。国費負担や公費負担などの費用の心配は要らない意。例：彼に任しといたらオヤカタヒノマルや。

**おやかましさん**（熟語） 他家で長しゃべりして帰る時の挨拶言葉。お邪魔いたしました、に当る語。例：そいじゃさいなら、オヤカマシサン。

**おやき**（名詞） お焼き。焼き豆腐。例：おあげとオヤキ五枚ずつおくれ。

**おやこ**（名詞） 親子。親と子。例：オヤコの関係。オヤコ丼。

**おやごころ**（名詞） 親心。子を思う親の愛情。例：教え子へのオヤゴコロや。

**お……やす**（敬語表現） 動詞連用形にヤスをつけて、広く敬語表現に使う。例：オ読みヤス。オ尋ねヤス。オ気張りヤス。オ休みヤス。オ参りヤス。

**おやす**（動詞） 勃起する。オエルとも。例：馬が陰茎をオヤシとるわ。

**おやすみやす**（熟語） おやすみなさい、さようなら、の意の挨拶言葉。例：遅うしましたな。大きに、オヤスミヤス。

**おやつ**（名詞） お八つ。間食。昔の八つ時のお菓子。コビルとも。例：なんぞオヤツおくれ。

**おやっさん**（名詞） おやじさん。例：オヤッサン、家にいやはるかな。

**おやね**（名詞） 親の家。本家。例：分家に対して、オヤネのやることか。
**おやふこう**（名詞）親不孝。親に孝行しないこと。例：オヤフコウな息子やった。御免しとくれ。
**おゆもじ**（名詞）お湯もじ。腰巻き。例：オユモジ干すのは気が引ける。
**およぐ**（動詞）泳ぐ。手足やヒレを動かして水面を進む。転じて、巧みに世渡りをする。例：政界を巧みにオヨグ。
**およばずながら**（副詞）及ばずながら。行き届かないが不十分ながら。例：オヨバズナガラ、やってみましょう。
**およぶ**（動詞）及ぶ。届く。達する。例：十メートルにオヨブ長い梯子や。
**おらへん**（熟語）居ない。例：教室には誰もオラヘン。
**おらんのよ**（熟語）居ないのよ。例：家には誰もオランノヨ。
**おりあしく**（副詞）折悪しく。あいにく。時機が悪く。例：オリアシク院長が不在やった。
**おりおり**（副詞）折々。ときどき。例：オリオリ顔を出す旧友である。
**おりかえす**（動詞）折り返す。ひきかえす。例：国際会議場前でオリカエスコース。
**おりかさなる**（動詞）折り重なる。多くのものが幾重にも重なりあう。例：階段の踊り場にオリカサナッて、倒れたんや。
**おりがみ**（名詞）折紙。奉書を二つに折ったもの。正方形の色紙。保証書。鑑定書。例：オリガミのツル。オリガミ付き。
**おりしも**（名詞）折しも。折＋しも（強め）、が語源。ちょうどその時に。例：登山講習の初日、オリシモ春の雪崩が襲ったのや。
**おりなす**（動詞）織り成す。織って模様などをつくる。転じて、人生が、いろいろな要素で構成されている喩え。例：人生の幸せをオリナス主体は、君たち若人や。
**おりふし**（名詞）折節。そのときどき。例：オリフシの便りの交換があった。
**おりもの**（名詞）織物。糸を機織り機でタテヨコに組み合わせて織った布。例：絹オリモノ。オリモノ工場。
**おる**（動詞）織る。縦糸と横糸とを織機にかけて布を作ること。例：タオル地をオル機械が並んでいる。
**おる**（動詞）居る。居る、の男性用語。古語の、居り、の連体形。例：今日は家にオルかいな。
**……おる**（補助動詞）……テオル。……トルの形をとりやすい。例：いつも勉強しテオル。いつも絵を描いトル。ようけ泳ぎに来てオル。鮎も泳いドル。
**おれ**（代名詞）俺。私。僕。おら。わし。例：オレも、そう思うわ。賛成や。
**おれいまいり**（名詞）お礼参り。神仏に願をかけ、かなった時に、お礼にお参りをすること。例：出雲の神さんにオレイマイリや。
**おれてでる**（熟語）折れて出る。自分の主張を折り、他に従う意。例：この際、オレテデル方が得策や思うがどうや。
**おれる**（動詞）折れる。曲がる。曲がって切れる。例：電柱がオレル。机の脚がオレル。
**おれる**（動詞）折れる。我を折り、主張を曲げる。例：もうこの辺で、オレルわ。
**おれんとこ**（名詞）俺んとこ。私の家。男性用語。俺のところ。例：オレントコデ飲むか。
**おろおろする**（動詞）うろたえる。恐ろしがる。例：それぐらいの事故でオロオロスルな。
**おろさはりましたやろ**（熟語）降ろさはりましたやろ。降ろしなさったでしょう。例：気分の悪い人、バスからオロサハリマシタヤロ。
**おろしたて**（名詞）下ろし立て。新品の使いはじめ。例：この服、オロシタテやで。
**おろす**（動詞）下ろす。新品を使う。例：この下着をオロシて着る。
**おろす**（動詞）卸す。商品を仕入れて卸すこと。例：大量の製品を、商社にオロス。
**おろす**（動詞）降ろす。高い所から低いところへ移す。例：荷物をオロス。
**おろす**（動詞）下ろす。さげる。切る。堕胎する等。例：供え物をオロス。子をオロス。枝をオロス。
**おろそか**（形容動詞）疎か。いいかげんにする。例：練習をオロソカにせんようにな。がんばるんやで。
**おわたり**（名詞）お渡り。神輿の渡御。

例：オワタリは、何時ごろや。

**おん**（名詞） 雄。メン（雌）に対する語。オンタ、メンタとも。例：もろて来た犬は、オンや。

**おんあい**（名詞） 恩愛。オンナイとも。愛情。情け。例：オンアイの契り。

**おんけい**（名詞） 恩恵。恵み。情け。例：太陽のオンケイを忘れるな。

**おんじゃく**（名詞） 温石。懐炉。例：冷えるさかい、オンジャク腰に入れて行きな。

**おんしょう**（名詞） 温床。季節より早目に苗を育てる苗床。例：オンショウから薩摩芋の苗をとる。悪のオンショウ。

**おんしょう**（名詞） 恩賞。功績をほめて金品や地位を与えられること。例：信長から、坂本の地のオンショウを得た。

**おんせん**（名詞） 温泉。摂氏二十五度以上の地下水が出る土地。例：有馬オンセン。

**おんた**（名詞） 牡。雄。例：今度生まれた牛も、オンタか。

**おんとう**（名詞） 穏当。おだやかで道理にかなっている。例：オントウな考え。

**おんとく**（名詞） 恩徳。恵み。情け。例：天子さまのオントクで平和に暮らせるんや。

**おんどとり**（名詞） 音頭取り。音頭を取る人。例：江州音頭や阿波おどりのオンドトリ、これ大事な仕事やね。

**おんどれ**（代名詞） おまえ。貴様。例：オンドレは、都市部で使う人は少ないわ。

**おんなじ**（形容動詞） 同じ。例：オンナジこっちゃ。どの新聞も。

**おんば**（名詞） 乳母。例：オンバ日傘で育つ。

**おんびん**（名詞） 穏便。おだやかで、角が立たない。例：オンビンに事をおさめる。オンビンにとりはからう。

**おんぼう**（名詞） 穏坊。火葬に従事する人。例：オンボウに心付け渡しといて。

**おんぼろ**（名詞） ぼろぼろの衣類。例：オンボロの服着て、勤労動員や。

**おんみつ**（名詞） 隠密。江戸時代の探偵。現在では、隠れてひそかに事をする者。例：刑事のオンミツ行動。

**おんる**（名詞） 遠流。都から遠い島に流されること。遠島とも。最も重い刑罰。例：オンルは、隠岐、佐渡、伊豆などが多かった。

**おんわ**（名詞、形容動詞） 温和。おとなしく穏やか。例：オンワで、善良な子供さんばかりやで。

# か

**が**（が抜き）格助詞ガを抜いて、主格を表す。この表現は、関西言葉に多用される。例：近頃よう毛（×）抜けるわ。まだ雨（×）降っとるわ。

**……か**（助詞）副助詞。不定。例：この道は、いつカ来た道。

**……か**（助詞）終助詞。疑問。例：大学へ行く道は、この道ですカ。

**……が**（助詞）主語を示す。例：花ガ咲く。富士山ガ見える日はめったにない。

**……が**（助詞）対象語を示す。例：お茶ガほしい。

**……が**（助詞）連体格。例：塩五キロガとこ下さい。我ガ町。

**……が**（助詞）逆接、単なる接続、を示す。例：つらい仕事やガ、我慢する。今日も暑いガ、夕方は涼しゅうなるやろ。

**かー**（名詞）蚊。一音節語の長音化。例：カーが出てくる季節。

**がー**（名詞）蛾。一音節語の長音化。例：綺麗なガーやな。

**がー**（名詞）我。一音節語の長音化。例：ガーが強い男。

**かあか**（名詞）烏（幼児語）。例：屋根の上にカアカが止まっている。

**かい**（名詞）粥。例：おカイさん。

**かい**（名詞）貝。軟体動物で外皮が石灰質のもの。例：巻きガイ。二枚ガイ。

**かいい**（形容詞）痒い。かゆい。例：カイイカイイ、なんぞ薬ないか。

**かいか**（名詞）階下。二階屋の一階。例：カイカの応接室。

**かいか**（名詞）怪火。原因のわからない火事。例：火のないところのカイカや。

**かいか**（名詞）開化。人知が開け、文化が進むこと。例：文明カイカ。

**かいか**（名詞）開花。花が開くこと。例：桜のカイカの時期。

**かいがい**（名詞）海外。海を隔てた外国。例：カイガイの美術を紹介する展覧会。

**がいがいにする**（熟語）乱雑にする。例：自分の部屋をガイガイニシて、遊んどる。

**かいがん**（名詞）海岸。海の岸辺。例：カイガンに沿うて走る鉄道。

**かいき**（名詞）開基。寺院の開祖。例：最澄（伝教大師）カイキの、比叡山延暦寺。

**かいきゅう**（名詞）懐旧。昔のことを懐かしく思い出すこと。例：カイキュウ談を語り合う。

**かいきゅう**（名詞）階級。宮中での位階の等級。現代語では社会的な地位の種類分け。例：カイキュウ意識。

**かいぐる**（動詞）まわす。回転する。例：カイグリカイグリ糸を巻く。

**かいげん**（名詞）開眼。仏像の目を開く。例：新しい仏像を安置して、カイゲン法要を行います。

**かいげん**（名詞）改元。年号をかえること。例：昭和から平成とカイゲン。

**かいこ**（名詞）回顧。過ぎ去ったことを振り返る。例：オリンピックをカイコした映画の上映。

**かいこ**（名詞）解雇。雇用契約を解除する意。首切り。例：今年三月末で会社をカイコされる。

**かいこ**（名詞）蚕。桑の葉を食べ脱皮して繭を作る幼虫。例：カイコから、絹糸、絹織物ができるのや。

**がいこく**（名詞）外国。よその国。例：ガイコク為替。ガイコク旅行。

**かいこと**（名詞）交換。カエコトとも。例：おまえの本とカイコトしよう。

**……かいさ**（助詞）……か。軽く疑って問う。例：そんなことあるカイサ。

**かいさく**（名詞）改作。つくりなおす。例：彫塑作品をカイサクする。

**かいざん**（名詞）開山。山を開いて、寺院を建立すること。また、その創始者。例：高野山のカイザン、空海（弘法大師）大師。

**かいし**（名詞）会誌。会の雑誌。例：研究会のカイシを発行する。

**かいし**（名詞）開始。始める。例：試合カイシは一時や。応援頼むで。

**かいし**（名詞）懐紙。ふところに入れておく紙。和歌連歌の正式な用紙。例：お茶席で使うカイシ。連歌を記すカイシ。

**かいしゃく**（名詞）解釈。文章の意味を理解し判断すること。例：万葉短歌のカイシャクと鑑賞。

**かいしょなし**（名詞）甲斐性なし。無気力。意気地なし。稼ぎがすくない。例：うちの子はほんまにカイショナシやで、困るわ。

**かいしょもん**（名詞）甲斐性者。気概のあるもの。生活力の大きいもの。稼ぎの大きいもの。甲斐性＋者、が語源。例：あんたとこの息子さん、カイショモンやで、けなるいわ。

**がいじん**（名詞）外人。外国人。異国の人。例：ガイジンの好きな町、神戸。

**がいする**（動詞）害する。傷付ける。例：アメリカ国民の感情をガイスル。

**かいせん**（名詞）改選。任期満了で改めて選挙する。例：知事のカイセンも近いさかい準備がいるよ。

**かいせん**（名詞）回船。海上運送に使う船。例：港にはカイセン問屋が多い。

**かいそう**（名詞）海藻。海中に生える顕花植物。例：カイソウの多い入江。

**かいそく**（名詞）快速。すばらしく速い。例：カイソクの電車。

**かいそく**（名詞）会則。会の規則。例：研究会のカイソクと会誌。

**かいぞく**（名詞）海賊。船や沿岸を襲って物品を奪い取る盗賊。例：現在でも、アドリア海にカイゾク船が出るらしい。

**かいだす**（動詞）汲み出す。掻き出すが語源。池の水を汲み出して魚を取ること。例：この夏に村池をカイダスことにした。

**かいたる**（熟語）書いたる。書いてある。例：いつでも休診てカイタルわ。

**かいちゅう**（名詞）懐中。ふところやポケットに入れること。例：カイチュウ時計。カイチュウの財布御用心あれ。

**かいちゅう**（名詞）海中。海の中。例：カイチュウに作られた水族館。

**かいつまむ**（動詞）要点をおおまかにつかむ。要約する。例：要旨をカイツマンデ話す。

**かいて**（名詞）買い手。品物を買う方の人。例：カイテより売手の方が多いぐらいや。

**かいて**（熟語）舁いて。大きな家具などを手で持って移動する。例：みんなでピアノをカイテ、体育館の壇の上に上げるんや。

**かいてい**（名詞）海底。海の底。例：カイテイ火山。カイテイ電線。

**かいてとくれやす**（熟語）書いてとくれやす。書いていて下さいね。例：この紙に住所氏名、カイテトクレヤス。

**かいてる**（熟語）書いている。例：そんな字カイテルと、馬鹿にされるぞ。

**かいてんか**（熟語）掻いてくれないか。例：すまんが、背中、カイテンカ。

**かいてんか**（熟語）書いてくれないか。例：ちょっと演題カイテンカ。

**かいとう**（名詞）解答。問題の答え。例：入試問題のカイトウ欄に不備がある。

**かいとう**（名詞）回答。返事。返答。例：経営者側の賃金カイトウを求める。

**かいとう**（名詞）会頭。会の代表者。例：商工会議所カイトウの講演を聞く。

**かいどう**（名詞）街道。町村を通る公道。例：鯖カイドウ。北国カイドウ。

**かいどう**（名詞）海道。海沿いの道。例：東カイドウ新幹線。

**かいとくれんか**（熟語）掻いてくださらないか。例：背中、カイトクレンカ。

**かいとくれんか**（熟語）書いてくださらないか。例：式次第、カイトクレンカ。

**かいどり**（名詞）川の一部をせきとめて、水をかいだして魚を取る方法。例：カイドリして鮒をとろう。

**かいな**（名詞）腕の古語。例：ちょっと、そっちのカイナ出してみ。

**……かいな**（助詞）不審な気持ち。例：そんな観音さん、ござったカイナ。

**……かいな**（助詞）疑問。または。反語あろうか、ありはしない。例：そんなことあろカイナ。あほな。

**がいな**（連体詞）強い。丈夫な。大きな。例：ほんまにガイナ車や。

**かいぬし**（名詞）買い主。買う人。例：大騒ぎになったのは破産した会社のカイヌシが、多かったということや。

**かいば**（名詞）飼い葉。牧草。牛馬の飼料。例：牛にカイバ、やってくる。

**かいはつ**（名詞）開発。山地などを切り開いて、資源をとりだしたり産業を興すこと。例：未カイハツの地。新製品をカイハツする。

**がいぶん**（名詞）外聞。世間への聞こえ。世評。世間体。例：ガイブンが悪い。

**かいほう**（名詞）快方。よくなること。例：病気が、カイホウに向こうたようや。

**かいほう**（名詞）解放。自由に解き放つこと。例：奴隷カイホウ。植民地のカイホウ。

**かいほう**（名詞）介抱。だきかかえるように病人の世話をすること。例：怪我した人を、すぐカイホウした。

**かいまみる**（動詞）垣間見る。すきまからこっそり見る。例：見合いの相手をカイマミたんやが。

**かいめん**（名詞）海面。海の表面。例：海抜とは、カイメンからの高さや。

**かいもく**（副詞）皆目。全然。まるっきり。例：どこがどこやらカイモクわからへん。

**かいもん**（名詞）買い物。例：ついでカイモンあらへんか。

**かいもん**（名詞）支える物。例：つっかいにするカイモン、何かないか。

**かいらしい**（形容詞）かわいらしい。小さい。例：カイラシイ顔した子やな。

**かいりく**（名詞）海陸。海と陸。例：カイリクの交通の中心や。

**かいりつ**（名詞）戒律。戒めと規律。例：正直に生きよというのは、我々庶民のカイリツでもある。

**かいろ**（名詞）海路。船の通る道。例：隠岐には、カイロと空路とどちらをとるのがええか。

**かいろうどうけつ**（名詞）偕老同穴。生きては偕に老い、死しては同じ穴に葬られる。夫婦仲の良いこと。例：カイロウドウケツの契りや。

**かう**（動詞）買う。代価を支払って自分のものにする。例：売る時期、カウ機会、株を扱うのは難しいわ。

**かえこと**（名詞）換えこと。交換。とりかえっこ。例：この切手とそれとカエコトしてくれへん。

**かえしょらん**（熟語）返しよらん。返さない。返してくれない。例：借りたくせに、ちっともカエショラン。

**かえすがえす**（熟語）どう考えても。例：優勝を逃して、カエスガエス残念や。眠れないんやなあ。

**かえすがえすも**（副詞）返す返す。どう考えても。例：カエスガエスモ、くやしくてたまらん。

**かえへん**（熟語）買えない。買えやしない。例：一億円出してもカエヘン。

**かえりがけに**（熟語）帰りがけに。帰る途中に。例：学校からカエリガケニ空襲や。

**かえりみる**（動詞）顧みる。反省する。あとをふりかえってみる。例：自分の行動を、しずかにカエリミルのや。

**かえる**（名詞）蛙。カイルとも。関東、関西以外で別名が多い。キャール。ビキギャル。例：カエルの子は蛙。

**かえる**（動詞）返る。ひっくり返る。倒れる。例：杉の大木が台風でカエッてしもた。

**かえる**（動詞）汲み出す。例：井戸をカエル。井戸ガエする。

**かえん**（名詞）火炎。ほのお。例：夜の空襲は、カエンがすごい。

**かおう**（名詞）花王。大きくて美しい花。例：中世は牡丹の花がカオウや。現在は化粧品会社の名にカオウがある。

**かおうて**（熟語）可愛くて、のウ音便。例：カオウテカオウテ仕方がない孫。

**かおかたち**（名詞）顔形。顔貌。容貌。例：カオカタチ、はずかしげに見える。

**かおだす**（熟語）顔出す。出席して義理を立てる。例：お葬式、カオダシといてや。

**かおやく**（名詞）顔役。土地や仲間で力のある人。親分。例：この街筋のカオヤクや。

**かかあ**（名詞）お母さん。または。妻。例：うちのカカアに洗わせるさかいに、気にせんといて。

**かかえこむ**（動詞）抱え込む。負担になるものを持つ。例：大きな借金をカカエコム。

**かかえる**（動詞）抱える。だく。腕の中に囲い持つこと。例：借財をカカエル。

**かかげる**（動詞）掲げる。高くさしあげる。例：看板をカカゲル。

**かがし**（名詞）案山子。関西では、カカシは使わない。例：田んぼの中の一本足のカガシ。

**かがす**（動詞）嗅がせる。例：このええ匂いカガセてやりたい。

**かかっていく**（熟語）立ち向かっていく。反抗する。例：あいつらは、先生にでもカカッテイッキョるわ。

**かがと**（名詞） 踵。カカトとも。例：カガトの高い靴を注文する。

**かかへん**（熟語） 書かない。書かぬ。例：こんな馬鹿なこと、うちカカヘン。

**かがみ**（名詞） 鏡。光の反射を利用して、人の顔や容姿をうつしてみる道具。例：カガミものは、歴史をうつす物語や。

**かがみもち**（名詞） 鏡餅。正月や祭りに神仏に供える丸い餅。例：カガミモチは、祝いの餅なんや。

**かがむ**（動詞） 屈む。身体を折り曲げて姿勢を低くする。カゴム、シャガムとも。例：身体をカガメて、くぐってください。

**かがやく**（動詞） 輝く。まぶしいほど光ること。例：ノーベル賞にカガヤク学者。

**かかり**（名詞） 手始め。いとぐち。例：仕事のカカリは、慎重にな。

**かかりあう**（動詞） 関係を持つ。例：雪崩遭難事件にカカリアウ。

**かかる**（動詞） 掛かる。ひっかかる。ぶらさがる。例：この川の上に橋がカカル。

**かかる**（動詞） 罹る。病気にとりつかれる。例：悪い癌にカカル。

**かかる**（動詞） 掛かる。試験に合格する。例：うち、大学にカカッたで。

**かかる**（動詞） 係る。上の語句が下の語句に関係する。例：カカリ助詞。カカリ結び。

**かがる**（動詞） 縢る。糸を互い違いにかけて縫う。例：ズボンの折り返しカガッてや。

**がき**（名詞） 餓鬼。生前の罪で飢えと渇きに苦しめられている亡者。悪い子ども。例：ガキ道に落ちる。ガキ大将。

**かきあげる**（動詞） 掻き揚げる。上の方へ引き揚げる。例：黒髪をカキアゲた額つきが美しい。

**かきあつめる**（動詞） 掻き集める。よせ集める。例：労働者をカキアツメル。

**かきあらわす**（動詞） 書き著す。書物を世間に出す。例：カキアラワシた書物、数十冊に及ぶ。

**かきいろ**（名詞） 柿色。熟した柿の皮の色。赤黄色。例：時代によってカキイロの色合いも違うようや。

**かきくどく**（動詞） 掻きくどく。くどくどとくりかえし言う。説得する。例：相手をカキクドク。

**かきけす**（動詞） 掻き消す。さっと消える。さっと消す。例：カキケスように居なくなる。

**かきさがす**（動詞） 書き散らす。例：新しいノート、カキサガシただけやないか。

**かきさがす**（動詞） 掻きまわす。例：部屋中カキサガシて、捜してもわからん。

**かきさす**（動詞） 書きさす。書きかけて中途で止める。例：カキサシのノートが三冊や。

**かきだし**（名詞） 書き出し。貸しつけた販売品を、書き出した伝票。カキツケとも。例：ここにカキダシ置いとくし、頼むわな。

**かきつけ**（名詞） 書き付け。請求書。カキダシとも。例：カキツケ、何枚もあるな。

**かきつばた**（名詞） アヤメ科の多年草。水辺に生える。例：万葉集にカキツバタを詠んだ歌がある。

**かきつらねる**（動詞） 書き連ねる。次々と書き並べる。例：賛成者の名をカキツラネル。

**かきとめ**（名詞） 書留。あとに残すため書いておくこと。例：カキトメ郵便。

**かきとる**（動詞） 書き取る。文章で書き写す。例：この章句、カキトッとくわ。

**かきまわす**（動詞） 掻き回す。掻きまぜる。人間関係をこわす、意にも。例：クラスの中をカキマワスことばっかりする人や。

**かきむすび**（名詞） ほどけないように固く結ぶこと。例：ななめに二回、きつくカキムスビやで。

**かきもち**（名詞） 餅を短冊に薄く切り、堅く干したもの。焼いて食べる。オカキ、カキヤとも。例：おばあちゃん、カキモチ焼いて。

**かきゅう**（名詞） 火急。非常に切迫していること。例：カキュウの用事。

**かきゅうてきすみやかに**（熟語） 可及的速やかに。できるだけ早く。例：カキュウテキスミヤカニ、出発点にもどってきてくれ。

**かきよる**（熟語） 書いている。書いておる。例：上手にカキヨッた。

**かぎり**（名詞） 限り。境目。限度。例：力のカギリ戦う。カギリある命。

**かく**（動詞） 書く。例：小説や随筆をカク。文字を毛筆でカク。

**かく**（動詞） 掻く。例：背中をカイてくれんか。

**かく**（動詞） 舁く。重い荷物を持って運ぶ。例：みんなでこの大きい荷物カイて。

**かく**（動詞） 構築する。例：座敷から川岸に床をカク。

**かぐ**（名詞） 家具。室内の道具。例：机、箪笥などがカグや。カグ職人。

**がくぎょう**（名詞） 学業。学問。勉強。例：ガクギョウ優秀、操行善良。

**がくしゃ**（名詞） 学者。学問研究をする人。例：ガクシャといわれるほどの人物ではない。

**かくす**（動詞） 隠す。人の目に触れないようにする。例：貴金属をカクシておく。

**かくすべ**（名詞） 蚊やり。蚊やりの煙。例：昔は、窓を閉めて、カクスベをした。

**がくと**（名詞） 学徒。学問の研究者。例：ガクトは、比叡山の学生のことや。ガクト動員。

**かくとく**（名詞） 獲得。物や権利を手に入れること。例：戦後ソ連が暴力でカクトクした北方領土や。返してほしい。

**かくまっとる**（熟語） 隠まっとる。人を隠している。例：逃げた子を、カクマットル。

**がくもん**（名詞） 学問。学業を修めること。例：ガクモンに心入れ励むことや。

**がくや**（名詞） 楽屋。舞台の後ろにあって、出演者の出入りする部屋。例：ガクヤで、化粧や衣装をつけ出演準備をする。

**がくゆう**（名詞） 学友。学校友達。学者仲間。例：大学のガクユウ会館。

**かぐら**（名詞） 神楽。神前で奏する歌舞。例：神社に奉納される里カグラ。

**かくれが**（名詞） 隠れ家。世間から隠れた住みか。例：政治家のカクレガになっている。

**かくれる**（動詞） 隠れる。外から見えなくなる。例：名月が雲にカクレル。

**かくれんぼ**（名詞） 子どもの遊びの一つ。隠れ鬼とも。隠れ＋坊、が語源。例：カクレンボしよか。

**かぐわしい**（形容詞） 馨しい。香しい。芳しい。香りがよい。こうばしい。例：カグワシイ花橘や。

**かげ**（名詞） 陰。蔭。光や風の当らぬところ。物かげ。恩恵。例：先生方のおカゲです。

**……がけ**（接尾語） ……途中。しようとするとき。例：行きガケに見つけた。

**かけあし**（名詞） 駆け足。軽く速く走ること。例：グラウンド三周のカケアシ。

**かげうら**（名詞） 影うら。日当りの悪いところ。例：カゲウラで、なすびとれへん。

**かけうり**（名詞） 掛け売り。代金をあとで払う売り方。例：昔はカケウリが多かった。

**かけおち**（名詞） 駆け落ち。家出して逃げて行方をくらますこと。例：愛人とカケオチや。罪やないけど困ったことや。

**かけきん**（名詞） 掛け金。日ごと月ごとに積み立てていくお金。例：今年のカケキン、いくら払うた？ まだ払わんならんか？

**かけずりまわる**（動詞） 駆けずり回る。あれこれと奔走する。例：選挙で毎日カケズリマワッとるわ。

**かげぜん**（名詞） 陰膳。不在の人の無事を祈って留守宅で整える食膳。例：カゲゼンを供えて無事を祈るのや。

**かけだし**（名詞） 駆け出し。手始め。初心者。例：カケダシの魚屋や、買うてや。

**かけとり**（名詞） 掛け取り。掛け売りの代金を集金すること。例：暮れはカケトリで忙しかった。

**かげひなた**（名詞） 陰日向。日陰と日なた。転じて人の見ている時と見ない時。例：カゲヒナタなく働く男や。

**かけむかい**（名詞） 向かい合ってすわること。転じて、二人だけの新世帯をいう。例：けなるいな。カケムカイやなあ。

**かけや**（名詞） 樫などの堅い木で作った大きい木槌。杭などを打つ。例：杭打ちのカケヤ、持ってきて。

**かけやい**（名詞） 掛け合い、の訛。交渉談合。例：カケヤイ漫才。

**かけら**（名詞） 欠けた一部分。きれはし。例：コンクリートのカケラ、気ぃ付けや。

**かける**（動詞） 家畜などを交尾させる。例：牛をカケルのもなかなか難しいんや。

**かげん**（名詞） 加減。加えることと減らすこと。ほどよく調節する。例：仕事をカゲンして、子供にやらせる。

**かこ**（名詞） 過去。過ぎ去った昔。前歴。例：就職試験は、カコを問いません。

**かご**（名詞） 加護。神仏の守り。例：氏神に神仏のカゴと安全を祈る。

**かこう**（動詞） 囲う。大事にしまう。貯蔵する。囲い＋う、が語源。例：さつまいもをカコウ。

**かこちょう**（名詞） 過去帳。死者の俗名、法名、死亡年月日などを記した帳簿。例：お寺のカコチョウを見せてもらう。

**かこつ**（動詞） 託つ。不平や不満を口に出す。例：不遇をカコツ。

**かごむ**（動詞） 屈むの訛。例：息苦しくてカゴム。

**かごん**（名詞） 過言。言い過ぎの意。例：中央語と言ってカゴンでない、関西の言葉や。

**かざ**（名詞） かおり。匂い。香＋ザ、が語源。例：ええカザがするわ。

**がさ**（名詞） がさつ者。粗雑な男。例：うちの息子、生まれつきのガサや。

**かさい**（名詞） 火災。火事の災難。例：カサイ保険。カサイ報知器。

**かざい**（名詞） 貨財。貨幣と財物。例：津波で、家もカザイも全て失った。

**かざかぐ**（動詞） かざ嗅ぐ。匂いを嗅ぐ。カザガクとも。例：ちょっとカザカイでみな。

**かざかみにおけぬ**（熟語） 風上に置けぬ。卑劣で仲間に入れておけない意。例：カザカミニオケヌ卑劣な男や。

**かざぐるま**（名詞） 風車。風で回るおもちゃ。紙やセルロイドで作った、風で回るおもちゃ。例：カザグルマ作って遊ぼ。

**かざしも**（名詞） 風下。吹いていく風の方向。例：カザシモは、被害甚大や。

**がさつく**（動詞） がさがさする。例：せっかく積んでもらった荷物やけど、ガサツイて困るんや。もう一回積み直してロープで締めてくれんか。

**かさなる**（動詞） 重なる。物の上に他のものが乗る。例：災難がカサナル。

**かさねぎ**（名詞） 重ね着。重ねて着ること。例：気温が低いのでカサネギせんとあかんえ。

**がさはら**（名詞） 雑草、灌木の草むら、草の多い野原。ガサワラとも。例：ガサハラで遊ぶのは危ない。

**かさばる**（動詞） 嵩張る。大きくて邪魔になる。カサ（量）＋張る、が語源。例：どうもカサバル荷物やなあ。

**かじかまる**（動詞） 寒くて冷えて動かない。例：指がカジカマッて動かへん。

**かじかむ**（動詞） 寒くて冷えて動きにくくなる。例：朝から冷えて身体がカジカムわ。

**かしこ**（形容詞、名詞） 賢い。賢明。または、賢い子供。例：おうちは、カシコすじ（家系）や。

**かしつ**（名詞） 過失。過ち、失敗。例：カシツなんだから許してあげようや。

**かしてんか**（熟語） 貸してんか。貸してくれないか。例：しばらく車カシテンカ。

**かしぼん**（名詞） 菓子盆。菓子を入れる容器。例：カシボンに入れる、お菓子あるか？

**かしや**（名詞） 貸家。家賃を取って貸す家。例：不景気なのか、カシヤが多い町筋や。

**かじょうがき**（名詞） 箇条書。事柄を条項に分けて、並べて書くこと。例：論文の作成に当っては、書きたい内容を、まずカジョウガキにしてみることや。

**かしょらん**（熟語） 貸して寄越さない。貸さない、の卑語。例：銀行は、ちっとも金、カシヨラン。

**かしら**（名詞） 頭。集団の統率者。例：カシラは誰や。

**かしら**（名詞） 頭。あたま。例：カシラが白くなる。カシラ文字。

**かしわ**（名詞） 鶏肉。例：今晩カシワでも囲もうか。

**がしんたれ**（名詞） 甲斐性なし。餓死＋たれ、が語源。飢え死にするより能のない人。例：貧乏ばかりして、ガシンタレの一生やった。

**かす**（動詞） 米をとぐ。例：米三合をカシておいて。うん。今すぐカスわ。

**かす**（名詞） 粕。例：酒のカス。

**かす**（名詞） 滓。無駄。くず。役にたたないもの。例：カスのような講演やった。

**……かす**（接尾語） 動詞＋かす。例：部屋を散らカス。まぎらカス。

**かず**（名詞） 数。数え立てる数値。例：もののカズにも入らない。

**かすかす**（副詞、形容動詞）味のないさま。水分や潤いのないさま。例：この蜜柑、カスカスや。

**かすづけ**（名詞）粕漬。瓜、魚などの酒の粕漬。例：カスヅケ、弁当のおかずよ。

**かすむ**（動詞）霞む。ぼんやりと見える。例：空がカスム。目がカスム。カスミがかかった春景色。

**かせいをまつ**（動詞）河清を待つ。どんなに待っても実現しない意。例：希望してもカセイヲマツや。実現せえへん。

**がせき**（名詞）瓦石。瓦と石。つまり、価値のないもの。例：作品は、ガセキと同じで無価値や。

**かせつ**（名詞）佳節。めでたい日。例：新年のカセツに当りお喜び申し上げます。

**かせる**（動詞）できものや傷の化膿部分が乾いてなおる意。例：うみが出なくなって、カセて来た。

**かぜをいれる**（熟語）風を入れる。間を置く。例：ちょっとカゼヲイレてから、また受けてみな。

**かそう**（名詞）下層。下の方の重なり。下の階級。例：カソウの社会。

**かそう**（名詞）仮装。いつわりの装い。仮の装い。例：カソウ舞踏会。

**かそう**（名詞）火葬。死体を焼いて葬ること。例：カソウ場。土葬とカソウ。

**かぞえる**（動詞）勘定する。数を調べる。例：カゾエルほどしか客がない。

**かぞく**（名詞）華族。国家に貢献した人に与えられた族称。例：カゾクは戦後の一九四七年廃止となった。

**かた**（名詞）代わり。抵当。担保。例：借金のカタに、土地と邸宅が入っているねや。

**かた**（名詞）結末。例：話のカタをつけよやないか。

**かた**（名詞）運。例：強盗に襲われやはったんやて。カタが悪い人や。

**かたあし**（名詞）片足。一本足のこと。例：事故でカタアシを失った。

**かたい**（形容詞）堅い。考え方、暮らし方がしっかりしている。例：ええかげんな男やない。カタイ男のようや。

**かたい**（形容詞）固い。確実だ。例：明日の運動会、ないほうがカタイ。

**かたい**（形容詞）眠たがらない。例：目のカタイ子や。

**かたいじ**（形容動詞）片意地。へんくつ（偏屈）。偏った意地、が語源か。例：あいつはカタイジなやつや。

**かたいだる**（熟語）傾いている。例：ちょっと時計カタイダルのと違うか。

**かたいっぽう**（名詞）片方。例：カタイッポウの靴下、どこへ行ったんやろ。

**かたいなか**（名詞）片田舎。都会から遠く離れた村里。例：カタイナカの小学校に赴任する。

**かたおか**（名詞）片岡。一方が岡になっている土地。例：カタオカに露みちた野道を行く少女。

**かたおもい**（名詞）片思い。一方だけが思い慕うこと。例：カタオモイに終わった青春時代の恋愛。

**かたかな**（名詞）片仮名。漢字の画を省略してつくられた音節文字。例：カタカナは、外来語の表記に使われることが多い。

**かたぐ**（動詞）傾ぐ。傾ける。例：そんなにカタゲたらこぼれるぞ。

**かたぐ**（動詞）担ぐ。例：重い荷物やろ。みんなでカタゴうか。

**かたくち**（名詞）片口。片方に口のついた陶製の容器。例：液体を小瓶に入れるのにカタクチよう使うわ。

**かたくま**（名詞）カタコマ、カタグルマとも。人を両肩にまたがらせてかつぐ。例：行列がよう見えるようにカタクマや。

**かたくろしい**（形容詞）堅苦しい、の訛。厳格な。窮屈な。例：カタクロシイお人や。

**かたこと**（名詞）片言。不完全な言葉。例：幼児や外国人のカタコトは、なかなか聞き取れない。

**かたこま**（名詞）肩車。カタクマ、カタコンマとも。例：選手が見えるようにカタコマしてやろか。

**かたじけない**（形容詞）おそれおおい。もったいない。例：大統領の御出席をたまわりカタジケナク存じます。

**かたそで**（名詞）片袖。片方のそで。例：カタソデの机より、両袖がほしかったんや。

**かたちづくる**（動詞）形作る。形造る。組み立てる。構成する。例：新金堂がやっとカタチヅクラれた。

**かたちんば**（名詞）不揃い。大小長短が揃わないこと。例：カタチンバの下駄が、残っている。

**かたづく**（動詞）片付く。仕事が終わること。仕事がはかどること。転じて、嫁ぐ意。例：伐採は、三時までにカタヅケようか。娘もやっとカタヅイてくれた。

**かたっぱしから**（熟語）片端から。次々と。例：カタッパシカラ、茶碗を割りよった。

**かたっぽう**（名詞）片方。カタイッポウとも。例：足のカタッポウが、不自由でな。

**かたて**（名詞）片手。半分。五百円。または五千円。例：もうカタテまけて。

**かたてま**（名詞）片＋手間。内職。副業。例：絵かきは、カタテマ仕事や。

**かたはし**（名詞）片端。一方の端。カタッパシとも。例：展示品をカタハシから、動かして見た。

**かたはらいたい**（形容詞）片腹痛い。そばで見ていると滑稽だ。例：子供が博士になるとは、カタハライタイわい。

**かたぶく**（動詞）傾く、の古語。例：日も西にカタブイた。

**かたみ**（名詞）形見。死んだ人の遺品。記念品。例：カタミ分け。

**かたみち**（名詞）片道。往復する道の一方の意。例：学校までカタミチ四キロやった。

**かたみに**（副詞）かわりばんこに。互いに。例：カタミニ、ボール蹴ってみ。

**かだら**（名詞）身体。幼児、老人の訛。例：汚いカダラやな。

**かたらう**（動詞）語らう。話をする。例：こまごまと昔のことをカタライあう。

**かたりつたえる**（動詞）語り伝える。語って後世に伝える。例：敗戦の悲惨さをいつまでもカタリツタエル必要があるんや。

**かたる**（動詞）語る。相手に話して聞かせる。例：決意をカタって、応援してもらう。

**がたろ**（名詞）川太郎。河童。例：ガタロは、川太郎が語源や。川の男の子の意味なんや。

**かたわ**（名詞）片輪。身体の一部に欠陥のある人。例：狂言の三人カタワ見てきた。

**かたわら**（名詞）傍ら。そば。わき。その一方。例：学校のカタワラの文房具屋。育児のカタワラ、内職に励む。

**かだん**（名詞）花壇。草花の植えてあるところ。例：屋上に造ったカダン。

**かたんま**（名詞）肩車。肩＋馬が語源。カタクマとも。例：子供をカタンマにして祭見物や。

**かちあう**（動詞）ぶつかる。衝突する。例：廊下で先生とカチアッタ。

**かちょう**（名詞）花鳥。絵画や詩歌の対象となる花と鳥。例：カチョウ風月。

**かちわり**（名詞）かちわり氷、の略。小さく砕いた氷。例：甲子園で、カチワリを買う。

**かつ**（動詞）搗つ。米麦をつく。例：米をカツ機械があちこちにできたなあ。

**かつえる**（動詞）飢える。食べるものがなくて苦しむ。例：戦争で国中カツエていた。

**がっか**（名詞）学科。学問の科目。例：理科系のガッカ。国文ガッカ。

**がっかい**（名詞）学会。学術上の研究を目的とした団体。例：日本語ガッカイ。

**がっかい**（名詞）学界。広大な学問の世界。例：ガッカイに学ぶこと五十年。

**かっかざん**（名詞）活火山。現在噴火活動を続けている火山。例：休火山とカッカザン。

**かつかつ**（副詞）かろうじて。やっとのことで。例：式にカツカツ間に合う。

**かっき**（名詞）活気。いきいきとした気分。例：カッキのある研究所や。

**がっき**（名詞）楽器。音楽を演奏する器具。例：管ガッキと、弦ガッキ。

**かつぎや**（名詞）迷信家。御幣かつぎ＋家、が語源。例：家相や鬼門や言うてほんまにカツギヤや。

**かつぎや**（名詞）米などの闇商売。担ぎ＋屋、が語源。例：戦後、カツギヤやって、生き抜いたんやて。

**かつぐ**（動詞）担ぐ。カタグ、とも。肩に担う。祭り上げる。例：神輿をカツグ。会長にカツグ。

**かつぐ**（動詞）だます。いっぱいくわせる。例：あいつ、わしをカツギよったな。

**かっけ**（名詞）脚気。ビタミン$B_1$欠乏のためおこる身体の病気。例：カッケで足がむくんできた。

**かっこ**（名詞）格好、u音節の脱落。例：そらカッコのええ青年や。

**かっこ**（名詞）確固。しっかりとして、物に動じない。例：カッコとした信念の持主や。

**がっこいき**（名詞）学校へ通うこと。例：ガッコイキの子供。

**かっこう**（名詞）格好。すがた。かたち体裁。例：カッコウをつける。カッコウのよい茶椀や。

**がっこう**（名詞）学校。教育し学ぶ所。例：ガッコウ図書館。ガッコウ法人。

**がっしゅく**（名詞）合宿。大勢が同じ宿で泊ること。例：ガッシュク練習。

**がっしょう**（名詞）合唱。多くの人が歌う。二部に分かれて、旋律を歌い合わせること。コーラス。例：校歌をガッショウしよう。

**がっしょう**（名詞）合掌。手のひらを合わせて礼拝すること。例：本尊の仏様にガッショウする。

**がっしょうづくり**（名詞）合掌造り。木材を山形に組み合わせた住宅の建て方。例：ガッショウヅクリの集落。

**かった**（熟語）借った。借りた。ちなみに、共通語のカッタは買ッタ。例：銀行にカッタ金は、何億や。

**がったい**（名詞）合体。二つ以上のものが一つになること。例：三つの銀行がガッタイした金融機関や。

**がったり**（副詞）気が揺るんで気落ちする。がっくりする。例：事故で息子さん亡くして、ガッタリしてはるわ。

**がったんこ**（名詞）シーソー遊び。ギッタンバッタンとも。例：ガッタンコは高学年の子供は乗ったらアカン。

**がっつりこん**（名詞）頭と頭のはちあわせ、の意。例：廊下に出たら、走って来た女の子とガッツリコンや。

**かって**（名詞）勝手。台所。例：カッテの掃除、頼むわな。

**かって**（名詞）家計。例：近頃。カッテが悪うてなあ。

**かってきまま**（熟語）勝手気まま。自分の都合だけ考えて行動する意。例：カッテキママな男や。

**かってくる**（熟語）借りてくる。例：五百円玉一つカッテクルわ。

**かってこう**（熟語）借りてこよう。例：貸し傘、あったらカッテコウ。

**かってな**（形容動詞）勝手な。自分の都合だけ考えてふるまうこと。例：自分カッテな行動をしないようにするのや。

**がってん**（名詞）合点。うなずく。例：説明をきいてガッテンがいった。

**かっとう**（名詞）葛藤。心のもつれ。例：良心の痛み、心のカットウがあるはずなんやが。

**かっとこ**（熟語）借りておこう。例：財布を忘れたんで、友だちに一万円カットコ。

**かっぱ**（名詞）河童。想像上の動物。川に住み頭に皿。ガタロ（川太郎の変化）とも。例：カッパ、ガタロ、カワコ、エンコガワッパ、いろいろの呼び名があるなあ。

**かつやく**（名詞）活躍。めざましく活動すること。例：選手のカツヤクに感動して涙ぐんでいる。

**……かて**（助詞）……ても。例：そんなに言うたカテ、あかん。弁解せんカテええ。

**……かて**（助詞）……でも。だって。例：私カテ腹が立つ。今からカテ間に合うわ。

**かてい**（名詞）過程。進行の経路。プロセス。例：研究のカテイを記録する。

**かてい**（名詞）仮定。仮に定めること。例：カテイ条件。カテイ形。

**かてい**（名詞）課程。学習内容と指導の順序。例：教育カテイ。

**かてい**（名詞）家庭。家族の生活場所。例：カテイ円満。カテイ教育。

**……がてら**（助詞）……ながら。……のついでに。例：見送りガテラに、買い物してくるわ。

**かてん**（名詞）加点。試合や試験で点を加えること。例：最終回、ホームランで一挙、三点カテン。

**かてん**（熟語）勝てん。勝てない。かなわない。例：あいつの毒舌にはカテン。

**かど**（名詞）角。突き出た部分。曲がり目。例：カドのビルは、銀行や。

**かど**（名詞）門。門のあたり。家の前庭で植木などのない広場。例：お医者さんのカドで、大神楽の芸やってやるで。

**かど**（名詞） 過度。度が過ぎること。例：カドの警戒は、弱気になり負けてしまう。適度に注意してたらええわ。

**かというて**（熟語） そうだからといって。例：職もない。食えん。カトイウテ、食わんわけにもいかん。

**かどう**（名詞） 歌道。和歌の道。例：歌人としてカドウに精進した姉、急逝。

**かとうて**（熟語） 堅くて。固くて、のウ音便。例：カトウテ、カトウテ、食えん。

**かどがひろい**（熟語） 門が広い。親類縁者や交際相手の広いこと。例：お宅は、カドガヒロウテ、大変やなあ。

**かとく**（名詞） 家督。家の跡継ぎ。例：旧民法のカトク相続の規定。

**かどっこ**（名詞） 町角。角＋コ（接尾語）、が語源。例：向こうのカドッコに、靴屋さんが、おまっしゃろ。

**かどで**（名詞） 門出。旅立ち。出立。例：外交官としてのカドデを送る。

**かどまつ**（名詞） 門松。正月に家の門に立てる松飾り。例：カドマツも、家々には見られなくなった。

**かどわかす**（動詞） だまして連れ去る。誘拐する。例：通学道でカドワカサれることのないように。

**……がな**（助詞） 当然であるとき、忠告するとき、説得するとき、文末につける。……ではないか。……じゃないか。例：行くガナ。あかへんガナ。雨が降ってるガナ。

**かなしい**（形容詞） 悲しい。しみじみと心がひかれる。嘆かわしい。例：津波で亡くなった多くの子供たちのカナシイ思い出がいっぱいつまっている。

**かなぐ**（名詞） 金具。器具に取りつける金属製品。例：ドアのカナグが故障や。

**かなもの**（名詞） 金物。金属製の器具。例：スコップ、カナモノ屋さんで買うてきてくれんか。

**かなり**（副詞） 相当。だいぶ。例：カナリ走ったなあ。うまく逃げられるか。

**かなるい**（形容詞） たやすい。簡単だ。例：先生、カナルイ問題出して。

**かなわん**（熟語） 適わない。かなわ＋ぬ、の意。いやだ。拒絶する時にも。例：あいつの足の速さにはカナワン。おまえの意見にはとてもカナワン。

**かなん**（熟語） はずかしい。困る。例：冷やかされたらカナン。あそこへ行くのは事情があってカナン。

**かなん**（熟語） いやだ。不可である。例：そんな仕事カナン。うちは、四十キロも走るのカナン。

**かなんさかい**（熟語） いやだから。例：夕立に出会うたらカナンサカイ、傘持っていくわ。

**がにまた**（名詞） 膝が左右に開いた脚。例：あいつガニマタ違う？ 歩き方変やわ。

**かね**（名詞） 金属。貨幣。例：カネの切れ目が縁の切れ目。

**かね**（名詞） 釣り鐘。例：三井寺のカネの音は、一キロ先まで聞こえるんや。

**かねそなえる**（動詞） 兼ね備える。二つ以上のものをいっしょに持っている。例：知性と勇気をカネソナエた青年。

**かねつきどう**（名詞） 鐘撞堂。鐘楼とも。例：方広寺のカネツキドウの跡や。

**……かねて**（熟語） ……することが難しくて。例：肺が悪くて、呼吸ができカネテ、苦しそうやった。

**かのこ**（名詞） 鹿の子。鹿の子供の白い斑点の意。例：カノコ絞り。

**かばやき**（名詞） 鰻の蒲焼き。鰻を串にさして焼き、かけ醤油をかけたもの。例：関西は腹からさいて焼くカバヤキや。

**かはん**（名詞） 過半。半数以上の意。例：参加者のカハンが女性や。

**かび**（名詞） 華美。はなやかで美しい。例：カビな服装。カビな雛人形。

**かひつ**（名詞） 加筆。文書に書き加えたり、訂正したりすること。例：無断で条文をカヒツしてはならない。

**かびん**（名詞） 花瓶。花を生ける瓶。例：カビンに花を生けてくれんか。

**かふう**（名詞） 家風。家に伝わるならわし。例：カフウに合わない。

**かふく**（名詞） 禍福。わざわいと幸せ。例：カフクはあざなえる縄のごとし。

**かふすべ**（名詞） 蚊いぶし。蚊やり。カクスベとも。例：カフスベ言うて、夕方、煙の出る木や乾し草をいぶしたもんや。

**かぶせる**（動詞） 被せる。責任を負わせる。例：あいつに責任をカブセてやれ。

**かぶた**（名詞） 株。例：一本のカブタから、たくさん枝分かれや。

**かぶった**（熟語） だまされた。例：人がええさかい、またカブッタわ。

**がぶのみ**（名詞） 水、酒まどをガブガブ飲むこと。例：ガブノミは身体に毒や。

**かぶりつき**（名詞） 劇場などの一番前の席。例：カブリツキに座って見てる。

**かぶる**（動詞） かむる。例：帽子をカブルほうがええわ。

**かぶる**（動詞） 大きい口をあけて食らいつく。例：柿剝かんと、皮ぐちカブルわ。

**かぶる**（動詞） 責任を引き受ける。例：子供の罪は、親がカブルわ。

**かぶん**（名詞、形容動詞） 過分。分に過ぎた。身分不相応の。例：カブンの芳志を賜り、有難うございました。

**かべつち**（名詞） 壁土。壁を塗るための粘土質の土。例：カベツチを用意する。

**かほう**（名詞） 家宝。家に伝わる宝。例：代々伝えたカホウを盗まれる。

**かほう**（名詞） 果報。運が強いこと。幸運。例：カホウは寝て待て。

**かぼちゃ**（名詞） 南瓜。ナンキンとも。例：近畿ではカボチャ、ナンキン。中国九州では、ボーブラ、ボーフラや。

**かまう**（動詞） 世話する。干渉する。例：子供のこと、あんまりカマウなよ。

**かまかける**（熟語） 相手にしゃべらせて思うところへ誘導する。例：カマカケルというのは、一種の誘導尋問や。

**かまける**（動詞） あることにかかりきって、本業に気持ちがまわらぬこと。例：アルバイトにカマケて、大学の講義忘れたらあかんえ。

**かましまへん**（熟語） かまいません。それで結構です。よろしい。例：これ貸してもろてよろしいか。へえ、カマシマヘン。

**かます**（動詞） 食らわす。脅す。例：あいつ、偉そうにしとるさかい一発カマシてやれ。

**かます**（動詞） てこ（杆）やくさび（轄）支える木などを入れたり、打ち込むこと。例：簞笥の下に、これカマシて。

**かますご**（名詞） いかなごの幼魚。例：おいしいカマスゴや。

**かまど**（名詞） 竈。土や粘土で築いた煮炊きをするもの。釜＋処、が語源。例：カマドに茶釜をかけて、水入れといて。

**かまどばらい**（名詞） 竈祓い。春先、伊勢の大神楽が家々を回ってお祓いをすること。例：この辺のカマドバライは、正月や。

**かまへん**（熟語） かまわない。それでよろしい。例：負けてもカマヘン。逃げたらあかん。

**かまぼこ**（名詞） 蒲鉾。白身の魚をすりつぶし調味料を加えて蒸した食品。板に山型に盛り上げたもの。例：小田原のカマボコ。カマボコ型の温室。

**かまぼこ**（名詞） 勉強家。いつも板にかじりつく人。なぞ言葉。例：あいつ、毎日、カマボコや。

**かまわんとき**（熟語） かまわずにおいておおき、の約。干渉しないでおおき。例：もう、あの娘さんのことは、カマワントキな。

**かまをかける**（熟語） 知らぬことを知っているふりして、相手にそれとなく言わせて、思うツボへ誘導したり自白させたりする。例：カマヲカケて、その男に白状させな。

**がまん**（名詞） 我慢。耐え忍ぶ。忍耐。例：多少の不都合はガマンせんとあかん。

**がまんづよい**（形容詞） 我慢強い。長くこらえて、よく辛抱する。例：ガマンヅヨイ子供。

**かみ**（名詞） 神。禍福を与える不思議な力を持つ信仰の対象。例：カミ様。カミの社。カミ代。

**かみ**（名詞） 加味。味を加えること。例：塩をもう少しカミしたら。

**かみがた**（名詞） 上方。関西地方の呼び名。カミは、京都に都があったから。例：カミガタの言葉。

**かみしも**（名詞） 上と下。上流の集落と下流の集落。例：カミとシモの家。

**かみしも**（名詞） 裃。江戸時代の武士の礼服。現在は、祭りなどで見られる服装。例：定紋付きのカミシモを着る。

**かみで**（地名） 上出。川上の出集落。下出に対する地名。ウエデとも。中出。例：中出の人と、カミデの人と、いっしょに道普請や。

**かみなり**（名詞） がみがみ怒る人。例：

恐いカミナリ先生や。
**かみや**（名詞）紙屋。紙製品を売る店。例：障子紙、カミヤで買うてきて。
**かめしまへん**（熟語）かまいません。さしつかえありません。例：その品でカメシマヘン。
**がめつい**（形容詞）欲が深い。例：ガメツイ知事やで、落選や。
**かめへん**（熟語）噛めない。例：歯が悪くて、ようカメヘンのや。
**かめへんで**（熟語）かまわないよ。例：都合がつかなんだら欠席してもカメヘンデ。
**かも**（名詞）鴨。ガンカモ科の水鳥。俗に適当な獲物の意に用いる。例：あの選手、レシーブが下手や。カモにせえ。
**かもうり**（名詞）冬瓜。とうがん。例：カモウリ、味付けがええとおいしいわ。
**かもじ**（名詞）日本髪の入れ毛、添え毛。例：最近、カモジいうても使わへん。
**かもしれへん**（動詞）不確かな推定を表す。例：あしたは、雪カモシレヘン。
**かやく**（名詞）かやく御飯、五目飯に混ぜるいくつかの野菜。具、添え物。例：カヤクの少ない五目飯や。
**かやくごはん**（名詞）かやく飯。五目飯。例：うちもカヤクゴハン、大好きや。
**かやくめし**（名詞）五目めし。混ぜ御飯。例：久しぶりに、カヤクメシ炊こか。
**かやす**（動詞）返す。返済する。例：借った金、明日カヤスわ。
**かよいみち**（名詞）通路。行き来する道。例：ここは小学生のカヨイミチや。
**から**（名詞）身体つき。体格。例：大きなカラして、なにしてんのや。
**……から**（助詞）原因理由を示す。そうだからの意。例：津波が来るカラ、今のうちに、高い土地、できたら山へ避難しなさい。
**からい**（形容詞）辛い。舌を強く刺激する。塩胡椒の辛さを区別しない語。例：カライ料理や。点数がカライ。
**からくれない**（名詞）唐紅。濃い紅色。例：カラクレナイに染まった秋の山。
**からけし**（名詞）消し炭。例：竈使わんので、焚火でもせんとカラケシ作れへんわ。
**からけつ**（名詞）無一文。すっからかん。例：銀行の預金もカラケツや。
**からげる**（動詞）たくしあげる。例：裾をカラゲて、傘さして出て行く女性。
**からさわぎ**（名詞）空騒ぎ。おおげさに騒ぎ立てること。例：騒ぐべきこともないのに集落中でカラサワギや。
**からたち**（名詞）枳殻。ミカン科の落葉低木。晩春に白い花が咲く。万葉集にある花。例：カラタチの白い花。カラタチの刺。
**からっきし**（副詞）まるで、少しも。例：外に出ると、カラッキシ、意気地なしや。
**からっぽ**（名詞）空っぽ。何も入ってない。空。例：広い駐車場もカラッポや。
**からてがた**（名詞）空手形。商取引がないのに融資のために振り出す手形。例：カラテガタは実行の伴わない約束のたとえにも使われるんや。
**からと**（名詞）唐櫃。米櫃。例：お米が一杯入っているけど、カラトと言うんや。
**……からに**（助詞）……のに。……していて。例：人に物借ってカラニ、有難うとも言いよらん。
**からめて**（名詞）搦手。城の裏門。物事の裏面（弱点）。例：カラメテから工作する。
**がらんど**（名詞）部屋など何も置いてないこと。ガランドウ、の転。例：家の中ガランドや。
**かり**（名詞）仮。一時的の。間に合わせ。例：カリ調印。カリ縫い。カリの橋。
**かりあつめる**（動詞）駆り集める。急いでよせ集める。例：戦乱の時代には、兵士や人夫をカリアツメルことが多かった。
**かりずまい**（名詞）仮住まい。一時的に住む家。例：故郷に帰るまでのカリズマイや。
**かりっぱなし**（名詞）借りっ放し。借りたままで返さずにいること。例：貧しい農民は、年貢を払わず、土地のカリッパナシが多かった。
**かりぼし**（名詞）紫雲英（れんげ）を刈り取って乾したもの。例：れんげのカリボシは、肥料にも飼料にも使う。
**かりまき**（名詞）仮巻。掛け軸にするまでの、書画の仮の巻物。例：半截のカリマキ、五本、お願いします。
**かりや**（名詞）借家。借りている家。シャクヤとも読む。例：大阪のカリヤは、谷町の二階家だった。

**かる**（動詞） 刈る。植物等を切り取る。例：草カリ機。稲をカル。

**かる**（動詞） 借る。借りる意。関西ではカリルを使わない。例：こんな家、カル人あるのかな。

**かるいし**（名詞） 軽石。溶岩が冷えてできた、穴が多い軽い石。例：落ちにくい汚れを落とすのにカルイシが良い。

**かるがるしい**（形容詞） 軽々しい。軽率だ。例：総理夫人のカルガルシイ振舞。

**かれい**（名詞、形容動詞） 華麗。はなやかで美しい。例：カレイな氷上の舞。アイススケート。

**かれき**（名詞） 枯れ木。枯れた木。例：カレキも山の賑わい。

**かれさんすい**（名詞） 枯山水。水を使わず砂と石組みだけで山水を表現する庭園の様式。例：カレサンスイの代表的なお庭や。

**かれの**（名詞） 枯れ野。草木の枯れた冬の野。例：カレノを詠んだ俳句。

**かわ**（名詞） 川。河。地上の低い所へ自然に流れる水の道。例：淀ガワ。宇治カワ。カワ風。カワ上。カワ下。

**かわいそう**（形容動詞） 気の毒だと同情する意。例：両親のないカワイソウな身の上や。

**かわいらしい**（形容詞） かわいい。カイラシイとも。例：カワイラシイ子やな。

**かわうお**（名詞） 川にいる魚。かわざかな。例：橋のたもとのカワウオ屋。

**かわかぜ**（名詞） 川風。川の上をふきわたる風。例：カワカゼが涼しい。

**かわかみ**（名詞） 川上。川の上流。例：淀川のカワカミが、宇治川、瀬田川や。

**かわぎし**（名詞） 川岸。川のほとり。例：カワギシの舟着き場。

**かわきり**（名詞） はじめ。例：山仕事のカワキリは、人の歩ける道作りや。

**かわく**（動詞） 渇く。口中の水気がなくなる。例：喉がカワク、お茶が欲しい。

**かわく**（動詞） 乾く。水気、湿気がなくなる。乾燥する。例：洗濯ものがよくカワク。

**かわぐち**（名詞） 川口。川が海や湖に流れ込む所。例：カワグチには港と公園がある。

**かわこぞう**（名詞） 河童。例：川にいる小僧（少年）がカワコゾウ、つまり河童のことなんや。

**かわざんよう**（名詞） 皮算用。皮が手に入らぬうちから、いくらに売れるか計算する意。例：取らぬ狸のカワザンヨウ。

**かわせ**（名詞） 川瀬。川底が浅く流れの早い所。川中の浅瀬。例：カワセに螢が多かった。蜆もたくさんとれた。

**かわせにする**（熟語） 為替。労賃、日当、贈答など、お互いに省略する。ユイにするとも。例：茶摘みと田植えの日当を、カワセにしよう。

**かわぞい**（名詞） 川沿い。川に沿った所。例：カワゾイの道。

**かわぞうり**（名詞） 皮草履。竹の皮で作った草履。例：カワゾウリは藁草履より強くて、長持ちする。

**かわたれどき**（名詞） あれはだれなのか、見分けがつかない薄暗い夜明け。例：カワタレドキが朝、たそがれどきは、夕暮れや。

**かわと**（名詞） 農村の川べりの洗い場。例：カワトで、大根洗うて来てくれ。

**かわばた**（名詞） 川端。川岸近くの土地。川のふち。例：カワバタの通り。

**かわはったのやろ**（熟語） 買いなさったのであろう。例：どうしても欲しゅうて、カワハッタノヤロう。

**かわら**（名詞） 河原。川原。川の岸辺や中州の石の多い平地。例：カワラで、凧を上げて遊ぶ。

**かわらぶき**（名詞） 瓦葺。屋根が瓦で葺いてあること。例：カワラブキの家。

**かわり**（名詞） 代わり。代理。代償。例：学長のカワリに出席する。

**かわりはてる**（動詞） すっかり変わる。例：カワリハテた故郷の風景。

**かわりばんこ**（名詞） 交互に。例：ぶらんこは、カワリバンコや。

**かわる**（動詞） 変わる。変化する。あらたまる。例：世の中がカワル時代や。

**かわるがわる**（副詞） 代わる代わる。順々に交替して仕事をするさま。例：カワルガワル卓球して遊ぼう。

**かわんとき**（熟語） 買わんとき。買わないでおきなさい（忠告）。例：そんな高いもんカワントキな。
**かわんとけ**（熟語） 買わんとけ。買わずにおけ（命令に近い）。例：高価過ぎるわ。カワントケ。
**かんい**（名詞） 官位。官職と位階。官位。例…明治新政府の与えたカンイ。
**かんがい**（名詞） 灌漑。水を引いて田畑をうるおす。例：カンガイ用水の池。
**かんがえてたんやろけど**（熟語） 考えてたんやろけど。考えていたのだろうけれど。例：空襲から、どう逃げたらええか、カンガエテタンヤロケド、結局、港の倉庫の地下や。
**かんがえときまっさ**（熟語） 考えときまっさ。考えておきますわ。はっきり断ることを避けた表現。拒否。拒絶表現。例：まあ、カンガエトキマッサ。
**かんかく**（名詞） 感覚。見たり聞いたりして状態や性質を知る働き。例：美的カンカクが鋭い人。
**かんからかん**（熟語） 性格が、実直で馬鹿正直な人の意。例：カンカラカンの石部金吉や。
**かんからかん**（熟語） 物体の堅い状態。例：田が、干上がってカンカラカンや。
**かんき**（名詞） 換気。空気を入れ換えること。例：カンキ扇。カンキ装置。
**かんき**（名詞） 喚起。よびおこすこと。注意すること。例：注意をカンキする。
**かんき**（名詞） 歓喜。大変喜ぶこと。例：優勝してカンキの声に包まれた。
**かんき**（名詞） 寒気。寒さ。寒いこと。例：春とは名ばかり、カンキが厳しい。
**かんぐる**（動詞） 勘繰る。気を回して考える。邪推する。例：そこまでカングランでもええやろ。
**かんぐん**（名詞） 官軍。朝廷側の軍勢。例：勝てばカングン。カングン江戸に入城す。
**かんけい**（名詞） 関係。かかわりあうこと。影響。例：源氏物語と、白楽天のカンケイをしらべる。
**かんけいづける**（動詞） 関係づける。物事を結び付け関係をつけること。例：方丈記と平家物語とを無常観からカンケイヅケル。
**かんげき**（名詞） 感激。強く感動して気持ちがたかぶること。例：名作にカンゲキして、しばらく眠れなかった。
**かんげき**（名詞） 観劇。演劇を見ること。例：歌舞伎座にカンゲキに行く。
**かんげん**（名詞） 換言。言いかえること。例：漢詩文の学問、カンゲンすれば、漢学の歴史は、非常に古い。
**がんけん**（形容動詞） 頑健。非常に丈夫で、強健なさま。例：ガンケンな身体。
**かんご**（名詞） 看護。傷病人の世話や看病をすること。例：カンゴ師と医師。
**がんこ**（名詞、形容動詞） 頑固。自分の意見を意地を張って通そうとする人。例：ガンコな人や、いつでもああや。
**かんこう**（名詞） 刊行。書籍など印刷物を出版し発行すること。例：二〇一八年カンコウの辞典。
**かんこう**（名詞） 完工。工事が完成すること。例：二〇一五年カンコウの道路。
**がんこう**（名詞） 眼光。目の光。物事の真相を見抜く力。洞察力。例：ガンコウ紙背に徹す。
**かんこくさい**（形容詞） きなくさい。焦げるにおいがする。例：おかしい、カンコクサイ。火事になったら大変や。
**かんじ**（名詞） 感じ。物事から受ける印象。物事に触れておこる思い。例：つきあっているととてもカンジがええ人や。
**かんじ**（名詞） 寒じ。特に寒さについていう。例：今朝はカンジがきつい。
**かんじ**（名詞） 幹事。世話役。例：同窓会のカンジ。
**かんじ**（名詞） 漢字。中国漢民族の表意文字。例：カンジと仮名。
**がんじがらめ**（名詞） 縦横十文字に縄を強く掛けること。例：動かぬように、ガンジガラメにする。
**がんじつ**（名詞） 元日。一月一日。元旦。例：ガンジツの朝は、すっかり雪景色だった。
**かんしゃ**（名詞） 感謝。ありがたく思いその意を表すこと。例：貧しい中を、進学させてくれた母にカンシャする。
**かんしゅう**（名詞） 監修。著述や編集を監督すること。例：山田博士カンシュウの国語便覧。
**かんしゅう**（名詞） 観衆。多くの見物人。例：ジャンプ競技の大カンシュウ。
**かんしゅう**（名詞） 慣習。ならわし。しきたり。伝統的に決まっている行動様式。例：カンシュウ法は、不文律である。

**がんしょ**（名詞） 願書。許可を得るために出す書類。例：入学ガンショ。

**かんしょう**（名詞） 鑑賞。芸術や文学の価値を理解し味わうこと。例：源氏物語の解釈とカンショウ。

**かんしょう**（名詞） 干渉。他人の事に立ち入り自分の考えにしたがわすこと。例：外国が、我が国の内政カンショウをする。

**かんじょう**（名詞） 感情。心持ち。気持ち。例：カンジョウ的な議論をするな。

**がんじょう**（形容動詞） 頑丈。つくりがしっかりしている。丈夫だ。例：ガンジョウな身体を持っている。

**かんしょうてき**（形容動詞） 感傷的。感じやすく涙もろい。例：カンショウテキな人間や。

**かんしょく**（名詞） 間食。おやつ。例：カンショクを、こびるとゆう所がある。

**かんじん**（名詞） 肝心。大切で、大事であること。例：カンジン要め。

**かんじん**（名詞） 勧進。寺社や仏像などの建築、修理などに寄付を勧めること。例：東大寺カンジン帳。カンジン元。

**かんす**（名詞） 茶釜。例：カンスに湯わかしといて。

**がんぜない**（形容詞） 幼くてわきまえがない。例：ガンゼナイ子供やから、これぐらい仕方がないわ。

**かんぜん**（名詞、形容動詞） 完全。欠点や不足がないこと。全く文句のつけようがない意。例：カンゼン無欠。カンゼン試合。

**がんぜん**（名詞） 眼前。目の前。まのあたり。例：ガンゼンにありありと母の顔が浮かぶ。

**かんそう**（名詞） 感想。心に感じ思うこと。例：読書カンソウ文を仕上げる。

**かんそう**（名詞） 乾燥。乾かし湿気をなくすること。例：カンソウ注意報。

**かんたん**（名詞） 肝胆。キモとイ。例：カンタン相照らす仲。

**がんちく**（名詞） 含蓄。意味が深く味わいがあること。例：ガンチクのある説教やったな。

**かんちゅう**（名詞） 寒中。寒の間。寒さが厳しい間。例：カンチュウ御見舞い。

**かんづく**（動詞） 感付く。感じて気付く。例：それとなくカンヅイたのや。

**かんづめ**（名詞） 缶詰め。調理した食品を缶に詰めて殺菌したもの。例：カンヅメは、長期の保存に耐えるんや。

**かんてき**（名詞） 短気な意。カンテキ（七輪）の火がおこりやすいところから、なぞ言葉。例：あいつ、すごいカンテキや。

**かんとく**（名詞） 監督。上に立って注意したり取り締まったりすること。例：映画カントク。野球部のカントクをする。

**かんなくず**（名詞） 鉋屑。鉋で削ったあとの木くず。例：カンナクズは、たきつけにええわ。

**かんにん**（名詞） 堪忍。ごめんなさい。例：昨日は、欠席してカンニン。

**かんにんえ**（熟語） 堪忍え。ごめんなさい。女性語。例：悪口言うてカンニンエ。

**かんにんしとくれ**（熟語） 堪忍しとくれ。ごめんしてください。例：人違いしてしもて、カンニンシトクレやす。

**かんぬき**（名詞） 閂。門を固くしめるための横木。例：カンヌキしっかりしといて。

**かんぬし**（名詞） 神主。神社に仕える神官。例：氏神様のカンヌシ。

**かんねんする**（動詞） 観念する。あきらめる。例：もうあかん。立ち往生や。カンネンした。

**かんのし**（名詞） 神主、の訛。例：建前にカンノシさんに祝詞上げてもらおう。

**かんのん**（名詞） 観音。観世音菩薩、の略。例：カンノンさんに御参りする。カンノン開き。

**かんぱい**（名詞） 完敗。完全に負けること。例：二横綱が大関にカンパイ。

**かんぱい**（名詞） 乾杯。祝福しながら杯を飲み乾すこと。例：長寿を祝して、カンパイ。

**かんぱく**（名詞） 関白。天皇を補佐する最高位の大臣。転じて、威力権力の強いもの。例：亭主カンパク。

**がんばる**（動詞） 目を見開いて努力する。眼＋張る、が語源。例：ガンバッてや。まけたらあかんで。

**かんばん**（名詞） 看板。人目を引くよう店名などを書いた板。例：カンバン娘。

**かんぴょう**（名詞）　干瓢。夕顔の果実の肉を長く剝いて干した食品。例：カンピョウは巻き寿司の具やちらし寿司の具にしておいしいんや。

**かんぷ**（名詞）　還付。本来の所有者に返すこと。例：カンプ金を受け取る。

**かんぶつ**（名詞）　乾物。乾した食物。例：カンブツ屋で、棒鱈と数の子買うてきて。

**かんべん**（名詞）　勘弁。過ちを許すこと。例：どうかカンベンして下さい。

**がんぽん**（名詞）　元本。元金のこと。例：ガンポンの保証される事業。

**かんまん**（名詞）　緩慢。動作が遅くのろいこと。例：行動がカンマンで、勤務状態がよくない。

**かんみん**（名詞）　官民。官吏と人民。政府と民間。例：カンミン一体になって津波の復旧にあたる。

**がんもん**（名詞）　願文。神仏に願いを書いた文。例：神主の読むガンモンを静かに聞く。

**かんやく**（名詞）　簡約。無駄を省いて簡単にする。例：カンヤク英和辞典。

**がんやく**（名詞）　丸薬。練り合わせて小さく丸めた薬。例：散薬かガンヤクか、どちらが飲みやすいか。

**かんゆう**（名詞）　勧誘。勧め誘うこと。例：保険カンユウ員。

**かんようしょくぶつ**（名詞）　観葉植物。葉の色や形を見て楽しむ植物。例：観音竹はカンヨウショクブツや。

**かんより**（名詞）　紙のこより。紙＋縒り、の訛。例：和紙もカンヨリで、しっかり綴じてな。

**がんらい**（副詞）　元来。もともと。はじめから。例：ガンライは、医師の家に育ち、政治家ではなかった。

**かんり**（名詞）　管理。管轄して、保存したり処理すること。例：不動産会社のカンリするビル。

**がんりき**（名詞）　眼力。物事の真偽を見分ける力。例：ガンリキのある男。

**かんりょう**（名詞）　官僚。官吏。役人。例：カンリョウ的な態度が気に食わぬ。

**かんりょう**（名詞）　完了。完全にし終えること。例：手続きはカンリョウしました。

**かんれい**（名詞）　寒冷。寒く冷たいこと。例：カンレイ前線が、南下して気温が低い日が続くようや。

**かんれい**（名詞）　慣例。ならわし。しきたり。例：創立記念日は、休日にするのがカンレイになっている。

**かんれん**（名詞）　関連。かかわりあい。つながり。例：暗殺事件にカンレンしてるかも知れん。

**かんわ**（名詞）　閑話。むだばなし。例：このあたりでカンワ休題や。

**かんわ**（名詞）　中国と日本。漢和。例：カンワ辞典。

**かんわ**（名詞）　緩和。ゆるめること。例：交通規制をカンワする。

# き

**きー**（名詞）　気。一音節語の長音化。気持ち。性質。例：キー付けや。

**きー**（名詞）　木。一音節語の長音化。樹木。木製。例：キー伐り倒す。桜のキー。

**きー**（名詞）　黄。一音節語の長音化。黄色。例：キーの絵の具。

**……き**（名詞）　……さんにあたる接尾語。伯父貴。姉貴。例：兄キ。叔父キ。

**きあい**（名詞）　気合い。心持ち。精神を入れた構え。例：キアイを入れる。

**きい**（動詞）　来い。キヤ。キイヤとも。例：早うしっかり付いてキイ。

**ぎいすちょん**（名詞）　キリギリス。例：庭前で、ギイスチョンが鳴いている。

**きいたろか**（熟語）　聞いてあげようか。聞いてやろうかの約。例：うちから警察にキイタロカ。

**きいてき**（熟語）　聞いて来なさい。例：明日の集合時間、しっかりキイテキ。

**きいてこう**（熟語）　聞いて来よう。例：先生に、キイテコウ。

**きいてへん**（熟語）　聞いていない。例：そんなこと、うちらキイテヘン。

**きいてやならん**（熟語）　聞くに耐えない。例：どうもキイテヤナラン、他人の悪口。

**きいてやへん**（熟語）　聞いてはいない。

例：そんなこと、僕はキイテヤヘン。

**きいてられん**（熟語） 聞いておられない。例：そんなつまらん話、キイテラレン。

**きいとく**（熟語） 聞いて心に留めておく。例：君の考えは、一応キイトクわ。

**きいとる**（熟語） （以前から）聞いている。例：その話なら、前任者から、ようキイトルわ。

**きいひん**（熟語） 来ない。例：博物館には、誰もキイヒン。

**きいひんか**（熟語） 来はしないか。来ないか。例：うちに遊びにキイヒンカ。

**きいみ**（名詞） 黄身。例：玉子のキイミ、うち食べへん。

**きいや**（動詞） 来いや。来い、の児童語。おいで。例：こっちへ、キイヤ。ええもん上げるさかい。

**きいろい**（形容詞） 黄色い。黄色の形容詞化。例：かわいくてキイロイ花や。

**きえ**（名詞） 帰依。仏様に心をこめてすがり信仰する。例：仏教にキエする。

**きえうせる**（動詞） 消えてなくなる。例：犯人の男は、どこへキエウセたのか。

**きえかかってる**（熟語） 消えかかっている。例：仏壇のお灯明がキエカカッテル。

**きえかけてる**（熟語） 消えかかっている。例：スキー場の雪がキエカケテルわ。

**きえたる**（熟語） 消えている。例：黒板の掲示、もうキエタルで。

**きえてしまよった**（熟語） 消えてしまった（男性用語）。例：宴会の席から、あいつ、キエテシマヨッタ。

**きえてる**（熟語） 消えている。例：比良の雪、キエテルわ。

**きえとる**（熟語） 消えている（男性用語）。例：ポスターの絵が雨でキエトルわ。

**きえのこる**（動詞） 消えずに残る。例：所々にキエノコル雪があるのや。

**きえよった**（熟語） 消えた（男性語）。例：飛行機は雲の上へキエヨッタ。

**きえる**（動詞） 消える。なくなる。溶けてなくなる。例：火がキエル。雪がキエル。

**きえん**（名詞） 機縁。仏の教えを受ける縁があること。きっかけ、機会。例：大学で、彼を知るキエンとなった。

**きおう**（動詞） 気負う。気持ちが高ぶること。例：さあ試合が始まるぞ。キオエ、選手諸君。

**きおち**（名詞） 気落ち。力を落とす。気が沈む。例：キオチして力が十分出なかった。

**きおとる**（熟語） 気負うとる。はしゃぐ。勢いがよい。例：若い社員たち酒飲んでキオトルな。

**きかい**（名詞） 機会。ちょうどよい時。例：教育のキカイ均等。

**きかい**（名詞） 機械。動力を使って仕事をする装置。例：キカイ工業。器械。動力のない道具。例：器械体操。

**きかい**（名詞） 奇怪。不思議で怪しい。例：キカイ千万、消え果てた。

**きがい**（名詞） 危害。生命をそこない危うくすること。例：生徒にキガイが及ばぬようにつとめる。

**きがいしょ**（名詞） 気甲斐性。強い気性。気がしっかりとしてけなげな気性。胆力。例：キガイショのある男や。

**きがえ**（名詞） 着替え。着替える衣服。例：スーツケースにキガエを入れる。

**きがきやない**（熟語） 気が気やない。気になってじっとしておれない。例：今朝手術やて、キガキヤナイ。

**きかす**（動詞） 聞かせる。例：帰って息子どもにキカスわな。

**きかず**（熟語） 聞かず。聞かない。聞いていない。例：注意をキカズに、登ったらあかん。

**きがとがめる**（熟語） 気が咎める。心にやましく思われる。例：どうもキガトガメルなあ。

**きかなんだ**（熟語） 聞かなかった。例：その話、キカナンダことにしとくわ。

**きがはしる**（熟語） 気が走る。よく気が付く。例：いつもよくキガハシル青年。

**きがわるい**（熟語） 気が悪い。申し訳ない気がする。例：いつも貰ってばかりでキガワルイ。

**きがわるい**（熟語） 気が悪い。感じが悪い。キーワルイとも。例：あいつ、キガワルイ男や。困ったやつや。

**きかんき**（名詞） 勝ち気。負けん気。例：うちの嫁、えらいキカンキが強うてな。困っとるわ。

**きかんしえん**（名詞） 気管支炎。気管支に炎症が起こり発熱する病気。例：少年の頃キカンシエンになった。

**きかんふり**（熟語）聞かない様子。キカンプリ（連声）、の形をとらない。例：知ってても、キカンフリしてる。

**ききあわせる**（動詞）聞き合わせる。同一のことについて、各方面から情報を聞く。例：事故のあと乗員の安否をキキアワセル。

**ききいる**（動詞）聞き入る。心にとめて聞く。例：大統領の話にキキイル人も多かった。

**ききおぼえる**（動詞）聞き覚える。聞いて記憶する。例：キキオボエのある声や。

**ききざけ**（名詞）利き酒。酒の鑑定。例：今年のキキザケ、何日やった？

**ききずてにならん**（熟語）聞き捨てにならん。聞き流すことができない。例：境界線を動かしたって、これはキキズテニナラン。

**ききそこなう**（動詞）聞き損なう。聞く機会をのがす。例：湯川さんの講演をキキソコナッた。

**ききちがえる**（動詞）聞き違える。間違って聞く。例：証言の趣旨をキキチガエたんや。

**ききづたえ**（動詞）聞き伝え。人づてに聞く。伝聞。例：キキヅタエなんやが本当か。

**ききつんぼ**（名詞）わざと聞こえないふりをする。例：姑さん、争いごと嫌いやさかい、キキツンボや。

**ききとうない**（熟語）聞きたくない。例：彼の演説は、キキトウナイ。

**ききとがめる**（動詞）聞き咎める。聞いてなじり非難する。例：証言をキキトガメル。

**ききとどける**（動詞）聞き届ける。願いや申し出を聞いて許す。承知する。例：申し出をキキトドケル。

**ききなおす**（動詞）聞き直す。あらためて聞く。例：相手にもう一度キキナオシたんや。

**ききながす**（動詞）聞き流す。聞いても無視する。例：あんな男の話はキキナガシておけ。

**ききにくい**（形容詞）聞き難い。聞き苦しい。例：耳が遠くてキキニクイ。

**ききはつる**（動詞）聞きかじる。例：会社あかんてキキハッッタんやけどほんまか。

**ききゃしよらん**（熟語）聞きゃしよらん。例：親の話など今どきの子供、ろくにキキャシヨラン。

**ききよう**（名詞）聞き方。尋ね方。例：あんな証言はキキヨウによってどうにでもとれる。

**ききわける**（動詞）聞き分ける。聞いて納得する。例：母さんの話を、キキワケてくれたか。

**ききん**（名詞）飢饉。凶作で食物が欠乏して生命が維持できないこと。例：戦時中のキキンは、いっさい報道されなかった。

**ききん**（名詞）基金。事業の経済的基礎をなす資金。基本金。例：育英事業のキキン、二千億円。

**きく**（動詞）利く。効き目がある。例：風邪によくキク薬や。

**きく**（動詞）聞く。音声を耳に感じる。例：鳥の声をキク。忠告をキク。

**ぎくぎくする**（熟語）すこしぐらつく。例：小屋の柱がギクギクして歩けん。

**きくさらす**（熟語）気腐らす。気持ちを腐らせる。気持ちを悪くする。例：いつまでも、キクサラサんと、さあ元気出して。

**きくところによれば**（熟語）聞いたところによると。例：キクトコロニヨレバ重要書類が意図的に破棄されたらしい。

**きける**（動詞）疲れ弱る。例：老齢でキケて入院や。

**きげん**（名詞）紀元。国家ができた最初の年。例：日本キゲン。西暦キゲン。

**きげん**（名詞）期限。限定した一定の時期。例：キゲン付きで承認した。

**きげん**（名詞）起源。起こり。例：日本列島の地学的キゲンは？

**きげん**（名詞）機嫌。健康状態。気持ち。例：御キゲンいかが。キゲンがよい。

**きこえよがしに**（熟語）聞こえよがしに。聞けといわんばかりに。例：キコエヨガシニ悪口を言うのはやめてくれ。

**きこえる**（動詞）聞こえる。音が耳に入る。例：除夜の鐘がキコエル。

**きこしめしたらしい**（熟語）聞こし召したらしい。酒を飲んだらしい。例：昨晩ずいぶん、キコシメシタラシイ。

**きこり**（名詞）樵。山林の木を切る人。例：先祖は、杣山のキコリやった。

**きさくな**（形容動詞）気さくな。打ち解けやすく気軽な。例：ほんまにキサクナ人や。

**きざし**（名詞）兆。前兆。物事が起こるしるし。例：大地震のキザシがあった。

**きざな**（形容動詞）気に触る。気＋障＋な、が語源。例：キザナやつや。

**きざはし**（名詞）階。石段。例：拝殿のキザハシに立って参拝する。

**きざむ**（動詞）刻む。彫り付ける。例：二年がかりで仏像を、キザム覚悟です。

**きざら**（名詞）砂糖の一種。粗くて黄色いざらめ。例：キザラ、お店にありますか。

**きさんじ**（形容動詞）気散じ。気のさばけた、気の利いた。気＋散じ、が語源。明朗快活。例：キサンジな人や。

**きし**（名詞）岸。水際のところ。例：湖のキシに、水草が多くて舟が入れへん。

**ぎしき**（名詞）儀式。公事神事祭事等の式典。例：氏神の古いギシキ。

**きしな**（熟語）来しな。来る途中。例：学校へのキシナに見つけた花や。

**きしむ**（動詞）軋む。うまくすべらない。例：戸がキシンで、動きにくい。

**きしゅく**（名詞）寄宿。他家に暮らす。例：学校のキシュク舎。キシュク生活。

**きしょうてんけつ**（名詞）起承転結。漢詩の構成配列の名称。書き起し、承けて、詩意を一転し、まとめ結ぶという意。現在では、広く文章の組立てや構想に意識され利用されることが多い。例：キショウテンケツの整った名文ですな。

**きしょく**（名詞）気持ち。気＋色、が語源。気分。雰囲気。例：肩たたきしてもろて、ほんまにキショクがええわ。

**きしょくわるい**（熟語）気色悪い。気持ちが悪い。気味が悪い。例：キショクワルイことを言うな。

**きしる**（名詞）血うみ。リンパ液。例：キシルがおさまると、怪我の治りも早いんやけどなあ。

**きしん**（名詞）寄進。神仏に寄付する。例：参道の両側に、キシン者の名がある。

**きす**（動詞）期す。予期する。前もってきめる。決心する。例：再会をキシて別れた。

**きずいきまま**（熟語）気随気まま。わがまま勝手。自由。例：休みになったらキズイキママや。

**きずいな**（形容動詞）気随＋な、が語源。わがままな。例：ほんまに、あの子はキズイナ子やな。

**きずがつく**（熟語）傷がつく。悪影響が残ること。例：息子の将来にキズガツク。

**きずつない**（形容詞）気＋ヅツナイ、が語源。気が重く遠慮が要る。例：キズツナイ人や。

**きずもの**（名詞）疵ついたもの。不良品。例：娘を、キズモノにするつもりか、と怒りだす。

**きせん**（名詞）貴賤。とうとい事といやしい事。例：キセンの別ある邸宅。

**きぞく**（名詞）貴族。家柄や身分の高い人々。支配階級。例：平安時代のキゾク社会とキゾク文化。

**きたかいきせん**（名詞）北回帰線。地球上赤道の北二三度二七分の所を通る緯線。例：キタカイキセンは、地球の傾きを示す。このため四季、気象の変動が起こるんや。

**きたない**（形容詞）汚い。欲が深い。けち。しみったれ。例：けちんぼでキタナイ男や。

**きたなり**（名詞）着た＋なり（そのままの服装）。着たままの姿。例：こんなでんち（防寒用の袖無し）キタナリで、御免な。

**きたんやって**（熟語）来たのだって。例：金メダルの選手も、走りにキタンヤッテ。

**きたんやろ**（熟語）来たのだろう。例：午前中に私を訪ねてキタンヤロ。

**きたんやわ**（熟語）来たのだよ。例：みんなで歩いてキタンヤワ。

**きちきち**（副詞）きちんと。几帳面に。例：キチキチ仕事をやってくれる。

**きちきち**（副詞）容器に物がいっぱい詰まっている状態。例：このバス、キチキチいっぱいや。もう乗れん。

**きちじつ**（名詞）吉日。めでたい日。よい日。例：キチジツを選び旅立つ。

**きちょうめん**（名詞）几帳面。性質や行動がきちんとしていること。例：キチョウメンな性格や。

**きちれい**（名詞）吉例。めでたい事やしきたり。例：米寿を祝うのがキチレイなんや。

**きつい**（形容詞）気が強い。猛烈な。厳しい。例：あの先生キツイ先生や。

**きつい**（形容詞）けわしい。例：北から登るとキツイさかい、西から登りな。

**きつい**（形容詞）窮屈である。例：この靴、ちょっとキツイわ。

**きづかい**（名詞）気遣い。気を遣うこと。気掛かり。例：うちのこと、キヅカイ無用や。

**きづかいない**（熟語）気遣いない。気を遣う必要は、ない。大丈夫、心配無用。例：ちょっと遠いが車で行けばすぐや。キヅカイナイわ。

**きつかった**（熟語）きびしい。例：あの監督は、練習キツカッタ。

**きっかり**（副詞）ちょうど。きっちり。例：十二時、キッカリに始まる。

**きっきょう**（名詞）吉凶。吉事と凶事。例：キッキョウは、相次いで来るものだ。

**ぎっこんばったん**（名詞）シーソー。公園の遊具。例：ギッコンバッタンして遊ぼ。

**ぎっちょ**（名詞）左利き。ヒダリギッチョとも。例：ギッチョで字書かはる。

**きっちり**（副詞）きちんと。整然と。例：キッチリした本の並べ方や。

**きっちり**（副詞）ちょうどその時。例：六時キッチリに起きる。

**きって**（名詞）切手。金銭を受け取った証拠の手形。例：郵便キッテ。

**きつね**（名詞）きつねうどん。油揚げの入ったうどん。例：キツネ、一丁。

**きつねずし**（名詞）きつね寿司。稲荷寿司とも。油揚げに鮨飯をつめた食品。例：遠足の弁当、キツネズシでええか？

**きつねのよめいり**（熟語）きつねの嫁入り。陽光がさしているのに雨が降っていること。例：ええ天気やのに雨が降ってきた。キツネノヨメイリや。

**きて**（名詞）着る者。着＋手、が語源。例：キテがええで、服が引き立つわ。

**きてい**（名詞）既定。すでに定まっていること。例：キテイの事実である。

**きてい**（名詞）規程。事務上の規則。例：教育法規キテイ集。

**きてい**（名詞）規定。規則の中の個々の条項。例：キテイを設ける。

**きてくれやはりますやろ**（熟語）来てくれなさるでしょう。例：子供さんが、お祭りにキテクレヤハリマスヤロ。嬉しいことですわ。

**きてくれやはる**（熟語）来てくれやはる。来てくれなさる。例：娘さん、きっとキテクレヤハルわ。

**きではなをかむ**（熟語）無愛想のたとえ。例：キデハナヲカムような返事や。

**きではなをくくる**（熟語）無愛想のたとえ。例：キデハナヲククルような態度や。

**きてみい**（熟語）来て見よ。例：早くキテミイ。

**きてん**（名詞）機転。物事に応じた心の働き。例：キテンがきく有能な社員。

**きでん**（代名詞）貴殿。きみ。あなた。例：キデンにお願いした件、いかがでございますか。

**きと**（名詞）帰途。帰り道。例：ここから、キトにつきます。よろしいな。

**きど**（名詞）木戸。出入口の門。城の入口の門。例：芝居のキド銭。キド御免。

**きど**（名詞）喜怒。喜びと怒り。例：キド哀楽。

**きとう**（名詞）祈禱。神仏に祈ること。例：神官に、キトウをお願いするんやで。

**きとうみ**（熟語）来てみなさい。例：早うキトウミ。ここからは、よう見えるさかい。

**きどせん**（名詞）木戸銭。芝居の入場料。例：キドセンいくらや。

**きとってん**（熟語）来ておったので。例：あいつも、キトッテン、それで知ってるはずや。

**きどる**（名詞）気取る。真似てそれらしく振る舞うこと。エエカッコウスル、カッコウツケルとも。例：キドッた言い方をする。

**きない**（名詞）機内。航空機の内部。例：キナイの乗客は全員避難しました。

**きない**（名詞）畿内。みやこ付近の地域。例：キナイは、近畿地方のことや。

**きながし**（名詞）着流し。羽織袴、または本衣装を着けない姿。例：今日のおよばれ、キナガシでええか。

**きなこ**（名詞） 黄粉。大豆を炒って粉に挽いたもの。黄＋な＋粉、が語源。例：細長い餅をキナコにまぶしたのが力餅や。

**きなん**（名詞） 危難。わざわい。災難。例：キナンが迫っていると知らせてやれ。

**きにしー**（名詞） 気にする人。例：うちの家内、ほんまにキニシーや。

**きぬ**（名詞） 絹。繭から取った繊維。例：キヌ織物。キヌ糸。

**きぬごし**（名詞） 絹ごし豆腐。堅い豆腐の木綿ごしに対する語。柔らかい豆腐。例：キヌゴシの豆腐買うてきてんか。

**きぬさや**（名詞） 若くてやわらかなサヤエンドウ。例：畑でキヌサヤ採って来て。

**きぬなり**（名詞） 絹鳴り。絹の音によって、帯地の良し悪しを知ること。例：ええ帯や、キヌナリが違う。

**きのう**（名詞） 昨日。例：キノウの花は今日の夢。世の中はそんなもんや。

**きのこ**（名詞） 菌。茸。タケとも。例：まったけ、しいたけ、をキノコいうてる。

**きのどく**（名詞、形容動詞） 気の毒。他人の苦痛苦労に同情する気持ち。例：大雪で、車が動かぬとは、キノドクや。

**きのはし**（名詞） 木の端。木の切れはし。役に立たないもののたとえ。例：他人から、キノハシのように思われている。

**きのぼり**（名詞） 木登り。木によじ登ること。中世から使ってる語。例：キノボリしたらあぶないで。

**きのみきのまま**（熟語） 着の身着のまま。着ているもののほか何もないこと。例：キノミキノママで、裏山へ逃げた。

**きのめ**（名詞） 木の芽。山椒の芽。例：キノメ田楽。キノメ煮（だき）。

**きばえ**（名詞） 気立て。例：キバエのええ娘さんや。

**きはずかしい**（形容詞） 気恥かしい。心にはずかしいと感じる。例：キハズカシイというのは、きまりが悪いことなんや。

**きはった**（熟語） 来はった。来なさった。キヤハッタとも。例：お友達がキハッタで。

**きばらし**（名詞） 気＋晴らし、が語源。うさばらし。例：キバラシに旅行でもするか。

**きばりもん**（名詞） 気張りもん。よく働く人。例：隣のお嫁さん。キバリモンや。

**きばる**（動詞） 気張る。励む。働く。気＋張る、が語源。気を張りつめて精を出す。例：この会社の人は、ようキバル人が多い。

**きはん**（名詞） 帰帆。帰る船。例：近江八景、矢橋のキハン。

**きはん**（名詞） 規範。手本。模範。例：後世のキハンになる行政。

**きび**（名詞） 黍。イネ科の一年草。穀物。西日本ではトウモロコシの意。トウキビ。例：キビの栽培は近畿ではないようや。

**きびしい**（形容詞） 酷しい。激しい。例：寒さキビシイ折り、御身大切に。

**きびしい**（形容詞） 厳しい。厳格。例：キビシイ教育とシツケをする学校や。

**きびしょ**（名詞） 急須。きゅうす。土瓶。例：キビショにお茶入れて、お客さんに出して。

**きびす**（名詞） 踵。かかと。くるぶし。例：キビス、怪我して三か月入院や。

**きふ**（名詞） 寄付。公共事業に金を出す。例：市の公共用地にキフする。

**きふく**（名詞） 帰服。降参して服従する。例：天武天皇にキフクした近江朝の人々。

**きぶつ**（名詞） 器物。うつわ。いれもの。例：キブツ損壊の罪。

**きふるす**（動詞） 着古す。衣服を古くなるまで着ること。例：キフルシてしまった背広。

**きぶん**（名詞） 気分。気持ち。感じ。雰囲気。例：御キブンは、如何ですか。

**きぼ**（名詞） 規模。構え、構造。例：施設のキボが違う。

**ぎぼし**（名詞） 擬宝珠。橋の欄干などの宝珠の飾り。例：唐橋のギボシ、盗む人あるんやて。

**きまえ**（名詞） 気前。気立て。例：キマエのええ子や。

**きみ**（名詞） 君。尊敬の代名詞。例：野守は見ずやキミが袖振る。キミの本、貸してえな。

**きみ**（名詞） 気味。気持ち。例：ええキミや。総裁更迭や。

**きみょう**（名詞、形容動詞） 奇妙。めずらしい。かわっている。例：キミョウな建物。

**きむつかしい**（形容詞） 気難しい。扱いにくい。例：キムツカシイ先生やわ。

**きめこみにんぎょう**（名詞）木目込み人形。軟らかい柳の木材に彫刻し、ちりめんを押し絵にした人形。例：キメコミニンギョウを、鴨川人形っていうわ。

**きめのこまかい**（熟語）肌がきれい。密度がある。キメガコマカイとも。例：キメノコマカイ肌。キメノコマカイ政策。

**きもいり**（名詞）肝入り。世話。周旋。例：宗さんのキモイリで、婿入りや。

**きもん**（名詞）鬼門。家の北東の方角。避けるべき方角。避けるべき人。例：あの先生、キモンや。

**きや**（熟語）来なさい。いらっしゃい。例：おやつの時間やで、こっちへキヤ。

**きやがる**（動詞）来る、の卑語。例：鳩が大豆の芽を食いにキヤガル。

**きゃくしょうばい**（名詞）客商売。客の応対を第一とする商売。例：旅館や飲食店が、キャクショウバイや。

**きゃくじん**（名詞）客人。お客のこと。例：キャクジンの出迎えたのむわ。

**きゃくでん**（名詞）客殿。客を応対する御殿。例：国宝、光浄院キャクデン。

**ぎゃくてん**（名詞）逆転。反対の状態に変わること。例：形勢ギャクテンの碁。

**きやす**（熟語）来やす。おいで。いらっしゃい。女性のやさしい命令に使うことが多い。例：実家へ帰って、ゆっくりしてキヤス。

**きゃたつ**（名詞）踏み台。足つぎ台。例：時計のほこり取るさかい、キャタツ出してくれんか。

**ぎゃっこう**（名詞）逆行。反対の方向に進むこと。例：高速道ギャッコウが原因の事故。

**ぎゃっこうせん**（名詞）逆光線。対象となる物体の後方から照らす光線。例：ギャッコウセンで、顔の表情がわからへん。うまくうつるかな。

**きやはった**（熟語）来やはった。来なさった。いらっしゃった。例：先生も、十時ごろキヤハッタ。

**きやはらへん**（熟語）来やはらへん。来られない。例：先生は、今日は休講で研究室にもキヤハラヘン。

**きやはる**（熟語）来やはる。来なさる。いらっしゃる。例：明日遠方からお客がキヤハル。参加を申し込んでキヤハルならこちらとしても喜んでお受けしよう。

**きやへん**（熟語）来やへん。来ない。例：誰も見舞いにキヤヘンわ。

**きゅうあく**（名詞）旧悪。昔やった悪事。例：キュウアクが露見しないようにせよ。

**きゅうう**（名詞）急雨。急に降り出した雨。例：突然のキュウウに雨宿りや。

**ぎゅうぎゅう**（副詞）押さえ付けて詰める状態。例：着替えを鞄にギュウギュウ詰める。

**きゅうくつ**（名詞）窮屈。狭苦しくて気詰まりなこと。例：小さな飛行機の、キュウクツな座席。

**きゅうごしらえ**（名詞）急拵え。急いでつくった施設。俄か造り。例：キュウゴシラエの演芸場。

**きゅうこん**（名詞）窮困。貧乏で生活が苦しい。例：キュウコンの日々。

**きゅうこん**（名詞）球根。球状の根。例：チューリップのキュウコンを購入。

**きゅうこん**（名詞）求婚。結婚を申し込むこと。例：キュウコンから婚約まで長くかかった。

**きゅうさい**（名詞）救済。災害や不幸を助け救うこと。例：災害キュウサイ。

**きゅうせき**（名詞）旧跡。歴史的な事柄のあった所。例：名所キュウセキ。

**きゅうそく**（名詞）休息。疲れを休める。例：式典の参加者のキュウソク所や。

**きゅうそくに**（形容動詞）急速に。すみやかなこと。例：キュウソクニ復旧した町や村。

**きゅうたく**（名詞）旧宅。以前に住んでいた家。例：志賀直哉のキュウタク。

**きゅうち**（名詞）窮地。のがれることのできない苦しい立場。例：キュウチに追い込まれた。

**きゅうち**（名詞）旧知。昔なじみの。例：あいつとは、キュウチの間柄や。

**ぎゅうちち**（名詞）牛乳の老人語。例：ギュウチチの瓶、洗うて返すんやで。

**きゅうちゅう**（名詞）宮中。皇居の中。例：キュウチュウの行事、式典。

**きゅうな**（形容動詞）急な。けわしい。例：比良に登るのは、キュウナ道ばっかりや。よう遭難しよるで。

**ぎゅうなべりょうり**（動詞）牛鍋料理。

牛肉を野菜などと一緒に鍋で煮ながら食べる料理。例：ギュウナベリョウリ、略して、ギュウナベいうてるわ。

**ぎゅうにく**（名詞） 牛肉。牛の肉。例：生まれつきのギュウニク嫌いや。

**きゅうびょう**（名詞） 急病。急に起こった病気。例：キュウビョウの人を、先に診てあげてください。

**きゅうみん**（名詞） 窮民。貧乏で苦しんでいる人民。例：キュウミンを救う願いを果たす。

**きゅうゆう**（名詞） 旧友。昔からの友。例：便りの絶えたキュウユウを思う。

**きよい**（形容詞） 清い。汚れやけがれがない。例：キヨイ川の流れ。キヨイ心。

**きょう**（名詞） 京。みやこ。例：平城キョウ。平安キョウ。キョウに田舎あり。

**きょうえつ**（名詞） 恐悦。極めてよろこばしいことを、目上にいう言葉。例：お出会いできてキョウエツ至極です。

**きょうかん**（名詞） 経巻。経文をしるした巻物。例：経堂には、キョウカンを納めた回転書棚の大塔がございます。

**きょうかん**（名詞） 共感。他人の意見や感情に同じだと感ずること。例：私も皆様のお気持ちに、キョウカンしております。

**きょうかん**（名詞） 教官。公務員の教員。例：国立の学校の先生やから、キョウカンって、言うてるわ。

**ぎょうぎ**（名詞） 行儀。立ち居振る舞い。例：ギョウギが悪い。

**ぎょうぎさほう**（名詞） 行儀作法。礼儀にかなっている起居動作のやり方。例：ギョウギサホウをわきまえない子供。

**ぎょうぎょうしい**（形容詞） 仰仰しい。必要以上におおげさにするさま。例：ギョウギョウシイ服装やなあ。

**きょうげん**（名詞） 狂言。滑稽な物まね演劇。能の間に上演されるもの。例：キョウゲン師。

**きょうこう**（名詞） 恐慌。恐れあわてること。例：経済キョウコウ。

**きょうこう**（名詞） 強行。無理に行う。思い切って行う。例：キョウコウ採決。

**きょうこう**（名詞） 強硬。容易に態度を変えないこと。例：キョウコウな反対論が飛び出した。

**ぎょうこう**（名詞） 行幸。天皇が外出されること。例：天皇陛下が伊勢神宮にギョウコウなさった。

**きょうざめ**（名詞） 興冷め。興味が冷めること。例：場所が悪くて、キョウザメな同窓会。

**ぎょうさん**（名詞、副詞） たくさん。仰山は当て字か。例：ギョウサン採れたな。

**ぎょうさんあらへんし**（熟語） たくさんはありませんので。例：方言の資料といっても、そうギョウサンアラヘンシ、よろしいやろか。

**きょうし**（名詞） 教師。学問や技術を教える人。教員。先生。例：キョウシ生活六十年。

**きょうじ**（名詞） 矜持。誇り。自負。例：本学の学生としてのキョウジを持て。

**ぎょうじ**（名詞） 行事。決まった計画により行う事柄。例：一学期のギョウジ。

**きょうじゅ**（名詞） 享受。受けて自分のものとする。例：自由平等の権利を、キョウジュする。

**きょうじゅ**（名詞） 教授。大学などで学問を教え研究する職、または人。例：キョウジュの講義。

**ぎょうしょう**（名詞） 行商。店を構えず商品を持ち歩いて商売をすること。例：家庭薬のギョウショウをする。

**ぎょうずい**（名詞） 行水。たらいに汲んだ湯や水で、汗や汚れを落とすこと。例：ギョウズイは、夏の季題や。

**きょうずる**（動詞） 興ずる。面白がる。例：歌をうたい、笑いキョウズル。

**ぎょうせい**（名詞） 行政。立法と司法以外の政治。例：ギョウセイ機関。

**ぎょうそう**（名詞） 形相。顔付き。ようす。例：すさまじいギョウソウの仁王さまや。

**きょうだい**（形容動詞） 強大。強くて大きい。例：キョウダイな国と戦う。

**きょうだい**（名詞） 兄弟。兄と弟。例：仲の良いキョウダイ。義キョウダイ。

**きょうちゅう**（名詞） 胸中。心の中。思い。例：事故で子供を失った御両親のキョウチュウは、いかばかりか。

**ぎょうてん**（名詞） 仰天。ひどく驚く。あきれかえる。例：びっくりギョウテン、大騒ぎや。

**きょうび**（名詞） 最近。近頃。今日十日、が語源。例：キョウビ、こんな服、だれも着てへんわ。

**きょうふ**（名詞）恐怖。恐れ、こわがる。例：高所キョウフ症でなくても、こわい。

**きょうらん**（名詞）狂乱。気が違って異常な行動をすること。例：世界大戦は、日本民族をキョウランに陥れた時代であったと思う。

**ぎょか**（名詞）漁火。いさりび。例：魚を誘い出すための漁船の灯火が、ギョカなんや。

**きょぎ**（名詞）虚偽。うそ。偽り。例：キョギに満ちた国会の証言やった。

**きょくせつ**（名詞）曲折。折れ曲がり転じて、入り組んだ事情。例：新幹線のルート決定には、いろいろキョクセツがありそうや。

**きょげん**（名詞）虚言。うそいつわり。例：あの議員は、キョゲン癖がある。

**きょじつ**（名詞）虚実。うそとまこと。例：キョジツとは、作り事と真実のことをいう言葉や。

**きょじゃく**（名詞）虚弱。身体が弱く、元気がない。例：キョジャク児。

**きょしゅ**（名詞）挙手。手をあげること。例：賛成の人は、キョシュをしてくれ。

**きょじゅう**（名詞）居住。住むこと。例：京都生まれではないが、キョジュウ地はずっと、京都や。

**きょしん**（名詞）虚心。心に先入観なく、すなおであること。例：いつでも、キョシン坦懐に、語り合える友人やった。

**ぎょせん**（名詞）漁船。漁業をする船。例：港にはギョセンが多い。

**きよった**（熟語）来た、の卑語。例：大雪で、電車が不通。そやさかい、歩いてキヨッタ。

**きょときょとする**（熟語）落ち着きがなく、あたりを見回す。例：いつもキョトキョトしとる。どういうやつやろ。

**きょねん**（名詞）去年。今年の前年。例：キョネンは、不作やったなあ。

**きょらい**（名詞）去来。行ったり来たりする。例：いつも心にキョライするのは、教え子のことや。

**きよらへん**（熟語）来ない、の親愛語。例：料理頼んだのに、仕出屋まだキヨラヘン。

**きよらん**（熟語）来ない。例：タクシー、まだキヨラン。

**きよる**（動詞）来る、の卑語、または親愛語。例：息子は今晩帰ってキヨルわ。

**きょろっと**（副詞）ぽかんと、きょとんと。例：事情が分からんので、子供はキョロットしとったわ。

**きらくとんぼ**（名詞）呑気者。例：あの人、キラクトンボや。財布忘れても、全然気にしとらん。

**きらめく**（動詞）煌めく。美しく光り輝く。例：星がキラメク。

**きり**（名詞）霧。水蒸気が凝結して煙のように空中に浮かぶもの。例：キリ雨。キリが立ち上る。

**ぎり**（名詞）義理。物事の道理、義務。例：今度の同窓会、出席せんとギリが悪いわ。

**きりかぶ**（名詞）切り株。木を切ったあとの根株。例：兎がキリカブに当った話。

**きりぎし**（名詞）断崖。例：日本海に突き出た岬のキリギシ。恐いぐらい高い。

**ぎりぎりけっちゃく**（熟語）とどのつまり。結局。例：ギリギリケッチャク、破産して夜逃げや。

**きりくち**（名詞）切り口。切断面。例：材木のキリクチで、材木の価値を見る。

**きりだす**（動詞）切り出す。話をしはじめる。言い出す。話をしかける。例：まず貴方の気持ちを聞こう、と静かに話をキリダシた。

**きりちゃちゃくる**（熟語）挟みで切り刻んでしまう。例：大事な布、キリチャチャクッたらあかん。

**きりどおしみち**（名詞）切り通し道。山や丘などを切り開いて作った道。例：キリドオシミチを通って毎日通った。

**きりのき**（名詞）桐の木。ゴマノハグサ科の落葉高木。紫の花。材木は家具。

**きりばん**（名詞）切り盤。まないた。食物を切る板の意。例：キリバンに大根を置いて、まず葉を首のところから切り落とすのや。

**きりひらく**（動詞）切って開く。開墾。事件や迷いの状態から抜け出す意にも使う。例：山林をキリヒラク。困難な状態をキリヒラク。

**きりもり**（名詞）切り盛り。食物を切ったり盛ったりする意。転じて、収入の範囲内で物事をうまく処理すること。例：母一人で大所帯をキリモリする。
**ぎりょう**（名詞）器量。力量。才能。容姿。例：キリョウ人。キリョウ好み。
**ぎりょう**（名詞）技量。腕前。手並み。例：ギリョウ抜群の職人。
**きりょうよし**（名詞）器量良し。美貌の人。美人。例：隣の娘さん、そりゃあキリョウヨシやわ。
**きる**（動詞）切る。伐る。刃物などで断つ。例：紙をキル。木をキル。胸をキル手術。
**きる**（動詞）着る。被る。例：着物をキル。帽子をキル、傘をキル。
**きれい**（名詞、形容動詞）綺麗。美しい。清潔。例：キレイな着物。キレイ好き。
**きれもん**（名詞）切れ物。刃物。例：キレモンほったらかしておくな。
**きれもん**（名詞）利口者（よく頭の切れる者）。例：あの議員は、キレモンや。
**きれやむ**（動詞）切れ止む。切れなくなる。例：包丁がキレヤンだ。研いで。
**きろ**（名詞）帰路。帰り道。復路のこと。例：キロ、どうぞ御安全に。
**きろ**（名詞）岐路。分かれ道。例：今人生のキロに立っているのだ。
**きろく**（名詞）記録。書き記した文書。例：競技キロク。東大寺建築のキロク。
**ぎろん**（名詞）議論。意見をのべあうこと。例：城攻めのギロンが続いた。
**ぎわく**（名詞）疑惑。疑いまどうこと。例：大臣に収賄のギワクがある。
**きわまる**（動詞）窮まる。極限の状態になる。例：感キワマッて泣く。進退キワマル。
**きわめて**（副詞）極めて。この上なく。すこぶる。例：この道は、キワメテ危険や。
**きわめる**（動詞）究める。深く研究する。深く追究する。例：真実をキワメル。
**きんいつ**（名詞）均一。すべて一様なこと。等しいこと。平等。例：キンイツ料金。キンイツな品質。
**ぎんが**（名詞）銀河。恒星の集団で川のように見えるから天の川という。例：ギンガ系宇宙。ギンガは秋の季題。
**きんき**（名詞）近畿。みやこに近い所。畿は、天子に近い所の意。例：キンキ地方。キンキ大学。
**きんぎょ**（名詞）金魚。鮒の観賞用変種。例：キンギョ鉢。キンギョ売り。
**きんげん**（名詞）金言。人生の生き方、戒めなどを述べた貴重な言葉。例：キンゲン、名言、格言を集めた辞典。
**きんこう**（名詞）均衡。つりあいがとれている。例：収支のキンコウした予算。
**きんこう**（名詞）近郊。都市に近接した地域。例：京阪神キンコウを走る電車。
**きんごう**（名詞）近郷。都市に近い村里。例：京阪神キンゴウを走る鉄道。
**ぎんこう**（名詞）銀行。預金や貸付等をする金融機関。例：日本ギンコウ。
**ぎんこう**（名詞）吟行。短歌や俳句を作りながら歩くこと。例：ギンコウの旅に出る。
**きんごく**（名詞）近国。近くの国。例：戦国時代のキンゴク、現代のキンゴク、国の意味が違うわなあ。
**きんし**（名詞）禁止。してはいけないと止めること。例：通行キンシ。
**きんし**（名詞）金糸。金箔を押した薄い紙を細く切って、糸によりあわせた糸。例：キンシの刺繍のある豪華な着物。
**きんじつ**（名詞）近日。近いうち。例：キンジツ中に、お邪魔いたします。よろしく。
**きんしゅ**（名詞）禁酒。酒を飲まない。例：キンシュの誓いを守る。
**きんじょ**（名詞）近所。近いところ。例：キンジョづきあい。隣キンジョ。
**きんす**（名詞）金子。お金のこと。例：今日は、キンスの持ち合わせがない。
**きんせん**（名詞）金銭。お金のこと。例：キンセン出納簿。
**きんだい**（名詞）近代。現代に近い時代。例：キンダイ文学。キンダイ劇。
**きんだち**（名詞）公達。貴族の子弟。例：キンダチは古典に出てくるが、現実には、いない。
**きんだん**（名詞）禁断。差し止めること。絶対してはならないこと。例：キンダンの木の実。薬物のキンダン症状。
**きんちゃく**（名詞）巾着。口を紐でしめた財布。例：キンチャクを使うてる人、あんまり見かけんなあ。

**きんとう**（名詞）　均等。差がないこと。等しいこと。例：機会キントウ。キントウ割り。
**きんとき**（名詞）　氷金時のこと。例：削り氷に、小豆の粒餡をかけたものが、氷キントキや。
**きんとと**（名詞）　金魚、の幼児語。例：キントト、買うて。
**きんにく**（名詞）　筋肉。筋およびその回りを包んでいる肉質の部分で、運動に必要な器官。例：キンニク質の身体。
**きんねん**（名詞）　近年。ここ数年。近頃。例：キンネン、会社の業績は、あまり良くなかったんや。
**きんの**（名詞）　昨日。例：キンノ、店閉めてはったん。
**きんぱく**（名詞）　金箔。金をたたいて、紙のように薄くしたもの。例：キンパクを押した仏壇。
**ぎんばる**（動詞）　真っ赤になって力む。真っ赤になって腫れる。例：綱引きでギンバッている写真や。怪我して化膿してギンバッてきた足の傷。
**きんぴら**（名詞）　金平ごぼう。の略。例：キンピラにするさかい、ごんぼ買うてきて。
**きんべん**（名詞）　勤勉。熱心に勤めること。例：キンベン実直な青年。
**きんぺん**（名詞）　近辺。近所。付近。例：通学路キンペンの捜査。
**きんぼう**（名詞）　近傍。近所。近いあたり。例：清水寺のキンボウの店や。

**きんまんか**（名詞）　金満家。金持ち。財産家。例：銀行の頭取で、すごいキンマンカやったそうな。
**ぎんみ**（名詞）　吟味。品物の良否などを、よく調べること。例：食材をよくギンミしてから買うことにしてる。
**きんもつ**（名詞）　禁物。しないほうがいいとされること。避けるべきこと。例：手術後、油断はキンモツよ。
**きんよく**（名詞）　禁欲。欲望をおさえること。例：キンヨク主義。
**きんらい**（名詞）　近来。近頃。この頃。例：帆掛け船など、キンライとんと見かけないなあ。
**きんり**（名詞）　金利。利子。利息。利率。例：キンリが小さいから、銀行の力が弱くなる。これでは国が滅ぶぞ。
**きんりん**（名詞）　近隣。隣近所。例：キンリンとのつきあい。
**きんろう**（名詞）　勤労。勤め働くこと。例：キンロウ感謝の日。キンロウ所得。
**きんろうしょとく**（名詞）　勤労による所得。例：キンロウショトクは、給与所得と同じ意味や。

# く

**くー**（数詞）　九。一音節語の長音化。例：クーとクーで十八や。

**くー**（名詞）　句。一音節語の長音化。例：クー、できましたか。ええクーになりましたな。
**くー**（名詞）　区。一音節語の長音化。例：クーの役員の選挙は、いつでしたかな。
**くー**（名詞）　苦。一音節語の長音化。例：クーの絶えない家やなあ、この家は。
**ぐー**（名詞）　具、の長音化。例：巻き寿司のグーにええわ、このかんぴょう。
**くいかじる**（動詞）　食い齧る。物事に対して、中途半端に手をつける。例：英語をクイカジッたぐらいや。
**くいかねる**（動詞）　食い兼ねる。生活に困る。例：就職できず、クイカネテイル。
**くいさがす**（動詞）　食い散らす。例：クイサガシた料理の片付け。
**くいさがる**（名詞）　食い下がる。粘り強く立ち向かう。例：北方領土問題でクイサガル。
**くいさし**（名詞）　食いさし。食い残しの食物。例：弁当クイサシにして、どこへ行くんや。
**くいしんぼ**（名詞）　食いしんぼ。口のいやしい人。よく食う子供。例：あの娘さん、クイシンボでな。
**くいだおれ**（名詞）　食い倒れ。飲食にぜいたくなため貧乏になること。例：京の着倒れ。大阪のクイダオレ。
**ぐいち**（名詞）　食い違い。相違すること。采の目の五・一、が語源か。例：母家の軒と離れの軒のグイチになってる所。
**くいちがい**（名詞）　食い違い。互いに一致しない。例：意見のクイチガイがあった。

**くいつなぐ**（動詞）食い繋ぐ。どうにか生活を続ける。例：年金で、やっとクイツナイでいる。

**くいつぶす**（動詞）食い潰す。遊び暮らして財産をなくす。例：大きな店をクイツブス。

**くいつめる**（動詞）食い詰める。暮らしが成り立たない。例：事業の失敗でクイツメル。

**くいのこし**（名詞）食い残し。食べ残したもの。例：クイノコシはもったいないし無作法と違うか。

**ぐいのみ**（名詞）ぐい飲み。大型の盃。例：色といい形といい、このグイノミ気に入った。

**くいはぐれる**（動詞）食いはぐれる。生活ができない。例：クイハグレルことのない仕事につきたい。

**くいもん**（名詞）食いもん。食物。食糧。例：戦時中は、クイモンが少のうてなあ。

**くいようじょう**（名詞）食い養生。食事に工夫して養生をすること。例：クイヨウジョウは、食養生ともいうてるわ。

**くいよった**（熟語）食べてしまった、の卑語。例：あんなまずいものまでクイヨッタ。

**くいよらん**（熟語）食べない、の卑語。例：熱があるのか、お粥もクイヨラン。

**くうかん**（名詞）空間。上下四方何もない無限の広がり。例：時間的にもクウカン的にも、無理な相談や。

**くうき**（名詞）空気。地球の表面を包んでいる気体。転じて、まわりの気分や雰囲気。例：歩み寄りのクウキが生まれたようや。

**くうきょ**（名詞）空虚。内容や価値がない。例：毎日が、空虚な生活や。

**くうこう**（名詞）空港。飛行場。例：関西国際クウコウ。

**くうざん**（名詞）空山。人けのない、さびしい山。例：クウザン、人を見ず。

**くうしつ**（名詞）空室。空いた部屋。例：季節的にクウシツの多いホテル。

**ぐうたら**（名詞）なまけもの。甲斐性がないもの。例：隣の子、グウタラでなしょうがない子や。

**くうち**（名詞）空地。空き地のこと。例：都市の中にもクウチが目立つように、なってきた。

**ぐうちょきぱー**（名詞）ジャンケンポンが共通語化しているが、個々には今もグウチョキパーをよく使う。例：グウは握りしめたこぶし（拳）から石を表す。チョキは挟み、パーは、手を広げ紙を表す。

**くうとる**（動詞）食うとる。食べている。クトルとも。例：サラリーは安いけど、なんとかクウトルわ。

**ぐうのね**（名詞）ぐうの音。返す言葉。例：グウノネも出ない。

**くうはく**（名詞）空白。何もないこと。例：病気中のクウハクを取り戻そう。

**くうふく**（名詞）空腹。腹がすくこと。例：食事をしなかったらクウフクでたまらない。

**くうやくわず**（熟語）食うや食わず。ひどく貧乏で生活が苦しい。例：失職してクウヤクワズや。

**くえない**（熟語）食えない。悪賢くて油断ができない。例：ほんまに、クエナイやつや。

**くえなんだ**（熟語）食えなんだ。食えなかった。例：こんな料理は、戦争中はクエナンダ。

**くえる**（動詞）食える。生活できる。例：これで、どうにかクエル。

**くえる**（動詞）崩れる。崩壊する。例：地震と大雨で山がクエルわ。

**くえんやつ**（熟語）食えん奴。悪賢くて、気の許せぬやつ。例：あの男、ほんまにクエンヤツや。

**くおん**（名詞）久遠。永遠に続くこと。永遠。例：クオンの美を求めた作品。

**くかく**（名詞）区画。土地や場所を、仕切ること。例：クカク整理。

**くぎかくし**（名詞）釘隠し。なげしなどに打った釘の頭をかくす飾り。例：クギカクシのある立派な広間。

**くぎづけ**（名詞）釘付け。動きがとれない意。例：余り立派な絵なのでクギヅケになってしまった。

**くぎぬき**（名詞）釘抜き。打ち付けた釘を抜くのに使う道具。例：大きいクギヌキがほしい。

**くきょう**（名詞）苦境。苦しい立場。不幸な境遇。例：クキョウに陥ってしもたんや。

**くぎょう**（名詞）苦行。苦しい修行。例：悟りを開くための難行クギョウや。

**くくる**（動詞）絞り染め。古語。例：からくれなゐに水ククルとは。

**くくる**（動詞）括る。紐でしばったり、束ねる意。括る。例：反故紙をククッて屑屋に出した。

**くぐる**（動詞）潜る。水にもぐる。身をかがめて通る。例：水をクグル。小さな門をクグル。

**くける**（動詞）糸目を出さないで縫う。例：ズボンの裾、クケルの難しいわ。

**くげん**（名詞）苦患。苦しみと悩み。例：クゲンと読むのは仏教語やからや。

**くさ**（名詞）草。雑草。草本植物の総称。例：クサ屋根。まグサ。クサ相撲。

**くさ**（名詞）湿疹。瘡。例：顔にクサができて、ちっともなおらへん。

**……くさ**（接尾語）クサイの語幹が語源。例：あほクサ。面倒クサ。てれクサ。

**……くさい**（接尾語）形容詞を作る。例：邪魔クサイ。おそクサイ。馬鹿クサイ。あほクサイ。とろクサイ。鈍クサイ。

**くさいめしをくう**（熟語）臭い飯を食う。刑務所に入って生活する。例：罪人になってクサイメシヲクウてきた。

**くさかり**（名詞）草刈り。田の畦や堤の草、山の下草などを刈ること。旧来の道具は、鎌。現在では、動力の刈り払い機で刈ることが普通になった。例：明日、村山のクサカリや。

**ぐさく**（名詞）愚作。つまらない作品。自分の作品の謙遜語。例：グサクやけ読んでくれるか。

**ぐさぐさ**（副詞）括った物が、締まりなくゆるんだ状態。例：この荷物、グサグサや。括り直しや。

**くさけずり**（名詞）草削り。鍬で、草を削るように畦などの除草をすること。例：裏の田の畦のクサケズリ、半日仕事や。

**くさす**（動詞）悪口をいう。そしる。けなす。例：友をクサシたらあかん。

**ぐさつく**（動詞）ゆるんでくる。例：こんな括り方やと、グサツクやないか。

**くさっとる**（熟語）腐っている。例：根性が、クサットル。

**くさとり**（名詞）草取り。水田の除草を意味するのが普通。例：お母さん、田のクサトリに行かはった。

**くさひき**（名詞）草引き。一般的除草。草むしり。例：畑のクサヒキ手伝って。

**くさぶき**（名詞）萱葺き・藁葺きの屋根のこと、または家。例：クサブキの家もずいぶん減ったなあ。

**くさむしり**（名詞）草むしり。家のまわり、小規模な庭のわずかな草を除くこと。例：勉強部屋の窓下の庭、クサムシリしときなや。学校から帰ってからでもええわ。

**くさむら**（名詞）草むら。草の群がって生えているところ。例：クサムラに寝ころんで、空を見る。

**くさもち**（名詞）草餅。よもぎをまぜて搗いた餅。例：餡入りのクサモチ。

**くさやぶ**（名詞）草藪。手入れができず草が高く茂ったところ。例：すっかりクサヤブや。

**くさり**（名詞）腐り。腐敗し変質する意。例：この食品クサリがはいっとるわ。

**くさり**（名詞）鎖。金属製の輪を長くつないだもの。例：崖道のクサリ、しっかり持って登るのやで。

**くさる**（動詞）腐敗する。例：魂のクサッた人間。

**くさる**（動詞）気分がめいる。例：失敗が重なってクサッてしまった。

**……くさる**（接尾語）動詞の連用形につける卑語。……シヤガルに近い。例：また歌うてクサル。すぐ泣きクサル。

**……くされ**（接尾語）クサル、の命令形。……シヤガレに近い。例：そんなに行きたいのなら、行きクサレ。

**くさわけ**（名詞）草分け。事業を先がけて興した人。例：真珠養殖のクサワケ。

**くさわら**（名詞）草原。草の生えた野原。例：クサワラで凧あげせえへん。

**くし**（名詞）串。竹か金属で作った先がとがった細い棒。例：クシ刺しの魚。

**くし**（名詞）櫛。髪をすいたり、飾りとするもの。例：髪に挿した花グシが愛らしい。

**ぐじ**（名詞）甘鯛。例：いきのええグジや。

**くしがき**（名詞） 串柿。渋柿の皮を剝き串にさして干した甘い食品。例：秋にはクシガキを作る。
**くしかつ**（名詞） 串カツ。小さく切った赤みの肉を串にさし、衣をつけて揚げた料理。例：クシカツ定食。
**くしくし**（副詞） くよくよ。例：何、クシクシ悩んでいるねや。
**ぐじぐじ**（副詞） ぐずぐず。例：グジグジしてんと、早う行きや。
**くしざし**（名詞） 串刺し。串で刺し貫くこと。例：クシザシのいわし。
**くす**（動詞） よこす。貰う。例：中元やいうて、こんなものクシよった。
**くず**（名詞） 葛。マメ科の多年生のつる草。紫色の蝶のような小花で、秋の七草。例：葛の根から、クズ粉を作る。
**くず**（名詞） 屑。食品などの残りかすや不用になった物。例：野菜クズ。紙クズ。クズ米。削りクズ。
**ぐず**（名詞） 動作がおそくにぶい者。例：あのグズめ、もうちっと早うせんかいな。
**くすべる**（動詞） 炎を立てないで火を燃やす。いぶす。他動詞。例：その蚊遣りの木、クスベて。
**くすぼる**（動詞） くすぶる。自動詞。例：三時間あまりクスボッてから、燃え上がった。
**くずまんじゅう**（名詞） 葛粉で皮を作ったまんじゅう。例：クズマンジュウは夏の和菓子や。

**くすむ**（動詞） 陰気で、黒っぽくなる。例：クスンだ顔してる。
**くずや**（名詞） 屑屋。廃品回収業。例：クズヤさん、まだ回ってきやはらへん。
**くずや**（名詞） 草屋根の家。萱（茅）葺きの家。例：この村に残ったクズヤ、今ではたった三軒や。
**くずやぶき**（名詞） 萱葺きの家の屋根の葺き方をいう。例：瓦葺きとクズヤ葺きと、半々や。
**くすり**（名詞） 薬。病気や傷を治すための薬品。他に、火薬、陶磁器のうわぐすり。例：クスリのおかげで、癌が転移しなかったんや。
**くすりや**（名詞） 薬屋。薬局。薬店。例：クスリヤさんで、風邪薬買うて来て。
**くすりゆび**（名詞） 薬指。親指から四番めの指。例：クスリユビは、この指でクスリを塗るのが、ええからや。
**ぐずる**（動詞） ねだる。はっきり返事しない。不承知にも使う。例：娘が、車買うてくれ言うてグズルので困る。学校行け言うてもグズルばかりや。
**くすんともいわん**（熟語） 何も言わない。一言も発言しない。例：反対ならなんで言わん。クスントモイワンとは何事や。
**くせ**（動詞） よこせ（よこすの命令形）。例：早うこっちへクセ。水漏れぐらい、すぐ直したる。
**くせもの**（名詞） 曲者。怪しい者。悪人。例：クセモノや、逃がすな。
**くそ**（名詞） 糞。ばば。ふん、とも。例：犬のクソ。鼻クソ。耳クソ。目クソ鼻クソを笑う。
**くそ**（接頭語） 非常に、の意。例：クソまじめ。クソ暑い。
**くそ**（接尾語） ……クソの形で強調を表す。例：下手クソ。ぼろクソ。げんクソが悪い。
**くそかす**（名詞） 糞＋滓、が語源。ぼろくそに。例：えらそうに、クソカスに言わんといて。
**ぐそく**（名詞） 愚息。愚かな息子。自分の息子の謙遜語。例：グソクが、フランスへ留学したいって言い出してなあ。
**くそったれ**（名詞） 糞ったれ。人を罵る語。例：クソッタレ、また瞞したな。
**くそのやくにもたたん**（熟語） 糞の役にも立たん。何の役にも立たん。例：おまえみたいな者は、クソノヤクニモタタン。
**くそみそに**（副詞） めちゃくちゃの意。味噌も糞も一緒くたから。例：仲間をクソミソニけなす。
**くた**（熟語） 食た。食べた。クウタとも。例：お餅、幾つ、クタかな。
**……くた**（接尾語） 何もかも一緒に混合すること。例：味噌も糞も一緒クタにする。
**くだい**（動詞） 下さい、から、サ音略。例：手伝ってやってクダイ。
**くだく**（動詞） お金を両替する。コワスとも。例：この一万円札クダイて。
**ください**（動詞） 尊敬語くださる、の命令形。与えよ、の尊敬。いただきたい。

例：返事をクダサイ。御覧クダサイ。

**くだはった**（熟語）下さった。例：早うから年賀状クダハッタで。

**くたばる**（動詞）ひどく疲れる。死ぬ。例：ええかげんにクタバッてしまえ。

**くだはる**（動詞）下さる。例：お駄賃いくらクダハルのやろ。

**くたびれる**（動詞）疲れる。弱る。例：クタビレた洋服。クタビレて宿かる頃や藤の花。

**くたぶれる**（動詞）くたびれる。例：骨折り損のクタブレ儲けや。

**くたぶれる**（動詞）洋服、着物が古くなりくずれ弱る。例：クタブレた服着とるな。

**くだもの**（名詞）果物。果実で甘く食用になるもの。例：昔はクダモノを菓子と言ったんや。

**くだらんこと**（熟語）つまらないこと。例：クダランコトは、しゃべるな。

**くだる**（動詞）下る。高い所から低い所へおりること。また、上から下へ移る意にも。例：坂道をクダル。京都から地方へクダル。時代がクダル。判決がクダル。腹がクダル。

**くち**（名詞）口。人間の口腔。飲食や発声の器官。例：クチを閉じる。入りグチ。クチ約束。クチを割る。悪クチ。

**……ぐち**（接尾語）……のまま。……ごと。……もろとも。例：骨グチ食べる。金庫グチ取られた。

**くちうるさい**（形容詞）口うるさい。つまらないことも、口やかましく非難する。例：クチウルサイ説教は、もうええわ。

**くちがくさっても**（熟語）口が腐っても。断じて。例：秘書たるものは、クチガクサッテモ申し上げないのが責務です。

**くちがさみしい**（熟語）口が寂しい。食べるもの、飲むものが欲しい。例：煙草を止めるとどうもクチガサミシイ。

**くちがすうなる**（熟語）口が酸くなるの訛。何度も何度も同じことを言う。例：クチガスウナルほどいうたのに、事故おこしたか。

**くちかずがすくない**（熟語）口数が少ない。無口である。温厚である。例：クチカズガスクナイ、ええ人や。

**くちがへらん**（熟語）口が減らん。負け惜しみをいうこと。例：べちゃべちゃとようクチガヘランわ。

**くちがまがる**（熟語）口が曲がる。叱る言葉。例：親に口答えしてると、クチガマガルぞ。

**くちぐせ**（名詞）口癖。いつも口にする言葉。話し方の癖。例：息子に、勉強せえというのがクチグセやった。

**くちごたえ**（名詞）口答え。抗弁。例：ああ言えばこう言う、クチゴタエばっかりや。

**くちなおし**（名詞）口直し。前に食べた飲食物のあと味を消すために食べる飲食物。例：クチナオシに一杯、どうやな。

**くちなわ**（名詞）蛇の異名。例：クチナワに、いたずらしたらあかん。

**くちはてる**（熟語）朽ち果てる。世にしられずに死ぬ。例：良い仕事もせずクチハテルのは、残念や。

**くちはばかる**（熟語）言うことを遠慮する。例：クチハバカッてものが言えぬ。

**くちはばったい**（形容詞）口幅かる。身の程もわきまえずに生意気なことをいう。例：クチハバッタイことをいうな。あほたれ。

**くちぶえ**（名詞）口笛。口をつぼめることと、息の強弱で、笛に似た音を出すこと。例：クチブエ吹いて、野山へ行こう。小鳥さえずる森へ行こう。

**くちふさぐ**（熟語）口塞ぐ。秘密を守らせる。話をさせない。例：関係者のクチフサイダ。

**くちべた**（名詞）口下手。話が下手な性格をいう。例：生まれつきのクチベタですみません。

**くちまね**（名詞）口真似。他人の言葉や口調を真似ること。例：クチマネのうまい俳優。

**くちもと**（名詞）口許。口のあたり。例：クチモトが汚れているぞ。

**くちやかましい**（形容詞）口喧しい。言葉数が多くうるさい。例：クチヤカマシイ、小言は言わんこっちゃ。

**くちゅくちゅ**（副詞）くすぐる時の言葉。幼児語。例：いやしんぼしたら、クチュクチュされるで。

**くちゅくちゅ**（名詞）うがい（幼児語）例：御飯食べたあと、ようクチュクチュしとくねやで。
**くちよごし**（名詞）口汚し。客に出す料理の謙遜語。例：ほんのクチヨゴシで、すんまへんなあ。
**くちをあわせる**（熟語）口を合わせる。あらかじめ言いあわせる。例：先生に叱られる前に、クチヲアワセておこう。
**くちをたたく**（熟語）口を叩く。言う、の卑語。例：偉そうなクチヲタタクな。
**くつがえす**（動詞）覆す。ひっくりかえす。裏返す。例：船をクツガエス。国家をクツガエス。
**ぐつがわるい**（熟語）都合が悪い。理屈から、り音脱落。例：午後四時からの宴会はどうもグツガワルイ。
**くっつく**（動詞）ひっつく。仲がよくなる。例：接着剤でクッツクかな。東京の職場でクッツイた。
**くってかかる**（動詞）反論する。クテカカルとも。例：何事でもクッテカカル男や。
**くっとっきょる**（熟語）食っとっきょる。食う＋て＋おく＋よる、の約。食べてしまっている。例：ちゃんと、飯クットッキョルわ。心配せんでも。
**くっともいわん**（熟語）（自分に不利で）沈黙している。例：自分が悪いと反省したのか、今日は、クットモイワン。
**くてちょん**（熟語）食てちょん。生活費だけで残らない意。例：この給料ではクテチョンや。
**くてへん**（熟語）食てへん。食べていない。例：水だけで何もクテヘン。
**ぐてんぐてん**（副詞）深酔いの状態。例：グテングテンに酔っぱらう。
**くど**（名詞）竈。へっつい。オクドサンとも。例：おクドさん、掃除しといてや。
**くどく**（名詞）功徳。神仏の恵み。例：善行を積んでいたら、神仏のクドクがあるはずや。
**くどく**（動詞）口説く。異性に愛を語る。例：今日こそクドキ落としてや。
**くとる**（動詞）食とる。食べている。クウトル、クットルとも。生計を立てる。例：なんとかまあ、クトルがな。
**ぐどん**（名詞）愚鈍。愚かで鈍いこと。例：自分自身、グドンな男や思うわい。
**くに**（名詞）国。国家。国土。故郷。田舎。例：日本のクニ。夢のクニ。クニに帰る。
**くにざかい**（名詞）国境。国と国との境。例：近江と伊賀とのクニザカイ。
**くび**（名詞）馘。解雇。クビキリとも。例：三月にクビになる。
**くびすじ**（名詞）首筋。首のあたり。例：クビスジちょっともんで。
**くびつり**（名詞）首吊り。既製服。例：クビツリと誂えのちがいや。
**くびをながくする**（動詞）首を長くする。待ちわびる。待ちこがれる。例：クビヲナガクシて、父さんを待ってます。
**くふう**（名詞）工夫。適切な方法を、あれこれと考えること。また、考えた方法、手段。例：まだまだ、クフウが足らん。
**くべる**（動詞）柴、薪などを、火中にさし加える。例：風呂の下に、薪クベといて。
**くまし**（名詞）野積みにして発酵させた堆肥。例：北畑のクマシ、ええクマシになった。
**くまで**（名詞）熊手。竹製品で割り竹を十数本曲げて、熊の手のように落ち葉をかくもの。例：クマデで落ち葉をかく。
**くみかわす**（動詞）酌み交わす。盃のやりとりをして酒を飲む。例：酒をクミカワシた仲や。
**くみじゅう**（名詞）組重。組み合わせた重箱。かさね重。例：クミジュウに御馳走を入れて花見や。
**くめん**（名詞）工面。やりくり。苦心。工夫。例：借金のクメンをする。
**くむ**（動詞）組む。関係を結ぶ意。例：仲間でクンで仕事をする。足場をクム。時間表をクム。
**くむ**（動詞）汲む。水をすくいとる。例：水をクム。他人の行為をクム。
**くも**（名詞）雲。水蒸気が空中で凝結し密集したもの。例：クモを霞と逃げる。
**くもいき**（名詞）雲行き。雲の行く様子。事のなりゆき。クモユキとも。例：どうも、クモイキがあやしいぞ。
**くもつ**（名詞）供物。神仏に供える物。例：仏壇に、クモツが足らん。
**くものう**（副詞）苦もなく、の転。例：電卓ならクモノウ合計出してくれるわ。
**くものみね**（名詞）雲の峰。入道雲。例：夏らしいわきたつようなクモノミネや。

海へ、山へ。

**くもり**（名詞） 曇り。雲がかかっていること。例：天気はクモリや。

**くやみうけ**（名詞） 悔み受け。葬式の受付。香奠受け。例：クヤミウケあんたに頼むわな。

**くよう**（名詞） 供養。物を供えて冥福を祈ること。例：仏様のおクヨウや。

**くら**（名詞） 倉。蔵。物品を安全にしまっておく建物。倉庫。例：クラざらえの大売出し。

**くらい**（名詞） 位。序列の中の位置。例：クライ取り。

**くらい**（形容詞） 暗い。光や明るさがない。例：クライ月。知識にクライ人。

**くらい**（名詞） 公的な地位。品位。例：大臣のクライがほしいらしい。

**くらい**（動詞） 下さい。例：おやつ、うちにもクライ。

**……くらい**（強めの助詞） 十分あるとも。例：故障ならあるクライ。いつもや。

**……くらい**（副詞） 程度。グライとも。例：これクライなら簡単になおる。

**くらいまけする**（熟語） 位負けする。高い地位についた時、その職責が十分に果たせない意。例：やっと町長になったが、どうもクライマケシてるのと違うか。

**くらかけ**（名詞） 鞍掛。四脚の踏み台。脚立が室内用。戸外ではくらかけという。例：柿の木の手入れがしたい。クラカケ持ってきてくれ。

**くらがり**（名詞） 暗がり。暗闇。明かりのささぬところ。例：クラガリから悲鳴が聞こえて来た。

**くらく**（名詞） 苦楽。苦しみと楽しみ。例：六十年、クラクを共にした夫婦や。

**くらしきりょう**（名詞） 倉敷料。倉庫に貨物を保管する料金。例：クラシキリョウは案外安いわい。

**くらびらき**（名詞） 蔵開き。新年の吉日を選んで、年初めの蔵を開けること。例：今年のクラビラキ、何日にする？

**くらべる**（動詞） 比べる。比較する。違いを調べる。例：背丈をクラベル。

**くらやみ**（名詞） 暗闇。暗いところ。暗黒。前途に見通しがつかない。例：戦争中はクラヤミの世やった。

**くらわす**（動詞） 食らわす。なぐる。げんこつをくらわすの略。例：一発クラワシてやれ。

**くり**（名詞） 栗。ブナ科の落葉高木。果実は食用。材木はかたい。例：クリ羊羹。栗木細工。

**くり**（名詞） 庫裏。寺のくりや。例：寺の家族の住む所をクリいうてるわ。

**くりいし**（名詞） 栗石。栗のような小石。例：石垣の隙間に、クリイシを詰めてくれんか。

**ぐりぐり**（名詞） くるぶし。例：足のグリグリ、打って怪我してしもたんや。

**くりごと**（名詞） 繰り言。同じことをくりかえしくどくど言うこと。例：老いのクリゴトや。

**くりのき**（名詞） 栗の木。ブナ科の落葉高木。材質は堅い。果実は食用。例：クリ御飯。クリ色。クリまんじゅう。

**くりぶし**（名詞） くるぶし。グリグリウメボシ、とも。例：足首の丸い骨をクリブシ、クルボシってゆうわな。

**くりや**（名詞） 厨。調理場。台所。例：クリヤで遊んだらあかん。

**くる**（動詞） 来る。こちらへ近づく。例：クル年、ゆく年。

**くるしい**（形容詞） 苦しい。心身が痛んで安らかでない。つらい。困難である。例：胸がクルシイ。クルシイ時の神頼み。

**くるしまぎれ**（名詞） 苦し紛れ。苦しさに耐えられず夢中になってすること。例：クルシマギレにうなる声。

**くるま**（名詞） 車。輪を回して進ませる乗り物。古くは、牛車。現在では、自動車のこと。例：クルマ寄せに、クルマ付けて。

**くるまざ**（名詞） 車座。多人数が円形に、内側を向いてすわること。例：砂浜にクルマザに座れ。

**……ぐるみ**（接尾語） そのまま、の意。例：骨グルミ食べる。

**ぐるり**（名詞） まわり。周囲。例：家のグルリの草取りせなあかん。グルリを見てみ。あんたが一番行儀が悪い。

**くれ**（名詞） 暮れ。日暮れ。夕方。例：クレ方。秋のクレ。クレ残る。

**くれたけ**（名詞） 呉竹。はちく、まだけの古い呼び名。例：クレタケやで、ええ竿になる。

**ぐれつ**（名詞）愚劣。愚かで劣っている。例：その考えは、グレツや。

**くれない**（名詞）紅。鮮明な赤色。例：べにばなから絞り出したクレナイの色。

**くれのあき**（熟語）暮れの秋。晩秋。秋の終わり。例：柿一つ残っただけのクレノアキ。

**くれのこる**（動詞）暮れ残る。日が暮れきらずに明るさが残っている意。例：クレノコル春の空。

**くれはらへんのやけど**（熟語）呉れはらへんのやけど。下さらないのだけれど。例：褒美はクレハラヘンノヤケド、みんな一生懸命や。

**くれはる**（動詞）呉れはる。下さる。例：誰か、この端、持ってクレハラへん？

**くれへんか**（補助動詞）呉れへんか。くれないか。例：ちょっと手伝ってクレヘンカ。

**くれへんなら**（熟語）呉れへんなら。くれないなら。例：手伝ってクレヘンナラ、しょうがないわ。

**くれへんのやったら**（熟語）呉れへんのやったら。くれないのだったら。例：手伝ってクレヘンノヤッタラ、まあええわい。

**くれゆく**（動詞）暮れてゆく。例：クレユク空を眺めてた。

**くれよった**（熟語）呉れよった。くれた、の卑語、または親愛語。例：うちの子が手伝ってクレヨッタ。

**くれよらへん**（熟語）呉れよらへん。くれない、の卑語または親愛語。例：ちっとも手伝ってクレヨラヘン。

**くれよらん**（熟語）呉れよらん。くれない、の卑語、または親愛語。例：ちっとも理解してクレヨラン。

**くれらった**（熟語）呉れらった。下さった。例：うちのばあさんが、クレラッタもんや。

**くれん**（熟語）呉れん。くれない。例：なんにも教えてクレン。

**くれんか**（熟語）呉れんか。くれないか。例：手伝ってクレンカ。

**くれんぽ**（名詞）ひっくりかえること。でんぐり返り。例：クレンポして遊ぶ。

**くろ**（名詞）黒。墨のような色。囲碁の黒石。不正。例：腹がクロい。クロい霧。

**くろ**（名詞）田畑の畦畔。例：ちょっとたんぼのクロの草刈りしてくるわ。

**くろう**（名詞）苦労。心配や骨折りのこと。例：子供のために親はクロウが大きい。

**くろがね**（名詞）鉄。例：クロガネの船を浮かべる。

**くろかみ**（名詞）黒髪。黒々とした頭髪。例：クロカミの美しい女性。

**くろき**（名詞）黒木。皮をつけたままの木。例：板葺きのクロキの屋根。

**くろくわ**（名詞）城作りや開墾や開拓などの土木作業の人夫。古語。例：戦争中、ようクロクワに出たわ。勤労動員や言うて。

**くろくわさん**（名詞）土木作業に従事する人。例：のべ二十万人のクロクワサンの作った大きいダムや。

**くろざとう**（名詞）黒砂糖。精製していない焦げ茶色の砂糖。例：クロザトウの一塊が、ええおやつや。

**……くろしい**（接尾語）程度の強い形容詞を作る。例：暑クロシイ。重クロシイ人や。

**くろだい**（名詞）黒鯛。ちぬ。タイ科の海魚。例：クロダイは、よく釣れて、おいしい。しかし大きいのは釣れない。

**くろとさん**（名詞）玄人さん。専門家。例：さすがにクロトサンや。

**くろふね**（名詞）黒船。黒塗りの鉄船。例：幕末に、開港を迫った外国船がクロフネ騒ぎや。

**くろまく**（名詞）黒幕。芝居で、場面転換の時に引く黒い幕。転じて、表面に出ないで、陰で指図する人。例：今度の選挙の、クロマクは誰や。

**くろまめ**（名詞）黒豆。大豆の一種。皮が黒い。例：クロマメは、正月料理の豆や。マメ（達者）で過ごせるようにとい う意なんや。

**くろやまのひとだかり**（熟語）黒山の人だかり。人がおおぜい群がっていること。例：時代祭りで、クロヤマノヒトダカリや。

**ぐわい**（名詞）具合の訛。状態の意。例：腹のグワイが悪いので診てもらおう。

**くわいちご**（名詞）桑苺。桑の実。例：学校帰りに、クワイチゴよう取ってたべたわ。

**くわえる**（動詞） 加える。あるものに他を足しふやす。例：会員にクワエル。

**くわのみ**（名詞） 桑の実。桑苺。例：山の畑でクワノミを小籠に摘んだは幻か。

**くわまえる**（動詞） 軽く口でくわえて支える。例：この端クワマエて、両手で持ち上げて。

**ぐんき**（名詞） 軍記。戦争の話を書いたもの。軍記物語。戦記物語。例：平家物語は有名なグンキや。

**くんこう**（名詞） 勲功。国家、君主につくした手柄。例：日露戦争でクンコウのあった方や。

**くんし**（名詞） 君子。人格の高い人。例：クンシは、豹変す。

**くんしゅ**（名詞） 君主。世襲によって国家を統治する者。例：立憲クンシュ国。

**……くんだり**（接尾語） へんぴな所。下りが語源。例：青森クンダリまで出張するんか。

**くんでおかい**（熟語） 汲んでおきなさい。クンドカイ、クンドケとも。例：夕方までに、水クンデオカイ。

**くんどく**（名詞） 訓読。漢字、漢文を日本語で読むこと。例：河、川を、カワと読むのがクンドクや。

**くんどこか**（熟語） 汲んでおこうかの訛。例：今すぐ水クンドコカ。

**ぐんばい**（名詞） 軍配。軍陣の指図のこと。例：相撲の行司のグンバイ。

**くんぷう**（名詞） 薫風。初夏に吹くさわやかな風。例：五月、気持ちの良いクンプウが吹きわたる。

**くんれん**（名詞） 訓練。教えて練習させること。例：救急飛行のクンレン。

**くんわ**（名詞） 訓話。教えさとす話。例：校長先生のクンワを聞く。

# け

**……け**（助詞） 疑問の「か」、の訛。例：今日ケー。講演会は、お前も行くんケー。

**……け**（接尾語） 強め。例：まっしろケ、まっくろケ。

**けー**（名詞） 毛。一音節語の長音化。例：ケー抜けてあらへん。つまりハゲや。

**けー**（名詞） 気。一音節語の長音化。例：中風のケーがあるんやて。

**けー**（名詞） 罫。一音節語の長音化。例：ケーの間に、字を揃えて書くんやで。

**けー** 卦。一音節語の長音化。例：拝んでもろたら、ええケーがでたわ。

**げーあげる**（熟語） 嘔吐する。ゲーハクとも。例：酒飲み過ぎてゲーアゲル。

**げーはく**（熟語） ゲボハク。ゲボアゲルとも。例：酔っぱらいがゲーハイてる。

**けいえい**（名詞） 経営。事業を営むこと。例：会社のケイエイをまかされる。

**けいか**（名詞） 経過。時がすぎていくこと。例：四年ケイカしてまた選挙。

**けいが**（名詞） 慶賀。よろこび祝うこと。例：国民こぞってケイガすべき御結婚。

**けいき**（名詞） 景気。ケーキとも。社会の経済的状況。例：今年のケイキは、いまいちやった。

**けいきょく**（名詞） 荊棘。いばら。荒れ果てた土地。例：ケイキョクを開く。

**けいけん**（名詞） 経験。実際に見聞きすること。例：直接ケイケンと間接ケイケン。

**けいこ**（名詞） 稽古。学習。練習。例：ケイコ着。寒ゲイコ。

**けいご**（名詞） 敬語。敬意を表す言葉。尊敬語、謙譲語、丁寧語。例：ケイゴを正しく使おう。

**けいご**（名詞） 警護。警戒し守りをかたくすること。例：ケイゴの車の列。

**げいこ**（名詞） 芸子。ゲーコとも。例：ゲイコのこと、大阪では芸者ていうわ。

**けいこう**（名詞） 携行。持っていくこと。例：外国旅行のケイコウ品。

**けいこう**（名詞） 傾向。物事の動き。気配。例：物価高のケイコウ。

**けいこう**（名詞） 螢光。螢の光。例：ケイコウ灯。

**けいこうぎょう**（名詞） 軽工業。繊維や食料品など主に消費財を生産する工業。例：関西は、重工業もケイコウギョウも、多い地帯や。

**けいこく**（名詞） 警告。気を付けるように前もって告げ知らせる。例：雪崩のケイコクが出ていた。

**けいこく**（名詞） 渓谷。たにま。例：木曽川のケイコク地帯。
**けいさん**（名詞） 計算。数や量をはかること。例：電子ケイサン機。
**けいじじょう**（名詞） 形而上。形を超越したもの。感覚器官でとらえられないもの。精神的なもの。例：ケイジジョウ学は事物の根本原理を研究する学問や。
**けいじょう**（名詞） 形状。かたち。ようす。例：注文の品、ケイジョウが合致しまへん。お送りしてよろしいか。
**けいじょう**（名詞） 啓上。申し上げる。例：一筆ケイジョウ、留守中子供よろしく。
**けいず**（名詞） 系図。先祖代々の系統を記録した文書。例：家に伝わるケイズ。
**けいぞく**（名詞） 継続。続けること。例：原発訴訟のケイゾク。
**けいたい**（名詞） 形態。形とありさま。例：ケイタイ文法と機能文法。
**けいたい**（名詞） 携帯。手にさげて持つ。例：ケイタイ電話。ケイタイ品。
**けいだい**（名詞） 境内。神社や寺院の敷地の内。例：平安神宮のケイダイ。
**けいてん**（名詞） 経典。聖人や賢人の教えを示した書物。例：多くのケイテンを納めた書庫。
**けいと**（名詞） 毛糸。ケエトとも。例：ケイトで帽子を編む。
**けいとう**（名詞） 系統。順序だったもの。統一されたすじ。例：市バスのケイトウ図と乗り場一覧。
**けいとう**（名詞） 傾倒。心を込めて夢中になること。例：師の人格にケイトウする。
**げいのう**（名詞） 芸能。習得した芸や技能。例：大衆はゲイノウや演劇を楽しみとしている。
**けいはく**（名詞） 軽薄。軽々しくて誠意がない。例：ケイハクな人を友にしたらあかん。
**けいひ**（名詞） 経費。必要な費用。例：その催し、ケイヒはどれぐらい？
**けいび**（名詞） 警備。変事にそなえて警戒すること。例：国境ケイビの任務。
**けいび**（名詞） 軽微。わずかでかすか。例：ケイビな怪我で済みました。
**けいひん**（名詞） 景品。おまけ。売り物に添えて贈る品物。例：キャラメル菓子のケイヒン。
**けいぶつ**（名詞） 景物。興味を添えるもの。例：四季のケイブツ。
**けいべつ**（名詞） 軽蔑。軽んじ侮ること。例：そんな服装やとケイベツされるぞ。
**けいほう**（名詞） 刑法。犯罪に対して刑罰をきめた法律。例：ケイホウと民法。
**けいやく**（名詞） 契約。約束。ちぎり。例：ケイヤクを結ぶ。
**けいよう**（名詞） 掲揚。高く掲げ揚げること。例：国旗ケイヨウ。
**けいよう**（名詞） 形容。形や様子を言いあらわすこと。例：ケイヨウ詞。
**けいらん**（名詞） 鶏卵。鶏のたまご。例：スーパーのケイラン売り場。
**けいれき**（名詞） 経歴。人が今までに、やってきたこと。例：立候補者のケイレキを公報で知る。
**けえへん**（熟語） 消えない。例：山火事なかなかケエヘンわ。
**けが**（名詞） 怪我。傷。負傷。過ち。例：大ケガやけど命は助かった。
**けがらわしい**（形容詞） 汚らわしい。きたなさや汚れが、自分にうつるような感じで不快だ。例：ケガラワシイことを話題にするな。
**けがれ**（名詞） 汚れ。よごれて汚いこと。例：怪我人や死人が出て、ケガレたスキー場や。奥のゲレンデには行くなよ。
**げかん**（名詞） 下巻。二冊の書物の後の巻。例：ゲカンの出版が待たれる。
**げきりん**（名詞） 逆鱗。はげしい怒り。例：社長のゲキリンに触れる。
**げこ**（名詞） 下戸。酒の飲めない人。例：不調法ですまん。わしゲコなんや。
**げこう**（名詞） 下校。学校から帰ること。例：ゲコウの道。
**げこう**（名詞） 下向。都から地方へ行くこと。例：行列は、逢坂から大津の町へゲコウしていく。
**けこむ**（動詞） 蹴込む。損失を出す。損をする。例：今度の取引で、すっかりケコンでしもた。
**けさがた**（名詞） 今朝方。今日の朝方の意。例：ケサガタひどい降りやった。
**げざん**（名詞） 下山。山を降りること。例：修行を終えてゲザンした僧侶。
**げし**（名詞） 夏至。北半球で太陽が最も北に片寄る時。例：ゲシが一年で最も日が長い。
**けしからん**（熟語） よろしくない。不都合だ。例：黙って伐採するとは、ケシカラン。
**けしき**（名詞） 景色。ありさま。ようす。例：農村のケシキを描いた油絵。
**けしき**（名詞） 気色。気分。顔色。けはい。ありさま。例：主君のケシキをうかがう。負けそうなケシキの試合。
**けしつぼ**（名詞） 火消し壺。例：ガスの普及で、ケシツボのない家が多い。
**けじめ**（名詞） 区別。隔て。例：師弟のケジメは、はっきりせんと。
**けしょう**（名詞） 化粧。紅、おしろいなどをつけて顔を美しくすること。例：ケショウも、身だしなみも大事や。
**げじょう**（名詞） 下乗。乗り物から降りること。例：境内、城内、ゲジョウのこと。
**げじょう**（名詞） 下城。城から退出すること。例：ゲジョウの時襲撃されたのだ。
**げしゅにん**（名詞） 下手人。直接に手を下して人を殺した人。例：ゲシュニンを捕らえる。
**げじん**（名詞） 外陣。寺の内部で、庶民が座って拝む所。例：大きなお寺はゲジンから拝むのや。内陣は入ったらあかんのや。
**げすい**（名詞） 下水。下水道。例：ゲスイどこを通っているねやな。
**げすっぽい**（形容詞） 下品な。例：ゲスッポイ話ばっかりするな。
**けずり**（名詞） 削り。鉛筆削り。例：ケズリちょっと貸してくれ。芯が折れて書けへん。小刀でもええわ。
**けずりこ**（名詞） 削り粉。鰹節を削ったもの。例：飯にケズリコをかけて食べときな。
**けずる**（動詞） 削る。薄く削ぎ取る。例：鉛筆をケズル。板をケズル。
**けそう**（名詞） 懸想。恋い慕う。例：美人にケソウして、また振られる。
**けた**（名詞） 桁。橋の棟と並行にかけて支える木。算盤の玉を通してある棒。数の位取り。例：橋のケタは万葉期からある語。
**げた**（名詞） 下駄。木をくりぬき鼻緒をつけた履き物。例：ゲタを履いて出かける。
**けだかい**（形容詞） 気高い。どことなく上品で、品格がある。例：ケダカイ女王陛下。
**けたがちがう**（熟語） 桁が違う。程度が大違いだ。例：あの会社とはケタガチガウ。
**けだし**（名詞） 塩気を抜くこと。例：数の子のケダシ、頼むわな。
**げだつ**（名詞） 解脱。世の迷いから逃がれて安らかな心境。例：この数日は、ゲダツの心境や。
**げたをあずける**（熟語） 下駄を預ける。相手、または、第三者に任せること。例：弟は、おれにゲタヲアズケテ、東京へ帰った。
**げたをはかす**（熟語） 古い柱の根継ぎをする。例：寺の門柱、欅の木でゲタヲハカス。
**げたをはかす**（熟語） 試験の点数をふやす。例：平均点が悪すぎるよって、ゲタヲハカスか。
**げたをはかす**（熟語） ひそかに口銭を取って値段をあげておく。例：ちょっと高いぞ。ゲタヲハカシたるのと違うか。
**けち**（名詞） 吝。金銭や品物を出し惜しむ人。けちくさい人間。みみっちい人間。けちんぼう。例：あいつ、ひどいケチや。
**けち**（名詞） 不吉なこと。よくないことの前兆。例：また負けた。ケチがついたるわ。今日の試合。
**けちがつく**（熟語） 不吉なきざしがある。例：朝っぱらから、ケチガツイた。
**けちくさい**（形容詞） ケチの形容詞。例：ケチクサイことを言うな。男がすたるぞ。
**けちけちする**（熟語） 費用を異常に惜しむ意。例：一世一代のことやで、ケチケチスルな。
**けちつける**（熟語） 難癖をつける。例：あいつ、またケチツケよるわ。
**けちらかす**（動詞） 蹴散らかす。例：腹が立って、道具をケチラカスよな事をしたらあかん。
**けちる**（動詞） 吝る。物惜しみをする。出すべきものを出し渋る。ケチは悪、シマツは善、という意識が関西にはある。例：食費をケチリなさんな。

**けちんぼ**（名詞） 吝んぼ。けちくさい、みみっちい人間。例：あの課長は、ものすごうケチンボよ。

**けつ**（名詞） しり（尻）。後始末。例：商売のケツ、よう拭きよらん。

**けつ**（名詞） 後尾。例：祭りの行列のケツ歩いてるのが、うちの子や。

**けつえき**（名詞） 血液。体内をめぐる血。例：ケツエキ型。ケツエキの流れがよくない。

**げっかひょうじん**（名詞） 月下氷人。男女の仲を取り持つ人。仲人。例：ゲッカヒョウジンの大役有難うございました。

**けつかる**（動詞） 居る、の卑語。例：また怠けてケツカル。

**けっかん**（名詞） 欠陥。不備や欠点。例：戦後の教育のケッカンを指摘する。

**けっかん**（名詞） 血管。血液を身体にめぐらせる管。例：ケッカンの老化を防ぐ薬。

**けっき**（名詞） 決起。跳ね起きる。思い切ってたちあがり行動にうつす。例：天保一揆でケッキした河原。

**けっき**（名詞） 血気。盛んな意気。例：ケッキにはやった行動。

**けっこう**（名詞） 結構。十分だ。結構だ。要ります。要りません。例：もうちょっと、どやな。もうケッコウ。

**けっこう**（形容動詞） 結構。良い。例：素晴らしいケッコウなお庭で。ケッコウな味付けや。

**けっこう**（副詞） かなり。例：あの学生も、ケッコウよくできるらしい。

**けっこう**（副詞） 意外にも、予想外に。例：外人の船員がケッコウいたわ。

**けっこうもん**（名詞） お人好し。例：おとなしいケッコウモンや、あの人は。

**けっこんする**（動詞） 結婚する。男女が夫婦になる。例：ケッコンスルことを、祝言をあげるという地方が多い。

**けっして**（副詞） 決して。後に打消、禁止がくる語。例：ケッシテ、嘘は言いません。

**けっしょう**（名詞） 決勝。最終的に勝負を決める。例：高校野球のケッショウ戦を応援しにいく。

**けっしょう**（名詞） 結晶。物質が数個の平面で囲まれた物質。転じて、形をとって現れた成果。例：努力のケッショウや。

**けっしる**（動詞） 便秘する。例：もう三日も、ケッシてるんや。

**げっそり**（副詞） 衰退。減少の意。例：病気でゲッソリやせる。お客がゲッソリ減る。

**げっそり**（副詞） 落胆。がっかりの状態。例：試験に落ちて、家中ゲッソリや。

**げっそりする**（熟語） 落胆する。がっかりする。例：息子が大学おちたもんやさかい、親もゲッソリシてやはるわ。

**けったい**（形容動詞） 変な。妙な。おかしい。怪っ十体、が語源か。例：どうもケッタイや。落としたんかな。ケッタイなことをいわはる。

**けったくそがわるい**（熟語） 不愉快だ。いまいましい。癪にさわる。例：自分の悪いことを棚に上げやがって、ケッタクソガワルイ。

**けっちゃく**（名詞） 決着。結局。例：ケッチャクのところは、いくらにまけるんや。

**けってい**（名詞） 決定。決めること。決まること。例：ケッテイ的瞬間を撮る。

**けってん**（名詞） 欠点。不完全なところ。例：この機械のケッテンは、雑音が大きいということや。

**けつね**（名詞） 狐。キツネ、の訛。例：油揚はケツネの大好物や。

**けっぱく**（名詞） 潔白。後暗いところがなくけがれがない。例：身のケッパクを証明する。

**けっぱなずく**（動詞） つまずく。けっぱずく、とも。例：肝心なところで、ケッパナズイて、三位やった。

**げっぷ**（名詞） おくび。例：またゲップが出た。

**けつふく**（熟語） 後始末をする。例：小さな商売やのに、ケツフケんのか。

**けつまくる**（熟語） 居直る。証拠をつかむ。証拠をつきつける。例：これで、ケツマクルぞ。

**けつまずく**（動詞） つまずく。失敗する。事業などの失敗にも。例：そんなに急いだら、ケツマズクぞ。

**けつまつ**（名詞） 結末。最後のしめくくり。最終的な結果。例：ケツマツは、事業の破産ということや。

**げつまつ**（名詞） 月末。月の終わり。月ずえ。例：ゲツマツには確実に支払う。

**けつみゃく**（名詞） 血脈。血管。血統血筋。伝統。ケチミャクとも。例：天台のケツミャクを受け継ぐ寺。

**けつろん**（名詞） 結論。議論の末に得られた判断。論文などの結び。例：あなたの言わんとするケツロンは、一体どういうことや。はっきりしてくれ。

**けつわる**（動詞） 破産する。例：あの会社もケツワッたそうや。

**けつをまくる**（熟語） 約束を破る。途中で放り出す。居直る。例：こんなに中途半端なところで、ケツヲマクルのは、どう考えてもよくない。

**けど**（接続詞、接続助詞） けれど。けれども。例：わしも行くケド、おまえも行くか？ 八月には完成するケド、使えるのは、秋からや。

**……けど ……けれど ……けんど ……けれども**（助詞） 逆接の確定条件を示す。例：雨がふっているケド、川の水は増えてない。空は暗いケレド、雨はふってない。疲れたケンドがんばろう。学校は出たケレドモ、就職できない。

**けとう**（名詞） 鶏頭の花。例：ケトウの種蒔いたらようけ出よったわ。

**げどく**（名詞） 解毒。体内の毒を除くこと。例：ゲドク剤。ゲドク作用。

**けどなあ**（接続詞） けれどね。けれどもねえ。エドナアとも。例：おまえ、そんなに言うケドナア。

**けども**（接続詞） けれども。例：丁寧に言いやすケドモ、反対意見やった。

**けどよ**（接続詞） けれどもね。例：あんまり苦労はなかったケドヨ、そんでもなあ、しんどい時もあったな。

**けどる**（動詞） 気取る。そぶりや顔色を見て、さとる。例：客の態度で、詐欺師であることをケドルんや。

**げな**（助動詞） 伝聞。推量。らしい。そうだ。例：隣の娘さんも合格しやはったゲナ。ゲナゲナ話やのうて事実を聞いてこい。

**けなげな**（形容動詞） 健気な。年少なのに、かいがいしく行動するさま。例：奉仕活動をするケナゲナ少年少女。

**げなげなばなし**（名詞） 噂話。例：ゲナゲナバナシは止めとくれ。

**げなしざる**（名詞） 芸無猿。何の芸もできない人。芸なし＋猿。例：全くゲナシザルで、すみません。

**けなす**（動詞） 貶す。そしる。悪口をいう。例：人をケナスのはやめておき。

**けなりい**（形容詞） 羨ましい。例：司法試験合格やて、ケナリイ話や。

**けなるい**（形容詞） 羨ましい。例：あっこさんとこも嫁もろて、ケナルイこっちゃ。

**けなるがる**（動詞） 羨ましがる。例：お宅の子、ようできやはる。家内もケナルガッてましたわ。

**げねつ**（名詞） 解熱。熱を冷ますこと。例：ゲネツ剤。

**けねん**（名詞） 懸念。気にかかって不安なこと。例：癌の転移がケネンされる。

**げのげ**（名詞） 下の下。最下等。最後。例：こんな試合、ゲノゲや。

**けばだつ**（動詞） 毛羽立つ。細かい毛が立つ。例：ズボンの膝がケバダッて、格好が悪い。

**げひん**（名詞） 下品。品がなくいやしいこと。例：ゲヒンな行動をする。

**けぶたい**（形容詞） 煙い。ケムタイとも。例：もっと上手に焼かんとケブタイわ。

**けぶたい**（形容詞） 気になる。敬遠したい。例：あのひと、ケブタイ人やわ。

**けぶり**（名詞） 煙。ケムリとも。例：火のないところに、ケブリは立たんわ。

**けぶり**（名詞） 気配。そぶり。例：女性の噂、ケブリにも見せなんだ。

**けむい**（形容詞） 煙たい。ケブイ。ケブタイとも。煙で息苦しいこと。例：煙草がケムイ。

**けむくじゃら**（名詞） 毛だらけ。例：ケムクジャラの相撲取りや。

**けむにまく**（熟語） 煙に巻く。まくしたててごまかす意。例：いつもの口八丁で、うまくケムニマイたな。

**けやき**（名詞） 欅。ニレ科の落葉高木。例：ケヤキの材木は堅くて美しい。

**けやす**（動詞） 消やす。消す、の訛。例：黒板、早うケヤシとけ。

**けらい**（名詞） 家来。手下。子分。例：専務のケライみたいな仕事や。

**げり**（名詞） 下痢。液状の大便が出る。

腹くだり。例：便秘のあとゲリ続きや。
**けりがつく**（熟語）　物事の結末がつく。例：土地問題はこれでケリガツイたわ。
**……けりゃ**（熟語）　ければ。例：行きたケリャ、行くとええ。
**げれつ**（名詞）　下劣。下品でいやしい。例：品性、ゲレツな男。
**げろだし**（名詞）　丸出し。ギョロダシとも。例：ズボンが破れて、お尻ゲロダシや。かっこがわるい。
**げろむけ**（名詞）　すっかり向ける。例：行儀が悪い。客に尻をゲロムケにするな。
**けわしい**（形容詞）　峻しい。傾斜が急でとげとげしい。例：ケワシイ山道を登る。
**けわしい**（形容詞）　険しい。恐ろしい。例：ケワシイ顔の仏像や。
**げん**（名詞）　吉凶の前兆。縁起の倒語―起縁。ギエン―ゲン。験、は当て字。例：どうもこの道は、ゲンが悪い。
**けんい**（名詞）　権威。威圧して人を従わせる力。権勢と威力。例：占領軍のケンイによって安全が保たれた。
**けんかい**（名詞）　見解。見方。考え方。例：親友としての君のケンカイを言ってくれんか。
**げんかいな**（形容動詞）　てきぱきした勇み肌な。例：ゲンカイナ娘さんや。
**げんかん**（名詞）　厳寒。きびしい寒さ。例：北海道宗谷は、三月でもゲンカンの毎日や。
**げんかん**（名詞）　玄関。家の正面の入口。例：電話して行かなんだら、ゲンカンばらいや。
**げんきん**（名詞）　厳禁。きびしく禁じる意。例：火気ゲンキンや。
**げんきんな**（形容動詞）　現金な。勘定高い目前の利益ばかり考えること。ゲンギンナとも。例：すぐ見返りの票を欲しがる。ゲンキンナ政治家や。
**げんくそがわるい**（熟語）　いまいましい。癪にさわる。例：あいつに負けるとはゲンクソガワルイ。
**げんげ**（名詞）　紫雲英。れんげ、の訛。例：ゲンゲとタンポポで、花輪をつくろ。
**げんけい**（名詞）　減刑。刑罰を軽くする。例：恩赦によってゲンケイされる。
**げんけい**（名詞）　原型。もとの型。立体的な製品のもとの型。生物のもとの類型。例：彫塑の母子像のゲンケイ。
**げんけい**（名詞）　原形。もとの形。例：ゲンケイがわからぬほど型紙を破られた。
**げんけい**（名詞）　現形。現在の形。例：ゲンケイのままで、耐震構造になる。
**けんけん**（名詞）　石蹴り遊び。例：昼休みに、ケンケンせえへん。
**けんけんごうごう**（名詞）　喧々囂々。多くの人が口やかましく騒ぎ立てること。例：総理の答弁にケンケンゴウゴウの非難が上がる。
**げんご**（名詞）　言語。ことば。思想感情を表す音声や文字。例：ゲンゴ学。
**けんこう**（名詞）　健康。心身がすこやかであること。例：ケンコウ保険。
**げんこう**（名詞）　言行。言葉と行い。例：ゲンコウ録。ゲンコウ一致。
**げんこう**（名詞）　現行。現在行われていること。例：万引き等のゲンコウ犯。
**げんこう**（名詞）　原稿。印刷物や講演などを、文章にして、紙に書いたもの。例：ゲンコウを読ませてくれ。
**げんこつ**（名詞）　にぎりこぶし。拳固。ゲンコとも。例：ゲンコツくわしてやれ。
**げんざい**（名詞）　現在。この世。目の前。今。例：過去、ゲンザイ、未来。
**けんざん**（名詞）　検算。計算。あやまりがないか調べること。例：ケンザンを十分にしてください。
**けんざん**（名詞）　見参。お目にかかる。例：将軍に、ケンザンを願う。
**けんじつ**（名詞）　堅実。手堅く危なげがない。例：ケンジツで信用のある銀行。
**げんしゅ**（名詞）　原酒。もろみを搾った醸造したままの酒。例：日本酒のゲンシュを、ゆっくり味わってみたい。
**げんじゅう**（名詞）　厳重。おごそかで、きびしいこと。例：金庫にゲンジュウに保管していた資金。
**げんしょう**（名詞）　減少。減って少なくなる。例：地方の人口のゲンショウが問題や。
**げんしょう**（名詞）　現象。感覚によって知る一切の出来事。例：自然ゲンショウを観察するんや。
**けんじょう**（名詞）　謙譲。へりくだり、ゆずること。例：ケンジョウの美徳。ケンジョウ語。

**けんずい**（名詞） 間食。間＋炊、が語源か。例：三時やで、畑にケンズイ持って行っておくれ。

**けんせい**（名詞） 憲政。憲法にもとづく政治。例：戦争放棄のケンセイを、維持してほしい。

**けんせい**（名詞） 権勢。権力と威勢。例：足利幕府のケンセイも地に落ちた。

**けんせい**（名詞） 牽制。相手の注意をひきつけて自由に行動させないこと。例：三塁にケンセイ球を投げる。

**けんせつ**（名詞） 建設。建造物を、築くこと。例：ケンセツ的な意見をお願いいたします。

**けんそ**（名詞） 険阻（嶮岨）。けわしいこと。けわしい場所。例：和歌山には、ケンソな山が多い。

**けんぞう**（名詞） 建造。建物や船などを造ること。例：公共ケンゾウ物。

**げんぞく**（名詞） 還俗。僧や尼が俗人にもどること。例：昨日ゲンゾクして、俗人の生活にもどっております。

**けんたい**（名詞） 公然と。おおっぴらで平気。当然。例：役所の複写器を、ケンタイで私用に使うとる。

**けんちょ**（名詞） 顕著。明らかで目立つ。例：少子化の傾向がケンチョである。

**げんてん**（名詞） 減点。点数を減らす。例：回転不足で、ゲンテンされる。

**げんてん**（名詞） 原点。おおもとの地点。例：座標軸のゲンテン。研究のゲンテンにもどる。

**げんてん**（名詞） 原典。もとになった書物。例：ゲンテンの用字、仮名遣いを調べてみる。

**けんど**（接続詞） けれども。例：考えはようわかります。ケンド、こっちの苦労も、思うとくれやす。

**げんなおし**（名詞） 景気なおし。縁起直し。例：ゲンナオシに、一杯行こか。

**げんなり**（副詞） 弱ってしまう状態。例：ひまわりまで、暑さでゲンナリしてるわ。

**げんのしょうこ**（名詞） 茎や葉が下痢なに効く薬草。現の証拠、が語源。例：ゲンノショウコ煎じて飲んどき。

**けんびき**（名詞） 肩甲骨のそばの筋肉僧帽筋。例：ケンビキが痛うて痛うてな。

**けんぷ**（名詞） 絹布。絹織物の布。例：白いケンプのテーブルクロス。

**けんぶん**（名詞） 見聞。見たり聞いたりすること。例：実地にケンブンした。

**けんぽう**（名詞） 憲法。国家の基本となる法令。例：聖徳太子の十七条ケンポウ。日本国ケンポウ。

**けんめい**（名詞） 賢明。賢くて道理に明るい。例：破産はケンメイな処置だったと言えるやろ。

**けんめい**（名詞） 懸命。命がけ。力のかぎり。例：ケンメイの努力で優勝や。

**げんろくそで**（名詞） 短くて、角の丸い袖。元禄＋袖。例：娘の着物、ゲンロクにしといてな。

**げんろくもよう**（名詞） 元禄模様。元禄時代に流行した大形できらびやかな染め模様。例：市松模様、弁慶縞のゲンロクモヨウが代表的や。

**げんろん**（名詞） 言論。言語によって、思想を論じたり、発表したりすること。例：ゲンロンの自由。

**げんろんのじゆう**（名詞） 言論の自由。個人が言論によって思想を発表することの自由。例：ゲンロンノジユウは、基本的人権の一つや。

## こ

**こー**（名詞） 子供。小児。一音節語の長音化。例：コーは、何人ぐらい欲しい？

**こー**（名詞） 粉。一音節語の長音化。例：そばのコー挽いとくれ。

**こー**（数詞） 九。一音節語の長音化。例：むー。なー。やー。コー。とー。

**……こー**（接尾語） 強めなど。例：いっぱいコ。満員コ。かわりばんコ。

**ごー**（数詞） 五、の長音化。例：三たすゴーはいくつや。

**ごー**（名詞） 囲碁の碁。一音節語の長音化。例：父さんは、ゴーは何段や。

**ごあさって**（名詞） しあさっての次の日。明々後日。あさっての翌々日。例：役員会は、ゴアサッテの十日どしたな。

**こい**（名詞） 鯉。コイ科の淡水魚。例：

コイは、清流よりも池などに多いわ。

**こい**（形容詞） 濃い。色、味、香り、情愛など、深く、密度がある。例：料理の味がコイ。

**こい**（名詞） 恋。男女間の思慕のこころ。例：コイ路。コイの重荷で苦しい。

**……こい**（接尾語）。形容詞をつくる。例：丸っコイ。冷やコイ。ちっコイ。

**こいくち**（名詞） 濃い口の醤油。例：コイクチ、買うてきて。

**こいごころ**（名詞） 恋心。恋しいと思う心。例：乙女の淡いコイゴコロ。

**こいさ**（熟語） おいでなさいよ。来い＋さ。例：明日遊びにコイサー。

**こいさん**（名詞） 末の、お嬢さん。小＋いとさん、の略。例：コイサン、誘うて来るわ。

**こいしい**（形容詞） 恋しい。慕わしい。なつかしい。例：故郷がコイシイ。コイシイ人。

**ごいすき**（名詞） 木製の除雪用具。例：ゴイスキで、雪をどけて。

**ごいっとうさん**（名詞） 御一統様。御一同様。例：ゴイットウサン、おかげを持ちまして、式を滞りなく終わることができました。

**……こいでも**（熟語） 来なくっても。コンデモとも。例：そんなに急いでコイデモよろしい。

**こいにょうぼう**（名詞） 恋女房。恋愛して結婚した妻。例：私の妻はやっと手に入れたコイニョウボウや。

**こいねがう**（名詞） 請い願う。願い望む。いちずに願う。例：ただただ安全をコイネガウ次第や。

**こいも**（名詞） 里芋（親芋を除く）。例：コイモと棒鱈と炊いて、芋棒作って。

**こいやい**（熟語） 来いよ。来なさいよ。例：早うコイヤイ。バス出るで。

**……こう**（補助動詞） ……来よう。例：病院へ行ってコウ。

**こうい**（名詞） 厚意。思いやりのある心。例：友人のコウイに感謝する。

**こうい**（名詞） 行為。おこない。ふるまい。例：不法コウイ。慈善コウイ。

**ごうい**（名詞） 合意。互いの一致した意見。例：ゴウイ点を見つけ出す。

**こういしょう**（名詞） 後遺症。病気などが治ったあと、なおその影響で残った症状。例：ありがたいことにコウイショウなしや。

**こういん**（名詞） 工員。工場労務者。例：コウインの安全に万全を期している。

**こういん**（名詞） 光陰。月日。例：コウイン矢の如し。

**こうう**（名詞） 降雨。雨が降ること。例：今月のコウウ量は、極端に多いんや。

**こううん**（名詞） 幸運。運のよいこと。しあわせなめぐりあわせ。例：コウウンな人生を感謝する。

**こうえい**（名詞） 光栄。自分の存在や価値を認められ名誉だと思うこと。例：身に余るコウエイです。

**こうえん**（名詞） 公園。公衆のために設けられた庭園。例：国立コウエン。

**こうえん**（名詞） 講演。ある題目で多くの人に話すこと。例：博士のコウエンを聞く。

**こうえん**（名詞） 後援。表立たないで、後方から助ける。例：オリンピック選手のコウエン会。

**こうえん**（名詞） 公演。公開の場所で、演劇や音楽などを演ずること。例：シェークスピアのリヤ王のコウエンを、観賞する。

**こうおつ**（名詞） 甲乙。第一と第二。優劣。差別。例：コウオツが付けがたい。

**こうおん**（名詞） 高温。高い温度。例：コウオンの溶解炉での仕事だった。

**こうおん**（名詞） 高恩。大きな恩。例：研究所で、博士のコウオンを受けた一人なんです。

**こうか**（名詞） 高架。地上高く掛け渡すこと。例：モノレールコウカ鉄道。

**こうか**（名詞） 効果。望ましい結果の意。例：癌の初期に手術のコウカが高い。

**こうか**（名詞） 高価。値段が高いこと。例：コウカなダイヤモンド。

**こうか**（名詞） 校歌。学校を表す歌。例：全員でコウカを斉唱します。

**こうか**（名詞） 考課。勤務状態の優劣を定めること。例：人事部で社員のコウカを参考にするらしい。

**こうか**（名詞） 工科。工学、工業に関する学科。例：コウカ大学。

**こうか**（名詞） 公課。税金などの公法上の負担。例：市民生活をするためにはコウカを無視できない。

**こうか**（名詞）硬化。かたくなること。例：動脈コウカの症状。

**こうか**（名詞）降下。おりること。例：次第にコウカして着陸する。

**こうか**（名詞）硬貨。金属貨幣。例：少額のコウカを入れた財布。

**こうか**（名詞）江河。長江と黄河。転じて、大きい河。例：関西で第一のコウカなんや。

**こうかい**（名詞）公海。世界で自由平等に使用できる海。例：コウカイと領海。

**こうかい**（名詞）航海。船で海をわたること。例：コウカイ士。コウカイ術。

**こうかい**（名詞）後悔。後になって悔いること。例：コウカイ先に立たず。

**こうかい**（名詞）公開。一般の人が自由に見たり聞いたりなどできること。例：コウカイ討論会。

**こうがい**（名詞）郊外。市街地に隣接した田園地帯。例：コウガイを走る電車。

**こうがい**（名詞）梗概。小説や映画などのあらまし。例：この作品のコウガイを書いたリーフレットや。

**こうがい**（名詞）港外。港の外。例：桟橋が、不足しているので、コウガイで待機する船が多い。

**こうがい**（名詞）口外。他人に言葉をもらすこと。例：この秘密はコウガイしたらあかん。

**こうがく**（名詞）工学。工業技術について研究する学問。例：コウガク部に進学する。

**こうがく**（名詞）光学。光の現象を研究する学問。例：カメラ、双眼鏡、望遠鏡などのコウガク機器。

**こうがく**（名詞）向学。学問をしようと思うこと。例：コウガク心豊かな青年。

**こうがく**（名詞）後学。後輩の学徒。学者の謙遜語。例：我々コウガクのために有益な講演を賜り有難うございました。

**こうがく**（名詞）高額。高い金額。例：コウガクな商品を扱う店や。

**こうかくあわをとばす**（熟語）口角あわをとばす。激しく論じ合うこと。例：境界線のことで隣家の息子とコウカクアワヲトバシて激論や。

**ごうがわく**（熟語）腹が立つ。業腹が湧く、が語源か。例：あんまりひどいことをいいよるので、ゴウガワク。

**こうかん**（名詞）交換。互いに取りかえること。例：物々コウカン。

**こうかん**（名詞）交歓。打ち解けて交わること。例：留学生のコウカン会。

**こうかん**（名詞）高官。高い官職。例：宮中のコウカンの知遇を得た。

**こうき**（名詞）後記。あとがき。あと。に記すこと。例：編集コウキ。

**こうき**（名詞）高貴。身分が高く、貴いこと。例：たいへんコウキな家柄やそうや。

**こうき**（名詞）好機。よい機会。よいおり。例：コウキを逃さんようにな。

**こうぎ**（名詞）広義。同一語の意味に幅があるとき、広い方の意味。例：コウギに解釈すると、それでええんやないか。

**こうぎ**（名詞）講義。大学での授業の意。例：午後のコウギは、休講やそうな。

**こうぎ**（名詞）抗議。反対意見を強く言い立てること。例：無断使用に対して強くコウギするんや。

**ごうぎな**（形容動詞）豪儀な。立派な。大きな。たいそうな。例：あいつゴウギナ普請をしよったな。

**こうきゅう**（名詞）高給。高い給料。例：父は会社役員で、案外コウキュウや。

**こうきゅう**（名詞）高級。程度が高いこと。例：コウキュウ腕時計。

**こうきょ**（名詞）皇居。天皇の住まい。例：コウキョ前広場。

**こうぎょ**（名詞）香魚。あゆ。例：琵琶湖のコウギョ不漁。

**こうぎょ**（名詞）江魚。入江でとれる魚。例：コウギョの多い若狭の海。

**こうきょう**（名詞）広狭。広いことと狭いこと。例：水路のコウキョウ、いずれの案をとるべきか、それが問題や。

**こうきょう**（名詞）好況。経済活動が活発な状態。景気が好い。例：コウキョウだといわれているが、いつ不況が来るか、心配や。

**こうきょう**（名詞）公共。社会一般に関すること。例：コウキョウ放送。コウキョウ事業。コウキョウ料金。

**こうぎょう**（名詞）工業。機械などを使って物品を作り出す産業。例：阪神コウギョウ地帯。コウギョウ高校。

**こうぎょう**（名詞） 鉱業。鉱物を製錬する事業。例：別子鉱業の工場跡。

**こうぎょう**（名詞） 興行。料金をとって演芸などを見せること。例：コウギョウ価値。コウギョウ師。

**こうくう**（名詞） 高空。空の高い所。例：一万メートル以上のコウクウを飛ぶ旅客機は、空気の抵抗が少ないそうや。

**こうくう**（名詞） 航空。飛行機で空を飛ぶこと。例：コウクウ機。コウクウ貨物。

**こうぐう**（名詞） 厚遇。手厚くもてなすこと。優遇とも。例：中途採用としては、コウグウで迎えられたんや。

**こうけい**（名詞） 後継。あとを継ぐこと。例：この事業のコウケイ者は、どなたなんや。

**こうけい**（名詞） 光景。ありさま。けしき。例：美しいコウケイの続く海岸線を走る列車なんや。

**ごうけい**（名詞） 合計。数を、合わせまとめること。例：ゴウケイ一億五百万円くらいかな。

**こうけん**（名詞） 後見。後ろだてになって世話をすること。例：幼児なので、コウケン人が必要なんやて。

**こうけん**（名詞） 貢献。力を尽くし役立てること。例：世界平和に、コウケンしたいと願っているのや。

**こうけん**（名詞） 効験。ききめ。効能。例：病気平癒祈禱のコウケンあらたか。

**こうげん**（名詞） 広言。大きなことを言う意。例：コウゲンしてはばからず。

**こうげん**（名詞） 高原。高地にある平原。例：草千里に続く阿蘇コウゲン地帯。

**こうげん**（名詞） 公言。おおっぴらに言うこと。例：難民排斥をコウゲンして、はばからない。

**こうこ**（名詞） 香の物。たくあん。おコウコとも。例：コウコ、小皿にとっておくれ。

**こうご**（名詞） 交互。互い違い。かわるがわる。例：二つの機械をコウゴに動かそう。

**こうこう**（名詞） 孝行。父母によく仕え大事にすること。例：親コウコウ。コウコウ息子。

**こうこう**（名詞） 航行。船舶や航空機が航路を進むこと。例：海峡をコウコウする船がきわめて多い。

**こうこう**（名詞） 高校。高等学校。例：全国のコウコウの参加する大会。

**こうごう**（名詞） 皇后。天皇の妻。例：コウゴウ陛下の御旅行。

**こうごうしい**（形容詞） 神々しい。尊くておごそかな形容。例：コウゴウシイ神宮の森を静かに歩む。

**こうごうせい**（名詞） 光合成。緑色植物が光のエネルギーによって二酸化炭素と水から炭水化物を合成する作用。例：人間は、コウゴウセイのおかげで生きておられるのや。

**こうこく**（名詞） 公告。国家や公共団体が、一般に知らせること。例：県の条例を、四月一日付けでコウコク。

**こうこく**（名詞） 広告。商業上の目的で広く知らせること。例：新聞コウコク。コウコク放送。コウコク宣伝。

**こうこん**（名詞） 黄昏。夕暮れ。たそがれ。例：秋色、コウコンの田園風景。

**こうさ**（名詞） 交差。まじわること。例：コウサ点での事故が増加してるわ。

**こうさ**（名詞） 考査。考え調べること。学校の試験。例：期末コウサ。

**こうざ**（名詞） 口座。銀行や証券会社の簿記などで、項目別に計算する場所。例：コウザ番号。振替コウザ。預金コウザを知らせられたい。

**こうざ**（名詞） 講座。大学のコウザ形式による講義。例：国語概説のコウザ。

**こうさい**（名詞） 交際。つきあい。まじわり。例：異性とコウサイする。

**こうさい**（名詞） 光彩。きらきら輝く美しい光。例：コウサイ陸離たる玉。

**こうざい**（名詞） 功罪。よい点と悪い点。例：コウザイ相半ばする。

**こうさく**（名詞） 交錯。いりまじること。例：期待と不安がコウサクして、落ち着いて仕事ができない。

**こうさく**（名詞） 工作。ある目的のために、計画的に働きかけること。例：事前コウサクが、必要やと思う。

**こうさく**（名詞） 工作。つくる。こしらえる。例：図画コウサク。

**こうさく**（名詞） 耕作。田畑をたがやし作物を作ること。例：農地のコウサクにいそしむ百姓。

**こうさつ**（名詞）高札。宿場の中心に法令を書いて掲示された掲示板。例：コウサツのあった場所が札の辻や。

**こうさつ**（名詞）考察。考えしらべること。例：芭蕉俳諧のコウサツという論文と研究書。

**こうさつ**（名詞）絞殺。紐などで首を絞め殺すこと。例：コウサツによる殺人。

**こうさん**（名詞）公算。見込み。確率。例：あと三日、東の横綱の優勝のコウサンが大きい。

**こうさん**（名詞）降参。戦に負けて、敵に従うこと。降伏。例：アメリカにはコウサンしたが、ロシアには負けとらん。

**こうざん**（名詞）高山。高い山。例：コウザン植物。コウザン病。

**こうし**（名詞）講師。正規教員の補助として授業する教員。大学の教育職の一。例：非常勤のコウシ。専任コウシ。

**こうし**（名詞）格子。細長い木を縦横にくみあわせた建具。例：コウシ戸。

**こうし**（名詞）公私。おおやけごとと、わたくしごと。例：コウシ混同や。

**こうし**（名詞）行使。権利などを実際に使うこと。例：労働組合の実力コウシや。

**こうし**（名詞）公使。外交事務にあたる外交官。例：コウシ館。

**こうし**（名詞）孝子。親孝行な子供。例：大石内蔵之助のコウシ主税の活躍。

**こうし**（名詞）子牛。子供の牛。例：コウシを市に出す。

**こうじ**（名詞）麴・糀。米、麦、豆などを蒸し、こうじ菌をふりかけてふやしたもの。味噌、醬油の原料。例：コウジ屋でコウジを買うてくる。

**こうじ**（名詞）高次。高い次元。高い程度。例：コウジの段階。コウジ方程式。

**こうじ**（名詞）公示。公的機関が一般の人に広く示すこと。また、示されたもの。例：選挙のコウジ。

**こうじ**（名詞）工事。土木建築の仕事。例：高速道建設のコウジ。コウジ事務所。

**こうじ**（名詞）好事。良いことや、めでたいこと。例：コウジ、魔多し。

**こうじつ**（名詞）口実。いいわけ。例：親戚の法事をコウジツに、休講か。

**こうじつ**（名詞）好日。気持ちの良い日。例：コウジツ、友人宅に遊ぶ。

**こうしゃ**（名詞）公社。国の出資による公共企業体。例：コウシャであった国鉄や専売公社も民営になった。

**こうしゃ**（名詞）校舎。学校の建物。例：五階建てのコウシャ。木造コウシャ。

**こうしゃく**（名詞）講釈。文章や語句の意味を明らかにすること。例：軍記物のコウシャクを聞く。

**こうしゃくいう**（熟語）小言を言う意。講釈言う、が語源。例：あんまりコウシャクイイなさんな。

**こうしゅ**（名詞）好守。よい守り。好守備。例：コウシュ、好打の選手。

**こうしゅ**（名詞）攻守。攻めることと、守ること。例：コウシュ所を変えて大ピンチや。

**こうしゅう**（名詞）講習。多人数が集まって、一定期間講義を聞いたり学習したりすること。例：コウシュウ会。

**こうしゅう**（名詞）公衆。世間一般の人々。例：コウシュウ電話。コウシュウ道徳。

**こうしゅうどうとく**（名詞）公衆道徳。公衆の一人一人が守るべき道徳。例：日本人はコウシュウドウトクがない。

**こうじゅつ**（名詞）後述。後で述べる意。例：解決策の詳細は、コウジュツの通りだが、問題点を先に洗い出したい。

**こうじゅつ**（名詞）口述。口で述べること。例：コウジュツ筆記。コウジュツ試験。

**こうしょう**（名詞）高尚。程度が高いこと。例：コウショウな趣味。

**こうしょう**（名詞）考証。典拠を引き、証拠をあげて、昔のことを説明すること。例：時代コウショウ。コウショウ学。

**こうしょう**（名詞）交渉。かけあうこと。談判。例：団体コウショウ。土地売買コウショウがうまくまとまらない。

**こうじょう**（名詞）厚情。厚い情け。親切。例：貴殿のコウジョウは、決して忘れません。

**こうじょう**（名詞）荒城。荒れ果てた城。例：名曲、コウジョウの月。

**こうじょう**（名詞）工場。工員が集まって生産に従事する所。こうば。例：東レの滋賀コウジョウ。

**こうじょう**（名詞）向上。よりよい方向に向かって進む。例：生活水準のコウジョウ。コウジョウ心の強い青年。
**こうじょう**（名詞） 口上。口頭で述べる。例：コウジョウ書。芝居の座頭のコウジョウがあった。
**こうしょく**（名詞） 好色。色事を好む。例：江戸のコウショク物の文学。
**こうしん**（名詞） 孝心。孝行な心。例：親をうとんじ、コウシンのない青年が多くなった。
**こうしん**（名詞） 行進。大勢が隊列を組んで進んでいく。例：コウシン曲。
**こうしん**（名詞） 更新。新しく改めること。例：記録をコウシンする。
**こうじん**（名詞） 荒神。かまどの神様。三宝荒神、の略。例：コウジン様を祀る棚が台所にある。
**こうじん**（名詞） 幸甚。非常に幸せ、の意。例：承認がいただければコウジンです。
**こうずい**（名詞） 洪水。川の水があふれること。大水。例：姉川のコウズイの後、堤防が高く強固になった。
**こうすいりょう**（名詞） 降水量。地上に降った水分の量。例：コウスイリョウは、俗に雨量とも言っている。
**こうせい**（名詞） 攻勢。攻撃の態勢。例：守備中心の試合から、コウセイに転じて、逆転に結びつけた。
**こうせい**（名詞） 校正。印刷物の誤字や脱字や不備を正しくすること。例：コウセイ刷り。
**こうせい**（名詞） 公正。公平で正しいこと。例：コウセイ取引委員会。
**こうせい**（名詞） 更生。生活を新たにする。不用品を使えるようにする。例：廃物をコウセイする。
**こうせい**（名詞） 厚生。生活をよくすること。例：コウセイ労働省。
**こうせい**（名詞） 構成。部分を集めて、全体としてまとまりのあるものに組み立てること。例：主題を決めて文章をコウセイする。
**ごうせい**（名詞） 合成。二つ以上のものを合わせて一つの状態にする。例：ゴウセイ繊維の工場。
**こうせいぶっしつ**（名詞） 抗生物質。微生物から分泌された化学的物質で、他の細菌や微生物を抑える物質。例：ペニシリンがコウセイブッシツの代表や。
**こうせえ**（熟語） このようせよ。こうしろ。例：ああせえ。コウセエとうるさく言うな。
**こうせき**（名詞） 功績。手柄。立派な働き。例：教育者としてコウセキは、非常に大きい。
**こうせつ**（名詞） 降雪。雪が降ること。例：今晩のコウセツ量は、一メートルや。
**こうせつ**（名詞） 高説。すぐれた意見。例：御コウセツをうけたまわる。
**こうせつ**（名詞） 公設。公共団体が設立すること。例：コウセツ市場。
**こうせつ**（名詞） 高節。けだかくしっかりした節操。例：家老大石のコウセツな城明け渡しに感動した。
**こうぜつ**（名詞） 口舌。くちさき。弁舌。例：コウゼツの徒。
**こうぜん**（名詞） 公然。一般に知れ渡っているさま。例：コウゼンの秘密。
**こうせんをとる**（熟語） 口銭を取る。手数料を取る。例：わずかばかり、コウセンヲトラしてもらう。
**こうそ**（名詞） 酵素。主として蛋白質からなる有機化合物。生物体内の化学変化における触媒作用をする。例：人体内部で、消化コウソが、どう働くか。
**こうそう**（名詞） 航送。船や航空機などで荷物を送ること。例：急ぐので飛行機で、コウソウをお願いしたい。
**こうそう**（名詞） 高層。高い階層。例：コウソウ建築。コウソウ雲。
**こうそう**（名詞） 構想。考えを組み立てること。また、組み立てた考え。例：開学百年を記念して校舎改築のコウソウが持ちあがる。
**こうそう**（名詞） 高僧。徳と地位の高い僧。例：コウソウのお話を聞かしてもろた。
**こうそう**（名詞） 抗争。争い張り合うこと。例：長い間、山門と寺門のコウソウが続いた。
**こうそう**（名詞） 広壮。広くて立派な。例：コウソウな宮殿と庭園。
**こうそく**（名詞） 高速。速度が非常に速いこと。例：コウソク道。コウソク鉄道。
**こうそく**（名詞） 校則。学校の規則。例：生徒会が、コウソクを決めた。
**こうぞく**（名詞） 航続。航空機などが燃料の補給なしに航行を続けること。例：コウゾク距離。コウゾク力。

**こうぞく**（名詞） 後続。後に続くこと。例：コウゾクの車。コウゾクの団体。

**こうた**（熟語） 買うた。購入した。ウ音便使用（共通語は促音で買った）。例：教科書、もうコウタで。

**こうたい**（名詞） 交替。交代。入れ替わること。例：参勤コウタイ。

**こうだい**（名詞） 広大。広くて大きい。例：コウダイな北海道の原野が続く。

**こうたいし**（名詞） 皇太子。皇位を継承する皇子。例：コウタイシのことを古くは東宮と言いあらわしていた。

**こうたった**（熟語） 買うたった。買ってやった、のウ音便。例：娘たちに浴衣コウタッタ。

**こうち**（名詞） 高地。高い所にある土地。例：都市南部のコウチにある住宅街。

**こうち**（名詞） 耕地。農作物をつくる土地。例：こうち整理組合。

**こうちゅう**（名詞） 口中。口の中。例：コウチュウに含んだものを吐き出す。

**こうちょう**（名詞） 校長。学校の長。例：コウチョウ先生のお話。

**こうちょう**（名詞） 好調。調子や景気がよいこと。例：会社の業績もコウチョウやそうや。

**こうつう**（名詞） 交通。乗り物の行き来。例：コウツウ機関。コウツウ事故。コウツウ網。海上コウツウ。

**こうつうりょう**（名詞） 交通量。人や車の通行する数量。例：コウツウリョウが多い道。

**こうて**（熟語） 買うて（ウ音便使用）。買ってほしい。例：お菓子、コウテえな。

**こうてい**（名詞） 高低。高い低い。例：新館と旧館とのコウテイ差。

**こうてい**（名詞） 校庭。学校の庭。運動場。例：放課後のコウテイ使用計画。

**こうてい**（名詞） 工程。作業、工事などを進めていく順序、段階。例：製品が完成するまでのコウテイ。

**こうてい**（名詞） 公定。政府公共団体で決めること。例：コウテイ価格。

**こうてい**（名詞） 校訂。古書の本文を多くの伝本と比べ合わせて正しくすること。例：源氏物語のコウテイ本。

**こうてい**（名詞） 公邸。高級公務員の邸宅。例：首相コウテイ。

**こうてい**（名詞） 肯定。その通りだと認めること。例：否定とコウテイ。

**こうてきな**（熟語） 買うて来な。買って来なさい。例：そんなにほしけりゃ、コウテキナ。

**こうてくる**（熟語） 買うて来る。買って来る、のウ音便。例：うちもあの店で、コウテクルわ。

**こうてもろた**（熟語） 買うてもろた。買ってもらった、のウ音便。例：おやじに、コウテモロタ。

**こうてる**（熟語） 飼うてる。飼っている、のウ音便。例：犬も猫もコウテル。

**こうてん**（名詞） 荒天。風雨が激しく荒れもようの天気。例：コウテンに船を出すのは禁物や。

**こうてん**（名詞） 好天。よい天気。例：コウテンに恵まれた運動会。

**こうてん**（名詞） 交点。二つ以上の線と線、あるいは面と交わる点。例：惑星などの軌道面が黄道と交わる点が、コウテンや。

**こうてん**（名詞） 好転。物事がよい方に向かうこと。例：貿易収支のコウテン。

**ごうてんじょう**（名詞） 格天井。桟を格子状に組んだ天井。例：花鳥の描かれたゴウテンジョウ。

**こうといたかて**（熟語） 買うといたかて。買っておいたとしても。買っておいても。例：土地をコウトイタカテなんにもならん。

**こうとう**（名詞） 高等。程度や品位が高いこと。例：コウトウ専門学校。

**こうとう**（名詞） 高騰。価格が高く上がること。例：原油価格のコウトウ。

**こうとう**（名詞） 口頭。口で言うこと。例：コウトウ諮問。

**こうどう**（名詞） 講堂。学校等で講演や儀式などを行うための建物。体育館と兼用になっているものが多い。例：東京大学安田コウドウ。

**こうどう**（名詞） 行動。おこない。ふるまい。何かをしようとして身体を動かすこと。例：具体的なコウドウを起こす。

**こうどう**（名詞） 公道。世人が認める正しい道。公衆の通る道。例：天下のコウドウを歩む。

**こうどう**（名詞）　高堂。高く立派な家、建物、お堂。転じて、相手に対する敬語。例：御コウドウの協力を賜り感謝いたしております。
**こうどく**（名詞）　講読。大学などで作品を読み解釈していくこと、またその課目。例：源氏物語コウドク。
**こうどく**（名詞）　購読。買い求めて読む。例：月刊誌と週刊誌をコウドクしている。
**こうとな**（形容動詞）　じみな。質素な。はで、の反対語。例：コウトナ帯やなあ。はんなりした着物にあうかしらん。
**こうない**（名詞）　構内。施設の敷地内。例：東京駅のコウナイは、地下にも広がっているんや。
**こうない**（名詞）　港内。港のうち。例：コウナイに停泊してる客船。
**こうなんやから**（熟語）　こんな様子だから。例：帰るとすぐ研究、いつもコウナンヤカラ、家庭的な夫とは言えんわなあ。
**こうねつひ**（名詞）　光熱費。電気、ガスなどの費用。例：コウネツヒの家計に及ぼす費用は馬鹿にできない。
**こうのもの**（名詞）　香の物。漬物。例：野菜を塩と糠でつけた物がコウノモノや。
**こうはい**（名詞）　荒廃。荒れはてること。例：コウハイして人の住まぬ集落。
**こうはい**（名詞）　交配。二種の動物や植物を配合させて、雑種を作ること。例：植物はコウハイによって、優れた品種を作り出して来たんや。
**こうはい**（名詞）　後輩。年齢や経験などが下である人。例：コウハイの選手の活躍を祈るのみや。
**こうはい**（名詞）　高配。他人の配慮にたいする敬語。例：御コウハイを頂き有難うございました。
**こうはい**（名詞）　興廃。盛んになることと衰えること。例：皇国のコウハイ、この一戦にあり。
**こうばい**（名詞）　勾配。傾斜の度合い。例：コウバイの急な屋根。
**こうばい**（名詞）　購買。買い入れること。例：購買販売協同組合。
**こうばい**（名詞）　紅梅。紅色の梅。例：白梅に遅れて、コウバイが咲くんや。
**こうはく**（名詞）　厚薄。厚いことと、薄いこと。例：人情にコウハクあり。
**こうはく**（名詞）　紅白。赤と白。例：コウハクの幕。コウハク歌合戦。
**ごうひ**（名詞）　合否。合格か不合格か。例：ゴウヒを電報で知らせる。
**こうびん**（名詞）　幸便。都合のよい便。例：人に持たせて届ける手紙や物の脇付けにコウビンと書くんや。
**こうふ**（名詞）　交付。役所などが、一般人に、一定の手続きを経て、書類などを渡すこと。例：証明書のコウフ。
**こうふ**（名詞）　公布。広く一般に告げ知らせる。例：法律、政令をコウフ。
**こうふく**（名詞）　幸福。心が満ち足りること。しあわせ。例：コウフクな家庭。
**こうふく**（名詞）　降伏。戦いに負けて相手の命令に従うこと。例：無条件コウフクをした日。
**こうぶつ**（名詞）　好物。好きな飲食物。例：コウブツは、甘いものや。
**こうへんだ**（熟語）　来なかった。例：だれもコウヘンダ。
**こうぼいも**（名詞）　弘法芋。馬鈴薯。例：弘法大師の布教と関係があるのか、中部近畿中国四国でコウボイモというてる。
**こうほう**（名詞）　公報。官庁が国民に発表する文書。例：選挙公報。
**こうほう**（名詞）　広報。一般に広く知らせること。例：自治会の広報活動。
**こうぼう**（名詞）　攻防。攻めることと防ぐこと。例：関ヶ原のコウボウが、しのばれる。
**こうぼう**（名詞）　興亡。興ることと滅びること。例：コウボウはすべて夢のようだと思われる。
**ごうほうてき**（名詞）　合法的。法規にかなっていること。例：このデモは、ゴウホウテキな抗議デモや。
**こうま**（名詞）　子馬。例：コウマ、親馬。
**こうまい**（名詞）　古米、の訛。例：コウマイ、三十キロ。
**こうまん**（名詞）　高慢。人をあなどり、偉そうに振る舞うこと。例：コウマンな人間になるな。
**こうみょう**（名詞）　光明。明るい光。明るい望み。例：前途にコウミョウを投げかける。
**こうみょう**（名詞）　巧妙。非常に巧みなこと。例：コウミョウな細工や。

**こうみょう**（名詞）功名。手柄と名誉。例：コウミョウ心の強い男。
**こうもり**（名詞）蝙蝠。哺乳動物翼手類の総称。例：コウモリ傘。
**ごうもん**（名詞）拷問。肉体に苦痛を与えて、自白を強いること。例：ゴウモンに絶えかねて、死ぬ人も多かった。
**こうや**（名詞）広野。広々とした野原。例：無人のコウヤを開拓していく。
**こうや**（名詞）紺＋屋、が語源。染め物屋。例：小学校の前のコウヤに、染め物頼んで来な。
**こうやく**（名詞）口約。口約束。例：コウヤクだけでは、信用でけん。文書にしておけ。
**こうやく**（名詞）公約。政府政治家などが公衆に対して約束すること。例：公約は守らねばならぬ。
**こうやさかい**（熟語）こうなんだから。例：僕の考えは、コウヤサカイ、心配せんといて。
**こうやさん**（名詞）厠、の訛にサンをつけ、美化した言葉。例：コウヤサンは便所のことや。
**こうやで**（熟語）これだから。例：コウヤデ野球は止められん。逆転のホームランやでな。
**こうやどうふ**（名詞）高野豆腐。豆腐を凍らせ乾かした食品。例：高野山で作り始めたコウヤドウフ。
**こうゆう**（名詞）交遊。友とまじわり遊ぶこと。親しく交際すること。例：親友を失い、六十年のコウユウも途絶えた。
**こうゆう**（名詞）交友。友とまじわること。例：コウユウ関係はどうか。
**こうよう**（名詞）紅葉。木々の葉が色づくこと。例：この庭のコウヨウの美しさは格別や。
**こうよう**（名詞）効用。ききめ。効能。例：この薬品のコウヨウは、どれぐらいあるのかな。
**こうよう**（名詞）孝養。真心をもって親を養うこと。例：親にコウヨウを尽くすのは、口ではやさしいが、なかなか難しいんや。
**こうよう**（名詞）公用。国家、公共団体の用事。公務。例：コウヨウで北海道に三日ほど出かけてくるわ。
**こうり**（名詞）功利。いつも利益を期待すること。例：コウリ主義。コウリ的。
**こうり**（名詞）高利。高い利息。例：もっとコウリの預金はないのかな。
**こうりゅう**（名詞）交流。互いに入り交じること。例：東西文化のコウリュウを図る。
**こうりゅう**（名詞）興隆。勢いが盛んになって栄えること。例：近畿の産業のコウリュウを絶えず考えてる人や。
**こうりょう**（名詞）荒涼。荒れ果てて、ものさびしい。例：山川草木轉（うたた）コウリョウは、乃木大将の漢詩。
**こうりょう**（名詞）綱領。物事の要点。団体などの根本方針。例：政党のコウリョウを、壁に掲示した。
**こうろ**（名詞）行路。世渡り。例：人生コウロ。コウロ病者。
**こうろ**（名詞）香炉。香をたく容器。例：線香をたくコウロを寄付する。
**こうろん**（名詞）口論。口げんか。例：大声でコウロンするのはみっともないぞ。やめとけ。
**こえ**（名詞）音声。転じて、意見。言葉。例：会長からコエがかかる。
**ごえ**（名詞）越え。峠、山坂を越えること。例：鈴鹿ゴエ。山中ゴエ。逢坂ゴエ。
**こえくみ**（名詞）肥え汲み。下肥を汲み出すこと。例：コエクミは、都市部では、見られなくなったな。
**こえだ**（名詞）小枝。小さい枝。例：松のコエダで、門松を立てる。
**こえつち**（名詞）肥え土。地味のよい土作物の作れる肥えた土。例：コエッチの多い良い畑。
**こえまつ**（名詞）肥え松。松やにの多い松。例：焚松に良いのがコエマツや。
**こえる**（動詞）越える。上を過ぎる。例：山や川をコエル。年をコエル。
**ごえん**（名詞）後宴。祭りの翌日。骨休めの日。例：今日はゴエンで、会社休みや。
**こおい**（形容詞）濃い、の訛。濃厚な。例：コオイ大山の牛乳。
**こおばしい**（形容詞）香ばしい。良いにおい。例：コオバシイお菓子や。
**こおり**（名詞）氷。水が冷えて固体になったもの。例：コオリ水。コオリ菓子。

**こおりざとう**（名詞）　氷砂糖。砂糖を結晶させたもの。例：コオリザトウを入れて果実酒を作るのや。
**こおりみず**（名詞）　氷水。水に氷を入れたもの。例：コオリミズ、ちょうだい。
**こおる**（動詞）　凍る。水が低温のために固まる。氷になる。例：水道管がコオル。
**こおろぎ**（名詞）　コオロギ科の昆虫。秋の夜、美しい声で鳴く。例：万葉のころは、秋に鳴く虫をコオロギと言ったようや。
**こがいな**（熟語）　このような。こんな。コガナとも。例：コガイナ魚見たことないわ。
**こかげ**（動詞）　木陰。樹木のかげ。例：真夏の砂浜で、コカゲをさがす。
**こかす**（動詞）　倒す。例：仏像コカシたん誰や。
**こがたん**（名詞）　小刀、の訛。例：このコガタン、ちっとも切れへん。
**ごがつにんぎょう**（名詞）　五月人形。五月の節句に飾る人形。例：五月五日に飾るゴガツニンギョウ。
**こがね**（名詞）　黄金虫、の略。例：毎年、今頃コガネがよう飛んで来よるわ。
**こがね**（名詞）　少額の金。小＋金、が語源。例：隣の婆さん、コガネを貯めてはるらしいわ。
**こがらし**（名詞）　木枯し。晩秋から初冬に吹く風。例：もみじの季節や思てたら、きょうはきついコガラシや。
**こきおろす**（動詞）　扱き下ろす。悪口をさかんに言いけなすこと。例：受賞作やのに、ひどいコキオロシようやった。
**ごきげんさん**（熟語）　ご機嫌さん。機嫌がよい意。例：あいつゴキゲンサンやで。なんか、ええことあったんかいな。
**こぎたない**（形容詞）　小汚い。薄汚い。例：なんやら、コギタナイ旅館やな。
**こきつかう**（動詞）　扱き使う。ひどい使い方をする。例：新入社員をコキツカウ会社。
**こぎて**（名詞）　漕ぎ手。漕ぐ人。漕ぐ者。例：舟のコギテ。自転車のコギテ。
**ごきぶり**（名詞）　食器や食品をかじり、汚す昆虫。御器＋カブリ、が語源。油虫。ボッカブリとも。例：油虫のこと、ゴキブリ、ボッカブリ、言うわなあ。
**こきゅう**（名詞）　呼吸。息を吸ったり吐いたりすること。例：コキュウ器の病気なんや。
**こきゅう**（名詞）　故宮。昔の宮殿。例：中国のコキュウ博物館。
**こきょう**（名詞）　故郷。ふるさと。例：コキョウの村里、コキョウの山。
**こきんしゅう**（名詞）　古今集。例：勅撰和歌集の第一がコキンシュウや。
**こく**（動詞）　放（ひ）る。例：屁をコク。
**こく**（動詞）　言う、の卑語。例：あほなことをコクな。馬鹿もん。
**こぐ**（動詞）　漕ぐ。操る。転じて、居眠りする意。例：自転車をコグ。教室で舟をコグ。
**ごく**（動詞）　競争。比べ。ゴッコが語源か。例：走りゴクせえへん。跳びゴク。
**ごくい**（名詞）　極意。秘術。学問武芸の深い境地。例：剣道のゴクイをきわめた達人。
**こくう**（名詞）　虚空。そら。大空。何もない空間。例：虚空蔵菩薩は、コクウから知恵と慈悲を授けてくださる仏さんのことや。
**こくおう**（名詞）　国王。国家の君主。国の王様。例：コクオウは国の統治者や。
**こくげん**（名詞）　刻限。定められた時刻。例：出発のコクゲンに間に合わぬ。
**ごくさいしき**（名詞）　極彩色。美しく派手で濃い彩り。例：ゴクサイシキの本堂壁画。
**こくし**（名詞）　酷使。こき使うこと。例：若い社員をコクシして訴えられた。
**こくし**（名詞）　国史。国の歴史。日本史。例：コクシを学んでから、外国へ行け。
**こくし**（名詞）　国司。古代に地方を治めるための官吏。くにのつかさ。例：コクシは、律令制のころの地方官で任期は六年やった。
**こくしゅ**（名詞）　国主。一国の領主。例：コクシュ大名は、江戸時代の言葉。
**ごくしょ**（名詞）　極暑。非常に暑い。例：ゴクショの候、お変わりありませんか。
**ごくたれ**（名詞）　極道者、道楽者。例：あのゴクタレが。また、金借りに来よったわい。
**こぐち**（名詞）　小口。入り口に近いところ。端。例：はいりコグチの人、どうぞ中へ詰めとくれやす。

**こぐちから**（副詞） 片っ端から。木口（端）から、が語源か。例：古い建物をコグチカラ、こわしていく。

**ごくつぶし**（名詞） 穀潰し。怠け者。極道者。例：あっこの三男坊、ほんまにゴクツブシや。

**こくど**（名詞） 国土。国の領土。例：北方のコクドを奪われた。

**こくどう**（名詞） 国道。国家が建設して管理する道。例：コクドウ一号線と九号線の接点。

**ごくどう**（名詞） 極道。放蕩。例：ゴクドウが過ぎて、大臣つとまらんわ。

**ごくどもん**（名詞） 極道者。放蕩者。例：あの大統領、相当ゴクドモンやで。

**こくびゃく**（名詞） 黒白。黒と白。正邪善悪。例：コクビャクを争う。

**ごくひん**（名詞） 極貧。きわめて貧しい。例：ゴクヒンの生活から抜け出す。

**こくぶんじ**（名詞） 国分寺。国ごとに建てられた寺。例：コクブンジがあった町、コクブ言うてるわ。

**こくみん**（名詞） 国民。国家の人民。国籍を持つ人。例：コクミン健康保険。

**ごくらくとんぼ**（名詞） 極楽とんぼ。物事を気に掛けない呑気な人。例：うちの息子、ゴクラクトンボや。

**こぐる**（動詞） くぐる。例：門をコグッて本堂まで進む。

**ごくろうさん**（熟語） 御苦労＋様（挨拶言葉）。例：ゴクロウサンやったな。

**ごけ**（名詞） 後家。夫に死なれた妻。未亡人。例：ゴケさん一人で暮らしてはるわ。

**ごけ**（名詞） 碁笥。碁石を入れる容器。例：ゴケに碁石を入れ、二つ並べて碁盤の上に置き、一礼して去る。

**こけしみず**（名詞） 苔清水。谷間の苔のついた岩の間から流れる清らかな水。例：三井寺の清らかなコケシミズをいただく。

**こげつく**（動詞） 焦げ付く。貸した金が、返らない。例：三十億が、コゲツイた。

**こけにする**（熟語） 虚仮にする。馬鹿にする。例：人をコケニスルな。よう考えて物を言え。

**こけのこっちょう**（名詞） 最高の馬鹿。虚仮の骨頂、が語源か。例：こんなことがわからんとは、コケノコッチョウや。

**こけら**（名詞） 木片。薄い板。例：コケラ葺きの屋根や。

**こけらおとし**（名詞） 柿落とし。新築劇場の初興行。例：歌舞伎座のコケラオトシや。

**こける**（動詞） 倒れる。ひっくりかえる。例：地震で、家がたくさんコケたるわ。

**ここいら**（名詞） この辺。例：財布落としたのは、ココイラやったか。

**こご**（名詞） 古語。昔使われていた言葉。例：コゴ辞典。

**ごご**（名詞） 午後。正午から夜の十二時まで。例：ゴゴから雨の予報や。

**こごえ**（名詞） 小声。小さい声。例：コゴエでもしゃべったらあかんのや。

**こごえる**（動詞） 凍える。寒さのために身体の感覚が利かなくなる。コゴルとも。例：寒さでコゴエそうや。

**ここかしこ**（代名詞） あちらこちら。例：ココカシコ、ひびが入って傷んでるわ。

**ごこく**（名詞） 五穀。米麦粟黍豆の五種の穀物。例：ゴコク豊饒を祈る。

**ここち**（名詞） 気持ち。心持ち。例：ココチの良い温泉やった。

**こごと**（名詞） 小言。ぶつぶつ文句を言うこと。過ちをとがめて戒める言葉。例：親からコゴトをくらう。

**ここね**（名詞） ここの家。例：ココネの息子、高校の先生やて。

**こころ**（名詞） 心。精神活動の総称。例：ココロがける。ココロ細い。

**こころいき**（名詞） 心意気。気立て。心がけ。例：ココロイキのええ娘さんや。

**こころおきなく**（副詞） 心置きなく。心配なく。遠慮なく。例：ココロオキナク、戦ってください。

**こころぐるしい**（形容詞） 心苦しい。気の毒。例：御厚意がココログルシイ。

**こころざし**（名詞） 志。謝礼。寸志。例：坊さんにココロザシ、いくらするや。

**こころする**（動詞） 心する。気を付ける。注意する。例：ココロシて、運転してや。

**こころぜわしい**（名詞） 気ぜわしい。例：十二月ちゅうと何となしにココロゼワシイわなあ。

**こころづかい**（名詞） 心遣い。気づかい。

配慮。例：いろいろココロヅカイをたまわり、感謝にたえません。
**こころづくし**（名詞）　心尽くし。心をこめてする。例：ココロヅクシの贈り物。
**こころにくい**（形容詞）　心憎い。奥床しい。例：うつりのええココロニクイ着物と帯や。
**こころのまま**（熟語）　心のまま。望み通り。思いのまま。例：ココロノママ、走ってな。
**こころぼそい**（形容詞）　心細い。なんとなく不安だ。例：私一人では、ココロボソイ。
**こころもとない**（形容詞）　心許無い。気掛かりだ。不安だ。例：老いた父母がココロモトナイ。
**こころやすい**（形容詞）　心安い。親しい。懇意である。例：ココロヤスイおつきあいしてるわ。
**こころよい**（形容詞）　快い。気持ちがよい。さっぱりする。例：ココロヨク引き受ける。
**ございます**（動詞）　ある、の丁寧語。ありますよりも丁寧。例：この棚にゴザイマス。
**こさえる**（動詞）　こしらえる。作るの意。例：明日、弁当コサエテ。
**こさく**（名詞）　小作。人の田畑を借りて耕すこと。例：前の田、コサクしてもうてる。
**こさす**（熟語）　来させる。クサスとも。例：戻って来たら、すぐ会社にコサシて。

**ござっしゃる**（熟語）　おいでになる。いらっしゃる。例：会長、今日は家に、ゴザッシャルわ。
**ござった**（熟語）　居なさった。おられた。いらっしゃる。来なさる。例：先生、家にゴザッタ。本を読んでゴザッタ。
**こさめ**（名詞）　小雨。細かい雨。小降りの雨。例：コサメが降ると、故郷がしのばれる。
**ござります**（動詞）　ございます、の原形。おます、よりも丁寧。例：寒うゴザリマスなあ。
**ござる**（動詞）　来なさる。例：知事さんが視察にゴザル。
**ござる**（動詞）　居なさる。おられる。いらっしゃる。例：先生は、図書室にゴザルで。
**ござるだけで**（熟語）　いらっしゃるだけあって。例：いつも本山にゴザルダケデ、うちらも国宝おがましてもろた。
**ござろ**（動詞）　御座ろう、の約。ございましょう。例：これがようゴザロ。
**ござんねやけど**（熟語）　いなさるのだけれど。例：いつも医者にかかってゴザンネヤケドな。
**こし**（名詞）　輿。乗り物。例：みコシを担ぐ。
**こし**（名詞）　腰。身体の骨盤付近。例：コシにつけた昼弁当。コシ板。コシ抜け。
**こし**（名詞）　北陸道の称。越前、越中、越後。例：コシ路。
**こじ**（名詞）　古寺。古い寺。例：コジを巡礼して歩く。
**こじ**（名詞）　故事。昔からのいわれのある事柄。例：コジ来歴。
**こじあける**（動詞）　抉じ開ける。すきまに物を差し込んでむりやりに開ける。例：動かない戸をコジアケル。
**こしおれ**（名詞）　腰折れ。腰の曲がった人。例：下手な歌をコシオレ歌と言うのやが、三句と四句がうまく続かないからや。
**こしかけ**（名詞）　腰をかける台。椅子。例：コシカケのあるバスの停留所。
**こしかた**（名詞）　来し方。過去。例：コシカタ行く末を思うてるのや。
**こじき**（名詞）　乞食。働かずに他人から金銭や物をもらって生活する人。例：コジキ根性。
**こしぎんちゃく**（名詞）　腰巾着。いつも勢力のある人に付き従っている者。例：あいつは会長のコシギンチャクや。
**こじける**（動詞）　こじれる。例：風邪をコジケさせてしもて困ってるねや。
**こじける**（動詞）　凍る。かじかむ。例：寒くて、手がコジケルわ。
**こしょうじ**（名詞）　腰板のついた紙障子。例：出の間のコシショウジ開けて。
**こじだす**（熟語）　難癖をつけはじめる。例：また、あいつがコジダシたか。
**こじつ**（名詞）　故実。法律制度儀式など古来の例や習慣の意。例：有職コジツ。
**ごじつ**（名詞）　後日。将来。後の日。例：ゴジツお支払いいたします。ゴジツ談。
**こじつける**（動詞）　自分に都合のよいよ

うに無理に理屈をつける。例：実験をノートなしにコジツケルのはあかん。
**こしぬけ**（名詞）　腰抜け。意気地がない。憶病者。例：息子とはいいながら、コシヌケや。
**こしぼそ**（名詞）　腰の細い害虫。有毒で刺されるとかゆい。例：またコシボソに刺された。じんましんよりひどいわ。
**こしまき**（名詞）　腰巻き。女性の下着。腰に巻く布。例：和服を着るには、コシマキが第一や。
**ごしゃまぜ**（名詞）　ごったまぜ。ゴチャマゼ、とも。例：野菜、肉、豆、のゴシャマゼの料理や。
**ごじゅうさんつぎ**（名詞）　東海道五十三次の略。例：ゴジュウサンツギの終点、京都三条。
**こしょ**（名詞）　古書。昔の書物。例：鎌倉時代のコショが、蔵にある。
**ごしょ**（名詞）　御所。天皇の住居。例：京都ゴショの見学。
**こしょう**（名詞）　故障。機械などがこわれること。例：時計のコショウを修理する。
**こしょう**（名詞）　呼称。呼び名。例：コショウは呼び名のことやが、体操で動作しながら番号を呼ぶのも、コショウや。
**こしょう**（名詞）　胡椒。コショウ科の常緑低木。赤い実が香辛料。例：コショウは、実を干して粉にしたものや。
**こしょうがつ**（名詞）　小正月。正月十五日。例：コショウガツは、女性の正月や。松の内は、正月の家事に忙しかったでな。
**ごしょうだいじ**（名詞）　後生大事。後世の安楽を祈り仏教信仰に努めること。転じて、物を非常に大事にする意。例：ゴショウダイジにしているバイオリンや。
**こしらえ**（名詞）　拵え。支度、準備、の意。例：嫁入りのコシラエせんならん。
**こじらす**（動詞）　拗す。こじらせる。コジクラカス、とも。例：風邪をコジラセて、弱ってるのや。
**こじる**（動詞）　抉る。ねじって動かす。テコを使って開けたり、上げたりする意。例：本箱の下、ちょっとコジテくれ。
**こじれる**（動詞）　拗れる。悪化する。例：病気がコジレル。問題がコジレて来たな。
**こじん**（名詞）　個人。ひとりひとりの人。例：コジン主義。コジン的な見解。
**こじん**（名詞）　故人。旧友。または。死んだ人。例：生きている古い友人のことにも使うんや。ゆかりのある人がコジンなんや。
**こじん**（名詞）　古人。昔の人。例：コジンも花を愛したらしい。
**こじんまり**（副詞）　小さくまとまった様子。例：建物のわりには、コジンマリした庭や。
**こすい**（名詞）　湖水。湖の水。みずうみ。例：コスイを前にした寺に憩う。
**こすい**（形容詞）　狡い。ずるい。悪賢い。それでいて、落ち度なく絶えず注意する。例：こういう時は、コスク立ち回る人が一番やで。
**こずき**（名詞）　子供好き。例：隣のお爺さん、ほんまにコズキやわ。
**こずく**（動詞）　つついたりたたいたりする。小＋突く、が語源か。例：いじめっこ五人が、よってたかって、コズイとった。
**こすっからい**（形容詞）　こすくてずるく、けちで悪賢い。例：コスッカライ都知事がいたなあ。
**こずむ**（動詞）　詰まる。詰まり過ぎ、の意にも。例：林檎がコズンで入っている。
**こせ**（名詞）　小さいことを、とやかく言い立てる人。コセコセ言う人。例：ええ先生やけど、コセやで、うち嫌い。
**ごせ**（名詞）　後世。死後生まれ変わった世。仏語。コウセイは別語。例：ゴセの幸せを祈るだけや。
**こせつく**（動詞）　こせこせ言う。ちょっとした事にも口やかましく言う。例：小さい事に、ぶつぶつコセツキなさんな。
**こぜわしい**（形容詞）　気ぜわしい。例：どうもコゼワシイ職場やった。
**ごぜん**（名詞）　御飯のこと。御膳、の転じた語。例：ゴゼンは、済んだかな。
**こせんじょう**（名詞）　古戦場。むかし合戦があった所。例：関ヶ原のコセンジョウ。
**こぞう**（名詞）　小僧。年の若い僧。年少の人を言うこともある。例：寺のコゾウさん。丁稚コゾウ。
**こそぐ**（動詞）　削り取る意。コソゲルとも。例：釜の底をコソグ。

**こそぐる**（動詞）くすぐる。例：脇の下、コソグルの止めて。

**ごそくろう**（名詞）御足労。人に来てもらう、または、行ってもらう、の敬語。例：ゴソクロウをお願い致します。

**こそげる**（動詞）削り落とす。コソグとも。例：鍋の底、コソゲルかな。

**ごそごそ**（副詞）大きすぎて、ゆるい意。例：この靴、ゴソゴソやで。

**こそこそばなし**（名詞）こそこそ話。内証話。ひそひそ話。例：そんな所でコソコソバナシあかんで。

**ごそっと**（副詞）すべて、すっかり。例：伯母の財産を、ゴソット貰った。

**こそどろ**（名詞）こそ泥。小泥棒。例：またコソドロにやられた。

**こそばい**（形容詞）くすぐったい。例：コソバイことをするな。

**こそぼる**（動詞）くすぐる。例：コソボッて笑わすのは卑怯やわ。

**ごそわら**（名詞）雑木林の草むら。例：ゴソワラで、蕨取りや。

**こたえる**（動詞）答える。返事する。例：電話で問い合わせがあったんで、手紙で、コタエたんや。

**こたえる**（動詞）堪える。響く。障る。影響し過ぎる。例：この仕事、年寄りにはコタエル。

**ごたごた**（副詞）混乱。内輪もめ。例：会社のゴタゴタ、いつごろ落ち着くやろ。

**こたち**（名詞）子達。オコタチとも。例：コタチに差し上げて下さい。

**こだち**（名詞）木立。群がって立っている木。例：まず頼む椎の木もあり夏コダチ。これは芭蕉の句や。

**こたつ**（名詞）火燵。布団をかけて足を暖めるもの。例：コタツにもいろいろある。掘りゴタツ、櫓ゴタツ、電気ゴタツ、などなあ。

**こだま**（名詞）木霊。樹木の霊魂。やまびこ。例：谷間のここでコダマをきくと良い。

**こち**（名詞）東風。コチカゼとも。例：コチ吹かば匂いよこせよ梅の花主なしとて春を忘るな。

**こちこち**（副詞）堅い状態。例：あいつ、すっかり上がってコチコチや。

**ごちそうさま**（熟語）食べ物を食べ終わった時の挨拶言葉。ゴチソウサン、ゴッツオサンとも。例：省略。

**ごちゃごちゃと**（副詞）事物が乱雑に入り交じっていること。例：ゴチャゴチャトした話はやめて、さあ、一杯いきましょうか。

**ごちょうならべ**（名詞）連珠。五目並べ。例：ゴチョウナラベ、せえへんか?

**こちら**（代名詞）私。自分。例：コチラの間違いどすわ。堪忍え。

**ごつい**（形容詞）たいそう大きい。頑丈な。ゴッツイとも。例：ゴッツイ体の、相撲取り。

**こっか**（名詞）国家。領土と人民と統治機構のあるくに。例：コッカ公務員。

**こっかっしょく**（名詞）黒褐色。黒みを帯びた褐色。例：コッカッショクの鎧。

**こづきまわす**（動詞）小突きまわす。押したり突いたりしていじめる。例：捨て犬やいうてコズキマワシたらあかん。

**こっきり**（副詞）すっかり、全部。例：家の財産、コッキリ盗まれた。

**こつく**（動詞）小突く。つつく。例：鶏が餌をコツイている。

**ごったがえす**（熟語）大混雑になる。例：八時ごろは、駅前がいちばんゴッタガエス時間や。

**こっちきい**（熟語）こちらへいらっしゃい。こっちへ来なさい、の約。例：そこ寒いやろ。コッチキイ。

**こっちの**（熟語）うちの。私の。私の家の。コチノとも。例：コッチノ考えも言わしてもらうわい。

**こっちむき**（熟語）こちら向きの方向。例：コッチムキに建っている学校。

**……こっちゃ**（熟語）ことだ。事＋や、の音便。例：困ったコッチャ。

**こっちゃから**（熟語）こちらから。例：来てもらわんでもコッチャカラ寄せてもらいます。

**……こっちゃったな**（熟語）……ことだったな。例：済まんコッチャッタナ。

**ごっちゃまぜ**（熟語）入り混じって乱雑なこと。例：大人も子供もゴッチャマゼやった。

**ごっつい**（形容詞）大きい。例：手も足もゴッツイ相撲取り。

**ごっつお**（名詞）御馳走。例：すごいゴッツオやったわ。結婚式。

**ごっつおさん**（熟語）御馳走様。挨拶言葉。例：ああうまかった。ゴッツオサン。

**こっつりこん**（名詞）鉢合わせ。例：女の子と廊下の角で、コッツリコンや。

**こってうし**（名詞）牡牛。例：中部地方から九州まで、コッテ、コッテウシ、を使っている。

……**こってな**（熟語）……ことでね。……ことだな。例：人助けって、なかなかできんコッテナ。

**こってり**（副詞）濃厚な。例：コッテリした味付けや。

**こっぺり**（副詞）すっかり。すべて。残らず。例：こびりついたものを、すっかりの意味で、コッペリを使うようや。

**こっぽり**（名詞）子供の丸下駄。底がえぐってあるので、コッポリコッポリと音がする。例：娘がコッポリ買うていうもんやさかい、はりこんで来た。

**こつまなんきん**（名詞）いい商品だとだまして売りつける商人。コツマはだます商人。ナンキンはでたらめ、うその意。例：景品付きの布団屋、全国的やが、あれコツマナンキンや。

**こづらにくい**（形容詞）小面憎い。にくたらしい。生意気な。例：コヅラニクイ事をやりよる。

**ごて**（名詞）ぐずぐず言って反抗する男。例：あのゴテ、どこの男や。

**ごて**（名詞）後手。先手に対する語。相手に先を越されて受け身になること。例：うっかりしていてゴテにまわった。

**こてい**（名詞）固定。動かなくすること。例：コテイ観念。コテイ資産。

**こてい**（名詞）湖底。湖の底。例：コテイに遺跡がある。

**ごてくさ**（名詞）ごてごてとした小言。争い。いざこざ。衝突。例：あたりかまわずゴテクサ言う。

**ごてつく**（動詞）もめごとが起こる。例：会社の中、近頃ようゴテツクなあ。

**ごてる**（動詞）文句をぐたぐたと言う。例：ようゴテル男や。

**こてん**（名詞）古典。昔の価値ある書物。例：コテン研究。コテン主義。

**ごてん**（名詞）御殿。貴人の住宅の敬語。例：ゴテン女中。京都御所のゴテン。

**こてんぱんに**（副詞）徹底的に。とことん。例：生意気やで、コテンパンニ、とっちめてやった。

**こと**（名詞）おおごと。大事件。例：基礎がゆるんでると、こりゃコトやぞ。

**ことあたらしい**（形容詞）事新しい。今までと違って新しい。わざとらしい。例：コトアタラシイ建築や。

**ことぎれる**（動詞）事切れる。息をひきとる。例：朝、五時ごろコトキレたそうや。

**ことし**（名詞）今年。今の年。例：コトシの入学生。

**ことたりる**（動詞）事足りる。十分である。例：二千万円もあればコトタリルねやが。

**ことづかりもん**（名詞）言付かりもん。頼まれたもの。伝言。例：これお客さんのコトヅカリモンや。

**ことづける**（動詞）言付ける。贈り物を頼む。伝言する。例：隣の奥さんに、コトヅケといて。

**ことづて**（名詞）言伝。伝言。間接に伝え聞く。例：東京へ行くけどコトヅテありますか。

**ことともおもわず**（熟語）何とも思わない。別に問題にしない。例：たいしたコトトモオモワズ、出張してしもた。

**ことなる**（動詞）異なる。同じでない。違う。例：この本とはコトナル書物や。

**ことによると**（副詞）事によると。もしかすると。ひょっとすると。例：コトニヨルト、旅行は中止になるかもしれん。

**ことのほか**（副詞）殊の外。案外。とりわけ。例：お見せしたら、コトノホカのお喜びやった。

**ことば**（名詞）言葉。人の言うこと。言語。例：コトバ遣いがあかん。気を付けなや。

**ことはじめ**（名詞）事始め。新たに物事をはじめること。例：正月八日が、農民のコトハジメや。

**ことぶき**（名詞）寿。めでたいこと。例：八十八のコトブキ、おめでとうございます。

**ことほぐ**（動詞）寿ぐ。お祝いをいう意。例：米寿をコトホギ申しあげます。

**ことほどさように**（熟語）事程左様に。それほどまでに。例：コトホドサヨウニ、身体が弱ってしまわれたか。

**こどもさん**（名詞） 子供さん。お子たち。例：コドモサンに、これ上げて。

**こどもたらし**（名詞） 子供たちへの贈り物（謙遜した語）。たらしは、うまくごまかす意。例：ほんのコドモタラシやけど、お子たちにあげとくれ。

**こともなげ**（形容動詞） 事も無げ。何事もなかったように平然としているさま。例：大阪空襲を、コトモナゲに聞き流す。

**ことり**（名詞） 小鳥。小さい鳥。例：緑の多い城山にコトリがよく来る。

**ことわざ**（名詞） 諺。人生にいかすべきよい言葉。例：コトワザを知恵の泉とすることや。

**ことわり**（名詞） 理。道理。例：嘘はあかん。正直に生きるのが当然のコトワリや。

**ことわり**（名詞） 断り。謝罪。例：今すぐ、コトワリの電話せんとあかん。

**ことわる**（動詞） 断わる。辞退する。拒否する。例：こんな注文は、コトワルに限る。

**こない**（熟語） このように。こんなに。例：かわいそうに、コナイ濡れとるわ。

**こないだ**（熟語） この間。先日。例：コナイダこんなことがあったわ。

**こないに**（形容動詞） こんなに。例：うちに、コナイニぎょうさんくれるの？

**こなす**（動詞） 仕事をする。例：よなべ仕事を、みなでコナス土間や。

**こなた**（代名詞） 話し手に近いところ、方向。例：コナタかなたの、もみじの美しいことよ。

**こなれる**（動詞） 砕けて粉になる。転じて、熟練、円熟する。例：コナレた訳文や。

**こにくらしい**（形容詞） 小憎らしい。軽いにくらしさの形容。例：コニクラシイ子供やなあ。

**ごねどくあかん**（熟語） 不平を言うものだけが得をするのはいけない。例：公平にせんと、ゴネドクアカン。

**ごねる**（動詞） 苦情を言う。横車を押す。ゴテルと同じ意で使う時もある。例：何かというとゴネル男や。

**このしたかげ**（名詞） 木の下陰。木陰。例：暑いやろ。コノシタカゲで風を入れな。

**このしたつゆ**（名詞） 木の下露。木の下にこぼれる露。例：コノシタツユに濡れて、山道を急ぐ。

**このせつ**（熟語） この節。このごろ。今の時代に。例：コノセツ、こんな安い土地、どこさがしてもあらへんわ。

**このはがくれ**（名詞） 木の葉隠れ。木の葉のしげみに隠れる意。例：コノハガクレに見える湖畔の町。

**このましい**（形容詞） 好ましい。好きに思う。例：心がひかれるコノマシイ人や。

**このみ**（名詞） 好み。趣味。望み。流行。例：このごろのコノミの服や。

**このむ**（動詞） 好む。好く。望む。流行する。例：コノム曲をいくつかあげてくれ。

**このよ**（名詞） 此の世。現世。生きている間。例：コノヨの思い出や。

**ごはさんにする**（熟語） そろばんで、玉を払ってゼロにする。転じて、計画や、契約を、白紙の状態にもどすこと。例：旅行計画はゴハサンニお願いします。

**こはぜ**（名詞） 鞐。足袋、きゃはんを、留める爪型の金具。例：白足袋のコハゼ、幾つのがええんや。

**ごばん**（名詞） 碁盤。碁を打つ盤。例：ゴバンの目とは、十九本の線の縦横の交点や。

**こびき**（名詞） 木挽き。木材を鋸でひき切ること。その職業の人。例：コビキ歌。

**こびへつらう**（動詞） 媚び諂う。人の気にいるようにお世辞をいう。例：コビヘツラウような大臣では、国民のためにならぬ。

**こびる**（動詞） 媚びる。人の機嫌をとる。へつらう。例：読者にコビル文章を書いたらあかんのや。

**こびる**（名詞） 小昼。小＋昼、が語源。昼と夜との間の食事。農作業の休憩時のおやつの意で使う。例：コビル、畦の上に置いて、皆さんに休んどくれ、言うて来て。

**こぶ**（名詞） 瘤。木や動物の盛り上がったところ。例：らくだのコブ。コブとり爺さん。

**こぶ**（名詞） 昆布。例：昆布巻きの、コブ買うてきてくれ。

**こふう**（名詞） 古風。昔の姿。例：街沿いのコフウな屋敷や。

**こぶし**（名詞） 拳。にぎりこぶし。げんこつ。例：振り上げたコブシの、処置に困る。
**こぶまき**（名詞） 昆布巻。ごぼう、鰊などを、昆布で巻いた料理。例：コブマキ、買うて来て。
**こぶらがえり**（名詞） こむらがえり。手足のけいれん。例：コブラガエリの癖があるさかい、水泳は気い付けや。
**こふん**（名詞） 古墳。古代人の墓。例：コフンの多い地域は、近畿地方や。
**こぶん**（名詞） 子分。手下。部下。例：親分コブンのつきあい。
**ごへいかつぎ**（名詞） 御幣担ぎ。迷信にこだわる人。例：雨続きやと、あいつまたゴヘイカツギ始めよるわ。
**こべがうつ**（動詞） 頭痛がする。コベ、は頭。例：どうもコベガウツな。
**ごぼう**（名詞） 牛蒡。キク科の越年草。根を食用にする。例：ゴボウ抜き。
**こぼす**（動詞） 零す。愚痴を言う。例：あいつも、息子のことコボシとったわ。
**こぼち**（名詞） 建物こわし。例：蔵のコボチ、手伝うて。
**こぼつ**（動詞） こわす。例：廃屋を十五日にコボツ予定や。
**こぼれ**（名詞） 規定外、予想外の収入。例：思いがけない、十万円のおコボレや。
**こぼれる**（動詞） 液体、粉などが、収まりきらないで、容器からあふれて落ちること。例：どこからかコボレてくる、梅の花の匂いや。
**こま**（名詞） 独楽。円盤または円錐状の物に軸を付けて回るようにしたおもちゃ。例：コマ回しして遊ぼうか。
**ごま**（名詞） 胡麻。ゴマ科の一年草。炒り胡麻や胡麻油などで料理に使う。例：ゴマあえ。ゴマ油。ゴマ塩。
**ごま**（名詞） 護摩。本尊の前の壇の上で護摩木を焚き読経しながら息災などを祈ること。例：お札に願いを書いて、ゴマ焚きやで。
**こまい**（形容詞） 小さい。コンマイとも。例：コマイ運動場やなあ。
**こまい**（名詞） 古米。昨年収穫した米。例：コマイが、二百キロほど残ったる。要らんかな。
**こまかい**（形容詞） 細かい。倹約家。例：勘定高いあの人、いつもながらコマカイわ。
**こまげた**（名詞） 駒下駄。庭で履く下駄。ドジマとも。例：上がり口にコマゲタ置いといて。
**こまこい**（形容詞） 細かい、の訛。例：コマコイことをごてごて言うな。
**こましになる**（熟語） 少しよくなる。例：風邪も、大分コマシニナリましたわ。
**こましゃくれる**（熟語） 子供が大人びて生意気なようす。例：コマシャクレた子供やなあ。
……**こます**（接尾語） ……果たす。……ってのける。例：やってコマス。俺が言ってコマシたろ。
**ごますり**（名詞） へつらって自分の利益をはかること。オベンチャラ。キゲントリ。ジョウズモン、とも。例：彼は、上司にゴマスリをすることが多い。
**こまっしゃくれる**（動詞） 子供がませて子供らしくない意。例：コマッシャクレタことを言う。
**ごまめ**（名詞） 片口鰯の小魚の素干し。タツクリとも。黒豆、数の子、などとともにおせち料理にする。例：ゴマメのマメは健康、健全のまめや。
**こまめに**（副詞） 小まめ。良く立ち働く状態。例：コマメニ働く店員さん。
**こまものをひろげる**（熟語） 嘔吐する。比喩的表現。小間物を広げるから。例：酔っぱらって、コマモノヲヒロゲよってなあ、弱った。
**こまる**（動詞） 困る。どうしてよいかわからなくてとまどう。困惑する。例：返事にコマル。貧しくて生活にコマル。
**こまんじゃこ**（名詞） 小魚やめだか。コマイ＋雑魚、が語源であろう。例：コマンジャコ、ようけ取れたわ。
**こみ**（名詞） 込み。突っ込み。とりませて。例：大小、コミでなんぼや。
**ごみ**（名詞） ちり。反古。屑。例：ちょっと、ゴミ拾てんか。
**ごみかき**（名詞） 木の葉やちりなどを掻き寄せる道具。例：ゴミカキで、木の葉掻き寄せてくれ。
**こみず**（名詞） 人のあげあし。例：いつも、コミズを拾とるわ。
**ごみばこ**（名詞） ちりばこ。くずばこ。例：ゴミバコが小さ過ぎるわ。

**こみみにはさむ**（熟語） 小耳にはさむ。ふと聞く。ふと耳にする。例：コミミニハサンだんやけど、アメリカに留学しやはるのやて。

**こむ**（動詞） 込む。混雑する。雑踏する。例：電車がコム。

**こむぎ**（名詞） 小麦。イネ科の越年生作物。パン、菓子などの原料。例：コムギ粉。コムギの畑。

**ごむけし**（名詞） 消しゴム。例：ゴムケシ貸して。

**こめ**（名詞） 米。稲の実を脱穀し精米したもの。日本人の主食。例：コメの生産に比べ、消費が少ない。コメ屋。コメ粒。コメ俵。

**こめかし**（名詞） 米とぎ。例：明日の分のコメカシ済んだかな。

**ごめん**（熟語） 御免。お許しを、の挨拶言葉。御免下さい、の略。例：ゴメン遅れてしもて。

**こめんじゃこ**（名詞） めだか。ミトンジャコとも。例：コメンジャコ、近頃めったにおらん。

**ごめんな**（熟語） ごめんなさい、の挨拶言葉。他家を訪問するときの挨拶にも。ゴメンナシテとも。例：借り物をこわしてゴメンナ。ゴメンナ、御主人はおいでか。

**ごめんやす**（熟語） 御免下さい、の挨拶言葉。例：ゴメンヤス。お留守かな。

**こも**（名詞） 薦。マコモや藁で織った目の粗いむしろ。例：コモを巻いた酒樽。

**こもかぶり**（名詞） 薦被り。酒の四斗樽。薦でくるんだ樽。例：お祝いのコモカブリや。

**ごもく**（名詞） ちり。あくた。ごみ。例：庭のゴモク、掃いてくれんか。

**ごもくかき**（名詞） ごもく掻き。ちり、ゴミを掻き集めるもの。熊手とも。例：庭の掃除したいし、ゴモクカキ持って来て。

**ごもくた**（名詞） ちり。あくた。ゴミ、ゴモクとも。例：庭のゴモクタ、火付けて燃やしといて。

**ごもくならべ**（名詞） 五目並べ。連珠。ゴチョウナラベとも。例：ゴモクナラベ、教えとくれ。

**ごもくば**（名詞） 掃溜。ゴミ捨て場。例：ゴモクバ、掃除頼むわな。

**ごもくめし**（名詞） 五目飯。混ぜ御飯。かやく御飯。炊き込み御飯、とも。例：今晩の食事、ゴモクメシでええか。

**こもち**（名詞） 小餅。正月の雑煮に入れる餅。例：コモチを二十ほどと、大きい丸餅三重ねや。

**こや**（名詞） 小屋。小さくて粗末な家。例：大工ゴヤ。犬ゴヤ。

**こやし**（名詞） 肥やし。肥料。下肥え。例：コヤシ持ち、してくれへんか。

**こやす**（名詞） 子安。安産。例：妊婦の守りが、コヤス貝や。

**こやす**（動詞） 肥やす。肥沃にさせる。ふとらせる。例：私腹をコヤシていた政治家。

**こやみ**（名詞） 小止み。雨が小降りになること。例：コヤミになったら、出かけよう。

**こよい**（名詞） 今宵。今夜。例：コヨイの桜見物の人出は、大変やった。

**こよみ**（名詞） 暦。一年中の月日、祝祭日、月のみちかけなど、日を追って書いたもの。カレンダー。例：コヨミ、どこに掛けようかな。

**こより**（名詞） 紙縒り。和紙を細く切ってよったもの。例：コヨリにする和紙がない。

**こら**（名詞） 子等。子供等。例：コラの安全な遊び場が欲しい。

**こらあ**（熟語） これは。例：コラア、まずかった。ごめんごめん。

**こらえしょうがない**（熟語） 堪え性がない。忍耐力がない。例：コラエショウガナイ子供や。

**こらえたる**（動詞） 堪えたる。許してやる。コラエテヤル、の約。例：まあ、今日は、コラエタルわ。

**こらえる**（動詞） 堪える。我慢する。辛抱する。勘弁する。例：もうちょっとコラエルことも肝心や。

**ごらく**（名詞） 娯楽。楽しみ。なぐさみ。例：市のゴラク施設。

**こらしめる**（動詞） 懲らしめる。二度としないようにさとらせる。例：違法行為をコラシメル必要がある。

**こらしょ**（感動詞） 二番手の掛け声。例：よいしょ、コラショ。どっこい、コラショ。

**こられなんだ**（熟語） 来られなかった。例：入院騒ぎで、引越しにコラレナンダ。

**ごらん**（名詞） 御覧。他人が見ることの敬語。ごらんなさい、の略。例：この道具、試してゴラン。

**こり**（名詞） 垢離。神仏に祈るため水を浴びて心身を清めること。例：水ゴリしてはるわ。

**ごり**（名詞） 湖の小魚、ウロリとも。例：ゴリの佃煮、二箱お願いします。

**ごりおし**（熟語） ごり押し。無理やりになしとげる。例：ゴリオシに原案を通さはった。

**これぐらいであきまへんかな**（熟語） これぐらいでいかがでしょう。例：松の手入れ、コレグライデアキマヘンカナ。

**これけ**（熟語） これか。例：こないだ話してたん、コレケ。

**これによって**（接続詞） こういうわけだから。例：十五日敗戦、コレニヨッテ軍務が解かれたんや。

**これほど**（副詞） これぐらい。この程度。こんなにまで。例：コレホド津波の影響があるとは、思わなんだ。

**これみよがし**（熟語） これを見よといわんばかりに、あてつけがましい。例：コレミヨガシに、得意そうに見せている。

**これやさかい**（熟語） これだから。例：部屋散らかして、コレヤサカイ困ってるんや。

**これやで**（熟語） これだから。例：コレヤデ素人は困る。

**ころ**（名詞） 頃。時分。時節。例：故郷では、雪下ろしに忙しいコロや。

**ころ**（名詞） 重い物を動かす時に下に入れる丸太、パイプ。例：ちょっと、この機械の下に、コロ三本入れてくれ。

**ごろ**（名詞） おし（唖）。例：このせみ、ゴロや。鳴きよらん。

**ごろ**（名詞） ごろごろ転がるボール。野球のグラウンダー。例：そんなゴロも捕れんのか。トンネルばかりや。

**ころあい**（名詞） 頃合い。適当な時機。例：コロアイを見計って出かけましょう。

**ころがりこむ**（動詞） 転がって入るように家の中に入る。例：金を盗まれ、交番にコロガリコム。宝くじの賞金がコロガリコム。友の下宿にコロガリコム。

**ごろく**（名詞） 語録。著名人の言葉を集めた書物。例：毛沢東のゴロク。

**ころける**（動詞） 倒れる。例：安定が悪うてようコロケルわ。

**ごろごろ**（名詞） 雷、の児童語。例：ゴロゴロさん、へそ取りに来やはるで。

**ごろつき**（名詞） ならず者。例：暴力団とゴロツキは、違うんや。

**ころっと**（副詞） すっかり。全く。転がる様子を言うのが原義か。コロートとも。例：コロット忘れてしもたんや。

**ころぶ**（動詞） 転ぶ。たおれる。コケル、とも。例：コロバぬ先の杖。

**ころも**（名詞） 衣。衣服。転じて、てんぷらの小麦粉部分。例：坊さんのコロモ。この天麩羅、コロモばっかりや。

**ころもがえ**（名詞） 衣更え。季節に応じて衣服をかえること。例：五月からコロモガエや。セーラ服も白くなる。

**ころろ**（名詞） くるる。枢。戸の落とし錠。クロロとも。例：コロロ、ちゃんと落としたか。

**ころんずころんず**（熟語） 転げまわって最後まで、の意。例：おもしろかったので、コロンズコロンズ遊びまわった。

**こわ**（名詞） こわ餅。粳米に糯米を入れて搗いた餅。例：コワ餅焼いて。

**こわい**（形容詞） 怖い。恐ろしい。例：コワイ先生やった、あの先生。

**こわい**（形容詞） 強い。固い。例：今度は、水減らして、コワイめの御飯炊いてや。

**こわいた**（名詞） 製材の屑の板状の木片（コワ）。例：コワイタで犬小屋作ってくれんか。

**こわいものみたさ**（熟語） 怖いもの見たさ。好奇心が強いこと。例：国道での大事故、コワイモノミタサで、人だかりや。

**こわいろ**（名詞） 声色。声の様子、調子。例：コワイロを使って笑わす芸人。

**こわがり**（名詞） 怖がり。憶病者。例：あいつコワガリや。夜トイレにも行けん。

**こわき**（名詞） 小（接頭語）＋脇、が語源。わき。例：コワキにかかえこむ。

**こわす**（動詞） 高額紙幣を小銭に両替する。例：一万円、だれぞ、コワシてくれへん？

**こわだか**（名詞、形容動詞） 声高。声を高くする。例：コワダカにうわさをする。
**こわめし**（名詞）強飯。赤飯のこと。例：小豆を入れないコワメシを、しらむしというんや。
**こわもち**（名詞）強餅。餅米と粳米とを半々に蒸してついた餅。例：コワモチは、地方によって、実体が異なるようや。
**こんい**（名詞）懇意。親しくつきあっていること。例：日頃コンイにしている農家のお爺さん。
**こんいん**（名詞）婚姻。正式な結婚。例：コンイン届を市役所に出す。
**こんかい**（熟語）来ないか。例：救急車、早うコンカイな。
**こんきゅう**（名詞）困窮。困り苦しむ。例：生活コンキュウ者。
**ごんぎょう**（名詞）勤行。仏前で読経してお勤めをすること。例：本堂から、ゴンギョウの声が聞こえてくる。
**こんげん**（名詞）根源。物事の根本。例：悪のコンゲンを断つことが重要や。
**ごんごう**（名詞）五合。例：五合の枡この辺では、ゴンゴウ枡言うてますわ。
**ごんごどうだん**（名詞）言語道断。もってのほか。言葉で言えないぐらいだ、の意。例：ゴンゴドウダンあきれて物が言えん。
**こんこん**（名詞）咳の児童語。例：コンコンが出ないように、お薬飲みな。
**こんこんさん**（名詞）きつねのこと。例：コンコンサン祀った神社や。
**こんざつ**（名詞）混雑。多くのものが入り乱れること。例：通勤時の駅のコンザツはすごい。
**こんじき**（名詞）金色。きんいろ。こがね色。例：コンジキの御堂。
**こんしゅん**（名詞）今春。今年の春。例：コンシュンも、あとわずか。
**こんじょう**（名詞）根性。生まれつきの性質。例：コンジョウの曲がった男や。
**こんじょわる**（名詞）根性悪。意地悪。例：あいつは、コンジョワルや。
**こんせつ**（名詞）懇切。非常に親切なこと。例：コンセツ丁寧な案内と説明をしていただいた。
**ごんた**（名詞）腕白者。例：若いころは、そらゴンタやった。
**こんだる**（熟語）混雑している。コンダール、とも。例：電車は、八時ごろが一番コンダルわ。
**こんでええ**（熟語）これでよろしい。例：今日の掃除は、コンデエエわ。
**こんでも**（熟語）来なくても。例：台風が来るさかい、明日はコンデモええ。
**こんどう**（名詞）混同。混じって区別がはっきりしない。例：公私コンドウ。
**こんどう**（名詞）金堂。本尊を祀ってある本堂。例：法隆寺コンドウの壁画。
**こんとき**（熟語）来るな。来ないでおき、の意。例：もうこんな危ないとこにコントキ。
**こんなこって**（熟語）このようなことで。例：引き出物は、コンナコッテ良かったかな？
**こんにゃく**（名詞）蒟蒻。サトイモ科の多年草、こんにゃく芋を粉にして石灰乳をまぜ、煮つめて作る食品。例：コンニャクの好きな子供。
**こんねん**（名詞）今年。本年。例：コンネンのこよみも残り少ない。
**こんぱっち**（名詞）紺の股引き。木綿の下半身に着用。例：昔は、ズボンのかわりにコンパッチ履いて農作業や。
**こんばん**（名詞）今晩。今日の晩。こよい。例：コンバンは。おいでやす。
**こんばんは**（熟語）夜の訪問などの挨拶。オシマイヤスとも。例：コンバンハ。おこしやす。どうぞゆっくり見とくれやす。
**こんぺと**（名詞）金平糖の訛。コンペイトとも。例：うちにもコンペトおくれ。
**ごんぼ**（名詞）牛蒡。ごぼう。例：畑で、ゴンボ掘って来て。
**こんほうがええ**（熟語）来ない方がよい。例：見舞いなんぞ、コンホウガエエ。
**ごんぼぬき**（名詞）抜きにくい草、作物、デモなどでしがみついている人、などを無理やりひき抜く意。例：デモで座っていたら、ゴンボヌキに遭うてなあ。
**こんぽん**（名詞）根本。物事のおおもと。例：見解のコンポン的な相違は、どこにあるのか。
**こんまき**（名詞）昆布巻き。b―n、の音変化。例：コンマキ、ちょっと買うて来て。
**こんまけする**（動詞）根負けする。根気がつづかない。例：にらめっこで、コンマケシた方が負けや。
**こんめ**（名詞）　お手玉のこと。オジャミとも。例：コンメして遊ばへん。
**こんや**（名詞）　今夜。今日の夜。例：コンヤの月を見て御覧。
**こんらん**（名詞）　混乱。入り乱れて秩序がなくなること。例：今は頭がコンランして、弁明できん。
**こんりゅう**（名詞）　建立。寺や塔などを建てること。例：弘法大師コンリュウの寺なんや。
**こんりんざい**（副詞）　金輪際。永久に。最後まで。例：あいつとは、コンリンザイつきあわん。

# さ

**さー**（名詞）差のこと。一音節語の長音化。例：ちょっともサーあらへんで。

**さー**（助詞）……とも。当然するとも。例：うちも行くわサー。

**ざー**（名詞）座。一音節語の長音化。座席。例：お客さんのザー、どこや。

**さあ**（感動詞）応答していて、話し手が口ごもる時の言葉。例：噂、聞いた？　サア、うちら、うといで知らん。

**さーいな**（感動詞）そうですね。そうだね。例：サーイナ、おまえの言う通りやった。

**さーて**（接続詞）さて。応答の際、考えている時の語。例：サーテ、これから研究をどう進めるか。

**さい**（名詞）菜。おかず。副食物。例：弁当のサイ、卵焼きか。

**さい**（熟語）しなさい。例：言うたことは、はよサイや。

**さい**（感動詞）そう（左様の変化か）。例：サイ。おまえの言う通りや。

**さいあい**（名詞）最愛。最も深く愛すること。例：サイアイの我が子。

**ざいい**（名詞）在位。天皇がその位についていること。例：天皇在位七十年。

**さいえん**（名詞）菜園。野菜をつくる畑。例：ビルの屋上にサイエンを作る。

**さいえん**（名詞）再演。再び上演すること。例：ハムレットのサイエンや。

**さいかく**（名詞）才覚。機知。工面。例：サイカクして、鰻を買うてきた。

**さいく**（名詞）細工。細かいものを作る。例：寄せ木サイク。サイク師。竹ザイク。

**さいくする**（熟語）裏面から指図、策略工夫などする。例：大学誘致についてひそかにサイクスル必要がある。

**さいくはりゅうりゅう**（熟語）細工は流々。自分の作った細工には決してあやまりはない。結果を期待して待て、の意に使うことが多い。例：サイクハリュウリュウ、仕上げを見やれや。

**ざいけ**（名詞）在家。寺院に対し一般の家。在所の家、が語源か。例：ザイケの奥さんの奉仕です。

**さいけん**（名詞）再建。建て直すこと。例：興福寺も金堂のサイケン工事。

**さいけん**（名詞）再見。手紙や文書を再び見ること。例：漱石の心をサイケンして、新たな感動が湧いた。

**さいげん**（名詞）際限。果て。限り。例：サイゲンなく仕事が続く。

**さいげん**（名詞）再現。消えたものが再び現れること。例：オリンピック優勝サイゲンの夢。

**さいご**（名詞）最後。いちばんあと。例：サイゴに責任者が錠をかけて出る。

**さいご**（名詞）最期。死にぎわ。臨終。例：雪崩でかわいそうなサイゴやった。

**さいこう**（名詞）再考。もう一度考え直すこと。例：サイコウの余地がある。

**さいこう**（名詞）最高。もっとも優れている。例：サイコウ裁判所。

**さいこう**（名詞）採光。室内に光をとり入れること。例：通風、サイコウ、見晴らしも、すばらしい部屋。

**さいこう**（名詞）再興。再び盛んにすること。例：釜石の町のサイコウをこの目でみたい。

**さいこく**（名詞）西国。西の方の国。例：サイコク三十三箇所の観音めぐり。

**さいさい**（副詞）再々。たびたび。何度も。例：サイサイ寄付したい言うてはった。

**さいさき**（名詞）幸先。前兆。良いことの起こるしるし。例：サイサキが良い。

**さいさん**（名詞）採算。収入と支出が引き合うこと。利益があること。例：残念ながらサイサン割れや。

**さいさん**（名詞）再三。何度もくりかえすこと。例：サイサン再四、警報を聞く。

**ざいさん**（名詞）財産。所有している土地、家屋、金銭など。例：ザイサン家。

**さいし**（名詞）妻子。妻と子。例：サイシともに健康が、一番うれしい。

**さいしき**（名詞）彩色。色を塗る。いろどり。例：サイシキされた壁画。

**さいじき**（名詞）歳時記。俳諧で季語を分類解説した書物。例：サイジキは、季寄せのことや。

**さいしゅ**（名詞）採取。手に入れる。例：真珠サイシュ。指紋サイシュ。

**さいしゅうびん**（名詞）最終便。いちばんあとの便。例：次の船がサイシュウビンや。

**さいしゅっぱつ**（名詞）再出発。出発し直すこと。出直すこと。例：人生のサイシュッパツなんんや。

**さいしょ**（名詞）最初。いちばん初め。例：サイショの全勝優勝や。

**さいじょ**（名詞）才女。頭の働きのすぐれた女性。例：王朝時代のサイジョ、清少納言。

**さいじょ**（名詞）妻女。妻。例：サイジョが人質になることが多かった。

**ざいしょ**（名詞）在所。集落の古い呼び名。現在の大字（おおあざ）を江戸期まで村と言っていた。この村をさす。市街地から田舎の集落。例：ザイショの寺や。

**さいしょう**（名詞）最小。一番小さいこと。例：サイショウ限度。サイショウ公倍数。

**ざいしょう**（名詞）罪障。罪深い行為。例：悟りや往生の妨げとなるザイショウ。

**ざいしょうち**（名詞）在所うち。集落中。例：香奠など返礼しないという、ザイショウチのきまりや。

**ざいしょざいしょ**（名詞）在所在所。あちこち。例：今日はザイショザイショで、運動会やってやはるわ。

**ざいせ**（名詞）在世。世に生きている間。例：残り少ない人生、ザイセの楽しみや。

**さいせい**（名詞）再生。再び生かすこと。例：録音や録画のサイセイ。

**ざいせい**（名詞）財政。国家や自治体の政治に必要な経済上の行為。例：ザイセイ赤字。ザイセイ再建。

**さいせん**（名詞）賽銭。神社寺院に参詣して捧げる金銭。例：サイセン箱。

**さいぜん**（名詞）最前。つい先ほど。例：サイゼン、救急車が来てたわ。

**さいそく**（名詞）催促。うながし、せきたてること。例：応援をサイソクする。

**さいそくがましい**（形容詞）催促がましい。せきたてて催促するように見える。例：サイソクガマシイのですが期日までに返済下さい。

**さいだい**（名詞）最大。一番大きいこと。例：町サイダイの建物。サイダイ公約数。

**さいだん**（名詞）祭壇。祭りを行うための高く設けられた壇。例：菊で飾られた葬儀場のサイダン。

**さいだん**（名詞）裁断。形紙に合わせて布を断ち切ること。転じて、理非善悪を裁くこと。例：議長のサイダンを仰ぐ。

**さいちゅう**（名詞）最中。物事のいちばん盛んに行われている時。例：今、式のサイチュウや。ちょっと待ってくれ。

**さいです**（熟語）そうです。サイデオマス、さらに、サイデゴザリマス、とも。例：サイデス。仰せの通りで。

**ざいとう**（名詞）在島。島に住んでいること。例：ザイトウの子供たちの通う小学校なんや。

**さいな**（感動詞）相手に同感する。そうだよ。そうですよ。おおせの通りです。例：サイナ、君の言う通りやったわ。

**さいなむ**（動詞）責めて叱る。例：悪夢にサイナマれる。

**さいなら**（感動詞）別れの挨拶。さようなら、の変化。例：サイナラ、ごっつぉうさん。またあした、サイナラ。

**さいなん**（名詞）災難。わざわい。不幸な出来事。例：地震や津波のサイナンを乗り越えてゆく。

**さいにんしき**（名詞）再認識。改めてその価値を認めること。例：亡き父の偉大さをサイニンシキした。

**さいのかわら**（名詞）賽の河原。あの世の河原。死んだ子供が石を積んでもすぐ鬼が崩す河原。無駄な努力の喩え。例：なんぼ頑張っても、サイノカワラや。

**さいはい**（名詞）再拝。二度拝むこと。例：手紙の末尾にサイハイと書く言葉や。

**さいばい**（名詞）栽培。野菜や果樹を、植えて育てること。例：二十世紀梨のサイバイ。

**さいばし**（名詞）菜箸。御飯の菜（おかず）を取り分けるための箸。例：サイバシ忘れたらあかんえ。

**さいはつ**（名詞）再発。治まっていた病気が、再び起こること。例：サイハツの発は発病のことで、出発の意はないんや。

**さいはて**（名詞）最果て。いちばん後。いちばん果て。例：サイハテの地、知床。

**さいはん**（名詞）再犯。再び罪を犯すこと。例：サイハンは、五年以内に懲役刑を受けて、同じ懲役刑相当の罪を犯すことやそうや。

**さいばん**（名詞）裁判。正しいか正しくないかを裁くこと。例：サイバン所。

**さいひつ**（名詞） 細筆。ほそふで。例：サイヒツで写経をする。

**さいひょうせん**（名詞） 砕氷船。海氷を砕いて通路を開く船。例：南極観測にはサイヒョウセンがぜひ必要や。

**さいほう**（名詞） 裁縫。布を裁ち、着物を縫うこと。例：サイホウのできる女性が、ごく少なくなってきた。

**ざいほう**（名詞） 財宝。財産と宝物。例：ザイホウを直接、国税として納められるか。

**さいほうじょうど**（名詞） 西方浄土。西方遠くにある極楽浄土。例：毎日、念仏勤行につとめて、サイホウジョウドを願うのが大切なんや。

**さいまつ**（名詞） 歳末。年の暮れ。例：サイマツ大売出し。

**さいめ**（名詞） 土地の境界のこと。例：サイメの石、動かすな。

**ざいもく**（名詞） 材木。建築等の材料となる木。例：ザイモク置場。

**さいら**（名詞） さんま（秋刀魚）。カドとも。例：晩のおかずにサイラ焼こか。

**さいらやき**（名詞） 御節介な人。絶えず網の上で、魚を動かすことから。例：あんまり他人のこと、サイラヤキするな。

**ざいりょう**（名詞） 材料。ものを作るもとになるもの。物事を判断するもとになるもの。例：和食のザイリョウ。

**さいれい**（名詞） 祭礼。祭り。例：八坂神社のサイレイ。

**さいわい**（名詞、形容動詞） 幸い。しあわせ。良い結果。例：サイワイ天気に恵まれましたな。

**さえかえる**（動詞） 冴えかえる。澄みきる。例：寒さがきびしく、月がサエカエッている。

**さえぎる**（動詞） 遮る。邪魔をして見えなくする。例：不時着して滑走路をサエギッてしまった。

**さえずる**（動詞） 囀る。鳥がしきりに鳴く。例：鳥のサエズリが、心地よく聞こえる。

**さえわたる**（動詞） 冴えわたる。ひえびえとあたり一面、澄み切っている。例：サエワタル池の水面に陰を映す木々。

**さお**（名詞） 竿。舟を操る長い竹。例：流れにサオをさす。物干しザオ。

**さおとめ**（名詞） 早乙女。田植えをする女性。サは稲の神。稲の神に奉仕する乙女。例：サオトメの田植え姿は消えて機械植えや。

**……さかい**（助詞） だから。ので。故に。サカイニとも。原因理由を示す。サルカラニ。サアルカラニ。例：地震のあとやサカイ、旅行はやめとこう。

**……さかいにな**（熟語） ……だからね。例：雨のほうがよう釣れるサカイニナ。

**さかいめ**（名詞） 境目。境になるところ。境界。例：よく眠るかどうかが、健康、不健康のサカイメや。

**さかうらみ**（名詞） 逆恨み。人の好意を悪くとって、かえって恨むこと。例：罪をかばってやったのに、サカウラミして告訴しよった。

**さかえ**（名詞） 栄え。繁栄。例：この世のサカエを神様に祈るんやで。

**さかき**（名詞） 榊。ツバキ科の常緑樹。暖地の山中に生え、枝葉を神に供える植物。例：祭りに使う、サカキ用意しといてな。

**さかぐら**（名詞） 酒蔵。酒をしまっておく蔵。例：白壁は、すべてサカグラや。

**さかしお**（名詞） 酒塩。物を煮るときに、調味のため酒を加えること。例：料理には難しいけどサカシオも大事なのよ。

**さがしたおす**（熟語） 捜したおす。探したおす。あちこち捜し回る。例：サガシタオシたけど、わからへん。

**さかしま**（名詞） 逆しま。さかさま。例：財布をサカシマに振っても一文も出てこん。

**さかしら**（名詞） 賢しら。利口ぶって誤りをおかすこと。例：サカシラをして、子供を駄目にする親もある。

**ざがしら**（名詞） 座頭。芝居などの一座の長。例：ザガシラの挨拶の口上や。

**……さがす**（接尾語） ……しまわす、……しまわる、……したままで放置する、の意。例：池の中をかきサガス。駅前を呑みサガス。食いサガシて片付けよらん。

**さかずき**（名詞） 盃。杯。酒を飲む小さい器。例：サカズキを返す。

**さかだち**（名詞） 逆立ち。倒立。物事が逆の意にも。例：体育の時間、サカダチの練習や。この額、サカダチしてへんか？　絵が変に見えるんやけど。

**さかな**（名詞）　肴。酒を飲むときの食物。例：酒のサカナにして飲む。

**さかな**（名詞）　魚。魚類。例：サカナ屋さんで、ブリを買うてきて。

**さかまい**（名詞）　酒米。酒を作る米。サカゴメとも。例：ええサカマイや。

**さかむけ**（名詞）　逆剝け。爪のあたりの、皮膚のささくれ。例：指にサカムケができた。

**さかもり**（名詞）　酒盛り。酒を飲み楽しむこと。酒宴。例：同窓会のサカモリの余興や。

**さからう**（動詞）　逆らう。反抗する。例：親の考えにサカラウ。

**さからう**（動詞）　からかう。例：女の子、ちょっとサカラッてやれ。

**さかり**（名詞）　盛り。元気で盛んなこと。例：今が働きザカリや。花のサカリ。

**さがり**（名刺）　下がり。垂れさがること、もの。例：サガリ藤の紋章。力士の腰のサガリ。

**さかる**（動詞）　盛る。交尾期に犬猫などが鳴き合う。交尾をする。例：裏庭で、犬がサカッとるわ。

**さがる**（動詞）　下がる。ぶらさがる。垂れさがる。退出する。低くなる。例：成績がサガル。手がサガル。

**さがん**（名詞）　左岸。下流に向かって左の岸。例：サガンに沿って舟を進める。

**さがん**（名詞）　左眼。左の目。例：サガンをつむって的をねらう。

**さき**（名詞）　崎。海や湖に山の尾根が突き出た先端。例：石廊ザキ。山サキ。長サキ。

**さき**（名詞）　先。いちばん前。前途。例：列のサキ。槍のサキ。おサキ真っ暗。

**さぎ**（名詞）　鷺。サギ科の鳥。水辺にすむ。くちばし、首、足が長い。例：白サギ城。

**さぎ**（名詞）　詐欺。事実を偽って他人に損害を与える行為。例：サギ師。

**さきいき**（名詞）　先行き。これから先。今後。将来。サキユキとも。例：息子のサキイキが心配や。

**さきおとつい**（名詞）　一昨日の前日。例：サキオトツイは、楽しかったな。

**さきおととし**（名詞）　一昨年の昨年。例：次男の結婚式は、サキオトトシやったな。

**さきがた**（名詞）　先ほど。いましがた。例：ほんサキガタ、荷物が着いた。

**さきこぼれる**（動詞）　あふれるほどにいっぱいに咲く。例：サキコボレル萩の花の境内である。

**さきさん**（名詞）　先様。先方。例：サキサンに、式の日の都合聞いてみたか。

**さきっちょ**（名詞）　先端。例：浮きのサキッチョ、よう見てや。

**さきっぽ**（名詞）　先端。例：竿のサキッポが、折れてしまった。

**さきにおう**（動詞）　咲きにおう。美しく咲く（香、匂の意味はない）。例：桜がサキニオウ。

**さきばしる**（動詞）　先走る。出過ぎたふるまいをする。例：サキバシッたことをするな。

**さきぶれ**（名詞）　先触れ。前もって知らせておくこと。例：避難訓練のサキブレ。大名行列のサキブレ。

**さきもり**（名詞）　防人。辺境を守る人。例：万葉集のサキモリの歌。

**さきゅう**（名詞）　砂丘。砂の丘。砂山。例：浜坂サキュウ。鳥取サキュウ。

**さきゆき**（名詞）　先行き。将来の繁栄。経済用語。将来の相場のなりゆき。例：サキユキは、けっして明るくない。

**さぎょう**（名詞）　作業。計画や目的をもって仕事をすること。例：サギョウ場。

**さきら**（名詞）　将来。さき。例：だいぶサキラの話やなあ。

**さくい**（名詞）　作為。みせかけたつくりごと。例：サクイ的な言動が多い。

**さくい**（形容詞）　もろい。こわれやすい。例：柿の枝はサクイさかい、気を付けや。

**さくがら**（名詞）　作柄。サクとも。作物の出来具合。例：今年のサクガラ、大分ええわ。

**さくさくする**（熟語）　粘りけのないこと。例：この米、サクサクシて味ないわ。

**さくじつ**（名詞）　昨日。きのう。例：サクジツの試合。サクジツの放送。

**さくしゃ**（名詞）　作者。歌人。詩文を作る人。例：「城崎にて」のサクシャや。

**さくせい**（名詞）　作製。物や商品を作ること。例：衣料のサクセイ工場。

**さくせい**（名詞）　作成。書類や計画を作ること。例：放送番組のサクセイ。

**さくばん**（名詞）昨晩。ゆうべ。きのうの晩。例：サクバンの大雪で国道不通。

**さくまい**（名詞）要領。すばしこさ。例：あいつは、サクマイがええ。

**さくや**（名詞）昨夜。昨日の夜。例：サクヤの大雨で、橋が流れた。

**さくら**（名詞）桜。バラ科の落葉高木。例：吉野のサクラ。サクラの通りぬけ。

**さくらがい**（名詞）桜貝。薄い貝殻で桜色、やや長方形の二枚貝。ニッコウガイ科。例：海辺でサクラガイを拾う。

**さくらがり**（名詞）桜狩り。さくら見物をして楽しむこと。例：落花の雪に踏みまよう交野の春のサクラガリ。

**さぐらはったんやろ**（熟語）探りなさったんだろう。例：都知事の行動を記者がサグラハッタンヤロと思うわ。

**さくらばな**（名詞）桜花。さくらの花。例：商人のさくらや材木のことやない。サクラバナの話や。どや花見に行こか。

**さくらん**（名詞）錯乱。いりまじって乱ること。例：精神サクランの状態。

**さくれい**（名詞）作例。作り方の実例。または、例を作ること。例：サクレイを幾つか示して下さい。

**ざくろ**（名詞）ザクロ科の落葉高木。果実は食用。例：ザクロの実を食べる。

**さけ**（名詞）鮭。サケ科の海魚。例：北海道の塩ザケ。

**さけ**（名詞）酒。清酒。古語はササ。例：サケ飲み。サケの粕。サケ浸り。

……**さけ**（助詞）だから。ので。原因理由を示す。例：喉が渇いたサケ、谷の水飲んだ。

……**さけな**（助詞）だからな。だからね。サケーナとも。例：大学に合格したサケナ、親喜んでしもて。

**さけぶ**（動詞）叫ぶ。大声を出す。強く主張する。例：無実をサケビ続ける。

**さげる**（動詞）下げる。低くする。例：値段をサゲル。温度をサゲル。提灯をサゲル。

**さげる**（動詞）提げる。手に持つ。携える。例：手サゲ鞄。買い物袋を、ぶらサゲル。

**ざこ**（名詞）雑魚。小さな魚。出しじゃこ。例：ザコ寝。

**ざこね**（名詞）雑魚寝。多くの者が、雑魚のように一緒に寝る意。例：連絡船は、船底の船室にザコネやった。

**さこんのさくら**（名詞）左近の桜。紫宸殿のきざはしの下の左（天皇から見て）に植えられた桜。例：サコンノサクラ、右近の橘。

**ささ**（名詞）笹。イネ科の多年草。小型の竹。例：ササの葉。熊ザサ。

**ささくれる**（動詞）先が荒れてさかむけする。例：手がササクレて使えへん。

**ささける**（動詞）裂けて割れる。例：筆がササケて、使えへん。

**ささげる**（動詞）捧げる。両手に持って高く上げる。例：神前にササゲル。母にササゲル歌。

**ささじ**（熟語）させまい。例：ゴールを狙っても、そうはササジと、目の色変えて守りよる。

**さざなみ**（名詞）小さく細かな波。例：サザナミの立つ大津の港。

**ささぼうき**（名詞）竹箒。例：竹の笹や小枝を使ったほうきがササボウキや。

**ささやく**（名詞）囁く。ひそひそ話す。ササ、は小さい意。例：ササヤイて教えてくれた友は、もういない。

**ささらど**（名詞）簓戸。細かい桟を縦に並べた戸。農家、商家で、玄関と台所、座敷との境に使用。例：ササラドのある家は都市ではめずらしい。

……**さされる**（助動詞）させられる。例：戦時中、三十俵も供出ササレルので、飯米にも困った。

**ささわら**（名詞）笹原。笹の多く生えている所。ササハラとも。例：堤防にササワラ、篠原が多い。

**さし**（名詞）物差し。例：サシ、ちょっと貸して。

**さし**（名詞）さしむかい。例：おまえとサシで、飲みたいな。

……**さし**（接尾語）中途の意を表す。例：燃えサシ。食べサシ。手紙を書きサシにする。

**さしあたり**（副詞）今のところ。とりあえず。例：サシアタリ間に合いそうや。

**さしかかる**（動詞）通りかかること。例：やがて、山道にサシカカリます。

**さしがね**（名詞）差し金。入れ知恵。陰にいて、うまく操ったり、そそのかしたりすること。例：あいつのサシガネと違うか？

**ざしき**（名詞）座敷。畳を敷いた客間。例：母家のザシキ。離れのザシキ。

**さしこみ**（名詞）差し込み。急な腹痛。例：急にサシコミが来て、我慢でけん。

**さしずがましい**（形容詞）指し図がましい。でしゃばって指図をするようす。例：あいつサシズガマシイことをしよる。

**さしたる**（連体詞）然したる。これというほどの、さほどの。例：サシタルこともないようなようすや。

**さしつかえる**（動詞）都合がわるい。障害がある。例：十日はサシツカエがあって、参上できません。

**さしでがましい**（形容詞）分際を越えて出しゃばって意見をいったりするようす。例：サシデガマシイが、一言、わしにも言わせてくれ。

**さしとかなんだら**（熟語）させておかなかったら。例：何かサシトカナンダラ何をしよるか分からへん。

**さしとくれ**（熟語）させて下さい。例：私にも、ボランティア、サシトクレ。

**さしのぼる**（動詞）サシは接頭語。昇る。例：サシノボル太陽。

**さしひき**（名詞）差し引き。足し算と引き算。プラスマイナス。例：サシヒキ、儲けはどないや。

**さしみ**（名詞）刺身。なまの魚肉を薄く切り、醤油をつけて食べる料理。例：鯛のサシミ、鮪のサシミ。

**さしもどす**（動詞）返す。例：書類を出したがサシモドサれた。

**さしもの**（名詞）指物。木製の家具器具。例：サシモノ師。サシモノ屋。

**さしもの**（副詞）あれほどの。例：サシモノ強力チームも敗れ去った。

**さす**（動詞）刺す。突き入れる。突き通す。例：蜂がサス。刀を腹にサス。

**さす**（動詞）挿す。花瓶などに入れる。例：菖蒲を花筒にサス。

**さす**（動詞）指す。指で方向を示すこと。例：中国道を西へサシて車を進める。

**さす**（動詞）させる。例：わしが、責任を持って息子にサスわい。

**……さす**（助動詞）……させる。例：寝サス。食べサス。助けサス。間違えんように、よう見サセてやれ。

**さすがに**（副詞）やはり。なんといっても。例：サスガニ、オリンピック選手だけあって、抜群の力だ。

**さずかりもの**（名詞）授かりもの。神仏から賜ったもの。特に子供の意。例：子供はサズカリモノやさかい大事に育てなや。

**さすったって**（熟語）さすってやって下さい。例：ちょっと腰、サスッタッテ。

**さすってたって**（熟語）さすっていてやって。サスッタッテテ、とも。例：席を外すので、サスッテタッテ。

**さすらう**（動詞）あてもなくさまよう。例：サスライの旅。

**ざせつ**（名詞）挫折。仕事や計画が、途中でだめになる。例：ザセツ感を味わう今日このごろや。

**させてくれへん**（熟語）させてくれないか？例：運転免許、受けサセテクレヘン？

**させとうない**（熟語）させたくない。例：医学部へ行ってもええが、医師にはサセトウナイ。

**させられへん**（熟語）させられない。例：あんな危険な事はサセラレヘンわ。

**させられん**（熟語）させられない。例：大事な息子に、そんな事はサセラレン。

**……させる**（助動詞）使役。人にさせる。例：父は、溺れる子供を、そばにいた私に助けサセル。

**……させる**（助動詞）尊敬。……になる。例：皇太子が出席サセられる催しや。

**させん**（名詞）左遷。地位を落として、別の仕事につかせる。例：おやじが、今度の人事異動でサセンされたようや。

**させん**（熟語）させない。例：子供に無理はサセン。

**ざぜん**（名詞）座禅。しずかに座り精神を統一し、悟りの道を求めること。例：一度ザゼンを、経験させてもらえ。

**さそう**（動詞）誘う。連れ出す。勧めてともにする。例：友達をサソッていく。

**さた**（名詞）沙汰。おこない。しわざ。例：正気のサタやない。

**さだめし**（副詞）きっと。必ず。例：そのなりでは、サダメシ寒かったやろ。

**さっかけ**（名詞）鍬の刃先を鍛冶屋さんにつけてもらうこと。先＋かけ、の捉音化。サイカケとも。例：鍛冶屋で、鍬のサッカケしてもろとくれ。

**さっき**（名詞）先、の捉音化。サッキガタとも。例：ついサッキお客さん帰らはったわ。

**さっきがた**（名詞）先ほど。例：サッキガタ電話があった。

**さっきに**（熟語）先に。先ほど。例：お父さん。サッキニ鍛冶屋に行ってきやはった。

**さつきばれ**（名詞）五月晴れ。梅雨の晴れ間。五月の晴れ渡った天気。例：サツキバレに運動会。

**ざっきょ**（名詞）雑居。いろいろな人がまじって住む。例：ザッキョ長屋。

**ざっこく**（名詞）雑穀。米麦以外の穀物。例：豆、そば、黍、粟などが、ザッコクや。

**さっしゃる**（熟語）なさる。しなさる。例：よう勉強サッシャルわい。

**ざっしゅうにゅう**（名詞）雑収入。定収入以外のいろいろな収入。例：わずかのザッシュウニュウでも税金がかかる。

**ざっしょ**（名詞）雑書。どの部門にも分類できない書。例：このザッショ、どこの書架に収めたらええのかなあ。

**さっそく**（副詞）早速。すぐ。すみやかに。例：注文の品、サッソク送らんとあかん。

**ざっと**（副詞）粗略な。質素な。例：ザットした嫁入り道具や。

**さっぱり**（副詞）すっかり。例：サッパリ、お客がないわ。

**ざっぴつ**（名詞）雑筆。種々雑多なことを書き記した記録。例：新聞のザッピツ欄。

**さっぷうけい**（名詞）殺風景。見たところおもむきや面白みがないこと。例：サップウケイな部屋やな。

**さつまいも**（名詞）薩摩芋。甘藷のこと。例：近畿、中国のほとんどがサツマイモで、島根、徳島は琉球芋や。

**さて**（感動詞、接続詞）さあ。例：サテ困ったな。話題を変える。それから。例：サテ、次の問題は？

**さで**（名詞）魚を取る時の、柄のついた網。すくいあみの一つ。捕虫網、の意にも。例：サデ持ってこい。すぐや。

**さてとなると**（熟語）直接その場に出くわすと。例：サテトナルト、戦場には出たくない。

**さと**（名詞）里。人家の集まっている所。例：人ザト。サト心。サト人。

**さとい**（形容詞）聡い。敏い。敏感。機敏。賢い。理解がはやい。例：頭のサトイ男や。目ザトイ子供。

**さといも**（名詞）里芋。球状の地下茎サトイモは、親芋に子芋がびっしりと付くので、コイモとも。田で作ることが多いのでタイモともいう。例：今年は出口の田でサトイモを作ろうか。

**さとう**（名詞）砂糖。砂糖黍、砂糖大根から作る甘い調味料。例：サトウ漬け。サトウ壺。

**さなぶり**（名詞）田植え終了祝いのふるまい。休んで団子などを近隣にふるまう。サノボリとも。語源は、さ（稲の神）＋のぼり（上り）で、田植え終了まで見守って下さった神が天に上られる意。例：サナブリ団子、食べとくれ。

**さね**（名詞）実。種子の核。例：梅の実のサネ。

**さね**（名詞）陰核。クリトリスのこと。例：省略。

**さば**（名詞）鯖。サバ科の海魚。食用によく使われる。例：サバの缶詰め。サバの漁場。

**さばく**（動詞）裁く。理非をきめる。乱雑な物事を処理する。例：判事がサバイた大津事件。

**さばく**（動詞）捌く。料理する。例：急いで鯉、サバイてんか。

**さばけた**（熟語）物分かりのよい。ひらけた。例：サバケタ御方やなあ。

**さばをよむ**（熟語）鯖＋ヨム（数える）、が語源。数える時ごまかして利益をはかる。例：早口過ぎる。サバヨンだらあかん。

**さびしい**（形容詞）寂しい。ひっそりとして静かで心細い。例：八幡山の社近くのサビシイ庵や、幻住庵は。

**さぶい**（形容詞）寒い。ｍｕ―ｂｕ、の音転。例：今朝は、格別にサブイなあ。

**さぶい**（形容詞）目方が、規定より軽い。例：六十キロ、ちょっとサブイなあ。

**さぶいぼ**（名詞）寒いぼ。はげしい鳥肌。例：こんなところまで、サブイボでけたる。

**さぶけ**（名詞） 寒け。悪寒。例：風邪をひいたのか、どうもサブケがする。

**さぶしい**（形容詞） さびしい。貧しい。例：家族が二人で、サブシイ毎日や。

**さほう**（名詞） 作法。立居振舞のやりかた。法式。例：茶の湯のサホウ。

**さぼりどうしや**（熟語） 怠けてばかりだ。ずうっと怠けている。例：ボランティアやいうのに、あの二人、サボリドウシヤ。

**ざま**（名詞） 有り様、の卑語。例：あのザマ、みてやんな。

**さまざま**（形容動詞） いろいろ。例：サマザマな雑貨と食品を扱っている。

**さまたげ**（名詞） 妨げ。じゃま。さしつかえ。例：どうも仕事のサマタゲが多すぎる。

**ざまたれ**（名詞） 様子、の卑語。ザマッタレとも。例：あのザマタレを見よ。

**さまよう**（動詞） さ迷う。迷う。例：初めての山道で、サマヨイ歩いて、やっと人里へ出た。

**ざみ**（名詞） 醤油の表面に浮く白いカビ。例：自分の家で醤油作るとようザミができてなあ。

**さみしい**（形容詞） 寂しい。淋しい。さびしい。例：さびしい、サミシイは関西では同じ意味や。

**さみだれ**（名詞） 梅雨。長雨。例：五月雨と書いてサミダレと読むのやが、これは旧暦の五月や。

**さめてしもた**（熟語） 覚めてしまった。冷めてしまった。例：目がサメテシモタ。コーヒーがサメテシモタ。

**さむい**（形容詞） 寒い。気温が低く冷える感じの形容。例：北側の部屋はサムイ。

**さむいさかい**（熟語） 寒いから。例：サムイサカイ、今朝は、オーバー着て行きな。

**さも**（副詞） いかにも。例：サモ嬉しそうやった。

**さもしい**（形容詞） 心がいやしい。例：サモシイ根性の商人。

**さやまめ**（名詞） 莢豆。莢付きの豆。春は、さやえんどう、秋は、さや大豆が、一般的な意味。例：サヤマメ、蒸して。

**さゆ**（名詞） 白湯。真水を湧かしただけの湯。例：サユおくれ、薬飲むさかい。

**さゆう**（名詞） 左右。左と右。転じて、自由にする意。例：財界をサユウする存在。

**さような**（形容動詞） そのような。例：喜んで証言する、サヨウナ奇特な人もあるもんやな。

**さよか**（熟語） そうですか。例：サヨカ。そんな噂あったんかな。

**さら**（名詞） 新品。新しいこと。サラアとも。例：サラの自転車は、気持ちがええ。

**さらいげつ**（名詞） 再来月。来月の次の月。例：サライゲツの十日には、帰ってくる。

**さらいねん**（名詞） 再来年。来年の次の年。例：卒業は、サライネンや。

**さらける**（動詞） 全部食べる。例：お菓子、全部サラケてしもた。

**さらさら**（副詞） 決して。全く。例：そんな話は、サラサラ知りまへんでして。

**さらし**（名詞） 晒し。白くさらした木綿。例：六尺のサラシのふんどし。

**……さらす**（補助動詞） する、意の卑語。例：行きサラス。何を書きサラス。

**さらす**（動詞） する、の卑語。他人の行為を悪く言う。例：何をサラスか。えらそうにサラスな。

**さらした**（熟語） した、の卑語。他人の行為を悪くいう意で、過去の用法。例：何をサラシタんや。いつか仇とらんとあかん。

**さらしやがる**（熟語） 最低、の卑語で、しやがる、しさらす。他人の行為を悪しざまに言う。例：何をサラシヤガル、暴力で喧嘩吹っかけるつもりか。

**さらねぶり**（名詞） 勤務先をよく変える意。猫が皿をなめて食物を残すように、勤務先を転々と変える喩え。例：またサラネブリやな、あの職人さん。

**さらば**（接続詞） それならば。それでは。例：サラバ故郷。サラバ友よ。

**さらゆ**（名詞） 新しい湯。一番風呂。泊まり湯に対する語。例：サラユ貰うて悪いなあ。大きに。

**さりながら**（接続詞） そうではあるが。例：君の意見ももっともや。サリナガラ、どうして違った書類を、同じ日に出したのや。それがおかしいやないか。

**さる**（動詞） 去る。離れて行く。例：危険がサル。サル者は、追わず。

**……さる**（補助動詞） 動詞につけて罵る意。

卑語。……クサルとも。例：テレビ見てんと早う寝サレ。隣の騒がしい客、早う寝クサレ。

**さるまわし**（名詞）猿回し。猿に芸をさせて見せる見せ物。例：猿の芝居が、サルマワシや。

**さるまわし**（名詞）猿回し。他人の意のままに動く意。例：わし、社長のサルマワシと違うで。

**さるめんかじゃ**（名詞）猿面冠者。顔が猿に似ている若者。豊臣秀吉のあだな。例：サルメンカジャの建てた城。

**さわ**（名詞）沢。水がたまった低い土地。また、渓流。例：猿サワの池。サワ伝いに山登り。

**さわぐ**（動詞）大声でうるさく、わめく。例：マスコミにサワガれる。デモサワギ。

**さわしがき**（名詞）醂し柿。渋を抜いた柿。例：箱に並べておいてサワシガキにしよう。

**さわやか**（形容動詞）爽やか。気分がさっぱりする。例：サワヤカな人柄。

**さわら**（名詞）椹。ヒノキ科の常緑高木。ヒノキの葉にくらべ尖っている。例：建築や器具の用材にサワラが使われる。

**さわら**（名詞）鰆。サバ科の海魚。サバに比べて成魚は大きい。例：サワラもサバに似ておいしい魚や。

**さわらび**（名詞）早蕨。芽が出たばかりのワラビ。例：小さい握りこぶしのようなサワラビや。

**さわり**（名詞）障り。さしつかえ。例：私語は、授業のサワリになる。

**さわる**（動詞）触る。触れる。接触する。例：この機械にサワルと危険よ。

**さわる**（動詞）障る。さしさわる、の意。病気の源になったり、悪化のきっかけになる意。例：身体にサワルぞ、そんな重い物持ったら。

**さわる**（動詞）触る。修理工事をする。例：洪水で落ちた橋、なんにもサワッたらへんわ。

**さんいんどう**（名詞）山陰道。中国山脈の北側、日本海に沿う道。例：古代のサンインドウは、文化が高い地やったらしい。

**さんか**（名詞）参加。仲間に加わること。例：大会のサンカ賞。

**さんか**（名詞）賛歌。ほめたたえる歌。例：国民体育大会サンカを歌う。

**さんかく**（名詞）三角。三つの角のあること。例：サンカク形。サンカク測量。

**さんがく**（名詞）山岳。高くけわしい山。例：サンガクで修行する宗教の本山や。

**さんかん**（名詞）三関。古代は、鈴鹿、不破、愛発（あらち）、平安期以後は、鈴鹿、不破、逢坂。例：関西の関は、このサンカンなんや。

**ざんぎく**（名詞）残菊。晩秋まで咲き残った菊。例：ザンギク物語。

**さんきんこうたい**（名詞）参勤交代。江戸時代、諸大名が幕府に一年おきに出仕する制度。例：サンキンコウタイは、諸大名の経済的負担を大きくして、力を弱める効果をねらったものやった。

**さんぐう**（名詞）参宮。伊勢神宮に参ること。例：伊勢サングウのための鉄道。

**ざんげ**（名詞）懺悔。罪を悔いて神仏に告白する。例：仏教でもいっさいを、ザンゲすることから読経がはじまる。

**さんけい**（名詞）参詣。寺社に御参りすること。例：平安神宮にサンケイする。

**さんごくいち**（名詞）三国一。日本、中国、インドが三国。世界一の意。例：サンゴクイチの花嫁。

**さんこにする**（熟語）散らかしている。例：サンコニシてますけど、まあどうぞお入りください。

**さんざい**（名詞）散在。ちらばってあること。例：あちこちの谷間にサンザイする人家。

**さんざい**（名詞）散財。金を撒き散らすこと。例：娘の結婚式でサンザイや。

**さんじ**（名詞）賛辞。ほめことば。例：サンジの多かった優勝決定戦。

**さんじ**（名詞）惨事。むごたらしい出来事。例：飛行機墜落のサンジ。

**さんじ**（名詞）三時。午後の間食。例：午後のサンジ、何の菓子や？

**ざんじ**（副詞）暫時。しばらくの間。例：ザンジ、お待ち下さいませ。

**さんじつ**（名詞）算術、の訛。例：わし、サンジツ、昔から嫌いでなあ。

**さんじます**（熟語）参ります。参上します。例：ほな、すぐ持ってサンジマス。

**さんじゃく**（名詞）男の帯の一種。三尺の長さから。例：サンジャク締めて、改まった会合に出たらあかん。
**さんしゅん**（名詞） 三春。春の三か月。初春、仲春、晩春、の意。例：おだやかな、サンシュンやったなあ。
**さんしょ**（名詞） 山椒。ミカン科の落葉低木。小粒の実。例：サンショの実はぴりりと辛い。
**さんじょう**（名詞） 山上。山の上。例：琵琶湖の見えるサンジョウのスキー場。
**さんじょう**（名詞） 参上。行く、の謙譲語。例：明日サンジョウいたします。
**さんすい**（名詞） 山水。山と水のある景色。また山水画。例：サンスイの軸を床の壁に掛ける。
**さんそう**（名詞） 山荘。山あいに構えた別荘。例：六甲の地には、サンソウが多いんや。
**さんぞく**（名詞） 山賊。山に住む盗賊。例：鈴鹿峠のサンゾク。
**さんそん**（名詞） 山村。山間の村。例：農村、サンソン、漁村の過疎化。
**さんだん**（名詞） 算段。手段を講ずること。やりくり。工面。例：年末は、いつもやりくりサンダンせんならん。
**さんだわら**（名詞） 桟俵。俵の底と口とに蓋をする藁製の丸い物。例：サンダワラ、もう要らん。焼いといて。
**さんだんろんぽう**（名詞） 三段論法。大前提、小前提から結論を導き出す推理法。例：サンダンロンポウを授業で使うと、生徒が納得してくれるんや。
**さんちがえり**（名詞） 三日帰り。結婚式三日目に、実家に帰ることを言う。例：今日は、サンチガエリで、留守や。
**さんちょう**（名詞） 山頂。山の頂き。例：十一時、サンチョウ到着予定。
**さんとく**（名詞） 三徳。鉄製の三本脚の鍋かけ。五本脚のものが五徳。例：囲炉裏のサントクの上に鍋かけとくれ。
**さんぱい**（名詞） 参拝。寺社に参ること。例：神宮にサンパイする。
**さんばいじる**（名詞） 三杯汁。一食に三杯の汁を吸う意。例：あほのサンバイジルや。
**さんばいず**（名詞） 酢、酒、醤油を一杯ずつ合わせ、煮返して冷ましたもの。例：おひたしも、サンバイズにすると、おいしいわ。
**さんはらい**（名詞） はたき。桟＋払い、が語源。例：障子にサンハライかけてくれ。
**さんぷ**（名詞） 散布。まきちらす。撒布（サッぷ）。例：防虫剤のサンプや。
**さんまい**（名詞） 三昧。墓場。墓地。例：土葬の埋め墓地が、サンマイや。寺に石塔墓があって、これが拝み墓や。
**さんみゃく**（名詞） 山脈。多くの山が列を作ったように長く連なったもの。例：中国サンミャク。鈴鹿サンミャク。
**さんよう**（名詞） 算用。数や量を計算すること。例：サンヨウ数字。家庭用サンヨウ電卓。
**さんようどう**（名詞） 山陽道。中国山脈の南、瀬戸内海に面した街道。例：近畿から下関までが、サンヨウドウや。
**さんらん**（名詞） 散乱。散らばること。例：仕事場の、木屑、サンランさせたままでは、ええ仕事がでけん。
**さんれつ**（名詞） 参列。式の列に加わること。例：卒業式にサンレツする。
**さんろう**（名詞） 参籠。神社や寺にこもって祈ること。例：横川にサンロウして病気平癒を祈願した。

# し

**しー**（名詞） 市。一音節語の長音化。例：町がシーになったのは何年やった？
**しー**（名詞） 師。一音節語の長音化。例：音楽家としての、シーはどなた？
**しー**（名詞） 詩。一音節語の長音化。例：歌われているゲーテのシーは、そう多くない。
**しー**（名詞） 死。一音節語の長音化。例：父のシーが、せまってきた。
**しー**（数詞） 四、の長音化。例：いち、にー、さん、しー、ごー。
**……し**（接尾語） ……の途中。例：行きシに出会う。
**……し**（接続助詞） 列挙する時、やわらかく言いさす時。例：授業はわからへんシ、そやで学校止めるわ。あの人が現場見てはるシ、様子を聞いて。

**……し**（助動詞） 動詞未然形について、使役の意。共通語のせ、の意。例：使いに行かシた。薬を飲ましした。
**じー**（名詞） 字。文字。一音節語の長音化。例：下手なジーやな。
**じー**（名詞） 痔。痔疾。一音節語の長音化。例：以前からジーが悪うてなあ。
**しーな**（熟語） しなさい。例：早うシーナ、学校遅れるで。
**しあい**（名詞） 仕合。同じ行動を、あちらからと、こちらからと仕合うこと。例：泥ジアイを恥ずかしく思う。
**しあい**（名詞） 試合。例：野球のシアイ。比べ争うこと。スポーツの技能を
**じあい**（名詞） 慈愛。いつくしみかわいがること。例：ジアイ深い観音像。
**しあげ**（名詞） 仕上げ。仕事の完成。出来上がり。例：人生のシアゲをするつもりや。
**しあさって**（名詞） 明後日の翌日。例：都合がつくのは、シアサッテやな。
**じあめ**（名詞） 地雨。本ぶりの雨のこと。例：いつのまにやらジアメになったな。
**しあわせ**（名詞） 幸せ。めぐりあわせ。幸運。例：シアワセな人生をおくるんや。
**しあんにくれる**（熟語） 思案に暮れる。考えがまとまらない。例：どうすべきかシアンニクレル始末や。
**しい**（名詞） 四囲。四方を取り囲むこと。周囲。例：シイを海としている国。
**しい**（動詞） せよ。しなさい。例：授業終わったら、すぐに掃除をシイ。
**じい**（名詞） 辞意。辞退したいという意思。例：ジイを漏らした大臣。
**しいしい**（熟語） しながら。しもって。例：勉強シイシイ、うっかり試合のこと考えてた。
**しいか**（名詞） 詩歌。シカの慣用読み。詩と和歌。例：シイカの詩は漢詩の意やった。
**しいたけ**（名詞） 椎茸。マツタケ科のキノコ。例：シイタケは、栽培したものがほとんどや。
**しいたげる**（動詞） 虐げる。いじめる。虐待する。例：くろくわ（土木人夫）を集めて城造りをさせ、農民をシイタゲル悪政をしたのも信長や。
**しいのき**（名詞） 椎の木。ブナ科の常緑高木。例：シイノキの家具や建築材。
**しいひん**（熟語） しない。せぬ。例：あんな難しい質問、うち返事シイヒンわ。
**しいもって**（熟語） しながら。例：夕飯の支度シイモッテ、ニュース聞いてた。
**しいや**（熟語） しなさい。例：早うシイヤ、間に合わへんで。
**じいん**（名詞） 寺院。てら。例：ジインは漢語で、庶民の日常語ではない。
**じう**（名詞） 慈雨。草木をうるおす恵みの雨。例：干天のジウ。
**しうち**（名詞） 仕打ち。ふるまい。やりかた。例：政治家としてのシウチとして、許されるやろうか。
**しえい**（名詞） 私営。個人の経営の意。例：シエイの保育園。
**しえい**（名詞） 市営。市の経営の意。例：シエイ地下鉄。シエイの美術館。
**しお**（名詞） 潮。汐。海水の満ちひき。例：シオ汲み。シオ気。シオ騒。
**しお**（名詞） 食塩。塩け。例：シオ押し。シオ味。シオ加減。シオ焼き。
**しおいっぱい**（名詞） 潮＋一杯、が語源。満潮。例：今日がシオイッパイや。鳴門に出かけてみるか。
**しおから**（名詞） 塩辛。いか、貝の肉などの塩漬け。例：シオカラは酒のさかなにええわ。
**しおからい**（形容詞） 塩辛い。標準より塩味が濃い。しょっぱい。例：このおつゆ、ちょっとシオカライわ。
**しおじ**（名詞） 潮路。船の通り道。例：シオジは、現代語の航路のことや。
**しおづけ**（名詞） 塩漬。野菜などを塩に漬けたもの。例：茄子のシオヅケ。
**しおどき**（名詞） 潮時。満潮干潮の時。転じて、機会、好機。関西では後者の意。例：今、投手交替のシオドキや。
**しおみず**（名詞） 塩水。真水に対して海水。例：食塩を溶かしてシオミズを作る。
**しおらしい**（形容詞） おとなしく、従順で、気のいい。例：シオラシイ娘さんやで。
**しおり**（名詞） 栞。案内。手引き。読みかけの書物にはさむ目じるし。例：登山道のシオリ。三井寺参拝のシオリ。
**しおれる**（動詞） 萎れる。草木が水分をうしなって弱ること。例：植木がシオレルような暑さや。

**しか**（名詞）鹿。シカ科の哺乳動物。例：奈良公園のシカ。シカの角切り。
**しか**（名詞）市価。一般市場における値段。例：シカの三割引き。
**じか**（名詞、副詞）直接。例：私が、ジカに見てきたんやさかい、デマやない。
**じか**（名詞）自家。自分の家。または自分。例：ジカ製のパン。ジカ中毒。
**じが**（名詞）自我。自己。自分。自意識。例：ジガの強い男や。
**しかい**（名詞）視界。見通しのきく限界。例：シカイ不良。シカイが広がる。
**しかい**（名詞）司会。会の進行を司ること。例：シカイ者。
**しがい**（名詞）死骸。死体。なきがら。例：海岸に流れ着いたシガイ。
**じかい**（名詞）自戒。自分で自分を戒めること。例：自粛しジカイにつとめる。
**じがい**（名詞）自害。刃物で自分の命を断つこと。例：現代では、ジガイは言葉だけのこっとるわ。
**しかくい**（形容詞）四角＋い。四角な。例：シカクイ顔した人や。
**しかけ**（名詞）仕掛け。装置。からくり。例：シカケ花火。
**しかしかする**（熟語）痛痒くて肌を刺すように感じる。例：腰のあたりシカシカスル。
**しかた**（名詞）仕方。手段。やり方。例：シカタがわからぬ。シカタがない。
**じかたのみ**（名詞）直頼み。直接に頼み込むこと。例：人を介しないでジカダノミや。
**じかたび**（名詞）ゴム底の労働用の足袋。地下足袋と書くが、じか（直か）が語源。地面に、ジカに付けて履く足袋。例：ジカタビで屋根へ上がって仕事をする。
**しかつ**（名詞）死活。死ぬことと生きること。例：シカツ問題。黒石のシカツにかかわる一手。
**しかつい**（形容詞）固くて融通が利かない、真面目な、外観が固い感じの。例：シカツイ顔して、シカツイ事ばっかり言うな。
**しかつめらしい**（形容詞）形式ばって堅苦しい。まじめらしい。例：シカツメラシイ顔。
**しかと**（副詞）たしかに。まちがいなくはっきりと。例：シカト見届けた。
**じかに**（副詞）直接に。例：ジカニ知事に話す方がよい。
**じがね**（名詞）地金。メッキや合金の下地の金属。転じて、人間の隠れている本性。例：言葉遣いでジガネが出る。
**しかのみならず**（熟語）そればかりでなく。その上。例：上司は過ちを指摘、シカノミナラズ、転勤を示唆された。
**しかばね**（名詞）屍。死体。例：シカバネに鞭打つようなこと言うな。
**しがむ**（動詞）かみしめる。例：砂糖黍をシガンでは、遊びほうけた。
**しかめっつら**（名詞）顰めっ面。しわを寄せた顔。渋面。例：シカメッツラをした上司。
**しかめる**（動詞）顰める。顔にしわを寄せる。不快でつまらぬ様子。例：顔をシカメル。
**しかも**（接続詞）然も。而も。そのうえ。それにもかかわらず。例：川の流れは絶えないがシカモ、元の水ではない。
**しからしめる**（熟語）然らしめる。そういう結果に至らせる。例：時勢のシカラシメルところ、やむを得なかったんや。
**しかる**（動詞）叱る。声を出してとがめ戒める。例：早く寝よとシカル。
**しかるべき**（連体詞）然るべき。そうあるのが適当な。例：知事としてシカルベキ人。
**しがん**（名詞）志願。望んで申し出る。例：宇宙飛行士をシガンした女性。
**じかん**（名詞）時間。ときのま。時刻。例：ジカン表。ジカン割り。
**しがんだ**（名詞）陰気で弱い性格。例：あいつ、組でいちばんシガンダや。
**しき**（名詞）式。一定のやりかた。作法。例：旧シキ。数シキ。公シキ。
**しき**（名詞）式。儀式。例：結婚シキ。
**しき**（名詞）敷居、からイ音略。例：二度とシキまたぐな。
**しき**（名詞）敷物。座布団。例：どうぞ、シキ当てとくれやす。
**しき**（名詞）四季。四つの季節。例：シキ折々の花。
**しき**（名詞）指揮。命令して多くの人を動かすこと。例：合唱団のシキ者。
**しぎ**（名詞）鴫。シギ科に属する鳥。水辺に住む。例：シギの鳴き声。

**じき**（副詞）直。すぐ。間髪を入れず。例：手紙出したら、ジキ返事があった。
**じき**（名詞）時期。その時。その期間。例：ジキ尚早。政治的空白のジキ。
**じき**（名詞）時機。適当な機会。例：えしおどき、つまりジキを待て。
**しきい**（名詞）敷居。しき（別項）とも。例：シキイは、踏まないように歩け。
**しきがたかい**（熟語）敷居が高い。訪問しにくい。例：御主人の感情を害してから、シキガタカクて、御無沙汰や。
**しきし**（名詞）色紙。正方形の厚紙。和歌、俳句、絵などを書く。例：シキシに寄せ書きをして贈ってくれた。
**しきせ**（名詞）仕着せ。上から与えられた衣服。例：季節が変わると、シキセの服も変わった。
**じきそ**（名詞）直訴。手続きをしないで直接主君などに訴えること。例：新入社員が社長にジキソする。
**じきに**（副詞）直に。すぐ。ただちに。例：ジキニ追い着きます。どうぞお先に。
**しきたり**（名詞）風習。ならわし。例：挨拶まわりがシキタリや。
**しきび**（名詞）樒。しきみ。例：霊前に供えるシキビ、用意できたか。
**しきもく**（名詞）式目。規則を箇条書きにしたもの。例：俳諧連歌のシキモク。
**しきもの**（名詞）敷物。床などに敷く物。例：居間にシキモノを敷くか？
**しきょ**（名詞）死去。死ぬ。死亡。例：四月二日にシキョした友人。
**じぎょう**（名詞）事業。経済的活動としての仕事。例：ジギョウ所得。
**じぎょう**（名詞）授業の訛。例：ジギョウは、何時からや。
**しきよく**（名詞）色欲。男女間の情欲。例：シキヨクを浄化して描いた作品。
**しきり**（名詞）仕切り。隔てる事、物。例：会議室に、シキリをつけて使う。
**しきりに**（副詞）絶えず。ひっきりなしに。例：シキリニ雪が降り積もる。
**しくだい**（名詞）宿題の訛。例：シクダイ済ませたか。
**じぐち**（名詞）言葉の発音を合わせた洒落。口合い。例：傘屋の丁稚で骨折っておこられる、嘘から出た玉子、などがジグチや。
**しくちょく**（名詞）宿直の訛。例：今晩のシクチョク、どなた。
**しくはっく**（名詞）四苦八苦。あらゆる苦しみ。例：エンジンがかからないのでシクハックしてる。
**しくみ**（名詞）仕組み。構造。組立て。例：この機械のシクミが分かったらなあ。
**しぐれ**（名詞）時雨。晩秋から初冬に、時々通り雨のように降る雨。例：通りすぎる雨が、スギル、シグル、シグレとなったんや。初シグレ、猿も小蓑が欲しげなり、これは芭蕉の句。
**しけい**（名詞）死刑。生命を断つ刑罰。例：シケイ囚を見送る。
**しげき**（名詞）刺激。外からの働きかけ。例：無用のシゲキを与えるな。
**しけこむ**（動詞）人に隠れてじっとこもって入る。例：金がないので、家にシケコンでいるわ。
**しげしげ**（副詞）つくづく。よくよく。例：シゲシゲ顔をみると、別人や。
**しける**（動詞）湿気る。湿る。例：お茶がシケてしもた。まずくて飲めん。
**しける**（動詞）弱る。元気がない。例：今日は、シケとるなあ。元気出せ。
**しけん**（名詞）試験。ためすこと。能力知識などを試すための問題。例：入学シケン。リトマスシケン紙。
**しげん**（名詞）資源。産業のもとになる物質。例：シゲンの貧しい国。
**しげん**（名詞）至言。いかにももっともな言葉。真理にかなった言葉。例：たしかにシゲンや。
**しこ**（名詞）支度。準備。例：山仕事のシコして来るわ。
**じこ**（名詞）事故。悪い出来事。例：交通ジコ。雪崩ジコ。
**じこ**（名詞）自己。自分。自分自身。例：ジコ紹介。ジコ満足。ジコを反省。
**しこう**（名詞）施工。工事を行うこと。例：シコウ業者。シコウする期間。
**しこう**（名詞）施行。実地に行うこと。例：シコウ規則。法令シコウ。
**しこう**（名詞）指向。目ざし向かうこと。例：シコウ性アンテナ。
**しこう**（名詞）思考。思い巡らすこと。考えること。例：冷静なシコウ力を必要とする。

**しこう**（名詞）　志向。心の向かうこと。例：わが民族のシコウする所である。

**じごうじとく**（名詞）　自業自得。自分のした悪い行為の報いを自分の身に受けること。例：十分眠れないのはジゴウジトクや。

**しごく**（動詞）　扱く。強く握りしめて引く。例：穂をシゴイて、出来具合を見てみ。

**しごく**（動詞）　扱く。きびしく訓練する。例：放課後、練習で選手をシゴク。

**しごく**（副詞）　至極。この上なく。きわめて。例：この機械、シゴク順調や。

**じこく**（名詞）　自国。自分の国。例：他国へ行って、ジコクの良さが判るんや。

**じこく**（名詞）　時刻。時の流れの一点。例：ジコク表を見て調べる。

**じごく**（名詞）　地獄。罪をおかしたものが死後に責め苦を受ける所。例：極楽の池からジゴクの池に落ちる。

**しこたま**（副詞）　たくさん。多量。例：ゲームソフトで、シコタマ儲けやはったんや。

**しこなす**（動詞）　物事を十分にして処置する。例：土俵入りの行事をシコナス。

**しこむ**（動詞）　仕込む。酒、醤油などの原料を調合する。例：味噌をシコンで一年、重しをしておくんや。

**しこむ**（動詞）　仕込む。しつける。教育する。例：親方が、新弟子をシコム。

**しこり**（名詞）　痼り。腫れ物の周囲が堅くなること。転じて、感情のわだかまり。例：路上駐車の事で隣家とシコリができた。

**しざい**（名詞）　死罪。死刑。例：幼い少女を殺した犯人はシザイに値する。

**しざい**（名詞）　資材。物をつくるもとになる材料。例：シザイが不足して生産ができない。

**じざい**（形容動詞）　自在。意のままであること。例：自由ジザイ。ジザイかぎ。

**しさいに**（副詞）　子細に。一部始終をくわしく。例：シサイニ言う必要はありません。

**しさん**（名詞）　試算。試しに行う計算。例：計算の誤りの有無を確かめるシサン。

**しさん**（名詞）　資産。財産。資本としてもっている財産。例：シサン株。

**じさん**（名詞）　自賛。自分で自分のことをほめること。例：自画ジサン。

**じさん**（名詞）　持参。持ってくる。例：会費は当日ジサンのこと。

**じじぐさい**（形容詞）　仕事や作品があかぬけしない。身なりがよくない。例：塗り方がジジグサイ。ジジグサイ服装や。

**じじこくこく**（副詞）　時々刻々。時を追ってつぎつぎと。例：発車は、ジジコクコク、迫って来る。

**しじつ**（名詞）　手術の訛。例：無事にシジツ済んだらしい。もう安心や。

**じじつ**（名詞）　事実。実際に起こったこと、実在する事柄。例：ジジツは小説より奇なり。

**ししにく**（名詞）　猪の肉。例：味噌で味つけしたシシニクや。うまいぞ。

**しじみ**（名詞）　蜆。淡水産の小さい貝。二枚貝で食用。例：シジミ汁。

**じじむ**（動詞）　にじむ、の訛。例：この紙、ジジンでかなん。

**じじむさい**（形容詞）　ジジグサイと同じ。不潔の意にも。例：ジジムサイ先生や。

**ししゃ**（名詞）　使者。使いをする人。例：現大統領のシシャとして赴任して来た大使なんや。

**ししゃ**（名詞）　試写。映画を一般公開するまえに映して見ること。例：封切りまでにシシャ会がある。

**ししゃ**（名詞）　支社。本社から分かれた事務所。例：ニューヨークのシシャに勤務している。

**ししゃ**（名詞）　死者。死んだ人。例：津波のシシャ、二万人。

**じしゃく**（名詞）　磁石。鉄粉を引きつける物質。例：電ジシャク。方位を示すジシャク。

**しじゅう**（副詞）　始終。始めから終わりまで。例：自習やから言うてシジュウしゃべっていてええのか？

**ししょ**（名詞）　支所。本庁から分かれた事務所。例：市役所シショ。

**じしょ**（名詞）　地所。地面、土地のこと。例：駅前にジショを購入確保している。

**じしょ**（名詞）　自署。自分で署名すること。例：委任状にはジショすべき箇所が決まっている。

**じしょ**（名詞）　辞書。辞典。言葉を集めて意義用法を解説した書。例：ジショを見て、用法を考えてほしい。
**ししょう**（名詞） 死傷。死者と負傷者。例：航空機事故、シショウ者多数。
**ししょう**（名詞） 支障。さしさわり。さしつかえ。例：重大なシショウがある。
**しじょう**（名詞） 市場。売り買いをする場所や組織。例：株式シジョウ。
**しじょう**（名詞） 私情。個人的な感情。例：シジョウをさしはさんだ行動をしてはならない。
**しじょう**（名詞） 紙上。新聞の紙面。例：新聞シジョウの論説に注意をしてほしい。
**しじょう**（名詞） 至上。この上がないこと。例：芸術シジョウ主義の考え方。
**じじょう**（名詞） 事情。物事について、どんな事情であるかということ。事のわけ。例：ジジョウを異にする。
**ししょく**（名詞） 試食。試しに食べること。例：私の調理した料理です。シショクを、どうぞ。
**じしょく**（名詞） 辞職。勤めを辞める。例：政治資金の流用で、知事ジショクや。
**ししん**（名詞） 指針。物事の方針、手引き。例：県政改革のシシン。
**しじん**（名詞） 詩人。詩を作る人。例：シジン島崎藤村の初期の詩である。
**じしん**（名詞） 地震。地殻変動によって地面が揺れ動くこと。例：ジシンと津波の多い国。
**じしん**（名詞） 自信。自分の正しさ、価値、能力などを信じて疑わないこと。例：ジシン喪失。ジシン満々。ジシン家。
**じしん**（名詞） 自身。自分。みずから。例：自分ジシンが、発奮しなければ、と考えているんや。
**しすう**（名詞） 指数。物価賃金などの変動を、一定時を一〇〇として比較する数字をいう。例：物価シスウ。
**しずく**（名詞） 雫。水や液体のしたたり。例：山のシズク。垂水のシズク。
**しずまる**（動詞） 静まる。落ち着いている。例：寝シズマル。鎮守の神がシズマル森。
**しせい**（名詞） 死生。死ぬことと生きること。例：シセイの境をさまよう。
**しせい**（名詞） 市政。市の行政。例：市民本位のシセイ改革。
**しせい**（名詞） 市勢。市の施設、人口、産業などの情勢。例：シセイ一覧。
**しせい**（名詞） 市井。人家が多い所。町中の意。例：シセイの人や。
**しせい**（名詞） 施政。政治を行うこと。例：シセイ方針演説を聞く。
**しせい**（名詞） 至誠。きわめて誠実なこと。まごころ。例：シセイ天に通ず。
**しせい**（名詞） 姿勢。からだの構えかた。すがた。例：シセイが悪い。
**じせい**（名詞） 自生。自然に生えること。例：この植物は、栽培じゃなくてジセイなんや。
**じせい**（名詞） 自省。自分の行為を反省すること。例：一日に何度もジセイの機会を持つべきだ。
**じせい**（名詞） 時勢。時のなりゆき。例：ジセイにおされる生き方をするな。
**じせい**（名詞） 辞世。この世を去ること。例：ジセイの歌を残して死ぬ。
**じせい**（名詞） 時世。時代。世の中。例：ジセイ遅れの考えや。
**じせいしん**（名詞） 自省心。自分で自分の行為を省みる心。例：孔子の三省はジセイシンの必要を説いた言葉や。
**じせいしん**（名詞） 自制心。自分の欲望を抑える心。例：ジセイシンが不足や。
**しせき**（名詞） 史跡。歴史上の遺跡。例：近くに、シセキ俳人塚がある。
**じせき**（名詞） 次席。次の位置。首席の次の位。例：ジセキ検事。ジセキ局長。
**じせき**（名詞） 自席。自分の座席。例：ジセキにもどりなさい。
**じせき**（名詞） 事跡。事の行われたあと。例：司法の独立で有名な大津事件のジセキはここなんです。
**しせつ**（名詞） 使節。国または政府から派遣される官吏。例：親善シセツ。
**しせつ**（名詞） 施設。こしらえ設けた建物。例：娯楽シセツ。福祉シセツ。
**しせつ**（名詞） 私設。私人が設立したもの。例：シセツの簡易水道です。
**じせつ**（名詞） 自説。自分の主張する説。例：どこまでもジセツを曲げない。
**じせつ**（名詞） 持説。ふだんから持っている説。持論。例：憲法改正反対が、彼の年来のジセツや。
**じせつ**（名詞） 時候、季節。例：ジセツをわきまえなあかん。
**しせん**（名詞） 視線。目の向く方向。目と対象とを結ぶ線。例：シセンが合う。

**しせん**（名詞） 支線。本線から分かれた線。例：東海道線草津からのシセンが草津線や。

**しせん**（名詞） 死線。生死の境。例：ソ連の不法な攻撃でシセンをさまよった日本人。

**しぜん**（名詞） 自然。天然のまま。人手を加えない状態。例：シゼンの美しさ。

**じぜん**（名詞） 慈善。恵み。あわれみ。生活に困る人を助けること。例：ジゼン事業。

**しそう**（名詞） 思想。考察判断を経た意識内容。人生や社会に対する考え。例：自由と民主を主張するシソウ家。

**しそう**（名詞） 詩想。詩を生み出す思いや考え。例：「赤とんぼ」のシソウは、生き別れをした母に対する慕情である。

**じぞうぼん**（名詞） 地蔵盆。八月二十二日から二十四日まで、地蔵菩薩の縁日に地蔵を安置し幕を張り、お供えをした。例：ジゾウボンは、子供の祭りやった。

**しそく**（名詞） 子息。むすこ。例：我が家のシソク、たった一人のシソクや。

**じそく**（名詞） 時速。一時間当りの速さ。例：ジソク五百キロの乗り物。

**じぞく**（名詞） 持続。絶え間なく続く。持ち続ける。例：日本経済の好調をジゾクできるか、どうか。それが問題や。

**しそん**（名詞） 子孫。祖先から代々血筋を引いて生まれる人々。例：子孫繁盛。

**した**（名詞） 下。下方。しも。地位が低い。年齢や程度が少ない。準備。例：身分がシタ。年齢がシタ。シタ調べ。

**した**（名詞） 舌。口の中で味覚や発音をつかさどる器官。例：近畿地方はシタが普通、兵庫、奈良、中国地方でベロが使われている。

**……した**（助動詞） された。れた。例：結婚して、アメリカに行かシタわ。

**したある**（動詞） してある。例：戸締まり、ちゃんとシタアルわ。

**したい**（名詞） 肢体。例：健康なんやけど、生まれつきのシタイ不自由や。

**したい**（名詞） 姿態。例：シンクロの女性選手の、シタイの美しさ。

**しだい**（名詞） 次第。一定の順序。事情。由来。例：式シダイ。お詫び申し上げるシダイです。

**しだい**（名詞） 私大。私立大学の略称。例：京都薬大は、シダイか公立大か？

**じたい**（名詞） 事態。事のようす。例：憂慮すべきジタイにたち至りました。

**じたい**（名詞） 自体。そのもの自身。例：その問題を取り上げることジタイがおかしい。

**じたい**（名詞） 辞退。いやだと断ること。例：推薦をいただきましたが立候補は、ジタイいたします。

**じだい**（名詞） 時代。歴史上の区切られた年代。例：人麿と長明とジダイが違うぞ。

**じだいがかる**（動詞） 時代掛かる。古風に感じられる。例：そんなジダイガカッタやり方ではあかん。

**しだいに**（副詞） 次第に。順序を追って。だんだんに。例：問題点もシダイニ分かってもらえるやろ。

**したいほうだい**（熟語） したい放題。思う存分に振る舞うこと。例：息子をそんなにシタイホウダイに育てたらあかん。

**したいやろけど**（熟語） したいだろうが。例：試合に参加シタイヤロケド、もう二、三日、辛抱しな。

**したう**（動詞） 慕う。恋しく思う。例：先輩をシタッて入門しましたんや。

**したえ**（名詞） 下絵。下書きの絵。色紙では地模様の絵。例：シタエがあかん。

**したおす**（熟語） 何事かを異常にし続け、しとげる。例：応援練習をシタオス。

**したおび**（名詞） 下帯。ふんどし。シタノモノとも。例：うちの主人、シタオビ、今でも愛用してるわ。

**したがう**（動詞） 従う。後に続く。たずさわる。例：先頭にシタゴウて登る。配達の業務シタゴウております。

**したがき**（名詞） 下書き。書いたままで手入れや推敲していない文章。例：今シタガキ三十枚しかないんやけど、清書せんでもええか。

**したぎ**（名詞） 下着。肌着。上着の下に着る衣服。例：シタギ、替えてや。

**したく**（名詞） 支度。準備。用意。例：旅行のシタクをする。身ジタク。

**したげよか**（熟語） してあげようか。例：赤い羽根募金、うちもシタゲヨカ。

**したげる**（動詞）してあげる。例：地震の募金、みんながシタゲルとええ。
**したごころ**（名詞）下心。かねてからの企み。例：シタゴコロがあって、やっていたのやろう。
**したじ**（名詞）醤油。オシタジとも。例：おシタジ、こちらへまわして。
**したじ**（名詞）汁。すまし汁。例：近畿中国の農家では、汁のことシタジていうてるわ。
**したじ**（名詞）下地。一般的な仕事の下ごしらえをいう。壁についてよく使う。例：壁シタジ、しっかり縄で締めてな。
**しだし**（名詞）仕出し。料理を注文に応じて作ること。例：今日のシダシ、どこのシダシ屋に頼んだ？
**したしい**（形容詞）親しい。心安く仲がよい。例：シタシイ友を事故で失う。
**したしもん**（名詞）したしもの。野菜をゆでて、醤油をかけて食べる料理。例：ほうれんそうのシタシモン、今晩のおかずにどうや。
**したたか**（形容動詞）強か。強くはげしい意。例：頭をシタタカ打つ。
**したって**（熟語）してやって下さい。例：すまんが、間違い、指摘シタッテ。
**したどり**（名詞）下取り。高価な物品を購入する時、中古品価格を見積り、その分を値引きすること。例：シタドリしてくれんと、車は、おたくから買えんわ。
**したばたらき**（名詞）下働き。大工や左官の仕事の下で、雑役をすること。例：シタバタラキが多うて、仕事がはかどる。
**したまわり**（名詞）家の普請の時、大工左官などの手伝い人足。下働き。例：瓦葺の仕事やが、シタマワリを頼めへんか？
**したよみ**（名詞）下読み。あらかじめ読んでおくこと。例：脚本のシタヨミをしっかりするんやで。
**したらあかん**（熟語）してはいけない。例：そんなあほなこと、シタラアカン。
**したらあきまへん**（熟語）してはなりません。例：嘘をつくようなこと、シタラアキマヘン。
**じだらく**（形容動詞）自堕落。生活がだらしないこと。例：ジダラクな暮らしはあかん。
**したる**（動詞）してやる。例：仕事手伝ってくれたら、宿題シタルわ。
**したろ**（動詞）してやろう。例：うちが計算シタロ。まかしとき。
**じだん**（名詞）示談。裁判にかけずに、お互いの話し合いで解決すること。例：訴訟を避けて、ジダンに持ち込んだ。
**したんか**（熟語）したのか、の訛。例：おまえが、計算シタンカ。
**したんかもしれん**（熟語）したのかもしれない。例：おれが、過ちをシタンカモシレン。
**じだんだふむ**（熟語）地団駄を踏む。口惜しくて身もだえして、地面を踏む。例：ジダンダフンで口惜しがる。
**したんとちがうか**（熟語）したのと違うか。例：おまえが落書きシタントチガウカ。
**したんやて**（熟語）したのだって。例：おまえが、人命救助シタンヤテ？
**したんやろ**（熟語）したのだろう。例：君が、後片付けシタンヤロ。ありがと。
**しちくどい**（形容詞）しつこい。執拗な。例：何度もシチクドイことを言うな。
**しちごさん**（名詞）七五三。めでたい数字。奇数から九（苦）を除いた数。例：シチゴサンの祝い。
**しちどうがらん**（名詞）七堂伽藍。大寺の規模。転じて、大寺。例：奈良七重シチドウガラン八重桜。
**しちふくじん**（名詞）七福神。毘沙門天（外敵から守護）。大黒天（主食充足）。恵比須（副食充足）。弁才天（才能知恵財宝幸福長寿）。布袋（心身の健康）。福禄寿（心の幸福、物の豊かさ、長寿）。寿老人（寿命長寿）。例：シチフクジンに願うことは、上記の通りや。
**しちゅう**（名詞）市中。市場の中。町の中。例：シチュウ銀行と地方銀行。
**しちょう**（名詞）視聴。みることと聞くこと。例：シチョウ覚教育。
**しちょう**（名詞）市長。市を代表し市政を司る人。例：シチョウ候補。
**しちりん**（名詞）七輪。土製のこんろ。例：シチリンで、湯をわかす。
**しっか**（名詞）失火。過失による火災。例：シッカが原因、燃え広がった大火事。
**しっかいや**（名詞）悉皆屋。衣類の洗い張り、染物屋。例：シッカイヤに、染め物頼んでくるわ。
**しっき**（名詞）湿気。しめりけ。例：海苔は、シッキ厳禁。御注意。
**じっき**（副詞）じき。すぐ。例：こんな傷ぐらいジッキ直る。じっとしてな。
**じつぎ**（名詞）実技。実地の技術、または演技。例：練習時は好調やねけど、ジツギになると、緊張して調子が狂う。
**しっきゃく**（名詞）失脚。足をふみはずして転ぶ。転じて、地位を失う意。例：総理シッキャク、総選挙や。
**しつぎょう**（名詞）失業。職業を失うこと。例：シツギョウ者が町にあふれた時代もあった。
**じっきょう**（名詞）実況。実際のありさま。例：競技場からジッキョウ放送。
**じつぎょう**（名詞）実業。生産、経済、商業などの事業。例：ジツギョウ家。ジツギョウ高校。
**じっくり**（副詞）落ち着いて。十分に。例：ジックリ、考えるのやで。
**しっけ**（名詞）湿気、の訛。例：シッケのきつい土地やなあ。
**しつける**（動詞）仕付ける。作物を蒔きつける、植えつける。例：秋野菜をシツケルのが遅れた。
**しつける**（動詞）躾る。礼儀作法を身につけさせる。例：子供をシツケルのに失敗。
**じっけん**（名詞）実権。実際の権力。例：政治のジッケンを握った足利氏。
**じっけん**（名詞）実験。実際の場で試すこと。例：理科のジッケン室。
**じつげん**（名詞）実現。実際に現れること。現実のものになること。例：ジツゲンは不可能。
**しつこい**（形容詞）執念深い。ヒツコイとも。不快なほどくどい。例：あいつは、シツコイ女やで、気を付けなあかん。
**じっこう**（名詞）実行。実際に行うこと。例：よくしゃべるがジッコウ力がない。
**じつざい**（名詞）実在。現実に存在すること。例：架空の人物でなく、ジツザイの人物や。
**じっしゃかい**（名詞）実社会。実際の社会。実際の世の中。例：それでジッシャカイに通用すると思うか？
**じっしゅう**（名詞）実収。実際の収入。または、実際の収益。例：必要経費と税金を除いたジッシュウは、どれぐらい？
**じっしゅう**（名詞）実習。実地で技術を習得すること。例：教育ジッシュウ。
**じっしょう**（名詞）実証。事実によって証明すること。確かな証拠。例：ジッショウ主義。
**じつじょう**（名詞）実状。実際のありさま。例：津波の被害のジツジョウを、知りたい。
**じつじょう**（名詞）実情。偽りのない心。真の感情。例：被害者の偽りのないジツジョウが、胸を打ちます。
**しっそ**（名詞）質素。無駄を省き飾り気のない生活。例：シッソ倹約につとめる。
**じったい**（名詞）実体。事物の本体、内容。例：宇宙のジッタイを少しでも、明らかにできればと考えております。
**しったかおする**（熟語）知った顔する。いかにも知っているような顔をする。例：知りもせんのにシッタカオスルな。
**しったかぶり**（熟語）知ったか振り。知らないのにいかにも知っているように見せること。例：シッタカブリしてると嫌われる。
**しったらしい**（熟語）知ったらしい。知っているかのように。知識があるようで生意気なこと。例：シッタラシイ話をするな。
**しっち**（名詞）失地。失った土地。例：シッチ回復。
**しっち**（名詞）湿地。湿りけの多い土地。例：沼やシッチが多い地域やな。
**しっちゃかめっちゃか**（熟語）混乱する意。めちゃくちゃ。例：何もかもシッチャカメッチャカや。
**じっちょく**（名詞）実直。誠実で正直なこと。例：社員は、ジッチョクで勤労意欲が強い。
**しっつい**（名詞）失墜。信用や権威などを落としなくする。例：従業員二十万の会社の信用をシッツイいたしました。
**しってて**（熟語）知っていて。例：あかんとシッテテ、わざとしよる。
**しってるやろ**（熟語）知っているやろ。知っているだろう。例：これぐらいはシッテルヤロ。
**しっとく**（熟語）知っとく。知っておく。

例：こんな話もシットクことや。

**しっとるやろ**（熟語）知っとるやろ。分かっているだろう。例：あいつには、連絡せんでもシットルヤロ。

**じつに**（副詞）実に。ほんとうに。まったく。例：ジツニ、美しい演奏やった。

**しつねん**（名詞）失念。忘れること。例：うっかりシツネンしておりました。

**しっぱなし**（熟語）しかけたままで、放っておく。例：掃除のシッパナシで、片付けが全くできとらん。

**じっぱひとからげ**（名詞）十把一からげ。種々なものを一まとめにして扱うこと。例：たいしたものやないから、ジッパヒトカラゲで、売ってしまえ。

**しつぼう**（名詞）失望。望みを失う。あてはずれ。例：シツボウの連続で人生を終わりたくない。

**しっぽく**（名詞）卓袱。蒲鉾、玉子焼き、椎茸、葱、などを入れたうどんや料理。卓袱は中国語。例：シッポク、二人前お願いします。

**しっぽくだい**（名詞）卓袱台。食卓。ちゃぶ台。シップクダイの訛。例：シッポクダイを出して来て。

**しっぽり**（副詞）男女の仲が甘くしっとりしているさま。例：今頃、ハワイで、シッポリ一晩すごしてやはる。

**しつめい**（名詞）失明。視力を失うこと。例：事故でシツメイして一人で歩けない。

**しつもん**（名詞）質問。疑問や理由などを問いただすこと。例：シツモンに対する解答がない。

**しつらこい**（形容詞）執拗な。しつこい。例：あいつらは、シツラコイ奴や。弱いものに対しては、特になあ。

**しつりょう**（名詞）質量。質と量。例：シツリョウともに、優れた栄養食品。

**しつりょう**（名詞）物体が追っている物質の量。重さに比例する。例：シツリョウ不変の法則。

**してい**（名詞）師弟。先生と生徒。例：美しいシテイ関係。

**してえな**（熟語）してほしいな。例：募金、少しぐらいシテエナ。

**しでかす**（熟語）まともでないことをやってのける。やらかす。例：ひどい失敗をシデカシよった。

**してき**（名詞）私的。個人的。公でない。例：シテキな用件で旅行や。

**してき**（名詞）指摘。指し示すこと。例：問題点をシテキするのや。

**してくさる**（熟語）している、の卑語。例：離れで昼寝シテクサル。

**してくれへんか**（熟語）してくれないか。例：土手の草刈りシテクレヘンカ。

**してしまはった**（熟語）してしまわれた。なさってしまった。例：講師の紹介は会長がシテシマハッタで。

**してしまよった**（熟語）してしまった、の卑語。例：また失敗シテシマヨッタ。

**してしもた**（熟語）してしまった。例：もう、宿題シテシモタ。

**してしもたろ**（熟語）してしまおう。例：母の留守中に、掃除シテシモタロ。

**してた**（熟語）していた。例：おとなしゅう留守番シテタかな。

**してたんか**（熟語）していたのか。例：うっかりして居眠りシテタンカ。

**しててや**（熟語）していてね。軽い命令。例：しっかり留守番シテテヤ。

**しててや**（熟語）しておられた（主として女性語）。例：家で治療シテテヤ。

**しててん**（熟語）していたのだ。例：いつも身体には、しっかり注意シテテン。

**しててんか**（熟語）していてくれないか。例：待たないで、検査の受付シテテンカ。

**してはった**（熟語）していなさった。例：よう勉強シテハッタ。

**してはったん**（熟語）なさっていたのか。例：先生、我慢シテハッタン？

**してはらへん**（熟語）しておられない。なさっていない。例：先生は、外国旅行シテハラヘン。

**してはる**（熟語）しておられる。していなさる。例：学長、病気で一カ月も入院シテハルねやて。

**してはるのか**（熟語）していなさるのか。シテハルンカ、シテハルノンカ、シテハルカ、とも。例：中国語の研究、シテハルノカ。

**してはるやろか**（熟語）していなさるのだろうか。例：今も、交渉シテハルヤロカ。

**してみい**（熟語）してみなさい。例：帰って、シテミイ、面白いで。

**してみやがれ**（熟語）　してみよ、してみろ、の卑語。例：反対なら、勝手にシテミヤガレ。
**してもせいでも**（熟語）　しても、しなくても。例：この問題は、シテモセイデモ、よろしい。
**してや**（熟語）　しておくれ。してくださいな。例：しっかり返事シテヤ。
**してやがる**（熟語）　している、の卑語。例：割引の交渉を一人でシテヤガル。
**してやった**（熟語）　他人のために自分がしてあげた。例：代わって当番の仕事シテヤッタのや。
**してやった**（熟語）　他人がしていた（親愛語）。例：病気やのに、無理して、仕事をシテヤッタ。
**してやったり**（熟語）　事がうまくできた。例：シテヤッタリと得意顔だ。
**してやられる**（熟語）　はかりごとにかかる。例：Y氏にうまくシテヤラレル。
**してやれる**（熟語）　他人にしてあげられる。例：あいつにシテヤレルのはこれぐらいか。
**してよる**（熟語）　している。シテイオル―シテイヨル―シテヨル―シトル。例：落ち着いて勉強シテヨルわ。
**してらる**（熟語）　していなさる。しておられる。例：大学の先生シテラルわ。
**してる**（熟語）　している。例：今、宿題シテルさかい、後で電話するわ。
**してるかいな**（熟語）　しているのかな。例：大学の受験勉強、しっかりシテルカイナ。
**してるやろか**（熟語）　しているだろうか。例：今でも、歌手シテルヤロカ。
**してるんか**（熟語）　しているのか。例：おまえ、教師やめて医者シテルンカ。
**してるんやろか**（熟語）　しているのだろうか。例：今でも、漁師をシテルンヤロカ。
**じてん**（名詞）　辞典。言葉の意味用法を多く集めた書物。辞書。例：国語ジテン。語源ジテン。
**じてん**（名詞）　自転。自分で回転すること。例：地球のジテン。ジテン車。
**じてん**（名詞）　時点。時の流れの中の一点。例：結婚し親から独立したジテンが最も重要な時機や。
**してんか**（熟語）　してくれないか。例：もっとしっかり、勉強シテンカ。
**してんけど**（熟語）　したのだけれど。例：がんばって勉強シテンケド、あかなんだ。
**してんと**（熟語）　していないで。例：ぼやぼやシテント、しっかりせえ。
**してんのか**（熟語）　しているのか。例：今も、駅長さん、シテンノカ。
**しと**（名詞）　使途。金銭や物品の使い道。例：シト不明の金額。
……**しとーん**（熟語）　しているの？　例：そんな窮屈な所で、何シトーン？
**しといたげる**（熟語）　しておいてあげる。例：出席の返事、シトイタゲル。
**しといて**（熟語）　しておいて下さい。例：うちの代わりに、返事シトイテ。
**しといて**（熟語）　しておいてから。例：仕事を全部シトイテ、旅行に行こか。
**しどう**（名詞）　始動。動き始めること。例：今年はじめて除雪車をシドウさせる。
**しどう**（名詞）　指導。教え導くこと。例：シドウ要領。
**じどう**（名詞）　児童。子供。例：ジドウ相談所。ジドウの教育。
**じどう**（名詞）　自動。自力で動く。例：ジドウ織機。ジドウ車。
**しとうない**（熟語）　したくない。例：運転、今日は、シトウナイ。誰かして。
**しとうみ**（熟語）　してみなさい。例：あんたも、シトウミ。おもしろいよ。
**しとおる**（熟語）　しておる。している。例：がんばって、研究シトオルわ。
**しとかなあかん**（熟語）　しておかねばならない。例：研究発表までに、実験ノート十五冊、整理シトカナアカン。
**しとかへんか**（熟語）　しておかないか（勧誘）。例：出席の返事、シトカヘンカ。断りは、後でもできるさかい。
**しとかんか**（熟語）　しておかないか（叱責）。例：自分の部屋の掃除ぐらい、シトカンカ。
**しとき**（熟語）　しておきなさい。例：早う、掃除シトキ。
**しときいな**（熟語）　しておきなさいな、の柔らかい表現。シトキナとも。例：宿題、早うシトキイナ。
**しときやす**（熟語）　しておきなさいませ。

例：返事は、早うシトキヤス。
**しとく**（熟語） しておく。例：三時までに、頼まれたことだけはシトクわ。
**しとくなはらんか**（熟語） してくださらないか。例：案内状の印刷、早うシトクナハランカ。あんた、司会シトクナハランカ。
**しとくれ**（熟語） してください。しておくれ。例：早う、御参りシトクレ。
**しとくれやすや**（熟語） してくださいませ。例：十時までに返事の電話シトクレヤスヤ。
**しどけない**（形容詞） 服装などが、しまりがなくて、だらしない。例：シドケナイ格好で、出歩くな。はずかしい。
**しとこ**（熟語） しておこう。例：これはこれで、ええことにシトコ。
**しとみど**（名詞） 蔀戸。格子に板を張った戸。例：和風建築、寺社のシトミド。
**しとる**（熟語） しておる。している。例：うちの孫も、受験勉強は、ようシトルわ。
**しとるがな**（熟語） しているじゃないか。例：黙って、勉強、ようシトルガナ。
**しとるやないか**（熟語） しているじゃないか。例：監視は、警官二人で、ずっとシトルヤナイカ。
**しとるんか**（熟語） しているのか。例：強盗犯は、まだ籠城シトルンカ。
**しとるんやろか**（熟語） しているのだろうか。例：息子は、毎日の食事、どうシトルンヤロカ。

**しな**（名詞） 品。品物。商品。例：シナ不足にならぬよう。粗シナ。
**しな**（名詞） 所作。様子。身振り。例：舞妓のシナが、なんともいえず良い。
**しな**（動詞） しなさい、の略。例：早う掃除シナ。
**……しな**（接尾語） ……の時。……の途中。例：バスの乗りシナに叔母さんに出会ったわ。
**しない**（名詞） 竹刀。剣道用割り竹四本を合わせて作った刀。例：シナイと防具を持って剣道場へ行く。
**しなおし**（名詞） 仕直し。やり直し。例：こんな看板ではあかん。シナオシてくれ。
**しなぎれ**（名詞） 品切れ。商品が売り切れること。例：その本は、売り切れて、出版元でもシナギレや。
**じなくそ**（名詞） でたらめ。くだらぬ冗談。中国地方でよく使われる言葉。例：ジナクソ言わんといて。
**しなさだめ**（名詞） 品定め。人や物の良否または優劣などを、話し合うこと。例：人はみんなシナサダメが好きなんや。
**しなじな**（名詞） 品々。各種の品。例：お祝いのシナジナ、有り難く拝受いたしました。
**しなはる**（動詞） する、の敬語。しなさる。例：ようけ寄付シナハル。
**しなはんな**（熟語） しなさるな。例：あほみたいなことは、シナハンナ。
**しなびる**（動詞） 水分がなくなって、皺が寄る。例：店晒しで、シナビた大根。

**しなや**（熟語） しなさいよ。例：たんと勉強シナヤ。
**しなやか**（形容動詞） なよなよとしているさま。すらりと美しい。例：シナヤカで、清らかな女性や。
**しなん**（名詞） 指南。教え導くこと。例：剣道シナン。弓道のシナン役してる。
**しなんだ**（熟語） しなかった。セナンダとも。例：あほらしゅうて、返事シナンダ。
**しにせ**（名詞） 老舗。手堅い商店。例：シニセも、数が少のうなってきた。
**しにせる**（動詞） 信用を得る。シニセ（老舗）＋る、が語源。例：商人としてシニセルように努めてますねや。
**しにそこなう**（動詞） 死に損なう。死にそうになって、危うく助かる。例：戦時中、空襲でシニソコナった身や。
**しにみず**（名詞） 死に水。死ぬ時に口にふくませる水。例：末期の水をシニミズという。
**しによる**（熟語） 死による。死ぬ。死んでしまうの卑語、または謙譲語。例：あんなに弱ってると、シニヨルかもしれん。
**しぬ**（動詞） 死ぬ。息が絶える。生命がなくなる。例：シヌことを、亡くなる、のうなる、という地もある。中国地方ではシヌというのが普通の言い方やわ。
**しの**（名詞） 野菜（ごぼう、人参など）の葉柄や茎。例：薩摩芋のシノって、意外にうまいもんよ。
**しのうこうしょう**（名詞） 士農工商。江戸時代に、人民を階級順にならべ、生活させたもの。例：シノウコウショウの身分差の政治で、自由平等の思想は全くなかった。

**しのぎ**（名詞） 凌ぎ。こらえ、がまんする。例：一時シノギ。寒さシノギ。

**しのぐ**（動詞） 凌ぐ。がまんする。耐える。例：芋の蔓食うて、飢えをシノグこともあった。

**しのぐ**（動詞） 凌ぐ。越える。まさる。例：先輩をシノグ大ジャンプ。

**しのはら**（名詞） 篠原。篠竹の茂った原。例：シノハラを分けて河原に出て魚を捕る。

**しのびがたい**（形容詞） 忍びがたい。耐えられない。がまんできない。例：シノビガタイ、貧しさ苦しさ。

**しのびごと**（名詞） 忍びごと。隠しごと。例：シノビゴトを、言うたらあかんえ。

**しのびなき**（名詞） 忍び泣き。声を出さないで泣く。例：シノビナキする親の心を思うてやれ。

**しのびよる**（動詞） 忍び寄る。そっと近づく。例：シノビヨル人影を芝居でどう表す？

**しのべ**（名詞） しのべ竹。おなご竹とも。例：朝顔の手に、シノベ取ってきて。

**しば**（名詞） 芝。驚くほど生えた雑草。例：庭のシバ刈りしといて。シバ生。

**しば**（名詞） 柴。小枝などの薪。例：柴部屋からシバ三束出してきて。

**しはい**（名詞） 支配。人を自分の思うとおりに動かすこと。例：シハイ人。シハイ者階級。

**しばい**（名詞） 芝居。芝生に設けた見物席。転じて演劇。例：シバイ小屋。シバイがかった言い方。

**しばく**（動詞） 叩く。例：悪い奴、かたっぱしからシバイてやろか。腹が立つ。

**しばふ**（名詞） 芝生。芝の生えている所。例：庭園のシバフの手入れ。

**しばらく**（副詞） 暫く。少しの間。例：事故です。シバラクお待ち下さい。

**じばらをきる**（熟語） 自腹を切る。経費をすべて自分が負担する。例：必ずしも自分が出す必要のない金なのに、ジバラヲキッて支払い、ええ格好をする。

**しばる**（動詞） 縛る。縄や紐で動かぬように結ぶ。束縛する。例：会議にシバラれる。シバリ首。

**……しはる**（助動詞） なさる。しなさるシナサル―シナハル―シハル。の変化。例：よう勉強シハルわ。お隣の子。

**しはん**（名詞） 市販。一般の店で売られていること。例：この和紙、シハンされてるかいな。

**しはん**（名詞） 師範。師となり、模範となる。手本となる人。例：シハン学校。シハン代。

**じばん**（名詞） 襦袢の訛。和服の肌着。例：ジバンが汚れてるわ。

**しび**（名詞） 鴟尾。大きな宮殿、仏殿等の棟の両端につける魚の尾状の飾り。例：戦国時代の城はシビといわず、変化してシャチホコというてるわ。

**じひ**（名詞） 慈悲。いつくしみあわれむなさけ。例：仏様のジヒの心を忘れんようにな。

**じびき**（名詞） 字引き。転じて、辞書。例：ジビキ、ちょっと貸して。

**じびきあみ**（名詞） 地曳き網。沖合に張った網を、陸地に引き寄せて魚をとる漁法。例：ジビキアミは、近頃は、あまり見られへん。人手がかかるからやな。

**じひつ**（名詞） 自筆。自分で書くこと、また、自分で書いたもの。例：ジヒツの絵を飾る。

**しびとばな**（名詞） 死人花。彼岸花。まんじゅしゃげ。埋葬墓地の周辺に多く群生しているから。例：シビトバナ言うけど、きれいな花や。

**しひょう**（名詞） 指標。目じるし。例：琵琶湖の標準水位のシヒョウ。

**しひょう**（名詞） 師表。人々の模範。例：江戸時代にシヒョウとして仰がれた藤樹。

**じびょう**（名詞） 持病。完全になおりきらない病気。持っている病気。例：糖尿のジビョウがあるんや。

**しびり**（名詞） 痺れ、の訛。例：シビリがきれて困った。

**しびる**（動詞） 大小便をもらす。少しずつもらす。チビルとも。例：老いぼれてシビルことが多うなった。

**しびん**（名詞） 尿瓶。病床用の便器。例：シビン、用意しといてな。

**じふ**（名詞） 慈父。情け深い父。例：貧しかったが子供にはジフやった。

**じふ**（名詞） 自負。自分の学才に自信を持ち、誇ること。例：ジフ心の強い男。

**しぶい**（形容詞） 渋い。けちな人間の形容。例：金の出し方がシブイ男や。

**しぶがき**（名詞） 渋柿。赤くなっても渋い柿。例：シブガキ干して吊し柿や。

**しぶきいた**（名詞） 羽目板。シブキ。シブキヨケ、とも。例：シブキイタは、杉板か、合板か。

**しぶく**（動詞） 横殴りの雨が吹き降りになる。例：台風の雨にシブカれて、動けなかった。

**しぶちん**（名詞） ケチンボウ。金の出し方の渋い人から。例：シブチンやで。ほんまに、あいつ。

**しぶとい**（形容詞） 容易にへこたれない。強情で頑固。ねばり強い。例：シブトイ生き方のできる人。

**じぶり**（名詞） 地降り。本降りの雨。地雨（夕立に対する）。例：地雨のことジブリって言うんや。

**じぶん**（名詞） 自分。われ。わたくし。例：ジブン勝手にふるまう。ジブン自身。

**じぶんどき**（名詞） 時分＋時。食事どき。例：ジブンドキにお邪魔して悪かったな。

**じべた**（名詞） 地べた。地面。大地。地盤。例：雨降りか。ジベタがすっかり濡れている。

**しべつ**（名詞） 死別。死に別れること。例：父とのシベツは、遅い方やった。

**じぼ**（名詞） 慈母。深い愛情を持つ母。例：慈愛の深い母と書くジボや。

**しぼう**（名詞） 脂肪。栄養素の一つ。身体の中のあぶら。例：シボウ過多症。

**しぼう**（名詞） 死亡。死ぬ。亡くなる。例：シボウ診断書。

**しぼう**（名詞） 志望。志し望むこと。例：進学について、第一シボウは、どこにするんや。

**しほうはい**（名詞） 四方拝。四方の神を拝む。もと宮中の行事。例：宮司のシホウハイで新年がはじまる。

**じぼた**（名詞） 若さを失った男。爺さん。例：いつのまにか九十のジボタや。

**しほっかい**（名詞） したい放題。例：きままのシホッカイや。

**しぼつく**（動詞） 小雨がしぼしぼと降る意。例：晴れやと思てたら、雨がシボツイてきた。

**しぼむ**（動詞） 萎む。しなえてつぼむ。例：朝顔がシボンでしもた。

**しぼりあげる**（動詞） 絞り上げる。きびしく問いただす。例：相手の違法行為をシボリアゲルことが、重なった。

**しぼる**（動詞） 絞る。鍛え苦しめる意。例：コーチに毎日毎日シボラれる。

**しぼる**（動詞） 絞る。無理やりに出す意。例：知恵をシボル。税金をシボラれる。

**しほん**（名詞） 資本。事業のもとでとなる資金。例：シホン金。シホン主義。

**しま**（名詞） 島。周囲が水に囲まれた土地。例：瀬戸内のシマ。美しい松シマ。

**しま**（名詞） 縞模様。並行線の模様。例：シマの笹。シマの薄。シマの着物。

**しまい**（名詞） 終い。終わり。例：これでシマイやで。もうあらへんで。

**しまい**（名詞） 姉妹。姉と妹。例：シマイ会社。シマイ都市。

**しまいくち**（名詞） 終わり頃。例：店のシマイクチに来てみとくれ。

**しまいぶろ**（名詞） 終い風呂。みんなが入浴して、水を落とす前の風呂。例：シマイブロやけど、良かったら入って汗落とさんか。

**しまいもん**（名詞） その日の売れ残りの食品。例：シマイモンやし、安うしとくわ。どうやな。

**しまう**（動詞） 仕舞う。片づける。失敗する。破産する。例：あの会社、とうとうシモウてしまはった。

**しまかげ**（名詞） 島影。海上にかすかに見える島の形。例：遠くにシマカゲが見えてきたぞ。

**しまくる**（動詞） さかんに動作をする。例：落書きをシマクル。

**しまける**（動詞） 時雨などがぱらつく。例：またシマケて来た。

**しまつする**（動詞） 始末する。物事のきまりをつける。かたづけてしまう。例：自分で自分のシマツスル。

**しまつする**（動詞） 始末する。倹約する。例：店を再興するには、シマツスルのが第一や。

**しまった**（感動詞） 失敗した時の言葉。

関西では、シモタを使う人が多い。例：シマッタ。また失敗や。
**しまつや**（名詞）始末屋。倹約家。例：けちやのうてシマツヤや。
**しまりや**（名詞）締まり屋。無駄に金を使わない人。例：しわい人は、始末屋とかシマリヤと根本的に違うのや。
**しまる**（動詞）締まる。倹約する。例：失業してしまって、シマラざるを得ない。
**しまわした**（熟語）仕舞わした。仕事を終えなさった。閉店の意にも。例：病院、午前中で、シマワシタようや。
**じまん**（名詞）自慢。自分のことを誉めること。例：ジマンの料理。力ジマン。
**じみ**（名詞）滋味。うまい味。栄養になる味。例：ジミ豊かな食品や。
**しみず**（名詞）清水。地下から湧き出る澄んだ水。例：砂丘からシミズが湧く。
**じみち**（名詞）地道。堅実で正しい生き方。例：ジミチに努力しいや。
**しみったれ**（名詞）けちんぼう。例：坊さん、なかなかシミッタレや。
**じみょう**（名詞）寿命、の音変化。例：九十六歳って言うと、ジミョウやなあ。
**しめしあわせる**（動詞）示し合わせる。あらかじめ相談しておく。例：まえもってシメシアワセル。
**しめす**（動詞）示す。表に出して見せる。例：真心をシメス。目標をシメスべきや。
**じめつ**（名詞）自滅。自分が滅ぶこと。例：延長戦に入って、野手のエラーでジメツの試合やった。

**しめなわ**（名詞）注連縄。清浄な地を、他と区別するために張る縄。例：シメナワを七五三縄とも書くわな。
**しめやか**（形容動詞）ひっそりと、もの静か。例：雨が降ってシメヤカな夜。
**しめり**（名詞）湿り。日照りのころに、降る雨。普通は、オシメリの形で使う。例：一時間ほど、おシメリが欲しい。
**しも**（名詞）霜。空気中の水蒸気が、地面などで白く凍りついたもの。例：シモが降りた朝。シモ柱。シモが置かれた屋根。
**しも**（名詞）下手（しもて）。上手（かみて）の集落、または、上流の集落に対する言葉。例：シモの集落。シモの村。
**しもうたるし**（熟語）仕舞うたるし。しまっているから。格納しているから。例：大事の品、金庫にシモウタルシ、心配無用や。
**しもおれ**（名詞）霜折れ。霜柱が立つような寒い朝が、どんより曇った天気に変わること。例：朝はいい天気やったけど、シモオレしたな。
**しもがれ**（名詞）霜枯れ。霜で草が枯れしぼむこと。例：シモガレの庭。
**しもごえ**（名詞）下肥。大小便を肥料に用いること。例：シモゴエ、使うてる家は少ない。ほとんど化学肥料や。
**しもせんくせに**（熟語）しもせん癖に。しないくせに。例：食事の用意、シモセンクセニ、えらそうなこと言うな。
**しもせんといて**（熟語）しないでいて。

例：食器の片付けシモセントイテ、テレビを見てるのかいな。早う勉強してき。
**しもた**（動詞）格納した。片付けた。終わった。仕舞う＋た、が語源か。例：その本なら、この本箱にシモタ。
**しもた**（熟語）しまった。失敗した。シマッタ、シモウタとも。例：シモタ。また間違えてシモタ。
**……しもた**（補助動詞）……てしまった。例：宿題してシモタ。
**しもたのやろ**（熟語）仕舞うたのやろ。片付けたのだろう。例：どこへシモタノヤロ。
**しもたや**（名詞）仕舞屋。商売を止めた家。普通住宅。例：商店街やでシモタヤはごく少ない。
**しもたんやわ**（熟語）しまったのですよ。例：返してくれ言うたんやけど、そのままになってシモタンヤワ。
**しもって**（熟語）しながら。例：食事シモッテ、本を読む。
**しもで**（名詞）下出。下流の出集落の意。カミデ、ナカデ、シモデ、ヤマデ。のように使う地名。例：中出よりシモデが、水害がきつかった。
**しもてんか**（熟語）仕事をしまって下さいな。仕事を終了して下さいな。例：もう、五時過ぎたし、早うきりつけて、シモテンカ。
**しもとくれ**（熟語）終了してください。例：早う、シモトクレ。遅うなるし。
**しもとくれやす**（熟語）仕事を片付けに

なってください。例：遅うなるし、どうぞシモトクレヤス。

**しもはんき**（名詞）下半期。シモは、一年の後半。例：上半期に比べシモハンキの落ち込みが大きい。

**しもぶくれ**（名詞）下脹れ。頬から下がふっくらとした顔。例：シモブクレの可愛い子供や。

**しもやけ**（名詞）霜焼け。シモバレ。雪焼け。寒さのための皮膚の凍傷。例：シモヤケが腫れて、かゆくてたまらん。

**しもん**（名詞）指紋。指先の皮膚の紋。波型、渦巻き型など、すべて個人差がある。例：シモンにより犯罪者が特定されるんや。

**しもん**（名詞）試問。試は、タメス意。質問して知識や学問などを試すこと。例：口頭シモン。

**しもん**（名詞）諮問。諮は、ハカル意。相談し尋ねること。例：厚生労働省のシモン機関。

**じもん**（名詞）寺門。天台寺門宗の総本山。園城寺、三井寺のこと。比叡山を山門というのに対する語。例：山門とジモンの争い。

**しや**（名詞）視野。視線のとどく範囲。転じて、物の見方、考え方。例：国際的に、シヤを広げるべきだ。

**しや**（動詞）せよ。シイヤとも。例：早うシヤ。遅れてしまうわよ。

**じゃ**（助動詞）だ。断定。例：共通語のダは、関西では、ヤ、古くは、ジャやった。そうや、そうジャ、のようにな。

**しゃーしゃーする**（熟語）知らん顔する。例：笑われてんの知らんと、シャーシャーシて出て行っきょったわ。

**しゃーない**（熟語）仕方がない。やむをえない。シャアナイとも。例：途中で雨に降られてもシャーナイわ。

**じゃあく**（名詞）邪悪。不正でよこしまなこと。例：ジャアクな心の持ち主。

**しゃあしゃあ**（副詞）あつかましくて、恥を知らない。例：シャアシャアと、恥知らずの男や。

**じゃいけん**（名詞）ジャンケン遊び。ジャイケンは、ジャンケンに比べ、男の子が多く使用。例：ジャイケンでぽん、あいこでぽん。

**しゃかい**（名詞）社会。人間の共同生活体。例：シャカイ科。シャカイ福祉。シャカイ主義。シャカイ政策。

**じゃがいも**（名詞）馬鈴薯。ニドイモ、コーボイモとも。例：ジャガタラから伝来したのでジャガイモや。

**しやがった**（熟語）した、の卑語。例：こんな所に、落書きシヤガッタ。

**しゃがむ**（動詞）うずくまる。かがむ。例：道端にシャガミこんで、具合でも悪いのと違う？

**しやがれ**（熟語）しなさい、の卑語。例：赤字覚悟で飛行場、建設するなら勝手にシヤガレ。

**しゃかん**（名詞）左官、の訛。例：シャカン屋さん、ここ二、三日、都合が悪いって。

**しゃきしゃき**（副詞）元気一杯の状態。例：九十歳で、シャキシャキしてはる。

**しゃきる**（動詞）破る。裂き＋切る、あるいは、裂き＋破る、の混淆か。例：ズボン、引っ掛けてシャキッテしもた。

**しゃく**（名詞）干瓢（かんぴょう）をとるための瓜。瓢（ひさご）。夕顔。例：シャク、今日は三つぐらい剝けるわ。

**しゃくし**（名詞）汁などを掬う大型の匙。しゃもじ。例：木製のシャクシで大豆をかきまわした。

**しゃくしじょうぎ**（名詞）杓子定規。栗木細工の杓子は、一尺四寸ときまっている意。転じて、同じ規格でないといけないところから、応用や融通がきかない意。例：いつまでもシャクシジョウギなやりかたではあかん。

**しゃくしな**（名詞）たい菜。杓子の形をした菜の意。例：シャクシナ、案外うまい野菜や。

**しやくしょ**（名詞）市役所。市の行政事務を取り扱う役所。例：シヤクショ前の駅。

**じゃくてん**（名詞）弱点。不十分な所。例：貴方のジャクテンは、行動力です。

**しゃくどう**（名詞）赤銅。銅に金、銀をわずかに加えた合金。例：シャクドウは青銅と違うて赤黒い。

**しゃくなげ**（名詞）石南花。ツツジ科の常緑低木。例：シャクナゲは、深山に咲くので、市街地で育ちにくい。

**じゃくにくきょうしょく**（名詞）弱肉強食。弱者は強者に滅ぼされる意。例：ジャクニクキョウショクは、現代でも、経済界に見られる。
**じゃくはい**（名詞）若輩。未熟で経験の乏しい人。例：ジャクハイは、若輩、弱輩、いずれも使う、中世の言葉や。
**しゃくはち**（名詞）尺八。一尺八寸の竹の縦笛。例：シャクハチは楽器やけど、軸物の大きさの意にも使う。
**しゃくや**（名詞）借家。家を借りること。借りて住んでいる家。例：おまえの家も、シャクヤか。
**しゃくよう**（名詞）借用。借りること。例：シャクヨウ書。
**しゃくりあげる**（動詞）なきじゃくる。例：いつまでも、シャクリアゲてんと、もう泣きやみな。
**しゃくる**（動詞）すすり泣く。例：悲しみのあまり泣きジャクル子供。
**しゃくる**（動詞）すくいあげる。例：さで網で、魚をシャクッてくれ。
**しゃくれる**（動詞）中央部分がすくったように凹んでいる、意。例：道がシャクレている。
**じゃくろ**（名詞）石榴。ざくろ、の訛。例：剪定が強すぎたのか、ジャクロが生らないわ。
**しゃけ**（名詞）鮭、の訛。例：戦争中の弁当は、シャケ一切れが多かったな。
**じゃこ**（名詞）ざこ（雑魚）の訛。一般にダシトリ用のダシジャコをさす。ニボシとも。例：ジャコ、一つかみ缶から出しておくれ。
**じゃこう**（名詞）麝香。ジャコウ鹿からとった香料。例：ジャコウの匂いのする扇子。
**しゃじくのあめ**（名詞）車軸は、車の心棒。大雨の喩え。例：台風か、シャジクの雨や。
**しゃしゃくをやく**（動詞）干渉する。いらぬおせっかいをする。例：そんな細かなことまでシャシャクヲヤクな。
**じゃじゃもれ**（名詞）雨水などのひどい漏れ方をいう。例：二階ジャジャモレやで。
**しゃしゃりでる**（動詞）出しゃばる。例：今頃、シシャリデルな。あほたれ。
**じゃすい**（名詞）邪推。悪い推察。例：ジャスイには故意の場合とひがみの場合があるようや。
**しゃちこばる**（動詞）固くなってしまう。シャチホコバルとも。例：大臣の前やいうてそんなにシャチコバランでええ。
**しゃちほこ**（名詞）鯱＋鉾。宮殿や城の棟の両端につける飾り。例：姫路城のシャチホコ。名古屋城のシャチホコ。
**じゃっかん**（名詞副詞）若干。いくらか。わずか。例：ジャッカン疑問が残るんや。
**じゃっかん**（名詞）弱冠。二十歳の青年転じて、年の若い意。例：ジャッカン二十代の市長。
**しゃっきりもん**（名詞）てきぱきと、気を利かせて敏速に行動するもの。例：今度選ばれた女性の市長さん、ほんまにしっかりしたシャッキリモンやて。
**しゃっぽ**（名詞）帽子。フランス語が語源。シャッポンとも。例：古いシャッポや、このシャッポ。
**じゃどう**（名詞）邪道。不正な道。例：権力者や政治家の夫人に頼み込むのは、教育者としてはジャドウや。
**しゃないんやな**（熟語）仕方がないのだね。ショウガナインヤナとも。例：今更言われても、シャナインヤナ。
**しやならん**（熟語）できない。例：そんな条件の注文、返事シヤナランわ。
**じゃねん**（名詞）邪念。まちがった考え。不純な思い。例：ジャネンの入った行動はあかん。
**しゃば**（名詞）車馬。車と馬。現在では交通機関の意。例：シャバ代。
**しやはった**（熟語）しなさった。した、の敬語。例：ええ仕事シヤハッタで、先代は。
**しやはったんやろ**（熟語）しなさったのだろう。例：よっぽどよう考えて、大学の建設、この地にシヤハッタンヤロ。
**しやはらんでもええ**（熟語）なさらなくてもよい。しなくてもよい、の敬語表現。例：寄付は、そんなにシヤハランデモエエわ。
**しやはる**（動詞）する、される、の敬語表現。しなさる。なさいます。例：ええ話をシヤハルわ。ほんまに。
**しやはるさかい**（熟語）なさるから。例：

準備を十分にシヤハルサカイ、失敗も少ないのや。

**しやはるのか**（熟語） しなさるのか。なさいますのか。例：あの歳で、一人で旅行シヤハルノカ。

**しやはるのや**（熟語） しなさるのだ。なさるのだ。例：今でも、大きな橋の設計をシヤハルノヤ。

**しやはるのやったら**（熟語） なさるのだったら。するのだったら、の敬語。例：旅行に参加シヤハルノヤッタラ、代金をおくれやす。

**しやはるんやて**（熟語） なさるのだって。するのだって、の敬語。例：今日から正社員として、入社シヤハルンヤテ。

**しゃべ**（名詞） 喋べ。口数の多い者。例：あいつ、シャベや。もう漏れた。

**しゃべくりまわす**（熟語） 喋くりまわす。いい振らす。いい散らす。例：いつも面白おかしくシャベクリマワス人や。

**しゃべらはる**（熟語） 喋らはる。にぎやかに話しなさる。例：ようシャベラハル奥さんや。

**しゃべりまくる**（熟語） 喋りまくる。得意になって話し続ける。例：いつもシャベリマクルのは、北村さんや。

**しゃべりまわす**（熟語） 喋りまわす。得意になって、仲間に広く話し続ける。例：一人で、冗談言って、シャベリマワス人や。

**しゃべる**（動詞） 喋る。盛んに話す。例：三人揃うとようシャベル。

**しやへん**（熟語） しない。例：そんなひどいことは、ようシヤヘン。

**しやへんか**（熟語） しないか。しないのか。例：みんなで卓球シヤヘンカ？

**しやへんかったら**（熟語） しなかったら。例：夫婦が仲良うシヤヘンカッタラ、家ぐちゃぐちゃや。

**しゃぼてん**（名詞） さぼてん。例：シャボテンは、一月ほど水やらんでも、大丈夫や。

**じゃま**（名詞） 邪魔。さまたげ。さわりになること。もともと仏語で修行のさまたげとなる悪魔。例：おジャマしました。

**じゃまくさい**（形容詞） 面倒だ。例：ジャマクサイ勉強の話は、嫌や言うてるのに。

**しゃめん**（名詞） 斜面。傾斜した地面。例：新雪のシャメン、雪崩に気を付けや。

**しゃめん**（名詞） 赦免。過ちを許すこと。例：俊寛僧都がシャメンされる。

**しゃもじ**（名詞） 杓子。杓＋文字、が語源。例：汁杓子に対し、飯杓子をシャモジ言うてるわ。

**じゃらける**（動詞） たわむれる。ふざける。例：ジャラケた文章を書くな。

**じゃらじゃらした**（熟語） しまりのない馬鹿げた。例：ジャラジャラシタ話、もう止めときな。

**じゃらつく**（動詞） たわむれる。じゃれる。例：いつまでもジャラツイてんと家の手伝いでもせえ。

**しゃらへん**（熟語） しない、の親愛語。例：あの子、ちっとも返事シヤラヘン。

**しゃりん**（名詞） 車輪。車の輪。例：祇園祭りの山鉾のシャリンをまわすわざ。自動車のシャリン。

**しやる**（動詞） する、の親愛語。しなさる。される。例：隣の子は、なんとまあ、ようお手伝いをシヤル。

**じゃれる**（熟語） ふざける。たわむれる。例：ようジャレル犬や。

**しゃんしゃん**（副詞） てきぱきと仕事をする。また、老人の達者な状態。例：百歳でもシャンシャンや。

**しゅう**（名詞） 市有。市の所有するもの。例：シユウの土地に建つ競技場。

**しゅう**（名詞） 私有。私人の所有、の意。例：シユウ財産。私立大学のシユウ地。

**じゅう**（名詞） 自由。思い通りにする。例：人間的束縛からのジユウと自己を尊重する思想が現代的自由で、日本のジユウは気ままにすることや。

**じゅう**（名詞） 事由。出来事の理由。例：娘の命を奪った、ジユウが知りたい。

**しゅうい**（名詞） 周囲。まわり。外界。例：琵琶湖のシュウイの環境を保護し、維持したい。

**しゅうい**（名詞） 拾遺。残したものを拾う意。例：シュウイ和歌集。

**しゅういつ**（名詞） 秀逸。ひいでてすぐれている。例：展覧会でシュウイツの賞をいただいた。

**しゅううん**（名詞） 舟運。船による運送。

例：シュウウンの便のよい町。
**じゅうおう**（名詞） 縦横。たてよこ。例：ジュウオウ無尽の大活躍や。
**しゅうか**（名詞） 秀歌。すぐれた歌。例：万葉シュウカ。
**しゅうか**（名詞） 集荷。農産物等の荷物を集めること。例：シュウカ場。
**しゅうか**（名詞） 衆寡。多人数と小人数。例：シュウカ敵せず。
**しゅうかい**（名詞） 集会。寄り合い。人々が集まること。例：決起シュウカイ。
**しゅうかく**（名詞） 収穫。農作物を取り入れること。取り入れた農産物。例：昨年よりシュウカクが多い。
**しゅうがく**（名詞） 修学。学問を修めること。例：シュウガク旅行。
**しゅうがく**（名詞） 就学。学齢に達して学校に行き教育を受ける。例：我が孫のシュウガク祝いや。
**しゅうき**（名詞） 臭気。臭いいやなにおい。例：シュウキが鼻をつく。
**しゅうき**（名詞） 秋季。秋の季節。例：シュウキ大運動会。
**しゅうき**（名詞） 周期。一回りする時間。例：振り子のシュウキ。
**しゅうき**（名詞） 周忌。毎年回ってくる忌日。例：一シュウキは、何日や？
**しゅうぎ**（名詞） 祝儀。祝いの儀式。例：婚礼のこともシュウギ、チップのこともシュウギや。
**しゅうきゅう**（名詞） 週給。一週の間の給与。例：シュウキュウ五万円のアルバイト。
**しゅうきゅう**（名詞） 週休。一週の間の休み。例：シュウキュウ二日。
**じゅうきょ**（名詞） 住居。住みか。住まい。例：住みやすいジュウキョ。
**しゅうきょう**（名詞） 宗教。幸福や安心を得ようと信仰すること。例：シュウキョウ教育。シュウキョウ改革。
**しゅうげん**（名詞） 祝言。祝いの言葉。婚礼。例：十一日にシュウゲンや。
**しゅうこう**（名詞） 就航。汽船や航空機が航路に就くこと。例：日航機が、再びアメリカ航路にシュウコウした年。
**しゅうこう**（名詞） 周航。あちこちをめぐって航海すること。例：地中海、インド洋、太平洋、大西洋と、あちこちをシュウコウする大型客船。
**しゅうこう**（名詞） 修交。国と国とが親しく交際すること。例：日米シュウコウ条約。
**しゅうごう**（名詞） 集合。集まり寄り合うこと。例：午後のシュウゴウ時刻は一時とする。
**しゅうさい**（名詞） 秀才。すぐれた学問的才能。例：天才ではないがシュウサイやった。
**じゅうざい**（名詞） 重罪。重い罪。例：核実験だけでも、ジュウザイや。
**じゅうざいにん**（名詞） 重罪人。重い罪を犯した人。例：ジュウザイニンを入れる監獄。
**しゅうさく**（名詞） 秀作。すぐれた作品。例：トルストイの秀作、戦争と平和。
**しゅうさく**（名詞） 習作。練習のための作品。例：絵画、彫刻、音楽のシュウサクの中に、びっくりするような名作が、あるはずや。
**しゅうし**（名詞） 終止。終わること。例：シュウシ形。シュウシ符。
**しゅうし**（名詞） 終始。終わりと始め。例：シュウシ一貫、無実だと叫ぶ。
**しゅうし**（名詞） 修士。大学院に二年在学、論文、試験に合格したもの。例：シュウシ課程。シュウシ論文。
**しゅうし**（名詞） 収支。収入と支出。例：シュウシの均衡をはかる。
**しゅうじ**（名詞） 習字。文字の書き方を習うこと。例：シュウジの教科はないさかい国語の時間に学習や。
**しゅうじ**（名詞） 修辞。言葉を美しくよりよく表現すること。レトリック。例：シュウジ学。
**じゅうし**（名詞） 重視。重く見る。重要だと思う。例：憲法第九条をジュウシする。
**しゅうじつ**（名詞） 秋日。秋の日。秋の季節。例：シュウジツ、野を楽しむ。
**しゅうじつ**（名詞） 終日。一日じゅう。朝から晩まで。例：シュウジツ書斎に籠もる。
**じゅうじつ**（名詞） 充実。一杯にみたす。内容が豊かでみちみちている。例：ジュウジツした毎日を持ちたい。
**しゅうしゅう**（名詞） 収集。集めること。例：切手のシュウシュウ。

**しゅうしゅう**（名詞） 収拾。とりまとめること。例：事件のシュウシュウがつかない。
**しゅうしゅう**（名詞） 修習。修め習う意。例：司法シュウシュウ生。
**じゅうしょ**（名詞） 住所。住んでいる所。例：現ジュウショ。ジュウショ不定。
**しゅうしょう**（名詞） 周章。うろたえさわぐ。例：シュウショウ狼狽、処置に困る。
**しゅうしょう**（名詞） 愁傷。嘆きかなしむ。気の毒。例：御シュウショウさま、心からお悔やみもうしあげます。
**じゅうしょう**（名詞） 重症。重い病気。重い症状。例：ジュウショウ患者。
**じゅうしょう**（名詞） 重傷。重い傷。重い怪我。例：死者とジュウショウ者。
**しゅうしょく**（名詞） 修飾。美しく整え飾ること。例：シュウショクの多い文章を書く作家だ。
**しゅうしょく**（名詞） 就職。職業に就くこと。例：シュウショク試験。
**しゅうしょく**（名詞） 秋色。秋の気配。秋の景色。例：一日一日、シュウショクが深まる。
**しゅうしょくご**（名詞） 修飾語。文法用語。詳しく説明し限定する言葉。例：シュウショクゴを受ける語を被修飾語という。
**しゅうしん**（名詞） 修身。身を修めて正しい行動をする。例：小学校の教科にシュウシンという科があった。
**しゅうしん**（名詞） 執心。深く心にかけること。熱中すること。例：孫の成長を助ける読み物にシュウシンした祖父。
**しゅうしん**（名詞） 就寝。寝床に就く。例：シュウシン時間は、八時間。
**しゅうしん**（名詞） 終身。命の終わるまで。例：シュウシン保険。
**しゅうじん**（名詞） 衆人。多くの人々。例：シュウジン環視のもと正々堂々と行動せよ。
**じゅうしん**（名詞） 重心。重力の中心点。例：倒れないようジュウシンを取る。
**じゅうしん**（名詞） 重臣。役目の重い家来。例：尊皇か攘夷かジュウシンに諮ってみる。
**しゅうせい**（名詞） 終生。一生を終わるまで。例：シュウセイ忘れ得ぬ感激。
**しゅうせい**（名詞） 習性。習慣と性質。例：この動物のシュウセイを、研究せよ。
**しゅうせい**（名詞） 修正。良くない所を直して正しくする。例：シュウセイ予算を提案、採決。
**しゅうせい**（名詞） 修整。写真の原板をなおすこと。例：映画の古いフィルムのシュウセイをする。
**しゅうせい**（名詞） 集成。集めて完成。集大成。例：芭蕉の作品をシュウセイした研究書だ。
**しゅうぜん**（名詞） 修繕。つくろい直す。例：農機具のシュウゼンを承る。
**しゅうそく**（名詞） 収束。しめくくりをつけること。例：さまざまな意見を、最後にどうシュウソクするか。
**じゅうそく**（名詞） 充足。満ち足りること。充たす。例：アルバイトで学費をジュウソクした。
**じゅうたい**（名詞） 渋滞。滞ってすらすら進まない。例：国道ジュウタイ、車動かず。
**じゅうたい**（名詞） 重体。病気が重くて危険な状態。例：恩師がジュウタイで危篤です。
**じゅうだい**（名詞） 重大。容易でない。大切である。例：ジュウダイな事件。
**じゅうだい**（名詞） 重代。祖先から代々伝わること。例：ジュウダイの家宝。
**じゅうたく**（名詞） 住宅。住居。住まい。例：仮設ジュウタク。集合ジュウタク。
**しゅうだん**（名詞） 集団。集まり。団体。例：シュウダン検診。シュウダン就職。
**じゅうだん**（名詞） 銃弾。銃の弾丸。例：機関銃のジュウダンにやられる。
**じゅうだん**（名詞） 縦断。縦に通り抜けること。例：日本をジュウダンする旅行に出る。
**しゅうたんば**（名詞） 愁嘆場。芝居用語。お涙頂戴の場面。例：えらいシュウタンバや。
**しゅうちゃく**（名詞） 祝着。喜び祝うこと。例：米寿、シュウチャク至極に存じます。
**しゅうちゃく**（名詞） 執着。あることにとらわれて心がはなれない。シュウジャクとも。例：シュウチャク心が強い。
**しゅうちゃく**（名詞） 終着。最後に到着するところ。例：シュウチャク駅。

**しゅうちゅう**（名詞）集中。一点に集めること。例：人口の大都市シュウチュウは、国家を危うくする。

**しゅうてん**（名詞）終点。いちばん終わりになる所。例：起点は江戸日本橋、シュウテンは、京都三条。これが、東海道なんや。

**しゅうでん**（名詞）終電。最終の電車の略語。例：シュウデンは、午前一時や。

**じゅうてん**（名詞）重点。大切なところ。例：現内閣のジュウテン的施策や。

**じゅうでん**（名詞）充電。蓄電池に電気を加え充たすこと。例：電気自動車にはジュウデン所が必要や。

**しゅうとく**（名詞）拾得。落とし物を拾う。例：シュウトク物を預かる。

**しゅうとく**（名詞）収得。受け取って自分のものとする。例：他人の土地をシュウトクする罪。

**しゅうとく**（名詞）修得。学問や技術を修めて身につけること。例：哲学の単位をシュウトクする。

**しゅうとく**（名詞）習得。習って身につける。例：英語のシュウトクで精一杯なんや。

**じゆうに**（副詞）自由に。自分の思うままに。例：ジユウニお取り下さい。

**じゅうにん**（名詞）住人。すんでいる人。例：先祖代々この地のジュウニンです。

**じゅうにんといろ**（名詞）十人十色。好みや考えがひとりひとりみな違うということ。例：意見も考えもジュウニントイロや。

**しゅうねんぶかい**（形容詞）執念深い。深く思い込み、捕らわれている性格をいう。例：あいつは、ほんまにシュウネンブカイ男や。

**じゅうばこ**（名詞）重箱。食物を入れる四角な箱。例：ジュウバコの隅をほじくる。

**しゅうふく**（名詞）修復。修理して元どおりに直すこと。例：シュウフク工事。

**じゅうふく**（名詞）重複。重なること。例：ジュウフクした内容の論文。

**じゅうぶん**（名詞）十分。不足することなく、満ち足りている意。例：籠城するのにジュウブンな食糧と塩。

**しゅうへん**（名詞）周辺。周囲。付近。例：池のシュウヘンの散歩道。

**しゅうまつ**（名詞）終末。終わり。しまい。例：王朝時代のシュウマツを、西暦何年と見るか。これには異説が多い。

**しゅうまつ**（名詞）週末。一週間の末。例：シュウマツが連休となる。

**じゅうまん**（名詞）充満。満ち満ちていること。例：一酸化炭素ガスがジュウマンして、排気不十分で死亡や。

**じゅうみん**（名詞）住民。その土地に住んでいる人。例：ジュウミン投票。

**じゅうもんじ**（名詞）十文字。十の字の形。例：赤いジュウモンジの記章。

**しゅうや**（名詞）終夜。夜通し。例：シュウヤ運転。シュウヤ営業。

**しゅうやく**（名詞）集約。まとめて短くする。例：意見と主張をシュウヤクしてお話し下さい。シュウヤク農業。

**じゅうやく**（名詞）重役。重要な役目。会社の重要な役員。例：製薬会社のジュウヤク。

**じゅうやく**（名詞）どくだみ（多年草）の別名。葉は腫れ物の薬。例：腫れ物にジュウヤクの葉がええようや。

**しゅうよう**（名詞）収用。国家公共団体が物件を取り上げること。例：土地シュウヨウ法。

**しゅうよう**（名詞）収容。人や物を、一定の場所に入れ管理する。例：捕虜シュウヨウ所。

**しゅうよう**（名詞）修養。学問を修め、品性を養うこと。例：最高学府でシュウヨウに努めます。

**じゅうよう**（名詞）重要。大切だ。大事であること。例：ジュウヨウ文化財。

**じゅうらい**（名詞）従来。前から。例：ジュウライ行ってきたことの反省に基づきます。

**じゅうりょく**（名詞）重力。地球が物体をひきつける力。例：地球上にジュウリョクの掛からぬものはない。

**しゅうろく**（名詞）収録。記事録画等に取り入れて記録する。例：現地でシュウロクした報道番組。

**しゅうろく**（名詞）集録。文章、文書、写真などを集めて記録する。例：オリンピック競技をシュウロクした写真集。

**しゅえん**（名詞）酒宴。酒盛り。宴会。

例：シュエンは午後五時から。

**しゅかん**（名詞） 主観。自分自身の見方や考え方。客観に対する語。例：シュカン的、客観的。シュカン性。

**しゅかん**（名詞） 主幹。その仕事の中心になる人。例：新聞社の論説シュカン。

**しゅかん**（名詞） 主管。主になって管理する人。支配人。例：宿泊施設のシュカンは、社長ではありません。

**しゅきゃく**（名詞） 主客。主人とお客。主体と客体。シュカク、とも。例：シュキャク転倒。

**しゅぎょう**（名詞） 修行。武芸や学問などを修めみがくこと。仏法を修め善行をなすこと。例：仏道シュギョウ。

**しゅくがん**（名詞） 宿願。以前からの願い。例：シュクガンがかなった。

**じゅくし**（名詞） 熟柿。よく熟した柿。例：甘くなるまで並べておいてジュクシにして食べる。

**しゅくせ**（名詞） 宿世。スクセ、とも。前世からの因縁。例：良き妻を得たのもシュクセや。

**じゅくたつ**（名詞） 熟達。練習を積んで上達すること。例：ジュクタツした運転技術。

**しゅくでん**（名詞） 祝電。祝いの電報。例：シュクデンと弔電が同時にまいこむ。

**しゅくば**（名詞） 宿場。昔、宿駅を置いた町。例：草津のシュクバの本陣。

**しゅくぼう**（名詞） 宿望。以前からの望み。例：シュクボウを成し遂げる。

**しゅくぼう**（名詞） 宿坊。参拝の時の寺内の宿泊所。例：善光寺のシュクボウ。

**しゅくめい**（名詞） 宿命。前世からきまっている運命。例：シュクメイ論。

**しゅご**（名詞） 主語。述語の主体。文の成分。例：シュゴと述語の関係。

**しゅご**（名詞） 守護。守ること。例：シュゴ神。シュゴ大名。

**しゅしゃ**（名詞） 取捨。良いものを取り悪いものを捨てること。例：シュシャ選択することが大切や。

**しゅしょう**（名詞） 首相。総理大臣。

**しゅしょう**（名詞） 主将。選手のかしら。キャプテン。例：水泳選手のシュショウをつとめる。

**しゅしょう**（名詞） 主唱。主となって言う人。例：シュショウ者は誰か。

**しゅしょく**（名詞） 主食。主な食物。例：和食のシュショクは、米や。

**しゅじん**（名詞） 主人。家のあるじ。例：小説映画のシュジン公。

**じゅしん**（名詞） 受信。他から電信、電波を受けること。例：放送のジュシン施設と機器。

**じゅしん**（名詞） 受診。診察を受けること。例：次のジュシン日はいつですか。

**しゅだい**（名詞） 主題。主要な題目。作品の中心となる考え。書こうとする中心。例：この文章のシュダイを、三十字以内でまとめるのや。

**しゅだい**（名詞） 首題。最初に掲げられた題目。例：シュダイの議案。

**しゅだん**（名詞） 手段。目的を達成するための手立て、方法。例：考えは正当だがシュダンが悪い。

**しゅちゅう**（名詞） 手中。手のうち。例：島民を追い出して領土をシュチュウに収めたソ連がにくい。

**しゅちょう**（名詞） 主張。自分の説を言い張ること。例：憲法改正をシュチョウする。

**しゅちょう**（名詞） 主潮。主な思想の流れ。例：十八世紀の文芸シュチョウ。

**じゅつ**（名詞） 術。わざ。能力。方法。例：苦労して体得したものがジュツや。

**しゅっか**（名詞） 出火。火事を出すこと。例：シュッカは犯罪や。火の用心。

**しゅっか**（名詞） 出荷。荷物を出すこと。例：工場の倉庫から、シュッカされたい。

**しゅっけ**（名詞） 出家。家を出て仏門に入ること。例：シュッケして、僧侶となるんや。

**しゅっけつ**（名詞） 出血。血が出る。転じて、犠牲、損害。例：弊店のシュッケツによるサービスです。

**しゅっけつ**（名詞） 出欠。出席と欠席。例：最初に、シュッケツをとります。

**しゅつげん**（名詞） 出現。現れて出ること。例：大型の爆撃機B29のシュツゲンで、敗戦は確実になった。

**しゅっこ**（名詞） 出庫。倉庫から商品を出すこと。列車等を車庫から出すこと。例：貴会社の商品のシュッコは、午後に変更いたしました。

**じゅつご**（名詞）述語。主語に対して、述べる言葉。例：主語とジュツゴの関係。

**じゅつご**（名詞）術語。学術上の専門語。例：ジュツゴが曖昧で、意味が不明。

**しゅっこう**（名詞）出港。船が港を出る。例：十時に神戸シュッコウの客船。

**しゅっこう**（名詞）出航。船や航空機が出発すること。例：三時、シュッコウの航空機。

**しゅっさつ**（名詞）出札。切符を売ること。例：駅のシュッサツ口。

**しゅっしん**（名詞）出身。その土地、学校等の出であること。例：関西シュッシンの都知事。

**しゅつじん**（名詞）出陣。戦場に出ること。例：学徒シュツジンの式典。

**しゅっせ**（名詞）出世。社会に出て一人前に活躍すること。例：立身シュッセ。

**しゅっせい**（名詞）出生。生まれること。例：長男のシュッセイした病院。

**しゅっせい**（名詞）出征。軍人として、戦地に行くこと。例：シュッセイ兵士。

**しゅっちょう**（名詞）出張。任務のため、よそへ出て仕事をすること。例：シュッチョウ先。シュッチョウ所。

**しゅっとう**（名詞）出頭。呼び出しに応じて役所に出向くこと。例：五月十日裁判所にシュットウした。

**しゅっとして**（熟語）よそゆきの身なりをして。身なりを整えて。例：シュットシテ、出て行かはった。

**じゅつない**（形容詞）術無い。せつない。苦しい。ズツナイとも。どうしようもない。例：息苦しくてジュツナイ。

**しゅっぱつ**（名詞）出発。目的地に向かって出かけること。例：シュッパツ、進行。

**しゅっぱん**（名詞）出版。文書図書などの印刷発行の意。例：学術図書シュッパンの会社。

**しゅっぴ**（名詞）出費。費用を出すこと。例：シュッピがかさむ。

**しゅび**（名詞）守備。陣地を守り、敵の攻撃にそなえること。例：攻撃しにくくシュビしやすい城。

**しゅび**（名詞）首尾。始めと終わり。例：シュビ一貫。シュビよく当選した。

**じゅみょう**（名詞）寿命。いのち。転じて物品の使用に耐える期間。例：限られた人間のジュミョウ。電池のジュミョウは、飛躍的に伸びている。

**しゅむ**（動詞）染む、染みる、の訛。例：わきに汗がシュンできた。服にまで汗がシュム。

**じゅもく**（名詞）樹木。立ち木。例：街路に伸びたジュモクの枝の伐採作業。

**じゅよ**（名詞）授与。授け与えること。例：ノーベル賞をジュヨされる。

**じゅらく**（名詞）入洛。都に入ること。例：ジュラクは、都の洛陽に入ることやった。中国の言葉、そのままなんや。

**しゅりゅう**（名詞）主流。主な川の流れ。支流に対する語。転じて、思想などの主な流れ。例：派閥のシュリュウをなす人々。

**しゅりょく**（名詞）主力。主要な勢力。例：議会のシュリョクとなる党派はない。

**しゅるい**（名詞）種類。分類した一まとまりで他と区別できるもの。例：異なったシュルイ、同じシュルイ。

**じゅるい**（形容詞）雨のために歩きにくい。ジルイとも。例：雨で道がジュルイので、長靴履いて行きな。

**じゅるた**（名詞）湿田。ぬかるんだ田。ジュルイ＋田、が語源。例：ジュルタは、機械が使いにくうてな。

**しゅん**（名詞）旬。適した時節。例：おいしいシュンの筍。九十八で死なしたって、死にシュンや。

**しゅんかん**（名詞）瞬間。きわめて短い間。例：決定的シュンカンを捕らえた写真。

**じゅんかん**（名詞）旬間。十日間。例：交通安全ジュンカン。

**じゅんかん**（名詞）循環。ひとめぐりして元へもどること。例：血液のジュンカン。

**しゅんぎく**（名詞）春菊。キク科の草。例：シュンギクは、食用、観賞用のいずれにも使う。

**じゅんきょ**（名詞）準拠。よりどころにする。よりどころとなる。例：指導要領にジュンキョした副読本。

**しゅんこう**（名詞）竣工。建造物が、できあがること。例：新校舎シュンコウの式典。

**じゅんこう**（名詞）順行。順序を追って行くこと。逆にならないで同方向に進むこと。例：天体のジュンコウ運動。

**じゅんこう**（名詞）巡航。船や航空機が各地を回ること。例：ジュンコウ速度のコウは、行でなくて航の文字を使う。

**じゅんこう**（名詞）巡行。めぐり歩くこと。例：時代祭りの行列のジュンコウ。

**しゅんじゅう**（名詞）春秋。春と秋。転じて一年の意。例：文芸シュンジュウ。

**しゅんじゅうにとむ**（熟語）春秋に富む。若くて将来がある。例：シュンジュウニトム諸君。

**しゅんしゅん**（副詞、名詞）湯の沸く音。転じて、熱い。例：お二人の仲、シュンシュンや。

**じゅんじゅん**（副詞、名詞）すき焼きの児童語。例：誕生日やしジュンジュンして。

**しゅんしょう**（名詞）春宵。春の夕べ。例：シュンショウ一刻値千金の思い。

**じゅんじょう**（名詞）純情。素直で飾り気のない心。純真な人情。例：ジュンジョウ可憐な女生徒。

**じゅんせつ**（名詞）順接。二つの連文節が意味上順当につながること。例：ジュンセツの確定条件、逆接の仮定条件。

**じゅんぞう**（名詞）純増。純粋な増加。例：売上の増加でなく、利益のジュンゾウや。喜ばしい傾向や。

**しゅんそく**（名詞）駿足。足の速い良馬。足の速い人にも使う。例：シュンソクの選手。

**しゅんそく**（名詞）俊足。才知の優れた人。例：一門のシュンソクである。

**じゅんたく**（形容動詞）潤沢。物が豊かなさま。例：食料品がジュンタクに出まわっている。

**しゅんだん**（名詞）春暖。春の暖かさ。例：シュンダンの候となりました。

**じゅんちょう**（名詞）順調。物事が調子よく進むこと。例：準備がジュンチョウに進む。

**しゅんとする**（熟語）恐れ入る。かしこまる。例：叱られてシュントシてるわ。

**じゅんばん**（名詞）順番。かわるがわるする順序。例：ジュンバンを待つ。

**しゅんぷう**（名詞）春風。春の風。例：シュンプウ駘蕩、良い気候になってまいりました。

**じゅんれい**（名詞）巡礼。霊場をめぐり歩いて参拝する。例：四国ジュンレイ遍路の旅。

**じゅんろ**（名詞）順路。順序良く進んで行ける道すじ。例：美術館のジュンロ。

**しょいちねん**（名詞）初一念。最初からの決心。例：ショイチネンを貫く。

**しょいん**（名詞）書院。書院作りの座敷。例：現在の木造の日本の住宅は、大部分がショイン造りや。

**じょう**（名詞）炭火などが燃え尽きたあとの白い灰。例：火鉢の火、ジョウになってしもた。

**しょういん**（名詞）証印。証明する印。例：この委任状のショウインがおかしい。無効ではないか。

**しょういん**（名詞）勝因。勝った原因。例：巨人、阪神戦のショウインは、若い選手の活躍や。

**しょういん**（名詞）承引。聞き入れ引きうけること。例：土地交換の申し出、確かにショウインいたしました。

**しょうえん**（名詞）荘園。貴族や社寺の領有した土地。例：守山は、延暦寺のショウエンやった。山をマモルって書くやろ。

**じょうおん**（名詞）常温。一定の温度。または、平常の温度。例：年間のジョウオンは、二十七度です。

**しょうか**（名詞）唱歌。楽に合わせて歌を歌うこと。例：平安時代にショウカが使われている。明治期に、小学校の教科名になったんや。

**しょうか**（名詞）消火。火を消すこと。例：消防団のショウカ活動のおかげでボヤで済んだ。

**しょうか**（名詞）消化。食べたものを、吸収しやすいようにする働き。例：ショウカ器官の異常と疾病。

**しょうか**（名詞）消化。学習した知識などを、理解して自分のものとすること。例：大学の講義が、十分ショウカできていない。

**しょうかい**（名詞）商会。商店。商社。例：ショウカイは、明治大正の店の屋号によく使われた。

**しょうかい**（名詞）紹介。人と人を引き合わせること。広く世間に知らせること。例：新刊のショウカイ。

**しょうかい**（名詞）照会。問い合わせること。例：乗車券の予約の有無をショウカイする。

**しょうがい**（名詞）渉外。外部との交渉。例：ニューヨーク支店の渉外係。

**しょうがい**（名詞）生涯。一生の間。生きている間。例：ショウガイの思い出。

**しょうがく**（名詞）小額。例：ショウガクの寄付、献金を大切にしたいもの。

**しょうがく**（名詞）商学。商業に関する学問。例：私立大学ショウガク部。

**しょうがくきん**（名詞）奨学金。学資の補助金。学術研究の奨励金。例：返済無用のショウガクキンは、果たして良い議案であろうか。

**じょうかげん**（名詞）上加減。ちょうど程好い程度。例：ジョウカゲンの湯や。

**しょうがつ**（名詞）正月。新年を祝う期間。一月。例：おショウガツには、鞠をついたり凧あげしたりして遊ぶんや。

**しょうがない**（熟語）しかたがない。例：なんぼそばからわいわい言うてもショウガナイ。

**しょうかん**（名詞）償還。借金、債務などを返すこと。例：会社の債務のショウカンに当てる四百億円。

**じょうかん**（名詞）上燗。酒の燗が飲み頃になる意。例：はい、徳利三本ジョウカンや。

**しょうき**（名詞）勝機。勝てる機会の意。例：ショウキを摑む。

**しょうき**（名詞）商機。商売上のよい機会。例：ショウキを逸す。

**しょうぎ**（名詞）将棋。二十枚一組の駒を盤上で動かして相手の王将を攻め取る遊び。例：ショウギ名人戦。詰めショウギ。

**じょうき**（名詞）蒸気。液体の蒸発によってできる気体。例：ジョウキ機関車。

**じょうき**（名詞）常軌。普通のやり方。例：ジョウキを逸した生き方をする。

**じょうぎ**（名詞）定規。線を引いたり、角度をはかったりする器具。例：三角ジョウギと分度器。Tジョウギ。

**しょうきゃく**（名詞）焼却。焼き捨てること。例：ごみショウキャク場。

**しょうきゃく**（名詞）償却。償って返すこと。例：借金をショウキャクする。減価ショウキャク。

**しょうきゅう**（名詞）昇給。給料が上がること。例：今年四月からショウキュウや。

**しょうきゅう**（名詞）昇級。等級が上がること。例：一級免許状にショウキュウした。

**しょうきょう**（名詞）商況。商業上の景気、状況。例：ショウキョウを報告されたい。

**しょうぎょう**（名詞）商業。商品を売買する事業。例：ショウギョウ高等学校。

**じょうきょう**（名詞）状況。物事のありさま。例：選挙のジョウキョウ報告。

**じょうきょう**（名詞）上京。都にのぼること。現在は、東京に行くこと。例：田舎からジョウキョウする。

**しょうきょくてき**（形容動詞）消極的。進んで事をしないさま。例：ショウキョクテキな態度をとる。

**しょうきん**（名詞）償金。償って返す金。例：戦争犯罪とそのショウキン。

**しょうきん**（名詞）賞金。褒美の金。例：優勝のショウキン百万円。

**しょうけ**（名詞）笊（ざる）。洗米を入れる笊、または桶。例：ショウケは、西日本全域で使っている言葉や。

**じょうげ**（名詞）上下。うえとした。例：ジョウゲの服。ジョウゲ動。

**しょうけい**（名詞）象形。物の形を、かたどること。例：ショウケイ文字。

**しょうけい**（名詞）小景。ちょっとした景色。例：海岸のショウケイを描いた風景画。

**しょうけい**（名詞）憧憬。あこがれ。ショウケイが正しい読み。慣用読みでドウケイとも読む。例：ショウケイの的。

**しょうけい**（名詞）承継。受け継ぐこと。継承とも。例：文化遺産をショウケイする努力が必要。

**しょうけい**（名詞）小計。一部分の合計。例：ショウケイはいくらか。

**じょうけい**（名詞）場景。その場の光景。例：犯罪のジョウケイを写したカメラ。

**じょうけい**（名詞）情景。ありさま。ようす。例：ほおえましいジョウケイ。

**しょうけん**（名詞）商権。商取引上の権利。例：あの会社とのショウケンは、どちらが強いのか。
**しょうけん**（名詞）商圏。商取引のある地域、範囲。例：京阪神のショウケンは、非常に広い。
**しょうけん**（名詞）証券。有価証券の総称。例：ショウケン取引所。
**しょうこ**（名詞）証拠。事実を証明する根拠となるもの。例：物的ショウコがそろう。
**しょうご**（名詞）正午。昼の十二時。例：ショウゴの合図で昼休みや。
**しょうこう**（名詞）商港。商船の出入りする港。例：神戸、横浜が、代表的なショウコウですな。
**しょうこう**（名詞）昇降。上り下り。例：ショウコウ機。
**しょうこう**（名詞）焼香。香を焚いて仏に合掌すること。例：ショウコウを順に、よろしくお願いいたします。
**しょうこう**（名詞）商工。商業と工業。例：ショウコウ会議所。
**しょうごう**（名詞）称号。呼び名のこと。例：名誉教授のショウゴウを持つ人や。
**しょうごう**（名詞）商号。商人が営業上使う自分の店の名前。例：合併でショウゴウを失った電器会社。
**じょうこう**（名詞）乗降。乗り降りすること。例：有名な駅だが、ジョウコウ客は、あまり多くない。
**じょうこう**（名詞）条項。法律や契約の箇条や項目。例：六法全書のジョウコウに当ってみる。
**しょうこだてる**（動詞）証拠だてる。対象が真実であることを証拠をあげて証明する。例：犯罪をショウコダテル写真。
**しょうことなしに**（熟語）しかたなしに。例：ショウコトナシに返事を書いた。
**しょうさい**（名詞）詳細。くわしく細かいこと。例：ショウサイな説明。
**しょうさい**（名詞）商才。商売に適した才能。例：ショウサイのすぐれた青年。
**しょうさん**（名詞）勝算。勝つ見込み。例：九対ゼロで負けていて、ショウサンのない試合を逆転した。
**しょうさん**（名詞）賞賛。誉めたたえる。例：怪我をおして出場し優勝した関取にショウサンの拍手が鳴り止まなかった。
**しょうじ**（名詞）障子。室内の仕切りに立てる建具。敷居を使い、明かり障子、ふすま障子がある。例：ショウジを閉めて下さい。
**しょうじ**（名詞）小事。重要でない小さな事件。例：大事の前のショウジ。
**じょうし**（名詞）上司。上役。例：帰って、ジョウシに報告し相談致します。
**じょうし**（名詞）城市。城下町。例：山陰の池田藩のジョウシです。
**しょうじき**（名詞）正直。嘘偽りのないこと。正しいこと。例：ショウジキな人柄や。
**しょうしつ**（名詞）焼失。焼けてなくなること。例：ショウシツ家屋、五千戸。
**しょうしゃ**（名詞）照射。光線を当てて照らすこと。例：太陽灯をショウシャしたイチゴ栽培。
**しょうしゃ**（名詞）勝者。勝った者。例：ジャンプ競技のショウシャ。
**しょうしゃ**（名詞）小社。小さな会社。自分の会社、の謙遜語。例：ショウシャ発行の学術図書。
**しょうしゃ**（名詞）商社。商事会社。商業関係の会社。例：外国ショウシャ。
**じょうしゅ**（名詞）情趣。おもむき、おもしろみ。味わい。例：しみじみとしたジョウシュのある絵画が多い。
**じょうじゅ**（名詞）成就。成し遂げること。願いや思いがかなうこと。例：司法試験合格の夢がジョウジュしたら、弁護士になって正義の味方になろう。
**じょうしゅう**（名詞）常習。いつもの悪い習慣。例：交通事故のジョウシュウ犯や。
**しょうしょう**（名詞）少々。わずか。ちょっと。すこし。例：ショウショウの過ちは目をつぶろうか。
**しょうじょう**（名詞）賞状。優勝者、功労者などにおくる書状。例：ショウジョウ授与。
**しょうじょう**（名詞）症状。病気や傷の状態。例：手術後のショウジョウ。
**じょうしょう**（名詞）上昇。あがる。のぼる。例：物価のジョウショウを抑える仕事。
**じょうじょう**（名詞）情状。実際の様子。

実情。例：ジョウジョウ酌量の上減刑される。

**じょうじょう**（名詞）上場。株式等を売買物件として、取引所に登録する意。例：株式市場にジョウジョウされている会社。

**しょうしん**（名詞）昇進。官職や地位が上がること。例：横綱ショウシンの披露宴。

**しょうしん**（名詞）傷心。悲しく思い、心を痛めること。または、傷つけられた心。例：愛する人々を失いショウシンの極みです。

**しょうじん**（名詞）精進。身を清め行いを慎むこと。一生懸命努力する意。例：金メダルをめざしショウジンします。ショウジン料理。

**しょうず**（名詞）清水と書く。自然の湧き水。泉。例：ショウズで、水汲んで来て。

**じょうず**（副詞）いつも。しじゅう。常時、の転か。ショッチュウとも。例：ジョウズ、子供が寄せてもろて、ごっつぉになってな。

**じょうず**（名詞、形容動詞）上手。ものごとに巧みなこと。例：ジョウズな絵かきや。

**じょうすい**（名詞）浄水。清らかな水。例：大都市のジョウスイ場。

**じょうずもん**（名詞）上手者。口先の上手な者。例：三男は、ほんまにジョウズモンや。

**しょうせい**（名詞）笑声。わらい声。例：聞こえてくる老人達のショウセイ。

**じょうせき**（名詞）定石。囲碁で最も良いとされている石の打ち方。例：ジョウセキ以上の、好点を捜す。

**じょうせき**（名詞）定席。いつも決まっている座席。例：行きつけの店の窓辺のジョウセキ。

**しょうせん**（名詞）商船。商業上の目的で使われる船。例：大阪ショウセンという会社。神戸ショウセン大学。

**じょうせん**（名詞）乗船。船に乗ること。例：大阪南港からジョウセン下さい。

**じょうせん**（名詞）米で造った飴。ジョウセンアメとも。例：祭りで、いつもジョウセンを土産に買うたもんや。

**じょうそう**（名詞）情操。人間の心の働きで、高く豊かで複雑な知的感情。例：ジョウソウ教育。

**じょうそう**（名詞）上層。上の方の重なり。例：ジョウソウ階級。

**しょうそく**（名詞）消息。知らせ。便り。例：ここしばらくショウソクがない。

**しょうぞく**（名詞）装束。身支度や衣装。例：時代祭りのショウゾク。

**しょうたい**（名詞）正体。本当の姿。例：疲れてショウタイもなく眠りこける。

**じょうだい**（名詞）上代。大昔。太古。例：大和、奈良時代がジョウダイや。

**しょうだく**（名詞）承諾。依頼や要望を聞き入れること。例：事後ショウダクではいけない。

**じょうだん**（名詞）上段。上の段。例：書架のジョウダンの本。剣道のジョウダンの構え。

**しょうち**（名詞）承知。納得し聞き入れること。例：ショウチしました。

**しょうち**（名詞）招致。招いて来てもらうこと。例：オリンピックや、万博のショウチに、うつつをぬかしている国。

**しょうちゅう**（名詞）焼酎。サツマイモを原料とする蒸留酒。例：ショウチュウの好きな男性は、泡盛も好きや。

**しょうてん**（名詞）小店。小さな店。例：ショウテンは自分の店の謙遜語。

**しょうてん**（名詞）商店。商品を売る店。例：駅前のショウテン街。三井ショウテンが、百貨店のはじまりや。

**しょうと**（名詞）商都。商業の盛んな都市。例：ショウト大阪。

**じょうど**（名詞）浄土。清らかな理想の世界。例：ジョウド宗の総本山知恩院。

**じょうとう**（名詞）上棟。棟上げ。例：新校舎のジョウトウ式。

**じょうとう**（名詞）上等。上の等級。すぐれたもの。例：最ジョウトウの酒。

**しょうどく**（名詞）消毒。熱や薬品によって病原菌を絶つこと。例：熱湯ショウドク。ショウドク薬。

**じょうとんば**（名詞）尉と姥、の訛。尉は尉翁。長寿の老人夫婦の意。例：ジョウトンバの袱紗。

**しょうにん**（名詞）商人。商業を営む人。あきんど。例：近江ショウニン。

**しょうにん**（名詞）承認。承知し認めること。例：国会のショウニンを得る。
**しょうにん**（名詞）証人。証拠立てる人。例：国会でショウニンとして証言する。
**しょうにん**（名詞）昇任。上の地位に昇ること。例：市職員の人事、ショウニンについての議案。
**しょうね**（名詞）性根。根性。例：全くショウネがすわっとらん。
**しょうねんば**（名詞）正念場。主たる役者が、役柄や性根を発揮する重要な場面。クライマックス。劇場用語。例：舞台はこれからがショウネンバや。
**しょうのう**（名詞）樟脳。くすのきを蒸留してつくる結晶。例：箪笥に防虫剤のショウノウを入れておく。
**じょうば**（名詞）乗馬。馬に乗ること。乗るための馬。例：ジョウバとして活躍したキタサンブラック。
**しょうばい**（名詞）商売。売り買い。あきない。例：ショウバイ繁盛。ショウバイ人。
**しょうばつ**（名詞）賞罰。誉めることと罰すること。例：履歴書にショウバツなしと書く。
**じょうひん**（名詞）上品。人柄がいやしくないこと。例：ジョウヒンな女性。
**しょうびんな**（形容動詞）小ぶりな。軽小な。例：ショウビンナ土産やな。
**しょうぶ**（名詞）勝負。勝ちと負け。例：ショウブ事が好きな人。
**じょうぶ**（名詞）上部。上の部分。例：機械のジョウブのスイッチ。
**じょうぶい**（形容詞）丈夫な。例：素直でジョウブイ子供に育てよな。
**じょうべったり**（副詞）いつも。常に。例：おとなしかったので、祖父にジョウベッタリで可愛がってもらった。
**しょうほう**（名詞）勝報。勝った知らせ。例：一九四三年以後ショウホウは、大本営に届くことはなかった。
**しょうほう**（名詞）詳報。くわしい知らせ。例：パリのテロ、ショウホウはわかり次第お知らせします。
**じょうほう**（名詞）情報。事情、状況などの知らせ。例：内閣ジョウホウ局。
**しょうまっせつ**（名詞）枝葉末節。物事のどうでもよい細かい部分。例：ショウマッセツにとらわれた研究はあかん。
**しょうみ**（名詞）正味。実際の収量。容器、包装、風袋などを除いた中身。例：ショウミは、五百グラムの新茶や。
**しょうめん**（名詞）正面。真向かい。例：赤坂離宮のショウメン玄関。
**しょうもない**（形容詞）つまらない。例：ショウモナイことを言うな。
**しょうもん**（名詞）証文。証拠になる文書。例：ショウモンの出し遅れ。
**じょうやく**（名詞）条約。国家間の権利義務を決める約束。例：安全保障ジョウヤク。
**しょうよ**（名詞）賞与。給与以外に支給される慰労金。ボーナス、の訳語。例：年末の公務員のショウヨ。
**しょうよう**（名詞）賞用。いい品だとほめて使うこと。例：ショウヨウしている鉛筆。
**しょうよう**（名詞）商用。商売上の用事。例：ショウヨウで、博多まで。
**しょうらい**（名詞）将来。これから先。未来。例：ショウライ性のある会社。
**じょうらく**（名詞）上洛。京都に上る意。例：ジョウラクして京都所司代となる。
**しょうり**（名詞）勝利。勝つこと。例：欲しがりません、ショウリの日まで。
**じょうり**（名詞）条理。物事の道理。例：ジョウリを尽くして説得する。
**しょうりょう**（名詞）少量。少しの分量。例：塩分はできるだけショウリョウに。
**じょうろ**（名詞）如露、の長音化。例：ジョウロで、水かけ忘れんといて。
**じょうろくに**（副詞）いつも平均に。まんべんに。常＋ロック（水平）＋に、が語源。例：種蒔いたら、毎朝ジョウロクニ水を忘れんことや。
**しょがく**（名詞）初学。学問を学び始めること。例：フランス語ショガク入門。
**しょがない**（熟語）仕方がない。例：休みに学校へ行ってもショガナイしなあ。
**しょかん**（名詞）所感。心に感じた事。感想。例：新年にあたりショカンを述べる。
**しょき**（名詞）暑気。暑さ、の意。例：ショキあたり。ショキ払い。
**しょき**（名詞）初期。初めの時期。例：義務教育となったのは明治ショキや。

**しょき**（名詞） 書記。書き記す役。例：労働組合ショキ局。
**しょぎょう**（名詞） 所業。行い。しわざ。例：土一揆とは、許せぬショギョウや。
**しょくぎょう**（名詞） 職業。暮らしを立てるための仕事。例：ショクギョウ紹介。
**しょくぎょういしき**（名詞） 職業意識。その職業に従事する人の特有の気持ちや考え。例：高いショクギョウイシキを持って、工場を動かしてほしい。
**しょくご**（名詞） 食後。食事の後。例：ショクゴ三十分安静のこと。
**しょくじ**（名詞） 食事。食べ物。食べ物をとること。例：ショクジはすすみますか。
**しょくじょ**（名詞） 織女。おりひめ。例：ショクジョ星は、琴座の首星ヴェガの漢名。
**しょくぜん**（名詞） 食前。食事の前。例：ショクゼンの手洗い。
**しょくだい**（名詞） 燭台。蠟燭立ての台。例：銀のショクダイ。
**しょくどう**（名詞） 食堂。食事をするための部屋。例：ホテルのショクドウ。
**しょくにん**（名詞） 職人。手先で物を作る職業の人。例：ショクニン気質。
**しょくば**（名詞） 職場。仕事をする場所。例：ショクバ安全。ショクバ結婚。
**しょくもつ**（名詞） 食物。食べ物のこと。例：ショクモツは、中世の古い言葉や。
**じょげん**（名詞） 助言。言葉を添えて助けること。口添え。例：ジョゲンをいただく先生方。
**しょさ**（名詞） 所作。身のこなし。例：都踊りのショサの美しさ。
**じょさいない**（熟語） 如才無い。ぬかりない。ぬけめがない。例：ジョサイナイ男や、あいつは。
**しよし**（熟語） しなさい。せよ＋し（接尾語）が語源か。例：早くシヨシ。
**しょじ**（名詞） 所持。持っていること。例：ショジ品検査。
**しょしゃ**（名詞） 書写。書き写すこと。例：古文書のショシャが、私の学問の初めであった。
**しょしゅう**（名詞） 初秋。秋の初め。例：ショシュウの訪れはひそやかである。
**しょじょう**（名詞） 書状。手紙。例：ショジョウを賜り有り難く拝見。
**しょしん**（名詞） 初心。思い立った初めの心。例：ショシン者。ショシン忘るべからず。
**じょせい**（名詞） 助成。研究や事業の完成を助けること。例：ジョセイ金。
**しょせき**（名詞） 書籍。書物。図書。例：書斎のショセキは、たまる一方や。
**しょぞん**（名詞） 所存。心に思うところ。例：全力を尽くすショゾンです。
**しょたい**（名詞） 所帯。独立した一家。例：やっとショタイを持った。
**しょたいもつ**（熟語） 所帯持つ。結婚する。例：大阪で新しいショタイモタはったそうな。
**しょだん**（名詞） 初段。武術、囲碁、将棋などの最初の段位。例：柔道ショダンをいただいて黒帯が嬉しかった。
**じょちゅう**（名詞） 女中。家事手伝いの女性。例：ジョチュウ奉公。
**しよった**（熟語） した、の卑語。友人や一般人にも使うが、悪人、悪事にも使う。例：また落書きをシヨッタ。犯人が放火シヨッタ。
**しょっちゅう**（副詞） いつも。例：嘘を付くのは、ショッチュウのことや。
**しょっぱな**（名詞） 最初。初＋端（はな）が語源か。例：ショッパナから点を取られた試合や。
**しょて**（名詞） 最初。初＋手、が語源。例：ショテからへまばかりや。
**しょとう**（名詞） 初冬。冬のはじめ。例：ショトウの朝、霜が一面に白いわ。
**しょとう**（名詞） 諸島。いろいろの島。多くの島。例：伊豆ショトウ。
**しょぼくれる**（動詞） 元気がない。気勢があがらない。例：なんでそんなに、ショボクレているのや。元気出しな。
**しょぼしょぼ**（副詞、名詞） 物の数量のごく少ない形容。例：あの店、ちかごろお客さんショボショボや。
**しょぼんとする**（熟語） 落胆する。例：事業の失敗ぐらいで、ショボントスルな。次の手考えよ。
**しょまいおもてんのに**（熟語） しないだろうと思っているのに。例：怪我して運転は、ショマイオモテンノニ、車で出て行ったか。

**しょみん**（名詞） 庶民。一般の人々。大衆。例：ショミン階級。

**しょみん**（名詞） 諸民。すべての人々。例：ショミンの願いにかなうこと。

**しょもう**（名詞） 所望。望み願うこと。例：お茶、一服ショモウしたいんやが。

**しょもつ**（名詞） 書物。書籍。本。図書。例：ショモツの置場がない。

**じょや**（名詞） 除夜。年越しの夜のこと。例：ジョヤの鐘を聞いてから初詣や。

**しょよう**（名詞） 所用。用事。用件。例：ちょっとショヨウがありまして。

**じょらかく**（熟語） あぐらをかく。例：ジョラカイて、もっと楽にしな。

**しょらへん**（熟語） しない、の卑語または親愛語。例：何度も電話しているねやけど、返事ショラヘン。

**しよる**（動詞） する。している、の卑語または親愛語。例：うちの息子、よう勉強シヨルわ。俺の友人、市立病院の院長シヨルね。

**しょる**（助動詞） 使役。人にさせる。例：先輩が来て、僕ら後輩にグランドを走らっショル。

**しよるさかい**（熟語） するから、の卑語または親愛語。例：来てくれたら、うちの娘が案内シヨルサカイ、遠慮せんと来とくれ。

**しょろ**（名詞） しゅろ（棕櫚）の訛。例：ショロ縄、買うてきてくれんか。

**しょんしょん**（副詞、名詞） 元気な様子。ションは、背筋をのばす、意か。例：九十歳やいうのに、ションションやで。

**しよんねやわな**（熟語） するのだよね。例：孫が、いつも邪魔シヨンネヤワナ。可愛いけどもな。

**しょんべ**（名詞） 小便。例：ションベしてくるわ。

**しょんべたれ**（名詞） 夜尿症。夜尿の癖。例：幼児期は、みんなションベタレや。

**しらが**（名詞） 白髪。白くなった毛髪。例：シラガ染め。

**しらかべ**（名詞） 白壁。しろい壁。例：シラカベの美しい町、倉吉市。

**しらくも**（名詞） 白雲。しろい雲。例：シラクモがなびく、大山山頂。

**しらける**（動詞） 白ける。座の雰囲気が壊れる。例：めでたい席の座がシラケた。

**しらす**（動詞） 知らす。知らせる。例：早くシラサんとあかん。

**じらたい**（形容詞） 狡い。鉄面皮な。例：ジラタイ男や。責任感が全くない。都合の悪いことは目をつぶっている。

**しらぬがほとけ**（熟語） 知らぬが仏。知らねば心おだやかだ、の意の諺。例：シラヌガホトケや。そんな過ち、聞きとうないわ。

**しらはた**（名詞） 白旗。白い旗。降伏のしるし。例：シラハタを掲げて出て来る住民の列。むなしい戦い。

**しらはま**（名詞） 白浜。白い砂浜。例：松林の向こうには、シラハマが続く。

**しらへん**（熟語） 知らない。例：そんなこと、うちシラヘンわ。

**しらへんのや**（熟語） 知らないのだ。シラヘンネヤとも。例：そのことは、うちシラヘンノヤ、ほんまに。

**しらみ**（名詞） 虱。シラミ科の昆虫。哺乳類の動物に寄生。例：シラミ潰しに調べる警察官。

**しらむし**（名詞） 小豆を入れないで、餅米ばかりを蒸したもの。神事に使う。例：大宮ごもりは、シラムシ供えるのや。

**しらん**（熟語） 知らない。知らぬ。例：シラン顔している。

**……しらん**（補助動詞） か、かも、を伴い不確定の気持ち。例：気が向いたら行くかシラン。思い出すかもシラン。

**しらんかお**（名詞） 知らん顔。知っていながら知らない顔をすること。例：シランカオして、悪事をくりかえすあほがおる。

**しらんかった**（熟語） 知らんかった。知らなかった。例：誤植が残っていたとは、シランカッタ。

**しらんてるまに**（熟語） 知らんてる間に。知らないうちに。例：シランテルマニ、桜が散ってしもた。

**しり**（名詞） 後尾。後ろ。末尾。例：成績はシリから数えた方が早いわ。

**しりえ**（名詞） 後の方。例：機械のシリエのハンドル。

**しりがくる**（熟語） あとに難題が残ってくる。例：ええかげんな校正しとくと、きっとシリガクルぞ。

**しりがながい**（熟語） 長居すること。

例：婆さん、近所にいくとシリガナガイんや。

**しりから**（熟語）すぐあとから。例：勉強したシリカラ、忘れたら困る。

**しりからげ**（名詞）尻からげ。和服の裾を端折って尻に挟むこと。例：俄か雨で、シリカラゲで雨宿りや。

**しりからはげる**（熟語）嘘がたちまち発覚すること。例：シリカラハゲル話はするな。人格が疑われる。

**じりき**（名詞）自力。自分だけの力。例：遭難したが、ジリキで下山して来た。

**しりきれとんぼ**（熟語）尻切れとんぼ。物事が中途で切れて、後が続かないこと。例：あいつの仕事は、いつでもシリキレトンボや。

**しりくらえかんのん**（熟語）尻食らえ観音。シリクリカンノンとも。恩を忘れて後は構わぬ、意の諺。例：大事にして貰っていて後はシリクラエカンノンや。

**しりごみ**（名詞）尻込み。逃げ腰になること。例：練習だからといって、シリゴミしてたらあかん。

**しりっこ**（名詞）末っ子。シリコとも。例：五人兄弟のシリッコや。

**しりとり**（名詞）尻取り。一語の最後の音を、次の語のはじめにして語をつないでいく遊び。例：雨……飯……島……松……月……菊……栗……がシリトリなんや。

**しりびと**（名詞）知人。知っている人。例：あんたは、息子のシリビトでしたか。

**じりひん**（名詞）じり貧。じりじりと貧乏になること。例：このままでは、ジリヒンになってしまう。

**しりべた**（名詞）尻。ベタは平たい意。例：いたずら坊主、シリベタつねってやれ。

**しりょ**（名詞）思慮。よく考えること。深い考え。例：シリョ分別がない男。

**じるい**（形容詞）雨のため道がぬかるみ歩きにくい意。ジュルイとも。例：新道は雨続きで、ジルイ道になっていた。

**しるす**（動詞）記す。記録する。書く。例：参列者の名をシルス。戦記をシルス。

**しるわん**（名詞）汁椀。汁物を入れる椀。例：シルワンが、そろっていない。

**じれい**（名詞）辞令。官職の任免の文書。例：三月三十一日付けのジレイや。

**じれい**（名詞）事例。前例となる事実。例：個々のジレイを調べて報告せよ。

**しれたもん**（熟語）知れたもん。底のしれたもの。大したものでない。例：中身は、どうせシレタモンやろ。

**しれる**（動詞）知れる。知られる。わかる。例：そんな無作法なことをしたら、お里がシレルがな。

**しろ**（名詞）城。敵を防ぐための建造物。例：シロ址（跡）。シロ攻め。

**しろ**（名詞）代。材料。場所。代金。例：糊シロ。苗シロ。飲みシロ。

**しろ**（名詞）白。白色。潔白。例：シロ砂糖。シロ地に赤。シロ豆。

**しろうと**（名詞）素人。未熟な人。職業としない人。例：シロウト演芸会。

**しろうとばなれ**（名詞）素人離れ。素人だが専門家のようであること。例：シロウトバナレした彫刻や。

**しろうり**（名詞）白瓜。ウリ科の一年生つる草。アサウリとも。例：シロウリは、奈良漬けにするのが一番ええわ。

**しろかいな**（熟語）知ろうか、知らない、の反語表現。例：そんな噂があるって、わしが、シロカイナ。

**しろがまえ**（名詞）城構え。城廓の構造。例：安土城のシロガマエの雄大さ。

**しろぜめ**（名詞）城攻め。城を攻めること。例：川の水を引き入れてシロゼメをした秀吉。

**しろたえ**（名詞）白妙。白い布。白い色。例：シロタエの衣。

**しろまめ**（名詞）大豆。例：味噌用の豆をシロマメといっている。

**しわ**（名詞）皺。皮膚のたるみでできた細かいすじ。例：顔にシワが寄る。

**しわがれごえ**（名詞）嗄れ声。かすれたような声。例：喉を痛めて、シワガレゴエしか出ない叔父さん。

**しわく**（動詞）叩く。シバクとも。例：生意気な奴や。シワイてやれ。

**しわくちゃ**（名詞）皺くちゃ。皺の多いこと。年寄りを卑下する意にも。例：母も九十歳のシワクチャばあさんや。

**しわざ**（名詞）仕業。すること。行為。例：畑の穴は誰のシワザか。穴熊か猪か。

**しわる**（動詞）撓る。たわむ。しなう。

例：この釣り竿、ほんまにようシワルわ。

**しわんぼ**（名詞）吝ん坊。しわい人。けちんぼ。例：シワンボの柿の種。

**しんあい**（名詞）信愛。人を信じ愛すること。信仰と愛。例：シンアイを祈る教会。

**しんあい**（名詞）親愛。親しみ愛すること。例：シンアイの情を示す人々。

**しんか**（名詞）進化。進歩して段々良くなること。例：生物のシンカ論。

**しんか**（名詞）真価。真の価値。例：チームのシンカを発揮しよう。

**……しんか**（熟語）……しないか。……センカとも。例：早う掃除シンカ。

**じんか**（名詞）人家。人の住む家。例：孤島なのに、ジンカが少しあるようだ。

**しんがい**（名詞）心外。思いのほか。意外。もってのほか。例：これはシンガイな。違法行為をなさるのか。

**じんかい**（熟語）塵芥。ちり。ごみ。例：ジンカイ焼却施設。

**しんかいち**（名詞）新開地。新しく開けた市街地。例：神戸や芦屋のシンカイチの子供。

**しんかいな**（熟語）しないのか（詰問的）。例：言われたこと、早うシンカイナ。

**しんき**（名詞）新規。新しいこと。例：シンキ蒔きなおし。シンキに始める。

**じんぎ**（名詞）仁義。人の行うべき道。思いやりと良い行為。例：儒教の根本精神は、ジンギである。

**しんきくさい**（形容詞）辛気臭い。事がうまく運ばないでいらいらする。じれったい。例：シンキクサイ先生やなあ。

**しんきまきなおし**（熟語）新規蒔きなおし。始めからやりなおすこと。例：くよくよしなさんな、シンキマキナオシでがんばりや。

**しんきゅう**（名詞）進級。等級や学年が上へ進むこと。例：シンキュウ試験。

**しんきゅう**（名詞）新旧。新しいものと古いもの。例：シンキュウの大統領。

**しんく**（名詞）辛苦。つらさと苦しさ。例：粒々シンク。艱難シンク。

**しんく**（名詞）真紅。濃い赤色。例：白地にシンクの日章旗。

**しんけい**（名詞）神経。心の働きのこと。例：シンケイ質。シンケイ病。

**しんげん**（名詞）進言。上の人に対して意見を申し述べること。例：利己的な政策を捨てるようにシンゲンする。

**じんけん**（名詞）人権。人間が生まれながらにもっている生存・自由・平等などの権利。例：十八世紀のフランスのジンケン宣言。

**しんこう**（名詞）親交。親しいつきあい。例：彼とは、ずっとシンコウがあったんやが、惜しいことをした。

**しんこう**（名詞）新興。新しく興る意。例：シンコウ宗教。

**しんこう**（名詞）信仰。神仏を信じ、その威徳にすがること。例：シンコウ生活を送る。

**しんこう**（名詞）振興。物事をふるいおこし、盛んにする意。例：産業のシンコウをはかる。

**しんこう**（名詞）進行。進んでいく。例：体育大会のシンコウ係。

**しんこう**（名詞）深更。夜ふけ。深夜。例：シンコウに電話が鳴る。

**しんこく**（名詞）新穀。新しくとれた穀物。その年に新しくとれた米。例：シンコクに感謝をして神社に参拝する。

**しんこく**（名詞）深刻。非常に差し迫って重大なこと。例：シンコクな事態に陥る恐れがある。

**しんこく**（名詞）申告。国民が行政官庁に義務として申し出ること。例：税金のシンコクをする。

**しんこだんご**（名詞）米の粉に、水を加えてこね、蒸した団子。普通は親指大で、少しひねって作る。例：仏さんに、シンコダンゴ、供えておくれ。

**しんさく**（名詞）新作。新しく作ったもの。例：人間国宝のシンサク発表会。

**しんさつ**（名詞）診察。医師が患者の悪所を調べて、病状、原因等を判断する。例：胸部内科の医師のシンサツを受ける。

**しんざん**（名詞）新参。新しく参加すること。例：シンザンの部員。

**しんじ**（名詞）神事。神を祀ること。例：歳末から新年にかけて、神宮や神社のシンジは、非常に多い。

**じんじ**（名詞）人事。人間のする仕事。例：ジンジをつくして天命を待つ。

**じんじ**（名詞）人事。個人の身分能力に関する事柄。例：ジンジ課長。ジンジ院総裁。

**しんしき**（名詞） 新式。新しい型。例：シンシキの小型ロケット。

**しんじつ**（名詞） 真実。ほんとうのこと。まこと。例：シンジツ一路。

**しんしゅ**（名詞） 進取。進んで事をなす。意欲的に新しいことをする。例：シンシュの気象。

**しんしゅ**（名詞） 新酒。新米で作った酒。例：シンシュの醸造も終了した。

**しんしゅ**（名詞） 新種。新しく作られた種類。例：シンシュの米。

**しんじゅ**（名詞） 真珠。アコヤ貝の内面にできる美しいつやのある玉。例：シンジュ養殖場。

**しんじゅう**（名詞） 心中。愛し合う男女が合意の上で一緒に死ぬこと。例：シンジュウによる死。

**しんしょう**（名詞） 身上。財産。金持ちシンショとも。例：あの家、シンショウがええんや。

**しんじょう**（名詞） 身上。一身に関すること。身の上。例：シンジョウ調書。

**じんじょう**（名詞） 尋常。あたりまえ。普通。例：ジンジョウ一様の苦しみではなかった。

**しんしん**（名詞） 心身。精神と肉体。身と心。例：シンシンともに疲労してる。

**しんじん**（名詞） 信心。信仰する心。例：シンジン深い一家、しあわせな家族。

**じんせい**（名詞） 人生。人の一生。人の生きている期間。例：ジンセイ観。ジンセイいかに生きるべきか。

**しんせき**（名詞） 親戚。血のつながりがある家族以外の一族と、姻族。親類とも。例：親類とシンセキと、同じ意に使ってるが、これでええんか。

**しんせつ**（名詞） 親切。思いやりがあり、やさしく行き届いていること。例：シンセツな看護に感謝している。

**しんせつごかし**（熟語） 親切ごかし。見せかけの親切。例：シンセツゴカシに、こんなこと言いよる。

**しんぜる**（動詞） 進ぜる。神仏に供える。例：供えるも使うが、シンゼルを今も使っている。

**しんぞく**（名詞） 親族。血のつながった親類。例：シンゾク会議。

**じんそく**（名詞） 迅速。きわめて速い。例：ヘリで、ジンソクに救助に向かう。

**しんたい**（名詞） 身体。人のからだ。例：シンタイ検査。

**じんだい**（名詞） 甚大。きわめて大きい。例：山が崩れ橋が落ち被害ジンダイや。

**しんたく**（名詞） 新宅（分家など）。例：シンタクの御主人、勤め辞めやはったわ。

**しんだち**（名詞） 新建ち。新築。例：公園の隣のシンダチの家や。

**しんだん**（名詞） 診断。医師が患者を診察し病状を判断すること。例：肺に転移があるかどうかシンダンする。

**しんちゅう**（名詞） 心中。心の中。内心。例：シンチュウは、怒りに燃えていた。

**しんちょう**（形容動詞） 深長。意味が深くて重みがある。例：意味シンチョウ。

**しんちょう**（形容動詞） 慎重。つつしみ深く大事をとる。例：シンチョウに行動すること。

**じんちょうげ**（名詞） 沈丁花。ジンチョウゲ科の落葉低木。香りのよい観賞木。例：うつり香のようなジンチョウゲの良い匂い。

**しんちょく**（名詞） 進捗。仕事がはかどること。例：工事のシンチョク状況。

**しんつう**（名詞） 心痛。心をいためること。例：雪崩事故、シンツウは、大変だったと思います。

**しんでる**（動詞） 死んでいる。例：浜で魚がシンデルぞ。

**しんてん**（名詞） 親展。名宛の人自身が手紙を開封する意。例：シンテンの手紙、鋏み入れるなよ。

**しんでん**（名詞） 新田。新たに開墾した田地。例：シンデンは、地名になっているわ。

**しんど**（名詞） 深度。深さの度合い。例：この海溝のシンドは、二千メートルぐらいや。

**しんど**（名詞） 進度。物事の進む度合い。例：工事のシンドは、何%ぐらいや。

**しんど**（名詞） 震度。地震の大きさの度合い。例：シンドの大きい揺れが二回やってきたんや。

**しんどい**（形容詞） 苦しい。くたびれる。例：一キロ走るのもシンドイ。

**しんといて**（熟語） しないでおいて下さい。

女性語。セントイテとも。例：同窓会の返事シントイテ。

**じんどう**（名詞）人道。人間としてふみおこなうべき道。例：ジンドウ上の大問題や。

**しんどかご**（名詞）摘んだ茶を入れる特大の籠。例：茶摘みのシンドカゴ、どこに仕舞うたる？

**じんとく**（名詞）人徳。その人にそなわっている徳。例：ジントクのすぐれた人に理事長をお願いしよう。

**しんとこ**（熟語）しないでおこう。例：明日の休みにしたらええさかい、宿題、今日はシントコ。

**じんとり**（名詞）陣取り。二つに分かれ陣を取りあう子供の遊び。例：昼休みジントリせえへんか。

**しんぱい**（名詞）心配。気掛かりになること。例：将来どうするのかシンパイが先立つ。

**しんばつ**（名詞）神罰。神が下す罰。天罰。例：無謀な戦争にシンバツや。

**しんぴ**（名詞）神秘。人間の知恵ではかり知れない不思議さ。例：自然のシンピに感動する。

**じんぶつ**（名詞）人物。人柄。人格。例：学長はなかなかのジンブツや。

**しんぶん**（名詞）新聞。新しいニュースを知らせる定期刊行物。例：シンブン記者。

**しんぺん**（名詞）新編。新しく編集した書物。例：シンペンの図録と辞書。

**しんぽ**（名詞）進歩。進んでいくこと。例：シンポ向上を願う。シンポ的思想。

**しんぼう**（名詞）深謀。深いはかりごと。例：シンボウ遠慮、将来計画のある男。

**しんぼう**（名詞）信望。信用と人望。例：シンボウを集める。

**しんぼう**（名詞）辛抱。つらさ苦しさに耐えること。例：シンボウ強い男。

**しんぼく**（名詞）神木。神社の境内にある樹木。神霊が宿っている木。例：樹齢三百年のシンボク。

**しんまい**（名詞）新米。新しくとれた米。例：シンマイと古米とまぜたらまずい。

**しんみつ**（名詞）親密。親しくて仲がよいこと。例：シンミツな間柄。

**しんみょう**（形容動詞）神妙。けなげ。殊勝。例：シンミョウな働きと心がけに感動いたしました。

**しんみり**（副詞）じっくり。染みわたるように。例：ここの芋棒、シンミリとええ味や。

**しんめい**（名詞）身命。体と命。例：シンメイを惜しまないで修行します。

**しんもつ**（名詞）進物。贈り物。例：御シンモツ用品売場。

**しんや**（名詞）深夜。まよなか。例：シンヤ営業の場合、店員の都合はつくのか。

**しんよう**（名詞）信用。人を信じて用いること。間違いないと見込むこと。例：友の言葉をシンヨウする。

**しんらい**（名詞）信頼。人を信じて頼ること。例：シンライを裏切る。

**しんり**（名詞）真理。正しい道理。例：シンリ探求の学徒。

**しんり**（名詞）審理。正しく調べて処理する。例：裁判官がシンリを進める。

**しんり**（名詞）心理。人の心の動き。精神の働き。例：シンリ描写。シンリ学。

**しんりん**（名詞）森林。樹木の密生したところ。例：シンリン地帯。

**しんるい**（名詞）親類。血の繋がりのある一族。血族。姻族の総称。例：シンルイ付き合い。

**じんるいあい**（名詞）人類愛。人類全体に対する愛。例：ジンルイアイに生きた人間の記録。

**しんろ**（名詞）進路。目指す方向。例：シンロ指導。人生のシンロを誤る。

**しんろう**（名詞）心労。精神的な疲労。心遣い。例：御シンロウを賜り、厚く御礼申し上げます。

**じんわり**（副詞）ゆっくり。例：薬がジンワリ効いてきた。

# す

**……す**（助動詞）使役。せる・させる。例：使いに行かス。薬を飲まス。

**ず**（名詞）頭。または、額。例：ズが高い。

**すー**（名詞）巣。一音節語の長音化。例：鳥のスー見つけたぞ。

**すー**（名詞）酢。一音節語の長音化。例：スー、一本買うて来て。

**すー**（名詞）簾。一音節語の長音化。例：西日当たらんようにスー下ろしといて。

**すあし**（名詞）素足。何もはいてない足。例：スアシで、浜辺を歩く。

**すい**（名詞）粋。人間生活の表裏に通じ、趣味豊かなこと。イキとも。例：あの総理は、スイな人や。

**すい**（形容詞）酸い。酸っぱい。例：スイ蜜柑やな。

**ずいい**（名詞）随意。思うままで制限がないこと。例：ズイイにお持ち帰りください。

**すいうん**（名詞）衰運。衰えていく運命。例：スイウンをたどる林業。

**すいうん**（名詞）水運。水路によって物を運ぶ。例：淀川によるスイウン業。

**ずいうん**（名詞）瑞雲。めでたいことの起こるしるしとされる雲。例：ズイウンが富士にかかる。

**すいか**（名詞）西瓜。水瓜。ウリ科の一年生つる草。大きい球形で甘い。例：夏の浜辺で、スイカ割り。

**すいがき**（名詞）透垣。透き垣、の転。板や竹で、間を透かした垣根。例：前栽のまわりにスイガキをめぐらした邸宅。

**ずいき**（名詞）里芋の茎。例：ズイキも干して食べたものや。

**ずいきいも**（名詞）里芋。例：ズイキイモは、親芋、子芋がずいきの根につく芋なんや。

**すいぎゅう**（名詞）水牛。ウシ科の哺乳動物。南アジア、アフリカで耕作に使う。例：スイギュウの角で作った印鑑。

**すいきょう**（名詞）酔狂。物好きの意。例：スイキョウな人もいるものや。

**すいぎん**（名詞）水銀。金属元素。常温で液状の金属。例：スイギン寒暖計。

**すいげん**（名詞）水源。水の流れ出るみなもと。例：スイゲン地。

**すいこう**（名詞）推敲。詩や文章の字句をあれこれと考えなおすこと。例：書き終わったら、スイコウを忘れるな。

**すいこう**（名詞）遂行。やりとげること。例：文化祭の行事を無事スイコウした。

**すいさつ**（名詞）推察。おしはかること。例：空き家になっている理由をスイサツしては、近隣の迷惑を思いやる。

**すいさん**（名詞）推参。他人の家を尋ねることの謙譲語。例：明日、十時ごろスイサンいたします。

**ずいじゅん**（名詞）随順。さからわずにしたがう。例：長吏にズイジュンして修行する。

**すいしょう**（名詞）水晶。六角柱状の石英の結晶。例：紫スイショウ。

**すいしょう**（名詞）推賞。優れていることを人に誉め称えること。例：すばらしいとスイショウしあう。

**すいしょう**（名詞）推奨。誉めて人に勧めること。例：スイショウ銘柄。

**すいじょう**（名詞）水上。水の上。例：スイジョウ競技。スイジョウ警察。

**すいしん**（名詞）水深。水の深さ。例：スイシン三千メートルの海底を探る。

**すいしん**（名詞）推進。推し進めること。例：船の巨大なスイシン器。

**ずいじん**（名詞）随身。付きしたがって行く。例：神社のズイジン門は、表門で、寺の仁王門のような門や。

**すいせい**（名詞）水勢。水の勢い。水の流れる勢い。例：消防ポンプの強いスイセイで、瓦が飛ぶ。

**すいせい**（名詞）水星。太陽にもっとも近い惑星。例：スイセイは太陽系の星で最も小さい。

**すいせん**（名詞）水仙。ヒガンバナ科の多年草。早春に黄色や白色の花が咲く。例：スイセンの咲く丘。

**すいせん**（名詞）垂線。直線や平面に垂直におろした直線。例：平面に直角に交わる線をスイセンていうんや。

**すいせん**（名詞）水洗。水で洗い流すこと。例：スイセン便所。

**すいせん**（名詞）推薦。良い人物を他人にすすめること。例：スイセン入学。

**ずいそう**（名詞）随想。思いつくまま、感じたままを書き記したもの。例：新聞のズイソウ欄を読む。

**すいちゅう**（名詞）水中。水の中。例：スイチュウ翼船。スイチュウ眼鏡。

**すいっちょ**（名詞）うまおい虫。例：よう鳴くスイッチョや。

**すいっと**（副詞）すっかり。例：人出が、スイット減ってしもた。
**すいっとする**（熟語） 気持ちがよくなる。例：これ食べると、スイットスルわ。
**すいどう**（名詞） 水道。飲料水を供給する施設。例：上スイドウ。
**すいとん**（名詞） 水団。小麦粉をこねて丸めて、汁に落として煮たもの。煮だんごとも。例：戦時中ようスイトン食べたわ。
**すいなん**（名詞） 水難。洪水の災難。例：どうもスイナンの相がある。
**すいばら**（名詞） とげ。例：スイバラが刺さって痛い。
**すいび**（名詞） 衰微。衰え弱ること。例：足利幕府のスイビにより世が乱れる。
**ずいぶん**（副詞） 随分。なかなか。はなはだ。例：ズイブン遠いね。
**すいへん**（名詞） 水辺。水のほとり。川や湖のそば。例：スイヘンを描いた絵。
**すいみん**（名詞） 睡眠。眠ること。または眠り。例：スイミン時間が少ない。
**ずいむ**（名詞） 瑞夢。めでたい夢。例：ズイムを見た。ええことがありそうや。
**すいめん**（名詞） 水面。水の表面。例：スイメンに浮かぶ花びら。
**すいもの**（名詞） 吸い物。野菜や魚肉を入れたすまし汁。例：会席料理のスイモノが、おいしかった。
**すいもん**（名詞） 水門。用水路、貯水池などで水の流れを調節する門。例：池のスイモンを開ける。
**すいり**（名詞） 水利。水の利用。用水の便利。例：谷が深くて、スイリの悪い土地や。
**すいりょう**（名詞） 推量。事情を推し量ること。例：スイリョウの助動詞。
**すいりょくはつでん**（名詞） 水力発電。水力によって発電機を回し電気を起こすこと。例：黒部ダムのスイリョクハツデン。
**すいれん**（名詞） 水練。水泳練習、または水泳。例：琵琶湖で遠泳スイレンや。
**すいろ**（名詞） 水路。水を送るみち。用水を流す小川。船の通るみち。競泳のコース。例：パナマ運河のスイロ。
**すうがく**（名詞） 数学。数量や空間の図形についての学問。例：代スウガク。
**すうかしょ**（名詞） 数箇所。いくつかの場所。例：誤植がスウカショある。
**すうこう**（名詞、形容動詞） 崇高。気高く尊いこと。例：スウコウな理想を持つ。
**すうじつ**（名詞） 数日。五、六日。例：スウジツ前に花は散っていた。
**すうすう**（副詞） ぎりぎりいっぱい。例：スウスウ、一升あるかなあ。ちょっと足らんかしらん。
**すうせんねん**（名詞） 数千年。五、六千年。例：中国の歴史はスウセンネンもあるのだ。
**すうどん**（名詞） かやくを入れない汁だけのうどん。例：スウドン、一丁。
**すうへん**（名詞） 数篇。五、六篇。例：今年書いた小説は、スウヘンや。
**すうりょう**（名詞） 数量。数と分量。例：商品のスウリョウを確認下さいませ。
**すえ**（名詞） 末。はし。末端。週末。例：スエ広がり。月ズエ勘定。スエの世。
**すえっこ**（名詞） 末っ子。最後に生まれた子。オトゴ、オトンボとも。例：五人兄弟のうちのスエッコや。
**すえつむはな**（名詞） 末摘花。べにばな（紅花）。アザミに似た紅黄色の花が咲く。紅の染料になる。例：スエツムハナは、べにばなの別称や。
**すえひろがり**（名詞） 末広がり。祝い事の時の扇子。例：狂言のスエヒロガリ。
**すえる**（動詞） 据える。人をある地位につける。例：田中氏を、会長にスエル。
**すえる**（動詞） 饐える。暑さのために腐敗して、食物がすっぱいにおいがする意。例：このおにぎり、スエてるの違う？
**すか**（名詞） あてはずれ。へま。スカス、の語幹か。例：土産あてにしてたのに、スカ食うた。
**すがいる**（熟語） 春になって大根などの中身がすかすかになる。例：うっかりしてたら、大根にすっかりスガイッてしまった。
**すがお**（名詞） 素顔。化粧をしない顔。例：スガオは、物事のありのままの姿や状態を、あらわすことが多い。
**すかす**（動詞） 攻撃された時、身体を曲げたりひねったりして相手の力を避けること。例：殴られそうになったら、スカシてやれ。
**すがた**（名詞） 姿。全身のからだつき。

例：暗くてスガタがはっきりしない。

**すかたん**（名詞）失敗。反対。間違い。予期したことが外れること。スカ＋タン（接尾語）。例：すまん、すまん、あわてて、スカタンしてしもた。

**すかたん**（名詞）相手を罵る時、間抜け、あほう、の意となる。例：何言うてんねん。スカタン。顔洗うて来い。あほ、スカタン。

**すがめ**（名詞）眇。片目、斜視、やぶにらみ。例：スガメの平氏（素瓶の瓶子）が源平の戦いの糸口となったんや。

**すがりつく**（動詞）縋り付く。頼りにしてしっかりとつかまる。例：必死にスガリック。

**すかをくう**（熟語）あてが外れること。失敗すること。例：まさか思てたら、スカヲクウてな。

**すかん**（熟語）好かん。嫌い。好きでない。例：あの人、うちスカン。

**すかんたこ**（熟語）好かんたこ。嫌いだ。好きでない。例：いやらしいことを言わはる。スカンタコ。

**すかんたらしい**（形容詞）好かんたらしい。いけすかない。例：スカンタラシイ先生や。あの先生。

**すかんたれ**（名詞）好かんたれ。嫌なやつ。例：あいつ、ほんまにスカンタレや。

**すかんと**（副詞）すっかり。例：宿題のこと、スカント忘れてた。

**すかんぴん**（名詞）素寒貧。中身がなく空虚。無一物。例：貧乏してスカンピンや。

**すき**（名詞）好き。好むこと。好くこと。例：スキこそ物の上手なれ。

**すぎ**（名詞）杉。針葉樹。常緑高木。建築用材。例：スギ板。スギの林。

**すぎいた**（名詞）杉板。杉の板。建築材とか船舶などに使われる。例：スギイタは、木目が美しい。

**すきこのむ**（動詞）好き好む。非常に好む。特に望む。例：何もスキコノンで苦労する者もいないはずや。

**すぎさる**（動詞）過ぎ去る。通過する。例：スギサッた昔の日清戦争。

**すきなべ**（名詞）すき鍋。すき焼きをするための金属製の鍋。例：このスキナベ、小さすぎるわ。

**すきはら**（名詞）空き腹。空きっ腹。例：スキハラをかかえて、奔走する。

**すきまのかぜ**（名詞）隙間の風。建具の隙間から吹き込む風。例：スキマノカゼは、防ぎにくいものや。

**すきや**（名詞）数寄屋。庭園の中に独立して建てた茶室。茶室風の建物。例：スキヤ造り。

**すきやき**（名詞）獣の肉と葱、豆腐などを醤油、砂糖などで味付けして煮ながら食べる料理。例：スキヤキで、宴会や。

**すきより**（名詞）好き寄り。同好の集まり。例：フォークダンスのスキヨリや。

**ずきん**（名詞）頭巾。頭に被る布製のもの。例：防寒のズキン。防空ズキン。

**すぐ**（副詞）時間、距離がごく短いこと。例：スグ行きます。スグ近くや。

**すくう**（動詞）掬う。液体などをしゃくる。例：金魚をスクウ遊びや。

**すくう**（動詞）救う。助ける。救助する。例：命をスクッたヘリコプター。

**ずくずく**（副詞）ひどく濡れた様子。例：俄か雨で、ズクズクや。

**ずくし**（名詞）熟柿。ジュクシとも。例：渋柿、箱に並べて置いといて、ズクシにして食べたら。

**ずくたんぼ**（名詞）ずぶ濡れ。例：この寒いのに、池に落ちて、ズクタンボや。

**すくない**（形容詞）少ない。数量がわずかな意。例：人口がスクナクなる一方や。

**すくなからず**（副詞）少なからず。多く。たくさん。例：誤りがスクナカラズ発見された。

**すくむ**（動詞）竦む。身体が固くなりうごけなくなる。例：恐ろしくて立ちスクム。

**すぐる**（動詞）選る。良いもの、良い部分を残して選び出すこと。良い部分以外を除くこと。よりすぐる。例：藁をスグル仕事が、まだ残っている。

**すげかえ**（名詞）すげ替え。柄や頭の取り替え。例：あの会社、首をスゲカエなあかんわ。

**すげがさ**（名詞）菅笠。菅の葉で編んだ笠。例：昔、田植えの時の笠は、スゲガサに決まっていた。

**すけだち**（名詞）助太刀。助力する。加勢する。例：女、子供のスケダチや。

**すけたる**（熟語） 透けたる。透けている。例：あのブラウス、胸の辺、スケタルで。

**すけっと**（名詞） 助っ人。助ける人。手伝いの人。例：人手が足らん。スケットに行ってくれんか。

**すけない**（形容詞） 少ない。例：講演の聴衆は、ほんまに、スケナカッた。

**すげない**（形容詞） つれない。思いやりがない。例：スゲナイ返事せんといて。

**すけないめ**（熟語） 少ない目。例：コーヒーの砂糖、スケナイメにしといて。

**すけべえ**（名詞） 助兵衛。助平。好色の人。人名のように表した語。例：スケベエ、うち嫌い。恐い顔してて、スケベエやわ、あの人。

**すける**（動詞） 助ける。例：こんなに広いとこの掃除、すこしスケテくれや。

**すげる**（動詞） 箝げる。鼻緒を下駄の穴に通し立てること。例：鼻緒をスゲて下さる。

**すこ**（名詞） ずるいこと。例：スコして勝っても面白ないわ。

**ずこ**（名詞） 見識。頭。例：あいつめ、ズコが高いぞ。

**すこい**（形容詞） ずるい。こすい。例：あの人、スコイことをする。

**すごい**（形容詞） ぞっとするような。たいへん。非常に。共通語に比べ用法が多様である。例：スゴイ綺麗な人。スゴイええ話やった。

**ずこがたい**（熟語） 頭が固い。頑固者。高慢で他人を尊敬しない。例：他人の意見を聞かないズコガカタイ青年や。

**すこし**（副詞） 少し。わずか。いささか。ちょっと。例：スコシ小さいわ。スコシ、砂糖を入れて。

**すごす**（動詞） 過ごす。時間月日を送る。暮らす。例：毎日、穏やかで、無事にスゴス。

**すこすこ**（副詞） 隙間の大きいこと。例：この長靴大きすぎてスコスコやんか。

**すこすこする**（動詞） みょうに肌寒く感じる。例：なんやスコスコスル。風邪引いたんかな。

**すこぶ**（名詞） 酢＋昆布、の訛。八センチぐらいの短冊に切った昆布に、酢を振りかけたおやつ。スコンブとも。例：スコブは、芝居見物につきものやった。

**すこぼこ**（熟語） ずる賢くて、それでいて抜けている人のこと。すこい人＋ぼこい人、が語源。例：スコクてボコイ人のことをスコボコ言うんやて。

**すこやか**（形容動詞） 健やか。身体が強く丈夫だ。例：スコヤカに育つパンダの赤ちゃん。

**すこんと**（副詞） すっかり。スカントとも。例：試験が終わったら、スコント習うた事、忘れてしもた。

**すさぶ**（動詞） 荒ぶ。ますますはげしく荒れる。例：吹きスサブ風。

**すさまじい**（形容詞） 凄まじい。ものすごい。例：スサマジイ勢いで走る蒸気機関車。

**すさる**（動詞） 退る。下がる。退く。例：危ないさかい、少しスサッてくれ。

**すじ**（名詞） 筋。家系。血筋。例：あそこの家は、かしこ（賢）スジや。

**ずし**（名詞） 厨子。仏像を安置する両とびらの箱。例：法隆寺の玉虫のズシ。

**すじかい**（名詞） 筋交い。斜めにまじわること。斜め前の方角や場所、の意にも。例：スジカイに入れる木や。

**すじむかい**（名詞） 筋向かい。はすかい。ハスムカイ。とも。例：スジムカイの家。

**すじめ**（名詞） 筋目。袴やスカートの折り目。転じて、筋道。条理。例：スジメを通す。

**ずじょう**（名詞） 頭上。頭の上。例：穴を潜る時、ズジョウに気を付けなや。

**すす**（名詞） 煤。煙りといっしょに出る黒い粉。例：ススで黒くなった天井。

**すず**（名詞） 鈴。金属製の鳴り物。球形で、割れめがあり中に音の出る玉や小石が入れてある。例：スズを振ったような音。

**すず**（名詞） 錫。銀白色の金属。青銅などの器物をつくる。例：スズの筆立て。

**すすき**（名詞） 薄（すすき）。秋の七草の一つ。屋根葺きの材料としては、カヤ。例：秋、白褐色の長い花穂（尾花）を出すのがススキや。

**すすき**（名詞） 稲むら。稲づか。スズキとも。稲束、藁束を四つずつ縦に括って積み上げたもの。約百束で、一本のススキとなる。例：田んぼのススキ、何本や。

**すすきんぼう・すずきんぼう**（名詞） 稲

むら、稲づか、の児童語。例：遠くから見ると、すすきが、人間みたいやで、ススキンボウいうらしいわ。

**すすく**（動詞） 稲束、藁束を立ち木に寄せかけて積む。例：藁束は立ち木にススクことにしよう。

**ずずぐろい**（形容詞） くすぶったように黒い。例：ズズグロイ顔した男。

**すずし**（名詞） 生絹。練らない生糸で織った布。例：スズシは、軽くて薄い。

**すずしい**（形容詞） 涼しい。温度が低く、澄んで清くさっぱりしたようす。例：スズシイ風。目元がスズシイ。

**すすむ**（動詞） 進む。前に出て行くこと。例：仕事がススム。病気がススム。

**すずめ**（名詞） 雀。スズメ科の小鳥。例：スズメの涙。スズメの子。

**すずり**（名詞） 硯。墨＋スリ、が語源。墨をする用具。例：スズリ箱。

**すする**（動詞） 啜る。汁や麺類を吸い込むこと。例：味噌汁をススル。

**すそ**（名詞） 裾。下の部分。例：山スソ。着物のスソ。

**すそよけ**（名詞） 裾除け。女性の腰巻きの上に、さらに巻く布。例：うちのスソヨケはどの箪笥や。

**すそわけ**（名詞） オスソワケとも。貰い物の一部を分け与える意。例：ほんのおスソワケやけど、食べとくれ。

**すだつ**（動詞） 巣立つ。鳥が卵からかえって巣から飛び立つ。例：小学校をスダツみなさん。おめでとう。

**すだれ**（名詞） 簾。よしず。仕切り、日除け、いずれにも使う。竹製の簾もある。例：西の軒にスダレかけてほしいんや。

**すたれる**（動詞） 廃れる。使われなくなる。例：岡の上に、スタレてしまった学校がある。

**ずつう**（名詞） 頭痛。頭の痛み。例：風邪をひいたのかちょっとズツウがする。

**すっからかん**（名詞、副詞） 全く、から（空）である。例：頭の中が、スッカラカンや。

**すっかり**（副詞） みな。ことごとく。全部。コッキリ、スッパリとも。例：火災で、書類がスッカリ無くなった。

**すっきり**（副詞） さっぱりとした状態。例：疑いが解けて、スッキリしたわ。

**すっきり**（副詞） すらりとした清楚な。例：スッキリした女性の三人組や。

**ずっきん**（名詞） 頭巾、の訛。例：ズッキン被って、防空壕に隠れたな。

**すっくり**（副詞） 全て。何から何まですっかり。例：スックリ泥棒にいかれてしもた。

**すっこみ**（名詞） 潜水。例：スッコミで二十メートルは行ける。

**すっこむ**（動詞） 引っ込む。閉じこもる。潜る。例：危ないからスッコンどれ。

**すったもんだ**（名詞、副詞） いざこざ。ごたごた。擦った＋揉んだ、が語源。例：辞職問題でスッタモンダや。

**すってのことで**（熟語） すんでのことでと同じ。スッテノトコとも。例：スッテノコトデ、大火事起こすとこやった。

**すってんで**（熟語） すんでのことで。もうすこしのところで。既の＋事で、が語源。例：スッテンデ、大事故になるとこやった。

**すってんてん**（名詞） 一文無し。金や物が全くないこと。例：破産してスッテンテンや。

**すっとんきょう**（形容動詞） ひどく調子はずれの言動をするさま。例：スットンキョウな返事をする人や。

**ずつない**（形容詞） 苦しい。術＋ない、が語源。どうしようもないほどつらい。例：頭がズツナイ。恋しくて胸がズツナイわ。

**すっぱい**（形容詞） 酸っぱい。酸い。例：スッパイみかんや。

**すっぱぬく**（動詞） 暴露する。例：女性問題をスッパヌイたのは、週刊誌や。

**すっぱり**（副詞） さっぱり。あっさり。例：スッパリ断るのがええ。

**すっぽかす**（動詞） 約束を破る。なすべきことを放置する。例：昨日の約束、スッポカシよったな。

**すっぽこだに**（名詞） 谷底の村。山間僻地。例：スッポコダニの田舎や。

**すっぽらぽんと**（副詞） 全部。すっかり。例：昔のこと、スッポラポント忘れてしもた。

**すっぽんはだか**（熟語） すっぱだか。例：行儀が悪い。スッポンハダカで歩いたらあかん。

**すておぶね**（名詞）捨小舟。乗り捨てた小舟。例：湖畔の物陰のステオブネ。

**すてやり**（名詞）ほったらかしにする。見放す。例：うちの子、下宿させてから、すっかりステヤリや。

**すてる**（動詞）捨てる。不用のものとして投げ出す。例：ごみをステル。悪心をステル。

**すとんと**（副詞）まっすぐに。例：この道ストント行くと学校や。

**すな**（熟語）するな。古語のサ変の終止形す＋禁止のな。例：人を瞞すようなことはスナ。

**すなお**（名詞）素直。ありのままで逆らわず正直。例：スナオな子供。

**すなじ**（名詞）砂地。砂ばかりの土地。砂の多い土地。例：スナジで、野菜が採れないんや。

**すなはま**（名詞）砂浜。砂ばかりの浜辺。例：昼のスナハマに、かもめが舞う。

**すね**（名詞）拗ねる者。ひねくれ者。スネエとも。例：隣の子、ひどいスネやで。

**すねあて**（名詞）臑当。すねを包み保護するもの。例：野球の捕手のスネアテ。

**すねる**（動詞）拗ねる。素直に従わないで不平をいう。例：スネたらあかん。

**すはだ**（名詞）素肌。化粧や衣服をつけない皮膚。例：スハダが美しい年ごろ。

**すはま**（名詞）洲浜。海中に突き出た洲のある浜辺。例：スハマ台。

**すびつ**（名詞）炭櫃。四角の火桶。例：スビツも火鉢も、使わんなあ。

**すべ**（名詞）術。手段。方法。しかた。例：なすスベもない核攻撃。

**すべ**（名詞）藁すべとも。稲藁の葉および茎。藁の一本一本を言う時もある。例：藁のスベだけ選って。

**すべきやおもう**（熟語）すべきや思う。すべきだと考える。例：先生に、この際、相談スベキヤオモウわ。

**すべた**（名詞）婦人を罵る言葉。醜婦の意。例：ひどいスベタや。

**すべる**（動詞）統べる。一つにまとめる。例：天下をスベル英雄。空をスベル星。

**すべる**（動詞）滑る。なめらかに動く。例：スベリ出す。雪道でスベル。

**ずぼがえ**（名詞）部分だけでなく、全体を交換する。例：エアコン、修理やのうて、ズボガエした方がええみたいや。

**ずぼたん**（名詞）ずぶぬれ。例：夕立に遭うてズボタンや。

**すぼむ**（動詞）窄む。萎む、の訛。例：朝顔はすぐスボム。

**すぼめる**（動詞）窄める。小さくすぼむようにする。例：傘をスボメル。

**ずぼら**（名詞）投げやり。やりっぱなし。じだらく。例：ズボラな男や。

**すぼらしい**（形容詞）みすぼらしい。スバロシイとも。不景気な。貧相な。例：スボラシイ建物やなあ。

**すぼる**（動詞）草木がしなえる。ちぢむ。例：雨が降らないので、きゅうりやなすがスボルわ。

**すま**（名詞）隅。すみ、の音変化。例：スマもきれいに掃いといてな。

**すまい**（名詞）住まい。住居。すみか。例：スマイは、神戸の新開地や。

**すます**（動詞）済ます。し終える。例：宿題をスマスのやで。それから遊びや。

**すます**（動詞）気取る。まじめそうにする。例：スマシた顔をして通り過ぎる。

**すまなんだな**（熟語）済まなかったな。例：わしの間違いや。スマナンダナ。

**すまんこって**（熟語）済まないことで。例：スマンコッテ、すっかり遅れてしもて。御免。

**すみえ**（名詞）墨絵。水墨画。例：スミエの描き方。

**すみか**（名詞）住みか。住み＋処、が語源。住んでいる所。例：スミカは、鈴鹿峠の麓や。

**すみぞめ**（名詞）墨染め。僧衣。例：スミゾメの衣。

**すみつく**（動詞）住みつく。長く定住する。例：仮設住宅にスミツク。

**すみっこ**（名詞）隅、の意。例：スミッコの埃、よう掃除しといてや。

**すみやか**（形容動詞）速やか。事の進行が速い。例：スミヤカに船を出してください。

**すみやき**（名詞）炭焼き。木材を蒸し焼きにして木炭をつくる仕事。例：昔、奥山でスミヤキをするのをよく見た。

**すみれ**（名詞）菫。スミレ科の多年草。濃い紫の花。例：春の野にスミレ摘みにと来しわれぞ。スミレの花咲く頃。

**すむ**（動詞） 住む。同じ所に長くいる。例：池にスム水鳥や。

**すもう**（名詞） 相撲。土俵内で、二人の力比べ。例：春場所のスモウを見に行く。

**すもうにならへん**（熟語） 相撲にならへん。力量が違い過ぎて勝負にならない。例：あいつと争っても、スモウニナラヘン。

**すもとり**（名詞） 相撲取り。例：幕内のスモトリは、たった一人や。

**すもとりぐさ**（名詞） 相撲取り草。おおばこ（茎を交わらして引っ張り合って切れた方が負けになる）。例：スモトリグサで遊ばへん？

**……ずら**（接尾語） 表情。様子。面（つら）が語源。例：何を、あほうズラかいて。しっかりせえ。

**ずらかる**（動詞） 逃げる。例：犯人は飛行機を乗り継いでズラカッたようや。

**すりこぎ**（名詞） 擂り粉木。すりばちで物をする連木。例：スリコギどこや。

**すりつぶす**（動詞） 擂り潰す。財産を使い果たす。例：回復できないぐらいスリツブシてしもた会社や。

**すりぬか**（名詞） 擂り糠。籾殻。籾すりをしたぬか。粉糠（コヌカ・米糠）に対する語。例：苗床に撒くスリヌカ貰うて来て。

**すりばち**（名詞） 擂鉢。擂り粉木で、食品をすりつぶすのに使う鉢。例：スリバチで味噌をする。

**すりへらす**（動詞） 磨り減らす。精神をひどく使う。例：神経をすっかりスリヘラス。

**する**（動詞） 動作を起こす。行為がなされる。例：びっくりスル。音がスル。勉強スル。報告スル。廃止スル。

**する**（動詞） 剃る、の訛。ソルも使う。例：髭をスッて、出てこい。

**ずるい**（形容詞） 悪賢い。公正でない。コスイとも。例：ズルイ男や。

**するいうてんのに**（熟語） すると言っているのに。例：わしがスルイウテンノニ、あんたがしてくれやはったんかいな。

**するいうてんね**（熟語） すると言っているのだ。例：工事は、うちの会社が、スルイウテンネ。

**ずるける**（動詞） なまける。おうちゃくする。例：学校行かんとズルケてたらあかんえ。

**ずるける**（動詞） 腐ってずるずるになる。雨で地面がどろどろになる。例：バナナがズルケてる。雨でズルケた坂道。

**するさかい**（熟語） するから。例：事故の報告はスルサカイ、早う病院で治療してもろて。

**ずるずるべったり**（副詞） 無期限にずるずると延長し無駄に時間を使う意。例：いつまでもズルズルベッタリにしといたらあかん。きり、つけな。

**するぞ**（熟語） するよ。例：すぐに、出発スルゾ。

**するにことかいて**（熟語） 程度を越えて何不自由もないのに。例：スルニコトカイテ、他人のものに手をかけるとは。

**するのやったら**（熟語） するのだったら。例：君が説明スルノヤッタラ、わしは、もう用がないな。

**するめ**（名詞） イカの内蔵を取り去り、干した食品。スルメイカ科の動物。例：スルメはかめばかむほど味が出る。

**するんけ**（熟語） するのか。例：そんな仕事までスルンケ。

**すれからし**（名詞） さまざまな経験をして悪賢くなった人。スレッカラシとも。例：あの女は、スレカラシや。

**ずれこむ**（動詞） 時間的にずれる。例：式は、正午過ぎにズレコムみたいや。

**すわ**（感動詞） 急なことで驚く言葉。例：スワ、一大事、じっとしておれん。

**すわりこむ**（動詞） 座り込む。すわったまま動かない。例：スワリコミ、の反対運動。

**すわる**（動詞） 座る。膝を折り曲げて座につく。落ち着いて動かない。例：座布団の上にスワル。心のスワッた人や。

**ずん**（名詞） 方角。あたり。ズントとも。例：山火事は、あっちのズンや。

**すんいん**（名詞） 寸陰。わずかな時間。例：スンイン軽んずべからずってゆうわなあ。

**ずんぐり**（副詞） 太って背の低いさま。例：ズングリむっくりした相撲取りや。

**すんし**（名詞） 寸志。心ばかりのこころざし。例：これスンシやけど会費のたしにしとくれ。

**すんでのこと**（熟語） もう少しのところ。

例：スンデノコトで、やられるとこやった。株、売っといてよかったわ。

**すんでる**（熟語） 済んでる。済ませている。例：快気祝、届けたかな？ もうスンデルわ。

**すんでる**（熟語） 住んでる。住んでいる。例：俺ここに、三十年もスンデルわい。

**ずんどぎり**（名詞） 寸胴切り。筒切り。輪切り。例：鯉のズンドギリを鍋に掛けて煮る。

**すんどのよい**（形容詞） 素姓のよい。例：スンドノヨイ松やなあ。

**すんな**（熟語） するな。例：俺に、もしものことがあっても、連絡はスンナ。

**すんなり**（副詞） さらりと。細くてすらっとしている。抵抗なく。例：議案は、スンナリ通ってしまった。

**すんね**（熟語） するのだ。例：誰が、審判スンネ。ええかげんな審判、困るぞ。

**すんぶん**（名詞） 寸分。一寸一分の意。ほんの少し。例：スンブンたがわず。

**ずんべらぼん**（熟語） 表面が滑らかで、凹凸がない。人柄では、投げやりで締まりがない。ズンベラボウとも。例：高さが高いだけで、えらいズンベラボンの建物や。

**ずんべんだらり**（副詞） 締まりがなくだらしない。例：こんなズンベンダラリの生活では、将来が案じられるわ。

**すんぽう**（名詞） 寸法。長さ。尺度。例：服のスンポウ計っとくれ。

**すんまへん**（熟語） 済みません。例：えらい遅れてスンマヘン。

**すんまへんな**（熟語） 済みませんね。例：用立てできんと、スンマヘンナあ。

# せ

**せー**（名詞） 背。一音節語の長音化。例：セーが高い。セー比べ。

**せー**（名詞） 精。セイ、の長音化。例：セーが出ますな。

**せー**（名詞） 勢。セイ、の長音化。例：セーのええ魚やなあ。

**せー**（動詞） せよ、の長音化。例：早う、セー。

**ぜ**（助詞） ぞ。よ、の強め。例：参加するゼ。もう行くゼ。

**せい**（動詞） せよ、の強め。例：辛抱セイ。ゆっくりセイ。

**せいい**（名詞） 誠意。まじめに物事に当る気持ち。例：セイイのある人間や。

**せいいく**（名詞） 成育。人間や動物が育つこと。成長すること。例：パンダの赤ちゃんのセイイク。

**せいいく**（名詞） 生育。植物が育つこと。例：稲のセイイクが、思ったよりええわ。

**せいいっぱい**（副詞） 精一杯。力っぱい。最大限。例：セイイッパイ頑張りや。

**せいえき**（名詞） 精液。雄の生殖器から分泌する液。例：セイエキ中の精子。

**せいか**（名詞） 製菓。菓子をつくる。例：セイカ工場。

**せいか**（名詞） 青果。野菜と果物。例：セイカ商。セイカ市場。

**せいか**（名詞） 生家。生まれた家。実家。例：セイカに帰ってきた。

**せいか**（名詞） 声価。評判。名声。例：セイカを上げる。

**せいか**（名詞） 成果。出来上がった結果。よい結果。例：セイカが上がる。

**せいかく**（名詞） 性格。性質、品性。例：明るいセイカクの持ち主。

**せいかく**（名詞） 正確。正しく確かなこと。例：セイカクな解答。

**せいかつ**（名詞） 生活。暮らしを立てること。例：セイカツ費。セイカツ水準。

**せいがない**（熟語） 元気がない。病気などで力がないこと。例：セイガナイ顔しとるな。

**せいがん**（名詞） 請願。請い願うこと。例：セイガン権は、憲法に定められている権利である。

**せいがん**（名詞） 西岸。西の岸。例：琵琶湖のセイガンを走る鉄道が湖西線や。

**せいぎ**（名詞） 正義。正しい道。正しい道理。例：セイギの味方じゃなかったの。

**せいきょ**（名詞） 逝去。他人の死の敬語。例：先生の御セイキョ、心からお悔やみ申しあげます。

**せいけん**（名詞） 聖賢。聖人と賢人。例：セイケンの教えを守る。

**せいけん**（名詞） 政見。政治についての意見。例：セイケン放送。

**せいけん**（名詞） 政権。政治を行う権力。例：セイケンを握った政党。

**せいげん**（名詞） 制限。定められた限界。例：米の輸入をセイゲンする。

**せいこう**（名詞） 西郊。西の郊外。例：姫路のセイコウの村里。

**せいこう**（名詞） 生硬。表現が未熟でぎこちないこと。例：セイコウな文章があちこちにある。

**せいこう**（名詞） 成功。目的、志を達すること。例：失敗はセイコウの基。

**せいこう**（名詞） 製鋼。鋼鉄を作ること。例：神戸セイコウ所。

**せいこう**（名詞） 正攻。正面からの攻撃。例：奇策を使わず、セイコウ法で勝つ。

**せいこう**（名詞） 精巧。細工が細かく巧みなこと。例：セイコウな高級時計。

**せいこう**（名詞） 性行。性質と行い。例：セイコウ不良な青年。

**せいざ**（名詞） 正座。足を崩さずきちんとすわる。例：セイザして説教を聞く。

**せいざ**（名詞） 星座。恒星を見かけの位置によって区分した名。例：北極星はセイザで言うと小ぐま座なんや。

**せいさい**（名詞） 精彩。すぐれた色の調子。例：法隆寺壁画のセイサイな復元模写。

**せいさい**（名詞） 制裁。違反者に刑罰を与えること。例：セイサイを加える。

**せいさい**（名詞） 精細。くわしく細かいこと。例：中世の軍記物語のセイサイな研究。

**せいさい**（名詞） 正妻。法律上の正式な妻。例：与謝野鉄幹、セイサイは晶。

**せいさい**（副詞） せいぜい。たかだか。例：この城は、セイサイ一万石ぐらいの構えや。

**せいさく**（名詞） 政策。政治上の方策。例：政党のセイサクを、まずあきらかにしてほしい。

**せいさく**（名詞） 製作。品物を作ること。例：電気器具のセイサク工場や。

**せいさく**（名詞） 制作。芸術作品や番組をつくること。例：彫塑のセイサク。

**せいさつ**（名詞） 制札。禁令法規を記して立てた札。例：札の辻のセイサツ。

**せいさん**（名詞） 精算。最終的にくわしく計算すること。例：運賃セイサン所。

**せいさん**（名詞） 成算。成功まちがいなしという見通し。例：この方法ならセイサンがある。

**せいさん**（名詞） 清算。貸し借りをすっかり計算して始末をつけること。例：債務をセイサンする。

**せいさん**（名詞） 生産。生活に必要なものを作り出す行為。例：セイサン過剰。セイサン費。セイサン者価格。

**せいし**（名詞） 静思。静かに思うこと。静かに考えること。例：人生をセイシする必要がある。

**せいし**（名詞） 制止。抑えとどめること。例：友人のセイシを振り切って飛び込む。

**せいし**（名詞） 生死。生きていることと死んでいること。例：セイシ不明。

**せいし**（名詞） 静止。じっとして動かない。例：ボートをセイシ状態から、スタートさせる。

**せいし**（名詞） 正視。正常な視力。例：視力に異常なし。セイシです。

**せいし**（名詞） 正視。正面から真っ直に見ること。例：セイシできない惨状。

**せいし**（名詞） 製糸。糸を製造すること。例：繭をセイシ工場に納める。

**せいし**（名詞） 精子。雄の生殖細胞。例：卵子とセイシの結合が成立するか?

**せいじ**（名詞） 政治。国を治めること。例：セイジ家。セイジ活動。

**せいしつ**（名詞） 性質。持って生まれた気質。もとから持っている性格。例：おとなしいセイシツの善良な青年。

**せいじつ**（名詞、形容動詞） 誠実。偽りがなく、まじめなこと。例：セイジツで善良な人。

**せいしゅ**（名詞） 清酒。澄んだ日本酒。例：セイシュ三本、神社に供える。

**せいしゅく**（名詞、形容動詞） 静粛。静かにつつしんでいる、意。例：セイシュクな式場。

**せいじゅく**（名詞） 成熟。物事によく慣れて、うまくなること。例：セイジュクした技術。

**せいじゅん**（名詞、形容動詞） 清純。清らかで純情なこと。例：セイジュンな女学生。

**せいしょ**（名詞） 清書。丁寧に書き直す。例：さあ、書き初めのセイショや。

**せいしょ**（名詞） 聖書。キリスト教の教えを書いた書。バイブル。例：おりをみてセイショを読め。

**せいじょう**（名詞） 政情。政治の情勢。例：セイジョウが不安定や。

**せいじょう**（名詞、形容動詞） 清浄。清らかで汚れがない。例：セイジョウな神宮の境内に入る。

**せいじょう**（名詞、形容動詞） 正常。変わったところがない。異常なところがなく正しい。例：機械はセイジョウに動いている。

**せいしん**（名詞、形容動詞） 清新。さわやかで新しい。例：セイシンな朝を迎える。

**せいしん**（名詞） 精神。心。心の働き。例：平和憲法のセイシンを考える。

**せいじん**（名詞） 成人。大人になること。例：セイジン式に出席。

**せいじん**（名詞） 聖人。知恵や徳がすぐれ世人の手本となる人。例：セイジンの教え。

**せいすい**（名詞） 盛衰。盛んになることと衰えること。例：栄枯セイスイがあるのが、歴史である。

**せいすい**（名詞） 精粋。大切な要点。もっともよいこと（もの）。例：論語のセイスイを知ることのできる章句がここにある。

**せいする**（動詞） 製する。製造する。物をつくる。例：和菓子をセイスル店。

**せいする**（動詞） 制する。抑え止める。例：機先をセイスル。

**せいせい**（名詞） 生成。物が生じ、発展形成すること。例：万葉集のセイセイ過程を、研究する。

**せいせい**（名詞） 精製。混ざり物を除いて純粋なものにすること。例：石油のセイセイ所。

**ぜいせい**（名詞） 税制。租税の制度のこと。例：ゼイセイ改革。

**ぜいせい**（名詞） 税政。租税についての行政。例：課税などの事務的なことをゼイセイという言葉であらわす。

**せいせいする**（動詞） 晴れ晴れする。気が晴れる。例：試験が済んでセイセイしたわ。

**せいせん**（名詞） 清泉。清い泉。例：奥山のセイセンを汲んで飲む。

**せいぜん**（名詞） 整然。きちんと正しく整っている。例：セイゼンとした町筋。

**せいそ**（名詞） 精粗。細かいことと粗いこと。例：実験はセイソいずれも必要であり、どちらも実験ノートを残すべきである。

**せいそ**（名詞、形容動詞） 清楚。清らかですっきりしていること。例：セイソな服装で、就職活動をすべきだ。

**せいそう**（名詞） 星霜。歳月。例：大坂城が落城してから、幾セイソウを経たことか。

**せいぞう**（名詞） 製造。物を造ること。例：航空機セイゾウの技術が中断されていたのが、問題だ。

**せいそく**（名詞） 生息。生きて繁殖すること。例：琵琶湖固有の魚のセイソクが重要である。

**せいぞろい**（名詞） 勢揃い。一同が一箇所に集まること。例：頂上にセイゾロイしてから、一組から下山する。

**せいぞん**（名詞） 生存。生きていること。例：セイゾン競争。国民のセイゾン権。

**せいたい**（名詞） 生態。生物が自然界に生活している状態。例：類人猿のセイタイ観察とその研究。

**せいたい**（名詞） 政体。国家主権にかかわる政治組織や形態。例：我が国のセイタイは、立憲君主国であるが、君主は象徴にしか過ぎない。

**せいだい**（副詞） おおいに。せいぜい精出して。懸命に努力して。例：セイダイ気張るんやで。

**せいだく**（名詞） 清濁。清いことと濁っていること。例：セイダクを合わせ呑む、心の広い人。

**ぜいたく**（名詞） 贅沢。必要以上に費用をかける。例：着物のゼイタクは、せんときや。

**せいちょう**（名詞） 生長。植物が生まれて育つこと。例：交配した稲のセイチョウを、観察する。

**せいちょう**（名詞） 成長。人や動物が育ち大きくなること。例：セイチョウ株。

**せいてん**（名詞） 晴天。よい天気。例：セイテン続きの秋や。

**せいど**（名詞） 制度。決められた法律や規則。社会の秩序を維持するきまり。例：入試セイドを改める。

**せいど**（名詞）精度。精密さの度合い。例：工作機械のセイドを高める。

**せいどう**（名詞）制動。動きを抑え止めること。例：セイドウ機でブレーキをかける。

**せいどう**（名詞）青銅。銅と錫の合金。例：セイドウ器時代の歴史的遺物。

**せいどう**（名詞）政道。政治の道。政治のやりかた。例：セイドウを一新する。

**せいとん**（名詞）整頓。きちんと整えること。例：整理セイトンにつとめる。

**せいなん**（名詞）西南。西と南の中間の方位。例：セイナンの役。

**せいねん**（名詞）青年。若い青春期の人。例：セイネン団。

**せいねん**（名詞）盛年。元気盛んな年ごろ。例：セイネンは、二度と来ない。

**せいのう**（名詞）性能。性質と能力。例：高いセイノウの自動車。

**せいばい**（名詞）成敗。裁きをつける。例：喧嘩両セイバイ。

**せいばつ**（名詞）征伐。悪人を討ちたいらげること。例：大江山の悪者をセイバツする。

**せいひ**（名詞）成否。成功か失敗か。例：月探検のセイヒを問う実験。

**せいひ**（名詞）正否。正しいか正しくないか。例：セイヒを求める問題。

**せいひん**（名詞）製品。製造した品物。例：すぐれたセイヒンをつくる工場。

**せいひん**（名詞）清貧。貧しくても利欲がなく正しく暮らすこと。例：セイヒンに甘んじ、セイヒンを楽しむ生活。

**せいふう**（名詞）清風。清くすがすがしい風。例：セイフウ湖より来る。

**せいふう**（名詞）西風。にしかぜ。例：セイフウが砂丘の砂を運ぶ。

**せいぶつ**（名詞）生物。生きて活動し繁殖するもの。動植物。例：セイブツ学。

**せいぶつ**（名詞）静物。動かないもの。例：セイブツ画。

**せいほく**（名詞）西北。西と北の中間の方位。例：徳之島のセイホクの海に沈んだ戦艦大和。

**せいみつ**（名詞）精密。こまかなところまで行き届き正確であること。例：セイミツな地図。セイミツな機械。

**せいむ**（名詞）政務。行政事務。例：セイム次官の力量如何や。

**せいもく**（名詞）井目。碁盤の目の上の九つの黒い点。例：弱い者がセイモクに置いて打つ。

**せいもん**（名詞）誓文。誓いを書いた文書。例：セイモンは起請文のことや。

**せいやく**（名詞）誓約。かたく約束する意。例：セイヤク書を取り交わす。

**せいやく**（名詞）制約。条件をつけて活動を制限し、抑えること。例：建築物の高さと工法にセイヤクがある。

**せいやく**（名詞）成約。契約が成立すること。例：大学の増築工事のセイヤクを祝う。

**せいよう**（名詞）西洋。日本からみて、ヨーロッパ、アメリカを指す。例：セイヨウ料理。セイヨウ文明。

**せいよう**（名詞）静養。心身を静かに休めて、健康の維持、回復をはかること。例：退院してセイヨウに努める。

**せいりょう**（名詞）清涼。さわやかで涼しい。例：セイリョウ飲料水。

**せいりょく**（名詞）勢力。勢い。支配する力。例：セイリョクの強い国。

**せいれい**（名詞）精励。職務や学業などに努め励むこと。例：職務にセイレイされたので、これを表彰します。

**せいれい**（名詞）政令。内閣の発する政治上の命令。例：現内閣の最初のセイレイが発せられた。

**せいれい**（名詞）制令。制度や法令。例：時代に合わないセイレイを改正する。

**せいれき**（名詞）西暦。キリスト誕生の年をもとにした暦。例：セイレキ紀元。

**せいれん**（名詞）清廉。心がきれいで私利私欲がないこと。例：セイレン潔白な人物。

**せいれん**（名詞）精錬。金属鉱石から不純物を除き、金属に精製すること。例：銅山のセイレン所。

**せいれん**（名詞）精練。動植物の繊維を精製すること。例：絹糸のセイレン所。

**せえたかのっぽ**（名詞）背の高い男。例：家の中、立って歩けないほどのセエタカノッポや。

**せえてせかん**（熟語）それほど急がない

が早めに、の意。例：セエテセカンのやけど、この仕事頼めるか？

**せえでもええ**（熟語）しなくてよい。例：そんなにきばって勉強セエデモエエ。

**せえてる**（動詞）急いでいる。例：セエテは事を仕損じる。

**せえへん**（熟語）しない。せぬ。例：読書など、ほんまにセエヘンわ。

**せえへんかった**（熟語）しなかった。していなかった。例：ピアノの練習、今日もセエヘンカッタ。

**せえへんだ**（熟語）しなかった。例：すぐには、返事セエヘンダ。

**せえへんだら**（熟語）しなかったら。例：お前がセエヘンダラ、わしがする。

**せえへんのやったら**（熟語）しないのであったら。例：掃除セエヘンノヤッタラ、勉強部屋使うことならん。

**せえへんもん**（熟語）しないもの（強めまたは理由）。シヤヘンモンとも。例：そんな薄情なこと、セエヘンモン。

**せえもんばらい**（名詞）商店の安売り売出しの意。商人の得た利益の罪ほろぼしに神に誓文をあげて買って貰うという日。例：セエモンバライや。買うとくれ。

**せえや**（動詞）せよ。しろ。しなさい。セイヤ、セイ、セエヨとも。例：早うセエヤ。ぐずぐずするな。

**せえよ**（動詞）せよ。しろ。例：すぐに出発セエヨ。

**せえろ**（名詞）蒸籠。せいろう、の訛。餅米を蒸したり、茶わん蒸しをするのに使う。例：セエロで、餅米を蒸すのや。

**せおう**（動詞）背に負う。例：重い荷物セオッて、大変やなあ。

**せかい**（名詞）世界。世の中。地球上のすべての国。例：セカイ観。セカイ大戦。セカイ的な学者。

**せかいでも**（熟語）急がなくても。例：そんなにセカイデモ間に合う。

**せかせかする**（動詞）気忙しくする。例：セカセカするな。落ち着いてやれ。

**せがむ**（動詞）ねだる。例：おやつおくれとセガム。

**せがれ**（名詞）倅。自分のむすこ、の謙譲語。例：セガレの嫁どすね。

**せき**（名詞）咳。呼吸器官から出る激しい呼気。例：風邪を引いたのか、セキが出る。

**せき**（名詞）堰。川の水を塞き止めた所。例：井セキ。セキから引いた水。

**せき**（名詞）関。仕切り。関所。例：逢坂のセキ。セキ取。セキ守。

**せきがく**（名詞）碩学。大学者。例：郷土の生んだセキガク、南方熊楠さん。

**せきじ**（名詞）席次。成績の順序。例：セキジが下がる。

**せきじつ**（名詞）昔日。むかし。例：セキジツの面影がない。

**せきしょ**（名詞）関所。国境や要所に見張りの役人を置いた所。例：逢坂のセキショ近く、蝉丸神社が三つある。

**せきだ**（名詞）雪駄のこと。竹の皮の草履または藺草の草履で、ゴムを裏打ちしたもの。例：うちもセキダ買うて。みんなはいてやはるし。

**せきちく**（名詞）石竹。ナデシコ科の多年草。例：セキチク色は、薄い紅色。

**せきとう**（名詞）石塔。墓石。例：セキトウを拝んでもらう。

**せきにん**（名詞）責任。ひきうけてしなければならない任務。例：セキニンを果たす。

**せきのやま**（名詞）関の山。精一杯の。これ以上のことはできない。例：この程度の料理が、セキノヤマや。

**せきばく**（名詞）寂寞。ひっそりと物さびしい意。例：セキバクとした城跡。

**せきばん**（名詞）石盤。石筆で文字や絵を書いた、勉強用の玩具。例：セキバンが売ってあったのは昭和初期や。

**せきめん**（名詞）赤面。恥ずかしくて顔が赤くなること。例：セキメン恐怖症。

**せぎょう**（名詞）施行。貧者に物を与えて善根を積むこと。例：セギョウは、仏教語。

**せきりょう**（名詞）寂寥。ものさびしいこと。例：秋のセキリョウを歌った三夕の歌。

**せく**（動詞）急く。いそぐ。あせる。例：気がセク。

**せけん**（名詞）世間。世の中。あたり一帯。例：セケンが寝静まる頃や。セケンの口に、戸はたてられへんしなあ。

**せけんせまい**（熟語）世間狭い。恥ずかしい。セケンセバイとも。例：嘘をつくなんて、セケンセマイことせんといて。

**せこい**（形容詞）ずるい。醜悪。人目をごまかす。例：セコイ男や。

**せごす**（動詞）いじめる。例：子供をセゴスようなことしたらあかん。

**せごめる**（動詞）いじめる。例：下級生を、セゴメル。

**せじ**（名詞）世事。世間のこと。例：セジにうとい。

**せしゅ**（名詞）施主。葬式法事などを、中心になってやる人。例：セシュさんに聞いとくれ。坊さん、何人やて。

**せしゅ**（名詞）施主。施工する事業主。普請などをする場合、建築する家の主人。例：セシュさんの都合で、十一時ごろに建前や。

**せじん**（名詞）世人。世の中の人。例：セジンの笑い者になるな。

**せず**（熟語）しないで。例：宿題もセズに遊んでたらあかん。

**ぜぜ**（名詞）銭。転じて、お金のこと。子供に硬貨を渡して言うことが多い。例：一円でも、ぜぜは、大事にせんとあかんえ。

**ぜぜぐさい**（形容詞）じじむさい。年寄りじみて、きたならしい。ゼゼムサイとも。例：ゼゼグサイ先生や。

**せせくる**（動詞）いじりまわす。ほじくる。例：時計セセクッて、使えんようにしてしもた。

**せせこましい**（形容詞）非常に狭い感じがする。例：セセコマシイ会議室や。

**せせらぎ**（名詞）水がさらさら流れること。浅瀬。例：どこか、セセラギの音が聞こえる。飲み水になるか。

**せせらわらう**（動詞）ばかにして笑う。嘲笑う。例：あほの三杯汁言うて、セセラワロウていた男が、世に出た。

**せせる**（動詞）ほじくる。例：楊子で歯をセセル。

**せぞく**（名詞）世俗。世間のならわし。転じて、世の中のこと。例：セゾクのやりかた、考え方や。

**せたい**（名詞）世帯。独立した一家、の意。所帯とも。例：この町筋、何セタイや。

**せたろう**（動詞）背たら負う、の約。背に負う、意。例：この柴、家までセタロウて帰ろうか。

**せちがらい**（形容詞）世知辛い。損得ずくで暮らしにくい。例：セチガライ世の中や。

**せっか**（名詞）石火。石に鉄を打った時の火。ごく短い時間。例：電光セッカ。

**せっかく**（副詞）わざわざ。つとめて。例：セッカクの話やけど、お断りしとくれ。すまんこって。

**せっかち**（名詞、形容動詞）気が短い。性急だ。例：セッカチな男や。

**せっかん**（名詞）石棺。古代人の用意した石の棺。例：セッカンは貴人のひつぎやったんやろう。

**せっき**（名詞）節季。盆と暮れの決算期。例：セッキに支払いますさかいにな。

**せっきょう**（名詞）説教。仏教信仰の話を説いて聞かせること。転じて、堅苦しい意見や忠告。例：いつものおセッキョウが始まった。

**せつく**（動詞）せきたてる。催促する。例：早うしてくれと、セツク。

**せっく**（名詞）節句。季節の変わり目の祝い日。人日。上巳。端午。七夕。重陽。例：現在では、桃、端午、七夕の三つのセックをいう場合が多いわ。

**ぜっくする**（動詞）絶句する。途中で言葉が出なくなること。例：台詞忘れてゼックしてしもた。

**せつげつか**（名詞）雪と月と花。日本の四季、自然美の総称。例：セツゲツカを楽しむ毎日。

**せっこう**（名詞）斥候。敵の情勢をさぐり調べる兵。例：セッコウ兵。

**せっこう**（名詞）石膏。セメントや白墨の原料。硫酸カルシウムの結晶。例：セッコウは、彫刻の原料に使われる。

**せっさたくま**（名詞）切磋琢磨。切り、研ぎ、打ち、磨く、意。技術学問を磨いて共に向上すること。例：若い学徒が、セッサタクマする研究所なんや。

**せっしゃ**（代名詞）拙者。自分の謙譲語。例：セッシャは、武士の一般的な自称やった。

**せっしょう**（名詞）摂政。天皇に代わって国事を行うこと。例：セッショウをおかないで、退位を選ばれた。

**せっしょう**（名詞）殺生。生き物を殺すこと。例：セッショウ禁断の慈悲心。

**せっしょうな**（形容動詞） 殺生な。むごい。例：害虫やから言うて、セッショウナことするな。

**ぜっせい**（名詞） 絶世。この世に二人といない。例：ゼッセイの美人。

**せったい**（名詞） 接待。客をもてなすこと。例：運動会のセッタイ係や。

**ぜったい**（副詞） 文末に打消がくる。決して……ないの形をとるのが普通。例：ゼッタイそんなことは言うてへん。

**せっちゅう**（名詞） 雪中。雪の降る中。例：セッチュウの登山講習中に大雪崩や。

**せっちん**（名詞） 雪隠。便所のこと。例：セッチン大工。将棋のセッチン詰めで、逃げ場がないんや。

**せつな**（名詞） 刹那。きわめて短い時間。例：現在だけ良ければよいというセツナ主義はあかん。

**せつに**（副詞） 切に。心をこめて。例：御退院の早からんことをセツニお祈りいたします。

**せつぶん**（名詞） 節分。季節の分かれめ。特に立春の前日。例：二月の三日ごろが、セツブンや。今年は何日や。

**ぜつみょう**（名詞、形容動詞） 絶妙。非常に巧妙なこと。例：刃物職人のゼツミョウな技を拝見したのや。

**ぜつめつ**（名詞） 絶滅。すっかり絶え滅びること。例：悪い細菌をゼツメツする薬品。

**せつろしい**（形容詞） きぜわしい。例：あんまり急かせるな。セツロシイ。

**せど**（名詞） 背戸。裏口。例：セドから井戸端まで、片付けといてや。

**せどぐち**（名詞） 背戸口。裏口。例：旅行でも出勤でもセドグチから出発したらあかん。

**せともん**（名詞） 瀬戸物。陶器。焼き物。セトモノとも。例：セトモン割らんように気付けや。

**せな**（熟語） するな。してはいけない。例：この仕事は、やり方教えるまでセナ言うてるのに。あほやな。

**せなあかん**（熟語） しなければいけない。しないといけない。例：早う、料理セナアカン。魚は、すぐ腐るさかい。

**せなあかんのに**（熟語） しなければならないのに。例：早う連絡セナアカンノニ、すまん。

**せなあきまへん**（熟語） しないといけない。例：早う電話をセナアキマヘンで。

**せなか**（名詞） 背中。背骨のあるあたり。例：木曽殿とセナカ合わせの寒さかな。

**せなんだ**（熟語） しなかった。例：連絡セナンダ。忘れてて御免。

**せなんだらあかんちゅうて**（熟語） しなければいけないと言って。例：しっかり養生セナンダラアカンチュウテ、励ましてた人が、先に死なはった。

**ぜにもうけ**（名詞） 銭もうけ。金もうけ。例：なんぞゼニモウケないかしらん。

**せぬ**（熟語） しない。例：式には参列セヌ。工事はセヌ方針や。

**せばい**（形容詞） 狭い。面積や幅が小さい、意。例：セバイ敷地やな。このビル。

**ぜひ**（名詞） 是非。良いか悪いか。道理のあることとないこと。例：事のゼヒを知りたい。

**ぜひ**（副詞） 是非。必ず、きっと。なにとぞ。例：ゼヒお願いします。ゼヒとも早く完成したいと存じます。

**せびらき**（名詞） 背開き。魚をさばくとき、背に包丁を入れて、全体を開くこと。セワリとも。例：鰻のセビラキや。

**せびる**（動詞） せがむ。ねだる。セブルとも。例：小遣いをセビル。

**せぶみ**（名詞） 瀬踏み。川の浅いか深いかを調べること。転じて、物事の着手前に、まず、試してみる意。例：大事業やさかい、しっかりセブミしとかんとなあ。

**せぶる**（動詞） ねだる。セビルとも。例：もうちょっと、小遣いセブロうか。

**せまい**（形容詞） 狭い。セバイと同じ。例：セマイは、近畿ではセバイが普通。

**せまくろしい**（形容詞） せまくて息苦しい。例：セマクロシイ部屋やな。

**せみ**（名詞） 蟬。セミ科の昆虫の総称。例：やがて死ぬけしきは見えずセミの声。

**せむし**（名詞） 背中が曲がる病気。例：セムシは背中に虫がついた病気やと、考えたんやろ。昔は、背虫と書いていた。

**せめたてる**（動詞） 責めたてる。激しく非難する。例：金を返せとセメタテル。

**せめたてる**（動詞） 攻めたてる。激しく攻撃する。例：ゴール前でセメタテル選手の活躍が嬉しい。

**せめる**（動詞）責める。相手の悪い所を激しく非難する。例：過ちをセメル。

**せめる**（動詞）攻める。戦いをしかける。例：城をセメル。水ゼメ。兵糧ゼメ。

**せもうない**（熟語）狭くない。例：このマンション、そんなにセモウナイ。

**せや**（感動詞）そうだ。例：セヤ、セヤ。うちの間違いや。

**せやけど**（熟語）そうだけれど。例：セヤケド、うち行かへんで。

**せやさかい**（熟語）それだから。例：セヤサカイ、失敗するんや。

**せよ**（名詞）施与。ほどこし与えること。例：おこもさんにセヨしてあげて。

**せらった**（熟語）しなさった。シラッタとも。例：すぐに、辞退セラッタんやて。

**せらる**（熟語）しなさる。シラルとも。例：あっこの嫁さん、よう草刈りセラルわ。

**せり**（名詞）芹。セリ科の多年草。若菜は香気があり食用。春の七草。例：万葉集にセリが詠まれている。

**せりあう**（動詞）競り合う。互いに負けまいと争う。例：セリアッて、高値をつけた。

**せりふ**（名詞）台詞。俳優が劇中で用いる言葉。転じて、言葉、の意にも。例：聞き飽きたセリフばかり、ぬかすな。

**……せる**（助動詞）使役。人にさせる。例：父に薬を飲まセル。医師は、私に薬をのませた。

**……せる**（助動詞）尊敬。になる。例：陛下は満足げに席を立たせられた。

**せわ**（名詞）世話。他人の面倒を見ること。例：セワをやく。セワ人。

**せわしない**（形容詞）気忙しい。せわし＋ナイ（甚しい意）。例：セワシナイ人やなあ。食べたらすぐ仕事や。

**せわのやける**（熟語）世話のやける。手数がかかって、めんどうなこと。例：セワノヤケル、子供やなあ。

**せん**（名詞）先に、以前に。例：セン、皇太子のきやはった時になあ。

**せん**（熟語）しない。セ（サ変）＋ン（打消）。例：三十分もセンうちに着く。

**ぜんあく**（名詞）善悪。良い悪いの意。例：ゼンアクの区別がつかない人。

**せんかいな**（熟語）しないのか。例：今すぐ連絡センカイナ。そやないと、間に合わん。

**せんかたなし**（形容詞）仕方が無い。ほどこすすべがない。例：こうなってしまったらセンカタナシや。

**せんかった**（熟語）しなかった。例：腹が立ったから返事センカッタ。

**せんかてええ**（熟語）しなくてもよい。例：そんなにあわててセンカテエエ。

**せんぎり**（名詞）大根の切り干し。例：スーパーで、センギリ買うて来て。

**せんきん**（名詞）千金。非常に大きな価値。例：一刻センキン。

**せんぐり**（副詞）順番に。先＋繰り、が語源。絶えず。しょっちゅう、の意にも。例：セングリ検査に入って下さい。

**ぜんげん**（名詞）善言。教訓となる有益でよい言葉。例：ゼンゲンを教えてもろて、大きに。

**せんこ**（名詞）線香、の訛。例：仏様に、センコ上げて。

**ぜんご**（名詞）前後。前と後ろ。例：ゼンゴ左右、気を付けて。

**せんこう**（名詞）戦功。戦争で立てた手柄。例：日露戦争でセンコウのあった祖父の話や。

**ぜんこう**（名詞）全校。学校全体の意。例：毎週のゼンコウ集会。

**ぜんこう**（名詞）善行。よいおこない。例：隠れたゼンコウを認められ、表彰された。

**せんごく**（名詞）戦国。群雄が割拠して互いに戦った時代。例：日本のセンゴク時代は十五、六世紀やが、中国は紀元前の春秋時代の後、秦の始皇帝までや。

**せんこはなび**（名詞）線香花火。こよりに火薬をひねりこんだ、小さい花火。

**ぜんざ**（名詞）前座。落語家のいちばん低い地位。例：ゼンザの話もええけど、早う真打ちの話、聞きたい。

**せんざい**（名詞）前栽。前庭。庭の植え込み。例：お爺さん、センザイの手入れしてはるわ。

**ぜんざい**（名詞）汁粉（東京）。関西では、小豆が皮付きのもの。出雲の神在餅。例：ゼンザイは、関西では善哉と書く。

**せんじつ**（名詞）先日。このあいだ。

例：センジツは、わざわざありがとうございました。

**ぜんしゃ**（名詞）前者。前にあげたもの。後者に対する語。例：二つの考えのうち、ゼンシャを取り上げたいと思うんや。

**ぜんしゃ**（名詞）前車。前の車。例：ゼンシャとの間隔は、二十メートル。

**せんしゅう**（名詞）選集。多くの作品から選んで編集すること。例：全集じゃなくてセンシュウや。

**ぜんしょ**（名詞）前書。前の手紙。例：ゼンショでお知らせした通り期日は変更しません。

**せんじょう**（名詞）船上。船の上。例：観光船のセンジョウでアトラクションや。

**せんじょう**（名詞）戦場。戦いの場所。例：関ヶ原の古センジョウ。

**せんじん**（名詞）先陣。本陣の先の陣。例：誰が一番で神木を摑むか。センジン争いや。

**ぜんしん**（名詞）全身。身体全体。例：ゼンシン全霊をこめて建てた五重の塔や。

**せんす**（名詞）扇子。おうぎ。折り畳み式の風をおこす用具。例：お祝い用のセンス持ったかな。

**せんすい**（名詞）泉水。庭前の池。例：センスイの鯉に、餌をやらんようにな。

**せんせ**（名詞）先生。イ音脱落。例：センセ、雪合戦に入れたろ。

**ぜんせ**（名詞）前世。前の世。昔。例：ゼンセの善行で、今しあわせや。

**ぜんせい**（名詞）善政。よい政治。例：足利氏も初めはゼンセイを行っていた。

**せんぞ**（名詞）先祖。その家代々の以前の人。例：センゾ代々の墓がある。

**せんそく**（名詞）洗足。足を洗うこと。例：プールに入る前、センソクや。

**せんだく**（名詞）洗濯。衣服の汚れを洗い落とすこと。センタクとも。例：センダク終わったわ。センダク機。

**せんだち**（名詞）先達。先輩。指導者。例：行者参りのセンダチ。

**せんだって**（副詞）先だって。このあいだ。先般。例：センダッテ、発表会あったなあ。

**せんち**（名詞）大便所。雪隠、の転。例：今、センチに入ってござる。

**ぜんちしき**（名詞）善知識。人を教化して善に導く高徳の僧。例：園城寺のゼンチシキにお話を聞く。

**せんちゅう**（名詞）船中。船の中。例：センチュウ泊で、大分まで。

**せんて**（名詞）先手。先に行動すること。例：センテをうって、裏門にまわれ。

**ぜんてい**（名詞）前提。ある物事が成立するための条件。前置きとなる命題。例：……というゼンテイに立つ。

**せんでもええ**（熟語）しなくてもよい。例：すぐ返事センデモエエ。ゆっくり考えな。

**せんと**（名詞）遷都。都を移すこと。例：平安京セントから千数百年の今。

**せんと**（熟語）しないで。例：挨拶もセント、行儀が悪いえ。

**せんど**（名詞）先途。行き着く先。最後のなりゆき。例：ここをセンドと攻め立てる。

**せんど**（副詞）十二分。何度も。例：もうセンド言い聞かせた。

**せんど**（副詞）大変長い間。例：センド、待たせましたなあ。

**せんといて**（熟語）しないでおいて。例：気遣いは、セントイテ。

**せんといとくれ**（熟語）しないでおいて下さい。例：誰にも言うてへんさかい見舞はセントイトクレ。

**せんとう**（名詞）銭湯。銭を取って客を入れる風呂屋。例：よくはやるセントウで、清潔や。

**せんとき**（熟語）しないでおきなさい。セントオキとも。例：分解や修理は、指導者なしにセントキな。

**せんとく**（熟語）しないでおく。せずにおく。セン＋ト＋オク、が語源。例：失敗するとあかんので、私一人の時は、セントクわ。

**せんどくに**（熟語）しないままで。せずにしておいて。例：勉強センドクニ、遊んでばかりいる。

**せんとけ**（熟語）せずにおけ。例：間違えると大変なので帰るまでセントケ。

**せんとこ**（熟語）しないでおこう。例：かわいそうやで、昆虫採集セントコ。

**ぜんどころ**（名詞）膳所。食膳の用意をするところ。まかない。例：自宅でゼンドコロは、宴会の時ぐらいや。

**せんどした**（熟語） 飽きる。退屈する。疲れる。例：遊んでばかりで、センドシタわ。
**せんどぶり**（名詞） ひさしぶり。例：よう、田中くん、センドブリやなあ。
**せんならん**（熟語） せねばならない。しなければならない。セナナランとも。例：早う帰って、宿題センナラン。
**せんならんことあらへん**（熟語） しなければならないことはない。例：あそこの草引きセンナランコトアラヘン。
**せんならんのやったら**（熟語） しなくてはならないのだったら。例：そんなに勉強センナランノヤッタラ、医学部は止めた。
**せんならんのやって**（熟語） しなくてはならないのだって。例：今日中に掲示をセンナランノヤッテ。
**せんにゅうかん**（名詞） 先入観。正しい判断を妨げる当初からの思いこみ。例：センニュウカンに捕らわれないように。
**せんにん**（名詞） 仙人。山中に住み、不老不死の術を心得た理想の人。例：人里離れてセンニンのような生活や。
**ぜんにん**（名詞） 善人。善良な人。例：お人よしといわれるほどのゼンニンや。
**せんねん**（名詞） 専念。ある事にだけ熱中すること。例：家業にセンネンする。
**せんのやったら**（熟語） しないのだったら。例：そんなに勉強センノヤッタラ、進学止めて、就職がええわ。
**せんぱい**（名詞） 先輩。年齢や経験等が、自分より上の人。例：偉そうにセンパイづらするな。
**せんばつ**（名詞） 選抜。多数の中から選び出すこと。例：全国センバツ高校野球大会。
**ぜんび**（名詞） 善美。美しく立派なこと。例：ゼンビをつくした邸宅と庭園。
**ぜんぴ**（名詞） 前非。過去の過ち。例：ゼンピを悔いて謝りに来た。
**ぜんぶ**（名詞） 全部。あることのすべて。全体。例：一部でなくてゼンブが知りたい。
**せんぺんばんか**（名詞） 千変万化。種々様々に変化すること。例：将棋はセンペンバンカ、中学生が、プロに二十八連勝や。
**せんまいづけ**（名詞） 千枚漬け。聖護院蕪を薄く輪切りにして昆布と塩で味付けした漬物。例：センマイヅケは、京都特産の漬物や。
**せんみつ**（名詞） 千に三つ正しいことをいう人。うそつき。例：あいつセンミツや。
**せんもん**（名詞） 専門。一つのことを特に研究、担当するだけで、他のことにはかかわらないこと。例：センモン書。センモン学校。センモン家。
**せんもんがかち**（熟語） しない者が勝ち。例：御節介なんかセンモンガカチや。
**せんや**（名詞） 先夜。先日の夜。例：センヤは、欠席し申しわけありません。
**せんやく**（名詞） 煎薬。煎じて飲む薬。例：センヤクは、ゆっくり煎じること。
**せんやく**（名詞） 先約。前に決めた約束。例：センヤクがあり、申し訳ありません。
**ぜんよう**（名詞） 全容。全体の姿。例：戦艦大和のゼンヨウを想像してほしい。
**せんらん**（名詞） 戦乱。戦争のため世の中が乱れること。例：センランの中、生き伸びた人、わずか十三人。
**せんり**（名詞） 千里。非常に遠い、意。例：センリ眼。センリの駒。
**せんりょ**（名詞） 千慮。いろいろ多くの考え。例：センリョの一失、時には、失敗もあるわなあ。
**せんりょ**（名詞） 浅慮。考えがたりないこと。例：センリョの至り、済まぬ。
**ぜんりょう**（名詞） 善良。良くて素直で正直なこと。例：ゼンリョウな青年。
**ぜんりょく**（名詞） 全力。ある限りのすべての力。例：ゼンリョクをふるってゴールまで走ってください。
**せんれい**（名詞） 先例。以前からのしきたり。前例。例：センレイに従います。
**ぜんれい**（名詞） 前例。前にあげた例。例：ゼンレイに従って、行事を計画しました。
**せんれん**（名詞） 洗練。無駄がなく、優雅で高尚なものにする、意。例：センレンされた文章。

# そ

**ぞ**（助詞）強め。例：さあいくゾ。うまし国ゾ、やまとの国は。

**ぞ**（助詞）疑問。不審。例：だれゾ来たん？ どうゾこうゾ通れた。

**そいで**（接続詞）それで。例：ソイデお前さん、どう返事したんかいな。

**そいでに**（接続詞）それで。例：二十日、年忌やろ。ソイデニ欠席したんや。

**そいに**（熟語）そうですよ。例：ソイニ、大統領弾劾や。

**そう**（動詞）添う。副う。そばにつき従う。例：連れソウ。期待にソウ。

**そう**（動詞）沿う。川や海岸などから離れないようにする。例：海岸線にソウて走る鉄道。

**……そう**（助動詞）意志。させよう。例：鳥に水を飲まソウ。しっかり勉強さソウ。

**そうあい**（名詞）相愛。互いに愛し合う意。例：相思ソウアイの仲。

**そうあん**（名詞）草庵。草葺きの粗末な家。例：俳人ゆかりのソウアン。

**そうあん**（名詞）草案。下書き。例：会則のソウアンや。見てくれるか。

**そうい**（名詞）相違。互いに違うこと。例：経歴は、上記の通りソウイありません。

**ぞうえい**（名詞）造営。宮殿などを建てること。例：平安神宮のゾウエイは、明治になってからや。

**ぞうえき**（名詞）増益。利益が増加すること。例：上半期、下半期ともゾウエキで推移いたしました。

**そうおう**（名詞）相応。ふさわしい。例：身分ソウオウの服装で御出席を、お願いします。

**ぞうか**（名詞）造花。紙や布でつくった花。例：仏壇にゾウカでもええ。欲しい。

**ぞうか**（名詞）造化。宇宙万物を創造する神。例：鳴門の渦潮、ゾウカの妙や。

**ぞうか**（名詞）増加。数量が増えること。例：利益のゾウカを喜ぶ。

**そうかい**（名詞）爽快。さわやかで気持ちが良い。例：ソウカイな海の空気。

**そうかい**（名詞）蒼海。あおあおとした海。例：ソウカイに浮かぶ小島。

**そうかいな**（熟語）そうですか。例：ソウカイナ、あんたも欠席か。

**そうかしらんが**（熟語）そうか知らないが（疑問、反語表現）。例：ソウカシランガ、俺はそうは思わん。

**そうかて**（接続詞）そんなことといわれても。だって。ソヤカテとも。例：ソウカテ、うちにはわからへんもん。

**そうかもしらんが**（熟語）そうかもしれないが。例：体調が悪い、ソウカモシランガ、参加した方がええ。

**ぞうきん**（名詞）雑巾。清掃用の布切れ。例：板の間のゾウキンがけ、お願いします。

**そうくるのがあたりまえ**（熟語）そうなるのが当り前、の意。ソウコナケレバウソとも。例：わしに助けてくれって。ソウクルノガアタリマエや。

**ぞうげ**（名詞）象牙。象の牙。例：ゾウゲの印鑑。ゾウゲの塔（大学の研究室）。

**そうけい**（名詞）早計。早まった計画。例：学校の増築、これはソウケイや。

**そうけい**（名詞）草径。草の中のこみち。例：淀川堤防のソウケイを歩む。

**そうけえ**（熟語）そうなのか。例：便りが来やへんのでどうしたんや思てたら、一月に事故死やて。ソウケエ、かわいそうに。

**ぞうげん**（名詞）増減。増えることと、減ること。例：水量のゾウゲンは、ほとんどありません。

**そうこ**（名詞）倉庫。品物を保管しておく建物。例：神戸港近くのソウコ。

**そうこうするうち**（熟語）あれこれするうち。例：ソウコウスルウチ、式が始まるわ。

**ぞうさ**（名詞）造作。手間。面倒。もてなし。例：ゾウサない事。御ゾウサにあずかりました。

**ぞうさ**（名詞）饗応。もてなし。御馳走。

**そうさい**（名詞）総裁。全体を統べて、つかさどる職。例：日銀ソウサイ。

**そうさい**（名詞）相殺。互いに差し引いて損得なしにすること。例：私の債務と、貴殿に販売した代金の未払分とを、ソウサイいたしましょうか。

**そうさせとくれ**（熟語） そのようにさせてください。例：昨日の話通りなら、ソウサセトクレ。あんじょうするさかい。

**そうしき**（名詞） 葬式。死者を葬る儀式。農村部ではソウレンとも。例：葬儀場で、ソウシキを出すことが多くなった。

**そうしてもらいたい**（熟語） そのようにしてほしい。例：先生のお教え通りや。ぜひ、ソウシテモライタイ。

**そうしとくれ**（熟語） そうしてください。例：君の考えでええさかい、ソウシトクレ。

**そうしゅう**（名詞） 早秋。秋のはじめ。例：ソウシュウに始まった大学の講義。

**そうしゅう**（名詞） 爽秋。さわやかな秋。例：ソウシュウの高原のせせらぎ。

**ぞうすい**（名詞） 増水。水量が増えること。例：桂川が記録的なゾウスイや。

**ぞうすい**（名詞） 雑炊。おじや。語源は増水か。残飯に野菜を刻んで入れ、やわらかく炊いたもの。例：戦時中に、よくゾウスイを食べた。

**そうすかん**（熟語） 総すかん。総ての人に好かれないこと。例：知事は、総裁になったもんやさかい、ソウスカンで、落選や。

**ぞうせん**（名詞） 造船。船を造ること。例：川崎重工のゾウセン所。

**そうぞう**（名詞） 想像。心の中で思い描くこと。例：ソウゾウもできない事件や。

**そうぞう**（名詞） 創造。あたらしいものを初めて造り出すこと。例：天地ソウゾウの時。模倣かソウゾウか。

**そうぞく**（名詞） 相続。あとを受け継ぐこと。例：ソウゾク税。財産ソウゾク。

**……そうだ**（助動詞） 伝聞。人からの伝え聞き。例：友は留学を諦めたソウダ。

**……そうだ**（助動詞） 様態。様子だ。例：明日からは、起き上がれソウダ。

**ぞうだい**（名詞） 増大。増えて大きくなること。例：戦争の危険がゾウダイする。

**そうだす**（熟語） そうです。サイデス、サイデゴザイマスとも。ソウドスより下品な感じ。例：ソウダス。あんたの言う通りだす。

**そうだん**（名詞） 相談。意見を出して、話し合うこと。例：老人会のソウダン役をしてますのや。

**そうだんな**（熟語） そうですね。例：ソウダンナ。たしか谷町五丁目だしたな。

**そうっと**（副詞） 静かに。例：ソウット歩け。授業中やぞ。

**そうてい**（名詞） 装丁。書物として表紙をつけること。例：本のソウテイが良い。

**そうてい**（名詞） 送呈。物品を送って差しあげること。例：先日送呈した品、届きましたか。

**そうてい**（名詞） 漕艇。ボートを漕ぐこと。例：大学のソウテイ部。

**そうてい**（名詞） 想定。ある状況を仮定して考えを定めること。例：今の段階ではソウテイの域を出ない。

**ぞうてい**（名詞） 贈呈。人に物を差し上げること。例：校旗のゾウテイ式。

**そうでっか**（熟語） そうですか。例：ソウデッカ、今日は休診でっか。

**そうどう**（名詞） 騒動。大勢で騒ぎ立てること。例：歴史的な米ソウドウのあった所や。

**そうどす**（熟語） そうです。例：その牛乳新しい？ ソウドス。今牧場から着いたばかりどす。

**そうどすか**（熟語） そうですか。例：ソウドスカ、神戸でもそう言いますか。

**そうほう**（名詞） 双方。両方。例：ソウホウ見合って、はっけよい。

**そうめい**（名詞、形容動詞） 聡明。目と耳がさとい。かしこい。例：ソウメイで健康な青年。

**そうもん**（名詞） 総門。大寺院等の寺域の第一の正門。例：三井寺のソウモンから、入山する。

**そうや**（熟語） そうだ。例：あれが、あんたの大学？ ソウヤ、ええ大学やろ。

**……そうや　……そうだ**（助動詞） 伝聞。人からの伝え聞き。例：来年、大学卒業なさるソウヤ。

**……そうや　……そうだ**（助動詞） 様態。様子だ。例：明日からは、起き上がれソウヤ。

**そうやおせん**（熟語） そうではありません。ソウヤオヘンとも。例：これも先生の絵？ ソウヤオセン、お弟子さんの作品です。

**そうやがな**（熟語）そうですとも。例：そうや、そうや、ソウヤガナ。お説の通りやがな。

**そうやけど**（熟語）そうなんですが。ソヤケンドとも。例：その日、都合が悪いねん。ソウヤケド、うち出席するわ。

**そうやげな**（熟語）そうだって。例：すっくり財産を無くしてしまはったソウヤゲナ。

**そうやさかいに**（熟語）そうだから。それだから。ソヤサカイとも。例：雨に降られたやろ。ソウヤサカイニ傘持って行きゃよかったんやて。

**そうやし**（熟語）そうですし。例：テレビの法律相談で聞いたわ。ソウヤシ、うちもあの考えに賛成や。

**そうやって**（熟語）そうだって、それに間違いない。例：取材のヘリ、墜落したんやて。うそっ。いや間違いない。（強く押さえて）ソウヤッテ。

**そうやな**（熟語）そうだな。その通りだな。例：お前は手を出してないというが、確かにソウヤナ。

**そうやな**（熟語）そうだな。話中、口ごもる時。例：ソウヤナ、なんと言うたらええやろ。ソウヤナ、天皇の退位の問題は難しい問題や。

**そうやろ**（熟語）そうだろう。例：ソウヤロ、お前は嘘なんかつく男やない。

**そうやんか**（熟語）そうでしょう。例：ソウヤンカ、うちの言うた通りやろ。

**そうゆうけど**（熟語）そういうけれども。ソウユウケンドとも。例：ソウユウケド、そんなにうまくいくかいな。うち、どうなっても知らんで。

**そうゆうこっちゃ**（熟語）そういうことだ。例：それで、あいつが犯人扱いや。早い話、ソウユウコッチャ。

**ぞうよ**（名詞）雑＋ヨ（費用）。諸経費。費用。例：それなりのゾウヨがいるわ。

**そうより**（名詞）総寄り。字や集落の総集会。例：三月のソウヨリ、何日やった？

**そうりょう**（名詞）総領。最初に生まれた跡継ぎの子。長男長女いずれも最初の子をさしたのが古来の用法。例：この家は、ソウリョウが女や。

**そうれん**（名詞）葬式。葬斂（斂は屍を衣服でおおう意）。例：本家のソウレンは何処で、何時から？

**そうれんまわり**（名詞）左まわり。葬式の行列が左まわりであるところから。例：読経のあとは、ソウレンマワリで、歩くのやで。

**そうろと**（副詞）ゆっくりと大事に。例：大事な壺やさかいソウロト動かして。

**そえん**（名詞）疎遠。久しく会わずにいること。例：いつしかソエンになり申し訳ありません。

**そがいな**（熟語）そのような。ソゲンナとも。例：ソガイナええかげんな計算では困るんや。

**ぞがつく**（動詞）悪寒がする。例：なんだか、ゾガツイて来た。

**ぞがっとする**（熟語）にわかに悪寒がする。オゾケガサスとも。例：冷房がきつくて、ゾガットスルわ。

**そくじょ**（名詞）息女。むすめ。例：先生の御ソクジョとは知らず、失礼いたしました。

**そくどう**（名詞）側道。そばの道。例：高速道のソクドウを通ると車で五分や。

**そげ**（名詞）とげ。刺。例：右の人指し指のソゲ、自分で抜けへんし抜いて。

**そこ**（名詞）底。凹んだものや容器などの最も下に当る所。例：箱のソコ。心のソコから感謝しているんや。

**そこ**（代名詞）場所を表す中称。そのあたり。例：駅前のホテル、ソコまで、御足労をお願いしたい。

**そこいら**（代名詞）そこら。そのあたり。例：ソコイラの石ころ、拾うて。

**そこそこ**（副詞、名詞）その程度。そのくらい。例：練習はソコソコにしておきな。

**そこそこ**（副詞、名詞）かなり。例：彼なら、ソコソコできる。

**そこつ**（名詞）粗忽。そそっかしいこと。過ち。例：すみません。ソコツ者でして困ってますわい。

**そこつく**（動詞）底をつく。容量がなくなる。例：ガソリンも、ソコツク頃や。

**そこどこやない**（熟語）それどころではない。例：選挙前で、ソコドコヤナイわ。

**そこねる**（動詞）損ねる。そこなう。傷つける。例：社長の御機嫌をソコネル。

**そこはかとなく**（副詞） なんとはなしに。どことなく。例：ソコハカトナク幽玄が感じられる。

**そこばくかの**（熟語） いくらかの。例：ソコバクカノ目に見えぬ傷がありますのや。

**そこらへん**（名詞） そのあたり。例：ソコラヘン、よう捜したんかな。

**そこんとこ**（代名詞） そこのところ。その点。例：ソコントコ、あんじょう説明して。

**そし**（名詞） 阻止。抑え止める。例：工事をソシする。

**そしたら**（接続詞） そうしたら。例：おまえが先に行け。ソシタラわしも行く。

**そしとく**（熟語） そうしておく。例：君の言ってた通り、僕もソシトクわ。

**そしょう**（名詞） 訴訟。うったえ。裁判を請求すること。例：民事ソショウと刑事ソショウとの二つがあるんや。

**そしらぬ**（熟語） 知っているのに、知らないふりをする。例：ソシラヌ顔。

**そしらんかお**（名詞） 空とぼけた顔。知っていて知らぬふり。例：知っててソシランカオや。

**そしる**（動詞） 謗る。非難する。人の悪口を、いう。例：他人をソシルのは悪趣味や。

**そそう**（名詞） 粗相。不注意で過ちをすること。例：えらいソソウをしてしもて、ほんとにすみません。

**そそぐ**（動詞） 注ぐ。流れ入る。例：草花を生けた花瓶に水をソソグ。大阪湾に、ソソグ川。

**そそぐ**（動詞） 雪ぐ。洗い清める。ススグとも。例：受けた恥をソソグ。

**そそくさ**（副詞） あわただしく、落ち着かないさま。例：なんや、ソソクサと出かけよった。

**そそくれる**（動詞） そびれる。機会を失い目的をはたせない。例：うまいこと言わはるので、言いソソクレてしまった。

**そそける**（動詞） 毛ば立つ。例：下手な鉋で、板がソソケるとあかん。

**そだつ**（動詞） 育つ。成長する。例：子供がソダツのは早い。

**そだてあげる**（動詞） 育て上げる。一人前になるまで育てる。例：母一人でソダテアゲた子供。

**そちゃ**（名詞） 粗茶。粗末な茶。例：ソチャですが、一服どうぞ。

**そつ**（名詞） 手落ち。手ぬかり。むだ。例：ソツのない人やなあ。

**そっから**（熟語） そこから。例：その線、ソッカラ前に出たら危ないよ。

**ぞっきん**（名詞） 雑巾。例：ゾッキン、よう絞って拭くのやで。

**そっけない**（形容詞） 愛想がない。冷淡ですげない。例：ソッケナイ態度をとる女性。

**そっこく**（名詞） 即刻。すぐ。ただちに。例：危険、ソッコク避難せよ。

**そっち**（代名詞） そちら。例：ソッチの草刈り済んだか。

**そっちゃ**（代名詞） そちら。例：ソッチャは、あまり草がなかったやろ。

**そっぽ**（名詞） 外＋方、が語源。外の方。他の方。例：協力しないで、ソッポを向いている。

**そで**（名詞） 袖。衣服で、両腕を被う部分。例：ソデふり合うも他生の縁。ソデ口。

**そでぐち**（名詞） 袖口。袖の端の手首の部分。例：ソデグチをまくりあげる。

**そでなし**（名詞） 袖無。袖のない衣服。例：ソデナシ羽織。ソデナシの下着。

**そでまくり**（名詞） 袖まくり。腕まくり。例：働く時は、せめてソデマクリぐらいしな。

**そと**（名詞） 外。内に対する外。例：ええ天気やで、ソトで遊んできな。

**そとあるき**（名詞） 外歩き。外商。例：店から出て、二、三日、ソトアルキや。

**そとば**（名詞） 卒塔婆。供養のために墓に立てる塔の形の板。例：ソトバに戒名、書いてもろてきて。

**そとぼり**（名詞） 外側の堀。例：川がソトボリになっている。

**そない**（連体詞） そんなに。例：ソナイえらそうなこと、言うな。

**そないいう**（熟語） そんなにいう。例：大きに、ソナイイウて、貸してもらよった。

**そないなこと**（熟語） そんなこと。例：ソナイナコト言うたらあかんわ。

**そないに**（副詞） そんなに。例：ソナイニ面白いか。

**そなえもの**（名詞）　供え物。神仏にお供えする物。例：お菓子や果物、頂き物などがソナエモノや。

**そねむ**（動詞）　嫉む。ねたむ。にくむ。例：隣の家の暮らしをソネンで悪口を言うのは、止めときや。

**その**（連体詞）　そこにある。そこにいる。例：ソノ人。ソノ大学。ソノ病院。

**そのときよかれ**（熟語）　その時だけよければ良い。例：ソノトキヨカレの作品は、飽きられてしまう。

**そのひかせぎ**（名詞）　その日稼ぎ。定職がなくその日の収入で暮らすこと。例：ソノヒカセギの貧しい暮らしや。

**そば**（名詞）　蕎麦。ソバ科の一年草。三角形の黒い実からソバ粉がとれる。例：ソバ粉を練って、線状に細長く切り、ゆでて、汁をつけて頂くんや。

**そば**（名詞）　傍。側。近くの所。傍ら。ハタ、ネキとも。例：駅のソバの公園や。

**そばえる**（動詞）　ふざける。甘える。例：この犬、ソバエルけど、聞き分けがあるわ。

**そびえる**（動詞）　聳える。高く立つ。例：雲の上にソビエル山々。

**そびれる**（接尾語）　機会を失して目的を果たせない。おくれる。はずれる。例：旅行に行きソビレル。

**そふ**（名詞）　祖父。おじいさん。例：孫を大事にしてくれたソフ。

**そぼ**（名詞）　祖母。おばあさん。例：ソボは、生まれるまでになくなってた。

**そぼう**（名詞、形容動詞）　粗暴。あらあらしく乱暴なこと。例：ソボウな行動はあかん。

**そほうか**（名詞）　素封家。位や領地をもたない大金持ち。例：すごいソホウカや。

**そぼふる**（動詞）　雨がしとしと降る。例：ソボフル雨に濡れた道を、一人行く。

**そま**（名詞）　杣山、の略。植林して木を伐りだす山。例：近江にソマ山が多くあったんや。

**そまがわ**（名詞）　杣川。杣山で伐採した木材を流す川。例：ソマガワの地名が残っている。

**そまつ**（名詞）　粗末。品質が悪いこと。例：ソマツな造りの家や。

**そまびと**（名詞）　杣人。きこり。木材を伐採することを職業とする人。例：古代に、ソマビトの多い土地やったらしいわ。

**そまる**（動詞）　染まる。色が付く。転じて、感化される。例：朱にソマル山々。悪にソマル人も多い。

**そむく**（動詞）　背く。背を向ける。従わない。例：親にソムク。世間にソムイた暮らし。

**そむける**（動詞）　背ける。視線をそらす。例：目をソムケルような事故や。

**そめもの**（名詞）　染物。布などを染めること。例：ソメモノ屋さん。

**そめる**（動詞）　染める。染料で色を付ける。例：布をソメル。頬をソメル。

**そもそも**（副詞）　文を説きおこす言葉。例：ソモソモ、我が家の創業は、十五世紀にさかのぼる。

**そや**（熟語）　そうだ。そうや、の約。例：ソヤ、ソヤ、間違いないわ。

**そやおへん**（熟語）　そうじゃありません。例：ソヤオヘン。さっきのは間違いどす。

**そやかて**（熟語）　そうだからといって。だって。例：ソヤカテ、足、怪我してたんやもん。

**そやがな**（熟語）　そうなのだよ。そうですね。例：ソヤガナ。あんたの言う通りやがな。

**そやから**（熟語）　そうだから。ソヤサカイ、と同じ意だが、若い世代がよく使用。例：ソヤカラ、行かへん言うてたんや。

**そやけど**（熟語）　そうだけれど。ソヤケンドとも。例：ソヤケド、うちら何にも聞いていやへんだし。

**そやこされ**（熟語）　そうだからこそ。これは、コソアレで、古語の係結びの名残り。例：ソヤコサレ、ちかごろ休みが多かったわ。

**そやさかい**（熟語）　そうだから。そうですから。例：ソヤサカイ宿題は早う済ましとかんとあかん。

**そやそや**（熟語）　そうだそうだ。例：ソヤソヤ、おまえの言う通りや。

**そやな**（熟語）　そうだな。そうですね。例：ソヤナ。うちもそう思うわ。

**そやない**（熟語）　そうではない。例：境界線勝手に動かしたら犯罪やぞ。ソヤナイ。業者がしよったんや。

**そやないと**（熟語） そうでないと。例：早く行け。ソヤナイト十時に間に合わん。

**そやないゆうてんのに**（熟語） そうじゃないと言っているのに。例：ソヤナイユウテンノニ、いつまでも犯人扱いすんな。あほ。

**そやのに**（熟語） それなのに。例：先生、先月まで入院してはった。ソヤノニ出席してくれやはったんや。

**そやよって**（熟語） そうだから。例：ソヤヨッテ、旅行を止めたんや。

**そやろ**（熟語） そうだろう。例：そらソヤロ。当然のことや。

**そら**（名詞） 天。空中。空模様。根拠のないこと。記憶。例：ソラが曇る。うわのソラ。ソラで九九を言うてみな。

**そら**（熟語） そりゃ。それは。例：ふん、なるほど、ソラ、そうやろ。

**そらあかん**（熟語） それはいけない。例：ソラアカン。そんな無茶な話。あかんに決まったるがな。

**そらいろ**（名詞） 空色。晴れた空の色。例：薄い青色、これがソライロや。

**そらごと**（名詞） 空言。虚言。うそ。偽り。例：ソラゴトばかり言うてると馬鹿にされる。ソラゴトはあかん。

**そらそうや**（熟語） それはそうだ。例：ソラソウヤ。あんたの言う通りや。

**そらそうやけど**（熟語） それはそうだが。例：あんたの御提案、ソラソウヤケド、むしがよいのやおまへんか。

**そらぞらしい**（形容詞） 空々しい。心がこもっていない。例：ソラゾラシイお世辞言うな。

**そらとぼける**（動詞） 空惚ける。知っていて知らないふりをする。とぼけたふりをする。例：わかっていてソラトボケル。

**そらなき**（名詞） 空泣き。わざと泣くふりをすること。例：いつものソラナキや。心で笑うとるわ。

**そらみみ**（名詞） 空耳。音がしないのに、したように感じること。例：誰もいないのに、物音、ソラミミかな。

**そらもよう**（名詞） 空模様。物事のなりゆき。例：交渉は、けわしいソラモヨウや。

**そらんじる**（動詞） 諳じる。そらで覚える。暗記する。例：中国の呼び名を、ソランジルのが大事や。黄帝。堯。舜。夏。殷……。

**そらんずる**（動詞） 諳ずる。そらで覚える。暗記する。例：百人一首をソランズル。

**そりゃく**（名詞） 粗略。ぞんざいでおろそかなこと。例：国宝やぞ。ソリャクに扱うたらあかん。

**そる**（動詞） 剃る。例：ひげをソル。

**それ**（代名詞） 中称。少し離れたものをさす。例：梅の花が、ソレとも見えないのは、降る雪のせいだ。

**それこさ**（熟語） なるほどそうだ。例：ソレコサ、天気予報通りや。

**それこされ**（熟語） なるほど、それこそそうだ。古語。それこそあれ。から。例：ソレコサレ、確かに社説の通り正しい考えや。

**それそうおう**（熟語） それ相応。それにふさわしい。例：ソレソウオウの謝礼はしたんや。

**それそれ**（熟語） それ見たことか。例：ソレソレ、わしの言う通りや。

**それぞれ**（熟語） そのことだ、そのことだ。ふと思いついた時の言葉。例：ソレソレ、その問題が解けなかったんや。

**それで**（接続詞） そのため。その理由で。例：身体をこわして入院し、ソレデ、届けが遅れました。すみまへん。

**それで**（接続詞） 相手の話をうながす。例：ソレデ、そのあとどうなりました？

**それなり**（副詞） それ相応の。例：ソレナリの努力は、払ったんやがな。

**そろい**（名詞） 集団が服装を揃えること。例：ソロイの浴衣で、踊りに出よか。

**そろっと**（副詞） 静かに。ゆっくりと。例：ソロット歩け。病人がいるぞ。

**そろばん**（名詞） 算盤。珠算による計算器。例：親指と人差指でソロバンを、はじく。

**そろばんずく**（名詞） 算盤ずく。勘定ずく。打算的。例：あいつは、なんでもソロバンズクや。

**そんえき**（名詞） 損益。損失と利益。例：今期のソンエキの勘定。

**ぞんがい**（副詞） 存外。思いのほか。例：会場はゾンガイ早く完成した。

**そんけい**（名詞） 尊敬。たっとび敬うこと。例：ソンケイ語。ソンケイ表現。

**ぞんざいに**（形容動詞） いいかげんに粗

略に。粗雑に。粗末に。例：そんなに物をゾンザイニ扱うな。

**ぞんじあげる**（動詞）存じ上げる。知る、思う、の謙譲語。存じるより謙譲の度合いが強い。例：お名前はよくゾンジアゲております。

**そんしつ**（名詞）損失。損をすること。例：利益無し、ソンシツばかりの会社。

**そんじゃ**（接続詞）それでは。例：ソンジャ今日は、これぐらいにしておこう。

**そんじょそこいらの**（熟語）その辺に多くある。例：この花瓶は、ソンジョソコイラノ店にあるものとは、違うんや。

**そんすう**（名詞）尊崇。たっとびあがめること。例：神仏をソンスウする。

**ぞんずる**（動詞）存ずる。考える、思う、知る、心得る、の謙譲語。例：全くゾンジませんで失礼致しました。

**そんだけ**（熟語）それだけ。例：十五日の会場変更、ソンダケ知らせてな。

**そんちょう**（名詞）尊重。たっとび重んじること。例：人権をソンチョウする大統領。

**そんちょう**（名詞）村長。村を代表し、行政事務をつかさどる人。例：市町ソンチョウ。

**そんで**（接続詞）それで。それゆえ。例：ふんなるほど。ソンデどうなった？

**そんでいて**（熟語）それでいて。例：お前分かってたやろ。ソンデイテ、黙ってたんか。

**そんでに**（接続詞）それで。それゆえ。例：反対は俺一人。ソンデニ、仲間外れにされたというわけや。

**そんでも**（接続詞）それでも。例：ソンデモ、お前のとこはええな。ええ息子がいるで。

**そんとく**（名詞）損得。損失と利益。例：いつもソントクを考えて買い物をするとええわ。

**そんなあほな**（熟語）そんな馬鹿な。例：ソンナアホナ相談ってある？

**そんなええかげんな**（熟語）そんないいかげんな。そんなおざなりな。例：ソンナエエカゲンナ事で済ませてええの？

**そんなこというたかて**（熟語）そんな事を言っても。例：これで橋は安全や。ソンナコトイウタカテ、地震で橋落ちたやないか。

**そんなことないで**（熟語）そんな事はないよ。あるはずがない。例：監督辞職、ソンナコトナイデ。

**そんなの**（熟語）そのような（事）。例：弾劾、ソンナノ、聞いたことないわ。

**そんなら**（接続詞）それなら。例：ソンナラ、これで、大きに。

**そんなり**（熟語）それ相応の。それなり。例：修理したら修理したで、ソンナリの事あるわ。

**そんなん**（熟語）そのようなもの。例：布団乾燥機、ソンナンうち要らんわ。

**そんなんありか**（熟語）そんな手段は、使っていいのか。例：インターネット使うって、将棋にソンナンアリカ？

**そんなんじゃない**（熟語）そのような事ではない。例：君の聞いた話、実は、ソンナンジャナイんや。

**そんなんやない**（熟語）そのようではない。例：君の質問やけど、調べたが、ソンナンヤナかったよ。

**そんのうわぬり**（熟語）損の上塗り。損の上の損。例：これ以上の投資は、ソンノウワヌリや。

**そんのこっちょや**（熟語）損の骨頂や。最大の損。例：あの事業に投資やて。ソンノコッチョヤ。

**そんのどてんじょ**（熟語）損の＋ド＋天井。最大級の損失。例：今、株買うたら、ソンノドテンジョや。

**そんひく**（動詞）損をする。例：銀行員の薦めた投資信託、あんじょうソンヒイてしもた。

**ぞんぶん**（副詞）存分。思うまま。十分。例：思うゾンブン、話し合った。

**そんぼう**（名詞）存亡。存在するか滅亡するか。例：日本の国のソンボウをかけた戦い。

**ぞんめい**（名詞）存命。生きている。例：ゾンメイ中は、いろいろ御交誼を賜わり有難うございました。

**そんよう**（名詞）尊容。仏像などの顔かたち。例：秘仏の観音さんのソンヨウを、拝観させてもらう。

**そんら**（代名詞）それら。そのあたりの。例：淡路や八幡の瓦は、ソンラの瓦とわけが違う。

**そんりょう**（名詞） 損料。物を借りた時に支払う使用料。例：ソンリョウいくら払うたらええんやろ？

# た

**た……**（接頭語）用言について強め。例：タやすい。タなびく。タばしる。

**……た**（接尾語）名詞について、分かりやすくする。例：あまえタ。あごタ。おんタ。めんタ。

**……た**（助動詞）過去。過ぎ去ったこと。例：五年前に出会っタ。

**……た**（助動詞）完了。今終わったこと。例：今食べタ。玄関にたった今お客さんが来やはっタ。

**……た**（助動詞）存在態。今もある。今も持ちつづけている。例：学校玄関の塔屋に掲げられタ校章。

**……だ**（助動詞）断定。である。例：悪いのは私達ダ。ごめんなさい。

**たー**（名詞）田。一音節語の長音化。例：隣のター、大分イモチにやられたようや。

**たあぜ**（名詞）田の中に作った臨時の畦。例：タアゼを作って、そこからもちごめを作付するんや。

**……たある**（補助動詞）てある。ている。例：雨が降っタアル。洗濯物が濡れタアル。説明書にちゃんと書いタアル。

**……たい**（助動詞）希望。望む意。例：早く退院しタイ。

**だい**（名詞）台。高くした所、物。例：灯ダイ。ダイ地。演ダイ。燭ダイ。

**だい**（名詞）題。見出し。題目。例：主ダイ。問ダイ。表ダイ。ダイ名。

**だい**（名詞）代。期間。例：親のダイ。

**たいあく**（名詞）大悪。大きな罪悪。例：人として生まれたのやから、タイアクを犯さぬこと。

**たいあん**（名詞）大安。万事について吉となる日。例：タイアン吉日。

**たいい**（名詞）大意。大体の意味。例：タイイをつかむ。

**だいいち**（名詞）第一。いちばんはじめ。例：ダイイチ印象。ダイイチ次産業。

**たいいん**（名詞）退院。入院していた患者が病院から帰ること。例：一週間後タイインしたんや。

**たいう**（名詞）大雨。おおあめ。例：タイウで洪水のおそれがある。

**だいおう**（名詞）大王。王様の敬称。例：南の国のダイオウにお会いする。

**だいおうじょう**（名詞）大往生。苦痛や心の乱れがなく安らかに死ぬこと。例：午前五時、ダイオウジョウをとげた。

**だいおんじょう**（名詞）大音声。力強い大きな声。例：ダイオンジョウで、名乗りをあげる。

**たいか**（名詞）大火。大きな火事。例：関東大震災のタイカ。大阪空襲のタイカ。

**たいか**（名詞）耐火。高熱でも燃えにくいこと。例：タイカ煉瓦。

**たいか**（名詞）大過。大きな過ち。例：タイカなく、三十年勤務いたしました。

**たいが**（名詞）大河。大きな河。例：タイガの流れ。タイガ小説は、大長編小説のことや。

**たいかい**（名詞）大会。大きな会合。例：野球のタイカイがある。国民体育タイカイ。

**たいかい**（名詞）大海。大きな海。例：川を出ると、広いタイカイである。

**たいがい**（名詞、副詞）大概。だいたい。おおかた。例：椅子の片付けは、タイガイ終わった。

**たいがい**（副詞）いい加減。例：怒るのもタイガイにしとき。なんぼ注意しても、あかんやつはあかん。

**たいがいなら**（熟語）大概なら。多分。普通なら。例：タイガイナラ途中で止めてしまったやろ。そやけどうち最後まで頑張ったで。

**たいがいにしときや**（熟語）大概にしときや。適当なところでやめなさい。例：テレビゲームもタイガイニシトキヤ。宿題あるんやろ。

**だいがく**（名詞）大学。最高の学術を研究する学校。例：ダイガク院博士課程。

**だいかぐら**（名詞）太神楽。春から三月にかけて、家々を回って獅子舞をして、演芸をみせるもの。例：大原さんの庭でダイカグラしてるさかい見てくるわ。

**だいがらん**（名詞）大伽藍。大きな寺院。例：三井寺の観音堂を拝んでこれだけやと思い、奥にあるダイガランを、拝まないで帰る人が多いんや。

**たいかん**（名詞）大官。高い官職の人。例：政府のタイカンにお願いしてある。
**たいかん**（名詞）耐寒。寒さに耐えること。例：タイカン訓練。
**だいかん**（名詞）代官。江戸時代幕府直轄地の税を扱った地方官。例：港町としての大津にダイカン所があった所や。
**だいかん**（名詞）大寒。一年で一番寒いころ。一月末から二月初め。例：小寒のあとがダイカンやが、寒いのう。
**たいき**（名詞）大気。地球を取り巻く空気。例：タイキをいつまでも美しく。
**たいき**（名詞）大器。大きな入れ物。転じて、大きな器量の人物。例：タイキ晩成。
**たいぎ**（形容動詞）大儀。大げさで着手するのに気が重い。例：いまさら家の普請、タイギなこっちゃ。
**だいきち**（名詞）大吉。運勢や縁起が非常によいこと。例：ダイキチのお札が出た。嬉しいわい。
**だいく**（名詞）大工。宮殿の造営の役人。転じて、木造家屋を建築する職人。例：腕のええダイクさんが建てはった家。
**たいくつ**（名詞）退屈。時間をもてあまして困る。変化がない。例：タイクツしのぎ。タイクツな授業。
**たいけつ**（名詞）対決。両者が相対して決着をつけること。転じて、困難に直接立ち向かうこと。例：いよいよ優勝候補同士のタイケツや。
**だいこ**（名詞）大根、の日常語。例：ダイコの種蒔き。ダイコオロシ。
**たいこう**（名詞）大綱。物事の根本的な点。大要。例：会則の大綱。
**たいこく**（名詞）大国。国土の広い国。国力の強い国。例：世界のタイコクであるアメリカ。
**だいこく**（名詞）大黒。大黒天（七福神）の一つ。福徳の神。例：ダイコク柱。
**たいこたたく**（熟語）太鼓叩く。おべんちゃらをいう。へつらいこびる。例：なにかというと、タイコタタク男や。
**だいごみ**（名詞）醍醐味。物事の真の良さや味わい。妙味。例：スキーのダイゴミ。
**たいさい**（名詞）大災。大きな災害。例：津波のタイサイは、千年に一度ぐらいや。
**たいざい**（名詞）滞在。他所へ行って、その地に長くとどまること。例：ニューヨークにタイザイすること三か月。
**たいざん**（名詞）大山。大きな山。例：タイザン鳴動して鼠一匹。
**たいじ**（名詞）退治。討ちほろぼすこと。例：桃太郎の鬼タイジ。
**だいし**（名詞）大師。仏、菩薩のこと。高僧への贈り名にも。例：弘法ダイシ。
**だいじ**（形容動詞）大事。大切にする。丁重に扱う意。大事件の意で使うのは稀。例：ランドセル、ダイジに使うのやで。
**だいじおせん**（熟語）大事おせん。かまわない。ダイジオヘンとも。例：今、すぐですか。ダイジオセン、すぐ行って手伝いまっさ。
**だいじおへん**（熟語）大事おへん。かまわない。語源は、大事＋お＋へん（打消）。例：あなたの考え通り進めてもろてダイジオヘン。
**だいじない**（熟語）大事無い。かまわない。差し支えない。音変化してダンナイ。例：少しぐらいの過ちはダイジナイ。
**たいしゃ**（名詞）大社。大きな神社。例：出雲タイシャ。官幣タイシャ。
**たいしゅう**（名詞）大衆。多くの人。例：タイシュウ文学。タイシュウ小説。
**たいしゅつ**（名詞）退出。その場所から引き下がること。例：皇居から三時にタイシュツ。
**たいしょう**（名詞）大将。全軍を指揮する将軍。将官の最上級。例：乃木タイショウと明治天皇。
**だいしょう**（名詞）大小。大きい、小さい。例：ダイショウの容器があると便利や。
**だいじょうぶ**（名詞）大丈夫。強くて危険でない。確かで間違いがない。例：あの男ならダイジョウブや。
**たいしょく**（名詞）大食。たくさん食べること。例：タイショク漢。
**たいじん**（名詞）対陣。敵と向かい合って陣地を構えること。例：沖縄で米軍とタイジン。交戦。日本軍全滅。
**たいじん**（名詞）退陣。陣地から立ち去ること。転じて、職務や事業から身を引くこと。例：総理のタイジンを迫る。
**だいじん**（名詞）大臣。各省の長官と国務大臣。古語「おおまえつぎみ」。例：総理ダイジン。財務ダイジン。

**だいず**（名詞）大豆。マメ科の一年草。豆腐、味噌、醤油の原料。例：ダイズ油。ダイズから湯葉を作る。

**たいせつ**（名詞、形容動詞）大切。非常に重要なこと。例：睡眠が、健康にタイセツなんや。

**たいそう**（副詞）大層。たいへん。はなはだしく。ひどく。例：会場費だけでタイソウ金がかかるそうや。

**たいそうらしい**（形容詞）大層らしい。おおげさである。ぎょうさんだ。例：タイソウラシイ選挙演説やった。

**たいそそう**（熟語）おおげさな。大層＋そうに、が語源。例：怪我ぐらいでタイソソウな顔するな。

**だいそれた**（連体詞）大それた。常軌を逸した。けしからん。大＋逸れ＋た、が語源。例：それはダイソレタ計画やなあ。

**たいたい**（名詞）対等。互角。例：あそこのチームとうちとはタイタイや。

**だいたい**（名詞、副詞）大体。あらまし。おおよそ。おおかた。大部分、おおよそ、の意。例：実力はダイタイこんなもんや。

**だいたん**（名詞）大胆。度胸があって、おそれない。例：ダイタン不敵。

**たいていなら**（副詞）大抵なら。多分。普通なら。例：結婚式は、タイテイナラ終わっているはずや。

**たいていやない**（熟語）大抵やない。大層だ。普通ではない。例：手術騒ぎで、奥さん、タイテイヤナイ。

**だいどこ**（名詞）台所。例：うちの、ダイドコ寒うて使いにくいわ。

**たいない**（形容詞）意気地がない。例：口は達者やが、なんてタイナイやつや。

**だいなし**（名詞）台無し。物事が全くだめになる。例：耕耘機で、バラの芽、ダイナシや。

**たいびょう**（名詞）大病。非常に重い病気。例：二つの癌のタイビョウで入院。

**だいぶつ**（名詞）大仏。約五メートル以上の大きい仏像。例：奈良のダイブツ。

**たいへい**（名詞）太平。世の中が穏やかなこと。例：天下タイヘイ。タイヘイ洋。タイヘイ記。

**だいべん**（名詞）代弁。本人のかわりに話すこと。例：誰が、ダイベン者や？

**だいべん**（名詞）大便。肛門から出す食物のかす。例：ダイベンの排泄。

**たいまつ**（名詞）松明。焚き松、の音便。例：タイマツは照明に使われたが、今は神社の祭りに使われるぐらいや。

**たいまん**（名詞）怠慢。仕事をなまけること。例：職務タイマン。

**だいみょう**（名詞）大名。平安末期、多くの名田を持っていた者。江戸時代は、一万石以上。例：ダイミョウ行列。

**たいめする**（動詞）顔を合わせる。対面＋する。例：初めて、親子がタイメしやはった。

**たいめん**（名詞）対面。向かい合うこと。例：父と子との初めてのタイメン。

**たいめん**（名詞）体面。世間に対するみえ。例：国会議員のタイメンを保つ。

**だいもん**（名詞）大門。大きな門。外構えの正門。例：東のダイモン。

**たいらげる**（動詞）平らげる。退治する。例：悪者どもをタイラゲル。

**たいらげる**（動詞）平らげる。すっかり食べてしまう。例：出されたお菓子をすっかりタイラゲル。

**たいりゃく**（名詞、副詞）大略。あらまし。おおよそ。だいたい。例：タイリャク以下の通り。

**たいりゅう**（名詞）滞留。長く滞在すること。例：志賀直哉が、城崎にタイリュウした時の作品。

**たえ**（形容動詞）妙。不思議にすぐれている。立派で美しい。例：タエなる音楽が聞こえる。

**たえしのぶ**（動詞）堪え忍ぶ。じっとがまんする。例：食糧難をタエシノブ国民。

**……たおす**（接尾語）やりぬく、意。例：練習しタオス。やりタオス。

**たおる**（動詞）手折る。手で折る。例：花をタオル。

**たかい**（形容詞）高い。上下の隔たりが大きい。例：タカイ建物。タカイ山に登る。

**たかいする**（動詞）他界する。死ぬ。例：一月にタカイしやはったんやて。

**だかえる**（動詞）抱き抱える。例：怪我人をダカエて病院へ走った。

**たかがしれてる**（熟語）たいしたことは

ない。程度がわかっている。例：彼の作品ならタカガシレテル。

**たかげた**（名詞） 高下駄。女子用は爪皮をつける。例：雨やさかい、タカゲタ出して。

**たかだか**（副詞） 多く見ても。例：費用は、タカダカ五千円ぐらいや。

**たかたかゆび**（名詞） 高々指。中指。丈＋高＋指、が語源か。例：中指をタカタカユビと言うてるわ。

**たかね**（名詞） 高値。値段が高いこと。例：タカネで買ってしもた。

**たかね**（名詞） 高音。高い調子の音。例：タカネの鳥の声。

**たかね**（名詞） 高嶺。高い峰。高い山。例：タカネの花。タカネおろし。

**だかまえる**（動詞） 抱き抱える。例：お母さんが我が子をダカマエて、助けはったんやて。

**たかみ**（名詞） 高見。高くて見晴らしのよい所。例：タカミの見物や。花火がよう見える。

**たから**（名詞） 宝。大切なもの。例：何よりもまさっているタカラは子供や。

**たからか**（形容動詞） 高らか。声が高く大きいさま。例：声タカラカに読みあげた。

**たかり**（名詞） 稲刈り。田＋刈り、が語源。例：ええ天気やで、タカリ、頼むわな。

**たかる**（動詞） 群がる。集まる。例：夜店に人がタカル。

**……たがる**（助動詞） 希望。望む意。例：学校へ行きタガル。

**たぎし**（名詞） 田の堤。例：タギシの草を刈らんとあかんな。

**たきだし**（名詞） 炊き出し。火災、地震などで被災者に、握り飯など炊いて出す。例：タキダシ、すぐみんなでしよか。

**たきつけ**（名詞） 焚き付け。燃え付きやすい紙、かんな屑、木屑、など。例：ええタキツケ、ないかいな。

**たきつける**（動詞） 焚き付ける。煽動する。例：三日にスト決行と、タキツケル。

**たきつぼ**（名詞） 滝壺。滝の水が落ち込む深い所。例：小さくても、タキツボで遊ぶのはあかん。

**たきもん**（名詞） 焚き物。柴、薪、割り木、などの燃料のこと。例：風呂のタキモンあるか。

**たきょう**（名詞） 他郷。自分の郷里でない土地。異郷とも。例：少年時代は、タキョウに育った。

**たぎる**（動詞） 滾る。例：湧いてタギル川の流れ。湯がわきタギってるで。

**たく**（動詞） 炊く、焚く。火にかけて熱する意。例：飯をタク。風呂をタク。関西では、煮るよりタクを広く使用するわなあ。

**たぐい**（名詞） 類。同じ仲間。例：タグイまれな大学者。

**たくさん**（副詞） 沢山。おおくある。例：誤りがタクサンある。

**たくみ**（名詞、形容動詞） 工。匠。巧み。技巧。巧妙。上手な職人。例：タクミな彫刻。タクミに処理する。

**たくれる**（動詞） 引っ掛かってしわになりまくれる。例：ワイシャツの袖が、タクレてるぞ。

**……たくる**（接尾語） ひたむきにする、盛んにする、の意。例：水をやりタクルと、根が腐る。

**たくわえる**（動詞） 蓄える。ためておく。集めておく。例：燃料と食糧をタクワエル。

**たけ**（名詞） 丈。高さ。身長。例：身のタケ。着物のタケ。背タケ。

**たけ**（名詞） 竹。例：タケ細工。タケ藪。タケ垣。タケ籠。

**たけ**（名詞） 茸。きのこ。例：松タケ。

**たけうま**（名詞） 竹馬。二本の竹竿に足がかりをつけて、乗って遊ぶ遊び道具。例：お父ちゃん、タケウマ作って。

**たけがき**（名詞） 竹垣。竹でつくった垣根。例：建仁寺垣ていうタケガキにしとくれ。

**たけくらべ**（名詞） タケは物の高さ。身長。背丈を比べ合うこと。例：タケクラベは、背ーくらべとも言うわな。

**……たげる**（接尾語） ……してあげる。例：鉛筆ぐらい貸しタゲル。

**たこ**（名詞） 蛸。頭足類の軟体動物。足八本で吸盤がある。例：タコの刺身。

**たこ**（名詞） 凧。竹の骨に紙を張り、紙の足をつけ、糸で空中に揚げる。例：京都、大阪は、イカ、イカノボリ。中部地方、近畿中国ではタコという人が多い。

**たご**（名詞） 担桶。下肥を運ぶ桶。担い桶。

タゴケ、コエタゴとも。例：肥タゴ、たががゆるんで使えへん。

**たこく**（名詞）　他国。外国。江戸期まで他の地方。例：タコクの人に親切に。

**たこやき**（名詞）　蛸焼き。小麦粉に小さい蛸の切り身を入れ、直径三センチほどの球形に焼いたもの。例：夜店のタコヤキ買うて、お母さん。

**たごん**（名詞）　他言。他人に話す。例：タゴンは無用にしてや。

**……たさけ**（熟語）　……たから。……たので。接続助詞の用法。例：入院してタサケ、行けへなんだんや。

**ださなあ**（熟語）　出さないと。例：試験は、時間があったら、よう見直して、ダサナアあかんで。

**たさへんのか**（熟語）　足さへんのか。足さないのか。例：ポットの湯、使うた後に、タサヘンノカ？

**たしか**（副詞）　確か。確実だと思いながら、いま一つ不安に思う時の語。例：天気予報は、タシカ雨やなかったんかいな。

**だしじゃこ**（名詞）　煮干し。例：時々干さんと、ダシジャコ黴生えるで。

**たしない**（形容詞）　不足がちの。少ししかない。例：タシナイ水を、分けてもろて、ほんまにすまんのう。

**たしなめる**（動詞）　窘める。反省をうながし注意する。例：息子の無作法をタシナメル。

**だしぬく**（動詞）　出し抜く。他人のすきをみて自分が先にする。例：他局をダシヌイて、報道する。

**たしまい**（名詞）　補う分。補充する分。足し＋前、が語源。例：不足の分、これタシマイにしとくれ。

**だしまい**（名詞）　仲間の必要経費の割り当て。出し＋前、が語源。ワリマエとも。例：ダシマイは、六千五百円や、すぐおくれ。

**だしみせ**（名詞）　出し店。祭りなどの夜店。例：夏祭りのダシミセ、今年は多いわ。

**たしょ**（名詞）　他所。他の集落、の意。例：タショの方の座席。

**たしょう**（名詞）　多少。いくらか。少々。例：タショウの持ち合わせはあるわ。

**……だす**（助動詞）　丁寧な断定。共通語はデス。京都弁はドス。大阪弁はダスで、やや下品な感じ。例：そうダスな。そうダンな。そうダッシャろ。

**だすい**（形容詞）　粗い。例：この浴衣ダスイ縫い方やなあ。

**たすき**（名詞）　襷。手の動きを自由にするため、袖にかける紐。例：駅伝のタスキを、リレーできなかったんや。

**たずさわる**（動詞）　携わる。従事する。関係する。例：私立大学の経営にタズサワル。

**たずねてみてみ**（熟語）　尋ねてみなさい（軽い命令）。尋ねてみたら（勧誘）。例：それは、先生にタズネテミテミ。

**たぜい**（名詞）　多勢。多人数。おおぜい。例：タゼイに無勢や。こらあかんわ。

**たせつ**（名詞）　他説。他人の言説や意見。例：もうちょっと、タセツをとりあげて調べた方がええ。

**たそがれ**（名詞）　黄昏。夕暮れ時。夕方。例：タソガレ時の藤の花の美しさ。

**だだがらい**（形容詞）　いがらい。あくが強く喉がひりひりする。例：こりゃまあ、ダダガライ大根おろしや。

**たたき**（名詞）　三和土。石灰と砂などで、土を叩き固めた土間。例：農家のタタキは、広かった。

**たたきあげる**（動詞）　叩き上げる。苦労して実績や地位をつくりあげる。例：丁稚からタタキアゲた人や。

**たたきたおす**（熟語）　値段をやたらに引き下げさせる。例：中古の車、タタキタオスことにしたんや。

**だだくさ**（形容動詞）　乱雑なこと。いいかげんに使われ汚いこと。例：ダダクサな勉強部屋やな。

**だだける**（動詞）　子供が無理を言う。駄駄をこねる。例：子供がダダケルので後にするわ。

**たたずむ**（動詞）　佇む。じっとして立つ。例：湖畔にタタズム。

**だだっぴらたい**（形容詞）　やたらに変化なく平たい。ダダピラタイとも。例：ダダッピラタイところに、家がぽつんと建っている。

**だだっぴろい**（形容詞）　やたらに変化なく広い。例：ダダッピロイ野原や。

**ただの**（熟語）　普通の。平凡な。例：ええ校長さんかと思たんやが、タダノ男の先生やった。

**ただの**（熟語） 無料の。例：展覧会のタダノ券要らんか。

**だだばしり**（名詞） 走りに走ること。走ることを強めた語。例：下り坂を、ダダバシリや。

**たたみや**（名詞） 畳屋。藺草で張った和室の敷物を扱う店。例：タタミヤに電話して、急いで畳替えや。

**だだもれ**（名詞） 雨漏れ、水漏れ、がひどいこと。例：屋根から雨水、ダダモレや。

**ただよう**（動詞） 漂う。水に浮かんで、ゆらゆら揺れる。例：波にタダヨウ花びら。空にタダヨウ雲。

**だだをこねる**（熟語） 子供が無理を言う。ダダケルとも。例：うちの子、またダダヲコネてるのと違う？

**たち**（名詞） 太刀。刀剣。例：タチを持つ力士。助ダチ。

**たち**（名詞） 質。生まれつきの性質、体質。例：隣家の長男はタチが悪い。

**たちあがる**（動詞） 起き上がって仕事を始める。例：祖国の復興にタチアガル。

**たちいふるまい**（名詞） 立ち居振る舞い。日常の行動。例：娘のタチイフルマイ見てると、躾ができとらん。

**たちうお**（名詞） 太刀魚。タチウオ科の海産魚。例：一・五メートル、太刀の形からタチウオっていうのや。

**たちおうじょう**（名詞） 立ち往生。途中で止まって進みも退きもしないこと。例：電車が停電で、駅の近くに、タチオウジョウしてしもた。

**たちき**（名詞） 立ち木。地上に立っている木。例：山の大杉のタチキ、その下の台地に祀ってある観音様や。

**たちくされ**（名詞） 立ち腐れ。建築物などが古くなり朽ちるにまかせた様子。例：こぼつと税金が高うなるさかいタチクサレにしとくのや。

**たちくらみ**（名詞） 立ち眩み。起立したときの不意のめまいのこと。例：タチクラミか病気か、どうもふらふらする。

**たちさわぐ**（動詞） 立ち騒ぐ。騒ぎ立てる。タチは接頭語。例：横綱の姿を見たいとタチサワグ人が、あふれていたんや。

**たちどころに**（副詞） ただちに。即座に。例：台風襲来、タチドコロニ行事中止や。

**たちのき**（名詞） 立ち退き。去って他所へ移ること。例：強制タチノキや。

**たちば**（名詞） 立場。見方考え方のよりどころ。例：総理と夫人とのタチバが違う。それをわきまえないとあかん。

**たちはだかる**（動詞） 立ちはだかる。両足を広げて立ち行く手をさえぎる。例：そんな所に、タチハダカッて、通行の邪魔や。

**たちばな**（名詞） 橘。ミカン科の常緑高木。ミカン、コウジなど。万葉の古代語。例：タチバナのかげ踏む道。

**たちまち**（名詞） 忽ち。その場。現在。日々の暮らし。当面。例：今、おやじが亡くなれば、タチマチが困る。

**たちよる**（動詞） 立ち寄る。訪れて寄る。例：友の家にタチヨッて、本を借って帰った。

**たちりどおし**（熟語） 立ち続け。例：タチリドオシで、芝居を見る。

**たちりばなし**（名詞） 立ち話。例：そんな所でタチリバナシは、なんやで、まあちょっと上がっとくれ。

**だちん**（名詞） 駄賃。子供に対する使い賃（菓子や金）。例：お使い御苦労さんこれ、ダチンや。おおきに。

**たつ**（動詞） 立つ。足で地面にまっすぐになる。足で支えて身体をおこす。例：この足で山の頂きにタツんや。

**たつ**（動詞） 建つ。建てる。例：学校がタツ。工場がタツ。

**たつ**（動詞） 断つ。絶つ。例：酒、煙草をタツ。国交をタツ。

**たつ**（名詞） 裁つ。衣服を裁断する。例：布地をタツ。型紙に従ってタツ。

**たつ**（名詞） 縦、の訛。例：タツから見ても横から見ても間違いない。タツ縞の着物着た人や。

**だっきゃく**（名詞） 脱却。抜け出ること。例：旧来の生活をダッキャクしたい。

**たつくり**（名詞） ごまめ。かたくち鰯を干したもの。例：田植えの祝儀肴に使われたところからタツクリというんや。

**たっしゃ**（名詞） 達者。からだが丈夫なこと。例：米寿過ぎたけど、タッシャに暮らしてるかな。

**たった**（副詞） ただ。わずかの。例：タッタ三枚の報告書か。

**たった**（熟語） 足りた。例：別の財布の五百円玉で、やっとタッタ。

**たった**（熟語） 立つ（幼児語）。例：さあ、しっかりタッタして。

**たったいま**（熟語） つい先刻。ついさっき。例：タッタイマ放送があったわ。

**……たって**（熟語） してやって。例：ちょっと手伝ったッテ。

**……たって**（熟語） ……たということだ。例：彼は、もう面接終わったッテ。

**たってた**（熟語） 立ってた。立っていた。例：ホームに、一人でタッテタんやで。

**たっぴつ**（名詞） 達筆。文字や文章を、上手に勢い良く書くこと。例：いつもながらタッピツのお便り有り難く拝見。

**たていたにみず**（熟語） 立て板に水。立て架けた板に水を流しかける、弁舌によどみがないたとえ。例：タテイタニミズのような、さわやかな話ぶりや。

**たてかねへん**（熟語） 建てかねへん。建てかねない、建てる、の意。例：若いもんは、押し入れのない家、タテカネヘン。

**たてぐ**（動詞） 建具。戸、障子、襖など部屋を仕切るもの。例：タテグの修理どこに頼んだらええのや？

**たてこむ**（動詞） 立て込む。混雑。こみあう。例：家がぎっしりタテコム。仕事がタテコンで忙しい。

**たてまえ**（名詞） 建前。上棟式。棟上げ。例：今日は、本家のタテマエや。

**たてまえ**（名詞） 表向きの方針。習わし。準則。例：仏壇は、西向きがタテマエや。

**たてもん**（名詞） 建物、の訛。例：駅前の高いタテモン、あれ何のタテモン？

**たとえば**（接続詞） 例えば。例をあげていうと。例：タトエバ、相撲の位の関脇ぐらいか。

**たどたどしい**（形容詞） おぼつかない。あぶなっかしい。例：タドタドシイ歩き方や、手術のあとやでな。

**たとむ**（動詞） 畳む、の訛。例：袴はきちんとタトンどいてや。

**たどりつく**（動詞） 苦労してやっと目的地につく。例：タドリツイた御岳頂上。

**たどる**（動詞） 辿る。捜し求めながら進む。例：記憶をタドリながら、実験の経過を記録する。

**たとんだって**（熟語） 畳んでやってください。例：訪問着、すまんけどタトンダッテ。

**たなおち**（名詞） 瓜類の熟し過ぎたもの。例：こんなタナオチの西瓜食えるか。

**たなおろし**（名詞） 店卸し。店の決算。例：近頃、店のタナオロシで、忙しうてなあ。

**たなおろし**（名詞） 他人の欠点を、あらいざらい噂しあうこと。例：先生方のタナオロシでもしてみるか。

**たなごころ**（名詞） 掌。手のひら。例：タナゴコロ合わせて、仏さん拝みな。

**たなばたまつり**（名詞） 七夕まつり。七月七日の夜。織女星を祭る祭り。例：太陽暦やと、梅雨で星が見えへん。陰暦やと、八月初めで星がよう見える。タナバタマツリは立秋の行事や。

**たに**（名詞） 谷。山あいの凹んだ所。例：蛍の多いタニ。宇治川のタニ。

**たにがわ**（名詞） 谷川。谷間を流れる川。例：タニガワの水を飲む。

**たにし**（名詞） 田螺。タニシ科の淡水産巻き貝。例：全国的にタニシ、一部でタネシ、タノシ、ツボ、ニシ。というような方言があるようや。

**たにん**（名詞） 他人。全然関係がない人。例：赤のタニン。タニン行儀。

**たにんずう**（名詞） 多人数。多数の人。例：予約なしでタニンズウのお客様は、お泊めできません。

**たのしみ**（名詞） 楽しみ。気持ちがよくてうれしいこと。例：ハワイ旅行を、タノシミにして待つ。

**たのまれもん**（名詞） 頼まれ物。他人から頼まれたもの。例：軽い仕事、仕立物など、タノマレモン言うたわ。

**たのみ**（名詞） 頼み。結納のこと。例：仲人がタノミの祝い持ってきやはった。

**たのむ**（動詞） 頼む。たよる。あてにする。例：姪に留守番をタノム。

**たば**（名詞） 束。ひとまとめにくくったもの。例：米寿の恩師に花タバを贈る。

**たばう**（動詞） 保存する。タボツ、とも。例：この菓子、タバイにくい菓子や。

**たばかる**（動詞） 謀る。だます。欺く。例：おとなしい人なのに、タバカッたらあかん。

**たび**（名詞）旅。旅行。家を離れて、出かけていくこと。例：三日間のタビや。留守頼むわな。タビ装束。

**……たび**（名詞）度数。回数。例：境内で、百タビ回って、願をかけて祈るんや。

**たびー**（名詞）足袋。の長音化。複合語はタビ。例：タビー出して。シロタビ。

**たびじ**（名詞）旅路。旅行する道すじ。例：奈良、大和へのタビジをたどる。

**たびしょうぞく**（名詞）旅装束。旅行の服装。旅支度。例：タビショウゾクもよし。さあ出かけよう。

**たびだち**（名詞）旅立ち。旅に出発すること。例：早いタビダチですなあ。

**たびだつ**（動詞）旅立つ。旅行に出発する。例：タビダツ弟子乙州を送る句。

**たびびと**（名詞）旅人。旅行している人。例：琵琶湖にはタビビトが多い。

**だぶがい**（名詞）からす貝の大きいもの。ドブガイとも。例：池にはダブガイおらんようになった。

**たぶん**（副詞）おそらく。たいてい。例：タブン、午後から雪に変わるだろう。

**たべたべ**（熟語）食べ食べ。食べながら。食べた直後。例：御飯タベタベ、勉強したらあかんえ。

**たべてみーひんか**（熟語）食べてみないか。例：この苺、タベテミーヒンカ。

**たべてみんか**（熟語）食べてみないか。例：このメロン、タベテミンカ。

**たべへんか**（熟語）食べないか。例：このおにぎり、タベヘンカ？ おなか空いてるやろ。

**たべやへんか**（熟語）食べないか、のやわらかい表現。例：この和菓子、タベヤヘンカ。

**たべる**（動詞）食べる。食う。関西では、食べるが常用語。例：早くタベルのは、身体によくない。

**たほう**（動詞）他方。ほかの方面。例：誠実だが、タホウ、愉快な男でもある。

**たぼつ**（動詞）保存する。貯える。タバウとも。タモツ、が語源か。例：不作やで、残った米をタボテ使うんや。

**たぼとく**（動詞）貯えておく。例：籾種をタボトク小屋や。

**たま**（名詞）玉。まるいもの。球。宝玉真珠。例：タマに傷。タマを転がす。

**たまう**（動詞）給う。与える、授ける、の尊敬語。お与えになる、の補助動詞。例：大君の生まれタマイし佳き日。

**……たまえ**（動詞）軽い敬意の命令。例：早う行きタマエ。

**たまがき**（名詞）玉垣。神社のまわりにめぐらした垣。例：神域を示すタマガキを瑞垣（ミズガキ）ともいうんや。

**たまぐし**（名詞）玉串。サカキの枝にノシ紙を付けて神に捧げるもの。例：タマグシ奉奠、ゆっくりとな。

**たまご**（名詞）玉子。鶏の卵。例：タマゴ焼き。タマゴとじ。

**たまご**（名詞）卵。鳥、魚、虫の雌の生殖細胞。食材は玉子を使うことが多い。例：ニワトリがタマゴを生んだ。

**たましい**（名詞）魂。心。気力。精神。万葉にある古代語。例：タマシイが腐っている。面ダマシイ。

**だまってしもたら**（熟語）黙ってしまったら。例：このままダマッテシモタラ、世の中は前へ進まん。

**たまで**（副詞）全然。全く。何一つ。タンマデとも。例：事実はどうであったか、タマデ分からん。

**たまてばこ**（名詞）玉手箱。浦島太郎が龍宮でもらって帰った箱。例：あけてびっくりタマテバコ。

**たまてばこ**（名詞）人に見せてはならない大切なものを入れた箱。例：これはうちのタマテバコやね。開けたらあかん。

**たまに**（副詞）まれに。時折。例：隣の御主人とは、タマニ挨拶する程度や。

**たまむし**（名詞）玉虫。タマムシ科の昆虫。金緑色。光によって、金、紫、緑色に美しく見える。例：タマムシ色の答弁。

**たまらない**（熟語）堪らない。がまんできない。やりきれない。例：熱くてタマラナイ。

**たまわる**（動詞）賜わる。受ける、もらう、の謙譲語。例：言葉をタマワル。

**たみ**（名詞）民。人民。支配されている者。例：タミの口をふさぐ。

**たむけ**（名詞）手向け。神仏に供え物をすること。例：タムケの水。

**だめ**（名詞）駄目。囲碁で、どちらの地にもならない目。例：ダメを詰める。

**だめ**（形容動詞）悪い。無駄。無益。禁止。

無理。関西言葉の、アカンと同じ意。例：腹一杯よばれてもうダメや。

**ためたる**（動詞） 貯めてある。例：今タメタル預金の総額。

**ためらう**（動詞） 決心がつかず、ぐずぐずする。例：体調悪く手術をタメラウ。

**たも**（名詞） たも網。小さなすくい網。例：川遊び禁止でタモも売ってへん。

**……たも**（補助動詞） ……下さい。……タモレとも。御所言葉。例：お花買うてタモ。これ、包んでタモ。

**たもつ**（名詞） 保つ。長く続く意。例：若さをタモツ秘訣。

**たもと**（名詞） 袂。和服の袖。手＋もと（本）、が語源。例：着物のタモト。橋のタモト。タモトを分かつ。

**たやす**（動詞） 絶やす。きらす。なくする。例：魚の餌、タヤシたらあかん。

**たやすい**（形容詞） 簡単である。例：それぐらいの仕事なら、タヤスイことや。

**たゆたう**（動詞） いったりきたりする。揺れ動く。例：波にタユタウ船。

**たより**（名詞） 便り。知らせ。手紙。例：母からのタヨリをありがたく読む。

**たよりない**（形容詞） 頼り無い。あてにならない。おろかしい。はっきりしない。例：タヨリナイ話。タヨリナイ男。

**たら**（名詞） 鱈。タラ科の海産魚。卵がタラコ。干して棒ダラ。いずれも食用。例：関西では、棒ダラが食膳に出ることが多い。

**……たら**（接尾語） ……とか、の意。例：どうタラ、こうタラ、理屈ばかり言うな。

**だら**（名詞） 馬鹿。愚か。例：ダラなこと言うな。

**たらかす**（動詞） すかしてなだめる。子供の機嫌をとる。タラス＋スカス、が語源か。例：子供にお菓子でも買うて、タラカスか。

**だらく**（名詞） 堕落。身を持ちくずすこと。例：先生や僧が、ダラクした生活したらあかんやないか。

**……だらけ**（接尾語） 粉や液体などが、いちめんに、多く付着していること。共通語の……まみれに近い。例：砂ダラケ。泥ダラケ。血ダラケ。

**だらける**（動詞） ゆるむ。しまりがなくなる。例：ダラケた服装するな。

**……たらしい**（接尾語） 強い形容を表す。例：憎タラシイ。好かんタラシイ。貧乏タラシイ。

**だらしない**（形容詞） しまりがない。節度がない。見苦しい。例：ダラシナイ負け方や。

**たらす**（動詞） なだめる。口説く。だます。例：子供をタラス。お金で芸者をタラシこむ。

**だらず**（名詞） おろか。馬鹿。ダラーとも。例：ダラズげなことというな。

**たらずまい**（名詞） 不足分。例：タラズマイは、わしが出しとく。

**だらり**（副詞） 垂れ下がる意。例：ダラリの帯。雪でダラリと折れた枝。

**たりき**（名詞） 他力。他人の力。例：自力でなくてタリキ（仏の力）で人を救う教えなんや。

**たりゅう**（名詞） 他流。よその流派。例：タリュウ試合。

**……たる**（補助動詞） ……てある。……ている。例：絵が掛けタル。いつの間にか雨が降っタル。

**だるい**（形容詞） 身体が疲れて気力が出ない感じ。例：熱があるのか、身体がダルイ。

**たれ**（名詞） 焼き魚に付ける調味料。例：鰻の蒲焼きは、タレ次第や。

**だれ**（代名詞） 誰。だれ。どの人。タレとも。例：ダレや。こんないたずらしたやつは。

**だれやらやないが**（熟語） 誰やらのように。批判の対象を遠回しに表現。例：安倍ダレヤラヤナイガ、やり過ぎを、過失と誤っていることが多い。

**たれる**（動詞） 排泄する。例：鼻をタレル。糞をタレル。

**だれる**（動詞） だらける。気が緩む。例：あんまり挨拶が長いとダレルぞ。

**……たろ**（補助動詞） ……てやろう。例：ようし、助けタロ。

**たわごと**（名詞） ばかげたことば。冗談。万葉にある古代語。例：何を言うか。タワゴトを言うな。

**たわむれ**（名詞） 戯れ。おどけ。冗談。軽い気持ちでする遊び。例：タワムレの横綱土俵入りや。雲龍型やぞ。

**たわら**（名詞） 俵。藁で編んだ穀類を入れるもの。例：米ダワラ。

**……たん**（助動詞）……たの。……たのですか。例：叔父さん、どこで戦死しやはったン？

**たんか**（名詞）短歌。三十一文字の歌。例：長歌に対しタンカって言うけど和歌のことや。

**……たんか**（助動詞、助詞）……たのか。例：こんな所で待ってタンカ。

**……だんか**（助動詞、助詞）……だのか。例：学会の発表、済んダンカ。

**だんかそうだい**（名詞）檀家総代。檀家中の代表者。例：今年のダンカソウダイ誰や。

**たんき**（名詞）短気。気短か。例：タンキは損気、という諺があるなあ。

**たんご**（名詞）端午。五月五日の節句。例：タンゴは、五月五日で男の子の節句や。

**だんご**（名詞）団子。穀物の粉を丸めて、蒸した食品。例：草ダンゴ。みたらしダンゴ。

**だんごう**（名詞）談合。話し合うこと。例：入札前のダンゴウは、違法や。

**たんざく**（名詞）短冊。細長い厚紙。例：タンザクに和歌や俳句を書く。

**だんさん**（名詞）旦那さん、の約。例：当主の息子は若ダンサンというた。

**だんじき**（名詞）断食。食事をしない。例：ダンジキで政府に抗議をする。

**たんしょ**（名詞）短所。足りないところ。劣っているところ。例：長所タンショ。

**たんじょう**（名詞）誕生。新しく生まれること。例：タンジョウ日。

**たんじょうび**（名詞）誕生日。生まれたその日。例：お釈迦さんのタンジョウビが花祭や。

**たんせい**（名詞）端正。姿や心が正しく、整っていること。例：タンセイな青年。

**たんせい**（名詞）丹誠。丹精。真心をこめること。例：タンセイをこめて育てた桜の苗や。

**だんぜつ**（名詞）断絶。断つこと。例：国交をダンゼツする。ダンゼツの世代。

**たんそく**（副詞）歎息。嘆息。ため息をついてなげく。例：優勝をのがして、ファンは、タンソクの一夜だった。

**だんだら**（名詞）段々模様。例：下手な散髪でダンダラや。

**だんだん**（副詞）次第に。順序を追って。例：立春が過ぎ、ダンダン暖かくなる。

**だんだん**（名詞）段々（児童語）。階段。例：ダンダンは、ゆっくり降りるのやで。

**だんち**（名詞）団地。集団住宅の多い地域。例：ダンチが発展した町並み。

**だんち**（名詞）段違いの略。例：ボタンが、ダンチやで。

**だんちょう**（名詞）断腸。腸がちぎれる意。この上なく悲しい。例：菅原道真の心境、ダンチョウの思いが漢詩に残されている。

**たんてき**（名詞）端的。手っとり早い。例：タンテキに言えば、そうや。

**たんと**（副詞）たくさん。うんと。例：御馳走はないけど、タント食べとくれ。

**たんどく**（名詞）単独。ただひとり。例：タンドク行動をしたら、あかん。

**だんない**（形容詞）かまわない。大事ない、が語源。大丈夫の意にも。例：答えとうなければ、答えなくてもダンナイ。

**たんねる**（動詞）尋ねる。例：不在者投票の期間をタンネル。

**たんのう**（名詞）堪能。カンノウ、の慣用読み。学術、語学などにすぐれている。例：外国語にタンノウな青年。

**たんのう**（名詞）足りぬ……たんぬ、の変化で、満足する意。例：美味にタンノウする。

**たんのする**（動詞）十分満足する。堪能する、の訛。例：おなか一杯で、タンノシたわ。

**たんぱく**（名詞）蛋白。卵の白身。例：タンパク質の豊かな食材が望まれる。

**たんぱく**（名詞、形容動詞）淡泊。あっさりとしつこくない。例：タンパクな人柄。

**だんばしご**（名詞）段梯子。階段。例：階段を関西ではダンバシゴ言うとこが多い。

**だんぱん**（名詞）談判。事件の解決方法を話し合うこと。例：北方領土の帰属のダンパンをする首相。

**たんびに**（熟語）度ごとに。例：洪水のタンビニ、大被害や。

**たんぶん**（名詞）短文。短い文。例：次の副詞を使ってタンブンを作れ。

**たんぶん**（名詞）単文。主語述語の関係が、一回だけで成り立っている文。例：タンブン、複文、重文。

**たんぼ**（名詞）田んぼ。水田。例：表のタンボもうじき収穫や。

**だんぼう**（名詞）暖房。屋内を暖めること。例：ダンボウのよくきいた病院。

**たんぽぽ**（名詞）蒲公英。キク科の多年草。春の花。黄色。例：タンポポは、実の綿毛で風に乗って飛ぶんや。

**たんまつ**（名詞）端末。装置の端のスイッチ。例：コンピューターの端末を起動させる。

**たんまに**（副詞）たまに。まれに。例：タンマニ来て、本買うてくれはります。

**たんまり**（副詞）たくさん。例：アルバイトして、学費タンマリできたか。

**たんめい**（名詞）短命。若死に。例：雪崩事故で死ぬなんて、タンメイやなあ。

……**たんや**（熟語）……たのだ。例：新幹線、二時間も遅れて着いたタンヤ。

**だんらく**（名詞）段落。文章や話の大きな切れ目。例：ダンラクのはっきりしない文を書いてはならん。

**たんれん**（名詞）鍛練。心身や技能を練り鍛えること。例：体力や精神力のタンレンにつとめる。

**だんわ**（名詞）談話。形式張らないお話。例：ダンワ室で会話を楽しむ。

# ち

**ち**（名詞）知、智。是非善悪を分別する知恵、知識。例：チ徳。チ能。チ力。

**ちー**（名詞）血。一音節語の長音化。例：額からチーが出たるで。

**ちー**（名詞）地。一音節語の長音化。例：天からうまれたか、チーから生まれたか。

**ちーちゃい**（形容詞）小さい、の児童語。例：チーチャイ兎やな。

**ちーと**（副詞）ちょっと。少し。例：チートだけ教えて、頼む。

**ちあん**（名詞）治安。国家や社会の秩序が保たれること。例：チアンの夢。チアン維持法のために犠牲になった人。

**ちいさい**（形容詞）小さい。数量、体積などが、細・小で、狭い意。チイサイが、関西の言葉。他に、チッチャイ、チッコイ、コマイ、なども使われる。例：こんなチイサイ箱でええか？

**ちえ**（名詞）知恵。物事を判断したり処理したりする心の働き。例：身についたチエで、幸せに暮らす。

**ちえん**（名詞）遅延。遅れること。例：バスの到着が、五分チエン致します。

**ちかい**（形容詞）近い。時間、空間のへだたりが小さい。例：チカイ道。完成がごくチカイ。

**ちかう**（動詞）誓う。神仏にかけて固く約束する。例：安全に建設することをチカイます。

**ちがう**（動詞）違う。合わない。同じでない。例：答えがチガウ。約束がチガウやないか。

**ちがうやろ**（熟語）違うだろう。例：昨日の話とちょっとチガウヤロ。

**ちかく**（名詞）知覚。知る心の働き。例：チカク神経。チカク、触角、味覚、聴覚。

**ちかく**（名詞）地殻。地球の外表面を被う部分。例：チカクの変動に注意。

**ちかづく**（動詞）近づく。次第に似てくる。例：模写が、本物にチカヅイてくるような気がする。

**ちかまわり**（名詞）近回り。近道をすること。例：この道の方が、チカマワリや。

**ちかみち**（名詞）近道。距離の近い道。例：チカミチを通って行こう。

**ちから**（名詞）力。筋肉運動の働き。作用を起こす働き。勢い、元気。気力。例：チカラのある大関。チカラを出して働く。

**ちからしごと**（名詞）力仕事。体力を使う仕事。肉体労働。例：チカラシゴトは男にまかしときな。

**ちき**（名詞）知己。自分をよく知ってくれる友人。例：僕のチキが、死んだらしいんや。便りがちっとも来やへん。

**ちぎょう**（名詞）知行。支配すること。

土地支配が、俸禄、の意にかわった語。例：チギョウ三百石や。

**ちぎり**（名詞） 契り。約束。縁。例：前世からのチギリ。恩愛のチギリ浅からず。夫婦のチギリ。

**ちぎる**（動詞） 手でねじ切る。手で切り離す。例：千代紙をチギッて、張り絵をつくる。

**ちくいち**（副詞） 逐一。順を追って一つ一つ。例：被害は、チクイチ報告。

**ちくしょう**（名詞） 畜生。獣。鳥虫魚類。人をののしる言葉として使うことが多い。例：こんチクショウ。あんな奴に負けてられるか。

**ちくぞう**（名詞） 築造。築いて作ること。例：大阪城のチクゾウに何年を要したか。

**ちくでん**（名詞） 逐電。電光を追うように急ぐ。転じて、すばやく逃げ出して、行方をくらます意。例：四億円奪ってチクデンしたんや。

**ちくばのとも**（名詞） 竹馬の友。竹馬に乗って遊んだ友。例：チクバの友も老いてほとんどいなくなった。

**ちくりん**（名詞） 竹林。竹やぶ。例：チクリンの七賢人。

**ちくわ**（名詞） 竹輪。すりつぶした魚肉を竹に塗りつけて焼いた食品。輪のよう切って食べる。例：チクワが、蒲鉾の元の形やそうな。

**ちけい**（名詞） 地形。土地の形。土地のさま。例：京都市のチケイ図。

**ちけん**（名詞） 知見。知識と見識。例：しっかりしたチケンを持った人。

**ちごうた**（熟語） 違った。チゴタとも。例：さっきの答えは、チゴウタ答えやった。

**ちごた**（熟語） 違った。例：宛先書くのに、また字、チゴタわ。

**ちごてへんか**（熟語） 違っていないか。例：あんたの採点、ちょっとおかしい。計算チゴテヘンカ。

**ちさい**（形容詞） 小さい。チッサイとも。例：チサイ字やなあ。

**ちさん**（名詞） 遅参。遅れて来ること。例：列車がおくれてチサンしました。すみません。

**ちし**（名詞） 地誌。ある地域を地理学的に研究し記述した書。例：和歌山県チシ。

**ちしき**（名詞） 知識。知って理解している内容。例：チシキ階級。チシキ人。

**ちしつ**（名詞） 地質。地殻の質、地層や土地岩石の質。例：チシツ学。

**ちしゃ**（名詞） キク科の一年草。野菜。レタスの一種。チサとも。例：チシャをちぎって来て。おつゆにするし。

**ちじょう**（名詞） 地上。土地の表面。地面の意。例：地下鉄がチジョウを走る区間がある。

**ちじん**（名詞） 知人。知り合い。友人。例：チジンに出会って、話し込んでしまった。

**ちそう**（名詞） 地層。地殻の中に見られる土砂、岩石の層。例：ななめに走るチソウが見えるやろう。地殻変動の跡なんや。

**ちそう**（名詞） 馳走。駆け回り走る。転じて、もてなしのための奔走。例：先日は、御チソウになり大きに。

**ちそく**（名詞） 遅速。遅い速い。例：桜の開花もチソクがある。

**ちたい**（名詞） 地帯。広がりを持つ地域。例：安全チタイ。工業チタイ。

**ちちおや**（名詞） 父親。父、の意。例：チチオヤの考えを聞いてくる。

**ちぢこまる**（動詞） 縮んで小さくなる。チヂム＋ウズクマル、の約か。例：お客さんの前やいうて、そんなにチヂコマッてんでもええ。

**ちっこい**（形容詞） 小さい。チッチャイ、チッポイとも。例：チッコイ魚や。

**ちっさい**（形容詞） 小さい。チッチャイとも。例：そんなチッサイ字を書くな。

**ちつじょ**（名詞） 秩序。物事の正しい順序。例：チツジョ正しい輸出。

**ちっと**（副詞） 少し。少々。例：チット肩を揉みましょか。

**ちっとでも**（副詞） 少しでも。ちょっとでも。例：チットデモ早くよくなっとくれ。

**ちっとばかり**（副詞） 少しばかり。チットバカシとも。例：チットバカリ教えてくれませんか。

**ちっとま**（熟語） しばらくの間。例：チットマ、待ってな。

**ちっとやそっと**（熟語） 少しぐらいでは。例：チットヤソットでは、誤りを認めよらへん。

**ちっぺ**（名詞） 小さい子供。例：うちのチッペに貰うて帰ってやろ。

**ちっぽい**（形容詞） ごく小さい。例：チッポイ人形やなあ。

**ちっぽけな**（形容動詞） 小さな。例：こんな失敗はチッポケナもんや。

**ちてん**（名詞） 地点。地上にある一か所。例：マラソンの折り返しチテン。

**ちとく**（名詞） 知徳。知恵と徳行、または知識と道徳。例：チトク合一。

**ちとも**（副詞） 少しも。例：チトモ知りまへんで。すんまへん。

**ちどり**（名詞） 千鳥。多くの鳥。例：近江のみ夕波チドリと歌われた渡り鳥。

**ちどりあし**（名詞） 千鳥足。足を左右に踏み違え歩くこと。例：酔っぱらってチドリアシや。

**ちなみに**（接続詞） 因に。それに関連して。例：チナミニ、こんな話もあります。

**ちのう**（名詞） 知能。判断・理解・記憶などの能力。例：チノウ検査。

**ちのめぐりがわるい**（熟語） 血の巡りが悪い。循環器病にも使うが、普通は、頭が悪い意。例：チノメグリガワルイ男や。

**ちび**（名詞） 小さい子供。兄に対する弟。犬などの愛玩物にも。例：うちのチビちゃんに、遣ろう。

**ちびたい**（形容詞） 冷たい。ツベタイ。チベタイとも。例：かわいそうに、チビタイ手をして。

**ちひつ**（名詞） 遅筆。書く速度が遅い。例：チヒツの作家。

**ちびっと**（副詞） 少し。チョビット、チョボットとも。例：チビット間違えた。

**ちびっとる**（動詞） 出し惜しんでいる。例：たった千円の寄付か。金持ちのくせにチビットルなあ。

**ちひょう**（名詞） 地表。地球の表面。例：チヒョウから、二百キロの宇宙。

**ちびりょった**（熟語） 出し惜しみした。例：出し惜しみを見下した表現が、チビリョッタや。

**ちびる**（動詞） 少し出す。出し惜しむ。例：寄付金をチビル。

**ちべたい**（形容詞） 冷たい。チビタイとも。例：チビタイ水やなあ。

**ちへん**（名詞） 池辺。池のほとり。例：猿沢の池のチヘンの宿に泊まる。

**ちぼ**（名詞） 小さなつまみ。例：扉のチボが取れてしもた。

**ちほう**（名詞） 地方。国内の一定の地域。例：チホウ銀行。チホウ公務員。

**ちまき**（名詞） 粽。米の粉をこねて、小さい団子を作り、笹、葦、茅などの葉で巻いて蒸したもの。例：端午の節句、祭りなどにチマキを食べた。

**ちまた**（名詞） 巷。場所。町。世間。例：チマタの噂になっている。

**ちまめ**（名詞） 血豆。誤って手指などを打ってできる内出血。例：あいた！ またチマメや。

**ちみす**（名詞） きりぎりす。チギスチョン、チミスチョン（鳴き声）とも。例：チミス、何匹、捕らまえた？

**ちみたい**（形容詞） 冷たい。例：チミタイ水、おくれ。

**ちめいしょう**（名詞） 致命傷。命にかかわる重い傷。例：政治家にとってチメイショウになる。

**……ちもた**（熟語） てしまった、の意。例：いつのまのやら、眠っチモタ。

**……ちもたる**（熟語） てしまっている、の意。例：蔵の錠前、壊れチモタル。

**ちゃ**（名詞） 茶。茶の木の若葉を摘んで加工した飲み物。例：チャ店。チャ園。煎チャ。

**ちゃあ**（名詞） 茶、の長音化。例：チャア入れて。茶請けの菓子持って来たし。

**ちゃう**（動詞） 違う、の訛。例：この字、チャウぞ。

**ちゃうけ**（名詞） 茶請け。お茶菓子。例：もらいもんやけど、ええチャウケあるわ。

**ちゃうんちゃう**（熟語） 違うのじゃないか。違うのとちがう。例：位取り、それでは、チャウンチャウ？

**ちゃがし**（名詞） 茶菓子。お茶請けの菓子。例：チャガシ何かないか。

**ちゃかす**（動詞） 茶化す。ひやかす。からかう。例：冗談にかこつけてチャカシよった。

**ちゃがちゃがに**（副詞） 乱雑。混乱の状態。例：旅行日程が、チャガチャガニなる。

**ちゃき**（名詞） 茶器。茶をたてるのに使う道具。例：お点前のチャキ、支度して。

**ちゃきちゃき**（名詞） 純粋の。例：チャキチャキの神戸の生まれや。

**ちゃきん**（名詞） 茶巾。茶の湯で茶わんを拭く麻の布。例：チャキンさばき。

**ちゃくじつ**（名詞、形容動詞） 着実。危なげがない。手堅いこと。例：チャクジツな商売。

**ちゃくしゅ**（名詞） 着手。手をつける。とりかかる。例：大事業にチャクシュする。

**ちゃくせき**（名詞） 着席。座席にすわる。例：起立。礼。チャクセキ。

**ちゃくせん**（名詞） 着船。船が桟橋に着く。例：港内に入って、左の波止場にチャクセンした。

**ちゃくなん**（名詞） 嫡男。本妻から生まれた家を継ぐ男の子。例：おれは鈴木家のチャクナンや。

**ちゃくにん**（名詞） 着任。新しい任地、任務につくこと。例：東京にチャクニンした大使。

**ちゃくりく**（名詞） 着陸。飛行機が陸上に安全に着く。例：離陸チャクリクのくりかえし。

**ちゃじん**（名詞） 茶人。茶の湯を好む人。例：チャジン、千利休のような人。

**ちゃち**（形容動詞） 貧弱で、安っぽい。例：チャチな家建てたな。

**ちゃちゃくちゃ**（副詞） 無茶苦茶。めちゃくちゃ。例：せっかく並べた棋譜、チャチャクチャや。

**ちゃちゃをいれる**（熟語） 茶々を入れる。人の話や約束などの邪魔をする。水をさす、とも。例：せっかく説明してるのにチャチャヲイレルな。

**ちゃっかりする**（熟語） ぬけめなく、かっちりしている。例：うちの息子、チャッカリしとるわ。

**……ちゃった**（熟語） てしまった、の意。例：悪いことをしチャッタ。

**ちゃっちゃと**（副詞） さっさと。すばやく。例：ぐずぐずしてんと、チャッチャトしや。

**ちゃとう**（名詞） 茶湯。仏前に供えるお茶。おちゃとうとも。例：仏壇におチャトウ供えてきて。

**ちゃのこ**（名詞） 茶請けの菓子。例：おチャノコに羊羹は、どう?

**ちゃのみじゃわん**（名詞） 茶飲み茶碗。茶の碗、の意。例：茶椀が飯に使われるようになり、区別のためチャノミジャワンと言うようになったんやて。

**ちゃのゆ**（名詞） 茶の湯。抹茶を点てて客に勧める作法。例：チャノユの会。

**ちゃばらもいっとき**（熟語） 茶腹も一時。一時は空腹をしのげる意。例：わずかなものでもチャバラモイットキ、当座の間に合うわ。

**ちゃびん**（名詞） 茶瓶。土瓶。金属製のヤカンと区別。例：お茶用の土瓶が、チャビンや。

**ちゃぶつく**（動詞） 液体がゆれ動く。例：ジュースを飲み過ぎて、腹がチャブツイてきた。

**ちゃみせ**（名詞） 茶店。峠道などで客に茶菓を出して休息させる店。例：山中越えのチャミセ、今もやってはるわ。

**ちゃめ**（名詞） 茶目。滑稽でいたずらっぽい人。例：おチャメな女の子や。

**ちゃらかす**（動詞） なぶる。からかう。ひやかす。例：人をチャラカスのは、止めときな。

**ちゃらちゃら**（動詞） 目障りなこと。例：派手な服着て、チャラチャラするな。

**ちゃらんぽらん**（名詞、形容動詞） でたらめ。無責任。例：チャランポランなことばかり言うとる。困った奴や。

**ちゃりんこ**（名詞） 自転車のこと。例：チャリンコ、盗まれてしまった。

**……ちゃる**（助動詞） てやる、の意。例：先生に言うチャル。

**ちゃわん**（名詞） 茶椀。茶を飲んだり、飯を食べるのに使う食器。例：飯チャワン。チャワン酒。

**ちゃわんむし**（名詞） 蒲鉾、椎茸、百合根、魚の一片を入れ、玉子とじにして、蒸した料理。例：チャワンムシは誰にでも喜ばれる料理や。

**ちゃをにごす**（熟語） 茶を濁す。その場をとりつくろう。ごまかす。例：矛盾をつかれておチャヲニゴシて席を立った。

**ちゃんちゃらおかしい**（形容詞） ばかばかしくて滑稽なこと。例：あいつの言うことは、チャンチャラオカシイ。

**ちゃんちゃんと**（副詞） 順序良くことが進む状態。例：チャンチャント、宿題済ますんやで。

**ちゃんと**（副詞） きちんと。整然と。規則正しく。例：責任はチャント果たしたよ。本箱の本は、チャント並べてありますか？

**ちゃんと**（副詞） 早くも。すでに。例：来月十日やと、チャント決まってたんや。

**ちゃんぽんちゃんぽん**（名詞） まぜこぜ。あれこれとまぜあわせること。例：酒とビールと、チャンポンチャンポンや。

**……ちゅう**（熟語） と言う、の約。万葉集にチフとあり、古代からの用法である。例：何チュウ奴や。嘘ばっかり言うて。

**ちゅうおう**（名詞） 中央。真ん中。中心。例：チュウオウ入口。市街のチュウオウ大通り。

**ちゅうかん**（名詞） 中間。あいだ。中ほど。例：チュウカンテスト。チュウカン発表。

**ちゅうぎ**（名詞） 忠義。まごころをつくして主君や国家に尽くす意。例：主君はさておいて、国にチュウギを尽くすべきと考える。

**ちゅうきん**（名詞） 忠勤。まじめに勤めること。例：チュウキンを励む番頭。

**ちゅうげん**（名詞） 忠言。まごころからいさめる言葉。例：チュウゲン耳にさからう、ちゅう諺があるわなあ。

**ちゅうげん**（名詞） 中元。陰暦七月十五日。半年生存の無事を祈る。転じて、そのころにする贈り物。例：チュウゲンは何にするか。

**ちゅうこう**（名詞） 忠孝。忠義と孝行。例：チュウコウは、中世の辞書にある。

**ちゅうしゃく**（名詞） 注釈。注を入れて本文を説明して解釈すること。例：万葉集のチュウシャク書。

**ちゅうしゅう**（名詞） 中秋。陰暦の八月十五日。例：チュウシュウの名月。

**ちゅうじゅん**（名詞） 中旬。十一日から二十日まで。例：七月チュウジュンから晴天続きや。

**ちゅうしょく**（名詞） 昼食。昼めし。チュウジキとも。この言葉も、中世から使われている。例：今日のチュウショクは何や。

**ちゅうしん**（名詞） 中心。真ん中。中央。例：円のチュウシン。政治のチュウシン。

**ちゅうしん**（名詞） 衷心。心の底。まごころ。例：チュウシンよりお詫び申します。

**ちゅうしん**（名詞） 注進。急いで事件を、報告する。例：都にチュウシンされた将門の乱。

**ちゅうしん**（名詞） 忠臣。忠義の道を守る臣下。例：チュウシンは、二君に仕えず。

**……ちゅうたかて**（熟語） と言ったとしても。と言っても。例：大学に入ったチュウタカテ、大した大学やないわさ。

**……ちゅうたら**（熟語） ……と言ったら。例：裏山で採ったチュウタラ、すぐ返してこいと言われたんや。

**ちゅうちゅうたこかいなとう** 二、四、六、八、十と、二つずつ数える数え方。普通は、ニーシーロクハーのトウ、と数える。例：いくつかな。チュウチュウタコカイナトウ、ちょうど十個や。

**ちゅうちょ**（名詞） 躊躇。決心がつかずためらうこと。例：話すべきかどうかチュウチョしていた次第です。

**……ちゅうて**（熟語） と言って、のウ音便「と言うて」の約。例：静かに自習やチュウテな、先生は、教室から出て行かはった。

**……ちゅうてやらはったけんど**（熟語） と言ってやりなさったけれど。例：すぐ帰れチュウテヤラハッタケンド、帰って来よらん。

**ちゅうと**（名詞） 中途。道の途中。仕事のなかば。例：宿題してるチュウトや。

**……ちゅうとか**（熟語） と言うとか（……トカ。……トカ）。例：忘れたチュウトカ、落としたチュウトカ、なんとか言い逃れしてこい。

**ちゅうとはんぱ**（名詞） 中途半端。どっちつかず。例：どうもチュウトハンパな曲や。

**ちゅうにち**（名詞） 中日。まんなかの日。例：彼岸のチュウニチ。大相撲のチュウニチに観覧される。

**ちゅうはん**（名詞） 昼飯。ひるめし。例：チュウハンは、鎌倉時代の語らしい。

**ちゅうぶ**（名詞） 中部。真ん中の部分。例：チュウブ地方。

**ちゅうぶう**（名詞） 中風。脳出血から起こる病気、麻痺。例：チュウブウで半身不随になってしもた。

**ちゅうぶらりん**（名詞、形容動詞）　どちらとも決定しない状態。例：卒業したけど、就職が決まらず、チュウブラリンや。

**ちゅうもん**（名詞）　注文。誂えたり、届けさせること。例：チュウモンの品のお届けです。

**ちゅうや**（名詞）　昼夜。昼と夜。例：戦時中はチュウヤを分かたず、働いた。

**ちゅうよう**（名詞）　中庸。行き過ぎや不足なく、極端に片寄らないこと。例：公正で、チュウヨウな人間を目標とせよ。

**ちゅうりゃく**（名詞）　中略。文章など、中間を省略すること。例：チュウリャクはいいが、中心主題を省略しないこと。

**……ちゅわしたが**（熟語）　と言われたが、の意。トイワシタガの約。例：祖父はいつも正しい事をせよチュワシタが亡くなってしまわして、もう聞けへん。

**……ちゅわはる**（熟語）　といいなさる。例：これ家宝やチュワハルで、大切にするわ。

**ちょいちょい**（副詞）　時々。例：あの人なら、チョイチョイここへ来る。

**ちょいちょいぎ**（名詞）　手軽な外出着。時々来て、よそへ着て行けるぐらいの着物。例：これはチョイチョイギ、よそゆきにはならん。

**ちょいとずき**（熟語）　一目見て、感じのいいこと。例：チョイトズキのする顔。

**ちょうえつ**（名詞）　超越。限界、程度、範囲を越えること。例：利害をチョウエツした崇高な行動。

**ちょうか**（名詞）　超過。一定の時間、数量を越えること。例：駐車時間、もうチョウカやで。

**ちょうける**（動詞）　ふざける。チョケルとも。例：試合前に、チョウケてたらあかん。

**ちょうごう**（名詞）　調合。薬品など二つ以上混ぜ合わせること。例：胃腸薬のチョウゴウをしてさしあげる。

**ちょうし**（名詞）　調子。音の高低、言葉のいいまわし、物事のぐあい、ようす。例：ええチョウシ。チョウシよくいかんわ。

**ちょうし**（名詞）　銚子。とくり。とっくりとも。杯に酒をそそぐもの。例：チョウシ、三本、熱燗で頼むわ。

**ちょうじゃ**（名詞）　長者。金持ち。例：チョウジャに、二代なし、いうて何代も長続きしないものや。

**ちょうしゅ**（名詞）　聴取。聞き取ること。例：前後の事情をチョウシュする。

**ちょうしゅう**（名詞）　徴収。税金や手数料を取り立てること。例：税務署のチョウシュウ係。

**ちょうしゅう**（名詞）　徴集。会費や人を集めること。例：会費をチョウシュウする。

**ちょうしゅう**（名詞）　聴衆。演説や講演を聞く人々。例：会場はチョウシュウで満員の盛況や。

**ちょうじゅう**（名詞）　町中。町じゅう。町全体。例：チョウジュウの人に周知徹底をはかってほしい。

**ちょうじょう**（名詞）　頂上。てっぺん。いただき。例：大山のチョウジョウ。

**ちょうしん**（名詞）　調進。注文に従って納めること。例：宮中にチョウシンのお菓子。

**ちょうずば**（名詞）　手洗い場つまり便所。語源は、手＋水＋場。例：チョウズバは、どこでっしゃろ。

**ちょうせき**（名詞）　朝夕。朝と夕べと。例：チョウセキの干満の差を調べる。

**ちょうたつ**（名詞）　調達。注文の金銭や品をそろえること。例：資金のチョウタツ、よろしく。

**ちょうたん**（名詞）　長短。長所と短所。例：選手は能力にチョウタンがあるんや。

**ちょうちょ**（名詞）　蝶々。例：チョウチョチョウチョ菜の葉に止まれ。

**ちょうちん**（名詞）　提灯。手に下げる灯り。円筒形の竹の骨に紙がはってあり、祭礼などにもよく使う。例：チョウチンはふつうは蠟燭の灯り。

**ちょうちんもち**（名詞）　友人などの恋を取り持つこと。例：誰がチョウチンモチしたんや。

**ちょうてい**（名詞）　調停。間に立って仲なおりをさせること。例：国家機関が間に立つ和解が、チョウテイである。

**ちょうてい**（名詞）　朝廷。天子が政治を行うところ。例：京都のチョウテイに仕えた貴族の邸。

**ちょうてき**（名詞） 朝敵。朝廷にさからう敵。例：チョウテキは、幕末までや。

**ちょうど**（名詞） 調度。ふだんに使う、身の周りの家具類。例：チョウドの整った立派な部屋に案内される。

**ちょうな**（名詞） 手斧。テオノ。チョンノ、チョンナとも。大きな梁や棟木など、はつって平滑にする大工道具。例：今は、チョウナ言うても、わかる人は少ないわ。

**ちょうない**（名詞） 町内。町の中。例：チョウナイ会の会場。

**ちょうにん**（名詞） 町人。江戸時代に商工業に従事した人、階級。例：チョウニンの経済的な実力は、武力をしのぐものがあった。

**ちょうば**（名詞） 帳場。勘定場。会計係のいる所。例：チョウバへ行って勘定すまして来て。

**ちょうほう**（形容動詞） 重宝。使って便利なこと。例：チョウホウな道具。

**ちょうぼう**（名詞） 眺望。ながめ。例：大文字山からのチョウボウは素晴らしい。

**ちょうほんにん**（名詞） 張本人。事を起こした中心人物。例：事変を起こしたチョウホンニンは死亡している。

**ちょうみ**（名詞） 調味。味を整えること。例：チョウミ料を製造する会社。

**ちょうめい**（名詞） 長命。長生きすること。例：チョウメイを祈る寺、長命寺が近江にある。

**ちょうよう**（名詞） 朝陽。朝の太陽。例：湖畔から見るチョウヨウの美。

**ちょうよう**（名詞） 重陽。めでたい奇数の九が重なる節句。例：チョウヨウは、九月九日、菊の節句や。

**ちょうり**（名詞） 長吏。総本山の寺院の首長である僧。例：園城寺のチョウリ。

**ちょうれいぼかい**（名詞） 朝令暮改。朝命令を出して、夕方には改める。例：チョウレイボカイの悪政や。

**ちょうれん**（名詞） 調練。訓練を積むこと。例：海軍の手旗のチョウレン。

**ちょうろう**（名詞） 長老。年をとって経験を積んだ人。例：学界のチョウロウといわれた学者。

**ちょか**（名詞） 軽率であわて者。オチョカとも。例：またチョカしよった。

**ちょくし**（名詞） 勅使。天皇の使者。例：歴代の御陵にチョクシをお立てになる。

**ちょける**（動詞） ふざける。たわむれる。例：チョケルのが趣味みたいな男や。

**ちょこ**（名詞） 猪口。形が小さく、上が開き、下がすぼんだ陶製のさかずき。例：どうぞ、チョコ上げとくれ。

**ちょこざい**（名詞、形容動詞） こざかしい。生意気。例：チョコザイなことをぬかす。

**ちょじゅつ**（名詞） 著述。書物を、書き記すこと。例：チョジュツ業。

**ちょじょこまる**（動詞） 小さくなって、うずくまる。チジム＋ウズクマル、が語源か。例：そんな所で、チョジョコマッてんと、こっちへ出て来な。

**ちょちょぎる**（動詞） ちょん切る。例：この辺で、鋸でチョチョギッて。

**ちょっか**（名詞） 直下。まっすぐ下。例：チョッカ型地震の被害を想像する。

**ちょっかい**（名詞） お節介。例：またチョッカイ出しよった。

**ちょっかかり**（名詞） 事のはじめ。いとぐち。トッカカリとも。例：物事は、チョッカカリが大事や。

**ちょっきり**（副詞） 差し引きゼロ。例：これでチョッキリ、釣り銭なしやな。

**ちょっこし**（副詞） 少し。例：チョッコシ香りのあるうまい菓子や。

**ちょっと**（副詞） ほんの少し（物、時間、空間）。チョットは、チイト、チビット、チョビット、チョッコシ、チット、チョボットなど、古語チト、の変化した語が、関西でもよく使用される。例：チョット待って。チョット前に進んで。

**ちょっとそこまで**（熟語） どこ行きどすか、と聞かれた時の挨拶言葉。例：チョットソコマデ、と答えておくと、行く先をいう必要はないんや。

**ちょっとのま**（熟語） 少しの間。例：すまんけど、チョットノマ待ってえな。

**ちょっぱな**（名詞） 一番はじめ。最初。例：会議のチョッパナに、会長の挨拶や。

**ちょびちょび**（副詞） 少しずつ。例：この銘酒は、たぼといて、チョビチョビ頂くわ。

**ちょびっと**（副詞） ほんの少し。例：もうチョビット、塩味利かしとくれ。

**ちょびっとずつ**（副詞） 少しずつ。例：

チョビットズツ餌を増やしていったらええわ。
**ちょぼ**（名詞）点。例：博士の博ちゅう字は、チョボ打つのか？
**ちょぼちょぼ**（形容動詞）双方互角。両方ともおなじぐらい。例：どちらの絵もチョボチョボや。
**ちょぼっと**（副詞）少し。ちょっと。例：チョボット、おしたじ貸して。
**ちょぼんと**（副詞）ほんのぽつんと。例：座布団に、チョボント水こぼした。
**……ちょる**（助動詞）……している意。例：裏山で、蟬が鳴いチョルわ。
**ちょろい**（形容詞）弱くて無力な。トロイとも。例：チョロイ奴やな。
**ちょろくさい**（形容詞）弱い。無力な、トロクサイとも。例：チョロクサイことばかり言うて、あほやな。
**ちょろける**（動詞）戯れる。ふざける。例：チョロケてんと、真面目にやれ。
**ちょろこい**（形容詞）無力な。弱い。トロコイとも。例：そんなチョロコイこと言うてたらあかん。
**ちょろまかす**（動詞）ちょろっとごまかす意。例：封筒一枚チョロマカシてもあかん。
**ちょんぎる**（動詞）切断する。切り離す。例：まむしの頭、チョンギッてくれ。
**ちょんちょん**（副詞）仲良し同士の状態。あまり良い意味では使われない。例：春子さんと花子さんとは、この頃チョンチョンや。
**ちょんのう**（名詞）手斧。チョウナ、チョンナとも。普通の手斧ではない。梁や棟木のような大木を、欠いて削る、大工道具。例：木の上に乗って、鍬で土を削るように、チョンノウ使うのや。
**ちらかす**（動詞）散らかす。散乱させる。例：そんなにチラカシたらあかん。
**ちり**（名詞）塵。ほこり。ごみ。例：チリも積もれば山となる。チリ取り。
**ちらける**（動詞）散らける。散らし乱す。散乱させる。例：チラケんように、遊ぶのやで。
**ちりぢり**（副詞）散り散り。散らばるようす。例：戦災を受けて家族がチリヂリになる。
**ちりちりする**（動詞）恐がる。恐れおのく。例：税務署やいうて、そんなにチリチリせんでもええわ。
**ちりはらい**（名詞）塵払い。ハタキより意味が広くて、年末の煤払用のものにも使う。例：八畳間の障子も、チリハライかけといて。
**ちりめんじゃこ**（名詞）縮緬雑魚。片口いわしの幼魚を湯通しして干したもの。例：一見ちりめんの皺のように見えるので、チリメンジャコや。
**ちりゃく**（名詞）智略。才智に富んだ計略。例：会社再建にチリャクを尽くす人々がある。
**ちる**（動詞）散る。離れ離れになって乱れ落ちる。例：花がチル。紅葉がチル。
**ちんき**（名詞）珍奇。珍しく変わっていること。例：大都市の道路陥没というチンキな事件。
**ちんきゃく**（名詞）珍客。珍しい客。例：小学校の同級生、九十の老人には、チンキャクや。
**ちんこ**（名詞）陰茎。オチンコ（児童語）とも。例：チンコ、なぶったらあかん。
**ちんころ**（名詞）小さい犬ころ。転じて小さい男にも。例：白くてかわいいチンコロや。
**ちんじ**（名詞）珍事。珍しい出来事。大都市の道路が陥没、チンジや。
**ちんじゅ**（名詞）鎮守。その土地を鎮め守る神。例：村のチンジュの神様。
**ちんする**（動詞）電子レンジで温める。電子レンジのスイッチを入れる。例：留守にするさかい、御飯ととんかつ、チンシて食べといて。
**ちんちくりん**（名詞）衣服が身体に合わず小さい形容。例：チンチクリンでこの服、もう着られへん。
**ちんちゃく**（名詞）沈着。落ち着いて、物事に動じないこと。例：飛行機事故で、着陸後なら、チンチャク第一に行動することや。
**ちんちょう**（名詞）珍重。珍しく思い、大事にする。例：この漆器は、家宝としてチンチョウしてきたもんや。
**ちんと**（副詞）きちんと、の約。例：行ったら、チント挨拶するのやで。
**ちんばいとこ**（名詞）従兄弟、従姉妹とその子との関係。すじちがいのいとこ。

例：大阪の叔父とうちの父と、チンバイトコや。

**ちんぷんかんぷん**（形容動詞）さっぱりわからない。例：ロシア語は、チンプンカンプンや。

**ちんぽ**（名詞）陰茎。例：チンポは、おしっこの時以外、さわったらあかん。

**ちんぼつ**（名詞）沈没。船などが沈むこと。転じて、用事をしないで、遊んでしまうこと。例：午後の講義、チンボツや。代返頼むわ。

**ちんまい**（形容詞）小さい。例：チンマイ学校やなあ。

**ちんまり**（副詞）小さくまとまった。こじんまりと。例：チンマリ暮らしてはる家や。

**ちんむるい**（名詞）珍無類。ひどく風変わりでおかしいこと。例：これは、なんとチンムルイのおもちゃや。

**ちんれつ**（名詞）陳列。人に見せるために並べること。例：名宝をチンレツした展覧会。

# つ

**つー**（名詞）津。一音節語の長音化。港。船つき場。渡し場。例：昔のツーは、ここから車で十分や。

**つい**（副詞）すぐ。ほんの。例：ツイそこ。ツイさっき。

**つい**（名詞）一対、おそろい、の意。例：兄と弟と、ツイの服を着せる。

**つい**（名詞）終わり。しまい。死ぬ。例：ツイの住み家。ツイの煙。

**ついか**（名詞）追加。あとから付け加えること。例：予算をツイカする。

**ついきゅう**（名詞）追及。追い詰めること。例：責任をツイキュウする。

**ついきゅう**（名詞）追求。どこまでも追いかけて求めること。例：事業所として、いつも利潤ツイキュウを念頭において いる。

**ついきゅう**（名詞）追究。学問や真理をきわめる。例：真実をツイキュウする。

**ついく**（名詞）対句（修辞法）。意味や構造の似た句を対比的に並べたもの。例：兎追いし。かの山。小鮒釣りし。かの川。これがツイクの実例や。

**ついじ**（名詞）築地。柱と板を芯にして泥を塗り固めた塀。屋根は瓦葺き。例：ツイジの塀は、大きな屋敷か寺院ぐらい。個人の家ではつかわない。

**ついしょう**（名詞）追従。お世辞。おべんちゃら。こびへつらう。例：いろいろツイショウを言う男や。

**ついせき**（名詞）追跡。追いかけてあとをつけること。例：犯人をツイセキ。

**ついぜん**（名詞）追善。死者の冥福を祈り仏事を行うこと。例：ツイゼン供養。

**ついぞ**（副詞）未だかつて。例：そんな噂は、ツイゾ聞いたことがない。

**ついたけ**（名詞）和服で、着丈の寸法で、仕立てること。例：男物と子供の着物はツイタケで仕立てるのや。

**ついたち**（名詞）一日。朔。月＋立つ、が語源。月の第一日。例：ツイタチには灯明を上げて、仏壇を祀るんや。

**ついて**（熟語）に関して。例：紫式部にツイテの研究。

**ついで**（名詞）よいおり。よい機会。例：ツイデにこの件もお願いいたします。

**ついては**（接続詞）それゆえに、そういう事情だから。例：ツイテハ、御了解いただきたくお願い申しあげます。

**ついとう**（名詞）追悼。死者の生前をしのび、悼み悲しむこと。例：ツイトウの文を捧げます。

**ついとう**（名詞）追討。賊軍などを追いかけて討つ。例：朝敵をツイトウする命令が出る。

**ついに**（副詞）しまいには。とうとう、やっと。例：橋はツイニ完成したんや。

**ついばむ**（動詞）啄む。鳥がついて食む、が語源。例：木の実をツイバム鳥が来る。

**ついほう**（名詞）追放。追い払うこと。例：悪書ツイホウ。暴力ツイホウ。

**ついやす**（動詞）費す。使って減らす。例：貴重な時間をツイヤシ申し訳ありません。

**つうか**（名詞）通貨。国内で通用する貨幣。例：ヨーロッパのツウカはユーロや。ツウカ収縮。

**つうか**（名詞）通過。通り過ぎる。例：

本年度予算案衆議院ツウカ。

**つうじ**（名詞） 便通。オツウジとも。例：近頃野菜を食べんさかいツウジが悪うてなあ。

**つうしゃく**（名詞） 通釈。全体を通して解釈する。例：方丈記ツウシャクを読む。

**つうたつ**（名詞） 通達。通知する。例：文科省からのツウタツ。

**つうちょう**（名詞） 通帳。預金、貯金等の帳簿。例：ツウチョウと印鑑持参。

**つうやく**（名詞） 通訳。二つの言語を翻訳して、話を仲介すること、人。例：同時ツウヤクをお願いする。

**つうよう**（名詞） 通用。世間に認められ通じて用いられること。例：弁は、辨・辯の略字としてツウヨウしている。

**つうろ**（名詞） 通路。通行する道路。例：ツウロが、一つしかないんや。

**つえ**（名詞） 杖。歩行の助けとなる細い棒。例：転ばぬ先のツエ。

**つかあさい**（動詞） 下さい。つかわされよ、が語源。中国山陰一帯の西日本にひろがる言葉。児童語は、カアサイ。例：これ一つツカアサイ。

**つかい**（名詞） 使者。用事のため行かせる人。例：ツカイを出す。ツカイ走り。

**つかいこなす**（動詞） 使いこなす。自由自在に使う。例：むずかしい機械をツカイコナス。

**つかいで**（名詞） 使い手。使い甲斐。例：十万円やと、ツカイデがある。

**つかいふるし**（名詞） 使い古し。古くなるまで使ったもの。例：ツカイフルシやけど、よいカメラやからあげるわ。

**つかいもん**（名詞） 使いもん。贈り物。例：ツカイモンにするさかい、包んどくれ。

**つかいりょう**（名詞） 使い料。使用する分。リョウは料、シロと同じ。例：お茶の、一年のツカイリョウ、これで足るかな。

**つかえる**（動詞） 使える。例：一万円札もツカエル機械やそうな。

**つかえる**（動詞） 混雑している。例：国道一号線、ツカエとったで。

**つかえる**（動詞） とどく。接触する。例：竹の子が、小屋の軒にツカエてた。

**つかのま**（名詞） 束の間。少しの間。一瞬間。束の間も、奈良時代の言葉である。例：一等当選もツカノマ、組番違いや。

**つかまえどころがない**（熟語） 摑まえ所がない。態度が、はっきりしない。例：ツカマエドコロガナイ男や。

**つかまされる**（熟語） 摑まされる。悪い商品をまんまと買ってしまう。ツカマセラレルとも。例：粗悪な布団ツカマサレた。

**つかます**（動詞） 贈賄、の意。または、粗悪な商品を売りつける。ニギラスとも。例：百万ほどツカマシてやれ。

**つかむ**（動詞） 摑む。手で握り持つ。手に入れる。心でとらえる。例：犯人をツカム。チャンスをツカム。大意をツカム。

**つかれる**（動詞） 疲れる。くたびれて体力、気力が弱まる。例：ツカレた身体を休めたんや。

**つかる**（動詞） 漬かる。液体の中に長く浸る。例：ゆっくり風呂にツカッとくれ。

**つかんこと**（熟語） ふさわしくないこと。話題や文脈にあわないこと。とっぴなこと。例：ツカンコト伺いますけど。

**つかんせ**（動詞） 下さい。例：この梨五つ、ツカンセ（中国山陰一帯にひろがる西日本の言葉）。

**つき**（名詞） 月。地球の衛星。例：秋のツキ見。春のおぼろヅキ。

**つき**（名詞） 月。一年を十二にわけた時間の単位。例：一ツキは約三十日や。

**つきおうた**（熟語） 付き合うた。交際した。例：ツキオウタ友人は、そんなに多くない。

**つきおとす**（動詞） 突き落とす。突いて落とす。例：あとから来た者ツキオトセ。

**つきかげ**（名詞） 月影。月の光。例：ツキカゲの至らぬ里はないんや。

**つぎき**（名詞） 接ぎ木。樹木の枝や芽を切って、他の樹木に挟んで接ぐこと。例：桜や柿は、ツギキで良い品種をつくるんや。

**つききり**（名詞） 付ききり。いつも離れずついていること。例：重病人にツキキリや。

**つぎこむ**（動詞） 注ぎ込む。事業等に資金を出す。例：原子力事業に資金をツギコム。

**つきだし**（名詞） 突き出し。酒やビールの席のつまみもの。最初に出る軽い料理。

例：オードブルが日本のツキダシにあたる。
**つぎつぎ**（副詞） 次々。順繰りに引き続いて。例：ツギツギと立候補する。
**つきつける**（名詞） 突き付ける。目の前に差し出す。例：事件の証拠をツキツケル。
**つきひ**（名詞） 月日。暦の月と日。転じて時間の経過。例：ツキヒの経つのは早いものや。
**つきみ**（名詞） 月見。月を眺めて楽しむこと。陰暦の八月十五日。九月十三日。例：ツキミをする心の余裕がのうなった。
**つぎめ**（名詞） 継ぎ目。つないだところ。例：レールのツギメの工夫。
**つぎもの**（名詞） 継ぎ物。着物の破れを継ぐこと、継いだもの。例：ツギモノを着て、働く貧しい農民もある。
**つきやま**（名詞） 築山。庭園の土を盛った山。例：池のそばのツキヤマ、あの山の松の枝ぶりが、すばらしい。
**つきよ**（名詞） 月夜。月の明るい夜。例：ツキヨに提灯は、不必要の喩えや。
**つく**（動詞） 突く。棒の先で力を加える。例：槍でツク。鐘をツク。
**つく**（動詞） 就く。従事する。例：仕事にツク。市長の職にツク。
**つく**（動詞） 付く。くっついて離れない。一致する。例：テレビの音が耳にツク。
**つく**（動詞） 穀物を搗く。例：米ツキ。
**つく**（動詞） 着く。到着する。例：明朝、神戸にツク船や。
**つぐ**（動詞） 注ぐ。注ぎ入れる。杯をさす。例：酒をツグ。
**つくえ**（名詞） 机。読書、食事などに使うテーブル。例：万葉集にツクエが詠まれている。
**つくしんぼ**（名詞） つくし。土筆。例：ツクシンボ、たくさん出てるわ。
**つくつくぼうし**（名詞） セミ科の昆虫。小形の蟬。蟬の鳴き声、が語源。例：ツクツクボウシ、鳴き出したな。やがて秋や。
**つぐなう**（動詞） 償う。金品などで損失や罪や過ちを埋め合わせること。例：過ちは、なんとかして、ツグナイます。
**つくねいも**（名詞） やまいも。団子状のとろろいも。例：団子状に丸めることをつくねるというので、ツクネイモや。
**つくねる**（動詞） 丸く積み重ねておく。例：洗濯物をツクネとく。
**つくり**（名詞） 刺身、の意。例：まぐろのツクリや。
**つくりざかや**（名詞） 造り酒屋。酒の小売商に対する語。酒の製造業の家。例：実家は、ツクリザカヤや。
**つくりなおし**（名詞） 作り直し。例：手直しがきかんので、ツクリナオシや。
**つくる**（動詞） 作る。こしらえる。創作する。耕作する。例：小説をツクル。餅米をツクル。
**つくろう**（動詞） 繕う。悪い所をなおす。修理する。例：垣根の破れをツクロウ。
**つくんと**（副詞） 手持ち無沙汰にぽつんと立つ。例：何もしないで、ツクント立っとる。
**つけ**（名詞） 書き出し。伝票。借用の紙片。例：現金がいま無いし、ツケにしといて。
**つけいる**（名詞） 付け入る。機会をのがさず、うまく利用する。例：弱みにツケイル。
**つけおち**（名詞） 付け落ち。記帳もれ。例：勘定のツケオチないか、よう見とくれや。
**つけたり**（名詞） 付けたり。付け加えたもの。付録。例：この印刷物は、長い研究のツケタリなんや。
**つけつけ**（副詞） ずけずけ。歯にきぬをきせないで叱ったり小言をいう。例：あそこの娘さん、顔に似ずツケツケもの言うわ。
**つけとどけ**（名詞） 付け届け。謝礼。贈り物。例：世話になっている方に、ツケトドケせなあかんで。
**つけねらう**（動詞） 付け狙う。絶えずあとをつけてねらう。例：犯人逮捕の機会をツケネラウ警官。
**つけもん**（名詞） 漬け物。野菜類を塩や糠に漬けたもの。コウノモノとも。例：きゅうりのツケモン、ほんまにうまいわ。
**つけやきば**（名詞） 付け焼き刃。その場をとりつくろうため間に合わせの方法を使うこと。例：にわかじこみのツケヤキバで、うまくごまかした。
**つける**（動詞） 付ける。塗る。例：あほうに、ツケル薬はない。
**つけんと**（副詞） 無愛想にする意。例：

えらいツケントした娘さんやな。

**つごう**（名詞） 都合。やりくり。工夫。例：同窓会はツゴウがつかない。

**つこうてくれやらへん**（熟語） 使うてくれやらへん。使って下さらない。例：休み中の四十日間、ツコウテクレヤラヘンやろか。

**つこてんか**（熟語） 使てんか。使ってくれないか。例：休み中だけ、うちツコテンカ。

**つことくれ**（熟語） 使とくれ。使っておくれ。例：アルバイトの店員にツコトクレ。

**つごもり**（名詞） 晦。月の末の日。例：毎月のツゴモリがあって、年末が大ツゴモリということや。

**……っさる**（助動詞） 敬語。シャル、の音変化。れる。られる。例：先生もアメリカへ行かッサル。

**つし**（名詞） 平屋の農家の二階屋根裏。柴や薪や塩の置場。例：夕方までに、ツシから柴おろしといて。

**つじ**（名詞） 辻。十字路。四つ辻。例：ツジ占い。ツジ堂。ツジ芸人。

**つたえといとくれ**（熟語） 伝えといとくれ。お伝えしておいて下さい。例：留守なら、仕方がないさかい、ツタエトイトクレ。

**つたない**（形容詞） 拙い。下手である。愚かである。例：ツタナイ文字。ツタナイ頭やでわけがわからん。

**つたわる**（動詞） 伝わる。世間に広く知れ渡る。例：昔話が、ツタワッたっていうことや。

**つち**（名詞） 土。大地。土壌。地面。例：田畑のツチ。ツチ寄せ。

**つちしょうが**（名詞） 土生姜。新ショウガに対し、古ショウガをいう。例：ツチショウガすって。

**つちもち**（名詞） 土運び。例：コートの低い所にツチモチ頼むわ。

**つっかいぼう**（名詞） 突っ支い棒。支柱。例：ツッカイボウに、この木どやろ。

**つっかけ**（名詞） 突っ掛け。庭下駄。粗末な下駄ツッカケ草履。例：ツッカケ裏にまわしといて。

**つつがない**（形容詞） 恙無い。病気がない。無事だ。例：ツツガナク暮らす。

**つっきにけり**（熟語） とうとう。終りになっても。結局。謡曲「着きにけり」が語源か。例：招待した客、ツッキニケリ現れずや。

**つづく**（動詞） 続く。つぎつぎと起こる。連なる。例：晴天がツヅク。

**つづくりもん**（名詞） 衣類などの修繕品。例：お婆さん、ツヅクリモンしてやるわ。

**つっけんどん**（名詞、形容動詞） 無愛想。例：ツッケンドンなあしらいを受ける。

**つっこみで**（熟語） 商品を区別しないで、全部まとめて。例：ここの商品、ツッコミデ、いくらや。

**つっこんだはなしが**（熟語） 突っこんだ話が。さらに徹底して話すと。例：ツッコンダハナシガこういう訳や。

**つつしむ**（動詞） 慎む。控え目にする。度を過ごさぬようにする。例：酒を、ツツシム。

**つつっぽ**（名詞） 筒っぽ。袖のない着物。筒袖の着物。例：子供にツッポを着せる。

**つつぬけ**（名詞） 筒抜け。秘密がすぐにすっかり漏れる。例：日本海軍の機密、アメリカに、ツツヌケやったんや。

**つっぱり**（名詞） 突張り。つっかい棒。しんばり棒。例：ツッパリを買うて。

**つつみ**（名詞） 堤。土手。堤防。ため池。例：淀川のツツミ。

**つつみ**（名詞） 金一封。例：ツツミ、幹事に渡したか。

**……って**（助詞） 特に取り出した人を指す。……とは、の意。例：あの人ッテ、そんな人。

**……って**（助詞） 格助詞の引用の「と」。例：明日八時に出発ッテ言うてはったわ。

**つどう**（動詞） 集う。人がより集まる。例：ツドウ若者、三千人。

**つどつど**（名詞） 都度都度。その度毎に。例：ツドツドに、拝観料はろてな。

**つとて**（熟語） 伝って、の訛。例：とゆをツトテ、賊が入る。

**つとめる**（動詞） 努める。勉める。努力する。励む。例：受験勉強にツトメル。

**つとめる**（動詞） 勤める。働く。勤務する。例：会社にツトメル。

**つながる**（動詞） 繋がる。続く。連なる。例：車がツナガッて、道を横断できない。

**つなひき**（名詞） 綱引き。物に綱をつけて引くこと。例：運動会のツナヒキ。

**つねぎ**（名詞） 常＋着物、が語源。普段着。例：ツネギに着替えて来な。

**つねづね**（副詞） 常々。いつも。ふだん。例：火の用心にはツネヅネこころがけよ。

**つねに**（副詞） 常に。いつも。平常。例：ツネニ、節約を考えるんや。

**つねる**（動詞） 抓る。皮膚をつまんでひねる。例：いたずらするとほっぺたツネルよ。

**つのかくし**（名詞） 角隠し。和風の婚礼で花嫁が頭に巻く飾り。例：わたぼうしより、ツノカクシの方が好きやわ。

**つばくろ**（名詞） 燕。つばめ。例：ツバクロ、使う人は少なくなった。

**つばき**（名詞） 椿。ツバキ科の常緑樹。例：ツバキの実。ツバキ油。

**つばき**（名詞） つば（唾）。例：ツバキ吐いたりするのは、ええ癖やない。

**つばさ**（名詞） 翼。鳥のはね。飛行機の翼。例：ツバサの長さ二十メートル。

**つばな**（名詞） 茅花。チガヤの花。例：ツバナも万葉集に歌われている。

**つばめ**（名詞） 燕。つばめ科の渡り鳥。つばくろ、つばくらめ、などとも。例：ツバメの巣。

**つぶ**（名詞） 粒。穀物の小さい種。例：米ツブ。ツブ選りの大豆。

**つぶあん**（名詞） 粒餡。粒を潰さない餡。こし餡に対する語。例：ツブアンの饅頭。

**つぶやく**（動詞） 呟く。口の中でぶつぶつ言う。小声で独り言を言う。例：念仏をツブヤイている信者。

**つぶら**（形容動詞） 円らな。丸くてかわいい意。例：ツブラなひとみ。

**つぶれる**（動詞） 潰れる。痛む。砕ける。だめになる。例：錠前がツブレル。

**つべこべ**（副詞） あれこれ理屈を言う。例：えらそうに、ツベコベ言うな。

**つべたい**（形容詞） 冷たい、の訛。例：ツベタイ雨やなあ。

**つぼ**（名詞） 壺。胴が丸くて、口が小さい容器。例：茶ツボ。滝ツボ。

**つぼすみれ**（名詞） 壺菫。庭に生えるすみれ。例：ツボスミレは万葉期の名や。

**つぼのうち**（名詞） 坪の内。前庭。中庭。庭園。例：ツボノウチの草引き、手伝って。

**つぼみ**（名詞） 蕾。花がつぼんで、まだ開かぬふくらみ。例：桜のツボミは、まだ固い。

**つぼむ**（動詞） 窄む。萎む。例：朝顔、もうツボンでしもた。

**つま**（名詞） 妻。夫の連れ合い。例：私の名は太郎、ツマの名は、花子。

**つまさき**（名詞） 爪先。足の指の先。例：ツマサキ上がりの道。

**つまされる**（動詞） 自分の身にひきくらべて気の毒だと思う。例：身にツマサレル話や。

**つまずく**（動詞） 躓く。けつまずく。足先が物に当ってよろめく。例：スタートでツマズク。

**つまみぐい**（名詞） 指先でつまんで食べること。転じて、公金を横領する意。例：台所で、ツマミグイしたらあかん。

**つまようじ**（名詞） 爪楊枝。小楊子。例：ツマヨウジで歯をせせる。

**つまらんはなし**（名詞） 価値のない話。例：ツマランハナシは聞き飽きた。

**つまり**（副詞） いいなおすと。結局。例：関係自治体、ツマリ本県の生産額は、……。不登校二年で、ツマリは、退学となってしまった。

**つみ**（名詞） 罪。法律に違反した行為。例：ツミを犯す。ツミに服す。

**つみつくり**（名詞） 罪つくり。純真な子供の心を傷つけ苦しめたりすること。例：内緒で物を与えるのはツミツクリやで。

**つみなこと**（名詞） 罪なこと。無慈悲なこと。かわいそうなこと。不利益なこと。例：ちょっとした過ちでクビや。ツミナコトをしたもんや。

**つむ**（動詞） 積む。重なる。重ねる。例：経験をツム。巨万の富をツム。

**つむ**（動詞） 摘む。指先でつまみ取る。例：籠を持って若菜をツンでいる娘さん。

**つむ**（動詞） 積む。荷物を載せる。例：船にツム。トラックにツム。

**つむ**（動詞） 詰む。混雑する。コムとも。例：このバス、ツンだるな。後にしよう。

**つむじかぜ**（名詞） つむじ風。渦を巻いて吹く風。例：ツムジカゼで、屋根を飛ばされる。

**つめ**（名詞） 爪。動物の指先の堅くなった角質のもの。例：ツメ切り。ツメの垢を煎じて飲む。
**つめ**（名詞）詰め。栓のこと。例：ワインの瓶のツメ、抜いて。
**つめたい**（形容詞）冷たい。温度が低く冷ややか。例：ツメタイ水を、オヒヤというねや。
**つめにひをとぼす**（熟語）爪に火をとぼす。貧しい暮らし。例：少年時代は、ツメニヒヲトボス毎日やった。
**つめのあかほど**（熟語）爪の垢ほど。ごくわずか。例：ツメノアカホド舐めても死ぬ毒や。
**つめる**（動詞）抓る。つねる。ひねる。例：悪いことせんように、ほっぺたツメッてやっとくれ。
**つめる**（動詞）詰める。はさみこむ。例：戸と戸のあいに指をツメル。
**つもごり**（名詞）晦。つごもり（月籠もり）の誤った変化。例：大ツモゴリの鐘を聞いてから寝るんや。
**つもったる**（動詞）積もっている。例：五十センチも、ツモッタルで。
**つもむ**（動詞）つまむ。例：ちょっと丈が長いので、ツモンどくれ。
**つもる**（動詞）積もる。段々重なって高くなる。例：雪がツモル。しだいに、不満がツモル。
**つや**（名詞）通夜。葬式の前日、棺のそばで夜通し死者を守ること。例：今晩おツヤですな。
**つや**（名詞）艶。光沢。表面がなめらかで光ること。例：ツヤ消しのガラス。
**つゆ**（名詞）露。水蒸気が冷えて水滴になったもの。例：草のツユ。ツユ草。
**つゆ**（名詞）梅雨。初夏に降り続く雨。例：ツユ入り。ツユが明ける。
**つよい**（形容詞）明るく詳しい。例：外国語にツヨイ男や。
**つよい**（形容詞）強い。勢いがある。丈夫だ。例：ツヨイ身体。
**つらあて**（名詞）面当て。憎いと思う人の前で、故意にその人に嫌悪の情を起こさせるようなことをする。例：わざとツラアテしてやりな。
**つらい**（形容詞）辛い。耐え難いほど苦しい。例：ツライ浮世。聞くのもツライ。
**つらくる**（動詞）つるす。ぶらさげる。例：軒に干し柿、ツラクッてる。
**つらだましい**（名詞）面魂。強い精神が表れた顔つき。例：仁王さんのツラダマシイがすごい。
**つらって**（熟語）連れ立って。例：卒業生一同ツラッテやってきた。
**つらなる**（名詞）連なる。つながり並ぶ。例：中国山脈にツラナル山々。
**つらのかわ**（名詞）面の皮。顔の皮。例：ツラノカワが厚い。
**つらら**（名詞）氷柱。軒などから垂れ下がった棒状の氷。例：ツララを、垂氷（タルヒ）とか、氷垂（ホダレ）という所もあるんや。
**つりざお**（名詞）釣竿。魚釣りに使う竿。例：ツリザオや釣り針売ってる店どこや。
**つりだな**（名詞）吊り棚。天井から吊り下げた棚。例：床の間のわきの違い棚はツリダナの一種や。
**つる**（名詞）釣る。吊る。引っ掛けて下げる。例：魚をツル。ツリ橋。
**つるし**（名詞）吊し柿。干し柿。例：軒端のツルシ、もう乾いたかな。
**つるし**（名詞）店先につるしてある服。既製服。例：誂えやなくてツルシや。
**つるつる**（名詞）うどん。幼児語。例：今晩の御馳走、ツルツルや。
**つるべ**（名詞）釣瓶。井戸の水を汲み上げるための縄につけた桶。例：朝顔にツルベ取られてもらい水。
**つるべおとし**（名詞）釣瓶落とし。真っ直ぐに急速に落ちることの喩え。例：ツルベオトシの秋。
**つれ**（名詞）連れ。友達。仲間。仲良し。例：高校時代からのええツレや。
**つれあい**（名詞）連れ合い。夫婦。互いに相手をいう言葉。例：この人、うちのツレアイや。
**つれっと**（副詞）すっかり。例：みんな寄って、御馳走ツレット食べてしもた。
**つれてって**（熟語）連れて行って。例：おじいさん、うち、大阪へツレテッテえな。
**つれない**（形容詞）薄情だ。冷淡だ。例：あまりにもツレナイ仕打ちやないか。
**つろく**（名詞）釣り合い。バランス。例：両家の財産は、ツロクしてるわ。
**つわもの**（名詞）兵士。軍人。例：夏草やツワモノどもが夢の跡。

**つんと**（副詞）とりすました。怒ったような。例：ツントした、態度の女性や。

**つんばり**（名詞）つっかい棒。例：戸のツンバリ入れといて。

**つんぼさじき**（名詞）聾桟敷。情報が全く知らされていない場所や状態。例：さて、おれは、ツンボサジキに置かれてたちゅうわけや。

# て

**てー**（名詞）手。一音節語の長音化。例：すぐテー出しよる。複合語は長音化しない。手首。手足。片手。左手。

**てー**（名詞）手。野菜や草花の蔓を、巻きつかせる竹や木。一音節語の長音化。例：キュウリのテー。朝顔のテー。

**……て**（助詞）逆接。だが、しかし、の意。例：留守番をしていテ、電話に応答せんのはどういうことや。

**……て**（助詞）並列を示す。順序次第。例：夏涼しくテ、冬暖かい。そんな土地や。

**……て**（接続助詞）……てくれ。……てください。動詞連用形＋テ、中止の形で終止し、依頼、願望を表す。例：早う貸しテ。肩を叩いテ。僕の絵、見テ。

**……で**（助詞）共通語の終助詞ヨにあたる。ヨに比べて、柔らかい表現になる。例：すぐ行くデ。それはあかんデ。

**……で**（助詞）原因、理由の接続助詞。ので。から。関西方言、サカイニとともに使われる。例：おなかが空いたんデ、何か食べさして。

**……で**（助詞）手段、場所、原因、理由、期限、限度を示す。例：自動車デ帰る。和歌山デ生まれた。地震デ、国道の橋が落ちた。このマンションは、あと三か月デ期限切れや。

**……てーな**（熟語）……てほしい。……てくださいな。依頼。願望。例：今すぐ見せテーナ。早く助けテーナ。

**てあい**（名詞）手合い。仲間。連中。例：ああゆうテアイは、相手にせんほうがええ。

**であい**（名詞）共同作業。道路補修。里道の草刈り。例：今日のデアイは、道路の草刈りや。

**であいがしら**（名詞）出会い頭。出会った途端。例：デアイガシラ事故は、双方の過失や。

**であう**（動詞）出会う。偶然に会う。例：小学校時代の友人にデアウ楽しさ。

**であえんかちゅうもんで**（熟語）出会えないかというので。例：娘さんにデアエンカチュウモンデ、うちも一緒にその店に行きましたわな。

**てあし**（名詞）手足。手と足。転じて、頼りになる部下。例：テアシが冷える。テアシになってくれる社員。

**てあたり**（名詞）手当たり。手に触れた感じ。例：テアタリがよくない生地やな。

**てあたりしだい**（副詞）手当たり次第。手に触れるものはなんでも。例：テアタリシダイに読むことや。

**てあて**（名詞）手当。必要な手段や方法。例：期末テアテ。怪我のテアテ。

**てあらい**（形容詞）手荒い。乱暴で、苛酷な。例：テアライ商売やらはる！

**てあらい**（名詞）手洗い。手を洗う場所。転じて便所。例：ちょっとテアライに行ってくる。

**てあわせ**（名詞）手合わせ。試合。例：囲碁と将棋のテアワセの会場や。

**でいがき**（名詞）泥描き。金泥、銀泥で描くこと。例：仏壇のデイガキの部分、修理して。

**ていし**（名詞）停止。止まる。止める。例：電車がテイシ。出場テイシ。

**ていしゅ**（名詞）亭主。一家の主人。夫。例：テイシュ関白。テイシュの趣味。

**ていたい**（名詞）停滞。とどまって滞ること。例：梅雨前線がテイタイする。

**ていたらく**（名詞）体たらく。ありさま。すがた。なりゆき。非難または自嘲的。例：何というテイタラクや。

**ていと**（名詞）帝都。皇居のある都会。例：テイトを走る地下鉄。

**ていねい**（名詞、形容動詞）丁寧。親切で、礼儀正しく、心がこもっている。例：いつもテイネイに挨拶してくれはる。

**……ていらん**（熟語）してほしくない、

の意。例：不真面目な者は、聞いテイラン。聞きたい者だけ聞きにこい。

**でいり**（名詞）出入り。支出と収入。例：デイリで、いくら赤字や。

**でいり**（名詞）出入り。出たり入ったりすること。客の多さ。客の出入り。例：デイリの多いええ店や。

**ていりゅうじょ**（名詞）停留所。バスや路面電車のとまる一定の場所。例：市バスのテイリュウジョ。

**……てえさ**（助詞）してくださいよ、の意。例：ちょっとその端、持ってエサ。

**……てえな**（助詞）してくださいな、の意。例：ちょっとまってエナ。

**でえへん**（熟語）出えへん。出ない。例：水道の水、凍ってデエヘン。

**でえんと**（副詞）おうように。ゆったりと。例：社長室で、デエント構えていなさる。

**ておい**（名詞）手負い。傷を負うこと。例：テオイの熊か猪か。

**でかい**（形容詞）大きい。デッカイ、イカイとも。例：デカイ体育館や。

**てがえし**（名詞）手返し。餅を搗くとき、搗き手に合わせて、餅を寄せたりひっくりかえしたりまとめたりすること。例：テガエシは、やっぱりお母さんよ。

**てがおそい**（熟語）手が遅い。仕事が遅い。仕事がはかどらない。例：テガオソイ男や。

**てがこむ**（熟語）手が込む。念が入る。工夫されている。例：この細工物、テガコンだる。

**でかす**（動詞）りっぱにやりとげる。例：これは、デカシた。みごとな出来や。

**てがた**（名詞）手形。手のひらの形。例：昔、テガタは、書類に証拠のため押したものや。

**てがた**（名詞）手形。一定の金額を、一定の日時、場所で支払うことを示した有価証券。例：テガタ取引。

**てがにぶい**（熟語）手が鈍い。手先の仕事が遅い。手が無器用だ。例：あいつは、テガニブイ。

**てがら**（名詞）手柄。りっぱな働き。例：大テガラ。二打席連続ホームラン。

**できあい**（名詞）出来合い。既製品。既に出来上がっているもの。デケアイとも。例：デキアイの服で、間にあわせとこう。

**てきがた**（名詞）敵方。たたかう相手。例：テキガタのチームの主将。

**てきさん**（名詞）あいつ。あの男。相手男。対象となるもの。例：わしが奢ってやる言うたら、テキサン飲むわ飲むわ。二升ほど飲んで、テキサン倒れてしまよった。

**てきじん**（名詞）敵陣。敵の陣地。例：テキジンの左からゴールを狙え。

**できそこない**（名詞）出来損ない。でき上がりがよくないもの。例：商品にならないデキソコナイや。

**できひん**（熟語）できない。例：宿題はデキヒンし、失敗はするし、さっぱりやわ。

**できもん**（名詞）出来物。腫れ物。例：首に、デキモンできた。薬つけて。

**できやして**（熟語）お生まれになって。例：お孫さん、デキヤシテ、おめでとさんや。

**できる**（動詞）することができる。デケルとも。例：俺でも、修繕デキル。

**できる**（動詞）成績が良い。例：隣のお子さん、ようデキルそうや。

**できんか**（熟語）できないか。例：どうや、まだ、デキンカ。

**できんぼ**（名詞）成績のよくない子。例：兄弟で、一番デキンボは誰や。僕や。

**てぐすねひく**（動詞）十分用意して待つ。例：相手の弁明はどうかと、こちらは、テグスネヒイて待っていたんや。

**でくのぼう**（名詞）木偶坊。木彫の人形。転じて役に立たない人間。例：あの役人、デクノボウちがうか。発言なしや。

**てくび**（名詞）手首。腕と手のひらとつながる部分。例：腕時計は、左テクビに。

**てくらがり**（名詞）手暗がり。自分自身の影で、手もとが暗く、仕事がしにくいこと。例：スタンド、左前に置きな。テクラガリになるさかい。

**でくわす**（動詞）出くわす。出会う。ばったり出会う。例：交通事故にデクワシてなあ。そらあ大変やった。

**でけたひと**（熟語）立派な人。人格の優れた人。例：ようデケタヒトや。温かくて、優しいし。

**でけへん**（熟語）できない。例：城の再建など、とてもすぐにはデケヘン。

**でけん**（熟語）できない。例：そんな難しいこと、とてもデケン。

**でけんのや**（熟語） できないのだ。デキンノヤ、デケヘンノヤとも。例：まだデケンノヤ。ほんまに難しいわ。

**てこ**（名詞） 梃子。重い物体を動かしたり、大きい力を出したりする棒。例：テコでも動かない男や。

**てご**（名詞） テンゴとも。いたずら。例：こら、テゴしたらあかん。外で遊んで来な。

**でこ**（名詞） ひたい（額）。デコチン、オデコとも。例：デコ、怪我した。ヨウチン塗って。

**てこずる**（動詞） もてあます。処置に困る。例：我が子の腕白にテコズル。

**でこちん**（名詞） デボチンとも。おでこ、ひたい。例：額のことデコチンて、言うてるわ、この辺では。

**てさき**（名詞） 手先。手の先。転じて、手下として使われる者。例：悪人のテサキとして働く。

**でし**（名詞） 弟子。門弟。教えを受ける人。例：新デシ。デシ入り。

**てしおにかける**（熟語） 手塩にかける。手をかけて養育する。例：テシオニカケた子供。

**てじな**（名詞） 手品。仕掛けやタネを用いて、人の目をくらます不思議な演芸。例：テジナと奇術の会。

**でしゃばり**（名詞） 余計な手出し口出しをすること。例：デシャバリは嫌われるよ。

**でしゃばる**（動詞） よけいな口出しをする。出すぎる。他を押し退けて自分がしようとする。例：新入社員がデシャバルな。

**てしょ**（名詞） 小皿。オテショとも。例：おテショに塩盛って、清めをして。

**……です**（助動詞） 丁寧な断定。例：美しい話デスんやなあ。いよいよ祭りデスなあ。

**でずいらず**（名詞） 出ず入らず。収支決算ゼロ。出費不要、が語源。例：きばって売ったけど、仕入れにようけかかって、デズイラズや。

**ですけんど**（熟語） ですけれど。例：代金まだデスケンド。

**てすり**（名詞） 手摺り。腰ぐらいの高さの横木。欄干。例：階段のテスリも拭いといて。

**ですんや**（熟語） です、の強め。デンネヤとも。例：これが北政所の建てはった寺デスンヤ。

**……てた**（熟語） ……ていた、の意。例：居眠りしテタ。思うテタ。考えテタんや。

**てだい**（名詞） 手代。主人に代わって仕事をする商人。番頭の下。例：テダイと丁稚が、暦持って挨拶に回ってはった。

**でたとこしょうぶ**（熟語） 出たとこ勝負。その場のなりゆきによって決めること。例：今決めないで、行ってからの、デタトコショウブや。

**てだまにとる**（熟語） 手玉にとる。思いのままにする。自由にあつかう。例：多くの店を、テダマニトッて、合併してしまう。

**……てたんや**（熟語） ……ていたのだ、の意。例：事情は、課長に、話しテタンヤけどなあ。

**でたんやけど**（熟語） 出たのだけれど。例：御馳走がデタンヤケド、食べられなんだ。

**てぢか**（形容動詞） 手近。手もとに近い。例：テヂカな問題をとりあげる。

**てちがい**（名詞） 手違い。手段を誤ること。例：当方のテチガイで連絡がおくれました。

**……でっか**（熟語） ……ですか、の意。例：これデッカ、送る商品は。

**でっかい**（形容詞） 大きい。例：デッカイ人が、デッカイ太鼓叩いてはったわ。

**てっきょう**（名詞） 鉄橋。鋼鉄で作った橋。例：鉄道や道路で、河や谷にかけた大規模なテッキョウが多い。

**てっきり**（副詞） すっかり。間違いなく。例：テッキリほんまや思た。

**……でっさ**（熟語） ですわ、の意。例：田中さんの息子さんどすか。そうです。僕の親友デッサ。

**……でっしゃろ**（熟語） でしょう。デス+ヤロ、の変化。例：小さい傘やけど、無いよりましデッシャロ。

**てつじん**（名詞） 哲人。哲学者。見識が高く、道理に通じた人。例：ギリシヤのテツジンのソクラテス。

**……でっせ**（熟語） ですよ、の意。例：別荘言うたかて、小さいもんデッセ。

**てったい**（名詞） 手伝い。手伝いの人。例：葬式のテッタイに行ってくるわ。
**……てって**（熟語） て行って、の意。例：ちょっとそこまで乗せテッテ。
**てってい**（名詞） 徹底。すみずみまで、行き届くこと。例：テッテイ的に捜査をして下さい。
**てっとう**（動詞） 手伝う。手助けをする。例：ちょっとテットウてくれ。
**てつどう**（名詞） 鉄道。鉄のレールの上に乗り物を走らせる交通機関。例：西日本旅客テツドウ。高原テツドウ。
**てっぺん**（名詞） 頂き。頂上。例：山のテッペン、雪やろなあ。
**てつぼう**（名詞） 鉄棒。鉄の棒。例：体操競技のテツボウの演技。
**てっぽだま**（熟語） 鉄砲玉。行きっきりのこと。問い合わせにも返事がない。例：手紙を出してもテッポダマで、どうしてんのや、さっぱりわからん。
**……てて**（熟語） ……ていて（ほしい）。……ていて（ください）。例：先に寝テテ。静かにしテテ、頼むさかい。
**……てて**（熟語） ていて。ているので。例：グランドが濡れテテ、運動会は中止や。
**できやはったんやて**（熟語） 出てきなさったのだって。例：アメリカの大学院、デテキヤハッタンヤテ。
**でてきよるな**（熟語） 出てくるな。例：いくらでもデテキヨルナ。誤字、脱字、校正せんならんとこ。
**でてたんやけど**（熟語） 出ていたのだけれど。例：八月号、もうデテタンヤケド、買いそびれた。
**てなしご**（名詞） 父無し子。父親のない子。例：かわいそうに事故でテテナシゴや。
**でてやはる**（動詞） 出ていなさる。例：歌舞伎座にデテヤハル、俳優や。
**てどり**（名詞） 手取り。税金、会費など差し引いて直接手に入る正味の収入。例：社員として、テドリ、月いくらぐらいもろてんねや。
**てなみ**（名詞） 手並み。腕前。技量。例：さあ、おテナミ拝見。手品、手品。
**てならい**（名詞） 手習い。文字を書く練習。転じて、学問。例：今日のテナライ、どうやった。
**てにあわん**（熟語） 手に合わん。手におえん。もてあます。例：しょうのないいたずら坊主でテニアワン。
**てぬかり**（名詞） 手抜かり。手落ち。不注意のための失敗。例：当方のテヌカリで、どうもすみまへん。
**てねば**（名詞） 手＋粘る、が語源。仕事や動作がのろのろして、時間がかかる。例：あの子、テネバで、仕事が遅いわ。
**てのうち**（名詞） 手の内。心の中の考え。例：テノウチを見透かされた。
**てのこむ**（熟語） 手の込む。手間のかかる。例：テノコム仕事で、ええ作品や。
**てのとどくところ**（熟語） 手の届く所。完成間近。例：研究もテノトドクトコロまで来た。
**でば**（名詞） 出刃包丁、の略。例：デバ、研いどいてくれ。
**でばな**（名詞） 出花。煎茶に湯を注いだ最初の香り高い茶の湯。例：鬼も十八、番茶もデバナ。
**てびき**（名詞） 手引き。案内。導き。例：書名のテビキは、初歩的な案内書のことやな。
**てびょうし**（名詞） 手拍子。手を打って拍子をとること。例：皆さん手を貸してください。テビョウシで応援を。
**てぶくろ**（名詞） 手袋。防寒や作業のため手にはめる袋。例：皮のテブクロ、落としてしもた。
**てぶら**（名詞） 手に何も持たないこと。例：テブラで来てすみません。
**てべんとう**（名詞） 手弁当。自分持ちの弁当。転じて、無報酬の意。例：テベントウで仕事させて悪いな。
**てほん**（名詞） 手本。文字や絵画などの模範とする本。例：生き方のテホンを示している。
**てぼん**（名詞） 手盆。盆を使わないで、手で給仕をすること。例：テボンで悪いな。
**てま**（名詞） 手間。手間賃。例：お茶摘みのテマ、今年いくらや。
**てまえ**（名詞） 手前。目標より少しこちらに近いところ。例：大橋のテマエの信号。
**てまえ**（代名詞） 自分。私。例：テマエどもの間違いで。

**てまちん**（名詞）手間賃。農作業などの報酬として受け取る賃金。例：テマチンいくらやな。

**てまどる**（動詞）手間取る。時間がかかる。手数がかかる。例：出版までテマドリますがよろしいか。

**……てみ**（熟語）……て見よ。例：早う聞いテミ。

**……てみいな**（熟語）……てみなさいよ。例：ともかくも受けてミイナ。易しい試験やし。

**でみせ**（名詞）出店。支店。出張所。例：京都の百貨店のデミセやて。

**でむかえる**（動詞）出迎える。出て行って迎える。例：お客様を駅までデムカエル。

**てもあしもでん**（熟語）手も足も出ん。全く力が出せない。例：難しい問題で、テモアシモデンわ。

**てもと**（名詞）手元。手の届く範囲。例：少しテモトが狂ったらしいんや。

**……てやって**（熟語）してやってくださいの意。例：誰か手伝ってヤッテ。

**……てやる**（熟語）している。してなさる。例：彼は、京都の大学に行っテヤル。

**てら**（名詞）寺。寺院。例：延暦寺をヤマ、園城寺をテラいうてる。全国の葬式寺もテラやけどなあ。

**てらそうだい**（名詞）寺総代。寺の世話役。檀家代表。例：テラソウダイは留任や。

**てらまいり**（名詞）寺参り。寺に参って仏や墓を拝むこと。例：本堂へ上がってテラマイリして、それから墓参りや。

**てり**（名詞）照り。日照り。干害。例：今年は、ひどいテリやったなあ。

**てる**（名詞）照る。光る。輝く。例：夏の太陽のテル浜辺を、走りまわる。

**……てる**（熟語）……ている、の意。例：走っテル。見テル。知らんテル。雪が降っテル。

**でる**（動詞）出る。内から外へ出る。出発する。起こる。出席する。出演する。見つかる。例：家の外へデル。月がデル。船がデル。風がデル。会議にデル。テレビにデル。落とした財布がデル。

**……でる**（熟語）でいる、の意。例：飛んデル。死んデル。浮かんデル雲。

**……てるか**（熟語）ているか、の意。例：この問題の意味、分かっテルカ。

**でるとこへでよう**（熟語）出るところへ出よう。公に訴える。例：そんなに言うならデルトコヘデヨウ。

**……てるんやないやろか**（熟語）……ているのではないだろうか。例：弟は、こんなに考えテルンヤナイヤロカ。

**てれかくし**（名詞）照れ隠し。恥ずかしくて体裁をつくること。例：自分のやった行為が悪いと知って、テレカクシに道路掃除してるわ。

**てれくさい**（形容詞）照れ臭い。てれてきまりが悪い。はずかしい。例：弱いのに優勝してしまって、テレクサイんや。

**てれる**（動詞）照れる。はにかむ。はずかしがる。例：そんなに誉められたらテレルがな。

**てわたしする**（動詞）手渡しする。直接に渡すこと。例：大事な書類なので、私からテワタシスル。

**てをうつ**（熟語）手を打つ。必要な手段を講じる。例：大統領が変わったので、我が社としては至急テヲウツことにした。

**てをかす**（熟語）手を貸す。手助けする。例：テヲカシてあげようか。

**てをひろげる**（熟語）手を広げる。規模を広げる。手広く仕事をする。例：会社、アメリカで随分テヲヒロゲやはったそうで。

**てん**（名詞）天。空。天上の世界。天候。例：テン人。テン命。テン皇。雨テン。

**てんうん**（名詞）天運。自然のめぐりあわせ。人間の運命。天命。例：テンウン我に利あらず。

**でんえん**（名詞）田園。田畑。田舎。例：デンエン都市。デンエン交響曲。

**てんおん**（名詞）天恩。自然の恩恵。造化の恵み。例：待ち望んだ干天の慈雨。テンオンや。

**てんか**（名詞）天下。天のおおっている下。世界。例：テンカ分け目の戦い。

**……てんか**（熟語）してくださらないか。例：早う来テンカ。この仕事、手伝ってテンカ。

**でんか**（名詞）電化。電気を利用するようになる、意。例：デンカ器具。

**でんがく**（名詞）田楽。田植え時の慰安のための歌舞音曲。また、舞う形が似たデンガク焼きをいう。例：デンガク豆腐。

**てんかふん**（名詞）天瓜粉。あせも、ただれの予防用のカラスウリの根から取った、白色澱粉。例：赤ちゃんの股にテンカフンつけて。

**てんから**（副詞）始めから。全く。例：俺の話、テンカラ信じてくれやせん。

**てんき**（名詞）天気。天候。気象状態。空模様。例：テンキ図。テンキ予報。

**でんき**（名詞）伝記。個人の一生の事跡を記録したもの。例：蒲生氏郷のデンキ小説。

**でんき**（名詞）電気。発電体に電気作用をおこさせるもとになるもの。例：デンキ機関車。デンキ分解。

**でんぐりがえる**（動詞）でんぐり返る。ひっくりかえる。例：車が三台、デングリガエッていた。

**てんけん**（名詞）点検。一つ一つ検査すること。例：自動車の六か月テンケン。

**てんご**（名詞）悪戯。テゴとも。例：またテンゴして。あかんやないの。

**てんこう**（名詞）天候。天気。気象状態。例：不順なテンコウが続く。

**でんこう**（名詞）電光。電気の光。稲光。転じて、電灯の光。例：デンコウ石火。

**てんこもり**（名詞）山盛り。例：御飯テンコモリに盛ってある。

**でんごん**（名詞）伝言。言葉を伝えること。例：亡父のデンゴン。デンゴン板。

**てんさい**（名詞）天才。生まれながらの才能。例：テンサイ一％、あとは努力なんだ。

**てんさい**（名詞）天災。自然のもたらす災害。例：地震、洪水などのテンサイ。

**てんさい**（名詞）転載。ある記事を、他の印刷物にそのまま掲載すること。例：無断でのテンサイを禁じてるはずや。

**てんさく**（名詞）添削。文章などに手を加えて直すこと。例：文章を推敲したりテンサクすることが、君には必要や。

**でんしゃみち**（名詞）電車道。電車の通っている道。例：昭和期には、河原町通りは市電のデンシャミチやった。

**てんしゅ**（名詞）天守。天下を守る、城の物見櫓。例：テンシュ閣。

**てんしゅ**（名詞）天主。キリスト教の神。例：テンシュ教。安土のテンシュ閣。

**てんじょう**（名詞）天上。空。空の上。例：テンジョウ天下唯我独尊。

**てんじょう**（名詞）天井。屋根裏を被うための板。例：テンジョウ裏。格テンジョウ。

**てんじょうがわ**（名詞）天井川。長い洪水の歴史があって、堤を高くしたため、川底が上がった川。例：テンジョウガワの下を、国道も列車も走っている。

**てんしん**（名詞）天真。生まれつきの。自然のまま。例：テンシン爛漫。

**てんせい**（名詞）天性。うまれつき。天から受けた性質。例：体操競技の選手の能力はテンセイのものや。

**でんせつ**（名詞）伝説。伝承された説話。例：鈴鹿峠の鬼退治のデンセツ。

**でんせん**（名詞）電線。電流を導くための金属線。例：雪で高圧デンセンが切れて、停電や。

**でんせん**（名詞）伝染。病気がうつる。例：デンセン病。

**てんち**（名詞）天地。天と地。世界。宇宙。例：テンチの神々に恥じない生き方。

**でんち**（名詞）子供の、袖無しの綿入れ上着。例：冬はデンチ着てちぢこまっていた。

**てんつらてん**（名詞）一文なし。例：だまされて、帰りはテンツラテンや。

**てんで**（名詞）全く。全然。例：テンデ役に立たない奴らや。

**てんてき**（名詞）天敵。天然の害敵。例：害虫を好んで食べる昆虫を人間の立場からテンテキ言うてるんや。

**てんてこまい**（名詞）てんてこ舞。忙しくて、ゆとりがない。例：引っ越しで、テンテコマイや。

**てんでんばらばら**（形容動詞）各自が勝手に行動し、ばらばらの状態。例：職員がテンデンバラバラでは、仕事にならん。

**でんでんむし**（名詞）かたつむり。例：西日本では、デンデンムシが普通。カタツムリが共通語だが、東京、神奈川、新潟と分布は狭い。

**てんと**（副詞）全く。まるで。全然。例：病後なんでか、テント力が出んわ。

**でんと**（副詞）どっしりと、落ち着いているさま。例：デント構えてる若社長に任しとこ。
**てんとう**（名詞） 転倒。ひっくり返る。例：自転車競技でテントウした選手。
**てんどう**（名詞） 天道。天地自然の法則。例：その考えは、テンドウに背いているのやないか。
**でんとう**（名詞） 伝統。前代から受け継がれ、後人に強い影響を与えるもの。例：神戸の町の誇りとデントウや。
**でんどう**（名詞） 殿堂。大きくて立派な建物。例：国政のデンドウ、国会議事堂。
**でんどう**（名詞） 電動。電気で動く。例：デンドウミシン。デンドウ剃刀。
**でんどう**（名詞） 伝導。伝え導くこと。例：熱と電気のデンドウ体。
**でんどう**（名詞） 伝道。キリスト教の教義を伝えること。例：デンドウの牧師として来日。
**でんどう**（名詞） 伝動。動力を他の機械部分へ伝えること。例：デンドウ装置。
**てんどん**（名詞） てんぷら＋丼、の約。天麩羅を載せたどんぶり飯。例：テンドンのおいしい店。
**……でんな**（熟語） ……ですな、の意。例：どっちみち結論は同じデンナ。
**……てんね**（熟語） ……ているのだ、の意。例：何いうテンネ。あほう。
**……てんの**（熟語） ……ているのですか、の意。例：もう起きテンノ？ なんや、まだ寝テンノか。
**てんば**（名詞） 頂きの平地。頂上。例：ここが、伊吹山のテンバや。
**てんばつ**（名詞） 天罰。天の下す罰。例：テンバツ覿面。テンバツがくだる。
**てんびき**（名詞） 天引き。給料からあらかじめ一定額を差し引くこと。例：テンビキ貯金。テンビキの所得税。
**てんびん**（名詞） 天秤。両端に物と分銅を載せ、平均させて重さを計る秤。例：テンビンで重さを計るのや。
**てんぷら**（名詞） 魚肉、野菜などに小麦粉のころもをつけて油で揚げた食品。例：テンプラは揚げ立てが一番おいしいんや。
**てんぷら**（名詞） みせかけ。外観だけのもの。例：テンプラ大学のテンプラ学生といわれても仕方がないわ。
**てんぽ**（名詞） 店舗。みせ。商品を販売するところ。例：テンポの多い通り。
**てんぼう**（名詞） 展望。広く見渡すこと。例：天守閣から見た日本海のテンボウ。
**てんまど**（名詞） 天窓。換気と採光用の、高窓。例：テンマドの価値が見直されている。
**てんまりほり**（名詞） 天毬ほり。ボール投げ。テマリホリとも。例：キャッチボールのこと、昔、テンマリホリ言うてたわ。
**てんめい**（名詞） 天命。天の命令。定められた宿命。例：人事を尽くしてテンメイを待つ。
**てんもんがくてきすうじ**（名詞） 天文学的数字。天文学で扱うような桁数の大きな数字。例：テンモンガクテキスウジの予算や。
**てんやもん**（名詞） 店屋物。手作りの料理でなく、店から取り寄せた丼、うどんなど。例：家内が留守しとって、テンヤモンで悪いなあ。
**てんやわんや**（名詞） 混乱に混乱を重ねる意。まとまりなく騒ぐ意。例：テンヤワンヤの大騒ぎ。
**でんわ**（名詞） 電話。電話機で通話すること。例：もう一度デンワ下さい。

# と

**と**（名詞） 門。海峡。海への出入口。例：鳴門（ト）。長門（ト）。港（水＋な＋門）。
**と**（ト抜き） ト抜き表現の発生。「という」が語源で、トユウーチュウーと変化した後、チュウという音を嫌った用法であろう。例：神戸×いう街はなあ。力を貸すこともある×思うてなあ。
**とー**（名詞） 戸。一音節語の長音化。例：トー閉めといて。
**とー**（名詞） 十、の長音。例：鬼は、ここで、トー数えてて。
**……と**（助詞） ともにする相手を示す。例：母ト花火を見にいく。
**……と**（助詞） 結果を示す。例：学者トなって世の中に役立ちたい。
**……と**（助詞） 引用であることを示す。

例：戦争と平和トいう作品。

**……と**（助詞） 並列、または列挙する。例：桃ト梨ト栗トを出荷する。

**ど**（接頭語） 強調。例：ドあほ。ド真ん中。ド嘘つき。ド最中。ドへんくつ。

**ど**（名詞） ほど。程度。例：ドがすぎる。角度の単位。例：直角は九十ド。

**とあみ**（名詞） 投網。例：舟の上からトアミを打つ。

**といあわせる**（動詞） 問い合わせる。聞いて確かめる。例：葬儀の日時をトイアワセル。

**……という**（熟語） 引用の語。下に体言がくる。短く約して、チュウと発音することが多い。例：大統領トイウ仕事は。実験トユウもんは、記録が大事なんや。

**といし**（名詞） 砥石。刃物を研ぐ石。例：トイシは、粗砥、中砥、仕上げ砥の三つが要るわなあ。

**といた**（名詞） 戸板。雨戸を物を運ぶ板として使った時の名。例：トイタに乗せて怪我人を運んだらどうや。

**……といた**（熟語） ……ておいた。例：花に、水やっトイタ。

**どいたどいた**（熟語） 退け退け。例：さあ、ドイタドイタ。

**どいたれ**（熟語） 退いてやれ。例：しばらくドイタレ。写真をとりよるさかい。

**どいたろ**（熟語） 退いてやろう。例：そこ退いてえな。よしドイタロ。

**……といたんやがな**（熟語） ……ておいたのだがね。例：照る照る坊主、吊っトイタンヤガナ。

**どいっき**（名詞） 土一揆。ツチイッキとも。農民の暴動。例：ここがドイッキのときに、農民大衆が何万と集まった河原や。

**どいつもこいつも**（熟語） 誰も彼も。どの人もこの人も。例：ドイツモコイツモ役に立たん。

**……といて**（熟語） ……しておいて下さい。例：これ税務署へ出しトイテ。

**……といで**（熟語） ……ておいで。例：あんたも行っトイデ。

**どいて**（熟語） 退いて下さい。例：そこドイテ。

**どいてえな**（熟語） 退いて下さいよ。例：そこドイテエナ。邪魔になるし。

**……といな**（熟語） ということだ、の意。例：ひどい事故やさかい祭りも中止やトイナ。

**といれる**（動詞） 取り入れる、リ音脱落。仕舞う。例：雨来そうやさかい、洗濯物、トイレルの手伝うて。

**とう**（動詞） 問う。疑問や不明なことを聞く、尋ねる。例：住所と氏名をトウ。

**どういうこっちゃ**（熟語） どういうことだ。例：勝手に、そちらで決めてくれとは、ドウイウコッチャ。

**どういたしまして**（熟語） いいえ、それほどではありません、の気持ち。謙遜して打消を表す。挨拶言葉。例：あんたのお蔭で今回も当選や。ドウイタシマシテ、御人徳どすわ。

**どううま**（名詞） 子供の遊び。ドンマとも。互いに長く連なる馬になって、跳び箱のように跳ぶ。例：みんなドウウマせえへんか。

**どうえ**（熟語） どうですか。例：この帯の柄ドウエ。似合うやろか。

**とうか**（名詞） 投下。投げ落とす。例：爆弾トウカ。

**とうか**（名詞） 灯火。あかり。ともしび。例：トウカ親しむべき候となりました。

**とうかいどう**（名詞） 東海道。江戸日本橋から京都に至る海に沿う街道。例：トウカイドウ本線。

**どうがく**（名詞） 同額。同じ金額。例：ドウガクで似た商品。

**どうがく**（名詞） 同学。同じ分野の学問。例：ドウガクの分野での活躍。

**どうかすると**（副詞） ときどき。例：この扉、ドウカスルト、はずれる。

**とうから**（副詞） 疾うから。はやくから。とっくに。疾く＋から、の転。例：そんなこと、トウカラ知ってたわ。

**とうがらし**（名詞） 唐辛子。外国から来た辛子。関西では、トウガラシをナンバという地もある。例：甘トウガラシの天麩羅。

**とうき**（名詞） 冬季。冬の季節。例：トウキオリンピック。

**とうき**（名詞） 登記。民法上の権利や事実を保護するため、公式の登記簿に記載すること。例：土地家屋のトウキを、法務局で済ます。

**とうき**（名詞） 投機。機会をうまくとらえて利益を得ること。例：投資とトウキは違うんや。

**とうき**（名詞） 陶器。焼き物。例：磁器の壺とトウキの壺。

**とうきび**（名詞） とうもろこし。なんば。例：畑でトウキビ、二、三本もいで来て。

**どうきょ**（名詞） 同居。一緒に住む。例：息子夫婦とドウキョや。

**とうきょう**（名詞） 東京。東の都。例：トウキョウ都。京都では、トウキョウを西京に対して使うこともある。

**どうぎょう**（名詞） 同行。巡礼者などの道連れ。五十音目の同じ行、の意にも。例：ドウギョウ十人の四国巡礼。

**どうぎょう**（名詞） 同業。同じ職業。例：商工会議所でドウギョウ者の集まりを持つ。

**どうぎり**（名詞） 胴を横に切ること。輪切り、とも。例：鯉のドウギリ。

**どうぐ**（名詞） 道具。製作、仕事に使う器具。例：大工ドウグ。仏道修行のドウグ。家財ドウグ。

**とうけい**（名詞） 統計。同一のものの状態を多く集めて、数量的に分析し表示すること。例：トウケイ図表。

**とうけん**（名詞） 刀剣。かたなとつるぎ。例：古いトウケンを、お譲り下さい。

**とうけん**（名詞） 闘犬。犬をたたかわせる競技。例：トウケンを見て楽しむ。

**とうこう**（名詞） 登校。学校に行くこと。例：大手を振ってトウコウする小学生徒。

**とうこう**（名詞） 投降。敵に降参すること。例：トウコウすることなく密林に隠れていた日本軍兵士。

**とうこう**（名詞） 投稿。新聞社や雑誌社などに、原稿を送ること。例：読者の意見を、トウコウした。

**とうこう**（名詞） 陶工。陶磁器を作る職人。例：信楽焼きのトウコウの養成。

**とうこう**（名詞） 登高。高いところに登ること。例：十時。氷山にトウコウ。

**とうこう**（名詞） 刀工。刀剣をつくる刀鍛冶。例：日本刀つくりのトウコウ。

**どうこう**（名詞） 同好。好み、趣味が同じ。例：史跡めぐりドウコウ会。

**どうこう**（名詞） 動向。物事のなりゆきや動き。例：世界のドウコウを学ぶ。

**どうこう**（名詞） 同行。一緒に行く。道連れ。例：妻ドウコウのバス旅行や。

**とうごく**（名詞） 投獄。監獄に入れること。例：刑務所にトウゴクされ死亡。

**とうごく**（名詞） 東国。関東の国。例：トウゴクに向かって旅立つ。

**とうさ**（名詞） 踏査。実際にその土地に行って調べること。例：実地トウサ。

**とうざ**（名詞） 当座。しばらくの間。例：トウザの間に合わせ。トウザ預金。

**とうざい**（名詞） 東西。東と西。東洋と西洋。例：古今トウザイに例がない。

**どうざい**（名詞） 同罪。同じ罪。例：負うべき責任はドウザイである。

**とうさん**（名詞） お嬢さん。イトサンから、イ音脱落。例：三人のトウサンいやはったなあ。

**どうさん**（名詞） 動産。土地建物以外の動かすことのできる資産。例：ドウサンと不動産。

**とうし**（名詞） 投資。利益を出す目的で資本を出すこと。例：トウシ信託。

**とうし**（名詞） 唐詩。中国唐時代の漢詩。例：トウシ選。トウシを学ぶ。

**とうじ**（名詞） 冬至。太陽が最も南に片寄る時。北半球では日中の時間が最も短い日。例：トウジ十日前の方が、短い感じや。

**とうじ**（名詞） 湯治。温泉に入って病気の治療をする。例：トウジ場。

**とうじ**（名詞） 当時。その時。その昔。例：創建トウジの七重塔。創立トウジの建物。一九四五年、敗戦のトウジの東京駅。

**どうし**（名詞） 導師。死者に引導を渡す僧侶。例：ドウシさん、お願いに行ってこよう。

**どうし**（名詞） 動詞。事物の動作存在を表す言葉。自立語で活用する品詞。例：ドウシは、文章の重要な述語になる。

**どうし**（名詞） 同士。仲間。つれ。例：学生ドウシの気楽な集いや。

**どうし**（名詞） 同氏。前に述べた人と同じ人。例：ドウシの言によると、危険性は少ないようや。

**どうし**（名詞） 同志。同じ志を持つ人。例：ドウシを募る。ドウシ社大学。

**どうしたんやちゅうさかい**（熟語） どうしたんだというから。例：休んでたら、ドウシタンヤチュウサカイ、実はこけて怪我したんや言うた。

**どうして**（副詞） なぜ。例：ドウシテそんなあほなことしたんや。

**……どうしに**（接尾語） 続く意味。通しに、が語源。例：笑いドオシニ笑う。

**どうじゃ**（熟語） どうなのか。例：（文頭）ドウジャ分かったか。（文末）もうええ加減、降参したらドウジャ。

**とうしゅ**（名詞） 当主。今の主人。例：先代の主人やのうてトウシュの責任や。

**とうしゅ**（名詞） 党首。党のかしら。例：社会党のトウシュ暗殺される。

**どうしゅく**（名詞） 同宿。同じ宿に一緒に泊まること。例：学生たちと同じホテルにドウシュクした。

**とうしょ**（名詞） 当所。この場所。当地。例：トウショ見学の目的を話された。

**……どうしょ**（熟語） どうしよう。例：頼まれもん、あれドウショかな。

**どうじょう**（名詞） 道場。仏道を修行する場所。転じて、武道や心身を修練するところ。例：柔道剣道のドウジョウ。

**どうしょもない**（熟語） どうすることもできない。例：雨ばっかりでドウショモナイわ。

**とうしん**（名詞） 答申。答えを申し述べる。例：国語審議会のトウシン。

**とうしん**（名詞） 投身。身投げ。例：この谷は、トウシン自殺の名所です。

**とうしん**（名詞） 灯芯。ランプなどの明かりの芯。例：トウシンは、藺草の白い芯。代用品は白い太い糸。

**どうすんねな**（熟語） どうするのですか。例：こんなもん積んできてドウスンネナ。

**とうせい**（名詞） 当世。今の世の中。例：トウセイ風。トウセイ書生気質。

**どうせい**（名詞） 動静。人の動き。ようす。例：敵の陣地のドウセイを探る。

**どうせき**（名詞） 同席。同じ座席に居合わせること。例：大広間にドウセキ。

**とうぜん**（名詞） 当然。当り前。道理上そうなるはず。例：地盤が悪いので、トウゼン、地震に弱いんや。

**どうせん**（名詞） 導線。電流を流すために使う針金。例：ドウセンが不足して電流が流れない。

**とうせんぼ**（熟語） 通行止め。トオセンボとも。例：故障した車が、トウセンボしてるわ。

**どうそ**（名詞） 真っ赤な嘘。例：政治家は、ドウソ付きや。

**どうぞこうぞ**（熟語） どうにかこうにか。例：ドウゾコウゾ、間に合った。

**どうぞして**（熟語） なんとかして。例：ドウゾシテ、合格させとくれ。

**とうた**（名詞） 淘汰。洗いすすぐ。不用のものを取り除く。例：自然トウタにまかす。

**とうだい**（名詞） 当代。その時代。例：十年前の店、トウダイの社長でした。

**とうだい**（名詞） 灯台。昔は燭台の意。現代では、岬や港口にあって光を放ち航路を示す施設。例：トウダイ下暗しの灯台は、昔の燭台のことや。

**とうだん**（名詞） 登壇。演壇に登ること。例：総理大臣がトウダンし、施政方針を述べる。

**とうち**（名詞） 当地。現在いるこの土地。地方。例：トウチの名物は、この「姥が餅」なんや。

**どうちゅう**（名詞） 道中。旅の途中。例：ドウチュウ記。東海ドウチュウ膝栗毛。ドウチュウ双六。

**どうでのうても**（熟語） そうでなくっても。ドウデナクテサエとも。例：ドウデノウテモ駐車場がないのに、車で来るなんて。

**どうでも**（副詞） どのようにでも。例：ドウデモ勝手にせえ。

**どうでも**（副詞） どうしても。例：ドウデモ今年入学しょうと思わなんだらあかん。

**どうでも**（副詞） どうであっても。例：そんなこと、ドウデモええやんか。

**どうでもこうでも**（熟語） なんとかして。例：今日は、ドウデモコウデモ行く。

**とうとう**（副詞） 滔滔。水が盛んに流れる。例：トウトウと流れる大川の水。

**とうとう**（副詞） ついに。結局。例：事故続きやったが、トウトウ橋が完成した。

**どうとう**（名詞） 堂塔。寺の堂や塔。例：法隆寺のドウトウ伽藍の見学なんや。

**どうとう**（名詞） 同等。同じ等級。例：航海士とドウトウの資格。

**どうどうと**（副詞） 堂堂と。立派でいかめしい。例：ドウドウトした体格の横綱。

**どうどうと**（副詞） 大量の動きの形容。例：泥や流木がドウドウト流れて来る。

**とうとうとう**（感動詞） トウ、トウ、トウ。鶏を呼んだり追ったりする声。例：省略。

**どうどうどう**（感動詞） ドウドウドウ。馬を制止する声。例：省略。

**どうどうめぐり**（名詞） 堂堂巡り。社寺の堂の回りをめぐること。転じて、同じような議論が延々と続くこと。例：国会で、またドウドウメグリや。

**どうない**（名詞） 堂内。お堂の内部。例：三十三間堂のドウナイの仏像。

**どうない**（名詞） 道内。街道のうち。例：北陸ドウナイの温泉地。北海道ドウナイの産業。

**どうなっと**（熟語） どうなりとも。例：もうどうでもよい。ドウナットなれ。

**どうなりこうなり**（熟語） なんとか。例：退職後は、ドウナリコウナリ暮らしてますわい。

**どうなろ**（熟語） どうなろうか。例：おまえが止めたら、あとはドウナロ？

**どうなろ**（熟語） どうなろうか。いや……ない。反語表現。例：そんな弱気でドウナロ。しっかりせえ。

**どうなろと**（熟語） どうなろうと。例：あとがドウナロト、わしは知らん。

**どうなんや**（熟語） どうなのか。例：あの店から、取引止められたらドウナンヤ。

**とうに**（副詞） とっくに。疾くに、の促音便。例：式はトウニ済んでしもうた。

**どうにも**（副詞） どうやっても、どうしても。例：今となってはドウニモならぬ。

**どうのこうの**（熟語） どうだのこうだの。例：今さらドウノコウノ言っても、何にもならん。

**とうのむかし**（熟語） ずっと昔。例：あの会社トウノムカシに潰れて、今は空き地や。

**とうは**（名詞） 踏破。困難な道を歩き通すこと。例：昔の中山道を三人でトウハした。

**とうば**（名詞） 塔婆。供養のため墓の後に立てる細長い板。ソトウバとも。例：トウバは、店で購入せんとあかん。

**とうはん**（名詞） 登攀。坂をよじ登る。例：トウハン力のある車。

**とうばん**（名詞） 当番。番に当ること、番に当る人。例：掃除トウバン。

**とうふ**（名詞） 豆腐。水に浸した大豆をひき砕き煮て絞り、ニガリで固めた食品。例：トウフの味噌汁。湯ドウフ。

**どうぶく**（名詞） 綿入れのはんてん。子守用の防寒着。例：ドウブク貸して。赤ん坊風邪引かすとあかんし。

**とうぶん**（名詞） 等分。同じ分量に分けること。例：直角の三トウブン。

**とうぶん**（名詞） 当分。しばらくの間。例：トウブンこの部屋使うたらどうや。

**とうぶん**（名詞） 糖分。糖類の成分。例：当分、トウブンを制限せなあかん。

**とうほう**（名詞） 当方。こちら。例：すみません。トウホウの誤りです。

**……とうみ**（熟語） てごらん、の意。京言葉。例：見トウミ。来トウミ。

**とうみょう**（名詞） 灯明。神仏に供える灯し火。例：トウミョウ上げて拝んで来な。

**どうもこうもない**（熟語） ためらうことはない。どうこう思案することもない。例：ドウモコウモナイ。とにかく受験してみればええのや。

**どうもならん**（熟語） どうにもしようがない。我慢できない。例：腹が減ってドウモナラン。

**とうもろこし**（名詞） 玉蜀黍は当て字。トウは唐。モロコシは唐土。外国から渡来した穀物、の意。関西では、ナンバ。例：トウモロコシは、関東語で、関西語はナンバ、トウキビっていうんや。

**どうもん**（熟語） 同門。同じ師について学んだ人。例：貴殿とドウモン、私が後輩です。

**どうや**（熟語） どうですか。例：この服、ドウヤ。柄ええやろ。

**どうや**（熟語） なんとまあ。例：ドウヤ、このかわいい子。

**どうやった**（熟語） どうでしたか。例：決勝戦、ドウヤッタ？

**どうやっとる**（熟語） どうしている。例：仙台の下宿生活、ドウヤットルやろ。

**どうやらこやら**（熟語） どうにかこうにか。例：ドウヤラコヤラ、受け身ができる程度やね。

**どうよう**（名詞） 動揺。揺れ動く。例：ドウヨウの激しいのが売り物の乗り物や。

**どうよう**（名詞） 童謡。子供が歌う歌。例：三木露風の赤とんぼは、ドウヨウではなく、母を慕う大人の詩なんや。

**とうらい**（名詞） 到来。やってくること。例：好機トウライ、それがんばれ。

**とうらいもん**（名詞） 到来物。もらいもの。例：トウライモンで失礼やけど、まあ一つ。

**どうらん**（名詞） 動乱。世の中が騒ぎ乱れること。例：一九四五年、日本敗北で、世界のドウランもようやく収まった。

**どうり**（名詞） 道理。物事の正しいすじ道。例：子供にわかるドウリがない。ドウリにかなった解決を願う。

**とうりょう**（名詞） 投了。投げてしまうこと。例：トウリョウとは、囲碁将棋で負けてしまうことなんや。

**とうりょう**（名詞） 頭領。かしら。長。例：石垣の穴太衆のトウリョウや。

**とうりょう**（名詞） 等量。同じ量。例：砂糖とトウリョウの醬油で煮る。

**とうりょう**（名詞） 棟梁。大工の頭。例：トウリョウは、棟と梁の意なんや。

**どうろ**（名詞） 道路。人や車が通る道。例：ドウロ交通法。ドウロ標識。

**とうろう**（名詞） 灯籠。神社仏閣の灯火用具。現在は、飾りに近い。例：トウロウを寄付する。

**とうろうのおの**（熟語） 蟷螂の斧。蟷螂は、かまきり。おのは、斧。非力な弱者が、強者に立ち向かうこと。例：君が立候補するのはトウロウノオノや。

**どえらい**（形容詞） とてつもなく大きい。ものすごい。例：ドエライ風やった、伊勢湾台風は。

**とおい**（形容詞） 遠い。距離、時間の隔たりが大きい。疎遠だ。似ていない。例：トオイ町。トオイ昔。つきあいのトオイ友。

**とおし**（名詞） 簁。篩（ふるい）。例：小豆トオシでとおしてくれ。

**とおしみ**（名詞） 灯芯の変化。例：灯明のトオシミ、新しいのに替えて。

**どおせなら**（熟語） せっかくやる以上は。例：ドオセナラ、ええ大学受けなはれ。

**とおせんぼ**（名詞） 通せんぼ。通行止。例：洪水で、この道、トオセンボや。

**とおせんぼする**（動詞） 通せんぼする。通路をふさいで通れないようにする。例：ここから先トオセンボシているよ。

**とおのむかし**（名詞） とっくの昔。ずっと以前。例：トオノムカシに再建されてた。

**とおやま**（名詞） 遠山。遠方に見える山。例：トオヤマに霞たなびく。トオヤマに日の当りたる枯れ野かな。

**とおる**（動詞） 通る。つきぬける。貫く。例：表の大通りから、裏口まで、トオル道。中国道をトオル。

**とおる**（動詞） 下痢する。例：おなかがトオッて、今日はあかん。

**とが**（名詞） 咎。とがめられるような過ち。例：罪もトガもない暮らしをする。

**……とかい**（熟語） しておきなさい。例：若いうちにしっかり勉強しトカイ。

**どがいしょなし**（熟語） いくじがない。例：ドガイショナシやな。犯人見ててよう突き出さんとは。

**どがいなもんでも**（熟語） どのような者でも。例：ピストル出されたら、ドガイナモンデモ、たじたじするわなあ。

**とかく**（副詞） ともすれば。とにかくいずれにしても。例：トカクこの世は住みにくいもんや。

**どかぐい**（名詞） 大食。暴食。例：ドカグイ、身体に悪いよ。

**とかけ**（名詞） とかげ。例：トカケのしっぽ切りって諺あるわなあ。

**とがめる**（動詞） 咎める。非難する。怪しむ。例：夜、こんなところをうろついたら、トガメラれて当然やないか。

**どかもうけ**（名詞） 一時的な大儲け。例：ドカモウケも、どか損もあるわなあ。

**とき**（名詞） 時。時間。時代。時候。頃。例：何天皇のトキであったか……。日暮ドキ。トキを知らせる鐘。

**とき**（名詞） 斎。葬式の時の食事。精進料理。例：生活改善でトキは出さない。

**……とき**（熟語） ……でおきなさい。例：つまらんことに手を出さんトキ。

**とぎ**（名詞） 伽。通夜。夜とぎ、とも。例：死者追悼の話が夜トギや。

**どき**（名詞） 土器。古代の土製の器。例：古墳から発掘された縄文式ドキや。

**ときおり**（副詞） 時折。ときどき。トキヨリとも。例：トキオリ、見舞ってあげな。

**ときどき**（名詞、副詞） 時々。おりおり。ときたま。例：トキドキ、勤めを休む。

**どぎつい**（形容詞） 大層強い。毒々しい。例：ドギツイ色が使うたるなあ。

**ときやったさかい**（熟語） 時であったから。例：若いトキヤッタサカイなあ。

**とく**（動詞） 解く。ほどける。うちとける。安心する。職を離れる。例：心をトク。財務大臣をトク。

**とく**（動詞） 梳く。髪をすく。くしけずる。例：もうちょっと丁寧に髪をトイてきな。

**……とく**（熟語） ……ておく。例：しっかり勉強しトクのやで。

**どく**（名詞） 毒。生命や健康に害を与えるもの。例：ドク薬。消ドク。

**どく**（動詞） 退く。退団する。退席する。退場する。例：失敗ばかりで、期待に応えられんので、もうドクわ。

**どくがく**（名詞） 独学。学校や先生につかないで、独りで学ぶこと。例：ドクガクで、知事になった人は少ない。

**とくしつ**（名詞） 特質。特別な性質。例：この消防車のトクシツは、梯子の届く高さにあります。

**とくしつ**（名詞） 得失。得ることと失うこと。利益と損失。成功と失敗。例：いつもトクシツのバランスを考えよ。

**どくじゃ**（名詞） 毒蛇。どくへび。例：マムシ、ハブなどのドクジャに注意。

**どくしょ**（名詞） 読書。書物を読むこと。例：ドクショ論。ドクショの方法。

**どくしょう**（名詞、形容動詞） ひどい。さんざん。例：今日は、ドクショウな目におうた。

**どくしん**（名詞） 独身。配偶者がない人。例：ドクシンの生活。

**とくせい**（名詞） 特性。特有の性質。例：電磁調理器のトクセイを知って使え。

**とくせい**（名詞） 特製。特別に製造したもの。例：本社トクセイの壁掛けテレビですわ。

**とくせい**（名詞） 徳政。全ての税、借財を無効にした政令。例：二十一世紀もトクセイ出してくれんかなあ。

**とぐち**（名詞） 戸口。家の出入口。例：玄関からトグチまで相当の距離や。

**とくど**（名詞） 得度。仏門に入って僧となること。例：十五歳でトクド、寺を継いだ。

**とくどう**（名詞） 得道。仏道で悟りを開くこと。例：トクドウのための修行や。

**……どくに**（熟語） ……（ない）までで。例：学校へ行かんドクニ遊んでた。

**どくやく**（名詞） 毒薬。生命の危険を招く薬。例：使い方によってはドクヤクにもなる薬です。

**とくよう**（名詞） 徳用。使って利益が多いこと。例：トクヨウの除草剤です。

**とくり**（名詞） 徳利。細長くて口の小さい酒を入れる器物。例：トクリ三本の燗、お願いするわな。

**……とくれ**（熟語） しておくれ。してください。例：早う見せトクレ。

**……とくれる**（熟語） して下さる。例：しっかり教えトクレルええ先生や。

**……とけ**（熟語） しておけ。例：本箱きちんと整理しトケよ。

**とけい**（名詞） 時計。土圭。時間を計る機械。例：トケイ台。腕ドケイ。

**どけもん**（名詞） 退け者。ノケモンとも。例：わしをドケモンにするのか。

**どける**（動詞） 退ける。除く。排除する。例：車をドケル人が、いないのか。

**とこ**（接頭語） 常。いつもかわらない。例：トコ夏。トコ春。トコとわに。

**とこ**（名詞） 所、の略。場所。例：近いトコなら、すぐ行くのやが。

**とこ**（名詞） ほど。程度。例：百円がトコ、まけといてや。

**とこ**（名詞） 畳の床（芯になる材）。例：畳のトコ、湿気で腐っているのと違うか。

**とこ**（名詞） 床。水田の漏水防止層の意。例：田のトコが割れたら大変や。

**とこ**（名詞） 苗床。例：苗代のトコ、できたか。

**……とこ**（熟語） ……ておこう。例：もう行かんトコ。もう触らんトコ。

**どこかなっと**（熟語） どこかなりとも。例：ドコカナット、合格せなあかんわ。

**とこぎり**（副詞） 思いっきり。徹底的に。例：トコギリけとばしてやった。

**とこしえ**（名詞、副詞） 永しえ。いつまでも変わらずに。例：トコシエに続く学び舎。

**……とこしょうぶ**（熟語） その時まかせ。

例：出たトコショウブでやろう。
**どこぞ**（代名詞） どこか。例：ドコゾ、遊びに行かへんか。
**どことなしに**（熟語） どこという場所を決めないで。例：ドコトナシニ、旅して歩く。
**どことなっと**（熟語） どこと言うわけではないが。例：ドコトナット、人間には取り柄があるもんや。
**どことも**（熟語） どこもすべて。例：ドコトモ就職難や。
**とことん**（副詞） 徹底的に。例：合格するまで、トコトン頑張る。
**とこなつのくに**（名詞） 常夏の国。いつも夏のような気候である国。例：トコナツノクニの椰子の実。
**どこね**（名詞） どこの家。ｄｏｋｏｎｏｉｅからｏｉ音が脱落。例：この子、ドコネの子や。
**とこはり**（名詞） 床はり。水田の漏水防止層を粘土で張ること。例：水田のトコハリ、昔は大変な仕事やった。
**とこふみ**（名詞） 畳を新調して敷き詰める。例：新築した我が家のトコフミや。
**どこもかしこも**（熟語） あらゆるところの意。例：ドコモカシコモ花見客や。
**とこや**（名詞） 床屋。理髪店。例：ちょっとトコヤさんへ行ってくるわ。
**とごる**（動詞） 沈殿する。例：すっかり溶けんと、底にトゴッとるわ。
**ところどころ**（副詞） 所々。あちこち。例：トコロドコロ、花が散りかけてるわ。

**どこんじょう**（名詞） ド（接頭語）＋根性、が語源。不屈の精神。例：あの子、ドコンジョウやわ。
**どさくさ**（名詞） てんやわんやの取り込み中。例：事件のドサクサで、儲けた金や。
**とし**（名詞） 年。年齢。年代。時代。年月。例：トシ寄り。トシ越し。トシ月。
**としがいもなく**（熟語） 年齢をとった甲斐もなく。例：トシガイモナク、娘に恋をした。
**としかさ**（名詞） 年嵩。年長。年上。例：おまえより、相手の娘さん、トシカサやろ。
**としこし**（名詞） 年越し。大晦日。旧暦の土地では、節分の夜をいう。例：トシコシの晩。トシコシ鰯。
**どしこむ**（動詞） 押し込む。例：大きなスーツケースに皆ドシコンでくれ。
**とじこもる**（動詞） 閉じ籠る。戸をしめて外へ出ない。例：インフルエンザで、家にトジコモッているんや。
**としごろ**（副詞） 年来。長年の間。例：トシゴロ、考えていた留学のことや。
**としごろ**（名詞） 年頃。だいたいの年齢。転じて適齢期。例：トシゴロの娘。
**……どした**（助動詞） ……でした。例：よう気張る人ドシタわ。
**……どしたはけな**（熟語） でしたからね。ドシタサカイナ、ドシタサケナとも。例：昔は旅館ドシタハケナ、いつでも泊まっとくれやす。

**としだま**（名詞） 年玉。新年を祝う贈り物や金銭。例：トシダマ、いくらになった。
**どしたん**（熟語） どうしたの。例：ドシタン、こんな時間に。
**……どしたん**（熟語） でしたのか。例：あんたはん、うちの娘の先生ドシタン？
**としとくさん**（名詞） 歳徳神。年の始めに祀る神。例：トシトクサン、綺麗に掃除しといてや。
**としのくれ**（熟語） 年の暮れ。年末。例：トシノクレ、大売出しや。
**としのはじめ**（熟語） 年の始め。新年。例：トシノハジメの、氏神詣でや。
**どしぶとい**（形容詞） ド＋しぶとい。例：ドシブトイ男や。返事もしよらん。
**どじま**（名詞） 堂島下駄。庭下駄。桐のくいぬき。例：ドジマ三足、庭に出しといて。
**としょ**（名詞） 図書。書籍。本。例：学校のトショ館。
**どじょう**（名詞） 泥鰌。沼、水田に棲む淡水魚。例：全国的に、ドジョウ、ドンジョである。奈良のドボチンが珍しい。
**どしょうぼね**（名詞） 土性骨。根性。ドショウネとも。例：男のドショウボネ、見せてやれ。
**どしょっぱな**（名詞） いちばんはじめの強調。例：マラソンのドショッパナに、足をひっかけて遅れてしもた。
**としより**（名詞） 年寄り。年輩者。老人。老年。例：昔、統括する役職、頭をトシヨリといった。残っているのは相撲ぐらいや。

**とじる**（動詞）閉じる。ふさぐ。しめる。例：口をトジル。店をトジル。

**……どす**（助動詞）……です。丁寧な断定。デオス、の約。例：そうドス。なんドスえ。大学の病院ドス。

**どすかん**（熟語）大嫌い。例：あの先生、ドスカン。

**どすけべ**（名詞）好き者。例：あの人、ドスケベや。

**どすごえ**（名詞）太い声。例：ドスゴエで歌う人、なんとかならんか。

**……どすな**（熟語）ですね。例：きれいな花ドスナ。この花。

**……どすねな**（熟語）ですか。例：どこ行きドスネナ。しゅっとして。

**……どすわな**（熟語）ですわね。例：警察に言うても、聞き捨てドスワナ。

**……どすんや**（熟語）ですのでね。例：五時には、迎えに行かんならんドスンヤ。

**とせい**（名詞）都政。東京都の政治。例：トセイが、うまくいかない。

**とせい**（名詞）渡世。世わたり。暮らし。例：正直なトセイのしあわせ。

**とそ**（名詞）屠蘇。酒に薬草を調合した薬酒。転じて、正月の酒。例：おめでとう。さあ、おトソ頂いて、今年もよろしく。

**どそう**（名詞）土葬。地中に埋葬すること。例：火葬やなくて、まだドソウなんや。田舎ぐらしも大変やわ。

**どぞうづくり**（名詞）土蔵造り。厚い白壁を外壁や庇まで塗りこめた家。例：宿場町やでドゾウヅクリが多い。

**どだい**（名詞）土台。建物の基礎。例：家は、ドダイをしっかりしとかんとな。

**どだい**（副詞）全く。実際。とても。例：この予算では、ドダイ無理や。

**どたつく**（熟語）どたどたと遅れがちになる、意。例：そんなにドタツイてたら、ちっとも仕事進まへんやないか。

**どちふむ**（熟語）どうしたらよいか迷う。例：手術したほうがよいかどうか、ドチフムわ。

**とちる**（動詞）いいぞこなう。失敗する。例：また、トチッた。

**どっか**（熟語）どこか。例：ドッカ見たような人や。

**とっかかり**（名詞）とりかかり、の促音便。いとぐち。はじめ。例：トッカカリは、おまえがやれ。後輩にみせてやれ。

**とっかけひっかけ**（熟語）次から次へと。例：田舎でも、トッカケヒッカケ、客があるわ。

**どつく**（動詞）打つ。なぐる。例：生意気な奴、ドツイたろか。

**とっくに**（副詞）ずっと以前に。例：トックニ試合は終わっていた。

**とっくり**（副詞）念を入れて。十分に。例：トックリ考えて納得がいくようにやりな。

**とっくり**（名詞）徳利。例：トックリ持った焼き物の狸や。

**どっこいそうは**（熟語）文脈を遮る表現。例：おっとドッコイソウハいかん。

**どっこいどっこい**（形容動詞）互角だ。両者ほぼ同じ。五十歩百歩。例：どちらの方法でもドッコイドッコイや。

**どっさり**（副詞）たくさん。例：ドッサリ食べな。

**とっしゅつ**（名詞）突出。突き出ること。例：全国的にトッシュツした犯罪数や。

**とっしょり**（名詞）年寄り。例：村は、トッショリばっかりや。

**……とった**（熟語）ていた、の意。例：いつまで考えトッタんや。昔、京都に住まいを構えトッタんや。

**どっちみち**（副詞）どちらにしても。いずれにしても。例：なんぼ考えても、ドッチミチ失敗するのが落ちや。

**とっちめる**（動詞）強く詰問する。例：あいつ、ちょっとトッチメテやろか。

**とっつきのわるい**（熟語）無愛想で話しかけにくい。例：あそこの息子トッツキノワルイ男や。

**とってき**（動詞）取って来なさい。取っておいで。例：忘れ物なら、早う家に帰ってトッテキ。

**とってつけたような**（熟語）俄かに辻褄をあわせたような。例：トッテツケタヨウナ言い訳するな。

**とっても**（副詞）とても。非常に。例：トッテモかわいい娘さんよ。

**とってんと**（熟語）取ってないで。例：悪い札、トッテント、ええ札引きや。

**とっと**（副詞）全く。例：トットらちがあかん。

**とっとき**（熟語）取っておけ。例：これは、おまえがトットキ。

**とっとき**（名詞）特別の貴重品。例：お宝の中のトットキや。

**とっときの**（熟語）とっておきの。大事な秘蔵の。特別の。例：あいつは、トットキノ選手やそうな。

**とっぱな**（名詞）最初。先端。例：登山のトッパナ歩いとったわ。

**とっぴょうしもない**（形容詞）突拍子もない。法外な。途方もない。例：トッピョウシモナイことを言う。

**どっぽ**（名詞）独歩。自分の力だけで行うこと。例：独立ドッポ。

**どて**（名詞）土手。堤。土地の急斜面。例：ドテに、かぼちゃでも植えるか。

**どでかい**（形容詞）たいそう大きい。例：ドデカイ大仏を作ったもんや。

**とてつもない**（形容詞）途方もない。常識で考えられない。例：トテツモナイ大事故や。

**どてら**（名詞）丹前。綿を入れた広袖の着物。例：冬はドテラに限る。

**とどこおる**（動詞）滞る。ぐずぐずして進まない。例：雪で、車がトドコオル。

**ととのえる**（動詞）整える。完備する。安定する。例：服装をトトノエル。

**とどのつまり**（副詞）結局。例：雨が降って、延長で、トドノツマリ再試合や。

**とどめる**（動詞）ひきとめる。例：遠い夜道を考えると、お客さんをトドメかねるんや。

**とどめる**（動詞）動いているものを止める。さしとめる。例：練習は、これぐらいでトドメテおく。

**どない**（熟語）どのように。例：お爺さん、ドナイしてはる？

**どないしたん**（熟語）どうしたのか。例：バス事故のあと、ドナイシタン？

**どないする**（熟語）どうしますか。例：大学落ちたら、ドナイスルの？

**どなる**（動詞）大声で叫んだり叱ったり命令したりする。関西ではドナルを使うのが普通。ドヤス、ドナルとも。例：そんなにドナルほどのことでもない。

**との**（名詞）殿。大きな家屋。偉い人。例：橘の木の美しい庭園のあるトノ。

**とのい**（名詞）宿直。夜間の警備に当る人。例：昔、トノイ、現在は音読して、シュクチョクや。

**とのさま**（名詞）殿様。主君、大名などの敬称。例：トノサマの宿泊は、宿場の本陣やった。

**どのみち**（副詞）どっちみち。いずれにしても。例：なんぼ貯めても、ドノミチ相続税を取られるわ。

**とばしる**（名詞）飛んだ泥水。飛沫。とばしり＋汁、の語源俗解か。例：車の、トバシルがかかった。

**とび**（名詞）鳶。とんび。転じて、鳶口（消防用具）。鳶職（高所建築職）。例：高い所で働いているトビさん。

**とびうお**（名詞）飛び魚。トビウオ科の海産魚。胸びれが大きくて、翼のようにして飛ぶ。アゴとも。例：トビウオの竹輪（アゴちくわ）は、美味しいわ。

**とびこむ**（動詞）飛び込む。勢いよく中へ入る。例：ゴールにトビコム選手。

**どびん**（名詞）土瓶。湯茶を沸かすのに使う注ぎ口のある陶器。例：ドビンにお茶入れて、茶菓子もな。

**とぶ**（動詞）飛ぶ。空を浮いて速く行動する。例：鳥がトブ。うわさがトブ。

**どぶがい**（名詞）カラス貝。淡水の二枚貝。例：真っ黒で大きなドブガイや。

**どぶた**（名詞）ひどい湿田。例：どろどろの沼のようなドブタや。

**とぶらぅ**（動詞）訪ふ。訪問する。おとずれる。例：三十年ぶりに、故郷をトブラウ。

**とぶらぅ**（動詞）弔ぅ。死をいたむ。例：野辺の送りをして、静かにトブラッた。

**どぶろく**（名詞）濁酒。例：ドブロクよう作ったらしい。

**どべ**（名詞）一番後。最終の順位。例：運動会、またドベや。

**どべちゃ**（名詞）極端な不美人。ヘチャは、平たい意。例：ドベチャやけど気はええ。

**どへんくつ**（名詞）大変な偏屈者。例：あの男、ドヘンクツよ。

**とぼす**（動詞）火をつける。ともす。例：お灯明、火トボシといて。

**どぼづけ**（名詞）糠漬け。当座漬け。

例：きゅうりのドボヅケ、うち好物や。

**どぼどぼ**（副詞） ずぶぬれの状態。例：雨に降られて、ドボドボや。

**どぼぬれ**（名詞） ずぶぬれ。例：池に落ちてドボヌレや。

**とまどう**（動詞） 手段や方法が見つからず迷う。例：失敗ばかりで、どう生きたらええか、トマドッているんや。

**とまり**（名詞） 泊まり。宿屋。船着き場。例：今晩のトマリは、どのあたりの温泉や？ トマリがけの旅行。

**とまる**（動詞） 止まる。動かなくなる。進まなくなる。途切れる。例：時計がトマル。水道がトマル。痛みがトマル。

**どまんなか**（名詞） ど真中。まんまん中。例：ベースのドマンナカに、速球をほうり込んだ。

**とみ**（名詞） 富。豊かな財産や資源。例：トミくじ。トミ札。

**……とむない**（熟語） ……たくない。例：町内会の旅行は行きトムナイ。

**……とも**（接続助詞） ……ても。例：貧しくトモ、心は豊かに暮らすんや。

**ともかくも**（副詞） どちらにしても。例：トモカクモ無事に済んでよかった。

**ともしび**（名詞） 灯火。点し＋火。例：漁船のトモシビが、波間に見える。

**ともだち**（名詞） 友達。友人の意。例：トモダチは、単数でも複数でも使う。

**ともなう**（動詞） 伴う。同時に生じる。例：地震にトモナウ大津波の災害。

**どもならん**（熟語） しょうがない。例：こんな故障ばかりの車、ドモナランわ。

**どや**（熟語） どうや、の約。どうですか。例：この絵、ドヤ、すごいやろ。

**どやいな**（熟語） どうやいな、の約。どうですかな。例：その後、病人の具合はドヤイナ。

**どやす**（動詞） なぐる。例：みんなでドヤシたろか。

**どやす**（動詞） 大声でどなる。例：呼んできて、ドヤシ付けてやろう。

**どやな**（熟語） どうですか。ドウヤナ、の約。例：伯父さんの病気、ドヤナ。

**どやね**（熟語） どうですか。ドウヤネ、の約。例：その後、体調はドヤネ。

**とやま**（名詞） 外山。人里近い山のこと。例：我が家は、山は山でも、トヤマや。

**どやろ**（熟語） どうだろう。例：この釉薬使うてみたら、ドヤロ。

**……とゆうようなもんや** ……のようなものだ。……に似ているものだ。例：湖上を走るバイク、トユウヨウナモンヤ。

**どよう**（名詞） 土用。立春、立夏、立秋、立冬の前、それぞれの十八日間。特に立秋の前の十日間、夏の土用。例：ドヨウの入り。

**どよむ**（動詞） 化膿する。例：ドヨマんように、よう消毒しといてや。

**どよむ**（動詞） 水が淀む。例：川のドヨンだところに、鯉がいる。

**どよめく**（動詞） 声をあげて騒ぐ。例：横綱が負けて観衆がドヨメイた。

**とらまえる**（動詞） 捕らえる、つかまえる。例：こそ泥を、トラマエル。

**どらやき**（名詞） 中に餡を入れた焼き饅頭。形が銅鑼に似ているのが語源。例：ドラヤキは、関東の今川焼きに近い。

**……とらんなあ**（熟語） ……てないなあ。……ておらんなあ。例：花見に来たが、ちっとも咲いトランナア。

**とり**（名詞） 鳥類の総称。例：水ドリ。大トリ。小トリ。

**とりあげる**（動詞） 取り上げる。議案を採用する。例：オリンピック会場の経費削減問題をトリアゲル。

**とりあげる**（動詞） 取り上げる。持っているものを奪う。例：教室に持ち込んだオモチャをトリアゲル。

**とりあげる**（動詞） 取り上げる。新生児の誕生の世話をする。例：あの産院で長男をトリアゲてもらった。

**とりあつめる**（動詞） 取り集める。いろいろなものを集める。例：多くの実験結果を、トリアツメて結論を出す。

**とりあわせる**（動詞） 取り合わせる。程よく配置する。例：旬のものをトリアワセた料理。

**とりいれる**（動詞） 取り入れる。収穫する。転じて、他の良い点を受け入れる。例：稲をトリイレル。外国の文化をトリイレル。

**とりえもない**（熟語） 取り柄もない。取り所がない。特徴がない。長所がない。例：なんのトリエモナイ男や。

**とりおこなう**（動詞） 執り行う。行事などを行う。例：学位授与式をトリオコナウ。
**とりかえる**（動詞）取り替える。他のものとかえる。交換する。例：大きいテレビとトリカエル。
**とりかかる**（動詞）取り掛かる。仕事をしはじめる。例：会場の建設にトリカカル。
**とりがち**（熟語）取り合い。奪い合い。例：兄弟みんなでトリガチや。
**とりこ**（名詞）取り粉。餅つきの時の粉。餅取り粉。例：トリコ、用意してある？
**とりこしくろう**（名詞）取越苦労。将来のことを、今から心配し苦労する。例：過疎化で二十五年後、小学校が廃校になるかと、トリコシクロウをしている。
**とりしきる**（動詞）取り仕切る。気を付けて全般に目をくばり指揮する。例：会社をトリシキル。
**とりちがえる**（動詞）取り違える。取り間違える。例：プラスとマイナスとトリチガエて計算してしまったんです。
**とりつく**（動詞）取り付く。すがりつく。例：洪水に流され、大きな木の根にトリツイて助かった。
**とりつぐ**（動詞）取り次ぐ。仲に立って言葉を伝える。例：商品をトリツグ。
**とりっぱなし**（名詞）取り放し。とったままで捨てておく。例：苺のトリッパナシで、農園はええ迷惑や。
**とりとめない**（熟語）取り留め無い。要領を得ない。はっきりとした目的もなく、まとまりがない。例：砂浜に打ち寄せる波を見て、トリトメナイ思いにふけっていた。
**とりどり**（名詞）めいめい。おもいおもいの。まちまち。例：会議にはトリドリの意見が出た。色トリドリ。
**とりなおす**（動詞）取り直す。改めてやりなおす。例：気をトリナオス。相撲をトリナオス。
**とりはずす**（動詞）取り外す。とりつけてあるものを、仮に取り除く。例：換気扇をトリハズシて、交換する。
**とりはらう**（動詞）取り払う。不用のものを取り去ること。例：隣家との垣をトリハラウ。
**とりまぎれる**（動詞）取り紛れる。トリは接頭語。紛る。心を奪われる。例：忙しさにトリマギレ、御挨拶がおくれました。
**とりみだす**（動詞）取り乱す。心の平静さを失う。例：友人の訃報にトリミダシてしもた。
**とりもなおさず**（名詞）取りも直さず。すなわち。それがそのままぴたりと当る。例：私の人生、トリモナオサズ、貧しさとの戦いでしたが、それは、心の豊かさを副産物として与えてくれたのです。
**どりょく**（名詞）努力。努め励み、精を出すこと。例：ドリョク家。
**とる**（動詞）取る。手に持つ。除く。奪う。例：手をトル。料金をトル。場所をトル。
**とる**（動詞）採る。採集する。採用する。例：野菜をトル。新卒者をトル。
**とる**（動詞）執る。手で処理する。例：筆をトル。事務をトル。
**とる**（動詞）捕る。獲る。手で動物等を捕らえる。例：兎をトル。ボールをトル。
**とる**（動詞）撮る。手で写真等を写す。例：写真をトル。映画をトル。
**……とる**（熟語）……ている。……ておる。例：国道は、ずっと渋滞しトルわ。
**……どる**（熟語）共通語のテイル。……テオル、にあたる。例：布団を畳んドルところや。子供が本を読んドル。
**……とるか**（熟語）……ているか。例：子供は、まだ寝トルカ。雪は、まだ降っトルカ。
**どれ**（代名詞）不定称。例：ドレがよろしいか。ドレでも百円です。
**とれあき**（名詞）収穫期。例：トレアキで、田舎のお爺さん忙しいわ。
**どれい**（名詞）奴隷。人権を奪われた労働者。例：ドレイ解放運動。
**どれぞ**（熟語）どれか。いずれか。例：欲しいもの、ドレゾ持って帰っとくれ。
**どろ**（名詞）泥。水が混じって汚れやすい土。例：ドロ水。ドロ道。
**とろい**（形容詞）反応がにぶい。弱い。トロクサイとも。例：トロイ男や。頭だけでなく、気までトロクサイ。
**とろい**（形容詞）力や勢力が弱い。例：ストーブの火がトロイ。
**とろける**（動詞）蕩ける。溶けてやわらかくなる。例：甘くて、舌の上でトロケル感じや。

**どろたんぼ**（名詞）泥まみれになること。例：ドロタンボになって帰ってきた。

**とろとろ**（副詞）軽く眠る。例：うっかりトロトロと眠ってしまった。

**どろどろ**（副詞）泥々。溶けた泥のさま。例：舗装されてないドロドロの道。

**どろぬまじょうたい**（熟語）泥沼状態。混乱して解決のつかない状態。例：ドロヌマジョウタイの労働争議。

**どろぼう**（名詞）泥棒。泥坊。盗人。例：ドロボウ捕らえて縄をなう。

**とろろこぶ**（名詞）とろろ昆布。昆布を薄く削った食品。熱湯を注いで、とろろ汁のようにして食べる。トロロコンブとも。例：トロロコブの握り飯や。おいしいぞ。

**どろをはく**（熟語）泥を吐く。白状する。調べられて隠していたことをしゃべる。例：犯人がドロヲハク。

**どわすれ**（名詞）ど（接頭語）+忘れ。ふと忘れて思い出せないこと。例：肝心なところ、ドワスレしてしまいましてすみません。

**どんかく**（名詞）鈍角。九十度より大きく、百八十度より小さな角。例：ドンカク三角形。

**どんかん**（名詞）鈍感。感じ方が鈍い。例：ドンカンな男や。訴えんとわからんらしい。

**どんくさい**（熟語）のろまで、不器用。例：えらいドンクサイことをしたもんや。

**どんごろす**（名詞）麻の屑で織った目の粗い布。例：戦後は、ドンゴロスの布地でも貴重品やった。

**どんじゅう**（名詞）鈍重。才知が鈍くてのろいこと。例：ドンジュウだが、正直が取り柄の人間。

**どんじり**（名詞）びり。いちばんあと。例：うちの息子、マラソンでドンジリやったわ。

**どんぞこ**（名詞）どん底。底の底。最悪の状態。例：ここ二、三年、ドンゾコの生活や。

**どんだけ**（熟語）どれだけ。例：味噌に塩ドンダケ入れるんや。

**どんちゃんさわぎ**（名詞）どんちゃん騒ぎ。酒を飲み歌を歌ったりして大騒ぎをする。例：職場の宴会で、ドンチャンサワギや。

**どんつき**（名詞）どん突き。前方のつき当る場所。行き当りの場所。例：その家なら、この道のドンツキや。

**どんづまり**（名詞）どん詰まり。最後。道が行き止まりになっている所。例：ここがこの道のドンヅマリでんね。

**とんでもない**（熟語）思いもかけない。程度や常識を、極端にはずれている意。例：古い壺にトンデモナイ値が付く。

**とんと**（副詞）全く。いっこうに。少しも。例：トント、事情がわからぬ。

**どんど**（名詞）井堰、用水の水の落ち口。例：ドンドが、洪水で壊れてしもた。

**どんど**（名詞）どんど焼き。焚火。例：山の神さんのドンド焼き、七日やな。

**どんとう**（名詞）鈍刀。切れ味のにぶい刀。例：ドントウとは、なまくら刀のことや。

**どんどろけ**（名詞）雷。雷鳴。ドンドロとも。例：ドンドロケ、どこに落ちたんやろ。こわかったなあ。

**とんとん**（副詞）過不足なし。ちょうどよい。例：決算したら、今期は、トントンやった。

**どんな**（熟語）鈍な。申し訳ない（失敗を詫びる気持ち）。例：ドンナことをしてすみません。

**どんな**（熟語）あいにくな、気の毒な。例：ドンナことでしたな。スピード違反で二点取られやはりましたか。

**どんなことやな**（熟語）どんな事やな。どんな様子ですか。例：病人さん、その後ドンナコトヤナ。

**とんび**（名詞）鳶。とび。例：トンビが空から地上をうかがっている。

**どんぴしゃり**（副詞）まったくぴたりと合う。適中する。例：掘り進んだ両方のトンネル、ドンピシャリ。うまく合うもんや。

**どんびり**（名詞）しんがり。最後尾の意。例：ドンビリは、いちばんびりのことや。

**とんぼ**（名詞）トンボ目の昆虫。全国的にはトンボと言う。岩手、宮城、沖縄でアケズと言う。例：竹トンボ。トンボ返り。

**とんぼりがえる**（動詞）転覆する。例：波が荒くて、舟がトンボリガエッてしもた。

**どんよく**（名詞、形容動詞） 貪欲。非常に欲が深いこと。例：ドンヨクな人間になってはいけない。

**どんより**（副詞） 曇って薄暗い状態。例：空が曇ってドンヨリとした日やった。

# な

**……な**（助詞）願望。親愛のこもった要求、命令。例：早う行きナ。もう少し右へ寄りナ。

**……な**（助詞）打消して接続。……ないと。例：早う行かナ、間に合わん。急いでせナ、あかんで。

**……な**（助詞）ね。感動の終助詞。例：よう来たナ。今日は暑いナ。

**なー**（名詞）名。一音節語の長音化。例：先生のナー、読み方何て読むの。

**なー**（名詞）菜。一音節語の長音化。例：何か、八百屋で、ナー買うて来て。

**なー**（名詞）七。ななつ、の略。例：ひー、ふー、みー、よー、いー、むー、ナー、やー。

**なあ**（助詞）ねえ。感動の終助詞。例：早いナア（挨拶）。この本やナア、先生が薦めてやはったのは。

**なあ**（助詞）ねえ（間投的に使う言葉）。例：日曜日にナア、都合つけてくれへんか。

**なあ**（感動詞）呼びかけ。例：ナア、ちょっとこっちへ来て聞いて。

**……なあかん**（熟語）ねばならない。なければならない。例：今度こそ合格せナアカン。

**ない**（形容詞）打消。物事を打ち消す。否定する動詞。例：資本金がナイ。成功する見込みがナイ。

**……ない**（助動詞）打消。物事を打ち消す意。例：総会には出席しナイ。答えは教えナイ。

**……ない**（接尾語）甚い（ナイ）。例：せわしナイ。かたじけナイ。もったいナイ。えげつナイ。

**ないがしろ**（名詞）あなどって無視する態度をとること。無きが代、が語源か。例：親をナイガシロにする。

**ないこっちゃ**（熟語）ないことだ。ないにきまっている。例：裁判官が泥棒するなんて、ナイコッチャ。

**ないし**（接続詞）乃至。上下だけあげて中間を略す。……から……まで。例：八億ナイシ九億、ほどの損失。

**ないしょ**（名詞）内緒。内密。うちわの事情。例：ナイショ話。ナイショ事。

**ないしょう**（名詞）内証。関係者以外には知らせない。内緒とも。本来は仏教語。例：ナイショウの話。

**ないしん**（名詞）内心。心の中。例：ナイシンでは穏やかでない。

**ないしん**（名詞）内申。内々に申し述べること。例：昇級ナイシン。出身学校ナイシン書。

**ないしん**（名詞）内診。身体内を診察。例：婦人科の医師のナイシンを受ける。

**ないじん**（名詞）内陣。神体、本尊を安置した奥の間。例：本日はナイジンまで進み、焼香してください。

**ないだん**（名詞）内談。内々にする相談。例：家族のナイダンで済ます。

**ないつう**（名詞）内通。ひそかに敵と通じること。例：井伊の家老が、今川とナイツウしていたんや。

**ないてもわろても**（熟語）泣いても笑ても。どう焦っても。例：ナイテモワロテモ、試合まで後三日しかない。

**ないてる**（熟語）泣いている。鳴いている。例：子供が、ナイテル。鳥が、ナイテル。

**ないない**（名詞）内々。内密。秘密。例：過ちだから、ナイナイに済ます。

**ないやない**（熟語）ないのじゃない。例：雪に変わりはナイヤナイ。今日は、判決、ナイヤナイ。

**ないよになる**（熟語）無いようになる、の約。なくなる。例：早うとっとかんと、じきナイヨニナル。

**ないらん**（名詞）内覧。一部の人に内々に見せること。例：ナイラン会の案内をいただく。

**ないらん**（名詞）内乱。国内の争乱。例：西南の役が、ナイランらしい内乱や。

**なえる**（動詞）萎縮する。よわる。例：せっかく植えた苗木やのに、暑さでナエてしもた。

**なおざり**（形容動詞）心に止めずおろそかにする。いいかげんにする。例：約束をナオザリにするとはけしからん。

**なおす**（動詞）直す。きちんともとあった所に片付ける。この用法は西日本に広く分布。例：出した積木、おもちゃ箱にちゃんとナオシときや。

**なおす**（動詞）治す。健康にする。例：病気をナオス。

**なおす**（動詞）修繕する。訂正する。例：こわれた錠前を、ナオシてもらう。

**なか**（名詞）中。内部。内側。真ん中。例：部屋のナカ。容器のナカ。前列のまんナカの人。

**ながあめ**（名詞）長雨。何日も振り続く雨。例：梅雨のナガアメ。

**ながい**（形容詞）長い。永い。距離が遠い。久しい。例：ナガイ物には巻かれろ。ナガイ眠りにつく。ナガイ雨。

**ながいこっとすなあ**（熟語）長い間いらっしゃいませんでしたねえ（挨拶言葉）。例：ナガイコットスナア、どうぞ、どうぞ。

**ながいこと**（名詞）長らく。長い間。例：ナガイコト、会わへんなあ。

**なかいり**（名詞）中入り。相撲、芝居の中休みの時間。もとは能の用語。例：ここでナカイリ、これからが面白いんや。

**なかごろ**（名詞）中頃。中程の時期。例：江戸時代のナカゴロの大事件。

**ながし**（名詞）流し。台所。勝手元。例：ナガシの片付け頼むわな。

**ながしもと**（名詞）流し元。台所仕事。お勝手仕事。例：毎日、ナガシモト、大変や思うわ。

**なかたがい**（名詞）仲違い。仲が悪くなること。例：ちょっとしたことが原因で、ナカタガイしてしもた。

**なかだち**（名詞）仲立ち。仲に立って取り次いだり世話をすること。例：二人のナカダチしたのは、いつやったか。

**ながたな**（名詞）菜刀。野菜包丁。ナガタンとも。

**ながたらしい**（形容詞）長たらしい。いやになるほど長い。例：ナガタラシイ挨拶やった。

**ながたん**（名詞）菜刀、の転。野菜包丁。例：台所ではナガタンを一番よく使う。

**ながちょうば**（名詞）長丁場。長く続くところ。例：マラソンコースの一番のナガチョウバなんや。

**なかて**（名詞）三人兄弟、三人姉妹の中の子。例：ナカテを嫁に貰いました。

**なかて**（名詞）早稲と晩生との中間に実る稲。例：ナカテは、上出来や。

**なかなおり**（名詞）仲直り。二人の仲をもとどおりにする。和解すること。例：やっとナカナオリしたか。

**なかなか**（副詞）とても。容易には。例：ナカナカ難しい。ナカナカ解決しない問題や。

**なかなか**（熟語）軽い否定の挨拶言葉。いいえどういたしまして。例：えらい御馳走になりまして。ナカナカ。

**なかにわ**（名詞）中庭。店と住宅の間の庭。通り庭。建物と建物の間の庭。例：京都・大阪には、ナカニワのある家が多かった。

**なかば**（名詞）半ば。半分。中ほど。例：橋のナカバで立ち止まる。

**ながはし**（名詞）長橋。長い橋。例：瀬田のナガハシ。

**なかび**（名詞）中日。芝居興行の半ばの日。例：次の日曜が、大相撲のナカビや。

**なかま**（名詞）仲間。同僚、同類。例：ナカマはずれにされる。

**なかま**（名詞）共同。いっしょにする人。例：ナカマで、使うたらええ。

**ながめ**（名詞）眺め。見渡すこと、見渡した景色。例：比叡山からのナガメ。

**ながれ**（名詞）流れ。流れるもの。流れること。例：川のナガレ。ナガレ作業。

**ながれる**（動詞）流れる。液体が低い方へ行く。漂う。聞こえる。中止になる。例：川はナガレル。煙がナガレル。音がナガレル。嵐で行事がナガレル。

**なかんずく**（副詞）中でも特に。中に就く、の転。例：名山は多くあるが、ナカンズク、冬の大山は、すばらしいわ。

**なかんでもええ**（熟語）泣かなくてもよい。転じて、心配しなくてもよい。損害を弁償しなくてもよい。例：いつも損な役まわりだが、悪事を働いていなければ、そうナカンデモエエ。

**なきあかす**（動詞）泣き明かす。夜が明けるまで泣く。例：子供を失いナキアカシた親の心を思うてみ。

**なぎさ**（名詞）渚。波打ちぎわ。例：ナギサで遊ぶ子供たち。

**なきじゃくる**（動詞）泣きながらしきりにすすりあげる。例：よほど悲しいんやろ、まだナキジャクッている。

**なぎなた**（名詞） 薙刀。長い柄に反り返った刃をつけた武器。婦人の武器。例：戦時中には、女学校で、ナギナタの授業があった。

**なきみそ**（名詞） 泣き味噌。泣き虫。よくなく子供。例：ナキミソ、子みそ。

**なきよる**（動詞） 泣く。ナッキョルとも。泣キ＋オル、が語源。例：あの子、かげんが悪いのか、ようナキヨルわ。

**なぐさみ**（名詞） 慰み。心を慰めるもの。例：この便りが、心のナグサミになればと思いながら、筆を走らせております。

**なぐさめる**（動詞） 慰める。悲しみ苦しみを紛らせ心を和ませる。例：骨折りや苦痛をナグサメてくれる友もいない。

**なくなる**（動詞） 亡くなる。死亡する。例：百歳の父がナクナル。

**なくなる**（動詞） 無くなる。紛失する。例：財布がナクナル。

**なくにもなけん**（熟語） 泣くにも泣けん。極めて不利、苦境に陥ること。例：駐車場で当てられて、ナクニモナケン。

**なぐる**（動詞） 殴る。力をこめて叩く。例：ナグリ込み。ナグリ書き。ナグリつける。

**なげうつ**（動詞） 投げ捨てる。例：こがねむしナゲウツ闇の深さかな。

**なげく**（動詞） 嘆く。嘆息する。ひどく悲しむ。例：父の死をナゲキ悲しむ。

**なげる**（動詞） 投げる。手で遠くへほうる。例：ナゲつける。ナゲ出す。槍ナゲ。問題をナゲかける。ナゲ売り。

**なこど**（名詞） 仲人。媒酌人。ナコウド、の約。例：ナコドの話はあてにならん。

**なごり**（名詞） 名残り。過ぎ去ったあとの残った気持ち、気分。影響。例：神戸まで行き埠頭で、ナゴリを惜しむ。

**なごりおしい**（形容詞） 名残り惜しい。心がひかれて別れがつらい。例：ナゴリオシイ友人とのお別れ会。

**なさけ**（名詞） 情け。情愛。おもいやり。例：いつも便りをくれた、ナサケ深い友。

**なさけない**（形容詞） 情け無い。つらい。あじきない。例：ナサケナイ顔して、どうしたんや。

**なし**（名詞） 梨。バラ科の落葉高木。秋の果実は美味。例：二十世紀ナシ。

**なじむ**（動詞） 馴染む。慣れ親しむ。一つにとけ合う。例：やっとこの地の雰囲気に、ナジンできた。

**なすび**（名詞） 茄子。ナスは関東語。例：江戸時代には、ナスビが標準語やった。

**なすりつける**（動詞） 自分の責任を、他人に負わせる。例：責任を、他人にナスリツケルのは、良くない。

**なずる**（動詞） ナゾルとも。二度書き。たどって書くこと。写し書きをする。例：この字は、ナズッた字やな。

**なぜる**（動詞） 撫でる、の訛。例：かしこい坊やや。頭ナゼたげよ。

**なぞらえる**（動詞） 準える。くらべる。まねる。例：幻住庵記は、方丈記にナゾラエられることが多い。

**なだかい**（形容詞） 名高い。名が知れわたる。有名。例：梨でナダカイ鳥取県。

**なたね**（名詞） 菜種。あぶらな。花・実を指すこともある。例：ナタネの搾り粕を、アブラカスという。

**なたねづゆ**（名詞） 菜種梅雨。菜種の咲くころの長雨。例：春さきの長雨、ナタネヅユて言うわなあ。

**なだらか**（形容動詞） おだやかで、かどが立たない。傾斜がゆるやか。例：ナダラカな坂をゆっくりと登る。

**なだれ**（名詞） 雪崩。雪が急にくずれ落ちること。例：ナダレで犠牲者九名。

**なつ**（名詞） 夏。六、七、八月の暑い季節。例：ナツ休み。ナツ服。ナツ木立。

**なつかしい**（形容詞） 懐しい。思い出されて慕わしい。例：ナツカシイ故郷、鳥取の思い出、城跡の石垣。

**なつくさ**（名詞） 夏草。夏の野に生い茂る草。例：ナツクサやつわものどもが夢の跡。

**……なっと**（助詞） ……なりとも。……なろうと。例：どうナットなれ。

**なっとう**（名詞） 納豆。大豆を蒸して納豆菌で発酵させて粘りを持たせた食品。例：ナットウを、関西人はあまり好まぬ。

**なつやま**（名詞） 夏山。夏季のころの山。木の繁茂している山の意。例：ナツヤマの美しさ。

**なでしこ**（名詞） 撫子。なでしこ科の草。多年草。例：ナデシコは薄紅色の花。秋の七草の一つ。

**ななくさ**（名詞） 七草。七種類の草。例：ナナクサは、春の七草と秋の七草があるんや。

**ななころびやおき**（名詞） 七転び八起き。何度失敗しても屈しないで奮い立つこと。例：ナナコロビヤオキ、がんばれ。

**ななしゆび**（名詞） 無名指。くすりゆび。例：中指と小指の間の指、ナナシユビや。

**ななつぼし**（名詞） 七つ星。北斗七星。例：ナナツボシによって北極星が分かるわ。

**なななぬか**（名詞） 七七日。人が死んでから四十九日め。ナナナノカとも。例：ナナナヌカで満中陰や。

**ななめ**（名詞） 斜め。水平または垂直に対して、傾いているさま。はす。はすかい。例：ご機嫌ナナメならず。ナナメの世を渡る。

**なに**（代名詞） 何。不定称。例：ナニやかや。ナニがなんでも。ナニ食わぬ顔。

**なにか**（副詞） なぜか。どうしてか。例：ナニカ気が進まない。

**なにからなにまで**（熟語） 何から何まで。一から十まですべて。例：ナニカラナニマデ、お世話になりました。

**なにしてんの**（熟語） 何してんの。何をしているのか。例：ナニシテンノ、分からなかったら、よう聞くのやで。

**なにはさておき**（熟語） 何はさておき。ほかのことはともかく。まず第一に。例：ナニハサテオキ、御葬式に出ないとあかん。

**なにやかや**（熟語） いろいろ。さまざま。何かと。例：正月は、ナニヤカヤ、忙しゅうてなあ。

**なにゆうてるね**（熟語） 何を言っているのか。例：ナニユウテルネ、そんなこと、とうに決まったるわ。

**なにゆえ**（熟語） 何故。なぜ。どういうわけで。例：ナニユエ、大邸宅を破壊するのか。

**なぬかしょうがつ**（名詞） 正月七日。ナノカショウガツとも。例：ナヌカショウガツ、この日春の七草を粥に入れて食べるんや。

**なぬし**（名詞） 名主。中世、荘園の領主に代わって名田を支配したもの。ミョウシュとも。例：田堵からナヌシ、大名田堵となっていくんや。

**なのる**（動詞） 名乗る。自分の名を言う。例：夫の姓をナノルのが普通や。

**……なはい**（助動詞） ……なさい。ナハル、の命令形。例：こっちへおいナハイ。

**……なはる**（助動詞） ……なさる。……される。例：早うしナハランと遅れますよ。

**なびく**（動詞） 靡く。風や水の勢いに押されて倒れ伏すこと。例：草木もナビク。

**なぶる**（動詞） 人をからかう。例：他人をナブルのは、悪趣味や。

**なぶる**（動詞） 手を触れる。さわる。例：汚い手で、私の作品ナブランといて。

**なべて**（副詞） 並べて。すべて。例：このあたりの山林、ナベテ、藤井家のもんや。

**なま**（名詞） 生。魚肉野菜など加工してないもの。例：ナマ玉子。ナマ魚。

**なまくら**（名詞） 刀の切れ味が鈍いこと。転じて、なまけ者。例：ナマクラな生活してたらあかん。

**なまける**（動詞） 怠ける。おこたる。精を出して働かない。例：ナマケルと貧乏するぞ。

**なます**（名詞） 大根や人参を細かく切り酢醤油に浸して食べる料理。例：ナマスは、めでたい時の料理や。

**なまぬるい**（形容詞） 生温い。冷めかけて生温かい。例：ナマヌルイ温泉や。

**なまはんじゃく**（形容動詞） 中途半端な。生＋半熟、が語源か。例：首（退職）にしないで、ナマハンジャクに、こんな職場や。

**なまぶし**（名詞） 生節。鰹の身を蒸して、なま干しにしたもの。ナマは半干し、の意。例：子供は、ナマブシが好きや。

**なまり**（名詞） 訛。言葉の本来の発音から、はずれたもの。言葉の切れ味がにぶいもの。例：和歌山ナマリの人。

**なみかぜ**（名詞） 南（なみ）＋風、が語源。例：風が変わってナミカゼや。

**なみかぜ**（名詞） 波風。波と風。例：世のナミカゼを、ものともしない。

**なみき**（名詞） 並木。街路の両側に並べて植えた木。例：川の堤の桜ナミキは一里もあった。

**なみだ**（名詞） 涙。嬉しい時、悲しい時など目から流す液体。例：ナミダぐましい。ナミダもろい。ナミダに暮れる。
**なみだあめ**（名詞）涙雨。わずかの雨。例：ひでりに、ナミダアメか。
**なみたいてい**（名詞、形容動詞）並大抵。通常。普通。主として、否定に使う。例：ナミタイテイのことやない。
**なみま**（名詞）波間。波と波の間。例：ナミマに見え隠れする小舟。
**なめとる**（動詞）みくびる。例：国語の試験やいうて、ナメトッたらあかん。
**なめらか**（形容動詞）滑らか。すべすべして、ひっかかりがない。例：ナメラカな通訳。
**なめる**（動詞）舌の先でさわる。例：水飴をナメル。転じて、経験する。例：苦労をナメル。
**なや**（名詞）納屋。物置小屋。例：物置小屋のことを、関西では、ナヤというんや。
……**なや**（熟語）……なさいな。例：早う寝ナヤ。今日中に宿題しときナヤ。
**なやましい**（形容詞）悩ましい。苦しい。つらい病気などのために精神が穏やかでない。例：相続などナヤマシイ問題が多い。
**なやます**（動詞）悩ます。苦しませる。例：不動産の処置に頭をナヤマス。
**なやむ**（動詞）悩む。重い煩う。苦しむ。例：悪性の病気でナヤム。
**ならう**（動詞）習う。繰り返し練習する。例：まずナラッて、それから慣れるんや。
**ならしゃる**（熟語）おいでになる、の最高敬語。例：陛下が京都にナラシャルのは、めったにない。
**ならす**（動詞）均す。平らにする。例：新しい土を入れて、機械でナラス。
**ならずもの**（名詞）ならず者。正業を持たず、悪いことばかりする人。例：この町には、ナラズモノが多いそうや。
**ならはった**（熟語）なりなさった。例：担任してもらってた先生、校長先生に、ナラハッタ。
**ならはるのどっしゃろ**（熟語）なられるのでしょう。例：かれこれ、九十五歳ぐらいにナラハルノドッシャロ。
**ならぶ**（動詞）並ぶ。列をつくる。例：さあナランでナランで。
……**ならん**（熟語）ねばならない。例：切らんナラン。折らんナラン。掘らナラン。
**ならんこと**（熟語）不可能なこと。成らぬこと。いけないこと。例：試験の欠席はナランコトや。
……**ならんねけど**（熟語）ならないのだけれど。例：すぐに行かんナランネケド、おまえも行ってくれるか。
**なり**（名詞）身なり。服装。例：ナリが悪いと軽蔑されるわ。
……**なり**（助詞）のまま。例：窓が割れたナリにしてある。
……**なり**（助詞）とすぐ。例：駅に着くナリ、階段を駆け上がった。
**なりあいな**（熟語）都合次第の。いい加減な。ナリヤイとも。例：頼んでも、ナリアイナ仕事しかしてくれん。
**なりわい**（名詞）生業。生活のための仕事。例：ナリワイは、山仕事や。
**なる**（動詞）生る。実を結ぶ。例：蜜柑がナル。トマトがナル。
**なる**（動詞）成る。完成する。なさる。例：通商条約がナル。お出ましにナル。
**なるい**（形容詞）傾斜がゆるい。転じて、酒など口当りが緩やかな意にも。例：ナルイ階段や。なかなかナルイええ酒や。
**なるこ**（名詞）鳴子。鳥おどし。田畑の害鳥を音で追う道具。板に細い竹札をつけ遠くから縄でひいて音を出す。例：ナルコも農村で見ることが少なくなった。
……**なるで**（熟語）……なるよ。例：あんたが最後にナルデ、早うしいや。
**なれこ**（名詞）なれてしまうこと。慣れっこ。例：電子レンジ、毎日使てるとナレコになってしもた。
**なれずし**（名詞）熟鮨。自然に発酵させて作る鮨。例：ナレズシの鮒鮨。
**なれのはて**（熟語）成れの果て。おちぶれた結果。例：落選した国会議員のナレノハテや。
**なわしろ**（名詞）苗代。稲の苗を育てる田。例：ナワシロの害虫を捕る。
**なわて**（名詞）畷。まっすぐな長い道。例：昔のナワテ道が、今の県道や。
**なわない**（名詞）縄をなうこと。例：ナワナイ機のできるまで、手でナワナイしたんや。

**なんぎな**（形容動詞） 難儀な。困った。弱った。例：えらいナンギナことが、できてしもたんや。

**なんきん**（名詞） かぼちゃ。おかぼ、とも。例：ナンキンもかぼちゃも、西日本では両方の語が使われている。

**なんきんまめ**（名詞） 南京豆。落花生。例：ナンキンマメいうのは中国からきた豆という意味やて。

**なんざん**（名詞） 難産。出産のとき胎児がなかなかでないこと。例：ナンザンで生まれた長男やが、今はすごく健康や。

**なんしてやはる**（熟語） 何をしていなさるのか。例：休暇中は、ナンシテヤハルのや。

**なんしょ**（名詞） 難所。道が険しく通行するのに危険な所。例：大歩危小歩危のナンショ。

**なんせ**（副詞） なんとしても。何しろ。例：ナンセ、海抜四千メートルの山やでなあ。

**なんぞ**（熟語） 何か。例：ナンゾ、面白い本ないかしらん。腹減った。ナンゾ、ええもんおくれ。

**なんぞごと**（熟語） 何ぞごと。何かの事件。例：ナンゾゴトあったん違う。

**……なんだ**（熟語） ……なかった。例：先生にお礼言わナンダ。掲示が見えナンダんや。

**なんだい**（名詞） 難題。むずかしい問題。無理な要求。例：無理ナンダイ。

**……なんだら**（熟語） なかったら、の意。例：返事がすぐできナンダラ、後でええ。

**なんたらかたら**（熟語） なにやらかやら。何とかかとか。いろいろ。例：ナンタラカタラ弁解ばかりしとる、あいつは。

**なんちゅう**（名詞） 南中。天体が子午線を通ること。例：太陽がナンチュウする時が正午や。

**なんちゅう**（熟語） 何という、の約。例：ナンチュウのろまや。

**なんちゅうこっちゃ**（熟語） 何ということだ。例：お前としたことがナンチュウコッチャ。

**なんちゅうやつや**（熟語） 何という奴だ。例：また事故か、ナンチュウヤツヤ。

**なんで**（副詞） 何で。どうして。なんのために。例：今日は、ナンデ学校に行ったらあかんのや。

**なんでまた**（熟語） どうしてまた。例：ナンデマタ、赤信号を無視したんや。

**なんでやね**（熟語） どうしてなのか。例：ナンデヤネ、返事でけへんのか。

**……なんでん**（熟語） なかったのさ、の意。例：もうすこしのところで合格点、取れナンデン。

**なんど**（名詞） 納戸。衣類、道具などをしまっておく部屋。例：ナンドの掃除、しときなや。

**なんとか**（副詞） 何とか。どうにかこうにか。例：ナントカ、入学はできたけどなあ。

**なんとかかんとか**（熟語） 何とか彼とか。例：ナントカカントカ、言い訳ばかり、言いよって。

**なんとなあ**（熟語） 何となあ。意外な驚き。例：ナントナア、原爆で三十万も死んだのか。

**なんとなしに**（副詞） 何げなく。何とも思わずに。例：ナントナシニ、付いてきてしもた。

**なんとのう**（熟語） 何となく。例：ナントノウ、秋らしくなってきた。

**なんともいえまへん**（熟語） 何とも言えません。例：経済の先行き、ナントモイエマヘン。

**なんなと**（熟語） 何なりと。何でも。例：ナンナト、言いたいこと言うてみ。

**なんなら**（熟語） 都合がよろしければ。例：ナンナラ、二次会に出とくれ。

**なんにもおへん**（熟語） 何のおもてなしもできませんが。例：ナンニモオヘンけど、どうぞ召し上がってください。

**なんのかのって**（熟語） 何のかのと言って。例：ナンノカノッテ、乗り物は新幹線や。

**なんば**（名詞） 唐もろこし。南蛮わたりの食べ物の意。唐辛子をいう地もある。例：ナンバ、焼いとくれ。

**なんぼ**（名詞） いくら（値段）。いくつ（数）。例：この饅頭、一つナンボやな。饅頭、ナンボ包みましょうか。

**なんぼか**（熟語） いくらか。相当。例：大阪の方がナンボカ安い。

**なんぼく**（名詞） 南北。みなみときた。例：京都の町、ナンボクの道、アガル、サガル、言うんや。

**なんぼなっと**（熟語） いくらでも。ナンボナリトモが語源か。例：欲しいもんがあったら、ナンボナット持ってお行き。

**なんぼなんでも**（熟語） いくらなんでも。例：ナンボナンデモ、大臣がそんなことするやろか。

**なんぼやんわりゆうても**（熟語） どれほどやわらかに忠告しても。例：ナンボヤンワリユウテモ、聞いてくれん。

**なんもん**（熟語） 難（傷）＋物、が語源。傷のある商品。例：この帯、ナンモンどす。

**なんや**（熟語） 何か。何だ。例：ナンヤ、お前やったのか。

**……なんや**（熟語） なのだ、であるのだ、の意。例：あれが、二条城ナンヤ。

**なんやかや**（熟語） 何やらかやら。あれこれと。例：ナンヤカヤ変な噂が立ってるらしい。

**なんやしらんが**（熟語） 何だか知らんが。例：ナンヤシランガ、仕事も少なうなるし、作業もはかどらん。

**なんやったかいな**（熟語） 何だったかな。例：総理の名は、ナンヤッタカイナ。

**なんやったら**（熟語） お望みなら。ことによったら。例：ナンヤッタラ、電話で申し込んどいて。

**なんやて**（熟語） 何だって。例：ナンヤテ、もういっぺん言うてみ。

**なんやの**（熟語） なんですの。例：ナンヤノ、こんなに汚して。

**なんやら**（熟語） 何やら。例：昨日、先生がナンヤラ注意してはったな。

**なんやろ**（熟語） 何だろう。何かしら。例：ナンヤロ、列車が遅れとるわ。

**なんゆうてるんや**（熟語） 何を言っているのだ。例：ナンユウテルンヤ、こっちにも、聞こえるように、はっきり言うてみ。

**……なんよ**（熟語） ……なのよ。例：会社、明日休みナンヨ。

**なんろ**（名詞） 難路。険しい道。危険な道。例：親不知のナンロ。

# に

**に**（助詞） 人を勧誘する時に、語尾につける。例：早う行こうニ。少し休もうニ、疲れたやろ。

**……に**（助詞） 場所、目的、相手、並列、時間、基準を示す。例：家ニいる。大阪ニ行く。皆様ニよろしく。夏が来た、海ニ山ニ行け。午後一時ニ開会。海抜八十五米ニ達す。

**……に**（助詞） 結果、理由、原因を示す。例：孫が大学生ニなる。受験勉強ニ苦しむ。火山灰ニ悩む。

**にー**（名詞） 数の二。一音節語の長音化。例：いち、ニー、さん、しー、ごー。

**にー**（名詞） 荷。一音節語の長音化。例：ニーまだ着かへんで。

**にあう**（動詞） 似合う。似合っている。つりあう。例：その帯、着物にようニアウわ。

**にいた**（動詞） 似る。似ている。例：ようニイタお客さんや。

**にえくりかえる**（動詞） 煮えくり返る。煮えたって沸き返る。転じて、怒る、の意。腹が立つ。例：腹が立ってニエクリカエルようや。

**にえる**（動詞） 煮える。相談、計画が熟する。例：相談がニエて、来春決行や。

**におい**（名詞） 色の照り映える美しさ。例：桜の花のニオイをめでる。

**におい**（名詞） 匂い。かおり。香気。情趣。例：香をたきしめた着物のニオイ。

**におう**（名詞） 仁王。仏法を守る神。寺の門の両側に安置した金剛力士像。例：ニオウ立ち。ニオウ門。ニオウさん。

**におぐ**（動詞） 匂いがする。例：かすかな匂いやが、ええ匂い、ニオグか？

**にかい**（名詞） 二階。二階建ての家。例：ニカイから目薬で思うようにならん。

**にがい**（形容詞） 苦い。舌ににがい。不快だ。例：ニガイ薬。ニガイ経験やった。

**にがおもい**（熟語） 荷が重い。責任が思い。例：若い社長には、あまりにもニガオモイ。

**にがみばしる**（動詞） 表情が渋くて男性的でひきしまっている。例：ニガミバシッたええ男や。

**にがむ**（動詞） にぎる＋つかむ、が語源。握るは握り締めることができるが、ニガムは、つかむ気持ちが強い。例：鰻をしっかりとニガム。ハンドルをぎゅっとニガメ。

**にがむしかみつぶしたような**（熟語）　苦虫をかみつぶしたような。にがにがしく、不機嫌な顔色の形容。例：何怒ってるのや、ニガムシカミツブシタヨウナ顔して。

**にがわらい**（名詞）　苦笑い。不快さを抑え無理に笑うこと。例：幼児が賢いことをいうので、ついニガワライや。

**にぎにぎしい**（形容詞）　非常ににぎやかである。例：本日は、ニギニギシク披露宴に参会いただきありがとうございました。

**にぎやかせ**（名詞）　賑やかせ。多くあるように、見せること。ニギヤカシとも。例：ニギヤカセに、これも並べといて。

**にぎり**（名詞）　お握り。握り飯。例：おニギリ三つの、弁当でええ。

**にぎりばさみ**（名詞）　支点が端にある挟み。例：裁縫箱からニギリバサミ取って来て。

**にぎりや**（名詞）　金を握ったら最後、離さぬ人。けちんぼ。例：あいつ、ニギリヤで、しわんぼや。

**にぎる**（動詞）　握る。指を内側に曲げて力を入れる。所有、占有する。例：手をニギル。日本国を、一手にニギッた秀吉。

**にぎわう**（動詞）　賑わう。にぎやかで繁盛する。例：祭りでニギワウ鎮守の森。

**にく**（名詞）　肉。骨のまわりの軟らかい部分。例：牛ニク。豚ニク。筋ニク。

**にくい**（形容詞）　憎い。うとましい。いやだ。気にくわない。例：夜に遠吠えする犬がニクイ。

**にくがん**（名詞）　肉眼。眼鏡や望遠鏡などを使わない生まれつきの目。例：ニクガンでもはっきり見える月の海。

**にくしん**（名詞）　肉親。親子や兄弟など血のつながりの近い人。例：戦争でニクシンの全てを失った方なんや。

**にくずらい**（形容詞）　憎々しい。例：あの人は、ニクズライことばかり言う。

**にくせい**（名詞）　肉声。人間の口から出るなまの声。例：マイクを使わずニクセイでお願いします。

**にくたい**（名詞）　肉体。人間の身体。例：人間のニクタイと精神。

**にくたらしい**（形容詞）　憎たらしい。ひどく憎い意。例：ニクタラシイ先生や。

**にくまれやく**（名詞）　憎まれ役。人から嫌われるような損な役割。例：ニクマレヤクを買う。

**にげこうじょう**（名詞）　逃げ口上。責任を逃れようとする言葉。例：いい逃れのニゲコウジョウや。許されんわい。

**にげごし**（名詞）　逃げ腰。物事に熱中しない態度。責任を逃れようとする態度。例：いつもニゲゴシでは、仲間の信用を失うぞ。

**にこごり**（名詞）　煮凝り。魚を煮た汁が寒天状にかたまったもの。例：うち、ニコゴリ大好きや。

**にし**（名詞）　西。日の入る方角。例：ニシ本願寺。ニシ日本。

**にしき**（名詞）　錦。金糸・銀糸・色糸を使い、美しい模様を織りなした高級な織物。例：故郷へニシキを飾る。

**にじくる**（動詞）　なすりつける。例：責任を、他人にニジクル。

**にしで**（名詞）　西の出集落。例：ニシデは、西の新田、新開拓地のことや。

**にしめ**（名詞）　正月用の煮物。煮汁＋シメ（染め）、が語源。例：今晩のおかず、またニシメか。

**にじゅむ**（動詞）　滲む。にじむ。ジュジュムとも。例：雨でインキがニジュンで読めやへん。

**にじりつける**（動詞）　なすりつける。例：罪を人にニジリツケて、知らん顔や。

**にすい**（形容詞）　頭の働きが鈍い。例：早うせんかい、ニスイなあ。

**にせ**（名詞）　二世。この世とあの世。現世と来世。例：ニセの契り。

**にせもの**（名詞）　偽者。身分や職業を偽っている者。例：医者のニセモノや。

**にせもの**（名詞）　偽物。贋物。本物に似せて作った品。例：この絵はニセモノや。

**にそくさんもん**（名詞）　二束三文。値段もつけられないような価値のないもの。藁百把で一束。田に立つススキ二本で二束。つまり、二百把で三文で無価値に近い。例：家宝や言うてる壺は、ニソクサンモンや。

**にたりよったり**（熟語）　両者にほとんど違いがないこと。似＋たり、寄＋たり、が語源。例：どちらの方法でも、結果はニタリヨッタリや。
**にちゃつく**（動詞）　ねばりつく。ねばねばする。例：雨のあと、道がニチャツイて、歩きにくかったわ。
**にちりんさん**（名詞）　日輪さん。太陽。例：元気に働けるのは、ニチリンサンのおかげや。
**にっき**（名詞）　日記。毎日の記録。例：ニッキ帳。紫式部ニッキ。ニッキ文学。
**につく**（動詞）　似つく。似合う。例：その着物あんたにようニツイてるわ。
**にっこう**（名詞）　日光。太陽の光。例：ニッコウ浴。ニッコウ街道。
**にっしゅう**（名詞）　日収。毎日の収入。例：ニッシュウ二万ぐらいの小さな店。
**にっすう**（名詞）　日数。ひかず。例：入学式までのニッスウを数える。
**にっちもさっちも**（熟語）　二進も三進も。行き詰まって進むこともできず、退くこともできぬ、意。例：雪が積もって、ニッチモサッチモいかんわ。
**にっちょう**（名詞）　日曜日、の約。例：次のニッチョウ、山行きや。
……**にて**（助詞）　場所。時。基準。原因理由。手段。方法。で、の意。例：京都ニテ再会しよう。新幹線ニテ到着のはず。
**にどいも**（名詞）　二度芋。じゃがいも。例：年に二度とれるので、ニドイモや。
**にないぼう**（名詞）　担い棒。てんびん棒。例：ニナイボウで、シジミ売りや。
**になう**（動詞）　担う。物を担ぐ。担いで運ぶ。例：そちらの材木の端、ちょっとニナってくれ。
**にぬき**（名詞）　煮抜き玉子。ゆで玉子。例：弁当のおかずにニヌキ入れて。
**にぬし**（名詞）　荷主。荷物の送り主。例：ニヌシがはっきりしない。
**にぬり**（名詞）　丹塗り。丹または朱で塗ること。例：ニヌリの春日大社に参詣して来た。
**にのあしをふむ**（熟語）　二の足を踏む。ためらう。しりごみをする。例：小さい川だが、車で走り抜けるには、ニノアシヲフムわい。
**にびいろ**（名詞）　鈍色。濃い鼠色。ニビ、は鈍。例：ニビイロの着物、古くは喪服に使用。
**にひゃくとおか**（名詞）　立春から数えて二百十日ごろ。例：ニヒャクトオカは、台風被害の多いころなんや。
**にぶい**（形容詞）　鈍い。のろい。さえない。例：ニブイ奴や。あいつは。
**にべもない**（熟語）　ニベ（ニカワ）の粘着力がないことから、情愛がない。愛想がない、意。例：ニベモナイ返事や。
**にぼし**（名詞）　煮干しいわし。じゃこ。だしじゃこ。例：ニボシ、一つかみ入れて、ダシとっといて。
**にまいめ**（名詞）　二枚目。美男子（芝居の番付の二枚目から）。例：次の映画のニマイメは、だれや。
**にもうさく**（名詞）　二毛作。同じ農地に作物を年二回つくること。例：この田もニモウサクにしたいもんや。
**にもつ**（名詞）　荷物。持ち運ぶもの。負担になるもの。例：仲間のニモツにならんようにする。
**にもの**（名詞）　煮物。煮た料理。煮たおかず。ヤキモノ、アエモノに対する料理名。例：今晩の、ニモノ、何にしようかな。
**にやう**（動詞）　似合う、の訛。例：柄も色も、あんたにようニヤウわ。
**にやく**（名詞）　荷役。船の荷の積み下ろしをすること。例：ニヤクはほとんど機械化されてる。あるのは小さい港や。
**にやこい**（形容詞）　構造が柔らかく弱い。例：これは、ニヤコイ舞台やなあ。
**にゃんこ**（名詞）　猫。例：ニャンコは、鳴き声からきた名前や。
**にゅういん**（名詞）　入院。治療のため、病院に入ること。例：ニュウインは、三か月や。
**にゅうがく**（名詞）　学校に入ること。例：ニュウガク試験。
**にゅうめん**（名詞）　煮麵。そうめんを、味付けしたダシで、軽く煮立てた食品。例：祭りにニュウメンをいただく。
**にゅうよう**（名詞）　入用。いりよう。必要。例：農機具を入れる小屋が、ニュウヨウや。
**にょうかん**（名詞）　女官。宮中に仕えていた女性。例：ニョウカンは官女ともいったようや。
**にょうぼ**（名詞）　女房。妻。例：彼はニョウボ持ちやで、ええ男やけど。

**にょうぼう**（名詞） 女房。部屋を与えられて宮中に仕えた身分の高い女官。現在、ニョウボウは、妻の意。例：ニョウボウ役。

**にょらい**（名詞） 如来。仏の尊称。例：阿弥陀ニョライ。薬師ニョライ。

**にる**（動詞） 似る。形や性質が同じように見えること。例：ニたり寄ったり。

**にる**（動詞） 煮る。食品を鍋に入れて、水を加え火にかけて、熱を通す。例：豆をニル。鮎の甘露ニ。

**にろくじちゅう**（名詞） 二六時中。十二時間。または一昼夜。例：ニロクジチュウ、人の絶えることのない峠やった。

**にわ**（名詞） 庭。邸宅の庭園。例：借景のニワ。修学院離宮のニワ。

**にわ**（名詞） 農家の中の土間をいう。庭園ではない。例：年末には、ニワで餅搗きや。

**にわいし**（名詞） 庭石。庭に趣を添えるために置く石。例：ニワイシの向きが悪い。直してくれんか。

**にわか**（名詞、形容動詞） だしぬけ。急な。突然。例：ニワカに降り出した雨。ニワカに思い立ってハワイ旅行や。

**にわさき**（名詞） 庭先。庭園。つぼのうち。せんざい。例：ニワサキの手入れは、庭師が一週間ぐらいかかった。

**にわし**（名詞） 庭師。庭の手入れを職業とする人。例：ニワシ二人頼むわな。

**にわまわり**（名詞） 勝手元を手伝う人。冠婚葬祭の時、土間で手伝う人。例：ニワマワリ、何人ぐらい要るかな。

**にんげん**（名詞） 人間の世界。世の中。関西では、人、の意。例：悪いニンゲン。動物とニンゲンの違い。

**にんじつ**（名詞） 忍術、の訛。例：ニンジツ使いの服装で屋根へ上がる。

**にんじょう**（名詞） 人情。思いやり。情け。人間の持っている感情。例：そりゃニンジョウの厚い街やったんや。

**にんじょうばなし**（名詞） 人情話。人情を題材とした小説や落語。例：ニンジョウバナシ一つ聞いとくれやす。

**にんしんする**（動詞） 身ごもる。胎児をはらむこと。妊娠と書く。例：早くもニンシンする。ニンシン中絶。

**にんずう**（名詞） 人数。人の数。例：山から下りたら、ニンズウ調べてな。

**にんそう**（名詞） 人相。人の顔かたちの意。例：あの俳優は男らしいニンソウをしてる。

**にんぴにん**（名詞） 人非人。ひとでなし。例：人間らしい心がないニンピニンや。

**にんやか**（形容動詞） にぎやか、の訛。例：昔の札の辻、そらニンヤカやった。

## ぬ

**……ぬ**（助動詞） 打消、ず、の連体形。関西では、ンという形で使用されることが多い。例：成功せヌ人。実行せンのは、けしからん。物を言わン人。

**ぬあげ**（名詞） 縫い上げ。ヌヤゲとも。子供の成長にそなえて、着物を大きめに作り、ひだを入れて短くしておくこと。例：この着物のヌアゲ、おろして。

**ぬいもん**（名詞） 縫い物。裁縫。針仕事。例：婆さん。浴衣のヌイモンしてはる。

**ぬう**（動詞） 縫う。糸と針で縫う。例：子供の浴衣をヌウ。

**ぬう**（動詞） 綯（な）う、の訛。例：藁縄でもヌウとこか。

**ぬか**（名詞） 米ぬか。転じて、こまかい、空しい、手応えのない意。例：こヌカ雨。ヌカ喜び。

**ぬかす**（動詞） 抜かす。追い抜く。例：外枠から、本命馬をヌカシた馬や。

**ぬかす**（動詞） 言う。ほざく。例：何ヌカス。馬鹿なこと言うな。

**ぬかずく**（動詞） 額ずく。ヌカは額。頭をさげて礼拝する。例：神宮の前にヌカズク人が、正月には非常に多い。

**ぬかすな**（熟語） 言うな。例：ばかヌカスナ。

**ぬかばたらき**（名詞） 糠働き。無駄働き。無駄な骨折り。例：財布を落として、五万円ほど、ヌカバタラキやった。

**ぬかよろこび**（名詞） 糠喜び。当てにしていた喜びが、むなしかったこと。例：優勝したと言う知らせはヌカヨロコビやった。

**ぬかる**（動詞） うっかりする。油断する。

例：ヌカッた。失敗してしもた。

**ぬぎいな**（熟語）脱ぎなさい。例：早う靴ヌギイナ。

**ぬきがき**（名詞）抜き書き。必要な部分を抜いて書き写すこと。例：文章中に要旨を述べた部分がある。ヌキガキして答えよ。

**ぬきさしならぬ**（熟語）抜き差しならぬ。抜くことも差すこともできない意。動きがとれない。例：ヌキサシナラヌ目に遭う。

**ぬぎすべらす**（動詞）衣服をすべらすように脱ぐ。例：和服は、ヌギスベラスのがええのやで。

**ぬきとる**（動詞）抜き取る。盗む。中の物を取る。例：封筒から、お札、二枚ヌキトル。

**ぬきんでる**（動詞）他より目立ってすぐれている。例：ヌキンデた美声の持ち主やった。

**ぬく**（動詞）抜く。人を追い抜く。省く。除く。例：ヌイて先頭に立つ。手をヌク。

**ぬぐ**（動詞）脱ぐ。身につけていたものを取り去る。例：服をヌグ。

**ぬくい**（形容詞）温い。暖かい。温かい。ヌクトイとも。例：ヌクイ温泉や。十二月にしては、ヌクイ日が続くな。

**ぬくとい**（形容詞）暖かい。温かい。例：冬やのにヌクトイ日が続く。

**ぬくとまる**（動詞）暖まる。温まる。例：風呂に入って、早う、ヌクトマリな。

**ぬくとめる**（動詞）暖める。温める。例：御飯、ヌクトメルのを忘れてたんや。

**ぬくぬく**（副詞、名詞）できたてのほやほやの状態。例：ヌクヌクの饅頭、食べんか。

**ぬくぬくと**（副詞）ぬけぬけと。うまうまと。例：よくもヌクヌクト、俺を、だましたな。

**ぬくめし**（名詞）温かい御飯。例：わしは、ヌクメシより冷や飯の方が好きや。

**ぬくめる**（動詞）温める。例：御飯をヌクメてくれへん?

**ぬけ**（名詞）正式に認められない。例：ヌケ参り。ヌケの商売。

**ぬけがけ**（名詞）抜け駆け。人を出し抜き功名を立てる。例：ヌケガケの功名を立てようと思うな。

**ぬけさく**（名詞）抜け作。間抜けな人。馬鹿者。ヌケソとも。例：わしが、間違えた。ヌケサクやったのや。

**ぬけでる**（動詞）抜け出る。群をぬく。抜け出す。例：ヌケデた成績。ひそかにヌケデル。

**ぬけぬけと**（副詞）あつかましくも、知っていてしらぬ顔をする。例：ヌケヌケト、平気でうそを言う。

**ぬげる**（動詞）脱げる。身につけたものが、身体から外れる。例：靴がヌゲル。

**ぬし**（名詞）主。主人。主体。例：持ヌシ。拾いヌシ。落としヌシは誰や。

**ぬすっと**（名詞）盗人。ヌストとも。例：ヌスットの昼寝とは、悪事の用意をするというたとえや。

**ぬすびと**（名詞）盗人。泥棒。ヌスットとも。例：ヌスビトに追い銭。

**ぬすみ**（名詞）盗み。人のものをこっそり取って自分のものにする。例：ヌスミ聞き。ヌスミ食い。ヌスミ読み。

**ぬすみざけ**（名詞）盗み酒。家人に隠れてひそかに酒を飲むこと。例：病院では酒を止められているので、こっそりヌスミザケや。

**ぬすむ**（動詞）盗む。他人のものを、こっそり自分のものにする。例：人目をヌスンで、出会う。財布をヌスム。

**ぬたくる**（動詞）絵の具、墨、ペンキなどをむやみに塗り付ける。例：壁にペンキをヌタクッたようや。

**ぬっぺらぼん**（名詞）のっぺらぼう。つかみどころがないこと。例：ヌッペラボンの小説や。

**ぬの**（名詞）布。織物のこと。例：ヌノ切れで、雑巾二枚作って。

**ぬま**（名詞）沼。泥の多い水たまり。池。例：大ヌマ、小ヌマのある公園。

**ぬやげ**（名詞）子供の成長を見越して、縫い上げておくこと。例：浴衣の、ヌヤゲ、もう少しおろして。

**ぬりたくる**（動詞）塗りたくる。塗りに塗る。例：板塀に、白ペンキをヌリタクル。

**ぬりたて**（名詞）塗りたて。塗ってまがないこと。例：ペンキ、ヌリタテ。

**ぬる**（動詞）塗る。物の表面に薬や絵の具をつける。例：薬をヌル。壁をヌル。

**ぬるい**（形容詞）温い。きびしくない。手ぬるい。例：あいつのやりかたは、もうひとつヌルイ、きびしさがほしい。

**ぬるむ**（動詞）温む。水温がややあがる。冷たさがユルム。例：水ヌルム春となる。

**ぬるめる**（動詞）温度を下げる。例：風呂の湯、ヌルメんと入れんわ。

**ぬれえん**（名詞）濡れ縁。雨戸の敷居の外側に作った縁側。例：ヌレエンのある家は、捜さないと見つからない。

**ぬれぎぬ**（名詞）濡れ衣。濡れた衣服。転じて、無実の罪。例：ヌレギヌを着せられる。

**ぬれごと**（名詞）濡れ事。芝居や歌舞伎の用語で情事、色事。例：ヌレゴトに巧みな俳優の演技。

**ぬれねずみ**（名詞）濡れ鼠。衣服を着たまま全身水に濡れた喩え。例：池に落ちてヌレネズミになった子供。

**ぬればいろ**（名詞）濡れ羽色。カラスの羽が濡れたような色。例：つやのある真っ黒な色がヌレバイロや。

**ぬれる**（動詞）濡れる。水気がしみる。例：着物がヌレル。雨にヌレた石仏。

# ね

**ね**（名詞）音。例：笛のネ。雁がネ。バイオリンのネ色。

**ね**（動詞）寝なさい。寝る、の命令形の語幹。例：早うネ、明日が早いさかい。

**……ね**（助動詞）……のだ。例：わしも行くネ。待ってて、今、勉強してんネ。

**……ね**（名詞）……の家。ｎｏｉｅからｏｉの母音脱落。例：田中さんネは、昔からの家や。

**ねー**（名詞）根。一音節語の長音化。例：ネーが、まだ十分伸びとらん。

**ねー**（名詞）値。一音節語の長音化。値段。例：ネーが、はっきりしない、この商品。

**ねー**（名詞）子。一音節語の長音化。十二支の一番め。例：ネー、うし、とら、う、たつ、み、うま、ひつじ、さる、とり、いぬ、ゐ。

**ねあげ**（名詞）値上げ。品物の値段や料金が高くなること。例：運賃ネアゲ。

**ねえ**（名詞）姉。もしくは、娘。例：ネエの結婚式、来月の十六日やなあ。

**ねえへん**（熟語）寝ない。例：除夜の鐘の放送まで、うちネエヘン。

**ねおき**（名詞）寝起き。目覚めて起きる時の意。例：ネオキがええ。

**ねがう**（動詞）願う。望みがかなうように心に思う。例：病気の全快をネガウ。

**ねがえり**（名詞）寝返り。就寝中、体の向きを返ること。例：ネガエリして、またすやすや寝てるわ。

**ねがけ**（名詞）寝る時。例：ネガケにおやつなんか食べたらあかん。

**ねがける**（動詞）ねらう、の訛。ネラケルとも。例：向こうの一本松ネガケて、飛ばしてみ。

**ねがわくは**（熟語）願うことは、の約。どうかの意。例：ネガワクハ、旅行が無事に終わりますように。

**ねき**（名詞）根もと。わき。そば。このネキの語は、近畿、中国、四国、九州地方にまで使用範囲が広い。例：この木のネキに、水かけんといて。

**ねぎ**（名詞）葱。ゆり科の植物。食用。ネブカとも。例：ネギも玉ネギもほしい。すきやきの具や。

**ねきもん**（名詞）年季物、の音韻変化。売れ残りの品。ネンキモンとも。例：あっこの店、はやらんさかい、ネキモンばかりやわ。

**ねぎらう**（動詞）慰めいたわる意。例：オリンピック優勝の労をネギラウ。

**ねぎらはる**（熟語）値切りなさる。ネギリャルとも。例：どの店でも、ネギラハルんや。

**ねぐ**（動詞）祈る。祈願する。例：神社で、ネグ人が、禰宜さんや。

**ねぐさい**（形容詞）食べ物の腐ったいやなにおい。例：この玉葱、ネグサイわ。

**ねぐされ**（名詞）根が腐っていること。例：この盆栽、水やりすぎてネグサレや。

**ねぐら**（名詞）塒。鳥の眠る所。例：鳥は、夕方、ネグラのある森に帰る。

**ねこー**（名詞）猫。関西ではネコーと長音。例：このネコー行儀の悪いネコや。

**ねこじた**（名詞）猫舌。熱い食物の嫌いな人。例：うちの子、ネコジタやで、冷ましてやって。

**ねごと**（名詞） 寝言。寝ていて無意識に物をいうこと。例：わけがわからんネゴトをいうな。

**ねこばば**（名詞） 猫ばば。借りていて黙ってそのまま返さない。良くないことをして、知らぬふりをする。例：財布拾ってネコババとは何じゃ。

**ねこわけ**（名詞） 食器に盛った食物の食べ残し。例：ネコワケしたらあかんえ。

**ねざめ**（名詞） 寝覚め。眠りから目覚めること。例：ネザメの血圧と体温がどうか知りたいんや。

**ねじあん**（名詞） 寝＋思案。寝て考えること。例：一晩、ネジアンの結果や。

**ねじくる**（動詞） 塗り付ける。ニジクルとも。例：木の幹にネジクッた泥。

**ねじけびと**（名詞） 拗けびと。心のひねくれた人。例：万葉集にネジケビトという語が使われている。古い言葉や。

**ねじける**（動詞） 拗ける。曲がる。ねじれる。例：心のネジケた人。

**ねしな**（名詞） 寝る＋しな（途中）、が語源。身体を横たえ、眠りに入るまでの途中。例：ネシナに物を食べたらあかん。

**ねじりはちまき**（名詞） 捩り鉢巻き。ねじった手拭いを頭に巻いて前で結ぶもの。例：ネジリハチマキの祭りの若衆。

**ねじる**（動詞） 捩る。ひねる。くねり曲げる。例：ネジまわし。ネジッた飴菓子。

**ねじろ**（名詞） 根城。中心になっている城。根拠地。例：我々歌仲間のネジロが、この劇場の地下室や。

**ねずなき**（名詞） 鼠鳴き。人が鼠の鳴き声のように口を鳴らすこと。例：ネズナキして雀の子と遊ぶ子供。

**ねずみ**（名詞） 鼠。ネズミ科の哺乳動物。例：ネズミ色。ネズミ算のように増える。

**ねそ**（名詞） 内向的で、無口で、気が利かない人。例：あいつはネソや。

**ねぞう**（名詞） 寝相。寝姿。寝かた。例：ネゾウが悪いなあ。

**ねだ**（名詞） 床下に渡し、床板を支える横木。例：ネダが腐っているのか。

**ねたきり**（名詞） 寝たきり。寝たままの。ネタッキリとも。例：ネタキリの老人何人？

**ねたむ**（動詞） 妬む。他人の長所や幸運を、恨み、憎むこと。例：他人を嫉妬する意の語がネタムや。

**ねちこい**（形容詞） 粘りっこい。執念深い。例：性質がネチコイので、困る。

**ねっから**（副詞） 根っから。いっこうに。もともと。全然。例：忠告しても、ネッカラ反省しない。

**ねっこ**（名詞） 根。木の根。根もと。例：ネッコの土、取り替えんとあかん。

**ねつじょう**（名詞） 熱情。熱心な気持ち。熱意。例：俳優のネツジョウを舞台に表現してほしい。

**ねっそり**（名詞） むっつりで、おとなしい人。ネソとも。例：ネッソリが、意外に、ごっつい事件をおこす。

**ねっとう**（名詞） 熱湯。高温の湯。例：ネットウで茶をいれたらあかん。湯冷ましがええねや。

**ねてらるとおもてるのに**（熟語） 寝ておられると思っているのに。例：入院して、ネテラルトオモテルノニ、もうおきてらるんか。

**ねてるこおこす**（熟語） 寝てる子起こす。不必要なことをする。例：つまらん手出しをして、ネテルコオコスな。

**ねとこ**（名詞） 寝るところ。寝＋床、の意。ネドコロとも。ねぐら。寝間。例：ネトコ、ちゃんと片付けたか？

**ねとねと**（副詞） ねばねば。例：油と泥でネトネトや。

**ねとぼける**（動詞） ねぼける。目が覚めても、ぼんやりしている。例：ネトボケて、朝やと思うて、顔洗うとるわ。

**ねとる**（動詞） 寝ている。寝ておる。例：風邪ひいて、ここ二、三日、ネトルわ。

**ねなしぐさ**（名詞） 根の無い草。浮き草。ただよい動いて定まらない喩え。例：くびになり、ネナシグサみたいな生活や。

**ねばつち**（名詞） 粘土。例：焼き物にする、ええネバツチ、ないやろか。

**ねばる**（動詞） 粘る。最後まで根気よくがんばる。例：二時間も経つのにまだネバッとるわ。

**ねびえ**（名詞） 寝冷え。睡眠中、身体を冷やすこと。例：ネビエやろか。風邪ひいたわ。

**ねぶか**（名詞） 根深。葱。ねぎ。例：葱の別名が、ネブカや。
**ねぶかぶし**（名詞）根深節。節回しの悪い歌。葱に節がないところから。例：あいつのネブカブシ、聞いておれん。
**ねぶたい**（形容詞）眠い。ネムタイとも。例：なんやら、ネブタイわ。
**ねぶち**（名詞）竹の根。例：竹のネブチを細工物にする。
**ねぶる**（動詞）なめる。しゃぶる。例：茶わんをネブルのは、下品やで。
**ねぼけてやがる**（熟語）寝惚けてやがる。ねぼけている、の卑語。例：何をネボケテヤガル。つら洗うてこい。
**ねぼすけ**（名詞）寝坊＋助、の意。よく寝る人を軽蔑していう語。例：ネボスケやなあ。十時になっても起きよらん。
**ねほりはほり**（副詞）根掘り葉掘り。すっかり。細かいところまで残らず。例：事件の様子をネホリハホリ徹底的に聞き出した。
**ねま**（名詞）寝間。寝る部屋。転じて、布団。例：ネマ、敷くさかい机片付けて。
**ねみみにみず**（熟語）寝耳に水。だしぬけでびっくりする意。例：日本がアメリカと戦争を始めたとは、ネミミニミズやった。
**ねむい**（形容詞）眠い。眠りたい気持ちの形容。例：ネムイと仕事にならぬ。
**ねむたい**（形容詞）眠い気持ちの形容。例：ネムタイような顔してる。
**ねむる**（動詞）眠る。心身の活動を休止して、無意識状態になる。睡眠をとる。

例：疲れて、朝までネムッてしもた。
……**ねや**（熟語）……のだ。例：ちっともかまへんネヤ。
**ねやんと**（熟語）寝ないで。例：昨晩は、全くネヤント勉強してやったわ。
**ねゆき**（名詞）根雪。積もったままで春までとけない雪。例：スキー場はネユキが、二メートルもあるんやて。
**ねらう**（動詞）狙う。目指すものに当てようと構える。例：鉄砲で獲物をネラッている。優勝をネラウ。
**ねらける**（動詞）狙う。例：鳩が畑の豆ネラケとる。次の町長をネラケル彼。
**ねりこむ**（動詞）大勢連れ立って入り込む。例：みんなで、役場へネリコムか。
**ねりにかむ**（熟語）心を集中して待ち構えていること。例：今度こそと、ネリニカンでいる候補者もいる。
**ねる**（動詞）練る。粉などをこねてまぜる。心身を鍛える。例：粘土をよくネル。心をネル。構想をネル。
**ねる**（動詞）寝る。眠る。横になる。伏す。例：ネた子を起こす。朝までネル。
**ねれとる**（動詞）よく練られている意。例：この陶士、ようネレトルか？
**ねろとる**（熟語）狙っている。例：彼次の議長をネロトルわ。
……**ねん**（助詞）……のだ。例：これがうちの息子どすネン。あほう、何ぬかしてんネン。
**ねんが**（名詞）年賀。新年を祝う。例：ネンガ状。ネンガの客。

**ねんがらねんじゅう**（副詞）年がら年中。始終。いつも。あけくれ。例：ネンガラネンジュウ、税金と借金に苦しめられてるわ。
**ねんがん**（名詞）念願。願い望むこと。例：長い間のネンガンがかなう。
**ねんき**（名詞）年忌。死後毎年まわってくる命日。例：今日は祖父のネンキや。
**ねんき**（名詞）年季。奉公人などを雇う約束の年限。例：ネンキ奉公。
**ねんきもん**（名詞）売れ残りの品。ネキモンとも。例：袋入りのこのラーメン、ネンキモンと違う？
**ねんきをいれる**（熟語）年季を入れる。長い年月、その仕事の修練を積む、意。例：さすがネンキヲイレた刀鍛冶や。
**ねんぐ**（名詞）年貢。小作料、の意。例：この畑のネング、いくらぐらいや？
**ねんげつ**（名詞）年月。長い期間。例：長いネンゲツ、近隣の方々に迷惑をかけた。
**ねんごろ**（形容動詞）懇ろ。真心をこめて丁寧に。例：ネンゴロにもてなす。
**ねんじゅ**（名詞）念珠。数珠。例：ネンジュ忘れたらあかんえ。
**ねんだい**（名詞）年代。経過した時代。例：弥生土器のネンダイ順に並べる。我々とはネンダイが違うから、写真を見てもわからんはずや。
**ねんだいじゅん**（名詞）年代順。経過した時代順。例：次の歴史的事項をネンダイジュンに並べ変え、事項を答えよ。

**ねんちゅうぎょうじ**（名詞） 年中行事。毎年一定の時期に行われ、慣例になっている行事。例：入学式卒業式以外のネンチュウギョウジは、体育祭と文化祭や。

**ねんとう**（名詞） 念頭。心、思い。頭。例：彼のことは、ネントウから去らない。

**ねんとう**（名詞） 年頭。年の始め。例：ネントウに当っての御挨拶。

**ねんね**（名詞） 幼い。乳幼児。例：うちの娘、まだほんのネンネでして。

**ねんねこ**（名詞） 赤ん坊を背負って寝かせる綿入れの袢纏。例：そこのネンネコ、とっとくれ。ネンネコばんてん。

**ねんぶつ**（名詞） 念仏。極楽往生を願って、南無阿弥陀仏と唱えること。例：一身にネンブツを唱えてください。

**ねんらい**（名詞） 年来。数年以来。長い年月。例：ネンライの希望や。

**ねんりき**（名詞） 念力。思い込んだ力。集中した精神力。例：岩をも通すネンリキ。

**ねんれい**（名詞） 年齢。人や動物が生まれてからの経過年数。例：精神ネンレイ。

# の

**の**（助詞） 連体修飾語を表す。例：私ノ家。上天気ノ日。知事ノ息子。

**の**（助詞） 従属節の主語。例：桜ノ咲くころの陽気や。

**……の**（助詞） 体言の代用となる。例：歩くノが辛い。文章を書くノが苦手なんや。

**のー**（名詞） 野。一音節語の長音化。例：余野のノーで、遊んで来な。

**のー**（名詞） 野の畑。一音節語の長音化。例：今日は、山仕事止めて、ノーで、仕事や。

**のー**（名詞） 無く、のウ音便。長音化。例：道路拡幅で、畑が、ノーなる。

**……のー**（助詞） ……ね。例：あんノー（あのね）。ところでノー（ところでね）。

**……のー**（助詞） ……ねえ（同感を求める）。例：事件の起こった時間には、ここにいたノー。

**……のー**（助詞） ……のか（疑問表現）。例：こんなに早うから行くノー?

**のう**（感動詞） なあ（呼びかけ）。例：ノウ、あんノウ、聞いてくれ。

**のう**（動詞） 綯う。ナウ、の連用形の変化。例：五十メートルほど、縄をノウてくれんか。

**のう**（形容詞） 無く、のウ音便。例：わけもノウ、涙があふれて来た。

**のうがき**（名詞） 能書き。効能を書いたもの。例：薬のケースのノウガキ、読んだか。

**のうぐ**（名詞） 農具。農業に使う器具。例：鍬や鎌などが、ノウグ。機械を使わない頃の言葉や。

**のうなる**（動詞） 死ぬ。亡くなる、のウ音便。例：地震で、父もノウナル、家も住めないわ。

**のうなる**（動詞） 無くなる、のウ音便。例：お砂糖、ノウナッたよ。

**のうのうと**（副詞） 何もしないでのんびりと。なにもしないで横着に。例：働きもしないで、ノウノウト居候してたらあかん。

**のうふ**（名詞） 納付。納め入れること。例：市民税と県民税をノウフする。

**のうふ**（名詞） 農夫。百姓。農民。例：耕作と収穫だけのノウフになりたくない。

**のき**（名詞） 軒。屋根の四方に差し出た先端の部分。例：ノキを連ねた町筋のノキ先。ノキ下。ノキ並み。ノキのつらら。ノキを争う。

**のく**（動詞） 退く。辞職する。例：社長を、ノイて、今は会長や。

**のく**（動詞） 去る。避ける。しりぞく。例：そこな車、早うノカんかい。

**のくとまる**（動詞） 温まる。暖まる。ヌクトマル、の訛。例：早う田から上がって、ノクトマッとくれ。

**のけもん**（名詞） 除け者。仲間はずれ。例：いじめたり、ノケモンにするなよ。

**のける**（動詞） 退ける。避ける。動かす。例：そないぶうぶう鳴らさんでも、すぐノケルがな。

**のこ**（名詞） 鋸（のこぎり）、の略。例：そこの、ノコ、取って。

**のごう**（動詞） 手で拭く。拭う。例：手で汗をノゴウ。

**のこしとく**（熟語）残しとく。保存しておく。例：この絵、いつまでノコシトクの。

**のこす**（動詞）残す。あとにとどまるようにする。例：財産をノコス。

**のこりふく**（熟語）残り福。残り物に福がある意。例：後片付けの者に、ノコリフクや。

**のこる**（動詞）残る。あとにとどまる。例：お金がノコル。名がノコル。ノコッた、ノコッた。

**のさばる**（動詞）我が物顔にはびこる。例：わずかの留守の間に、草がノサバッとる。

**のしあがる**（動詞）伸し上がる。地位などが急に上がる。なりあがる。例：政治家にノシアガッた男や。

**のしいか**（名詞）伸しいか。機械で薄くのばして味つけしたいか。例：ノシイカを酒のつまみにする。

**のしもち**（名詞）伸し餅。長方形に長くのばした餅（切り餅、かき餅にするための餅）。例：丸餅の次は、ノシモチにするし、糀蓋（こうじぶた）に、取り粉用意して。

**のせてもらえなんだ**（熟語）乗せて貰えなかった。例：波が荒くてヨットには、ノセテモラエナンダわ。

**のそ**（名詞）のっそりした男。例：あいつ図体が大きくて、ほんまにノソや。

**のぞく**（動詞）除く。とりのける。例：災いをノゾク。邪魔物をノゾク。

**のぞく**（動詞）覗く。物の隙間から見る。例：大人の世界をノゾク。谷底をノゾク。

**のぞむ**（動詞）臨む。出席する。例：開会式にノゾム。

**のぞむ**（動詞）望む。遠くを眺める。そうありたいと願う。例：おノゾミの品。ノーベル賞をノゾム。

**のたくりまわる**（動詞）苦しみもだえて這い回る。例：戦艦武蔵の、ノタクリマワル様子は、映画で見ていてもつらい。

**のち**（名詞）時間的な、うしろ、あと。例：ノチノチ。ノチほど。ノチの世。

**のっけ**（名詞）最初。はじまり。例：ノッケから失敗や。

**のつこつ**（副詞）やっとの事で……する。もてあます意。例：食い切れんほどの料理でノツコツしたわ。

**のっそり**（副詞）鈍く、のろく、ぼんやりと、行動するさま。例：ノッソリと、部屋に入ってくる。

**のった**（熟語）遭った。ノルの過去表現。例：ひどいめにノッタ。

**のっていな**（熟語）乗っていなさい。例：降りたら危ない。じっとノッテイナ。

**のっといで**（熟語）乗っておいでなさい。例：こちらへは、舟にノットイデ。

**のっとらなあかん**（熟語）乗っていないといけない。例：降りたら危険や。しばらくノットラナアカン。

**のっぴきならぬ**（熟語）退っ引きならない。避けることも退くこともできない。どうにもならない。例：ノッピキナラヌ事態に陥った。

**のっぽ**（名詞）背の高い人。例：バレーボールの選手は、ノッポが多い。

**のっりょる**（動詞）乗る、の卑語、親愛語。例：もうフランス行きの飛行機にノッリョル頃やが、息子も嬉しかろ。

**のどか**（形容動詞）天気が温和でうららかな様子。例：ノドカで、かすんだ春の空。ノドカに花見をする。

**……のとちがうか**（熟語）……のじゃないか、の意。例：問題の意味が、判ってへんノトチガウカ。

**のなか**（名詞）野中。野原の中。例：ノナカの薔薇。ノナカの清水。

**……のなんのって**（熟語）程度が甚だしいときに使う表現。例：可愛いいノナンノッテ、そりゃ綺麗な人やった。

**……のに**（助詞）逆接の条件を示す。にもかかわらず、の意。例：せっかく行ったノニ、休診日やった。

**ののこ**（名詞）綿入れの着物。布＋こ、が語源。例：近頃は、冬でも、ノノコ着てる子供は、見やへんなあ。

**ののしる**（動詞）罵る。大声で騒ぐ。悪口を言う。例：人前でノノシリ騒ぐ女性。

**のび**（名詞）野火。春、新しい草が生えるようにする焚火。例：若草山のノビが、風で拡がる。

**のび**（名詞）伸び。疲れた時、飽きた時、両手を上げて身体を伸ばすこと。例：授業が面白うのうても、ノビするとは、けしからん。

**のびほっかい**（名詞） 伸び放題。例：畑の草、留守やし、ノビホッカイや。

**のびる**（動詞） 体力が尽きてしまう意。例：たった五キロ走って、ノビルなんて。

**のぶとい**（形容詞） 声が太い。例：ノブトイ声の持ち主やけど、気はやさしい。

**のべ**（名詞） 野辺。野原。野のあたり。例：ノベの花。ノベの送り。

**のべつまくなし**（熟語） のべつ幕無し。ひっきりなしに絶え間なく続く。例：そんなにノベツマクナシに話をするな。

**のべばらい**（名詞） 延べ払い。代金をすぐに支払わないで、ある期間延ばすこと。例：悪いけどなあ、半分ノベバライにしとくれ。

**のほうずな**（名詞、形容動詞） 野放図な。勝手きまま。しまりがない。例：やりっぱなしで後かまわず、ノホウズナ奴や。

**のぼりつめる**（動詞） 上ぼり詰める。最高の地位にまで到達する。例：世界的な業績を上げ、社長にまでノボリツメた。

**のぼる**（動詞） 上ぼる。次第に高くなる。例：太陽がノボル。山にノボル。都にノボル。

**のみ**（名詞） 鑿。木材、石材などに、穴をあけたり、溝を掘ったりする道具。例：ノミで穴をあける。

**のみ**（名詞） 蚤。ノミ科の昆虫。人畜の血を吸い、よく跳ぶ。例：ノミ取りまなこで、捜す。

**のみち**（名詞） 野道。野中の道。例：ノミチで春の若草を摘む。

**のみならず**（接続詞） そればかりでなく。例：科料、ノミナラズ、実刑になるかもしれん。

**のみほす**（動詞） 飲み干す。全部飲む。残さず飲む。例：缶コーヒーを、二本ノミホス。

**のみみず**（名詞） 飲み水。飲料水。例：山の湧き水を、ノミミズにしてるんや。

**のむ**（動詞） 了解する。承認する。例：あんたの話、うちノムわ。

**のもり**（名詞） 野守。野の番人。林業の人。例：御料地の警備員や、ノモリさんは。

**のやき**（名詞） 野焼き。野の枯れ草などを焼くこと。例：晩秋には、ノヤキが里でよく見られたもんや。

**のやま**（名詞） 野山。野と山。例：故郷のノヤマがなつかしい。老いた父母が健在や。

**のらぎ**（名詞） 野良着。ラは接尾語。野原や田畑で働くための衣服。例：ノラギの持ち合わせがない。

**のらくら**（名詞、副詞） のらりくらりとなまけている。例：日中、何をノラクラしてる。

**のらしごと**（名詞） 野良仕事。田畑で働く仕事。例：爺さんと婆さんと、ノラシゴトや。

**のり**（名詞） 糊。澱粉質で接着するもの。例：封書に封をするノリないか。

**のり**（名詞） 海苔。紅藻・緑藻類の総称。採集して紙のようにすいた食品。例：そのままの緑藻に味付けして瓶に入れた食品もノリや。

**のり**（名詞） 土手の傾斜面。ノリメンとも。例：ノリの草刈り大変や。

**のりあい**（名詞） 乗合い。乗り物に乗り合わせること。例：ノリアイの舟。ノリアイ自動車。

**のりおくれる**（動詞） 乗り遅れる。時刻に間に合わず取り残される。例：新幹線にノリオクレル。

**のりかえ**（名詞） 乗り替え。乗り物を乗り替える。例：新大阪で、ノリカエてもらう。

**のりごこち**（名詞） 乗り心地。乗り物に乗った感じ。例：どうもノリゴコチの悪い席や。

**のりと**（名詞） 祝詞。のりごと（告る＋言）。神に告げ申す言葉。例：宮司のノリトを静かに聞く。

**のりまわす**（動詞） 乗り回す。乗り物を意のままに走らせる。例：高級自動車をノリマワスのが趣味なんや。

**のりもの**（名詞） 乗り物。交通機関の総称。例：飛行機、バス、電車、それに船や遊園地の遊具も、ノリモノや。

**のる**（動詞） 乗る。載る。例：車にノル。雑誌にノル。

**のる**（動詞） 調子づく。勢いにまかせる。例：調子にノル。

**のる**（動詞） 遭う。遭遇する。例：ひどい目にノッたわ。

**のれん**（名詞） 暖簾。店の出入口に垂らしてある店名を入れた布。室内の仕切り布。例：ノレンに腕押し。
**のれんわけ**（名詞）　店の暖簾を分けて、独立させる。例：田舎でノレンワケするような大きい店、ないわな。
**のろ**（名詞）　のろのろした人。ノロマ。例：あいつ随分ノロやで。
**のろい**（形容詞）　仕事が遅い。頭の働きがにぶい。例：何やらせてもノロイわ。
**のろくさい**（形容詞）　ノロイ、の強調。例：いかにも、ノロクサイお人や。
**のろける**（動詞）　惚ける。人前で、自分の連れ合い、または愛人のことを自慢して話すこと。例：人前でノロケルのはやめとき。
**のろし**（名詞）　狼煙。急を知らせる合図用の煙。例：フランス革命のノロシをあげる（このノロシは比喩的用法）。
**のろま**（名詞）　仕事が遅く、はかどらぬ人を悪意で言う、意。ノロ、ノロサク、ノロスケなど。例：あいつは鈍いというか、ほんまにひどいノロマやわ。
……**のん**（名詞化）　こと、ことを、の意。例：うち行くノン止めた。
……**のん**（疑問化）　のか、の意。例：あんたも、行くノン。
……**のん**（名詞化）　のもの、の意。例：これあんたノン？
**のんだくれ**（名詞）　飲んだくれ。大酒のみ。例：夫は、ノンダクレや。
**のんどり**（副詞）　のんびりしてゆったり。例：あっこの御主人、ノンドリしてはりまっせ。
**のんのする**（動詞）　帰る（幼児語）。例：もうノンノシような。
**のんべんだらり**（副詞）　ずるずるべったり。無駄に時間を費やすこと。例：ノンベンダラリと日を送ったらあかん。

# は

**は**（は抜き） 主題助詞ハを表現しないで、ハの機能を表す。例：明日予定の遠足（×）台風で中止やて。式（×）何時からや？

**……は**（助詞） 主題を示し、説明する述語と対応する。例：京都ハ、千百年間みやこだった所です。あなたハ、本校の普通科の課程を卒業された。よってこれを証します。

**はあ**（名詞） 端数。はんぱ。端の一音節語の長音化。例：どう割り算してもハアが出る。

**はあ**（名詞） 葉。一音節語の長音化。例：柿のハア、十枚ほど取ってきて。

**はあ**（名詞） 歯。一音節語の長音化。例：悪いハア、歯医者に治療してもらうんや。

**はあ**（名詞） 派。一音節語の長音化。例：あの代議士、ハアが違うわ。

**はあ**（名詞） 刃。一音節語の長音化。例：剃刀のハア、一箱買うてきて。

**ばあ**（名詞） 場。一音節語の長音化。例：話し合いのバアを、持たんとあかんわ。

**ぱあ**（名詞） 馬鹿。例：あいつ、パアと違うか？

**はいえつ**（名詞） 拝謁。天皇や皇族にお目にかかること。例：天皇陛下にハイエツ。

**はいおく**（名詞） 廃屋。荒れ果てた家。例：故郷のハイオクは、まだそのままや。

**ばいか**（名詞） 梅花。ウメの花。例：バイカの公園。バイカの模様。

**はいかい**（名詞） 徘徊。あてもなく歩きまわること。例：休日、古都奈良を、ハイカイした。

**はいかい**（名詞） 俳諧。おどけ、たわむれ、おかしみ。古今集では和歌の一体。例：ハイカイの連歌から俳句が生まれたんや。

**ばいかい**（名詞） 媒介。二つのものの仲立ちをすること。例：蚊が今度の伝染病のバイカイをするらしい。

**はいかたづけ**（名詞） ハイは灰。火災の家へ後片付けの手伝い。例：ハイカタヅケに行ってくるわ。

**はいがん**（名詞） 拝顔。お目にかかること。相手に会う、の謙譲語。例：ハイガンの栄に浴す。

**はいけん**（名詞） 拝見。見る、の謙譲語。例：これ拝見してよろしいか。

**ばいぞう**（名詞） 倍増。二倍にふやす。バイマシとも。例：所得バイゾウを目標とする政策。

**はいた**（名詞） 歯＋板。下駄のハマにする板。例：ハイタのええのが、なかなかない。

**ばいた**（名詞） 細い丸太のこと。京都や滋賀では割り木、の意にも。例：こんなバイタ誰も欲しがらん。

**はいつくばって**（熟語） 這うようにかがまって、平伏して。例：ハイツクバッテ、お詫びする。

**はいてい**（名詞） 拝呈。贈る、意。さしあげる、の謙譲語。手紙のはじめの語。例：ハイテイは、拝啓や謹啓と同じや。

**はいでん**（名詞） 拝殿。神社の本殿の前にある拝礼のための建物。例：ハイデンに着席する。

**はいとう**（名詞） 配当。割り当てること。配分すること。例：株式のハイトウ。

**はいな**（感動詞） 軽い承諾の言葉。例：ちょっと手伝ってくれ。ハイナ。

**ばいばい**（名詞） 売買。売りと買い。例：魚介のバイバイの盛んな市場なんや。

**はいぼく**（名詞） 敗北。戦いに負けること。例：第二次世界大戦にハイボク。

**はいる**（動詞） 入る。外から内へ進む。例：日は、西山にハイッた。

**はいる**（名詞） 配流。島流し。例：隠岐にハイルになった大宮人。

**はいれい**（名詞） 拝礼。神仏に頭をさげて礼をすること。例：二礼、二拍、のあと深くハイレイするのが基本。

**はえる**（動詞） 生える。植物等が出て育つ。例：雑草がハエル。歯がハエル。

**はえる**（動詞） 映える。映って光る。例：夕日にハエて輝く。

**はか**（名詞） 墓。人を葬ったところ。例：ハカ参り。ハカ石。

**ばか**（名詞） 馬鹿。愚か者。あほう。例：そんなバカな話はない。バカ正直。バカ力。バカの一つ覚え。

**はかい**（名詞）　破戒。戒律を破ること。例：藤村の小説「ハカイ」に感動する。

**はかい**（名詞）　破壊。こわす。こわれる。例：建設とハカイ。天守をハカイする。

**はがいい**（形容詞）　はがゆい、の訛。思い通りにならないのでじれったい。例：渋滞で車進まへん。すぐそこやのにハガイイ。

**はかがいく**（熟語）　仕事がはかどる。進捗する。例：助けてもらって、ハカガイッたわ。

**ばかくさい**（形容詞）　つまらない。ばからしい。例：いつまでも助手やで、バカクサイ。

**はがくれ**（名詞）　葉隠れ。木の葉の陰になって隠れること。例：ハガクレで、山の全容が見えない。

**はかす**（動詞）　捌す。うまく売りさばく。例：売れ残り、できるだけ早くハカシてくれ。

**はかす**（動詞）　水を流れやすくする。例：あふれた水を、早くハカシてほしい。

**はかせ**（名詞）　博士。広く学問に通じた人。物知り。万葉期の言葉。例：文章ハカセ。明経ハカセ。お天気ハカセ。

**はかどる**（動詞）　捗る。仕事や学習が順調に仕上がる意。ハカガイクとも。例：実験が順調にハカドル。

**はかない**（形容詞）　もろく頼りない。心細い。むなしい。例：ハカナイ命。ハカナイ望み。

**ばかに**（副詞）　度を越えたさま。むやみに。非常に。例：バカニ暑い。バカニ遅かったな。

**はかま**（名詞）　袴。和服の正装。下半身に着るもの。例：羽織ハカマで参列して下さい。

**はかま**（名詞）　徳利にはかして、滴の濡れを防ぐもの。例：徳利のハカマどこや。食器棚の奥？

**ばかもの**（名詞）　馬鹿者。愚かな者。例：バカモノも使い方次第や。

**はからう**（動詞）　計らう。良く考えて処置する。うまく取り扱う。例：時機を見ハカラッて、皆にはかります。

**はかり**（名詞）　秤。物の重さをはかる器械、器具の総称。例：ハカリに掛ける。

**はかりごと**（名詞）　謀（計り事）。計略。計画的手段。くわだて。例：帝は、ハカリゴトをめぐらされた。

**はかる**（動詞）　計る。測る。量る。例：時間、温度をハカル。水深をハカル。雨量をハカル。

**はかる**（動詞）　図る。くわだてる。例：山陰地方に高速道建設をハカル。

**はかる**（動詞）　諮る。相談する。例：候補者を出すか出さぬか、皆にハカル。

**はかる**（動詞）　謀る。あざむく。だます。例：他人をハカッて、罪に陥れる。

**はぎ**（名詞）　萩。マメ科の植物。例：人は皆、ハギが秋の花で一番よいという。

**はきだし**（名詞）　掃き出し。外部へ塵を掃き出せるようにした小窓。例：床の裏にハキダシ作ってくれ。

**はきちがえる**（動詞）　物事の道理や意義を取り違える。例：自由平等をハキチガエタ青年。

**はきつかぬ**（熟語）　はきはきしない。ぐずぐずしている。例：どうもハキツカヌ子供やなあ。

**はぎはら**（名詞）　萩原。萩の生い茂った原。例：ハギハラで秋の七草を思う。

**はきもの**（名詞）　履き物。足に履くものの総称。例：貧しくてハキモノにも、不自由した。

**はきゅう**（名詞）　波及。次第に影響が及んでいくこと。例：金融政策が国民の生活にハキュウする。

**はぎれ**（名詞）　端切れ。布の端。小布。例：ハギレで、おじゃみ、作って。

**はくし**（名詞）　白紙。何も書いてない紙。例：ハクシにもどす。ハクシ委任状。

**ばくしゅう**（名詞）　麦秋。麦を収穫する季節。例：バクシュウは夏の季題や。

**はくちゅう**（名詞）　白昼。まひる。例：ハクチュウの大都市で八億の金塊強盗。

**はくちょう**（名詞）　白鳥。ガンカモ科の大形の白い水鳥。例：ハクチョウは、シベリアから初冬に日本へやってくる。

**はくばい**（名詞）　白梅。白い梅の花。例：紅梅に対してハクバイっていうてる。

**はくひょうをふむ**（動詞）　薄氷を踏む。きわめて危険な場面にはいっていく喩え。例：ハクヒョウヲフム思いで、仕事をする。

**はくまい**（名詞）　白米。精白した米。ついた米。例：ハクマイばかり食べてると脚気になる。

**はぐらかす**（動詞）巧みに話題を移してごまかす意。例：野党の批判の論点をハグラカス。

**はくらん**（名詞）博覧。広く読み、見聞すること。例：ハクラン強記。万国ハクラン会。

**はぐる**（動詞）剝ぐ、剝がす。例：張り紙や膏薬など取り去ることをハグルっていうんや。

**はぐれる**（動詞）連れや仲間を見失う。例：親にハグレテ、迷い子になる。

**ばくろう**（名詞）博労。馬や牛の商人。例：バクロウは伯楽の転。博労は、当て字やそうや。

**はげちゃびん**（名詞）禿げ茶瓶。はげあたまの人の喩え。禿げ＋茶瓶、が語源。例：いつの間にかすっかり、ハゲチャビンや。

**はげちょろけ**（名詞）反物の色がところどころ禿げて醜くなること。例：箪笥に入れといたら、大事な袴、ハゲチョロケや。

**はげます**（動詞）励ます。力づける。奮いたたせる。例：失意の友をハゲマス。

**はげむ**（動詞）励む。心、気力を奮い起こして精を出す。例：仕事にハゲム。

**ばけもの**（名詞）化け物。化けて怪しい姿になって現れるもの。例：子供の頃、バケモノを展示して見せるお化け屋敷が恐かった。

**はげんしょ**（名詞）半夏生。夏至から十一日目。田植えと一番草取りが終わり、農家の骨休みのころ。ハンゲショウとも。例：ハゲンショ半作は、大豆の種蒔きの教えや。

**はごいた**（名詞）羽子板。追い羽根をつく柄のついた板。例：かわいい押し絵のついたハゴイタを叔父に頂く。

**はごろも**（名詞）羽衣。天人の着る薄く美しい衣。例：ハゴロモの伝説。

**はさ**（名詞）稲架。例：稲束が濡れたるさかい、ハサにかけんとあかん。

**はざかい**（名詞）端境。物のすきま。例：庭石のハザカイから、大きなむかでが出てきよった。

**はざかいき**（名詞）端境期。新米と古米と入れ替わる時期。例：ハザカイキに残った米の処理や、問題は。

**はざかる**（動詞）挾まる。例：歯にチューインガムが、ハザカッて、気持ちが悪いんやわ。

**はざける**（動詞）食べ物の残りを寄せ集めてさらえる。例：残った御飯ハザケておくれ。

**はざける**（動詞）挾む。ハザカルの他動詞。例：お母さん、ちょっとこの紙、帯にハザケといて。

**ばさばさ**（副詞）乾燥して、手触りがよくない状態。例：バサバサの髪。

**はさほし**（名詞）稲架干し。刈り取った稲をハサ（稲架）に掛けて干す作業。例：ハサホシ手伝ってくれへんか。

**はし**（名詞）橋。掛け渡して通り道にするもの。例：ハシの架け替え。

**はし**（名詞）端。中心から離れた部分。断片。例：木のハシ。布のハシ。

**はじ**（名詞）恥。恥ずかしさ。面目ないこと。例：ハジをかく。ハジをさらす。

**はしか**（名詞）麻疹。子供に多い急性伝染病。発熱、発疹をともなうことが多い。例：子供さんのハシカどうや。

**はしかい**（形容詞）稲や麦の穂の禾などのため、身体がかゆいことをいう。ちくちくするほどかゆいこと。例：稲こき手伝って身体中、ハシカイ、ハシカイ。

**はしがかり**（名詞）橋懸り。能舞台で、楽屋から舞台への通り道。例：向かって左、斜めの板張りの長廊下がハシガカリや。

**はじかる**（動詞）張り、広げる。例：足をハジカルのは、行儀が悪い。

**はじき**（名詞）おはじき。女の子の遊び。例：ハジキして、遊ばへん。

**はじき**（名詞）Y字形の木の又に、ゴム管を括りつけ、小石をはじき飛ばす男の子の遊び。パチンコ。例：ゴム管の、ハジキ、作って遊ぼうか。

**はしくれ**（名詞）端くれ。末端。例：木のハシクレ、もらえんかな。

**はしげた**（名詞）橋桁。橋ぐいの上に渡して橋板を支える木。例：昔、瀬田の唐橋の橋板をはずして、ハシゲタだけにして、戦うことがよくあったようや。

**はしご**（名詞）梯子。例：二階に届くハシゴがほしい。

**はしご**（名詞） 大八車の荷台の上に置いた梯子状の台。例：車のハシゴ押さえてな。

**はしご**（名詞） 梯子酒。次々と飲み、段々と、酔う度合いが上がるところから。例：忘年会、二次会、そのあとハシゴや。

**はしこい**（形容詞） 動作がすばしこい。例：ハシコイ子やなあ。そこらにおらん。

**はしごだん**（名詞） 階段。ダンバシゴ。例：ハシゴダンの下、掃除しといてな。

**はした**（名詞） 端数。ハンパ。例：ハシタ金。ハシタは、四捨五入や。

**はしたない**（形容詞） 下品。格好が悪い。例：女の子がハシタナイ走り方するな。

**はしっこ**（名詞） 端。例：先生を、ハシッコに座らしたらあかん。

**はしってた**（熟語） 走っていた。例：駅伝で、ハシッテタのは、息子さんか。

**はしっとった**（熟語） 走っていた（主に、男性語）。例：ハシットッタのは、うちの奴や。

**はじめ**（名詞） 始め。仕事、事件の最初。例：二学期のハジメの始業式。

**はじめ**（名詞） 初め。時間的に最初。例：一年のハジメにあたっての挨拶。

**はしゃぐ**（動詞） 物が乾燥する意。例：よう木がハシャイどるわ。

**はしゃぐ**（動詞） 調子に乗って浮かれ騒ぐ。例：温泉の中で、子供がハシャグ。

**ばしょう**（名詞） 芭蕉。バショウ科の多年草。例：バショウ布は、芭蕉の繊維で織った布。

**はしょる**（動詞） 省略する。縮める。例：話をハショッて下さい。

**はしらせる**（熟語） 他人に行かせる。例：雑用は、うちがハシラセてもらいますわ。

**はしらはる**（熟語） 走りなさった。例：今年も、箱根でハシラハッた。

**はしり**（名詞） 台所の流し。転じて台所ハシリモト。ナガシモトとも。例：ハシリの茶椀、片付けといてな。

**はしり**（名詞） 走り比べ。例：わしは、ハシリ、早うてなあ。

**はしり**（名詞） 魚、野菜の初物。例：この茄子、うちのハシリや。

**はしりごく**（名詞） 走りごっこ、の転。ゴクは事。コトーゴトーゴク。競争の意。例：みんなで、ハシリゴクせえへん。

**はしりどおし**（名詞） 走り通し。走り続けること。例：ハシリドオシに走ったメロス。

**はしる**（動詞） 走る。駆ける。速く行く。逃げる。例：駅伝で、一区をハシル。

**はすかい**（名詞） 斜め。例：ハスカイ前のビルや。

**はずかしい**（形容詞） 恥ずかしい。きまりが悪い。面目ない。例：ハズカシイ話だが、泥棒にやられた。

**はずかしがり**（名詞） 恥ずかしがり。必要以上に恥ずかしがる人。例：いつまでもハズカシガリでは、困ったもんや。

**はずかしめる**（動詞） 辱める。恥をかかせる意。例：総理の名をハズカシメルような発言や。

**はずむ**（動詞） はね返る。例：ゴルフボール、ハズンで、池にポシャンや。

**はずむ**（動詞） 奮発してお金を出す。例：誕生日やし、皆に、ハズンでやろか。

**はずれる**（動詞） 外れる。取りつけたものが抜け落ちる。例：戸がハズレル。宝くじがハズレル。

**はせむかう**（動詞） 馳せ向かう。急いで駆けつける意。例：馬に乗ってハセムカウ鎌倉武士。

**はせる**（動詞） 馳せる。走らせる。思いを遠くまで至らせる。例：思いを故国にハセル。

**はせん**（名詞） 破船。難破した船。例：台風のあと、ハセンが浜に打ち上げられているのをよく見た。

**はそむ**（動詞） 挟む、の転。例：大工さんは、耳によう鉛筆をハソンではる。

**はそん**（名詞） 破損。壊れて傷付くこと。例：津波のあとの学校のハソン状況。

**はた**（名詞） そば。付近。かたわら。例：学校のハタの文房具屋さん。

**はたおりべや**（名詞） 機織り部屋。むかし、機織りをしていた部屋。例：ハタオリベヤは、子供の遊び場や。

**はだか**（名詞） 裸。衣服を全くつけていないこと。例：はだか一貫。ハダカ麦。

**はだぎ**（名詞） 肌着。肌に直接着る下着。例：ハダギの入った箪笥はどこや。

**はたぎょうれつ**（名詞） 旗行列。祝い事で、皆が小旗を持って行列すること。例：市政百年祝賀のハタギョウレツ。

**はだける**（動詞） 開け広げる。肌を見せる。例：胸をハダケル。

**はたごや**（名詞） 旅籠屋。宿屋。旅館。例：昔の宿場やからハタゴヤも多かった。

**はだし**（名詞） 裸足。素足。何も履かないこと。例：ハダシで道に飛び出した。

**はたち**（名詞） 二十。二十歳のこと。例：ハタチで、成人式の年や。

**ばたつかいでもええ**（熟語） あわてなくてもよろしい。例：そんなに、バタツカイデモエエ、時間は十分あるさかい。

**ばたつく**（動詞） 手足をばたばたさせる。あわてる。例：そんなにバタツクな。落ち着きが肝心や。

**はだぬぎ**（名詞） 肌脱ぎ。上半身の着物を脱いで肌を表す意。例：ハダヌギになって作業する男。

**はだはだ**（名詞） お互いの気持ちがばらばらで、合っていないこと。例：あそこの兄弟は、ハダハダや。

**はたび**（名詞） 旗日。祝祭日。例：ハタビに旗を揚げない家が増えた。

**はたまた**（接続詞） それともまた。例：台風で、休校か、ハタマタ、例の教授の休講か。

**はため**（名詞） 無関係な者の目。例：ハタメからみてると、景気のええ店や。

**はたらく**（動詞） 働く。仕事をする。例：ハタライてもハタライても楽にならない世の中や。

**ばち**（名詞） 和楽器をはじいてならす道具。例：太鼓のバチ、大事に扱え。

**ばち**（名詞） 先の平たい土木用具。先のとがったツルハシに対する語。例：バチで穴を拡げる。

**ばちあたり**（名詞） 罰当たり。天罰にあたること。例：あのバチアタリめが。年寄りを馬鹿にしよって。

**はちきれる**（動詞） 張り切って破れる。例：ハチキレルほど混雑した電車。

**はちく**（名詞） 淡竹。竹の一種。クレタケとも。例：ハチクのたけのこは食用になる。

**はちくりかえる**（熟語） 妊婦の腹の形容。例：ハチクリカエルような大きいおなかなんや。

**はちまき**（名詞） 鉢巻き。頭を布で巻くこと。またはその布。例：ねじりハチマキ。ハチマキ姿の踊り子。

**はついく**（名詞） 発育。成長し成育する。例：ハツイクが良い。ハツイク不全。

**はつうま**（名詞） 初午。二月最初の午の日。例：ハツウマは、伏見稲荷の祭日や。

**はつうり**（名詞） 初売り。正月二日の初荷（商売始め）を得意先に届けること。例：きょうは、ハツウリの日や。

**はつえき**（名詞） 発駅。出発した駅。始発駅。例：ハツエキは、新大阪や。

**ばっかり**（副助詞） ばかり。限定。バッカシとも。例：ここの料理は、芋と棒鱈バッカリや。

**ばつぐん**（名詞） 抜群。多くの中で際立ってすぐれている意。例：バツグンの成績やったんや。

**はっけ**（名詞） 八卦。占い。例：ハッケ見に見てもらう。

**はっけい**（名詞） 八景。八つの良い景色。例：近江ハッケイ。琵琶湖ハッケイ。

**はっけん**（名詞） 発見。まだ知られていないものを、はじめて見つけること。例：魚の新種をハッケンする。

**はっさく**（名詞） 八朔。農家でその年の新穀の祝いをすること。陰暦八月一日。例：今年のハッサクは、十月の何日や？

**……ばっさり**（接尾語） 限り。だけ。例：そのときバッサリの建物や。

**はっしゅくしゅ**（名詞） いろいろさまざま。ハッケクシュとも。例：クリスマスツリーいうても、飾りはハッシュクシュや。

**はっしょうち**（名詞） 発祥地。物事が起こったところ。例：日本国有鉄道ハッショウチの石標がある。

**はっそく**（名詞） 発足。事業所等が設立され活動をはじめること。ホッソクとも。古くは、旅立ちの意。例：会社のハッソクを記念して乾杯。

**……はった**（助動詞） なさった、の意。例：よう勉強しやハッタさかい、ええ大学に入らハッタ。

**はったいこ**（名詞） 麦焦がし。麦を炒って挽いた粉。例：おやつにハッタイコおくれ。

**はったおす**（動詞） 張り倒す。例：生意気な奴、ハッタオシてやれ。

**はったり**（名詞） 出来もしないのに出来

そうに振る舞うこと、実際以上に見せる。例：あいつのやること、ハッタリが多い。

**はったりをきかす**（熟語）大胆なかけひきをする。実際以上に見せかけたり、俗受けする言動をしたりする。例：常務が出てきてハッタリヲキカス。

**ぱっち**（名詞）股引き（男のズボンにあたる）。紺パッチ、昭和初期までの農民の労働着。例：田行きのパッチ出してくれんか。

**はっちょみところ**（名詞）八町を三度に飛ぶ。極めて早く粗雑。例：仕事ぶりも、ハッチョミトコロや。

**ばってら**（名詞）鯖の生鮨。ポルトガル語の**bateira**（ボート）、の意。例：形がボートに似てたからバッテラや。

**はっと**（名詞）法度。禁制。例：水盗人は、昔から、ごハットやでなあ。

**はつどう**（名詞、動詞）発動。動き出すこと。例：発動機船。大統領令を発動する。

**ぱっとせん**（熟語）あまり映えない。例：あの人、会社ではパットセンそうな。

**はつね**（名詞）初値。株式の新年最初の相場のこと。例：ハツネが安い。

**はつね**（名詞）初音。うぐいすなどがその年はじめてなく鳴き声。例：鶯のハツネを聞いた日。

**はつはつの**（熟語）一定量にぎりぎりの状態。例：六十キロ、ハツハツノ体重やわ。

**はつはる**（名詞）初春。春のはじめ。例：ハツハルの喜びを歌う。

**はっぴ**（名詞）法被。労働者の上着。例：ハッピを着た宿屋の番頭のお出迎え。

**はつめい**（名詞）発明。はじめて考え出すこと。例：自動織機のハツメイ。

**はつる**（動詞）少しずつ欠いて削り取る。例：本堂改築用の梁材の上で、大工さんが、材木をハツッてやはる。

**はて**（名詞）果て。最終。最後。尽きるところ。例：日本の国の北のハテ。

**はて**（感動詞）さて。迷い考える時の言葉。例：ハテ相続税、うちかかるかな。

**はで**（名詞、形容動詞）派手。華美。目立つ。例：ハデな選挙運動や。

**はとう**（名詞）波濤。大波。波浪とも。例：ハトウ千里、洋々たる大海原。

**はな**（名詞）祝儀。花代。例：ハナ、おくれなはれ。はいどうぞ。大きに。

**はな**（名詞）花。桜の花。植物の茎や枝の先に咲くもの。例：ばらのハナ。

**はな**（名詞）鼻。人間の顔の中央の先端部分にある呼吸器官。例：ハナが高い。

**はな**（名詞）端。先端。例：山の尾根のハナまで降りて休もうか。

**はなあわせ**（名詞）花かるた。例：ハナアワセ、四枚ずつ十二月で四十八枚や。

**はないろ**（名詞）はなだいろ。薄い藍色。例：ハナイロは分かり易くいうと、青白色のことや。

**はなお**（名詞）鼻緒。下駄、草履などの足の指を通す太いひも。例：ハナオが切れたさかい、すげかえて。

**はなかみ**（名詞）鼻紙。ちり紙。例：ハンカチハナカミ、忘れたらあかんえ。

**はなから**（熟語）最初から。はじめから。例：あの先生の講義、ハナカラ判らん。

**はなぐもり**（名詞）花曇り。桜の花の咲くころの薄曇りの天候。例：ハナグモリの日、花見にええわ。

**はなご**（名詞）鼻緒、の訛。例：お母さん、また下駄のハナゴが切れた。

**はなざかり**（名詞）花盛り。花が盛んに咲くころ。例：公園のハナザカリ、今日から二、三日や。

**はなし**（名詞）落語。上方ばなし。例：落語家のこと、ハナシ家っていうわな。上方バナシは上方落語のことや。

**……ぱなし**（接尾語）……したまま。例：借りっパナシにしていた金を返す。

**はなしがい**（名詞）放し飼い。家畜の放牧。

**はなしくい**（名詞）話を聞くとすぐ乗ってくる人。欲しがったりする人。例：おまえはハナシクイやな。松葉蟹の話してたら、すぐ食べたがる。

**はなしにならん**（熟語）話にならん。問題にならない。価値がない。例：いつでも、何をやっても、欠席してはハナシニナラン。

**はなしべた**（名詞）話の下手な人。例：口下手は、ハナシベタのことや。

**はなす**（動詞）話す。言葉で伝える。相談する。例：友にハナシてみる。

**はなす**（動詞）離す。分けて別々にする。

例：座席をハナス。
**はなす**（動詞）放す。つないだものを解いて自由にする。例：家畜をハナシ飼いにする。
**はなすじがとおる**（熟語）鼻筋が通る。顔立ちが整っている。例：ハナスジガトオッたええ男や。
**はなたて**（名詞）花瓶。花生け。花筒。
**はなたれ**（名詞）子供の意。例：あそこの坊や、ハナタテの花、萎れてる。
**はなぢ**（名詞）鼻血。鼻の穴からの血。例：関取がはっけよいでぶつかってハナヂや。
**はなつみ**（名詞）花を摘み遊ぶこと。例：花野で、しばらくハナツミしよう。
**はなのき**（名詞）樒。しきみ。例：仏前に供える木やで、ハナノキや。
**はなのした**（名詞）鼻の下。口。転じて、生活の意。例：ハナノシタが、干あがる（生活できない）。
**はなびせんこう**（名詞）花火線香。例：夏の夜の子供の楽しみは、ハナビセンコウやった。
**はなまつり**（名詞）花祭り。釈迦誕生の四月八日に小さい釈迦像に甘茶を注いで供養する祭り。例：お寺でハナマツリや。
**はなみ**（名詞）花見。桜の花を見て遊び楽しむこと。例：観光バスで、海津大崎へハナミに行く。
**はなむけ**（名詞）餞。旅立つ人へ贈る金品。例：餞、の語源は馬のハナムケや。

**はなやか**（形容動詞）華やか。美しく輝かしい。例：ハナヤカな一生。
**はならかす**（動詞）離す。距離を置く。例：ストーブ、ちょっとハナラカシて。
**はなれ**（名詞）離れ座敷、の略。例：ハナレで、年寄りは、お休みや。
**はね**（名詞）羽。鳥の羽。つばさ。転じて羽毛。例：とんぼのハネ。ハネ布団。
**はねのき**（名詞）仲間はずれにする意。ハネノケ、ハネドキとも。撥ね＋退き、が語源。例：うちの子、ハネノキにせんといて。
**はねまわる**（動詞）跳ね回る。跳ねてとびまわる意。例：元気な男の子やさかい、ハネマワッて遊んでますわ。
**はねをのばす**（熟語）気ままにふるまう。例：ひさしぶりに家でハネヲノバス。
**はは**（名詞）母。女親。子のある女。例：ハハの形見。ハハ親。
**ばば**（名詞）大便。糞。例：犬のババ拾うふりして、袋持ってるだけや。
**ははおや**（名詞）母親。お母さんのこと。例：帰ってハハオヤに相談して来ます。
**はばかり**（名詞）憚り。便所。例：ハバカリいうても、若い人わからへん。
**はばかりさん**（熟語）お世話になりました。お手数をかけました。例：大きにハバカリサン。
**ばばたれごし**（名詞）へっぴりごし。例：そんなババタレゴシでは、和船は漕げへん。
**ばばっちい**（形容詞）汚いの児童語。例：ババッチイ手してるな。洗うておいで。

**はぶく**（動詞）省く。省略する。例：手間をハブク。演技種目をハブク。
**はぶたえもち**（名詞）色が白く羽二重のようなやわらかな餅。例：おやつに、ハブタエモチや。
**はぶはぶする**（動詞）死にかかっている。苦しそうだ。例：水槽の中で、金魚、ハブハブシてるわ。
**ばふん**（名詞）馬糞。馬の糞。例：バフン紙は、色が似ている厚紙のことや。
**はま**（名詞）下駄の歯。例：下駄のハマ、入れてくれるとこあらへん。
**はま**（名詞）浜。湖岸。海岸。川岸。例：ハマ辺で花火を見る。ハマ大津。北ハマ。ハマ筋。ハマ通り。
**はまかぜ**（名詞）浜風。海辺や湖岸を吹く風。例：ヨットは、ハマカゼをうまくつかむことだ。
**はまぐり**（名詞）蛤。マルスダレガイ科の二枚貝。例：浜の栗が、ハマグリの語源やて。
**はまち**（名詞）はまち。鰤の幼魚。例：ハマチの刺身を食べたい。
**はまちどり**（名詞）浜千鳥。浜辺に遊んでいる千鳥。例：青い月夜にハマチドリの歌を歌いながら、貝を拾うた。
**はまべ**（名詞）浜辺。海のほとり。例：ハマベを吹く風。
**はままつ**（名詞）浜松。浜に生えた松。例：ハママツの枝。砂に埋もれたハママツ。

**はまる**（動詞） 穴に落ち込む。例：車が、溝にハマル。

**はまる**（動詞） 企みにひっかかる。例：あいつ、うまいことハマリよった。

**はまる**（動詞） 気持ちに合致する。叶う。例：意にハマル話やったかな。

**はめつ**（名詞） 破滅。破れ滅びる意。例：北支に戦線が拡大し、日本はハメツの道を歩んだ。

**はも**（名詞） 鱧。ハモ科の海魚。細長いウロコがない魚。例：ハモの骨切り。

**はやい**（形容詞） 早い。時間的に短い。例：朝ハヤクから新聞配達や。

**はやい**（形容詞） 速い。急である。激しい。例：流れがハヤイ。ハヤク走る。

**はやいものがち**（名詞） 早い者勝ち。早いものが利益を受けること。例：景品はハヤイモノガチや。

**はやおき**（名詞） 早起き。早く起きること。例：ハヤオキは、三文の徳。

**はやくち**（名詞） 早口。話し方が早い意。例：ハヤクチで聞き取りにくい。

**はやし**（名詞） 林。樹木の群がり生えている所。例：雪の降る冬のハヤシに入る。

**はやじまい**（名詞） 早仕舞。早めに仕事や店を終えること。例：今日は土曜やで店ハヤジマイや。

**はやびる**（名詞） 定刻より早い昼食。例：出発が早かったので、ハヤビルにしよう。

**はやらす**（動詞） はやらせる。流行させる。例：この言い方を、学校で、ハヤラスか。

**はやる**（動詞） 流行する。例：風邪がハヤル。都会でハヤッたスタイルや。

**はやわざ**（名詞） 早業。すばやく見事な技術。例：牛若丸がハヤワザで弁慶を降す話。

**はよ**（形容詞） 早く、のウ音便でu音脱落。例：ハヨ、返事しな。

**はよう**（形容詞） 早く、のウ音便。例：ハヨウ学校へ行かな、あかんがな。

**はように**（熟語） 早うに。ずっと以前に。例：ハヨウニ、言うてた通りの予定やで。

**はよおかえり**（熟語） 早うお帰り。行っていらっしゃいの挨拶言葉。例：家から送り出す挨拶が、ハヨオカエリや。

**はよから**（熟語） 早くから。例：ハヨカラ、えらい精が出ますな。

**はら**（名詞） 腹。動物の内臓を被っている部分。腹。例：ハラをこわす。ハラが立つ。ハラ痛。ハラ当て。

**はらいさげる**（動詞） 払い下げる。国や公共の所有物を民間に売り渡す。例：ここは、国からハライサゲラれた土地や。

**はらう**（動詞） 払う。除き去る。代金をわたす。例：塵をハラウ。金をハラウ。

**はらくだり**（名詞） 腹くだり。下痢。例：腸が悪いのかずっとハラクダリや。

**はらぐろい**（形容詞） 腹黒い。意地が悪い。心がひねくれている。例：ハラグロイ、女性や。

**はらげい**（名詞） 腹芸。度胸や経験で、大胆に物事を処理する。例：無口だが、ハラゲイの確かな人物。

**ばらずし**（名詞） ちらし寿司。ごもく寿司とも。例：握ってないのをバラズシっていうわな。

**はらたて**（名詞） 腹立て。怒りっぽい人。例：あいつ、この辺でめずらしいハラタテや。

**……はらへん**（熟語） 打消の尊敬。ヤラヘンとも。なさらない。くださらない。例：ちっとも、親切に教えてくれハラヘン。

**はらぼて**（名詞） 腹ぼて。腹のふくれたもの。例：この鯉ハラボテや。ハラボテの女性。

**はらむ**（動詞） 孕む。身ごもる意。内部に含み持つ。例：戦争の危険をハラム法案や。

**はらわた**（名詞） 動物の内臓。例：小鮎は、ハラワタのまま食べられるわ。

**……はらんか**（熟語） ……さらんか。尊敬する相手に軽い願望。例：ちょっと手を貸して下ハランカ。

**はりあいぬけ**（名詞） 張り合い抜け。がっかりすること。例：子供が留学してしまい、ハリアイヌケや。

**はりこむ**（動詞） 奮発する。例：三百万円で新車をハリコム。今晩ハリコムさかい、付き合うか。

**はりこむ**（動詞） 見張りをする。例：痴漢がいないかと、警官がハリコム。

**はりだし**（名詞） 張り出し。掲示。例：掲示板のハリダシ見たか？

**はりだし**（名詞） 出っ張らしたもの。例：舞台に、ハリダシを作って広く使う。

**はりばこ**（名詞） 針箱。裁縫道具を入れる箱。例：ハリバコ、ちょっと貸して。
**ぱりぱり**（副詞） 上等の新品を形容する語。例：パリパリの新車や。
**はりぼて**（名詞） 張りぼて。張り子。例：あの虎はハリボテや。
**はりぼての**（熟語） 外見だけで中身がない意。例：ハリボテノ城や。
**……はります**（熟語） なさいます。例：お宅も行かハリマスか？ はあ行きます。
**はる**（名詞） 春。四季の最初の季節。例：ハル風。ハルが来た。ハルの山。
**はる**（動詞） 張る。のべ広がる。一面に広がる。例：根がハル。氷がハル。網をハル。
**はる**（動詞） 殴る。たたく。例：生意気な子供は、ほっぺたハッてやれ。
**……はる**（助動詞） ……なさる、の意。広く、軽い尊敬を表す。関西では、共通語で使わないはずの教室や電話の用語に使用されるほど、勢力が強い。例：先生も行かハル。
**はるがすみ**（名詞） 春霞。春に立つ霞。例：ハルガスミたなびく山。
**はるかぜ**（名詞） 春風。春の季節に吹く風。例：吹けよハルカゼ。春草、萌えよ。
**はるさめ**（名詞） 春の雨。例：ハルサメの風情は、ええもんやなあ。
**……はるねやな** ……なさるのかな。例：どこで泊まらハルネヤナ。
**はるめく**（動詞） 春めく。春らしくなる意。例：やっとハルメイて来ましたな。

**はれがする**（熟語） 見映えがする。例：その服、着やはるとずっとハレガスルわ。
**はれがましい**（形容詞） 晴れがましい。晴れの場所に出て、面はゆい。例：この年で表彰やて、ハレガマシイこっちゃ。
**はれぎ**（名詞） 晴れ着。晴れの場所に着ていく衣服。例：結婚式のハレギ。
**はれま**（名詞） 晴れ間。晴れている間。例：ハレマを見て、畑仕事や。
**はれやか**（形容動詞） 晴れやか。心がはればれとしていること。例：ハレヤカな顔やな。
**はれわたる**（動詞） 晴れ渡る。大空全体、すっかり晴れる。例：ハレワタル、秋の日、母校の運動会や。
**はれんち**（名詞） 破廉恥。恥を恥と思わないこと。恥知らず。例：ハレンチ罪。
**はろう**（名詞） 波浪。大なみ小なみ。例：青い海、白いハロウの寄せる磯。
**はろた**（熟語） 支払った。例：代金は、先月末にハロタわ。
**……はん**（接尾語） 様の変化。敬称。例：山田ハン。鈴木ハン。
**ばん**（名詞） 晩。夜。例：今バンの仕事にする。明日のバンに来て下さい。
**はんえい**（名詞） 繁栄。栄えて繁盛すること。例：商工会のハンエイを祈る。
**はんか**（名詞） 反歌。長歌に添えた短歌。要約、補充の内容。例：長歌のハンカ。
**ばんか**（名詞） 挽歌。人の死を悼み悲しむ歌。万葉集の部立ての一つ。例：琵琶湖で遭難した学生に対するバンカや。

**ばんぐみ**（名詞） 番組。放送や演劇等の順序、組み合わせ。例：テレビのバングミ表。
**ばんこく**（名詞） 万国。世界中のすべての国。例：バンコク博覧会。
**はんごろし**（名詞） 半殺し。死ぬほどのひどい目。例：ハンゴロシにあわせる。
**ばんさい**（名詞） 家庭料理のおかず。例：毎日のおかずが、おバンサイや。
**ばんざい**（名詞） 万歳。祝福の心をこめて唱える言葉。例：バンザイ三唱。
**はんし**（名詞） 半紙。もとの紙を半分に切ったもの。二十五センチ×三十五センチ。例：ハンシに大きく永久平和と書く。
**ばんじ**（名詞） 万事。あらゆること。例：一事がバンジ。バンジ休す。
**ばんじゃく**（名詞） 磐石。大きな石。大そうかたくしっかりしていること。例：大阪城の備えは、バンジャクであったんや。
**ばんしゅう**（名詞） 晩秋。秋の末。例：ミレーのバンシュウの祈りの絵をパリで見る。
**ばんしゅん**（名詞） 晩春。春の末。例：バンシュンの東海道を旅する。
**はんじょう**（名詞） 繁盛。にぎわい栄えること。例：商売ハンジョウ笹もってこい。
**はんじょう**（名詞） 半畳。一畳の半分のたたみ。例：ハンジョウの床の間。
**ばんしょく**（名詞） 晩食。晩の食事。例：バンショク、今晩はええわ。

**はんせん**（名詞） 帆船。帆に風を受けて進む船。例：白帆のハンセンは、めったに見られなくなった。

**はんだい**（名詞） 飯台。大勢が並んで食べる、食卓。例：ハンダイ出して。

**ばんたん**（名詞） 万端。いろいろな手段、方法。例：用意バンタン調う。

**はんちゃらけ**（名詞） 中途半端にしておくこと。ハンチラケとも。例：仕事をハンチャラケにしておくとは、何事や。

**ばんとう**（名詞） 番頭。商店の使用人の頭。例：バントウさんに何織りや聞いてみて。

**はんなり**（副詞） 明るく晴れやか。ハナ＋ナリ、が語源か。例：ハンナリしたええ色や。

**ばんにん**（名詞） 万人。すべての人。例：バンニンの待ち望んだオリンピック。

**ばんにん**（名詞） 番人。番をする人。例：空きビルのバンニン。

**ばんのう**（名詞） 万能。何事にもすぐれている。例：バンノウの選手。

**ばんぶつ**（名詞） 万物。宇宙にあるすべてのもの。例：バンブツの霊長。

**はんぺら**（名詞） 半ぺら。半分の紙。紙の断片。例：紙切れを、ハンペラといっている。

**はんぺん**（名詞） さつまあげ。すりつぶした魚肉に野菜澱粉をまぜて蒸した食品。例：ハンペン十枚おくれ。

**はんぼう**（名詞） 多人数の寿司や団子を作ったりするときの、小型の盥状のもの。半切り桶。例：寿司作るさかい、蔵から、ハンボウ出してくれ。

**はんぼけ**（名詞） なかばぼけている老人。例：起きてはいるが、ハンボケや。

**はんまい**（名詞） 飯米。自家で消費する米。例：端境期にハンマイ足らんわ。

**はんみち**（名詞） 半道。一里の半分。約二キロ。例：駅まで、ハンミチぐらい。

**ばんめし**（名詞） 晩飯。晩御飯。夕御飯。夕食。例：バンメシ、バンゴハン、ユウハンが関西の言葉や。

**ばんや**（名詞） 番屋。番人のいる小屋。例：北海道のニシン漁のバンヤ。

**ばんり**（名詞） 一万里。たいへん遠い。例：バンリの波濤。バンリの長城。

**はんわりと**（副詞） ふんわりと。例：ハンワリト雪が積もったるわ。

# ひ

**ひ**（名詞） 太陽。例：ヒが高い。ヒの入るまで。

**ひー**（数詞） 一つ。数え方の呼称。例：ひー、ふー、みー、よー、いー、むー、なー、やー、ここー、とー。

**ひー**（名詞） 火。一音節語の長音化。例：ストーブのヒー付けてくれ。

**ひー**（名詞） 日。一音節語の長音化。例：締め切りのヒーは、いつ？

**ひー**（名詞） 比。一音節語の長音化。例：今日の算数は、ヒーの勉強やった。

**ひー**（名詞） 石碑。一音節語の長音化。例：城跡に、土井晩翠の詩のヒーがある。

**ひあい**（名詞、形容動詞） 悲哀。悲しい。哀れな。例：ヒアイな人生。ヒアイな暮らし。

**ひあけ**（名詞） 忌明け、の音変化。葬式翌日または当日、三十五日。四十九日（満中陰）で忌明けとなる。。例：ヒアケは、寺で、何時？

**ひあわい**（名詞） 軒庇と軒庇の間。例：母家と離れのヒアワイに梯子を入れな。

**ひいきのひきたおし**（熟語） 贔屓の引き倒し。ひいきの度がすぎると、かえって迷惑をかける意。例：ヒイキノヒキタオシ、かばいすぎるとかえってあかん。

**ひいてはる**（熟語） 引いてなさる。例：風邪をヒイテハル。

**ひいひい**（副詞） 悲鳴をあげるほど苦しい。例：貧乏ぐらしでヒイヒイ言うてます。

**ひうお**（名詞） 氷魚。小鮎の稚魚。ヒオとも。例：ヒウオも年々不漁やで。

**ひおい**（名詞） 日除け。日光を避けるもの。日＋覆い。例：夏には学生帽に、ヒオイをつけた。

**ひかえめ**（名詞、形容動詞） 控え目。遠慮がち。例：万事、ヒカエメに暮らすのがええ。

**ひがえり**（名詞） 日帰り。その日のうちに行って帰ること。例：ヒガエリバス旅行の旅。

**ひかげ**（名詞） 日陰。ひなたに対する語。

例：ヒカゲは、西日本では陰を使うのが普通。太陽の影は、変だという意識がある。

**ひがごと**（名詞） 僻事。事実と違ったこと。間違った行為。例：ヒガゴトを聞かはったんやろ。

**ひがし**（名詞） 東。日の出る方向。例：ヒガシ山。ヒガシ本願寺。

**ひがた**（名詞） 干潟。潮の引いた遠浅の海岸。例：ヒガタで潮干狩り。

**ひがないちにち**（熟語） 日がな一日。朝から晩まで、一日じゅう。例：ヒガナイチニチ、こたつの守りや。

**ひからびる**（動詞） 干涸らびる。うるおいが全くなくなる。乾いて古臭くなる。例：田舎の寺のヒカラビタ門の仁王さん。

**ひかり**（名詞） 光。光り輝くもの。例：親の七ヒカリ。ヒカル源氏。

**ひがわり**（名詞） 日替り。毎日変わる。例：ヒガワリ定食は八百円や。

**ひがん**（名詞） 悲願。悲壮な願い。例：優勝のヒガンを達成する。

**ひがんえ**（名詞） 彼岸会。春秋の彼岸に行われる仏事。例：ヒガンエの供養や。

**ひがんばな**（名詞） 彼岸花。まんじゅしゃげ。例：秋の彼岸のころ咲くさかいヒガンバナや。

**ひき**（名詞） 引き。力を添えて引き立てる人。縁故。例：ヒキがあって、大きな会社に就職できた。

**ひきあわせる**（動詞） 引き合わせる。出会わせて紹介すること。例：兄を友人に、ヒキアワセルことが肝心なんや。

**ひきいる**（動詞） 率いる。引き連れ指図する。例：隊員をヒキイテ、救助にあたる。

**ひきうける**（動詞） 引き受ける。責任を持って、受け持つ。後を継ぐ。例：伯父の事業を、ヒキウケル。

**ひきかえ**（名詞） 引換。交換すること。例：賞品のヒキカエは、こちらです。

**ひきかえす**（動詞） 引き返す。もとのところへもどる。ヒッカエスとも。例：道を間違えてヒキカエス。

**ひきがね**（名詞） 引き金。小銃やピストルの指でひいて発射する金具。例：めったなことでヒキガネに手をかけるな。

**ひきこみせん**（名詞） 引き込み線。駅構内などに引きいれた線路。例：ヒキコミセンに電車を入れる。

**ひきこもる**（動詞） 引き籠る。とじこもる。例：退職して、家にヒキコモル日が多い。

**ひきたてる**（動詞） 励ます。目をかけて重く用いる。例：後輩をヒキタテル。

**ひきづな**（名詞） 引き綱。舟や車をひく綱。例：故障車のヒキヅナ。祭りの鉾や山車のヒキヅナ。

**ひきつれる**（動詞） 引き連れる。連れていく。例：学生をヒキツレテ見学や。

**ひきとる**（動詞） 引き取る。受け取る。例：荷物をヒキトル。

**ひきぬく**（動詞） 引き抜く。引っ張って抜く意。例：強打者をヒキヌク。

**ひきはなす**（動詞） 引き離す。引っ張って離す。距離を離す。例：二位の選手をヒキハナシたんや。

**ひきまわす**（動詞） 引き回す。ひっぱりまわす。連れて歩く。例：馬をヒキマワス。

**ひきもん**（名詞） 引物。慶祝の膳部につける引き出物。例：結婚式のヒキモンは、立派な菓子鉢やった。

**ひきわたす**（動詞） 引き渡す。人や物を、他人に渡す。例：権利や財産を、十日にヒキワタス。

**ひく**（動詞） 敷く。ｓｉとｈｉ、の音変化。例：布団をヒイて。

**ひく**（動詞） 引く。例：線をヒク。縄をヒク。辞書をヒク。電話をヒク。

**びくつく**（動詞） こわがる。例：試合前にそんなにビクツイたらあかん。

**ひぐらし**（名詞） 日暮らし。朝から晩まで。一日中。例：ヒグラシ硯に向かう。

**ひぐらし**（名詞） 蜩。かなかな蟬。秋の午後から日暮れにかけて鳴く。例：日暮れにかけて鳴く蟬やで、ヒグラシや。

**ひぐれ**（名詞） 日暮れ。日の暮れ方。例：ヒグレの空、夕焼けが美しい。

**びけい**（名詞） 美景。美しい景色。例：唐橋のビケイは、たとえようもない。

**ひけらかす**（動詞） 自慢してみせびらかす。光ラカス、の転。例：自分の知識をヒケラカシなさんな。

**ひけん**（名詞） 披見。開いて見ること。例：手紙をヒケンする。

**ひご**（名詞） 竹を細く割って削ったもの。

竹ひご。例：ヒゴ曲げて、模型飛行機の羽根作りや。
**びこう**（名詞）備考。参考のために備える意。例：ビコウ欄。
**ひごうり**（名詞、形容動詞）非合理。論理にあわないこと。例：ヒゴウリ的な考えは、今必要でない。
**ひざ**（名詞）膝。すねの上端とももの下端との間の関節。例：ヒザ栗毛。ヒザがしら。
**ひざし**（名詞）陽射し。日光がさすこと。例：ヒザシが強いので、帽子かぶりなや。
**ひさしぶり**（名詞、形容動詞）久しぶり。別れてから長くあわなかったさま。久方ブリとも。例：ヒサシブリやな。おヒサシブリで。
**ひざぼし**（名詞）膝＋法師、が語源。膝頭。例：ヒザボシ見えんよに座りな。
**ひざぼん**（名詞）膝。膝頭。例：ヒザボンの傷、直ったかな。
**ひさめ**（名詞）氷雨。みぞれのように冷たい雨。例：ヒサメが朝から降ってる。
**ひし**（名詞）菱。ヒシ科の多年草。実が四角形で刺がある。菱形の意。例：三つのヒシ形やで、三菱。ミツビシ鉛筆。
**ひじ**（名詞）肘。腕の関節のところ。例：肩を痛めた横綱は相手のヒジを振って、大関を倒した。
**ひじ**（名詞）秘事。秘密にしていること。例：ヒジはいつまでもヒジにしておく。
**ひじき**（名詞）ホンダワラ科の海藻。例：ヒジキと豆の煮物は、おいしいわ。

**ひしめきあう**（動詞）大勢の人が押しあうこと。例：花見客がヒシメキアウ桜の通り抜けや。
**ひしゃく**（名詞）柄杓。湯、水などを汲む長い柄のついた道具。例：神社のミタラシで、ヒシャクを使って心身を清めるんや。
**びしゃく**（動詞）叩く。例：あんな悪い奴、ビシャイてやんな。
**びじゃく**（名詞）微弱。かすかで弱い意。例：ビジャクな電波も拾う受信機や。
**ひしゃげる**（動詞）押しつぶされる。例：蛙が、道にヒシャゲて死んでいる。
**びしゃびしゃ**（副詞、名詞）びしょ濡れ。例：靴の中まで、ビシャビシャになってしもた。
**びじゅつかん**（名詞）美術館。美術品を収蔵し陳列する施設。例：倉敷の大原ビジュツカン。
**ひじょう**（名詞）非常。程度がはなはだしいこと。例：ヒジョウに暑い。
**ひじょう**（名詞）非常。普通でないこと。例：ヒジョウ事態。国家のヒジョウの時。
**びしょう**（名詞）微笑。ほおえみ。例：ビショウを絶やさない明るい店員。
**びしょぬれ**（名詞）ずぶ濡れ。例：夕立にあってビショヌレや。
**ひじり**（名詞）聖。聖人。徳の高い人。例：歌のヒジリ。俳句のヒジリ。
**びじん**（名詞）美人。顔かたちの美しい女性。例：ビジンは、美しい人という字や。そやけど男には使わないなあ。

**びせいぶつ**（名詞）微生物。顕微鏡でなければ見えない小さい生物。例：ビセイブツの研究。
**ひそう**（名詞、形容動詞）悲壮。悲しくも勇ましいこと。例：ヒソウな決意で出発したんや。
**ひぞう**（名詞）秘蔵。大切にしまっておくこと。例：ヒゾウしている掛け軸。
**ひそか**（形容動詞）こっそり。ひとにわからぬように。例：ヒソカニ、焼き捨ててしもた。
**ひそめる**（動詞）顔をしかめる。例：まゆをヒソメル。
**ひたい**（名詞）額。おでこ。髪の生え際から眉の間。例：ヒタイを集める。ヒタイつき。ヒタイ際。
**ひたしもん**（名詞）おひたし。菜をゆでてオシタジ（醬油）で食べるもの。例：ヒタシモン、何の野菜使うてた？
**ひたすら**（副詞）いちずに。ひとすじに。例：ヒタスラ、研究に打ち込む。
**ひだりぎっちょ**（名詞）左利き。例：ヒダリギッチョを、右に直さん方がええわ。
**ひだりまえ**（名詞）左前。経済状態が落ち目であること。例：あそこねは、少しヒダリマエや。
**ひだりまき**（名詞）左巻き。少し変わった人をけなす意。変人。奇人。狂人。例：あいつちょっとヒダリマキと違うか。
**ひだるい**（形容詞）ひもじい。空腹だ。例：ヒダルイさかい、何か食べさして。
**ひだるばらかかえて**（熟語）空腹を辛抱

して。例：ヒダルバラカカエテ、軍需工場で飛行機造りや。

**ひたん**（名詞）　悲嘆。悲しみ嘆くこと。例：バス事故で息子を亡くしてヒタンにくれる親の気持ちは、よくわかる。

**ひち**（数詞）　七。例：シチが正しいとわかっていても、ヒチ言うわなあ。

**ひち**（名詞）　質（しち）、の音変化。例：これヒチ流れの時計や。ヒチ屋。

**ひち**（接頭語）　極めて、の意。例：ヒチめんどう。ヒチむずかしい。

**ひちくどい**（形容詞）　ひどくくどい意。くどくどしい。例：ヒチクドイ先生や。

**ぴちぴち**（副詞、名詞）　面積容積が、ぎりぎり一杯であること。例：近頃、太ったせいか、スカートがピチピチや。

**ぴちぴち**（副詞）　元気で達者。例：まめで、ピチピチ暮らしています。

**ひちめんどうくさい**（熟語）　込み入ってめんどうなこと。例：税の申告って、ヒチメンドウクサイわな。

**ひちや**（名詞）　質屋。例：この辺で、ヒチヤさん、あったかな。

**ひつ**（名詞）　衣類入れの櫃。例：蔵の黒い木の箱、ヒツ言うて小さいのが半櫃や。

**ひつ**（名詞）　飯櫃（めしびつ）。例：おヒツに御飯残ってた？

**ひっかえす**（動詞）　引き返すの促音化。例：トラブルで関西空港へヒッカエシタ。

**ひっかかえる**（動詞）　引きかかえる。責任を持つ。例：義母の介護をヒッカカエルことになったんや。

**ひっかかる**（動詞）　引っ掛かる。相手の策に乗せられる。例：店員の甘い宣伝に、ヒッカカッてしもた。

**ひっかかる**（動詞）　気に掛かる。気になる。例：どうも、ヒッカカルな。

**ひっかきまわす**（熟語）　引っ掻き回す。話や事件の中へ割り込んで混乱させる。例：あんまりヒッカキマワスような意見言わんといて。

**ひっかける**（動詞）　引っ掛ける。異性が相手を誘惑する。例：女性をヒッカケルのは、よくないことだ。

**ひっかける**（動詞）　引っ掛ける。釘やハンガーなどに物をかける。例：鍵を並べて、ヒッカケルところ、作っとくれ。

**ひっかぶる**（動詞）　引き被る。全責任を負う。例：罪をヒッカブル。

**ひっきょう**（副詞）　つまり。結局。例：安全と安心は、都民にとってはヒッキョウ、生命にかかわる問題なんです。

**ひっくりかえす**（動詞）　まとまりかけた話をこわす。例：契約をヒックリカエシたんや。

**ひっくりかえす**（動詞）　上下を逆にする倒す。こぼす。例：やかんをヒックリカエス。

**ひっくりかえる**（動詞）　倒れる。急病で寝込む。上下が逆になる。例：世の中がヒックリカエル。

**びっくりする**（動詞）　驚く。ビックリスルは、本来近畿の言葉。例：先生の奥さんにならはったって、ビックリシたわ。

**ひっこい**（形容詞）　しつこい、の転。執念深い。例：ヒツコイ男や。

**ひっこさはった**（熟語）　引っ越しなさった。例：昨日、鳥取へヒッコサハッタ。

**ひっこし**（名詞）　引っ越し。転居。例：ヒッコシ蕎麦や、まあ食べとくれ。

**ひっこぬく**（動詞）　引き抜く。例：それは稗やさかい、ヒッコヌイて。

**ひっころがす**（動詞）　引き転がす。例：伐った丸太、ヒッコロガシてくれ。

**ひっし**（名詞）　必死。死にものぐるいになること。例：ヒッシになって働いた。

**ひっしゃ**（名詞）　筆者。書画や文章を書いた人。例：本当の意味は、ヒッシャやないとわからん。

**ひっしゃげる**（動詞）　押しつぶす。例：トマトが、落ちてヒッシャゲた。

**びっしょぬれ**（名詞）　全身が濡れること。例：にわか雨で、すっかりビッショヌレや。

**ひつぜつ**（名詞）　筆舌。文章と言葉。例：ヒツゼツに尽くしがたい。

**ひっそく**（名詞）　逼塞。せまりふさがる八方ふさがり。例：原発廃炉の作業は今もヒッソク状態や。

**ひったくる**（動詞）　引ったくる。奪い取る。例：財布をヒッタクラれた。

**ひっつける**（動詞）　引っ付ける。接着させる。例：割れた壺を接着剤でヒッツケた。

**ひっつける**（動詞）　結婚させる。例：佐藤君と明子さんをヒッツケた上司や。

**ひっとう**（名詞）筆頭。筆の先。転じて初めに書く意。例：戸籍のヒットウ者。

**ひっぱたく**（動詞）打ち叩く。例：裏ぎり者はヒッパタイてやれ。

**ひっぱりだこ**（名詞）割竹にひっかけて広げて干す蛸干しのように四方八方から引っ張られること。例：名物教師としてヒッパリダコなんや。

**ひっぱる**（動詞）引いて張る。線を引く。例：縄をヒッパル。交番にヒッパラレル。

**ひっぽう**（名詞）筆法。筆の動かし方。書き方。書く方法。例：週刊誌のヒッポウで、政治家を苦しめるらしい。

**ひでん**（名詞）秘伝。秘密にして伝えないこと。例：ヒデンにしてることやから、家を継いだ時に話す。

**ひと**（名詞）人。人間。他人。本人。例：ヒト助け。ヒトの事ほっといて。

**ひとあしある**（熟語）一足ある。いくらか、距離が、ある。例：駅から、歩いていくには、ヒトアシアル。

**ひとあしあとから**（熟語）一足後から。少し遅れて、の意。例：ヒトアシアトカラ、バスで行く。すまんなあ。

**ひとあしさきに**（熟語）一足先に。少し先に。例：幹事やからヒトアシサキニ行って、準備するわ。

**ひとあしちがいで**（熟語）一足違いで。わずかな時間差で。例：ヒトアシチガイデ、乗り遅れたわ。

**ひとあしとおい**（熟語）一足遠い。いくらか遠い。例：病院より県庁は、ヒトアシトオイわ。

**ひどい**（形容詞）むごい。残酷だ。例：やりかたがヒドイ。

**ひといき**（名詞）過去の一時期。例：あの会社もヒトイキは、業績が良かった。

**ひといき**（名詞）一息。わずかの時間。例：頂上まで、ヒトイキよ。

**ひといきいれる**（熟語）一息入れる。休息する。例：おおい、ヒトイキイレようか。

**ひどいなあ**（熟語）ひどい条件の労働をしている人への挨拶言葉。例：あの埃、あの音、ヒドイナア、あの職場。

**ひどう**（名詞）非道。道理や人道に外れていること。例：ヒドウなことをして商売をしようとは思わない。

**ひとえ**（名詞）一重。それだけで重ならない。例：ヒトエまぶた。ヒトエの着物を箪笥から出す。

**ひとかぜいれる**（熟語）一風いれる。少し間を置く。例：大分きばったさかい、このへんでヒトカゼイレルか。

**ひとかたけ**（名詞）一度の食事。一食の意。例：ヒトカタケの御飯もない。

**ひとかたならず**（熟語）一方ならず。ひととおりでなく。例：ヒトカタナラズ、世話になりました。

**ひとくろう**（名詞）一苦労。相当の苦労。例：落としたコンタクトレンズ捜すのは、ほんまにヒトクロウや。

**ひとごこち**（名詞）人心地。生き返った気持ち。例：頂上で休憩して、やっとヒトゴコチがついた。

**ひところ**（名詞）過去の一時期。例：戦後のヒトコロ、食料難で苦しかった。

**ひとしお**（名詞）前よりいっそう。いちだんと。例：子等が去って、ヒトシオさびしい我が家になった。

**ひとじち**（名詞）人質。約束の保証として相手に渡す人間。例：ヒトジチは、戦国時代の政策としてよく使われた。

**ひとしばいうつ**（熟語）一芝居打つ。ひとつ事件を起こしてみる。例：この辺でヒトシバイウツか。

**ひとしぼり**（名詞）一絞り。ずぶ濡れになること。例：夕立に遭って、ヒトシボリや。ちょっと休まして。

**ひとつおぼえ**（名詞）一つ覚え。それ一つだけ覚えていること。例：あほのヒトツオボエ。

**ひとづて**（名詞）人伝て。他人に頼んで伝えること。例：文書にせず、ヒトヅテにお願いいたします。

**ひとつひとつ**（名詞、副詞）一つずつ。例：石垣の石、ヒトツヒトツ番号をつけて、積みなおしや。

**ひとつぶだね**（名詞）一粒種。一人息子。例：この子、御宅のヒトツブダネ？

**ひととなり**（名詞）人となり。うまれつき。天性。例：ヒトトナリがまっすぐや。

**ひとなつっこい**（形容詞）人懐っこい。すぐに人と親しみやすい。例：ヒトナツッコイ可愛い子供。

**ひとなみ**（名詞）人並み。普通の人と同じ程度。例：どうにかヒトナミの生活はできてます。
**ひとはたあげる**（動詞） 一旗揚げる。新たに事業をおこす。例：退職金を元手にヒトハタアゲルつもりや。
**ひとはだぬぐ**（熟語） 一肌脱ぐ。本気になって協力する。例：よくわかった。わしもヒトハダヌグか。
**ひとびと**（名詞） 人々。多くの人。みなさん。例：ヒトビトに訴えるのがええ。
**ひとまく**（名詞） 一幕。一騒動。一悶着。例：今までにヒトマクあったんや。
**ひとみしり**（名詞） 人見知り。見慣れぬ人と親しい人とを区別する。例：この子、もうヒトミシリしやはるわ。
**ひとめ**（名詞） 人目。人の見ていること。例：ヒトメが多いので気を付けないとあかん。
**ひとめわるい**（熟語） 人目をはばかる。外聞が悪い。例：ヒトメワルイ格好で歩きまわらんといて。
**ひともと**（名詞） 一本。ひと株。例：ヒトモトの白梅を植える。
**ひとよ**（名詞） 一夜。ひとばん。例：故郷の野山をなつかしんで、ヒトヨ田舎で泊まったんや。
**ひとよび**（名詞） 人を招待すること。宴会。例：今度の日曜日、ヒトヨビするさかい、手伝い頼むわ。
**ひとりごと**（名詞） 独言。自分だけで言う言葉。例：時々ヒトリゴトを言う父。
**ひとりばえ**（名詞） 自然に生えること。栽培でない植物。例：この美しい楓はヒトリバエや。秋まっかに紅葉するわ。
**ひとりみ**（名詞） 独り身。結婚していないこと。例：ヒトリミの気楽な暮らしを楽しんでいるわ。
**ひとりやで**（熟語） ひとりだから。ヒトリヤサカイニとも。例：ヒトリヤデ、毎日さびしいわなあ。
**ひとりやよってに**（熟語） 一人だから。例：ヒトリヤヨッテニ、苦労も多かろう。
**ひなた**（名詞） 日向。日光の当っている場所。例：盆栽をヒナタに出す。
**ひなたくさい**（熟語） 日光の匂い。例：ヒナタクサイ良い匂いや。
**ひなたぼっこ**（名詞） 日向ぼっこ。日向に出て暖まること。例：南の縁でヒナタボッコや。
**ひなたみず**（名詞） 日向に汲み置いた水。例：昔、ヒナタミズで、よく行水したわ。
**びなん**（名詞） 美男。美しい男子。例：ビナンに生まれても不幸な一生。
**ひにく**（名詞） 皮肉。遠回しに意地悪く弱点をつく。例：ヒニクを言う。
**ひね**（名詞） 古くなったもの。例：ヒネた米。ヒネきゅうり。ヒネた顔した人。
**ひねくりまわす**（熟語） 捻くり回す。いろいろと表現を工夫する。例：歌でも、俳句でも、ヒネクリマワシているうちに、ものになるもんや。
**ひねくる**（動詞） 捻くる。いろいろかわった表現をする。皮肉を言う意にも。例：俳句でもヒネクルか。
**ひねくれる**（動詞） 心がねじれる。素直でなくなる。例：ヒネクレた人は、ずいぶん多い。
**ひねた**（熟語） 年をとる。古びる。例：ヒネタ感じの先生。ヒネタきゅうり。
**ひねづけ**（名詞） 長期にわたって漬けた野菜の漬物。例：水菜のヒネヅケ。
**ひねる**（動詞） ねじって向きを変える。考える。例：頭をヒネル問題。
**ひのき**（名詞） 檜。ヒノキ科の常緑高木建築用材。皮は、屋根葺に用いる。例：ヒノキ舞台。総ヒノキの普請。
**ひのくるま**（熟語） 家計が苦しいこと。例：あいつ、投資に失敗して、今、ヒノクルマや。
**ひのくれ**（名詞） 日暮れ。夜の意にも。例：ヒノクレ、八時過ぎに行くわ。
**ひのこ**（名詞） 火の粉。飛び散る小さい火。例：消防の消火ホースの水がかかると、ヒノコが飛び散る。
**ひので**（名詞） 日の出。朝日が昇ること。例：海からのヒノデ。ヒノデの勢いや、あの会社は。
**ひのめ**（名詞） 日の光。例：一日中、ヒノメ、拝まずや。
**ひのまる**（名詞） 日の丸。日章旗。国旗。例：ヒノマルの旗。ヒノマル弁当。
**ひのもと**（名詞） 日の本。日本の国。太陽の出る国。例：ヒノモトは、七世紀ごろの言葉で、それまではヤマトや。
**ひはん**（名詞） 批判。批評、検討し判断すること。例：ヒハン主義。ヒハン的。

**ひばん**（名詞）　非番。当番でないこと。例：長い交番勤務やったが、今日はヒバンで、気楽な散歩や。
**ひび**（名詞）　日々。毎日。例：ヒビの努力がものを言うんや。
**ひびく**（動詞）　響く。音が聞こえる。振動が伝わる。例：三井の晩鐘が湖上にヒビク。
**びびしい**（形容詞）　美々しい。美しい。例：ビビシイお稚児さんの祭り装束。
**びびる**（動詞）　びくびくする。出し惜しみする。例：そんなにビビランでも、いくらか出資してえな。
**ひびわれる**（動詞）　ひびが入って割れる。例：日照りで、田んぼがヒビワレルけどどうしたらええやろ。
**ひふ**（名詞）　皮膚。身体をおおっている皮。例：病院のヒフ科の医者。ヒフ呼吸。
**びふう**（名詞）　微風。そよ風。かすかな風。例：ビフウが快い。
**ひぼ**（名詞）　紐。ｍｏ—ｂｏの音変化。例：羽織のヒボ、ないさかい買うて来てくれんか。
**ひほう**（名詞）　悲報。悲しい知らせ。例：戦場からはヒホウばかりであったが、国民には知らされることはなかった。
**ひほう**（名詞）　秘宝。人にみせない宝。例：興福寺のヒホウの数々を見る。
**ひま**（名詞）　暇。何もすることのない時間。例：ヒマな毎日。ヒマをもて余す。
**ひま**（名詞）　何かするのに必要な時間。例：勉強するヒマがない。
**ひませ**（名詞）　日が経って古くなったもの。主として食品。残りもの。例：ヒマセのパンや。
**ひまん**（名詞）　肥満。身体が太ること。例：ヒマン体の力士と筋肉質の力士。
**びみ**（名詞）　美味。よい味。おいしい味。例：ビミで、滋養のある菓子。
**ひむろ**（名詞）　氷室。氷をたくわえてある部屋。例：自然の氷のヒムロや。
**ひめくり**（名詞）　一日ずつめくるカレンダー。例：ヒメクリが少なくなって、月単位のカレンダーが多いわ。
**ひめゆり**（名詞）　姫百合。ユリ科の多年草。茎の頂きに六弁の花。万葉集に歌われている。例：沖縄ヒメユリ部隊。
**ひも**（名詞）　紐。物を結び束ねる細く長いもの。布製のものが普通。例：羽織のヒモ。ヒモ付き予算。
**ひもじい**（形容詞）　空腹である。ヒ＋文字＋い、が語源。例：ヒモジイ思いをさせるな。
**ひもち**（名詞）　長く変質しない。例：この菓子は、ヒモチがするのよ。
**ひもと**（名詞）　火元。火事を出した家。例：ヒモトは、駅の東。フェーン現象で大火事になったんや。
**ひやこい**（形容詞）　冷たい。例：ヒヤコイ水と、西瓜がほしい。
**ひやごはん**（名詞）　冷えた御飯。例：熱い御飯より、ヒヤゴハンが好きや。
**ひゃくしょう**（名詞）　百姓。古くは国民、農民の意。例：ヒャクショウ一揆。
**ひゃくねんめ**（名詞）　百年目。めったにない好機または、運命の尽きる時。例：ヒャクネンメの好機到来。失敗したらヒャクネンメや。
**ひやけ**（名詞）　日焼け。日光の直射で、肌が浅黒く焼けること。例：まっくろにヒヤケしたヨットの船長。
**ひやす**（動詞）　冷めるようにする。例：冷蔵庫でヒヤス。肝をヒヤス。
**ひややっこ**（名詞）　奴豆腐を水で冷やしたもの。例：ヒヤヤッコに削り鰹をふりかけ、醬油をつけて食べるんや。
**ひゆ**（名詞）　比喩。類似したもので印象深く説明する修辞法。喩え。例：ヒユには、直喩、隠喩などがある。
**……ひょ**（熟語）　……しよう、の意。例：ぼちぼち行きまヒョか。
**ひよう**（名詞）　費用。必要な金銭。例：入院のヒヨウは、いくらぐらいや。
**びょういん**（名詞）　病院。病人を診断し、治療する設備のある施設。例：赤十字ビョウイン。市民ビョウイン。
**びょういん**（名詞）　病因。病気の原因。例：ビョウインは何や。食い過ぎや。
**びょうき**（名詞）　病気。やまい。悪い癖。例：ビョウキで入院。また大風呂敷、例のビョウキや。
**ひょうぎ**（名詞）　評議。集まり相談すること。例：ヒョウギ員。ヒョウギ一決。
**ひょうぐ**（名詞）　表具。紙や布を張って軸や屛風など作る人。例：ヒョウグ師。
**びょうく**（名詞）　病苦。病気の苦しみ。

例：晩年は、ビョウクの三十年であった。

**びょうげん**（名詞）病原。病源。病気のおこる原因。例：ビョウゲン菌。

**びょうこん**（名詞）病根。病気の原因。例：ビョウコンは、酒の飲み過ぎや。

**ひょうし**（名詞）表紙。書物の表裏の紙。例：雑誌のヒョウシ。

**ひょうし**（名詞）拍子。音の強弱、長短の組み合わせ。例：ヒョウシ木。

**ひょうしぬけ**（名詞）張り合いが抜けて、がっかりする意。例：試合が延期になって、応援団、ヒョウシヌケや。

**ひょうしのわるい**（熟語）拍子は、具合、運の意。例：ヒョウシノワルイことに、雪で飛行場閉鎖、羽田便欠航や。

**ひょうじょう**（名詞）表情。感情が顔に表れたもの。例：ヒョウジョウの豊かな俳優である。

**ひょうじょう**（名詞）評定。多くの人が相談してきめること。例：後継者のヒョウジョウが行われた。小田原ヒョウジョウ。

**びょうしょう**（名詞）病床。病人の寝床。例：ビョウショウで想う我が人生。

**びょうしん**（名詞）病身。病気がちの身体。例：ビョウシンに鞭打ち、原稿を書き綴っております。

**ひょうたんからこま**（熟語）瓢箪から駒。意外な所から意外なものが出る、意。例：瓢箪から馬（駒）が飛び出すのが、ヒョウタンカラコマの文字通りの意味や。

**びょうどう**（名詞）平等。すべてみな等しく差別がないこと。例：自由とビョウドウの国、日本。

**ひようとり**（名詞）日傭い＋取り、が語源。日雇いの人。日給で働く人。例：月給取りに対して、ヒヨウトリって言うんや。

**びょうにん**（名詞）病人。病気の人。例：ビョウニンの心の治療が先や。

**ひょうはく**（名詞）漂泊。あてもなく、さまようこと。さすらい。例：ヒョウハクの旅に出た詩人。

**ひょうばん**（名詞）評判。世間のうわさ。例：最近ヒョウバンの予備校や。

**びょうぶ**（名詞）屏風。室内で仕切りや飾りに使う道具。例：金ビョウブ。

**びょうぼう**（名詞）渺茫。広く果てしない意。例：ビョウボウたる大陸の原野。

**ひょうろう**（名詞）兵糧。軍隊の食べ物。俗に、食べ物。例：鳥取城のヒョウロウぜめで、秀吉の残忍さがわかる。

**ひょこっと**（副詞）突然。ふと。思いがけなく。例：ヒョコット田舎の父がやってきた。

**ひょっとこ**（名詞）火＋男、が語源か。口がとがった両眼がつりあわない、滑稽な顔。例：まぬけな顔がヒョットコや。

**ひょっとすると**（副詞）どうかした拍子に。思いがけなく。例：ヒョットスルト、俺でも大臣になれたかな。

**ひより**（名詞）日和。天気。晴天。例：ええヒヨリや。秋ビヨリや。

**ひよりみしゅぎ**（名詞）日和見主義。形勢を見て都合の良い方に味方をする主義。例：戦国の大名はヒヨリミシュギの殿が多かった。

**ひょろながい**（形容詞）ひょろひょろと長い。例：ヒョロナガイ男。

**ひょんな**（形容動詞）意外な。とんでもない。例：ヒョンナ事件に出くわす。

**ひら**（名詞）平らなこと。例：手のヒラ。ヒラ手打ち。平地に築いたヒラ城。

**ひら**（名詞）一般の。例：ヒラ社員。ヒラ教員。ヒラ幕の力士。

**びら**（名詞）広告宣伝用のちらし。ビラは、披露、広めるのヒロ、ヒラ、ビラと片（花びらのビラ）の二つの語源説がある。例：宣伝用の紙の一片なので、ビラというんや。

**ひらう**（動詞）拾う。ヒロウ、の音変化。タ、タラに、接続の時、ヒロとなる。関西ではヒラウと発音するのが普通。例：落ち葉をヒラウ。

**ひらがな**（名詞）平仮名。漢字の草書体から変化した仮名文字。ヒラガナとも。例：あは安、いは以、が、ヒラカナの字ゲンや。

**ひらき**（名詞）開き。開くこと。開くもの。例：観音ビラキの戸。

**ひらき**（名詞）開き。隔たり。価値の差。例：値段にヒラキがありすぎる。

**ひらきなおる**（動詞）開き直る。急に態度を変えてきびしくなる。例：ヒラキナオッテ、反対論を述べ出した。

**ひらく**（動詞）開く。閉じていたものが開く。例：戸がヒラク。花がヒラク。窓をヒラク。荒れ地をヒラク。

**ひらべったい**（形容詞）平たい。例：ヒラベッタイ餅やなあ。

**ひらめく**（動詞）閃く。一瞬にきらめく。急に思いつく。例：雷がヒラメク。名案がヒラメク。

**びり**（名詞）席次、順序が最も後の意。例：今日も、走ったらビリやった。

**びりょく**（名詞）微力。かすかな力（謙遜語）。例：ビリョクながら協力いたします。

**ひる**（名詞）昼。日の出から日没まで。例：真ヒル。ヒル飯。

**ひる**（動詞）干る。乾く。干上がる。例：天気続きで、田の水がヒ上がるわ。

**ひるい**（名詞）比類。比べるもの。例：ヒルイのない技を繰り出した鉄棒競技。

**ひるい**（名詞）悲涙。悲しみの涙。例：母を失い、ヒルイに暮れる。

**ひるから**（名詞）昼から。午後。例：ヒルカラの講義、休講や。

**ひるさがり**（名詞）昼下がり。正午をすこし過ぎたころ。例：ヒルサガリ縁側で、うたたねをしてしもた。

**ひるね**（名詞）昼寝。午後のひとときの睡眠。例：幼児にヒルネの時間を与えるべきよ。

**ひるひなか**（名詞）昼間。例：ヒルヒナカ寝てる奴があるか。

**ひるま**（名詞）昼間。朝から夕方まで。例：ヒルマ、無駄な時間を作るなよ。

**ひるめし**（名詞）昼飯。昼御飯。例：ヒルメシが、女性語ではオヒルゴハンや。

**ひれい**（形容動詞）非礼。礼儀にはずれる。例：ヒレイな態度をみせたらあかんよ。

**びれい**（形容動詞）美麗。姿が美しい。例：ビレイなホールのある白い大きなホテルや。

**ひろい**（形容詞）広い。面積が大きい。豊かで大きい。例：心がヒロイ。知識がヒロイことが大切だ。

**ひろいもの**（名詞）拾い物。思いがけない利益。例：これはええ考えや。ええヒロイモノしたわ。

**ひろう**（動詞）拾う。落ちているものを取り上げる。例：落とし物をヒロウ。

**ひろう**（名詞）披露。広く発表する。ひろめる。例：結婚ヒロウ宴。

**ひろう**（名詞）疲労。疲れること。例：すっかりヒロウして倒れてしまった。

**びろう**（名詞）尾籠。けがらわらしく、はばかられること。失礼。無礼。例：ビロウな話やけど、トイレどこや。下痢してんねや。

**ひろうす**（名詞）がんもどき。ヒリョウズともいう。例：ヒロウスはポルトガル語やそうな。

**ひろえん**（名詞）広縁。幅の広い縁側。例：書院造りのヒロエン。

**ひろがる**（動詞）広がる。広くなる。広く行きわたる。例：川幅がヒロガル。噂がヒロガルのは望ましくないんや。

**ひろく**（名詞）秘録。秘密の記録。例：沖縄守備隊のヒロク。

**ひろた**（熟語）拾った。例：駅のホームで、十円ヒロタわ。

**ひろっぱ**（名詞）広っぱ。広場。例：ヒロッパで野球をせえへん？

**ひろて**（動詞）拾って下さい、の略。例：ちょっとその空き缶ヒロテ。

**ひろば**（名詞）広場。広い場所。例：日本の都市には、ヒロバが少ない。

**ひろま**（名詞）広間。広い部屋。例：大ヒロマで宴会や。

**ひろめる**（動詞）広める。世間に広く行きわたらせる。例：名をヒロメル。

**ひわだぶき**（名詞）檜皮葺。檜の皮で葺いた屋根。例：ヒワダブキの京都御所。

**ひわりけいさん**（名詞）日割り計算。日数の割りで給金などを計算すること。例：ヒワリケイサンで半月しかもらえんのらしい。

**ひわれ**（名詞）干割れ。ひびが入った割れ目。例：ヒワレした柱。

**……ひん**（助動詞）打消。へん、の変化。しない。上一、カ変、サ変、にヘンがつくとき母音調和がおこる。例：お祝いなんかシーヒン。映画なんか見ーヒン。誰も来ーヒン。

**ひんがらめ**（名詞）ひがめ。やぶにらみ。ひとみの位置が正しくない目。例：やぶにらみを、関西弁でヒンガラメというてるわ。

**ひんきゅう**（名詞）貧窮。貧しくて生活がひどく苦しい。例：ヒンキュウ問答という山上憶良の歌がある。

**ひんく**（名詞） 貧苦。貧しくて苦しい。例：ヒンクのどん底にいるような生活。

**ひんじゃ**（名詞） 貧者。まずしい者。例：ヒンジャの一灯。

**ひんすりゃどんする**（熟語） 貧すりゃ鈍する。貧乏をすると食うことに追われて人間が愚鈍になる。例：賢い人でも、ヒンスリャドンスルや。

**ひんそう**（名詞、形容動詞） 貧相。貧乏らしい様子。みすぼらしい。例：ヒンソウな青年や。

**ひんなか**（名詞） 半日。例：ヒンナカ仕事やのう、ここの草取り。

**びんぼう**（名詞） 貧乏。財産、収入が少なく貧しいこと。生活が苦しいこと。例：ビンボウ暇なし。ビンボウ神。

**びんぼうのはなざかり**（熟語） 貧乏の花盛り。この上なく貧乏であること。例：酒と女で、ビンボウノハナザカリや。

**びんぼしちにおく**（熟語） 貧乏を質に置く。貧乏を気にかけず、の意か。例：ビンボシチニオイて買うた貴重な本や。

**びんぼたれ**（名詞） 貧乏たれ。貧乏人。例：うちは、ビンボタレやさかい、寄付はこの程度で堪忍して。

**びんぼゆすり**（名詞） 貧乏揺すり。膝を絶えずゆすりうごかす意。例：ビンボユスリしてるとほんまに貧乏になるえ。

**びんもんどり**（名詞） ガラス瓶を使った川魚をとる用具。例：ビンモンドリの餌は、炒った米糠やった。

**びんわん**（名詞） 敏腕。すばやく仕事をする能力。例：ビンワンな外交員。

# ふ

**ふー**（名詞） 麩。一音節語の長音化。例：フーのおつゆ、好きやわ。

**ふー**（名詞） 譜。一音節語の長音化。例：あんた、フー読める？

**ふー**（名詞） 訃。一音節語の長音化。例：先生のフー、いつ聞いた？

**ぶあつい**（形容詞） 分厚い。大そう厚い。例：ブアツイ板、何の板や。

**ふあんない**（名詞） 不案内。道順や地理を知らないこと。ブアンナイとも。例：地理フアンナイで、すみません。

**ふいご**（名詞） 吹き＋革、が語源。鍛冶屋の送風機。例：フイゴで火をおこす。

**ふう**（名詞） 風。姿。なり。様子。例：あいつのフウ見てみ、かっこのわるい。

**ふうう**（名詞） 風雨。強い風を伴った雨。例：今晩からフウウが強くなるらしい。

**ふうき**（名詞） 富貴。金持ちで地位が高い。例：フウキな生活をする。

**ふうきり**（名詞） 封切り。封を切ること、また、切ったばかりのもの。例：フウキリの映画館。

**ふうけい**（名詞） 風景。ながめ。けしき。例：フウケイ画。美しいフウケイ。

**ふうぜんのともしび**（熟語） 風前の灯火。危機が迫って、生命が危ない喩え。例：雪庇から滑落、三時間、日が暮れる。遭難者の命、フウゼンノトモシビや。

**ふうそく**（名詞） 風速。風の速さ。例：フウソク四十メートルの台風。

**ふうぞく**（名詞） 風俗。日常生活の仕方やしきたり。例：フウゾク小説。

**ふうちょう**（名詞） 風潮。世間一般の動向。時勢のなりゆき。例：社会のフウチョウは、デフレ容認にある。

**ふうど**（名詞） 風土。土地の気候、水質地質、地形などの総合状態。例：フウドになじむ。フウド病にかかる。

**ふうは**（名詞） 風波。風のために立つ波。転じて、争い、もめごと。例：たえずフウハが絶えない。

**ふうふ**（名詞） 夫婦。夫と妻。例：仲のよいフウフ。

**ふうふう**（副詞） 苦しい状態。例：借金の返済で、フウフウ言うてますわ。

**ぶうぶう**（副詞） 不平。不満。例：いつまでも、ブウブウ言うもんじゃないんやで。

**ふうみ**（名詞） 風味。おもむき。味わい。例：フウミのあるお菓子やねえ。

**ふうりゅう**（名詞） 風流。上品で趣のあること。例：御主人は、フウリュウな方や。

**ふうん**（名詞） 不運。運が悪い。例：前日に母親が死去、フウンな選手や。

**ぶうん**（名詞） 武運。軍人としての運命。例：ブウンつたなく敗れた。

**ふえ**（名詞）笛。竹、木、金属の管で、いくつかの穴のある楽器。例：フエ吹けど踊らず。

**ふかい**（名詞）不快。快くないこと。例：フカイ指数。

**ふかい**（形容詞）深い。表面から底までの距離が大きい。例：フカイ海。山がフカイ。

**ふかいり**（名詞）深入り。度を越して深く関係すること。例：事件にフカイリするな。

**ふかく**（名詞）不覚。油断。不注意。失敗。例：病院嫌いで、フカクをとった。手術してももう助からん。

**ふかくじつ**（名詞）不確実。たしかでないこと。例：フカクジツな情報。

**ふかげんな**（熟語）あまりよくない。例：フカゲンナものどすけど、どうぞ、あがっとくれやす。

**ふかこうりょく**（名詞）不可抗力。人の力ではどうすることもできないこと。例：地震や津波は、フカコウリョクや。

**ふかす**（動詞）蒸す。蒸気を吹き上がらせる。例：薩摩芋をフカス。

**ふかだ**（名詞）深田。排水が悪く深くぬかるんだ田。例：このあたり、フカダが多いんや。

**ふかづめ**（名詞）深爪。爪を深く切りすぎる意。例：フカヅメしたのか、少し痛い。

**ふかみどり**（名詞）深緑。濃い緑色。例：山が、フカミドリになってきた。

**ふぎ**（名詞）不義。人として道を外れること。例：フギな事業で儲けた金。

**ふきすさぶ**（動詞）吹き荒ぶ。風が吹き荒れる。例：立春過ぎても、北風がフキスサブ。

**ふきだまり**（名詞）吹き溜まり。風のため、雪が谷や山かげに溜まること。例：スキー場のフキダマリに突っ込んでしまった。

**ぶきっちょ**（名詞）不器用。例：ブキッチョな男や。

**ふきながし**（名詞）吹き流し。数本の細長い布を、竹の輪に取りつけ、風になびかせるもの。節句の鯉のぼりの一種。標識。例：高速道路や空港の標識のフキナガシは、風対策や。

**ふきぬき**（名詞）二階以上の天井のない建物。フキヌケと誤っている人も多い。例：玄関入ると、フキヌキや。

**ふきまくる**（動詞）吹き捲る。風がはげしく吹く。転じて、盛んに、おおげさなことを言う。例：ほらばかり、フキマクル奴や。

**ぶきよう**（名詞）不器用。手先などが器用でない。例：何してる。ブキヨウを絵に描いたような男やな。

**ふく**（動詞）噴く。釜や蒸籠（せいろう）から蒸気が吹き出すこと。例：御飯がフク。

**ふくさ**（名詞）袱紗。茶の湯で、茶椀、茶器、茶杓などを拭う正方形の絹布。例：フクサの扱い方も、習（なろ）とかなあかん。

**ふぐし**（名詞）掘串。土を掘る竹の串。例：籠を持ち、フグシ持ち菜を摘んでいる娘さん。フグシは万葉の言葉や。

**ふくしらが**（名詞）福白髪。若い人の黒髪の中に、白髪が二、三本まじること。例：子供の時から、フクシラガがあったんや。

**ふくしん**（名詞）腹心。心の奥底。心から信頼できる人。例：フクシンの部下がほしい。

**ふくつう**（名詞）腹痛。腹が痛むこと。例：凄いフクツウやと思たら、胸膜炎やった。

**ふくのかみ**（名詞）福の神。幸福を授けて下さる神。例：エベッサン、ダイコクサン、フクノカミやさかい、よう拝んどき。

**ふくまめ**（名詞）福豆。節分に撒く豆、頂く豆。例：今晩のフクマメ、用意したな。

**ふくみみ**（名詞）福耳。ふっくらとふくれた耳。例：うちの子供フクミミや。嬉しいわ。

**ふくむ**（動詞）含む。口の中、心の中に入れる。例：水と薬をフクム。このことを、よくフクンでおいて下さい。

**ふくらます**（動詞）脹らます。ふくらして大きくする。例：風船をフクラマス。

**ふくれる**（動詞）脹れる。怒る。例：何が気にいらんのか、フクレッつらや。

**ふくろ**（名詞）袋。紙、布、皮などで作った中に物を入れるもの。例：手下げフクかん。

ロ。フクロ小路。フクロ織り。

**ふくろくじゅ**（名詞）福禄寿。七福神の一。福運、俸禄、寿命、を願う神。例：大津絵のフクロクジュの軸、床に掛けとこか。

**ふくろぬい**（名詞）袋縫い。布地の表を外にして縫い、裏返して、さらに縫う縫い方。例：ひとえ物にふさわしいのは、フクロヌイや。

**ふくろべ**（名詞）ほころび。フクロビとも。例：お婆さんに、フクロベ直してもろとき。

**ぶけ**（名詞）武家。武士の家すじ。例：ブケ政治。ブケ屋敷。

**ふけこむ**（動詞）老けこむ。老化する。老人くさくなる。例：まだフケコム年やない。

**ふける**（動詞）老ける。年をとる。年寄りじみる。例：年齢のわりにフケた顔や。

**ぶげんしゃ**（名詞）分限者。金持ち。財産家。例：村一番の、ブゲンシャや。

**ふご**（名詞）畚。藁製の大きいもっこ。畚には穀物を入れたり、物品を入れ、棒の先にかけて運んだ。例：フゴに土を入れて運ぶのが勤労動員の仕事であった。

**ふこう**（名詞）不孝。親を粗末にすること。例：親フコウ。フコウな息子。

**ふこう**（名詞）不幸。ふしあわせ。例：貧乏でフコウな暮らしやった。

**ぶこつ**（名詞、形容動詞）無骨。無作法。無風流。礼儀作法、風流を知らないこと。例：ブコツ者と思われないように心せよ。

**ぶさいく**（形容動詞）不細工。見苦しい。不格好、不美人。例：ブサイクやが、気のええ嫁や。

**ふさく**（名詞）不作。作物の出来が悪いこと。例：今年も台風でフサクや。

**ふざける**（動詞）おどけて戯れる。例：フザケていたら喧嘩になってしもた。

**ぶさた**（名詞）無沙汰。便りや訪問をしないこと。例：御ブサタいたしております。お元気ですか。

**ふさわしい**（形容詞）相応しい。似合わしい。つりあっている。例：年齢にフサワシイ服装や思うわ。

**ふし**（名詞）節。竹の茎の中の区切り。木の枝の出る箇所。例：フシの用材。竹のフシ邪魔になるので、削り取ってしまいな。

**ふし**（名詞）箇所。点。事柄。例：どうも、納得できぬフシがある。説明してくれへんか。

**ふじ**（名詞）藤。茎は他の大木や枝に、巻き付く。紫色の花穂を垂れる。例：くたびれて宿借る頃やフジの花。

**ぶし**（名詞）武士。武芸を身につけ戦に出たさむらい。例：ブシ道。東国ブシ。

**ぶじ**（名詞）無事。変わったことがない。過ちや失敗や病気がない。例：平穏ブジに暮らしております。

**ふしあわせ**（名詞）不幸せ。幸せでないこと。例：貧しくてフシアワセな家庭や。

**ふしぎ**（名詞）不思議。不可思議の略。思いがけないこと。いぶかしいこと。例：世の中には、フシギなことが多い。

**ふじばかま**（名詞）藤袴。菊科の花。花弁が袴に似た筒状。秋の七草。例：フジバカマは、薄紫の小花や。

**ふしぶし**（名詞）節々。身体のあちこち。かずかずの箇所。例：手足のフシブシが、痛い。思い当るフシブシがある。

**ふしゅび**（名詞）不首尾。うまくいかない。例：就職口の試験は、フシュビで終わった。

**ふじゅん**（名詞）不順。順調、順当でないこと。例：フジュンな天候やなあ。

**ふしょう**（名詞、形容動詞）不肖。親に似ないで、愚かなこと。転じて、自称で愚か者。例：フショウの考えですが、如何でしょうか。価値観の相違もありましょうが。

**ふじょう**（名詞）浮上。浮かび上がること。例：潜水艦フジョウせず。

**ふじょう**（名詞）不浄。けがれること。例：悪事によるフジョウの金は、要らん。

**ぶしょう**（形容動詞）不精。無精とも。面倒くさがり。不潔でものぐさ。なまけ。例：あいつは、ブショウな男や。

**ぶしょうたれ**（名詞）不精たれ。なまけもの。清潔でない男。例：洗濯や掃除の嫌いな、ブショウタレで困る。

**ふしん**（名詞）普請。家を建てる。建築。例：安土城のフシンは、一五七六年やったかな。

**ふしん**（名詞）不審。疑わしい。わからない。例：今ごろどうもフシンな客や。

**ふしん**（名詞）不信。約束を守らず、信用できない。例：預金の利息についてフシンを抱かせる銀行。

**ふしん**（名詞）不振。成績や業績がふるわないこと。例：銀行の業績フシンや。

**ふじん**（名詞）夫人。他人の妻の敬称。例：総理フジンの不審な行動。

**ふじん**（名詞）婦人。成人した女性。例：フジンの社会的地位。

**ふす**（動詞）伏す、うつ伏せになる。横になる。例：地面にフス。寝床にフシて、静かになった。

**ふすま**（名詞）麦を引いて粉にした時にできる皮。例：フスマは牛馬の飼料や。

**ふすま**（名詞）襖障子。表面に紙か布を張った障子。からかみ。例：唐紙のこと関西ではフスマって言うのや。

**ふせ**（名詞）布施。他人に施すこと。僧に与える金品。布施。例：御フセいくら包むのや？

**ふぜい**（名詞）風情。情趣。おもむき。あじわい。ようす。もてなし。例：何のフゼイもない俳句や。何のフゼイもできませんで。

**ふせぐ**（動詞）防ぐ。さえぎり止める。例：西日をフセグ。洪水をフセグ。

**ふせっている**（熟語）臥せっている。病気で寝ている。例：父は、奥の間でフセッテイます。

**ふそく**（名詞）不足。不満足。足りない。例：小遣いがフソクや。いつもフソクに思うとるんやな。

**ふだい**（名詞）譜代。代々臣下として、主家に仕えること。例：江戸時代の、外様大名とフダイ大名。

**ふだいれ**（名詞）選挙。入札。例：松茸山のフダイレ、いつやったかな。

**ふたおや**（名詞）二親。両親。父と母。例：生まれた時からフタオヤが無かった。

**ふたかわめ**（名詞）二皮眼。二重まぶた。例：フタカワメの可愛いい娘さん。

**ふたぐ**（動詞）塞ぐ。ふさぐ。例：まばいいので目をフタイでしまった。

**ぶたばこ**（名詞）豚箱。警察の留置場。例：小さくて汚いから、ブタバコや。

**ふたをあける**（熟語）芝居小屋、劇場でその日の興行をはじめること。転じて、物事を始める。例：フタヲアケルは、筵小屋入口の戸をフタと見た言葉や。

**ふち**（名詞）淵。川のよどんだ所。例：川のフチ瀬をしらべる。

**ぶちゃけたはなし**（熟語）ぶちまけていうと。例：ブチャケタハナシ、先生の話は、面白うないわ。

**ぶちゃける**（動詞）ひっくりかえす。ぶちまける。例：ごみ箱を、ブチャケル。

**ふちゅう**（名詞）不忠。忠義でないこと。例：天皇に対してフチュウな軍人が多かった。特に昭和の陸軍の将軍達や。

**ぶちょうほう**（形容動詞）不調法。無調法。酒がのめない断りに多用。例：生まれつきブチョウホウで、御気持ちだけいただきます。

**ぶつ**（動詞）打つ。する。例：演説をブツ。

**ふつう**（名詞）不通。通じないこと。例：地震で、列車フツウや。

**ふつう**（名詞）普通。ありふれていること。特に変わっていない。例：フツウ科の高等学校。

**ぶっかく**（名詞）仏閣。寺の建物。例：神社ブッカクは、よく焼打ちに遭った。

**ぶつかる**（動詞）勢いよく突き当る。例：電柱にブツカル。

**ぶっきょう**（名詞）仏教。紀元前五世紀の初め、釈迦がインドではじめた宗教。例：全国にブッキョウ信仰が及んでいる。

**ふっきん**（名詞）布巾。食器などを拭く布。例：付近と区別して、フッキンという人が多いわなあ。

**ふづくえ**（名詞）文机。読書用の机。読み書きをする机。例：フヅクエ、部屋のどこに置いたらええんや。

**ぶつける**（動詞）当てる。投げ付ける。例：車をブツケル。石をブツケル。

**ぶつぜん**（名詞）仏前。仏壇の前。例：ブツゼンに花と供え物を忘れんように。

**ぶっそう**（形容動詞）物騒。ものさわがしい、の音読。例：いつ何がおこるかわからない。ブッソウな時代や。

**ぶつぞう**（名詞）仏像。仏の彫像、および画像。例：ありがたいブツゾウを拝ましてもろてくるわ。

**ぶっちゃける**（動詞）容器にはいっている物をひっくりかえす。本当のことを包み隠さず言う。例：机の引き出し、一回ブッチャケて整理しな。

**ふつつか**（形容動詞） ゆきとどかない不調法なこと。例：フツツカなもてなしかできませず、申し訳ございません。

**ぶっつけほんばん**（名詞） 準備、練習をせずにいきなり実際の事にあたること。例：ブッツケホンバンで落語などできまへんで。

**ぶっつづけ**（名詞） 休まずにずっと連続すること。例：一週間ブッツヅケの調査研究や。

**ふっつり**（副詞） ぷっつり。これぎり。例：酒は、フッツリ思い切って止めた。

**ふってい**（名詞） 払底。底をはたいたように物が乏しくなる。例：戦争末期、金属製品だけではなく、米麦までフッテイした。餓死する人まで出た。

**ふってる**（熟語） 降っている。主として女性語。継続態。例：よう雪フッテルわ。

**ふってわく**（熟語） 思わぬことが生じる意。天から降ったか、地から湧いたか、の略。例：フッテワイタ、都知事選。

**ぶつどう**（名詞） 仏道。仏の説いた道。例：比叡山でブツドウ修行した僧。

**ぶっとおし**（名詞） 打ち通し。ブッツヅケとほぼ同じ。連続。例：ブットオシで、業務に当っていた。

**ふっとった**（熟語） 降っていた。主として男性語。継続態。例：雨は、まだ、フットッタわ。

**ふっとる**（熟語） 降っておる。降っている。継続態。例：雪は、まだ、フットルわ。

**ぶつばつ**（名詞） 仏罰。仏から受ける罰。例：回向や供養をしてブツバツを受けないようにすることや。

**ふで**（名詞） 筆。竹の柄の先に、毛をつけた筆記具。毛筆。例：フデ立て。フデの跡。フデを加える。フデを揮う。

**ふてい**（名詞） 不定。さだまらないこと。例：住所不定。

**ふてきな**（形容動詞） 不敵な。大胆で恐れるものがない。例：大胆フテキ。フテキなふるまい。

**ふでまめ**（名詞） 筆まめ。こまめに手紙を書くこと。例：フデマメな旧友やな。

**ふとい**（形容詞） 太い。木材、棒、筒などの、周りが大きい。例：フトイ柱。

**ふとう**（名詞） 埠頭。陸から突き出た船着き場。波止場。例：神戸港のフトウ。

**ふとう**（名詞） 不当。正当でないこと。不正。例：フトウ労働行為。

**ぶどう**（名詞） 葡萄。ブドウ科の落葉つる性の低木。秋に房状の実がなる。例：ブドウ酒。ブドウ糖。

**ぶどう**（名詞） 武道。武士の守るべき道。例：ブドウのこと武士道っていうてる人もある。

**ふところ**（名詞） 懐。物の間に囲まれた所。着物と胸の間。例：山フトコロ。フトコロ具合（所持金）。

**ふところで**（名詞） 懐手。何もしないで他人にまかせる意。例：人任せで、わしは、フトコロデや。

**ふとる**（動詞） 太る。肥えて太くなる。例：よくフトッたお相撲さんや。

**ふとん**（名詞） 布団。蒲団。綿や羽毛を四角形の布袋に入れた寝具。例：座ブトン。羽毛ブトン。

**ふな**（名詞） 鮒。こい科の淡水魚。こいに似て小さくひげがない。例：琵琶湖周辺のフナは、種類が多く、呼び名も多い。

**ふなじ**（名詞） 船路。船の通行する路。船の旅。例：一週間かかって、フナジでハワイへ着く。

**ふなぞこ**（名詞） 船底。船の底。例：フナゾコの船室。フナゾコに付く貝殻。

**ふなびと**（名詞） 船人。船に乗っているひと。船頭。例：フナビトが、船出の準備をするのや。

**ふなびん**（名詞） 船便。船による輸送。例：大きい機械はフナビン、小さい部品は、航空便で送ります。

**ふなよい**（名詞） 船酔い。船に酔うこと。例：土佐日記に、フナヨイの語がある。

**ふにょい**（名詞、形容動詞） 不如意。意のごとくならない。特に、経済状態が、思わしくないこと。例：フニョイなので、親孝行もでけん。

**ふぬけ**（名詞） 腑抜け。腰抜け。間抜け。あほ。臓腑＋抜け、が語源。例：フヌケのようになって帰国する。

**ふね**（名詞） 舟。船。水上を行く交通機関。槽。水や酒を入れる箱。水槽のこと。例：フネに乗る。生け簀のフネ。

**ふのう**（名詞） 不能。出来ない。不可能。例：そんな企画はフノウや。

**ふばこ**（名詞） 文箱。書状を入れておく箱。

例：昔は、フバコに願文を入れたのやが、現在は、未処理の手紙入れに使ってるわ。

**ぶぶう**（名詞）お茶。茶をひく、の忌み言葉。例：ブブウ、一つ、いかが。

**ふへん**（名詞）普遍。広く行き渡ること。すべてに共通する意。例：フヘン妥当性がある。

**ふへん**（名詞）不偏。かたよらないこと。公平であること。例：フヘン不党、中立の立場や。

**ふへん**（名詞）不変。かわらないこと。例：永久フヘン。結晶のフヘン性。

**ふべん**（名詞）不便。便利でないこと。例：旧式でフベンな台所なんや。

**ふぼ**（名詞）父母。父と母。例：フボに孝行を尽くすこと。

**ふほう**（名詞）不法。道理に合っていないこと。法律に外れること。例：フホウ行為は、止めてほしい。

**ふみ**（名詞）文。文書。書物。手紙。学問。例：フミ（電文）見た。フミ読む月日。フミ始めの儀式。

**ふみくちゃにする**（熟語）踏み散らしてくちゃくちゃにする。例：せっかく干してあるのに、フミクチャニシてしもて。

**ふみたくる**（動詞）踏みたくる。無暗にふみつける。例：腹を立てて、人形までフミタクッたみたいや。

**ふみつぎ**（名詞）踏み台。例：フミツギに乗って、高窓を拭く。

**ふみつけにする**（熟語）あなどる。例：年寄りや思うて、フミツケニスル。

**ふみまよう**（動詞）踏み迷う。踏み惑うとも。道に迷う。例：落花の雪にフミマヨウのは、昔も今も同じや。

**ふみん**（名詞）府民。府に住んでいる人。例：京都フミンと大阪フミン。

**ふみん**（名詞）不眠。眠らない。眠れない。例：フミン不休の努力。

**ふむ**（動詞）踏む。足の下に押さえ付ける。歩く。経験する。予想する。例：故郷の地をフム。場数をフム。危険はないとフンでいたんやが。

**ふめつ**（名詞）不滅。いつまでも滅びない意。例：フメツの名作や。

**ふやかす**（動詞）水につけて軟らかにする。例：豆を水につけてフヤカス。

**ふゆ**（名詞）冬。四季の四番めの寒い季節。例：フユ支度。フユ木立。

**ふゆがれ**（名詞）冬枯れ。冬に、草木の葉が枯れること。例：フユガレの景色。

**ふゆごもり**（名詞）冬籠り。冬の間、寒さを避けて、家や巣などの中に引きこもること。例：穴に入って、フユゴモリする動物も多い。

**ふよう**（名詞）不用。不要。役に立たないこと。使わないこと。例：フヨウな机。

**ぶらくる**（動詞）吊りさげる。例：照る照る坊主、軒にブラクッておこか。

**ぶらさがる**（熟語）ぶら下がる。ぶらりと垂れさがる。例：目先に総理の椅子がブラサガル。

**ふられるとこやった**（熟語）降られるところであった。例：もうちょっとで、雨にフラレルトコヤッタ。

**ふり**（名詞）振り。姿。服装。例：なりもフリも構わず勉強する。

**ふりうり**（名詞）振り売り。行商。例：魚のフリウリに行ってやはるわ。

**ふりかえ**（名詞）振り替え。交換。例：広い敷地とフリカエに受けとった土地や。

**ふりかえに**（名詞）かわりに。例：駅が近いフリカエニ、暮らしにくい所や。

**ぶりかえす**（動詞）一時よくなっていたものが再びわるくなる。例：病気がブリカエスわい。

**ふりかえる**（動詞）振り替える。他のものと一時的に取り替えること。例：郵便フリカエで支払って下さい。

**ふりかけてる**（熟語）降りそうだ。例：雨がフリカケテル。車で送って行こうか。

**ふりきる**（動詞）振り切る。ついてくるものを、強く振り放す。例：追いすがる選手を、最終の第三コーナーでフリキッた。

**ふりすてる**（動詞）振り捨てる。情け容赦なく見捨てる。例：慕ってくる子供をフリステル。

**ふりつもる**（動詞）降り積もる。降って積もること。例：雪が一晩でフリツモッたんや。

**ふりょうどうたい**（名詞）不良導体。熱や電気が容易に伝わらない物質。例：木炭、ゴム、麻、絹などがフリョウドウタイや。

**ふりよる**（動詞）降っておる。主に、男性用語。例：ようフリヨル雨や。
**ふるきず**（名詞） 古疵。古傷。以前に受けた古い傷、罪、失敗。例：フルキズに触れないでくれ。
**ふるさと**（名詞） 故郷。古里。もと住んでいた里。例：わがフルサトに、帰って来た喜び。
**ふるす**（名詞） 古巣。古い巣。転じて、もと住んでいた所。例：大震災のあとやっとフルスに帰ることができました。
**ふるて**（名詞） 古物。古道具。特に古着。例：兄貴の学生服のフルテで、ええわ。
**ふるめかしい**（形容詞） 古めかしい。いかにも古いように見える。例：京都にはフルメカシイ神社仏閣が多い。
**ぶれい**（名詞） 無礼。礼儀をわきまえないこと。ぶしつけ。例：ブレイなことをするな。
**ふれまわる**（動詞） 触れ回る。知らせてまわる。例：奉仕的にフレマワルこともあるし、悪意で言いふらすフレマワルもある。
**ふろ**（名詞） 風呂。浴槽。浴室。例：男湯、女湯のことを、関西では、男ブロ、女ブロっていう。
**ふろふき**（名詞） 風呂吹き大根の略。大根を厚く輪切りして、白湯で茹で、湯気立っているうちに味噌を付けて食う。例：フロフキ大根、熱いうちにいただいとくれ。
**ぶんがく**（名詞） 文学。詩歌、小説、随筆、戯曲など。例：ブンガク史。ブンガク作品。
**ぶんこ**（名詞） 文庫。書物を入れるくら。転じて、小型の読みやすい本。例：もとの書庫の意味は忘れられて、文庫本のことを、ブンコ、ブンコ言うてるわ。
**ぶんざい**（名詞） 分際。身分。身のほど。例：居候のブンザイで、えらそうな口をきくな。
**ぶんさん**（名詞） 分散。分かれること。例：勢力をブンサンするのがよい。
**ふんしつ**（名詞） 紛失。紛れてなくなること。例：フンシツ物。
**ぶんしゅう**（名詞） 文集。文章を集めて本の形にしたもの。例：卒業記念ブンシュウ。
**ぶんたい**（名詞） 文体。文章の体裁。例：ブンタイは、口語体か文語体か。
**ふんだりけったり**（熟語） 踏んだり蹴ったり。散々な目に遭う。例：火事に泥棒、おまけに病気、ほんまにフンダリケッタリや。
**ぶんちん**（名詞） 文鎮。文書紙などを、押さえるおもし。例：会社の創立記念のブンチン。
**ふんぬ**（名詞） 憤怒。ひどくおこること。例：フンヌの形相をした仁王。
**ぶんぴつ**（名詞） 文筆。詩歌や文章を書くこと。例：ブンピツ業。
**ぶんぷ**（名詞） 分布。広く分かれて存在すること。例：方言ブンプ図。
**ぶんぶん**（名詞） こがねむし。羽音からの別名。例：近頃、ブンブンも、めったにつかまらん。
**ふんべつ**（名詞） 分別。判断力。例：思慮フンベツがない行為や。
**ぶんぽう**（名詞） 文法。文章や言語の法則。言葉のきまり。例：国ブンポウ。英ブンポウ。
**ぶんまわし**（名詞） コンパス。円形を書く道具。振り回し、が語源か。例：ブンマワシ、子供は学校では習わん言葉や。
**ぶんりょう**（名詞） 分量。物の多少の程度。例：ブンリョウは、重さや容積のことや。
**ぶんるい**（名詞） 分類。種類によって分けること。例：十進ブンルイ法。

# へ

**……へ**（助詞） 方角。方角を示す。例：機首を東へ向けて飛ぶとよい。
**……へ**（助詞） 帰着点。帰着点を示す。例：参考資料を、書棚へ帰しておく。
**……へ**（助詞） 対象。または相手。例：これはあなたへあげましょう。
**へー**（名詞） 屁。一音節語の長音化。例：臭いで。へーこいたん違う？
**べー**（名詞） 最後。最終。おしまい、ビリとも。例：べーの選手、何県？
**へーかます**（熟語） ごまかす。盗む。例：ここの菓子、へーカマシたん誰や。
**へーこらへーこら**（副詞） 御機嫌をとっ

てへコへコすること。例：上司にへーコラへーコラするな。
**へーともおもわん**（熟語）何とも感じない。例：抗議を受けてもへートモオモワン人間や。
**へーともない**（熟語）平気である。容易である。例：少しぐらいじめられてもへートモナイ。へートモナイ問題。
**へいあん**（名詞）平安。無事で穏やかなこと。例：へイアンな旅。へイアン京。
**へいい**（名詞）平易。たやすいこと。例：へイイな文章。
**へいか**（名詞）兵火。戦争による火災。例：空襲やへイカや戦災など、もう結構や。
**へいきん**（名詞）平均。いくつかの数値を均すこと。例：へイキン値。
**へいこう**（名詞）平行。二直線、二平面がいくら延長してもまじわらないこと。例：へイコウ四辺形。
**へいこう**（名詞）並行。並んで行くこと。同じ時に似た行事を行うこと。例：付属高校の文化祭と大学の学園祭とへイコウして実施。
**へいこう**（名詞）平衡。つりあうこと。例：へイコウ感覚。
**へいこう**（名詞）閉口。困り果てる。例：あいつの厚かましさには、へイコウした。
**べいこく**（名詞）米国。アメリカ合衆国、の略。日本の近世語。米のよくとれる国。例：ベイコクは、越後や近江など米の産地をさした時もあった。
**べいこく**（名詞）米穀。米や穀物。例：収穫期を基準にしたベイコク年度。
**へいし**（名詞）兵士。兵卒。兵隊さん。例：武器弾薬のないへイシの戦いやった。
**へいぜい**（名詞）平生。ふだん。常日頃。例：へイゼイから、栄養に気をつける。
**へいそく**（名詞）閉塞。閉じふさがること。例：旅順港のへイソク作戦。
**へいねんさく**（名詞）平年作。過去五年間の最高最低を除いた三年間の収穫高の平均値。例：まあまあ普通にとれたので、へイネンサク言うてるわ。
**へいほう**（名詞）兵法。戦争の仕方。例：近代の戦争に、戦国時代のへイホウでは、勝てるはずがないやないか。
**へえ**（感動詞）返事のハイ。ハア。例：戦前、店員の返事は、へエやった。
**へえっ**（感動詞）驚き。問い返し、等。例：キャンプ中、十三人が流されはったんやて。へエッ、ほんま？
**べかこ**（名詞）あかんべ。例：べっかんこうの略が、べカコや。
**べからず**（熟語）してはいけない。例：ここに、落書きすべカラズ。
**へぎ**（名詞）食材を入れるもの。檜の木材を薄くへイだもの。例：蛸焼き屋、へギどこから仕入てんねやろ。
**へきちたいさく**（名詞）僻地対策。不便な土地に対する政策。例：片田舎に若い人が住まなくなり、過疎化しているので、へキチタイサクが、政府に求められている。
**ぺけ**（名詞）×印のこと。駄目。不合格。例：またぺケや。米の検査。
**へげたれ**（名詞）意気地無し。だらしない人。例：へゲタレやなあ。おまえは。
**へこおび**（名詞）兵児帯。三尺帯。例：へコオビは、男子用の三尺帯のことや。
**へこきむし**（名詞）かめむし。危難に際し放屁して逃げる臭い虫。例：またへコキムシや。大豆について入って来よったな。
**へこたれる**（動詞）中途であきらめる。例：今頃こんな所でへコタレたらあかん。
**へこへこ**（副詞）ぺコぺコとも。頭を下げてしきりにへつらうさま。例：権力者にへコへコするな。
**へこます**（動詞）凹ます。へこむようにする。やっつける。退却させる。へッコマスとも。例：生意気な奴。ちょっとへコマシたろ。
**へこむ**（動詞）凹む。くぼむ。例：当てられて、車が大分へコンだ。
……**べし**（助動詞）可能。ことができる。例：推して知るべシ。
……**べし**（助動詞）当然。義務。しなければならない。例：老いた親には孝行すべキではないか。
……**べし**（助動詞）命令。しなさい。せよ。例：すぐ出発すべシという連絡や。
**へしまげる**（動詞）折り曲げる。例：邪魔な枝、へシマゲてくれんか。
**へしゃぐ**（動詞）潰す。例：紙の箱をへシャグ。

**へしゃげる**（動詞）押し潰す。例：車に積んだ花束がヘシャゲてしまった。

**ぺしゃんこ**（熟語）面目丸潰れ。例：試合で大差がついて、監督ペシャンコや。

**ぺしゃんこ**（熟語）押し潰されること。例：事故で、自転車はペシャンコや。

**べしょべしょ**（副詞）びっしょり濡れること。例：雨に降られて、服がベショベショになる。

**べしょべしょ**（副詞）野菜などが、茹で過ぎ、腐敗などで形がくずれる状態。例：この野菜、腐ってベショベショや。

**へす**（動詞）減らす。少なくする。例：資本金、少しヘシてしまおうか。

**へす**（動詞）押さえる。押さえて圧力をかける。例：押し合いヘシ合いや。ヘシこ鰯。

**へずる**（動詞）減らし削る。他人の分け前を減らすこと。ヘツルとも。例：今月の小遣い、ちょっとヘズルぞ。

**へそくり**（名詞）内緒でためた金。例：ヘソクリは、全国的、ホマチは、北日本の言葉や。

**へそのおのきりどころ**（熟語）出生地。家柄。素姓。例：あいつ、ヘソノオノキリドコロよっぽどええねやろう。

**べた……**（接頭語）全てが。一様に。例：ベタ負け。ベタ遅れ。ベタ塗り。

**……べた**（接尾語）平たい意。例：地ベタ。頬ベタ。ベタ足。

**へたくそ**（名詞）下手。拙い。例：ヘタクソな字やなあ。

**べたこい**（形容詞）平べったい。ベチャコイとも。例：ベタコイ餅や。

**へだて**（名詞）隔て。境。しきり。例：分けヘダテのないつきあい。

**べたぬり**（名詞）一面にべたっと塗る。例：玄関の壁、ベタヌリでよろしいな。

**へたばる**（動詞）途中で力が尽きる。弱ってすわりこむ。例：三十五キロあたりで、ヘタバッてしもた。

**ぺたぺた**（副詞）計算上差し引きなし。例：幹事報告。本日の会費と経費、ほぼペタペタでした。

**へたる**（動詞）疲れ果てる。へたばる。例：仕事がきつうてヘタッとった。

**へちこち**（名詞、形容動詞）逆さま。反対。例：シャツの着方、ヘチコチや。

**へちま**（名詞）糸瓜。ウリ科の一年生つる植物。例：ヘチマの化粧水。

**へちまのかわ**（名詞）何の役にも立たない。例：年賀状の書き損じ、残しといても、ヘチマノカワや。

**へちゃ**（名詞）不美人。醜い女性。例：気立てはええが、ヘチャや。

**ぺちゃこい**（形容詞）平たい。扁平な。例：ペチャコイ餅やなあ。

**べつあつらえ**（名詞）別誂え。特別に製造を注文すること。例：社員にベツアツラエの作業服を注文した。

**へっこます**（動詞）へこますの訛。くぼませる。やっつける。例：生意気な奴ちょっとヘッコマシてやろか。

**へっこむ**（動詞）凹む。へこむ。例：車の横、ヘッコンどるわ。

**ぺっしゃんこ**（熟語）押し潰されること。例：地震で、家ペッシャンコや。

**べっしょ**（名詞）別所。大寺院、大神社の荘園などで、税金や年貢の免除されていた特別の土地。例：ベッショ番外地。

**べつじょう**（名詞）別状。普段と変わった状態。例：命にベツジョウなし。

**べつじん**（名詞）別人。ほかの人。例：すみません。ベツジンでした。

**べった**（名詞）最後。最終。おしまい。末席。ベッタコ、ベッチャとも。例：駅伝のベッタ、何県やった？

**へったくれ**（熟語）……モヘッタクレモと調子をつけて並べ、価値観を無視する表現。例：嘘もヘッタクレもあるものか。義理もヘッタクレもあるものか。

**べったこ**（名詞）最後。最終。例：運動会、またベッタコや。

**べったらづけ**（名詞）蕪や大根の薄い輪切りを、麹漬けにしたもの。例：この蕪ベッタラヅケにして。

**べったり**（副詞）液体が一面に付く意。ベタリとも。例：ペンキがベッタリ付いたるぞ。

**べったり**（副詞）引き続いて、いつも、すっかり。例：病床にベッタリ、三か月動かずや。

**べったり**（副詞）まともに、ぐあいよく、バッタリとも。例：駅前でベッタリ出会ってしもた。

**べったん**（名詞）めんこ。例：子供のころ、ベッタンしてよう遊んだわ。

**べつだん**（名詞）別段。とりわけ。格別。例：ベツダン、異常はありません。

**へっちゃら**（形容動詞）平気だ。平易だ。例：それぐらいの問題ならヘッチャラだ。

**へっつい**（名詞）かまど。例：ヘッツイさん、普通の家では、もう使うてへん。

**へっぴりごし**（名詞）およびごし。自信がなく不安定なさま。例：そんなヘッピリゴシでは、技はかからんぞ。

**へつる**（動詞）他人の分を減らす。例：そっちの予算ヘツッて、こっちへ回して。

**へなちょこ**（名詞）へたくそ。例：ヘナチョコテニスや。

**へなへなする**（熟語）態度がしっかりしていないこと。例：こらっ、ヘナヘナスルな。バックボーンがないぞ。

**べにさしゆび**（名詞）薬ゆび。例：ベニをつける指がベニサシユビや。

**へのかす**（名詞）全く問題にならない。易しい場合も、つまらない問題にも。例：ヘノカスみたいな問題や。

**へのつっぱり**（名詞）役にたたない意。例：おまえみたいなやつは、ヘノツッパリにもならぬ。

**へのへのもへの**（名詞）文字遊び。人の顔の形になる。例：ヘノヘノモヘノと平仮名書きにすると、ほれ顔になるやろ。

**へばつける**（動詞）ひっつける。一緒にさせる。例：接着剤でヘバツケル。わしが仲人で、二人をヘバツケた。

**へばりつく**（動詞）ひっつく。例：石垣にヘバリツクようにして登っていく。

**へばりつける**（動詞）とれないようにひっつける。例：ポスターを濃い糊で、ヘバリツケた。

**へばる**（動詞）疲れる。へたばる。例：仕事が多すぎてヘバル。

**へび**（名詞）蛇。はちゅう類の動物。細長くうろこにおおわれている。例：ヘビは、嫌がられて、くちなわ、みーさんなどと言うてな。

**べべ**（名詞）着物（児童語）。例：ええべべ買うてもろたな。

**べべた**（名詞）最後。びり。最下位。べべチャ、べべとも。例：また、運動会、ベベタや。

**へへらわらい**（名詞）軽蔑した笑い。例：へらへらと、ヘヘラワライするな。

**へべれけ**（副詞）ぐでんぐでんに酔う。例：ヘベレケに酔うてござる。

**へぼ**（名詞）下手。出来が悪い。例：ヘボ将棋。ヘボきゅうり。

**へま**（名詞、形容動詞）失敗。失策。例：また、ヘマしてしもた。

**へや**（名詞）部屋。家の中をしきったそれぞれの間をいう。例：勉強ベヤ。

**へや**（名詞）芝居の楽屋。例：客が、ひいきの俳優に、ヘヤ見舞いを届ける。

**へらずぐち**（名詞）減らず口。ヘラズは負けない意。負け惜しみを言うこと。憎まれ口。例：ヘラズグチをたたく。

**……へん**（助動詞）ない（打消）。ぬ（打消）。例：行かヘン。しやヘン。書かヘン。ちっとも勉強せえヘンで、あかヘンわ。

**べんがらごうし**（名詞）紅殻色の格子。例：外から見えにくくて、内部からは、よく見えるのがベンガラゴウシや。

**べんきょう**（名詞）勉強。学問、仕事につとめ励むこと。例：学校でベンキョウしてくるわ。

**べんきょう**（名詞）安くまける。例：さあ買うとくれ。ベンキョウしときまっせ。

**へんくつもん**（名詞）偏屈者。片意地で変わり者。例：あの大工ヘンクツモンや。

**へんじ**（名詞）返事。答えること。返答。例：しっかりヘンジせんかい。

**へんしょ**（名詞）返書。返事の手紙。例：ヘンショは、まだ到着していない。

**べんしょう**（名詞）弁償。損害に対して金品を出して償うこと。例：割ったガラス、ベンショウさせてもらいます。

**べんぜつ**（名詞）弁舌。ものの言い方。しゃべり方。例：ベンゼツさわやかに話し終わった。

**……へんだ**（熟語）……なかった。例：待ってたのに、とうとう着かヘンダ。

**へんたいひこう**（名詞）編隊飛行。航空機が隊形を整えて組んで飛行すること。例：体育大会に自衛隊がヘンタイヒコウを見せてくれる。

**へんちくりん**（形容動詞）変わった。へんてこ。ヘンチキリンとも。例：ヘンチクリンな家やなあ。

**べんちゃら**（名詞）おべっか。おついしょう。例：誰や、ベンチャラ言うのは。

**へんてこ**（形容動詞） 変てこ。変わった。変な。例：ヘンテコな、車やなあ。

**へんてつもない**（熟語） 変てつもない。ありふれている。とりたてて言うこともない。例：ヘンテツモナイ、松の木や。

**べんてん**（名詞） 弁天・弁才天。七福神の一つ。知恵、弁説、福徳、の神。美人の神。例：ベンテンさん拝んで、賢くて美しい娘にならんとあかん。

**べんとう**（名詞） 外出先で食べる簡単な食事。安土城工事クロクワ（人夫）の大量の弁当が起源。例：ベントウは、弁当、便当とも書く。配当に便利の意や。

**べんともち**（名詞） 昼食持参。弁当持って勤めや学校に行くこと。ベントウモチとも。例：明日の遠足、ベントモチや。

**へんねし**（名詞） 妬み。例：隣の家の普請にヘンネシおこさはったんや。

**へんのう**（名詞） 返納。もとの所有者に返し納めること。例：借っていた機械を昨日ヘンノウしました。あらためて下さい。

**へんぴ**（名詞、形容動詞） 辺鄙。片田舎。都会から遠く不便なこと。例：えらいヘンピな所に住んでるなあ。

**べんべつ**（名詞） 弁別。違いを見分けて区別すること。例：認知症か老衰か、老父は食物かどうかのベンベツができないのです。

**ぺんぺらぺん**（副詞） 着物の極めて薄い質の悪い状態。例：ペンペラペンの安物の服。

**ぺんぺんぐさ**（名詞） なずな。例：留守宅の屋根にペンペングサが生えてる。

**へんぽう**（名詞） 返報。しかえし。例：恨みにおもってたから、そのヘンポウや。

**べんりがわるい**（熟語） 便利が悪い。不便。例：一時間に列車一本の、ベンリガワルイ所や。

**へんれい**（名詞） 返礼。お礼の贈り物をすること。またその贈り物。例：見舞を頂いていたので、そのヘンレイや。

# ほ

**ほー**（名詞） 帆。一音節語の長音化。例：船のホーが、遠くに見える。

**ほー**（名詞） 穂。一音節語の長音化。例：稲のホーが、出て来た。台風が来んとええが。

**ほ……**（語頭音） 関西では、語頭のsoがhoに、音変化した語が多い。例：ホヤサカイ。ホレカラ。ホレデ。ホシテホテカラ。ホンデニ。

**ほいで**（接続詞） それで。例：日光へ参って、ホイデいろは坂を登ってな、ホイデ中禅寺湖や。

**ほいでから**（接続詞） それから。ホテカラとも。例：台風で列車が止まって、ホイデカラ、どうしたんや。

**ほいでに**（熟語） それで。それから。例：地震があった。ホイデニ、列車が遅れてしもた。

**ほいと**（名詞） 乞食。ホイタとも。例：乞食のことをホイトというのは、全国的に用例がある。

**ほいに**（熟語） そうだとも。ソイニとも。同感または共感の意。例：ホイニ、高校生に免許持たせたらあかん。責任も取れんのに、車使わせたらあかん。

**ほう**（副詞） そう。例：ホウかい。ホウ言うなら、ホウしよう。

**ほう**（名詞） 方。方角。迷信。習慣。例：ホウが悪い。裏鬼門やないか。

**ぼうおる**（動詞） 辛抱が続かず、根気負けする。諦める。例：もうボウオッたんか。

**ほうか**（名詞） 放歌。大きな声で、歌を歌う。例：高校生のホウカ高吟や。許してやりな。

**ほうか**（名詞） 放火。付け火。例：ホウカ魔の仕業か。フェーン現象で大火事になってしまった。

**ほうか**（名詞） 烽火。のろし。例：昔、戦いの開始の連絡は、ホウカを使った。

**ほうか**（熟語） そうか。ソウカナ、ホカナとも。例：ホウカ、明日先生休診やったんか。

**ほうかいな**（熟語） そうなのか。そうですか。例：君は知らへんやろけど、事実はこうや。ホウカイナ、ふーん。そうやったのか。

**ほうがく**（名詞） 方角。方向。東西南北のどちらかということ。例：竹生島のホウガクは、どっち？

**ほうかな**（熟語） そうですかね。例：お前の考えおかしいぞ。ホウカナ、そうは思わんけど。

**ほうかほうか**（熟語） そうかそうか。例：ホウカホウカ、お前の言う通りや。

**ほうかむりする**（動詞） 頬被りする。知らぬ顔する。ホオオカブリスルとも。例：困っている女性がいたが、ホウカムリスルことにした。

**ほうがんびいき**（名詞） 判官贔屓。弱者に対する同情や贔屓。弱いものびいき。ハンガンビイキとも。例：また負けたか。ホウガンビイキで、明日も応援や。

**ほうき**（名詞） 帚。箒。ちりやごみを集めて掃除する道具。例：ホウキと塵取りの入れてある所は、どこ？

**ほうき**（名詞） 放棄。投げ捨てる。例：戦争ホウキ、憲法に明言してある。

**ほうき**（名詞） 法規。法律と規則。例：交通ホウキを、しっかり守りや。

**ほうき**（名詞） 蜂起。一斉に暴動を起こす。例：土一揆で、農民のホウキした川原や。

**ほうぎょ**（名詞） 天皇、皇后等が亡くなること。例：昭和天皇のホウギョの日。

**ほうぐ**（名詞） 反古。ほうぐ紙。用の無くなった書き損じの紙。例：古いホウグを整理して捨てるんや。

**ほうける**（動詞） ふける。熱中する。例：テレビゲームにホウケル。遊びホウケル。

**ほうこう**（名詞） 奉公。主人や国家に真心を持って仕えること。例：滅私ホウコウて言うても、現代人には理解してもらえん。

**ほうこう**（名詞） 方向。方角。例：人生のホウコウを示す言葉。ホウコウ転換。

**ぼうこく**（名詞） 亡国。国をほろぼす。滅びた国。例：ボウコクの民の苦しみ。

**ぼうこく**（名詞） 某国。ある国。例：滅亡が確定してから、不可侵条約を無視して攻撃した悪辣なボウコクの犯罪行為。

**ほうし**（名詞） 奉仕。他人のために力をつくす。例：社会ホウシ。ホウシ品大売出し。

**ほうし**（名詞） 法師。僧侶。例：徒然草の作者、兼好ホウシ。

**ほうしな**（熟語） そうしなさい。例：君の考え通りがええ。ホウシナ。

**ほうしゃ**（名詞） 報謝。恩に報い、徳に感謝すること。僧侶に布施をする意。例：坊様や寺へのホウシャ、忘れんようにな。

**ほうじょう**（名詞） 豊饒。土地が肥えてみのりが多いこと。例：ホウジョウな土地で、百姓が田畑を作るのにええわ。

**ほうじょう**（名詞） 方丈。一丈四方の部屋。寺の長老の住居。例：ホウジョウに休ませてもらう。

**ほうじょう**（名詞） 放生。捕らえられた生き物を放してやること。例：この池は、三井寺の亀のホウジョウ池や。

**ぼうず**（名詞） 坊主。寺の僧。転じて、少年。例：寺のボウズの読経の声。ボウズめくり。

**ぼうず**（名詞） 自分の男の子。例：うちのボウズ、呼んで、手伝わせようか。

**ほうすっと**（接続詞） そうすると。例：デモに行く。ホウスット君も反対派か。

**ぼうずめくり**（名詞） 坊主めくり。百人一首の読み札による遊び。坊主が出ると全て捨て、姫が出ると皆自分の札になる。例：ボウズメクリしやへんか。

**ほうすん**（名詞） 一寸四方の意で、心。胸中。例：すべて、わたしのホウスンにおさめておきますわ。

**ぼうせき**（名詞） 紡績。糸を紡ぐこと。紡いで織物にすること。例：ボウセキ工場。

**……ほうだい**（接尾語） 思う存分に行う意。例：言いたいホウダイに言わせる。

**ほうちょう**（名詞） 包丁を使う人。料理する刃物。例：ホウチョウを研いどく。

**ほうとう**（名詞） 宝塔。寺の塔の美称。例：石山寺のホウトウは、切手になっている塔や。多宝塔っていうてる。

**ほうどす**（熟語） そうです。ソウドスとも。例：あんたら、学生さん？　ホウドス。

**ほうなん**（熟語） そうなの。ソウナンとも。例：韓国大統領弾劾やて。ホウナン。うちもおかしい思うてたわ。

**ぼうにふる**（熟語） 棒に振る。努力を無駄にする。例：列車の事故で、三時間、ボウニフル。

**ほうねん**（名詞） 豊年。穀物がよく実る年。豊作の年。例：今年も去年みたいにホウネンやとええのになあ。

**ほうのう**（名詞） 奉納。神仏へ納めること。例：神社へ土地山林をホウノウする。

**ほうばい**（名詞） 朋輩。同じ身分の友。仲間。例：ホウバイの店員に、頼んでみるわ。

**ぼうばな**（名詞） 棒ばな。宿場の境界の棒。転じて町はずれ。例：ボウバナの天神さん。

**ぼうふう**（名詞） 防風。風をさえぎり防ぐこと。例：松林は、ボウフウ林や。

**ぼうふううけいほう**（名詞） 暴風雨警報。激しい風雨になるという警報。例：ボウフウウケイホウ発令。

**ほうべた**（名詞） 頬。ホオベタ、ホッペタとも。例：ホウベタに傷がある。

**ほうへん**（名詞） 褒貶。ほめたりけなしたりすること。例：毀誉ホウヘンの批評が交わされた。

**ほうべん**（名詞） 方便。仏が衆生を救済するための便宜上の手段。例：嘘もホウベンていう諺、あれも仏教語やね。

**ほうめい**（名詞） 芳名。他人の姓名の敬称。例：ホウメイ録。

**ほうめん**（名詞） 放免。罪人を放ち許すこと。例：相手の法規違反で、当方は無罪ホウメンや。

**ほうもつ**（名詞） 宝物。たからもの。例：大社のホウモツ殿。

**ほうや**（熟語） そうだ。ソウヤの変化。例：君、海は初めて？ ホウヤ、初めてや。

**ほうやがな**（熟語） そうだねえ。例：ホウヤガナ、おまえの言うとおりや。

**ほうやさかい**（熟語） そうだから。例：ホウヤサカイ、止めとけ言うてたんや。

**ほうやったら**（接続詞） そうだったら。例：君、不参加？ ホウヤッタラ、僕も止めるわ。

**ほうやなあ**（熟語） そうだなあ。ホヤナアとも。例：ホウヤナア、天気予報通り、雨が雪に変わってきた。

**ほうゆう**（名詞） 朋友。友達。友人。例：ホウユウ、相信じという言葉があったなあ。

**ほうよ**（感動詞） そうよ。そうだよ。同感。例：ホウヨ、先生おめでたや。

**ほうれい**（名詞） 法令。法律と命令。例：ホウレイの書いてあるのは、やっぱり六法全書か。

**ほうれい**（名詞） 法例。法規の適用に関する規定。例：ホウレイ集。

**ぼうをおる**（熟語） 棒を折る。途中で止める。例：研究所、ボウヲオッて辞めた。

**ほえさらす**（熟語） 吠えさらす。吠える、の卑語。例：ようホエサラス犬や。

**ほえづら**（名詞） 吠え面。泣き顔。泣き面。例：ホエヅラをかくとは、泣きわめくことや。

**ほえる**（動詞） 吠える。大声で泣く。どなる。動物が鳴く。例：犬がホエル。

**ほおえましい**（形容詞） 頬笑ましい。好意が持てて、微笑したくなる形容。例：幼児が出てくるホオエマシイ番組や。

**ほおばる**（動詞） 頬張る。頬の中いっぱいに食物を満たす。例：牡丹餅をホオバル。

**ほおべた**（名詞） 頬。ホオッペタ、ホベタとも。例：ホオベタに御飯がついたるで。

**ボオロ**（名詞） 小麦粉と砂糖の焼き菓子。ポルトガル渡来の干菓子。例：花型、円型、そばボオロ、玉子ボオロ、色々や。

**ほか**（名詞） よそ。別のところ。以外。例：そのホカ。ホカの会場。

**ほかげ**（名詞） 帆影。遠くに見える船の姿。例：松原遠く、海にホカゲが見えるやろ。

**ほかげ**（名詞） 火影。灯火。灯火に照らされた姿や形。例：谷間に、ホカゲが見える。

**ほかざま**（名詞） よその方。他の方。例：ホカザマへ顔を向けて返事もしてくれないんや。

**ほかす**（動詞） 捨てる。放下＋ス、が語源か。例：ごみ、ホカシといて。

**ほかしな**（動詞） 捨てなさい。例：腐ったもんは、穴掘ってホカシナ。

**ほがらか**（形容動詞） 朗らか。明るく快活な様子。明るく晴れやか。例：ホガラカな性格。ホガラカナ春の空。

**ぼくじゅう**（名詞） 墨汁。墨をすった汁。例：手ですったボクジュウの方が、味のある字が書けるわ。

**ほくち**（名詞） 火口。火の付け口。もと、火打ち石のホクチ（綿、麻殻で火がつきやすくしたものの名）。例：登山ランプのホクチ。石油ストーブのホクチ。

**ほくりく**（名詞） 北陸。越後から若狭までの日本海岸。北陸道。例：ホクリクは、今日も吹雪やそうな。

**ぼけ**（名詞） 惚け。ぼんやりもの。あほう。例：何言うてんね、ボケ。

**ぼけっとしとる**（熟語） ぼんやりしている。例：身体をこわして、ここ一か月ほど、ボケットシトルんや。

**ほけん**（名詞） 保健。健康を保つ意。例：ホケン衛生。ホケン体育。

**ほけん**（名詞） 保険。損害を償う保証。例：生命ホケン。ホケン料の支払い。

**ほこ**（名詞） そこ。sとh、の転。例：どこに置いたんや。ホコの机の横や。

**ほご**（名詞） 反故。ホウグとも。書き損なったり、不用になった紙。転じて、不用の意。例：約束をホゴにする。

**ぼこい**（形容詞） にぶい。おろか。幼い。お人好し。悪ずれしていない。例：あいつ、そんなこと知っりょらんのか。ボコイなあ。

**ほこう**（名詞） 歩行。歩くこと。歩いて行くこと。例：手術の後のホコウ訓練。

**ほこさき**（名詞） 矛先。攻撃の方向。例：競争相手の会社の業績を考えて、ホコサキ変えてみたら。

**ほこほこ**（副詞） うまそうに湯気が立つ状態。例：ホコホコおいしそうに湯気が立つ。

**ほこらしい**（形容詞） 誇らしい。誇りに思うさま。得意で人に自慢したい。例：息子の成長をホコラシイと思う。

**ほこり**（名詞） 埃。細かいごみ。ちり。例：ホコリだらけの部屋。

**ほこりだらけ**（熟語） 埃だらけ。埃が汚くまきちらされている状態。例：部屋中ホコリダラケや。

**ほこりはらい**（名詞） 埃払い。はたき。塵はらい。桟はらい。例：障子にホコリハライ、かけて。

**ほこる**（動詞） 誇る。自慢する。例：伝統をホコル大学。

**ほころびる**（動詞） 綻びる。衣類の縫い目が解ける。花のつぼみが開く。例：桜の花がホコロビてきた。

**ほこをおさめる**（熟語） 矛を納める。戦いをやめる。例：ええかげんなところで、ホコヲオサメたらどうや。

**ほざく**（動詞） 大声で言う。つべこべ言う。例：なにをホザクか、あほ。

**ぼさっと**（副詞） ぼんやりと何もしない。例：いつでもボサットしている男。

**ぼさぼさ**（副詞） ぼんやりしている状態。例：何をボサボサしてるのや。

**ぼさん**（名詞） 墓参。墓参り。例：お彼岸には、ボサンに帰るわ。

**ほし**（名詞） 星。小さな点。例：ホシ影。ホシ祭り。ホシ空。

**ほしがる**（動詞） 欲しがる。何でも欲しいと思うこと。例：人のものをホシガル。

**ほしくず**（名詞） 星屑。無数の星。くずは、たくさんの細かい、意。例：夜空のホシクズを詠んだ歌や。

**ほじくる**（動詞） 小さなことを、掘って、つついて、見つけようとする。例：ひとのいやがっていることを、そんなにホジクルな。

**ほしたら**（接続詞） そうしたら。例：もう用はないな。ホシタラ帰るぞ。

**ほしづくよ**（名詞） 星月夜。星の光が明るく照らす夜。ホシヅキヨとも。例：ええホシヅクヨや。夜道にもってこいや。

**ほして**（接続詞） そして。例：宿題と明日の予習をすませて、ホシテ、友達と砂鉄とりに行く。

**ほしな**（名詞） 干し菜。ほした大根や蕪。例：ホシナ、霜にかからんように莚かけて。

**ほしみせ**（名詞） 露店。祭りなどで寺社の参道の両側に並ぶ店。ホシは見せびらかす意。例：ホシミセ見て歩こうか。

**ほしめ**（名詞） 星目。粘膜や角膜に白い斑点のできる病気。例：目の玉にホシメができた。

**ぼしゅう**（名詞） 募集。募り集めること。例：乗務員ボシュウの広告がある。

**ぼしゅう**（名詞） 暮秋。秋の暮れ。秋の末。例：ボシュウの田園風景。

**ぼしゅん**（名詞） 暮春。晩春。例：ボシュンの夕方に別れを詠んだ詩がある。

**ほしょう**（名詞） 補償。損害を償うこと。例：行政処分によって損害ホショウを受ける。

**ほしょう**（名詞） 保障。危害から責任を持って守ること。例：安全ホショウ条約によって国民の生活を守る。

**ほしょう**（名詞）保証。確かさを請け合うこと。例：債務のホショウ金。

**ほしをいただく**（熟語）星の出ている暗いうちから、夜星の出るまで働く意。例：ホシヲイタダイて野に出て、ホシヲイタダクまで働く。

**ほす**（動詞）干す。乾す。かわかす意。例：布団をホス。魚を日にホス。

**ほせい**（名詞）補正。不足を補い、悪いところを正すこと。例：ホセイ予算。

**ぼせつ**（名詞）暮雪。夕暮れの雪。晩春の雪。例：比良のボセツ美しいな。

**ほそい**（形容詞）細い。長さに対して直径、周囲が小さい。例：西日本では、ホソイで、ホッソイ、ホセイが使われるところもある。

**ほそく**（名詞）補捉。捕らえる意。例：敵の自動車をホソク、攻撃中。

**ほそく**（名詞）補足。不足を補うこと。例：説明をもう少しホソクします。

**ぼそっと**（副詞）無愛想に。例：お早う言うて、ボソット入ってくる。

**ほそびき**（名詞）細引き。細い麻の引き縄。例：ホソビキを引いて、立入禁止にする。

**ほそめ**（名詞）細め。少し開いた程度、感じ。例：普通よりホソメに編んで頂戴な。

**ほそる**（動詞）細る。細くなる。痩せる。例：身もホソル思い。食がホソル。

**ぼたいじ**（名詞）菩提寺。先祖代々の菩提を願う寺。例：ここが、我が家のボダイジや。

**ほたえる**（動詞）ふざける。戯れて騒ぐ。例：座敷の中で、ホタエたらあかん。

**ほだされる**（動詞）情にからまれる。例：泣き言いわれて、ついホダサレル。

**ぼたもち**（名詞）牡丹餅。餅の周囲に牡丹の花のように餡をまぶした食品。例：牡丹の花に似てるのでボタモチや。

**ほたら**（接続詞）そうしたら。例：宿題済んだんやな。ホタラ手伝ってくれ。

**ぼたんなべ**（名詞）猪の肉のすき焼き。例：赤肉から牡丹の花を連想してボタンナベ言うねや。

**ぼち**（名詞）墓。墓場。墓のある所。例：ボチの掃除に行かんならん。

**ぽち**（名詞）祝儀。例：ポチ袋。

**ぼちぼち**（副詞）ゆっくり。次第に。少しずつ。例：大事な石垣やで、ボチボチ丁寧に積み上げますわ。

**……ほっかい**（接尾語）……放題。例：したいホッカイにさせる。

**ぼっかぶり**（名詞）ごきぶり。御器＋かぶり。例：御器かぶりがボッカブリの語源や。

**ほっき**（名詞）発起。何人かが集まり、計画し実行に移すこと。例：一念ホッキ。同窓会のホッキ人。

**ぽっきり**（副詞）ちょうどそれだけ。例：一万円ポッキリの掃除機や。

**ぽっきり**（副詞）木の枝の折れる音。例：台風で、立派な松の枝もポッキリ折れてしもた。

**ほっけのたいこ**（熟語）休みなくやかましいこと。例：ぶつぶつと、いつまでも、ホッケノタイコや。

**ほつける**（動詞）着物の縫い目などが、ほつれる。例：スカートの裾がホツケてるわ。

**ほっこく**（名詞）北国。北陸道の国々。例：ホッコク街道。ホッコク町。

**ほっこりする**（熟語）飽きて疲れて、ほっとする。例：半日、本読んでてホッコリシたわ。

**ほっしん**（名詞）発心。思い立つこと。もとは、信仰心を起こす意。例：学者になろうとホッシンしたのは、中学一年の時や。

**ほっする**（動詞）欲する。望む。欲しいと思う。例：おのれのホッスルところ人にほどこすのがよいのや。

**ほっそく**（名詞）発足。活動を始める意。例：我が社はホッソクから三十年経ちました。

**ぼったくる**（動詞）奪い取る。例：ここの店、品も売り方もボッタクリや。

**ほったらかす**（動詞）捨てておく。なげやりにして放置する。例：お客さんホッタラカシといたらあかんがな。

**ほったん**（名詞）発端。起こり。はじまり。例：発明のホッタンは、小学生の時に理科室であった水の電気分解の実験です。

**ぽっちゃり**（副詞）搗きたての餅のような、ふくよかな。例：ポッチャリした顔のかわいい娘さん。

**ほっつきあるく**（動詞）　うろつく。歩きまわる。例：夜おそくホッツキアルイたらあかん。
**ぼってり**（副詞）　ふっくら。肉付きのよい。例：ボッテリしたおかみさん。
**ほっといてんか**（熟語）　捨てておいてください。例：いちいち文句言わんと、ホットイテンカ。
**ぼっとう**（名詞）　没頭。熱中すること。例：研究にボットウする。
**ほっとく**（動詞）　放っておく。例：不参加者は、ホットケ。
**ほっとする**（熟語）　やれやれと安心する。例：試験が済んで、ホットスル。
**ぼつぼつ**（副詞）　徐々に。ゆっくり。例：ボツボツ、出かけましょか。
**ぼつらく**（名詞）　没落。繁栄していたものが、衰え滅びること。例：ボツラクしてしまった会社や。
**ぼて**（名詞）　腹部の肥満している魚。例：朝から、ボテ、ようけ釣れたんや。
**ほてから**（接続詞）　それから。そうしてから。例：家に帰って、ホテカラ式の準備や。
**ぼてふり**（名詞）　品物をかついで、声を立てて売り歩く。振り売り。例：魚のボテフリして、暮らしを立ててるんや。
**ほと**（接続詞）　そうすると。例：先生の話、ホト善意の嘘やったんか。
**ほど**（名詞）　程度。時間。頃。例：力のホド。さきホド。年のホド。
**ほどう**（名詞）　歩道。歩く道。例：車道とホドウ。
**ほどう**（名詞）　補導。青少年が悪い道を歩まぬように導くこと。例：青少年のホドウに当っております。
**ほどう**（名詞）　舗道。舗装された道。例：簡単だが田舎道も、ホドウになった。
**ほどく**（動詞）　結び目を解く。解きほぐす。例：荷物の縄、ホドイて見て。
**ほとけ**（名詞）　仏様。仏陀。仏像。慈悲深い人。例：ホトケ作って魂入れず。
**ほとけのかおもさんど**（諺）　仏の顔も三度。寛大な人も無礼が度重なると怒る意。例：いかに柔和な人でもホトケノカオモサンドや。
**ほどける**（動詞）　結び目が解ける。例：風呂敷がホドケそうやで。
**ほどこす**（動詞）　施す。恵み与える。行う。例：金品をホドコス。あらゆる手段をホドコス。面目をホドコシた。
**ほところ**（名詞）　ふところ。例：あいつ、いつもホトコロ寒そうにしとる。
**ほどとおい**（形容詞）　程遠い。程度がかけはなれている意。例：ノーベル賞にホドトオイ研究である。
**ほととぎす**（名詞）　ホトトギス科の小鳥。時鳥。不如帰。例：特異な鳴き声で鳴くホトトギスは、異名が多い。万葉集にも歌われる鳥や。
**ほどなく**（副詞）　程なく。まもなく。やがて。例：ホドナク、定刻となります。
**ほとばしる**（動詞）　勢い良く飛び散る意。例：ホトバシル滝の水。
**ほとびる**（動詞）　ふやける。例：水仕事、長いことしてたら指がホトビてきた。
**ぼとぼと**（副詞）　びしょぬれ。例：雨に濡れて、ボトボトや。
**ほどほどに**（副詞）　ちょうど良い程度。例：酒は、ホドホドニしとけ。ええか。
**ほどよく**（形容詞）　程良く。適度。例：塩加減ホドヨウせんとあかん。
**ほどらい**（名詞）　程合いを適度に。程合いが語源。例：ホドライよう、なんとかやっとくれ。
**ほどらいこ**（名詞）　ええかげんにすること。例：仕事がみなホドライコや。
**ほとんど**（副詞、名詞）　おおかた。大部分。例：宿題はホトンドできた。人生のホトンドが、貧乏との戦いであった。
**ほな**（接続詞）　それなら。例：ホナ止めとくわ。
**ほないに**（熟語）　そんなに。例：ホナイにこわい先生やったか。
**ほなさいなら**（熟語）　それならさようなら、の意の挨拶言葉。例：これで、用済んだな。ホナサイナラ。
**ほなら**（接続詞）　それなら。例：もう九時やで。あかん、ホナラ起きるわ。
**ほねぬき**（名詞）　主義や計画の大切な所を取り去ること。例：議案はホネヌキにされた。
**ほのお**（名詞）　炎。火の先。火炎。火＋穂、が語源か。例：高くあがった左義長のホノオ。
**ほのか**（形容動詞）　かすか。目立たない。

ぼんやり。例：ホノカに薫る。ホノカな灯火。ホノカに見える富士山頂。
**ほのめかす**（動詞） それとなくかすかに示す。例：転勤をホノメカス。
**ほばしら**（名詞） 帆柱。船の帆を揚げるための柱。例：ホバシラのことを、英語でマストっていうんや。
**ほべた**（名詞） 頬＋べた。例：赤いりんごのようなホベタや。
**ぼぼ**（名詞） 女性の生殖器の外陰部。陰門。例：ボボは、絶対見せたらあかんえ。
**ほまち**（名詞） へそくり。臨時収入。例：お婆さんのホマチ、せびったらあかんえ。
**ほまれ**（名詞） 誉れ。ほめられてよい評判を得ること。例：国のために死ぬことが、そんなにホマレなのか。
**ほめる**（動詞） 誉める。称えてよく言う。例：子供をホメル。作品をホメル。
**ほや**（熟語） そうだ。ホウヤ、の略。例：ホヤ、ホヤ、ほうしたらええんや。
**ほやかて**（接続詞） そうだけれども。ソヤカテ、の変化。例：ホヤカテ、うち欲しかったもん。
**ぼやく**（動詞） 小言を言う。不平をいう。例：いつもうちの課長、ボヤイとるわ。
**ほやけど**（接続詞） そうだが。例：天気予報は悪かった。ホヤケド、見てみ、日本晴れや。
**ほやさかい**（接続詞） そうだから。例：ホヤサカイ、止めとけ言うてたのに。
**ほやほや**（副詞） できたてで、軟らかく、あたたかいさま。例：たった今、できたてのホヤホヤのパンや。
**ほやほや**（感動詞） そやそや、の変化。そうだそうだ。例：ホヤホヤ。うちも、その案に賛成や。
**ほらほうや**（熟語） それはそうだ。例：ホラホウヤ、お前の言うた通りや。
**ほりきり**（名詞） 地面を掘って切り通した水路。例：このホリキリから、舟を出しますわ。
**ほる**（動詞） 彫る。刻む。彫刻する。例：仏像をホルと心が休まります。
**ほる**（動詞） 放り投げる。捨てる。例：なるべく遠くへホッてや。紙くずそこらにホッたらあかんで。
**ほれ**（代名詞） それ。例：ちょっと、ホレ、よう見てみ。
**ほれこむ**（動詞） 惚れ込む。深く心を奪われる。例：すっかり、ホレコンで結婚まで、行ってしまった。
**ほれぼれ**（副詞） 深く感動してうっとりするさま。例：ホレボレするような美しい曲や。
**ほれみい**（熟語） それ見ろ。ソレミイとも。例：ホレミイ、わしの言うた通りやろ。
**ほれる**（動詞） 惚れる。心を奪われる。例：人物にホレて、即時採用や。
**ぼろい**（形容詞） うまい。有利な。例：なんかボロイ儲け口ないやろか。
**ぼろかす**（名詞） た易いこと。例：こんな問題、ボロカスや。
**ぼろかす**（名詞） めちゃくちゃ。例：ボロカスに負けてしもた。
**ぼろくそ**（名詞） 相手を劣悪なものに言う意。例：負かされた相手をボロクソに言う。
**ぼろくそ**（名詞） 容易だ。た易い。例：この程度の仕事ならボロクソや。
**ぼろくち**（名詞） 極めて有利な儲け口。例：どこかにボロクチ無いかなあ。
**ぼろける**（動詞） ぼろぼろになる。例：このランドセル、六年使うてボロケたわ。
**ほろにがい**（形容詞） ほろ苦い。少し心が痛む意。例：ホロニガイ青春の思い出。
**ほろびる**（動詞） 滅びる。破滅する。滅亡する。例：核戦争で地球がホロビルぞ。
**ほろほろ**（副詞） はなびら、木の葉などが散るさま。例：ホロホロと山吹散るかな滝の音。
**ほろりと**（副詞） 思わず涙のおちる状態。例：亡き父を思いホロリト涙を落とした。
**ぼろんちょん**（名詞） めちゃくちゃ。例：昨日の野球は、ボロンチョンにやられた。
**ほん**（名詞） 本。正式の。正当な。例：ホン籍。ホン採用。ホン式の演奏。
**ほん**（名詞） 本。手本。書物。例：ホン屋さん。英語のホン。
**ほん**（副詞） 本当に。まことに。例：中古やけど、ホンええ車や。
**ほん**（副詞） ほんの。すぐ。例：学校のホンそばの呉服屋や。ホンの少しのお裾分け。
**ぼん**（名詞） 男の子、ボンチ、ボンボンとも。例：ボンは、ええ子やなあ。
**ほんい**（名詞） 本意。もとからの心。

例：私のホンイは、ここにありました。

**ほんか**（名詞）本科。その学校の本体をなす課程。例：予科の上にホンカ三年の課程がある。

**ほんか**（名詞）本歌。本歌取りの歌についての、もとの歌。例：ホンカ取り。

**ほんかい**（名詞）本懐。年来の希望。例：ホンカイを遂げることができ喜びにたえません。

**ほんげん**（名詞）本源。もと。おおもと。根源。例：市政の腐敗をホンゲンから絶ってほしい。

**ほんごく**（名詞）本国。本人の国籍のある国。例：悪事を働いて、ホンゴクに送還や。

**ほんごし**（名詞）本腰。真剣な気構え。例：ホンゴシを入れる。

**ほんさい**（名詞）本妻。正式に結婚した妻。例：愛人をホンサイにはできひん。

**ほんざん**（名詞）本山。一宗の寺院を、支配し統括する寺。例：総ホンザンの知恩院。

**ぼんさん**（名詞）坊さん。僧侶。例：墓参り、ボンサン頼んだか。

**ほんし**（名詞）本旨。本来の趣旨。真の目的。例：この議案のホンシは何か、よく考えてもらいたいもんや。

**ほんしき**（名詞）本式。正しい順序、方法。例：茶の湯をホンシキに習ったことがない。

**ほんしつ**（名詞）本質。本来の性質。根本の性質。例：問題のホンシツに触れる必要がある。

**ほんしゃ**（名詞）本社。会社の中心である事業所。例：最近は、ホンシャを東京に置いている事業所が多い。

**ほんじゃ**（接続詞）それでは。それじゃ。例：ホンジャ、おひらきとしようか。

**ほんしょく**（名詞）本職。主とする職業。例：こんなタレントまがいのことをしているが、ホンショクは博物館の学芸員や。

**ほんしん**（名詞）本心。本当の正しい心。例：それで、貴方は、ホンシンから詫びているつもりなんか？

**ほんじん**（名詞）本陣。本当の陣地。一番重要な陣地。江戸期、宿場の最高級の宿。例：宿泊の大名がホンジンを置いた格式ある宿や。

**ぼんじん**（名詞）凡人。平凡な人。例：ボンジンに見えるが、実は非凡な凡人や。

**ほんすじ**（名詞）本筋。中心となる筋道。例：この論文のホンスジが、少々ぼけているのやないか。

**ほんぞん**（名詞）本尊。信仰や祈りの中心。例：寺のホンゾンは薬師如来や。

**ほんだけ**（熟語）それだけ。例：ホンダケで合計いくらや。

**ほんだな**（名詞）本棚。書物を並べておく棚。例：書斎のホンダナの蔵書五千冊。

**ほんで**（接続詞）それで。そうだから。例：電車が遅れて、ホンデ十分遅刻や。

**ほんでに**（熟語）それだから。例：今日は土曜やろ。ホンデニ事務所留守やね。

**ほんでも**（接続詞）それでも。例：大雪で大変や。ホンデモ国道は車動いたる。

**ほんな**（連体詞）そんな。例：今時、ホンナ奇特な先生いやはる？

**ほんなに**（熟語）そんなに。例：ホンナニ僕のこと誉めてくれてたか。

**ほんなもん**（熟語）そのようなもの。そんなもの。例：ホンナモン、僕、要らんわ。

**ほんなら**（接続詞）それなら。それでは。例：よそより安い。ホンナラ買うとこ。

**ほんなん**（熟語）そんなの。例：ホンナン、あいつの意地悪やわ。

**ほんに**（副詞）ほんとうに。全く。実に。例：ホンニ困ったこっちゃな。

**ほんにん**（名詞）本人。その人。当人。例：そんな事情は、ホンニンにしか分からんわなあ。

**ほんの**（連体詞）ちょっとした。例：ホンノ少し。ホンの志や。

**ほんのくちよごし**（熟語）ほんの口汚し。つまらぬ食べ物。例：ホンノクチヨゴシですけど、どうぞあがっとくれ。

**ぼんのくぼ**（名詞）盆の窪。首筋の凹んだところ。転じて、ほんの少し。ボンノクソとも。例：ボンノクボほど残ったるさかい、あげるわ。

**ほんぷく**（名詞）本復。病気がすっかり治ること。全快。例：ホンプクの祝いです。

**ほんぶん**（名詞）本分。その人の尽くすべき義務。例：学生のホンブンは、スポーツではないはずやろ。

**ほんぽ**（名詞） 本舗。おおもとの店。本店。例：伊勢の名物、赤福のホンポ。

**ぼんぼん**（名詞） 世間知らずの良家の子息。例：ボンボンは何の苦労もないな。

**ぼんぼんいう**（熟語） がみがみと、やかましくいう。例：隣の悪童には、ボンボンいうて注意してやれ。

**ぽんぽんせん**（名詞） 発動機船。例：ポンポンセンで、荷物運んでもらう。

**ほんま**（名詞） 真実。本当。例：それホンマ？

**ほんまつ**（形容動詞） 本末。もととすえ。例：その意見は、ホンマツ転倒やないか。

**ほんまに**（形容動詞） 本当に。例：ホンマニなあ、ええ人やったのになあ。

**ほんまもん**（名詞） 真実のもの。例：このダイヤ、ホンマモン？

**ほんまる**（名詞） 本丸。城の中心。例：鳥取城のホンマルは、山の上やったのか。

**ほんもう**（名詞） 本望。本来の希望。例：もう一冊長編が書けたらホンモウや。

**ほんや**（名詞） 本屋。書籍販売店。書店。例：ホンヤさんに、雑誌たのんどいて。

**ほんや**（名詞） 母家。本宅。例：離れから、ホンヤに運んどいて。

**ほんやく**（名詞） 翻訳。外国の言語を日本語に直すこと。例：英語を日本語にホンヤクする。

**ぼんやり**（副詞） はっきりしない様子。例：琵琶湖、ボンヤリ霞んでる。

**ぼんやり**（名詞） はっきりしない考えや態度。例：いつもボンヤリした態度や。

**ぼんやりしてるな**（熟語） ぼおっとしていてはいけないぞ。例：こんな危険なホームで、ボンヤリシテルナや。

**ぼんやりする**（動詞） 頭がはっきりしない。ぼけている。例：頭がボンヤリスル、熱があるねやろか。

**ほんらい**（名詞） 本来。もともと。例：人間がホンライ持っている、良心はどこへ行ってしまったのか。

**ほんりょう**（名詞） 本領。本来の特色。本来の特質。例：ホンリョウを発揮したといえよう。

# ま

**まー**（名詞）間。一音節語の長音化。時間。例：まだ、マーあるか。

**まー**（名詞）魔。一音節語の長音化。悪魔。例：マーが、さしたん違うか。

**……ま**（助動詞）ます、の約。例：よう、知ってマ。

**まあええわ**（熟語）まあ（だいたい）よろしいわ。例：マアエエワ。練習はこれぐらいにしておこう。

**まあたらしい**（形容詞）まったく新しい。みるからに新しい。例：マアタラシイ教室や。

**まあまあです**（熟語）まずまずよろしい。どうにかよろしい程度です。例：記録は？　マアマアデス。

**まい**（名詞）眉。マユとも。例：マイの毛。マイつばもの。

**……まい**（助動詞）打消の意志。ないつもりだ。例：私は、行くマイ。無駄な抵抗はしマイ。

**……まい**（助動詞）打消の推量。ないだろう。例：まだ十一月だから、雪にはなるマイ。

**まいあさ**（名詞）毎朝。毎日の朝。例：マイアサ、新聞配ってもろて大きに。

**……まいか**（熟語）ましょうか、の意。例：行こマイカ。帰ろマイカ。

**まいかい**（名詞）毎回。そのたびごとに。例：簡単な文書でもマイカイ書くのは、かなん。

**まいげ**（名詞）眉毛。例：目の上の弓形の毛が、マイゲや。

**まいこ**（名詞）舞妓。舞いを舞って座興を添える少女。例：京都のマイコさん。

**まいご**（名詞）迷い子。迷った子供。例：マイゴにならんように、名札つけな。

**まいだれ**（名詞）前垂れ。前掛け。例：店の屋号を染め抜いたマイダレ。

**まいちもんじ**（名詞）真一文字。一の字のようにまっすぐ。わきめもふらずに。例：マイチモンジに駆け抜ける。

**まいつき**（名詞）毎月。一月ごと。マイゲツとも。例：マイツキの家賃。

**まいど**（名詞）毎度。いつも。その度ごとに。いつもありがとう、の意。挨拶。例：マイド大きに。こんにちは。マイド。

**まいにち**（名詞）毎日。日々。例：マイニチ、忘れず、ラジオ体操や。

**まいねん**（名詞）毎年。年ごと。まいとし。例：マイネン、優勝候補で終わりなんや。

**まいはる**（名詞）毎春。毎年の春。例：マイハル、花を咲かせる水仙。

**まいひめ**（名詞）舞姫。踊り子。例：森鷗外の「マイヒメ」、ええ小説や。

**まいまい**（名詞）みずすまし。かたつむり。例：池のマイマイ。かたつむりはマイマイつぶりや。

**まいまい**（名詞）頭の毛のうず。つむじ。旋毛。例：頭のマイマイ、三つもあるわ、普通は一つやけど。

**まいゆう**（名詞）毎夕。毎晩と同じ。例：マイユウ、汚れ物洗うのよ。

**まいらしてもらう**（熟語）参詣させてもらう。例：明日の念仏講、参っていただけるかな。今度は、必ず、マイラシテモラウわな。

**まいらしてもらう**（熟語）極楽往生する。死ぬ。例：生きていても、何の楽しみもないし、早うマイラシテモライたい。

**まいる**（動詞）参る。降参する。閉口する。死ぬ。例：物価高にマイル。やっとマイリよった。

**まいる**（動詞）参る。行く、の謙譲語。参拝する。例：元日の朝、氏神さんにマイル。

**まえ**（名詞）前。顔の向いている方向先。以前。例：マエを向く。百年マエ。

**まえ**（名詞）男女の陰部。例：マエを押さえてトイレにかけこむ。

**まえあし**（名詞）前足。前脚。けものの前の方の足。例：熊のマエアシに、ひっかけられた。

**まえかけ**（名詞）前掛け。着物の腰から下、前にかける布。マエダレとも。例：汚れないようにマエカケしなや。

**まえきん**（名詞）前金。前払い金。例：代金はマエキンでどうや。

**まえばなご**（名詞）前鼻緒の訛。第一第二の足指で挟む鼻緒。例：マエバナゴ切れた。直して。

**まえもって**（副詞）前もって。あらかじめ。まえまえから。例：マエモッテ知らせる。

**まがいもん**（名詞）紛い物。偽物。似せ物。例：この絵は、雪舟のマガイモンや。

**まがう**（動詞）紛う。よく似ていてまちがえる。例：残雪を梅の花と見マガウ。マガウ方なく、故郷の小学校や。

**まがこと**（名詞）よくないこと。例：マガコトがおこらんとえねやが。

**まかしてしまよる**（熟語）負かされてしまう。例：強過ぎて、七回コールドでマカシテシマヨッた。

**まかしとき**（熟語）任しとき。引き受けた。任せておけ。例：これぐらいのことなら、うちにマカシトキ。あんじょうやるわ。

**まかす**（動詞）任す。自由にさせる。任せる。例：運を天にマカス。金にマカセて買いあさる。

**まかない**（名詞）賄い。食事の用意をする。例：マカナイ付きの下宿。

**まかなう**（動詞）支度をする。調えて供給する。例：近所で日用品をマカナウ。

**まがまがしい**（形容詞）縁起が悪い。不吉だ。例：母と子の命を奪ったマガマガシイ交差点や。

**まからんか**（熟語）負からんか。値段を負けることはできないか。例：もう一万円、マカランカ。

**まがりと**（名詞）曲がり角。例：マガリトの薬局や。

**まかりならぬ**（熟語）罷り成らぬ。してはいけない。例：この道を車で通行するのはマカリナラヌ。

**まかる**（動詞）値引きができる。例：もう少しマカランか。

**まきずし**（名詞）巻鮨。すし海苔等で飯や具を包み巻いたすし。例：弁当にマキズシどうや。

**まきぞえになる**（動詞）巻き添えになる。巻き込まれて被害者になる。例：交通事故でマキゾエニナッたんや。

**まきちらす**（動詞）撒き散らす。ばらまく、意。例：そないにマキチラサンと、きれいなところで宿題しな。

**まきもの**（名詞）巻物。書や画を軸にして巻いたもの。例：マキモノを収める戸棚がほしい。

**まぎらわしい**（形容詞）紛らわしい。区別がはっきりしない。例：マギラワシイ名前。

**……まぎれ**（接尾語）紛れ。まぎれて一緒になった感情。例：腹立ちマギレに、ええかげんな返事してしもた。

**まく**（動詞）巻く。端を折り込んでまるくする。まわりにからみつける。回す。例：マキ紙。包帯をマク。ねじをマク。

**まく**（動詞）尾行する人や車を、紛れさせはぐれさせること。例：尾行しとるな。次の交差点を左折してマクか。

**まくしたてる**（動詞）続けざまに勢い激しく言う。例：反対意見をマクシタテル。

**まくずし**（名詞）間＋崩し。標準の間取りを崩すこと。農家の、四つ住まいの間取りを意図的に崩した間取り。例：四つ住まいにするかマクズシにするか、どっちにしょ。

**まくばる**（動詞）一様に間をあけて配る。公平に分配する。例：救援物資や。被災者に、あんじょうマクバッてや。

**まくら**（名詞）枕。寝る時に頭を支えるもの。古くは、寝ること。例：マクラを高くして寝る。草マクラ。旅マクラ。

**まくる**（動詞）まくれる。まきあげる。例：風が女性のスカートをマクル。薩摩芋の蔓をマクル。

**まくる**（動詞）罪をなすりつける。責任を他に転嫁する。例：あいつに、責任をマクッといてやれ。

**……まくる**（接尾語）十分にする意。例：練習をしマクル。兎を追いマクル。

**まくれる**（動詞）巻くようにして転がる。例：敷き詰めたシートが、風でマクレル。

**まけいくさ**（名詞）負け戦。戦いに負けること。例：一九四二年ごろから、日本はマケイクサやったんや。

**まけてーな**（熟語）まけて下さい。値段安くしてね。例：ちょっと高いわ。マケテーナ。

**まけておられへん**（熟語）負けておられない。例：あんなチームに、マケテオラレヘンぞ。

**まけといて**（熟語）値引きしてください。例：まだ高い。マケトイテ。

**まけときな**（熟語）値引きしておきなさい。例：もう少しマケトキナ。一割ぐらいまかるやろ。

**まける**（動詞）負ける。敗れる。例：試合にマケル。戦争にマケル。

**まける**（動詞）かぶれる。例：漆にマケル。

**まける**（動詞）値引きをする。例：ほな、五千円だけマケときますわ。

**まけんき**（名詞）負けん気。勝ち気。負けず嫌い。例：マケンキの強い男や。

**まこと**（名詞）誠。真実。実際。本当。例：マコトの横綱の力や。

**まことしやか**（形容動詞）誠しやか。いかにも本当らしい。例：マコトシヤカナ噂を立てる人なんや。

**まごのて**（名詞）孫の手。竹で作ったもので、人間の手に似せたもの。背中を掻くためのもの。例：マゴノテ、ちょっと貸してくれんか。

**まごみせ**（名詞）孫を見せに、実家に帰ること。例：マゴミセに帰る。

**まさか**（副詞）よもや。いくらなんでも。例：マサカ、そんなことはあるまい。

**まさかのとき**（熟語）いざという時。例：マサカノトキの用心や。

**まざく**（動詞）間引く。作物の間隔を離すように引き抜く。例：二本間隔で、マザク。

**まさご**（名詞）真砂。マは、接頭語。細かい砂のこと。例：浜のマサゴ。

**まさめ**（名詞）柾目。真っ直に通った木目。例：細かい平行線のような木目が、マサメや。曲線で変化のあるのは板目なんや。

**まざる**（動詞）自然に混じる意。例：菜種とネギの種がマザッてしもた。

**まし**（形容動詞）（比較して）優れている。勝る。例：AよりBの方がマシや。

**まして**（副詞）なおさら。ことさら。いうまでもなく。例：プールでも泳げないのに、マシテ遠泳などできるもんか。

**まじまじ**（副詞）じっと見つめる意。例：助かった友の顔をマジマジと見る。

**ましゃくにあわない**（熟語）間尺に合わない。割りに合わない。損になる。例：そんな値段ではマシャクニアワナイ。大損や。

**まじゅつ**（名詞）魔術。普通では不可能なことをやって見せる不思議な術。例：マジュツでの手品でも、タネがあるし、特別な訓練をしてるのや。

**まじわり**（名詞）交わり。交際。つきあい。例：友人としてのマジワリは、小学生のころからや。

**まじわる**（動詞）交わる。入り交じる。交際する。例：道路がマジワルところ。小学校の友と長くマジワッている。

**ます**（動詞）数や量が多くなる。増える。加わる。例：数がマス。色をマス。

**……ます**（助動詞）丁寧な付属語。丁寧な意を加える。例：私も行きマス。

**まずい**（形容詞）味がよくない。下手だ。例：この飯、マズイわ。マズイ字や。

**まずい**（形容詞）具合が悪い。例：近所つきあいがマズクなる。

**ますかき**（名詞）枡掻き。一斗枡に穀類を盛り上げて多い分量を、縁に棒をあて掻き落とすことをいう。米を使い八十八歳の老人に、祝賀行事として行わせたところから、米寿を意味する。例：親父米寿でマスカキや。竹の棒がたくさん要るわい。

**まずしい**（形容詞）貧しい。貧乏である。貧弱だ。乏しい。例：家がマズシイ。マズシイ才能しか持ち合わせていない。

**まずは**（副詞）ひとまず。ともかく。何はともあれ。例：マズハ右御礼まで。

**まぜくりかえす**（熟語）かきまわす。例：せっかくの会議をマゼクリカエスな。

**まぜこぜ**（名詞、形容動詞）まぜて、わからなくする。マゼコジャとも。例：赤と白をマゼコゼにして撒いておいて、玉入れしよう。

**まぜたる**（動詞）まぜてやる。仲間に入れてやる。例：みんな、この子も、遊びにマゼタロな。

**ませる**（動詞）早熟。年齢のわりに大人びる。例：こいつは、よっぽどマセてるぞ。

**まぜる**（動詞）交ぜる。遊び仲間に入れる。例：うちもマゼて。

**また**（副詞）もう一度。再び。例：マタ来ます。マタの日、出会おうよ。

**また**（名詞）股。二つ以上に分かれるところ。例：人は、マタグラ、木は、キノマタや。

**またい**（動詞）待ちなさい。待て。例：ちょっとマタイ、すぐ助けたるさかい。

**またい**（形容詞）にぶい。例：マタイ奴やな。

**まだええな**（熟語）まだ時間の余裕あるね。例：マダエエナ。買い物してくる時間あるな。

**またぐ**（動詞）跨ぐ。股を開いて物品の上を越す。例：本や食品をマタイだらあかん。

**またぐら**（名詞）股ぐら。股。内股。例：娘さんが、マタグラちらつかせたらあかん。

**またぐらこうやく**（名詞）股ぐら膏薬。卑怯者。股に貼った膏薬はあちらへついたり、こちらへついたりするところから。例：関ヶ原の合戦で小早川はマタグラコウヤクやった。

**またぞろ**（熟語）またもや。例：マタゾロ出て来よったな、泥棒猫め。

**まだまん**（副詞）まだまだ。例：マダマン間に合うわい。

**まだら**（名詞）斑。濃淡、黒白などが入りまじっていること。例：マダラの乳牛、かわいいやろ。

**まち**（動詞）待て。待ちな、からｎａ音略。例：ちょっとマチ。マチいうたらマチな。

**まち**（名詞）町。市街地で道路等で仕切った一区画。例：向こうのマチまで、送って。

**まちあかす**（動詞）待ち明かす。来る人を待って夜を明かす。転じて、長く長く待つ。例：優勝の知らせをマチアカス。

**まちい**（名詞）襠。着物の幅の狭い部分に入れる当て布。袴の内股部分に入れる添え布。マチとも。例：十分マチイを入れといて。すぐ破れるさかい。

**まちがえる**（動詞）間違える。取り違える。しぞこなう。例：答えをマチガエた。

**まちぶせ**（名詞）待ち伏せ。隠れていて相手の来るのを待ち受けること。例：この辺で、先生が通らはるのマチブセや。

**まちや**（名詞）町家。市中の商家。例：しもたやの次のマチヤや。

**まちわびる**（動詞）待ち侘びる。待ちあぐんで気をもむこと。例：飛行機の到着をマチワビていた。事故でなければいいのだが。

**まつ**（動詞）待つ。人や時節などの到来、実現を望んで時を過ごす。例：春をマツ。

**まつ**（名詞）松。松の木。マツ科の植物の総称。常緑高木。針葉樹。例：マツ林。

**まつかぜ**（名詞）松風。松を吹く風。例：城跡のマツカゼさわやかな濠端に腰を下ろして、昔を思う。

**まっかっか**（名詞）真っ赤＋赤。例：この西瓜、マッカッカや。

**まっくらがり**（名詞）真っ暗がり。真っ暗闇。例：停電で地下道、マックラガリや。

**まっくろけ**（名詞）真っ黒け。け、は接尾語。真っ黒。例：マックロケの車、見つけて。

**まつご**（名詞）末期。死に際。例：マツゴの水をふくませる。

**……まっさ**（助動詞）……ますわ。例：わても、後から行きマッサ。

**まっさかり**（形容動詞）真っ盛り。真っ最中。例：桜の花のマッサカリや。

**まっさき**（名詞）真っ先。いちばん先。先頭。例：合格したらマッサキに恩師に報告いたします。

**まっさら**（名詞、形容動詞）最新。真新しい。例：マッサラの畳や。

**まつじ**（名詞）末寺。本山の支配下にある寺。例：田舎の菩提寺は、知恩院のマツジや。

**まっしゃ**（名詞）末社。本社に属している小さい神社。例：これらは日吉神社のマッシャなんや。数えきれない程や。

**……まっしゃろ**（熟語）ます＋やろ、の約。ましょう。例：どうでおマッシャロ。

**まっしろ**（名詞）マ＋白。すっかり白い、意。例：起きたら庭がマッシロや。

**まっすぐ**（名詞）マ＋直グ。すぐの強調。少しも曲がっていない。正直。例：マッスグに続く道。マッスグナ気性。

**まっせ**（名詞）末世。ずっと末の世。仏法の衰えた世。例：マッセ思想の中世の物語なんや。

**……まっせ**（熟語）……ますよ。例：注文の品、すぐお届けしマッセ。

**まつだい**（名詞）末代。末の世。死後の世。例：マツダイまでの恥。

**まったけ**（名詞）松茸。アカマツ林に生えるきのこ。例：マッタケ止めたるか。いつも止めたるあのマッタケ山。

**まったり**（副詞）やわらかでおとなしい。酒などの口当りの良い状態。例：ほんまにマッタリしたええ酒や。

**まってえな**（熟語） 待って下さい。例：マッテエナ。もっとゆっくり歩いて。

**まってくれはりませんか**（熟語） 待ってくださいませんか。例：もう五分だけマッテクレハリマセンカ。

**まっとうする**（動詞） 全うする。完全にやりとげる。例：自分の責任をマットウスルんや。

**まっとうな**（形容動詞） まともな。例：すなおで、マットウナ考えや。

**まっとくれ**（熟語） 待ってください。例：ちょっとマットクレ。運転手さん。

**まつば**（名詞） 松の葉。松の木の葉。例：贈り物の包み紙にマツノハと書くのは寸志の意味や。

**まっぴら**（副詞） まっぴら御免こうむる。絶対いやだ、の意。例：手紙書くのはマッピラや。

**まっぽう**（名詞） 末法。仏教でいう悪い末の世、一万年。例：これこそマッポウの世や。マッポウ思想の支配した世。

**まつり**（名詞） 祭り。各地の神社の神霊を祭る行事。例：葵マツリ。時代マツリ。

**まつり**（名詞） 記念、祝賀、宣伝などのための催しもの。例：札幌雪マツリ。神戸港マツリ。

**まつる**（動詞） 祭る。神霊を鎮め慰めること。例：鎮守の神をマツル。

**まつわる**（動詞） 纏わる。からみつく。つきまとう。例：この地にマツワル伝説。

**……まで**（格助詞） 到達する場所、限界を表す。例：飛行機で沖縄マデ行く。

**まてしばし**（熟語） しばらく待って下さい。例：マテシバシがない（時間的余裕がない）。

**まと**（名詞） 的。弓矢弾丸の目標、標的。例：マトを射た評論や。

**まど**（名詞） 窓。壁または屋根にあけた穴。例：マド越しに見える月。

**まどう**（動詞） 迷う。心が乱れる。うろたえる。例：雪道にマドウ。これからの人生の生き方、方針にマドウ。

**まどう**（動詞） 償う。弁償する。マトウとも。例：壊れたぶん、すぐマドウわ。

**まどろこしい**（熟語） 手数がかかりすぎて、いらだたしい。例：マドロコシイやり方やなあ。

**まどろむ**（動詞） うとうと眠る。例：縁側でついついマドロンでしまった。

**まどわす**（動詞） 惑わす。判断や感覚を乱れさせる。例：心をマドワス考えや。

**まないた**（名詞） 魚や野菜を切る厚い板。例：マナイタをキリバンという所もある。

**まなか**（名詞） 半間。三尺。例：マナカの廊下では、狭すぎるからな。

**まなこ**（名詞） 眼。目。目玉。例：マナコを静かに閉じて。黙禱。

**まなぶ**（動詞） 学ぶ。教えを受けて学習する。例：英語をマナブ。文学をマナブ。

**まにあう**（動詞） 間に合う。遅れずに着く。急場の役に立つ。例：発車時刻にマニアウ。この金でマニアウかな。

**まにあわせる**（動詞） 間に合わせる。急な用にあてる。例：この道具でマニアワセルか。

**まぬけ**（名詞） 間抜け。ぼんやり者。のろま。あほ。例：手ぬかりばかり、マヌケやな。

**まねき**（名詞） 劇場の木戸口の上に高く並べて掲げた俳優の名前、看板。例：南座のマネキ、今年も師走やなあ。

**まねく**（動詞） 招く。呼び寄せる。例：専門家をマネイて、話を聞く。

**まねし**（名詞） 真似。真似をする人、こと。例：上手にマネシした論文や。

**まばら**（形容動詞） 疎ら。すきまがあいていて間隔が粗いこと。例：朝の美術館に入場者はマバラだった。

**まびきな**（名詞） つまみ菜。間引き＋菜。密生している作物の間をあけて引く意。例：ちょっと間引いて来て。マビキナにするさかい。

**まぶい**（形容詞） まばゆい。まぶしい。例：久しぶりの太陽で、マブイ。

**まぶける**（動詞） 表面にぬりつけたり、まぶしたりする。例：餅に餡をマブケルと、ぼたもちや。

**まぶしい**（形容詞） 眩しい。まばゆい。例：太陽の反射でマブシイ。

**まぶす**（動詞） 粉などをつけてかきまぜる。例：黄な粉にマブシた餅。

**……まへん**（助動詞） ……ません。例：そやおマヘン。嘘は言わしマヘン。

**まま**（名詞） 御飯。転じて、食生活。例：ママの食い上げや。

**ままこ**（名詞） 粉を水で溶く時、失敗して粒状になること。例：このメリケン粉、溶いてもろたけどママコやで。
**ままごと**（名詞） 飯＋事。女の子の遊び。例：ママゴト、一緒にせえへん。
**ままつぶ**（名詞） 飯粒（児童語）。例：ママツブこぼさんように食べなあかん。
**ままはは**（名詞） 継母。血のつながりのない母。例：ママハハの継子いじめ。
**まめ**（名詞） まじめ。忠実。労をいとわず几帳面に物事をする意。例：あの男、マメに手紙よこすわい。
**まめ**（名詞） 達者。健康である意。例：いつまでも、マメでいたいもんや。
**まめたん**（名詞） 豆炭。たどん。無煙炭の粉と木炭の粉を卵型に固めた燃料。例：マメタンに火付けといて。
**まめつ**（名詞） 摩滅。すりへること。例：ねじ穴がマメツして、使えないんや。
**まめまめしい**（形容詞） 労苦をいとわずよく働く。例：実直でマメマメシイ人。
**まもる**（動詞） 守る。防ぎ保護する。例：命をマモル。国をマモル。
**まる**（名詞） 円形。転じて、お金、銭。例：ちょっと、マル貸してくれへんか。
**まるいかれ**（名詞） マルは、すっかり、の意。完全にやられること。例：空き巣にマルイカレや。
**まるきばし**（名詞） 丸木橋。一本の丸太を渡して橋としたもの。例：この山には、マルキバシを渡らんと登られへん。
**まるこい**（形容詞） 人柄が円い（良い）。心がけが円満な。例：マルコイ人柄や。
**まるこい**（形容詞） 丸い。例：マルコイ顔した、かわいい子やなあ。
**まるごと**（名詞） 丸ごと。もとのまま。切ったり剝いたりしない。例：リンゴをマルゴトかじってみる。
**まるこめる**（動詞） 丸くまとめる。てなづける。マルメコムとも。例：餅をマルコメル。暴れん坊をマルコメルのは一苦労や。
**まるた**（名詞） 丸太。製材していない丸いままの材木。例：山からマルタ下ろしや。
**まるつぶれ**（名詞） 丸潰れ。完全に失われること。例：面目マルツブレや。
**まるっぽ**（名詞） そのまま全部。例：大きなブリをマルッポ料理する。
**まるぽちゃ**（名詞） 丸くて、ぽちゃっとした顔。例：娘さんは、マルポチャのかわいい子や。
**まるまる**（副詞） すべて。全部。例：売上をマルマル儲けても知れてるがな。
**まれ**（副詞） 稀。めったになく珍しい意。例：マレに見る名品であり箱書きもある。
**まろね**（名詞） 丸寝。ごろ寝。着物を着たまま寝ること。例：空港で、旅のマロネや。欠航ばかりでどうもならん。
**……まわす**（接尾語） いろいろ十二分にする意。例：兎を追いマワス。車を走りマワシて、商いをする。
**まわた**（名詞） 真綿。屑繭をひきのばした綿。例：布団の綿を大きく包み込むようにして、布となじむようにするのがマワタの用途や。
**まわり**（名詞） 準備（まわりのことを、処置して支度する）。例：出かけるさかい、はよマワリして。
**まわりあわせ**（名詞） めぐりあわせ。自然にそうなる運命。例：幸せなマワリアワセや。
**まわりくどい**（形容詞） 間接的で手間がかかってめんどうくさい。例：マワリクドイ言い方やめて。
**まわりどうろう**（名詞） 回り灯籠。内枠が回転するにつれて、外枠の影絵が回って映る灯籠。マワリドウロとも。例：マワリドウロウの絵が動くのが、美しい。
**まわる**（動詞） 回る。輪を描くように動く。順々に送り動く。例：車がマワル。書類がマワル。得意先をマワル。岬をマワル。
**まん**（名詞） 運。巡り合わせ。例：ほんまにマンがよかった。マンのええ人。
**まんがいち**（副詞） 万が一。もしも。ひょっとして。例：マンガイチ、優勝できたらな。
**まんざい**（名詞） 漫才。二人の芸人が、滑稽な話を取りかわすもの。例：マンザイ師の人柄が良いんや。
**まんじゅう**（名詞） 饅頭。小麦粉をこねて皮をつくり中に餡などを入れた菓子。例：紅白のマンジュウは、祝賀用や。
**まんしん**（名詞） 慢心。おごり高ぶる心。例：成功しても、マンシンは禁物や。
**まんすい**（名詞） 満水。水がいっぱいに満たされること。例：ダムがマンスイで、今日から放水や。

**まんなか**（名詞） 真ん中。ちょうど中央。例：駅のマンナカから北へ走る大通りや。

**……まんね**（助動詞） ……ますね。ますの。例：何やってマンネ。ちょっと京都へ行きマンネん。

**まんのう**（名詞） 万能。すべてに効き目がある意。例：マンノウの薬。

**まんびょう**（名詞） 万病。あらゆる病気。例：マンビョウに効く家庭薬。

**まんべんなく**（副詞） 満遍無く。行き届かない所なく。例：マンベンナク、瑕がないか見なおした。

**まんぼ**（名詞） 小型の、人造トンネル。用水穴。例：マンボ潜って国道の山側に抜ける道や。

**まんまん**（熟語） 満々。満ちあふれている意。例：自信マンマンの男。

**まんまんたる**（形容動詞） 漫々たる。遠く広々としたさま。例：マンマンたる北近江の湖。

**まんまんと**（副詞） 満々と。満ちあふれているさま。例：マンマント水をたたえた黒部ダム。

# み

**みー**（名詞） 身。一音節語の長音化。例：はまちのミー、三枚におろす。

**みー**（名詞） 実。一音節語の長音化。例：桑のミー、摘んだんや。

**みー**（名詞） 箕。一音節語の長音化。例：竹のミー、持って来て。

**みー**（名詞） 巳。一音節語の長音化。例：ミーの年の生まれや。

**……みーさー**（熟語） 話題を提示する助詞。ねみてよ、の意。例：ほら、ミーサ、天気予報どおり降ってきた。あんた、ミーサー、ほれ、あんたが教えてくれたんやんか。

**みあい**（名詞） 見合い。結婚前、相手を知るため顔を見合い、理解しあうための機会。例：恩師の紹介でミアイをしたが、うまくいかなかった。

**みあやまる**（動詞） 見誤る。見間違える。例：犯人かとミアヤマッた。

**みあわす**（動詞） 見合わす。実行を一時さし控える。例：大雪なので、旅行をミアワシた。

**みあわす**（動詞） 見合わす。互いに顔を見る。見て比べる。例：顔をミアワス。二つのグラフをミアワシた。

**みい**（動詞） 見よ。例：早う来て、この絵、ミイ。

**みいだす**（動詞） 見出す。見つけだす。捜し出す。例：落としたコンタクトレンズ、やっとミイダシたんや。

**みいでもええ**（熟語） 見いでもええ。見なくてよろしい。例：こんな残酷な絵、ミイデモエエ。

**……みいな**（動詞） してみなさい。例：計算してミイナ、誤りがわかるさかい。

**みいひん**（熟語） 見ない。見たくない。例：そんな本、うちミイヒン。

**みいり**（名詞） 実入り。収入。実収入。例：お隣さん、みんなお勤めやで、ミイリがええわ。

**みえすいたうそ**（熟語） 見え透いた嘘。はっきりした嘘。例：ミエスイタウソをいう男や。

**みお**（名詞） 澪。川の流れのすじ。海の船が通るいちだんと深い水路。例：ミオに舟を乗せてな。

**みおつくし**（名詞） 澪標。通行する船に水路を示す杭。例：大阪の市章はミオツクシやったな。

**みおとす**（動詞） 見落とす。不注意のため見ていて気付かずにいる意。例：記載の過ちを、ついミオトシてしもた。

**みおとりする**（動詞） 見劣りする。他のものより劣って見えること。例：思ってたよりミオトリするなあ。

**みおろす**（動詞） 見下ろす。上から下方を見る。例：城跡から市街をミオロス。

**みがいる**（熟語） 身が入る。熱心に仕事をする。例：読書にミガイル時期や。

**みがいる**（熟語） 筋肉が疲れてこわばる。例：足にミガイル。

**みかえる**（動詞） 見返る。後を振り向いて見る。例：見送りにミカエルのも、心遣いの一つや。

**みかぎる**（動詞） 見限る。見て諦める。

例：見込みがないとミカギッた。

**みがく**（動詞） 磨く。こすって艶を出す。滑らかに美しくする。例：技をミガク選手を範とすべきである。

**みかげいし**（名詞） 御影石。花崗岩。例：神戸の御影でとれた石なのでミカゲイシや。建築用石材としてええ石や。

**みかけだおし**（名詞） 見掛け倒し。立派な外観の割りに実体のないこと。例：あの相撲取り、ほんまにミカケダオシや。

**みかづき**（名詞） 三日月。弓形の細い月。例：毎月の三日頃の月やさかいミカヅキっていうんや。

**みがって**（名詞、形容動詞） 身勝手。わがままにふるまうこと。例：利己心が強くミガッテな人や。

**みがてら**（熟語） 見るついでに。例：博覧会ミガテラ、名古屋まで行くわ。

**みがてら**（熟語） 見ながら。例：花火ミガテラ、湖まで来てしもた。

**みがふるえる**（熟語） 身が震える。恐ろしくて身体ががたがた震える。例：沖縄戦の話を聞くと、今でもミガフルエル。

**みかん**（名詞） 蜜柑。ミカン科の常緑小高木。果実は食用、美味。例：ミカンの花の咲くのは六月。実るのは初冬。

**みき**（名詞） 御神酒。神前に供える酒。オミキとも。例：建前に当って、おミキを供えて祈禱していただく。

**みぎり**（名詞） 砌。軒下の雨滴を受ける水切りの石。転じて、おり、ころ、時。例：先日、上洛のミギリ、御高志を賜りありがとうございました。

**みきりもん**（名詞） 見切り物。値段を見切って売る品。安売りの品。粗悪な品。例：ミキリモンや。よほどやないと買わんほうがええ。

**みぎわ**（名詞） 汀。水際。陸地と水の接する所。例：ミギワで遊ぶ。

**みきわめる**（名詞） 見極める。見届けて確かめること。例：最後までミキワメて、帰途についたのか？

**みくらべる**（動詞） 見比べる。見て比較する。例：二つの人形をミクラベル。

**みぐるしい**（形容詞） 見苦しい。醜い。みっともない。例：ミグルシイ態度や行動をしてはならぬ。

**みこし**（名詞） 御輿。祭礼の時にかつぐ神の輿（こし）。例：ミコシかき。

**みごしらえ**（名詞） 身拵え。身支度。例：ミゴシラエ、早うしな。

**みごと**（形容動詞） 見事。美しい。立派だ。巧みだ。例：ミゴトな祭りや。

**みさお**（名詞） 操。かたく守って変わらない心。例：女のミサオを守る。

**みさかい**（名詞） 見境。見て区別すること。例：前後のミサカイなく、飛び込んでしまった。

**みささぎ**（名詞） 御陵。ササギは、人工の小さい丘陵。御＋ササギ、が語源で、天皇、皇后の墓。例：天智天皇のミササギや。

**みじかい**（形容詞） 短い。長さが少ない。例：ミジカイ鉛筆、使うてるなあ。

**みして**（動詞） 見せて。例：菊池寛の筆跡やて。ミシテえな。

**みじめ**（形容動詞） 惨め。貧弱な。みすぼらしい。例：ミジメな住まいや。

**みじゅく**（名詞） 未熟。果実がまだ十分に熟していない意。転じて、学問や技術や芸が十分でないこと。例：ミジュクな芸ですみません。

**みず**（名詞） 水。川水。井戸や水道からの飲む液体。例：大ミズ。ミズ遊び。ミズ桶。ミズ加減。ミズ枯れ。ミズ際。

**みずうみ**（名詞） 湖。淡水をたたえた所。水＋ウミ、が語源。例：琵琶のミズウミが、大きく北に広がる。

**みずかき**（名詞） 水掻き。水鳥や蛙の指と指の間の膜。例：ミズカキで、水を掻いて進むんや。

**みずかさ**（名詞） 水嵩。水の増減する程度。例：川のミズカサが随分増えてる。

**みずがつく**（熟語） 洪水や高潮で、水浸しになる。例：洪水で床下までミズガツイたんや。

**みずぎわ**（名詞） 水際。陸と水との接している所。例：ミズギワ立った作戦。

**みずくさい**（形容詞） 食物の味の塩気がすくないこと。例：ミズクサイおつゆやなあ。

**みずくさい**（形容詞） 他人行儀なこと。友情が薄い。不親切。例：ミズクサイことを言うな。

**みずくみ**（名詞） セキレイ。みずくみ鳥。例：お伊勢のミズクミは、せきれいのことや。

**みずぐるま**（名詞）　水車。すいしゃ。例：水力を利用して回転させ動力を得るのがミズグルマや。普通は音読してスイシャって言うてるぞ。

**みずさし**（名詞）　水差し。水を他の容器につぎ入れる器。例：このミズサシ、大きすぎて役に立たん。

**みずしらずのなか**（熟語）　見ず知らずの仲。一面識もない間柄。例：あの人とはミズシラズノナカや。

**みずすまし**（名詞）　水澄まし。あめんぼう。例：農薬のせいか、池にも、川にも、ミズスマシおらんなあ。

**みずぜめ**（名詞）　水攻め。水を使った城攻め。水を断ってしまう渇水による方法と、水をたたえたり、洪水にしたりする方法がある。例：秀吉のミズゼメは、徹底的で城兵を苦しめた。

**みずた**（名詞）　水田。湿田。一年中水を張った水田。例：旱天の多い山田は、ミズタが多い。

**みずたま**（名詞）　水玉。玉のような水滴。例：普通は、ミズタマ模様のことを水玉言うてるわなあ。

**みずとり**（名詞）　水鳥。水上に遊ぶ鳥。水辺に棲む鳥。例：ミズトリの多い沼。

**みずな**（名詞）　水菜。京菜。壬生菜（みぶな）、の訛とも。例：畑にミズナを、栽培したんや。

**みずなぶり**（名詞）　水なぶり。水を使ったいたずら。水遊び。例：またミズナブリか。床ずぶぬれやんか。

**みずのみびゃくしょう**（名詞）　水飲み百姓。貧しい小作百姓のこと。水を飲んで飢えをしのいだほどの農民。例：うちは先祖代々の豪農。ミズノミビャクショウとは違う。

**みずひき**（名詞）　水引。進物の包み紙に結ぶ、紅白の飾り紐。例：上等のミズヒキ、かけとくれ。

**みずや**（名詞）　食器などを入れる簞笥風の家具。例：ミズヤに、お点前の道具しまっておいて。

**みずや**（名詞）　流し。流しもと。台所。例：冬は、ミズヤの仕事、たいへんよ。

**みずをむける**（動詞）　水を向ける。話を誘い出す。例：儲け話はないかとミズヲムケル。

**みせかけ**（名詞）　見せ掛け。うわべ。外見。例：ミセカケは、立派な家や。

**みせじまい**（名詞）　店閉い。閉店。廃業。例：今日で、ミセジマイや。

**みせびらかす**（動詞）　見せびらかす。自慢そうに見せる。例：大金庫をミセビラカスように、設置しはった。

**みせやっしゃる**（熟語）　見せなさる。ミセヤハル、の古形。例：おじいちゃんが先生に、ミセヤッシャルはずや。

**みせやはる**（熟語）　見せなさる。例：婆さんが、孫の書いた習字をミセヤハル。

**みそ**（名詞）　味噌。大豆、糀または麴、塩を原料とした調味料。例：ミソ漬け。ミソあえ。ミソ豆。白ミソ。赤ミソ。

**みそがすうなる**（熟語）　味噌が酸うなる。下手な歌をひやかす喩え。例：ミソガスウナルような歌しか歌えまへん。

**みそぐ**（動詞）　禊ぐ。身に水をそそいで、清め祓いをすること。例：ミソギの場。

**みぞさらえ**（名詞）　溝浚え。公共の溝掃除。例：ミゾサラエ、一軒に一人出とくれ。

**みそする**（動詞）　こびへつらう。おべんちゃらを言う。ゴマヲスルとも。擂り鉢のあちらについたり、こちらについたりするところから。例：あいつ、また、ミソスッとる。

**みそっかす**（名詞）　みそをこしたかす。つまらないものの喩え。ボロッカスとも。例：彼の評判は、ミソッカスや。

**みそつける**（熟語）　しくじる。失敗する。例：彼もとうとうミソツケよったなあ。

**みそひともじ**（名詞）　三十一文字。短歌。和歌。例：ミソヒトモジが趣味や。

**みそまめ**（名詞）　大豆。味噌の原料の大豆。例：ミソマメ、今は、ほとんどアメリカ産や。

**みそもくそも**（熟語）　玉石混交。何もかも一緒に扱う。例：ミソモクソモ一緒くたにする。

**みぞれ**（名詞）　霙。雨まじりの雪。例：ミゾレは冬の季題や。

**みぞれ**（名詞）　削った氷に蜜をかけたもの。かき氷。例：海水浴で、ミゾレを食べた思い出がある。

**……みたいな**（助動詞）　……のような。比喩の用法。例：雪ミタイナものが降ってきた。
……**みたいんですね**（熟語）……したいのですよ。希望、願望の用法。例：方言を調べてミタインデスネ。
**みだしなみ**（名詞）身嗜み。身なり、態度、言葉遣いなどに気を遣うこと。例：ミダシナミの良い青年。
**みたて**（名詞）見立て。診断。鑑定。例：ミタテのええ医者。
**みたところ**（熟語）一見したところ。例：ミタトコロ、悪人ではないらしい。
**みため**（名詞）見た目。見た感じ。外見。見ば。例：この土産、ミタメがきれいでええわ。
**みたらし**（名詞）御手洗。清めの御手洗い所。例：神社や神宮のミタラシで、心を清めて参拝するのよ。
**みたらし**（名詞）二センチぐらいの串ざしの団子で砂糖蜜をかけたもの。例：観光客の多い神社でミタラシ団子、よう売られてたわ。
**みち**（名詞）道。道路。人が通る場所。例：ミチのり。ミチ順。ミチ連れ。ミチ端。
**みち**（名詞）途。手段、方法。方面。教え。例：問題解決のミチ。ミチを説く。そのミチの達人。
**みぢか**（形容動詞）身近。自分に関係の深いさま。例：ミジカな問題をとりあげたらどうや。
**みちぶしん**（名詞）道普請。道路補修。例：七日、集落の出役で、ミチブシンや。

**みちゃおれん**（熟語）見てはおれない。醜態。下手。気の毒。例：ほんまに、かわいそうで、ミチャオレンわ。
**みちゃくちゃ**（形容動詞）無茶苦茶、の転。メチャクチャとも。例：ミチャクチャなことをする男や。
**みっき**（名詞）かくれんぼのとき、個人的に休憩する意。子供の言葉。例：ミッキ、ミッキ。
**みつくろう**（動詞）見＋繕う、が語源。食品や土産を買う時に、あれこれと見て、適宜修正しながら購入すること。例：あんたに任すし、ミツクロイで、お客さんの料理の食材買うて来て。
**みつける**（動詞）見慣れる。例：いつもミツケていて、めずらしくない。
**みつける**（動詞）発見する。さがしだす。例：珍しい山椒魚ミツケたぞ。
**みっちゃ**（副詞）大変。ひじょうに。メッチャとも。例：彼女はミッチャ美しくて賢い。
**みつど**（名詞）密度。疎密の度合い、の意。例：人口ミツドが大きい土地。
**みっともない**（形容詞）恥ずかしい。体裁が悪い。ミットムナイとも。例：ミットモナイことしたらあかん。
**みてくれ**（名詞）外観。見かけ。体裁。例：ミテクレのええ菓子やなあ。
**みてくれやらへん**（熟語）見ていてくださいませんか。ミテテクレヤラヘンとも。例：この子、しばらくミテクレヤラヘン？

**みてこう**（熟語）見てこよう。例：展覧会、ついでにミテコウ。
**みてた**（熟語）見ていた。例：砂浜に腰をおろしてじっと海をミテタ。
**みてたれ**（熟語）見ていてやれ、の約。例：赤ん坊、しっかりミテタレよ。
**みててやれ**（熟語）見ていてやれ。例：前の道、車が多うて危険やさかい、しばらく、おまえら、ミテテヤレ。
**みてとる**（動詞）見破る。様子を見て察する。まわりを見てさとる。例：部屋へ入って、生活の内情をミテトルと、無言で出て行った。
**みてはったちゅうて**（熟語）見ておられたと言って。例：実習生の授業をミテハッタチュウテ、遠慮は無用や。
**みてみい**（熟語）見てみろ。見てみなさい。ミトウミとも。例：ミテミイ、あの車、事故やで。
**みてられん**（熟語）見るに耐えない。例：あんまり下手やで、ミテラレンわ。
**みと**（名詞）田に水を取り入れたり、水を落としたりする口。例：ミトにめだかが、よく泳いでた。
……**みとみ**（熟語）見てみなさい、の意。ミトーミとも。例：ちゃんとミトミ、違いがようわかるやろ。
**みとめる**（動詞）認める。確かに存在すると判断する。例：先方の誠意をミトメル。
**みとる**（動詞）見ている。例：じっとこっちの方、ミトルわ。
**みな**（名詞）みんな。すべて。ことごとく。

一同。例：ミナがミナ、不良品ではない。

**みなかみ**（名詞） 水上。川上。上流。川の起源。例：木津川のミナカミを訪ねる。

**みなぎる**（動詞） 漲る。あふれるほど満ちる。例：若さがミナギル諸君の力を発揮されんことを。

**みなくち**（名詞） 水口。川から田に水を取り入れる口。例：ミナクチには、大きな水門があった。

**みなづき**（名詞） 水無月（陰暦六月）に食べるウイロウ（外郎）菓子。三角に切った白外郎に小豆粒が散らしてある。例：ミナヅキ団子。

**みなと**（名詞） 港。水＋門、の意。河口、海峡、湾。例：入口の小さくなった船着き場が、ミナトや。

**みなみ**（名詞） 南。日の出る方向に向かって右の方向。例：ミナミ風。

**みにくい**（形容詞） 見難い。見分けにくい。見えにくい。例：舞台がミニクイ位置。

**みにくい**（形容詞） 醜い。見ていやな感じがする。醜悪。例：ミニクイ行為。

**みね**（名詞） 峰。嶺。山の頂き。頂上。例：比良のミネの白雪、まだ溶けんなあ。

**みのがみ**（名詞） 美濃紙。美濃の国で作られた和紙。例：半紙より大型、厚くて丈夫なのがミノガミや。

**みば**（名詞） 外から見たようす。外見。ミバアとも。例：ミバの悪い建物や。

**みはるかす**（動詞） はるかに見渡す。例：比叡山から、東に琵琶湖や近江平野を、ミハルカスことができる。

**みまい**（名詞） 見舞い。見舞うこと。訪問。おとずれて安否を問うこと。例：病気ミマイ。災害ミマイ。

**みみ**（名詞） 耳。聴覚器官。耳たぶ。聞くこと。例：ミミが早い。ミミが遠い。ミミをすます。

**みみうち**（名詞） 耳うち。その人だけに話す。例：電話の用件を、ミミウチする。

**みみがたこになる**（熟語） 同じことを何度も聞かされる意。例：ミミガタコニナルほど、聞かされたわ。

**みみず**（名詞） 蚯蚓。貧毛類の環形動物の総称。土中に住む。例：ミミズは、土中の有機物を食べる動物なんや。

**みみだれ**（名詞） 耳垂れ。耳の穴から、うみが出る病気。例：耳からでる膿のことを、普通はミミダレ言うてるなあ。

**みみよりな**（形容動詞） 耳寄りな。耳を寄せて聞くような良い話。例：ミミヨリナ話を聞くものや。

**みめ**（名詞） 眉目。容貌。顔かたち。例：ミメの美しい女性や。

**みや**（名詞） 宮。御＋屋。神社。宮殿。例：ミヤ参り。大ミヤ籠もり。

**みやい**（熟語） みなさい。例：今度は優勝してミヤイ。

**みやいり**（名詞） 宮入り。神輿が、巡行後、神社神宮にお入りになること。例：神輿のミヤイリは、五時や。

**みやげ**（名詞） 土産。旅先で買い求めた贈り物。例：ミヤゲ話。

**みやこ**（名詞） 都。皇居、または、中央政府のあるところ。例：ミヤコ移り。ミヤコ路。

**みやこどり**（名詞） 都鳥。都の水辺にいる鳥。ユリカモメ。琵琶湖から飛来。例：ゆりかもめが、ミヤコドリの俗称や。

**みやぜわ**（名詞） 宮世話。神社の運営一般の世話、の意。例：寺世話に対する語が、ミヤゼワや。

**みやだいく**（名詞） 宮大工。社寺、宮殿等の建築を専門とする大工。例：ミヤダイクに門の修理を頼もうか。

**みやならん**（熟語） 見ちゃいられない。例：まったくミヤナラン危ない運転や。

**みやはる**（熟語） 見なさる。例：この雑誌、ミヤハルか。

**みやびやか**（形容動詞） 雅やか。風雅。風流な。優美な。上品な。例：たいそう上品でミヤビヤカな女性。

**みやへなんだ**（熟語） 見なかった。例：犯人見なかったか。ミヤヘナンダ。

**みやへん**（熟語） 見ない。例：うち、眠いんで、テレビ、ミヤヘンで。

**みやまいり**（名詞） 宮参り。子供が生まれてからほぼ一か月目に、氏神様に参ること。例：男は三十一日目、女は三十二日目がミヤマイリの日やそうや。

**みやるのがかなんさかい**（熟語） 他人に見られるのが嫌だから。例：近所の人がミヤルノガカナンサカイ別々に座ろう。

**みよい**（形容詞） 見た感じがよい。例：暖簾は、こう掛けた方がミヨイわ。

**みょう**（形容動詞） 妙。奇妙。不思議。変。

例：ミョウな事件、三億円事件。
**みょうが**（名詞） 茗荷。ショウガ科の多年草。若芽、花の苞は、食用。例：ミョウガの若芽は、おいしい山菜料理になります。
**みょうが**（名詞） 冥加。おかげ。効用神仏の加護。例：ここで止めたらミョウガが悪い。
**みょうがせん**（名詞） 冥加銭。寺社などを維持するために寄進する金。例：神仏の加護に対する礼金がミョウガセンや。
**みょうじ**（名詞） 名字。家の名。姓氏。例：ミョウジ、漢字で書いてくれ。聞いてもわからん。
**みょうしゅ**（名詞） 名主。中世、名田の支配者で領主に代わって租税を得た職。例：ミョウシュ、田堵という中世の職を奪っては大きくなったのが大名や。
**みょうじょう**（名詞） 明星。金星。例：宵のミョウジョウ、明けのミョウジョウ。
**みょうちきりん**（名詞） 妙ちきりん。奇妙。不思議。例：橋のたもとのミョウチキリンな建物、あれ喫茶店や。
**みょうちょう**（名詞） 明朝。明日の朝。例：ミョウチョウ伺います。
**みょうでん**（名詞） 名田。中世の私有田の一種。荒れ地開拓、または、他から購入または奪ったもの。例：ミョウデンが、次第に大きくなり、所有者を大名というようになる。
**みょうにち**（名詞） 明日。明くる日。例：ミョウニチ、お出会いできる機会があると思うと嬉しうてたまりません。
**みょうねん**（名詞） 明年。来年。明くる年。例：ミョウネンに、工事は完成。
**みょうばん**（名詞） 明晩。明日の晩。例：ミョウバン、沖縄に到着の予定です。
**みょうや**（名詞） 明夜。明日の夜。例：ミョウヤ参上いたします。
**みょうり**（名詞） 冥利。神仏が人知れず与えて下さる利益。例：教師ミョウリに尽きる。ありがたいこっちゃ。
**みよさ**（名詞） 実がないか不完全な籾。しいな（粃、秕）。例：今年は雨が多くて、ミヨサが多い。
**みらい**（名詞） 未来。現在の後にくる時期、時代。例：ミライの交通機関。
**みられたもんでない**（熟語） 見られるような状態でない。例：交通事故のあとは、本当にミラレタモンデナイ。
**みられへん**（熟語） 見ることができない。例：この位置からは、祭の行列ミラレヘンえ。
**みる**（動詞） 見る。目で様子などをとらえる。例：星空をミル。展覧会をミル。
**みる**（動詞） 見る。世話をする。例：面倒をミル。幼児をミてくれる人。
**みれんがましい**（形容詞） 未練がましい。いかにも思い切りが悪いさま。例：いつまでもミレンガマシイことを言うな。
**みわすれる**（動詞） 見忘れる。見るのを忘れる。前に出会っていて忘れる。例：ミワスレタ人や。テレビ番組をミワスレル。
**みわたす**（動詞） 見渡す。遠く広く全体を見る。例：吉田山から、京都の町をミワタス。
**みんか**（名詞） 民家。一般の人々の家。例：役所、商店の間に、ミンカがある。
**みんかん**（名詞） 民間。一般庶民の社会。例：ミンカン放送。ミンカン伝承。
**みんかんしんこう**（名詞） 民間信仰。民間で行われている信仰。例：山の神などは、ミンカンシンコウの名残や。
**みんぞく**（名詞） 民族。言語、歴史、文化、生活様式が同一の集団。例：ミンゾクの独立運動。
**みんぞく**（名詞） 民俗。人民の習わし。例：ミンゾク学。
**みんでもええ**（熟語） 見なくてもよい。見るな。例：こんなつまらん本、ミンデモエエ。
**みんときーな**（熟語） 見ないでおきなさい。例：いやな絵ならミントキーナ。
**みんとこ**（熟語） 見ずにおこう。例：他人の原稿はミントコ。自信作でないとかわいそうやさかい。
**みんなよ**（熟語） 見るなよ。見てはいけないよ。例：この雑誌、ミンナヨ。変な写真ばっかりやでな。
**みんみん**（名詞） みんみんぜみ。例：ミンミン捕まえた。

# む

**むー** 六（ム）。一音節語の長音化。例：ひー、ふー、みー、よー、いー、ムー、なー、やー。

**むいかのあやめ**（熟語） 六日の菖蒲。役に立たない意。例：今頃、謝りに来てもムイカノアヤメやないか。

**むいたはなしが**（熟語） 露骨にいうと。皮をむいたようにさらけだす意。例：ムイタハナシガ、先生も人間やさかい恋もしゃはるわい。

**むいちもん**（名詞） 無一文。金銭を全然もっていないこと。例：財布落とした。ムイチモンや。どうして家に帰ろうか。

**むえき**（名詞） 無益。利益のないこと。例：有害ムエキな施設や。

**むかい**（名詞） 向かい。互いに向き合うこと。例：ムカイの家。

**むかう**（動詞） 向かう。向き合う。向き合ってすわる。目指して進む。例：後は、ゴールにムカッて走るだけや。

**むかえみず**（名詞） 迎え水。ポンプの水が出ないとき呼びいれる水。例：ムカエミズもうちょっと入れて。

**むかえる**（動詞） 迎える。来るのを待ち受ける。例：客をムカエル。嫁をムカエル。

**むがく**（名詞） 無学。学問、知識のないこと。例：ムガク文盲。

**むかし**（名詞） 昔。遠い過去。例：十年ひとムカシ。ムカシ話。大ムカシ。

**むかしにんげん**（名詞） 昔人間。考えの古くさい人間。例：おやじ、ムカシニンゲンやで、難しい理屈いうても分からへん。

**むかつく**（動詞） 吐き気がする。腹が立つ。癪にさわる。例：食事のせいか、ムカツク。人を食った態度にムカツク。

**むかっぱら**（名詞） むかむかと腹を立てる。例：ムカッパラを立てる。

**むぎあき**（名詞） 麦秋。麦を取り入れる頃。例：ムギアキは、田植えと重なり忙しい頃なんや。

**むきげん**（名詞） 無期限。期限をきめてないこと。例：ムキゲンで、貸すようなことは、しなさんな。

**むぎじ**（名詞） 麦地。麦を作付する田地（二毛作の裏作用）。例：今年のムギジ、どこの田使うのや。

**むきしじみ**（名詞） 剝き蜆。蜆の貝殻を取り去ったもの。身シジミとも。例：貝殻付きのカワシジミに対して、身シジミをムキシジミいうのや。

**むぎちゃ**（名詞） 麦茶。からのついた大麦を炒り、それを煎じた香ばしい飲み物。例：香ばしいムギチャや。どうぞ。

**むぎめし**（名詞） 麦飯。米と大麦を混ぜて炊いた御飯。例：貧乏人はムギメシをたべるとええ。

**むぎわら**（名詞） 麦藁。麦の実を取り去った茎。例：ムギワラ帽。

**むく**（動詞） 向く。身体をその方向に位置する。適合する。例：前をムク。子供にムク仕事を見つけてきて。

**むくいる**（動詞） 報いる。受けた恩にお返しをする。例：師の恩にムクイル気持ちが大切なんや。

**むくのき**（名詞） 椋の木。ニレ科の落葉高木。例：ムクノキは器具用材。実は小さいが甘い。

**むげに**（副詞） いちがいに。むやみに。例：ムゲニ断るな。

**むける**（動詞） 向ける。向くようにする。例：ニューヨークにムケて出発する。

**むこ**（名詞） 婿。娘の夫。例：長女のムコ。花ムコ。

**むこ**（名詞） 向こう、の約。あちら。例：ムコ向いてみ。

**むごい**（形容詞） 無慈悲な。残酷な。かわいそうな。例：人を殺すとはムゴイ。

**むこういき**（名詞） 向こう意気。相手に負けまいとする気が強い。例：ムコウイキの強い男。

**むこうぺら**（名詞） 向う側。ムコッペラとも。例：ムコウペラ、水がかかってないわ。ホースでかけといて。

**むこうみず**（名詞、形容動詞） 向こう見ず。がむしゃらに行動する。例：あとさきを考えないムコウミズな人や。

**むごたらしい**（形容詞） 惨たらしい。残酷だ。例：ムゴタラシイ列車事故だった。

**むこはん**（名詞）お婿様。新郎。例：おまえとこのムコハン。
**むごん**（名詞）無言。物を言わない。例：ムゴン劇、つまりパントマイムや。
**むさい**（形容詞）汚ならしい。不潔な。例：むさい男や。ほんまに、じじムサイ。
**むざい**（名詞）無罪。罪がない。例：犯罪が成立せず、ムザイを勝ち取る。
**むさくなこと**（熟語）無策な事。考えのないこと。例：そんなムサクナコトをしたらあかん。
**むさくろしい**（形容詞）ごちゃごちゃと汚ならしい。例：ムサクロシイところですが、どうぞ、どうぞ。
**むさべつ**（名詞）無差別。差別しない。例：国民が、ムサベツ、平等の国や。
**むさぼる**（動詞）貪る。多くほしがる。欲深く執着する。例：利益をムサボルだけの商人になるな。
**むざむざと**（副詞）惜しげもなく。あっさりと。例：ムザムザ捨てるのは、考えもんや。
**むさんこに**（形容動詞）むやみに。例：そんなにムサンコニ詰め込んだらあかん。
**むし**（名詞）無視。存在、価値を認めないこと。例：抗議はムシしたらよい。
**むし**（名詞）虫。昆虫などの小動物。例：ムシの声。ムシの知らせ。
**むし**（名詞）無私。私心がない。例：公平ムシな判決。
**むし**（名詞）味噌。お＋ムシ、の形で使う。例：新しいオムシの樽あけて。

**むしいも**（名詞）蒸した芋。ふかしいも。例：ムシイモ、一つどうや。
**むしおさえ**（名詞）空腹の時のわずかな食べ物。例：こんな饅頭やけど、ムシオサエにでもしとくれ。
**むしがあがる**（熟語）餅米を蒸す時、湯気が蒸籠（せいろう）の上に高く盛んに上がること。例：もうムシガアガッてきたよ。
**むしくだし**（名詞）虫下し。駆虫剤。寄生虫を駆除する薬。例：ええムシクダシがほしいんや。
**むしこまど**（名詞）虫籠窓。町屋の二階。明かり取り用の縦桟入りの窓。例：通りに面した白漆喰で塗ったムシコマドも、数が少なくなった。
**むしずがはしる**（熟語）虫酸が走る。ムシズは、胃からでる不快な酸。不快でたまらない。例：あの人嫌い。ムシズガハシルわ。
**むしずし**（名詞）散らし寿司を蒸したもの。例：冬は、ムシズシがええわ。
**むしずる**（動詞）穀物に虫がつき紐状になること。例：ムシズッた米は、質がぐっと落ちる。
**むじつ**（名詞）無実。内容が伴わない。実際に罪がない。例：ムジツの罪。
**むしっとする**（熟語）気を悪くする。例：悪口を言うやつがいて、ムシットしたわ。
**むしむしする**（動詞）蒸し暑い様子。転じて、腹が立って仕方がない様子にも。例：雨の前か、ムシムシスルな。腹が立ってムシムシスルわい。

**むしもの**（名詞）蒸しもの。蒸した料理。茶碗蒸しなど。例：今日の料理、ムシモノは、幾品や。
**むしゃえ**（名詞）武者絵。鎧兜をつけた武士の絵。例：ムシャエを鑑賞する。
**むしやしない**（名詞）腹の足しになる程度の食事。例：ムシヤシナイにもならんが、まあ一ついかが。
**むしゃぶりつく**（動詞）激しい勢いでとりつく。離すまいとすがりつく。例：ムシャブリツク我が子。
**むじょう**（名詞）無常。絶え間なく変化して、永久不変のものはない。例：諸行ムジョウ。ムジョウ観。
**むしょうに**（副詞）この上なく。むやみに。例：ムショウニ腹が立つ。
**むしょく**（名詞）無色。色がついていないこと。例：ムショク透明の水。
**むしん**（名詞）無心。何も考えないこと。無邪気。例：ムシンに遊ぶ。
**むしんする**（動詞）無心する。金品をねだる。例：授業料をムシンスル。
**むす**（動詞）蒸す。湯気を通して熱する。例：さつまいもをムス。
**むす**（動詞）夕立前の蒸し暑く感じる意。例：雨かな？　ようムスわ。
**むずかる**（動詞）幼児がだだをこねる。ぐずる。ごねる。例：赤ん坊がムズカルのは、空腹なんや。
**むすっとした**（熟語）愛想のない様子。

例：いつもムスットシタ顔をしとる。

**むすぶ**（動詞） 結ぶ。くくって、離れないようにする。二つのものをつなぐ。例：リボンをムスブ。約束をムスブ。

**むすぼれる**（動詞） 結ぼれる。むすばれて解けないこと。ムスボルとも。例：釣り糸がムスボレないよう要注意。

**むせる**（動詞） 噎せる。息がつまりそうになってせきこむ。例：煙にムセル。悲しみにムセて、涙を流す。

**むそう**（名詞） 夢想。心に何も思わない。例：無念ムソウ。

**むだ**（名詞） 無駄。役に立たない。効果がない使い方。例：忠告してもムダや。

**むだぐち**（名詞） 無駄口。無駄なおしゃべり。例：ムダグチばかりたたいてんと仕事せんかい。

**むち**（名詞） 無知。知識がない。例：法律に対してムチで、暮らしている。

**むつかしい**（形容詞） 難しい。ムズカシイとも。ズよりも、ツの方が使用率が高い。困難。扱いにくい。例：ムツカシイ問題。ムツカシイお人！

**むつかしや**（名詞） 扱いにくい人。例：ひどいムツカシヤや。あの男。

**むつごと**（名詞） 睦言。むつまじく語り合う話。例：ムツゴトが聞こえる。

**むっつりもん**（名詞） 愛想の悪い寡黙な人。例：隣の息子、ほんまにムッツリモンや。

**むっとする**（動詞） 気を悪くする。例：先生、ムットシはったわ。

**むてっぽ**（名詞） 無鉄砲。あと先を考えないですること。例：ムテッポに、練習もせんと走ったらあかん。

**むとんじゃく**（名詞、形容動詞） 無頓着。物事を気に掛けない。例：服装に、ムトンジャクな男や。

**むなくそわるい**（形容詞） 業腹な。不快で腹が立つ。ムナクソガワルイとも。例：あいつ顔見ただけで、ムナクソワルイ奴や。

**むなさわぎ**（名詞） 胸騒ぎ。凶事の予感がしてどきどきすること。例：どうもムナサワギがする。大丈夫か。

**むなしい**（形容詞） 空しい。内容がない。はかない。例：ムナシイ努力。ムナシイ世。

**むなもと**（名詞） 胸元。胸のあたり。例：凶器をムナモトにつきつける。

**むね**（名詞） 胸。首と腹の間。転じて、心臓、心、の意にも。例：ムネが晴れる。ムネがつぶれる。ムネに手を当てて考える。

**むね**（名詞） 棟。屋根の一番高いところ。例：ムネ瓦。ムネ割長屋。

**むねあげ**（名詞） 棟上げ。新築上棟。またはその日。例：隣、明日、ムネアゲやて。

**むねがすく**（熟語） 胸がすく。不快な気持ちがすっととれる。例：腹立ててたけど、破産しよったと聞いてムネガスイた。

**むねん**（名詞） 無念。残念。くやしい。心に何もない。例：残念ムネン。ムネン無想の境地。

**むのう**（名詞） 無能。能力や才能がない。例：ムノウ無才にして、この道一筋に生きているという心境や。

**むはい**（名詞） 無敗。負けたことがない。例：五勝ムハイの成績や。

**むはい**（名詞） 無配。配当がない意。例：今期は、ムハイやて。

**むほう**（名詞） 無法。道理に外れ、乱暴なこと。例：ムホウ者。

**むほん**（名詞） 謀反。反逆。反乱。例：明智光秀のムホン。

**むやみやたら**（形容動詞） みだりに。例：ムヤミヤタラに手を出すな。

**むよう**（名詞） 無用。いらない。してはならない。例：心配はムヨウや。問答ムヨウ、貴様の不正行為や。

**むよく**（名詞） 無欲。欲がない。欲張らない意。例：ムヨクな人が、成功するもんや。

**むら**（名詞） 村。集落。現在の大字のこと。旧村にも使う。例：昔のムラ役場は、ここにあった。

**むらがる**（動詞） 群がる。多くの人や動植物がまとまって集まる。例：小鳥がムラガル。

**むらぎえ**（名詞） 斑消え。降った雪がまばらに消えること。例：大雪が、昨日までのムラギエを、隠してしもた。

**むらくも**（名詞） 群雲。叢雲。むらがり立つ雲。例：天のムラクモの剣。

**むらさき**（名詞） 紫。赤と青の中間色。例：ムラサキ色。ムラサキ露草。

**むらさき**（名詞） 濃口醬油。例：ムラサキ、こちらへまわして。
**むらさめ**（名詞）　村雨。にわか雨。通り雨。例：むら気な雨やさかいムラサメて、言うんやて。
**むり**（名詞、形容動詞）　無理。理由が成り立たないこと。行動するのが困難。例：ここに橋を架けるのはムリな注文や。
**むりむり**（副詞）　かろうじて。やっと。無理やり。例：今日の天気、ムリムリ夕方まで持ちそうや。
**むれる**（動詞）　群れる。一つ所に多く集まる。群がる。例：ユリカモメが、湖畔にムレている。

# め

**……め**（接尾語）　卑語。やつ。例：あいつメ。こいつメ。馬鹿メ。
**めー**（名詞）　目。一音節語の長音化。例：メーから火が出た。メーが高い。
**めー**（名詞）　芽。一音節語の長音化。例：ばらのメーが、雨に濡れてる。
**めあき**（名詞）　目明き。目の見える人。メクラに対する語。転じて、文字の読める人。例：メアキのくせに、こんな英語わからんのか。
**めいうん**（名詞）　命運。命と運命。例：新事業にメイウンをかける。
**めいえん**（名詞）　名園。有名な庭園。例：岡山の後楽園のメイエン。
**めいか**（名詞）　名菓。名の通ったおいしい菓子。例：伊勢のメイカ「赤福」。
**めいか**（名詞）　銘菓。特別な名を持つ有名な菓子。例：京都のメイカ「八橋」。
**めいか**（名詞）　名花。優れて美しい花。転じて、美人。例：祇園のメイカ。
**めいか**（名詞）　名家。昔からの有名な家柄。例：華道のメイカ池坊家。
**めいか**（名詞）　名歌。有名な歌。すぐれた歌。例：新古今集のメイカ。
**めいげつ**（名詞）　名月。明月。明るく澄みきった月。例：メイゲツや池をめぐりて夜もすがら。
**めいげん**（名詞）　名言。有名な言葉。本質を言い当てた優れた言葉。例：世界的なメイゲン。
**めいさく**（名詞）　名作。すぐれた有名な作品。例：世界のメイサク「源氏物語」。
**めいしょう**（名詞）　名匠。すぐれた芸術家。例：明治のメイショウ高村光雲。
**めいしょう**（名詞）　名相。すぐれた総理大臣。例：敗戦後のメイショウ吉田茂の業績。
**めいしょう**（名詞）　名将。すぐれた将軍。例：日本海海戦のメイショウ東郷元帥。
**めいしょう**（名詞）　名称。呼び名。名前。例：大学のメイショウの由来。
**めいしょう**（名詞）　名勝。景色のすぐれた土地。例：湖畔のメイショウをたずねる。
**めいじん**（名詞）　名人。腕前の優れた人。例：釣りメイジン。囲碁将棋のメイジン。
**めいとう**（名詞）　名答。すぐれて的確な答え。例：上人からメイトウを頂く。
**めいにち**（名詞）　命日。毎年めぐってくる亡き人の死んだ日。例：父のメイニチに墓参りや。
**めいば**（名詞）　名馬。すぐれた馬。例：歌手が馬主のメイバ、キタサンブラック。
**めいはく**（名詞）　明白。明らかで疑う余地がない。例：メイハクな証拠がある。
**めいぶつにうまいもんなし**（熟語）　その土地の名物といわれるものは、たいてい名ばかりで、本当に美味と言えるものは少ない。例：メイブツニウマイモンナシ、いうけど、これはうまいわ。
**めいぶん**（名詞）　名文。すぐれた文章。例：幻住庵記は方丈記と並ぶメイブンや。
**めいぼ**（名詞）　ものもらい（目のまわりの病気）。目＋疣、が語源。十六世紀には、イボが共通語。例：メイボができて、物が見えにくい。
**めいぼう**（名詞）　名望。名誉と人望。例：メイボウのある人。
**めいよ**（名詞）　名誉。ほまれ。良い評判を得ること。例：メイヨ職。メイヨ欲。メイヨ教授。メイヨ市民。
**めいわく**（名詞）　迷惑。わずらわしい思い。例：メイワクな相談は困る。
**めうつり**（名詞）　目移り。商品などを選んでいるとき、あれもこれも良く見えて、決定しがたく迷うこと。例：メウツリして、なかなか決まらん。

**めえかける**（熟語） 面倒を見る。心をよせてひいきする。例：あんたの会社に就職しましたんで、せいぜいメエカケとくれやす。
**めえする**（動詞） 目＋擦る（費やす）。見落とす。例：うっかりメエスッてしもた。
**めえひく**（動詞） 人目につく。例：そんな服装で出歩いたら、メエヒキ過ぎる。
**めえへん**（熟語） 見えない。ミエヘン、ミエヤヘンとも。例：ちっともメエヘンわ。
**めえぼ**（名詞） 目いぼ。ものもらい。例：メエボ直すまじないして。
**めえまわす**（動詞） びっくりする。気絶する。例：石垣の高さと急角度にメエマワスほどや。
**めえむく**（動詞） 目をむいて驚く。例：ホテル代、メエムクほど取られた。
**めえる**（動詞） 見える。例：ここから五重塔、メエルかな。
**めがかたい**（熟語） 寝ないで、いつまでも起きている。例：甥っこ、メガカタイな、なかなか寝よらん。
**めかくし**（名詞） 目隠し。人の目に見えないようにする囲い。例：駐車場と庭の間に、メカクシが要るわな。
**めがける**（動詞） 目掛ける。目をつけてねらう。例：向こう岸メガケテ、泳いでみよう。
**めがこえる**（熟語） 目が肥える。物の価値をみわける力がある。例：メガコエた人やないと古い陶器の値打ちはわからん。

**めかす**（動詞） おしゃれをする。例：どこ行きや。メカシこんで。
**……めかす**（接尾語） ……らしくする。例：上手メカス。学者メカス。
**めかちん**（名詞） 目＋片ちんば、の約。片目のこと。眼帯などしていること。例：自分のことをメカチン言うのはええが、他人に使ってはいけない。
**めがまう**（熟語） 目が回る。忙しい意。例：レジしてると、メガマウほど忙しいわ。
**めきき**（名詞） 目利き。鑑定すること。物の善し悪し、真偽などを見分けること。例：古本市にメキキが集まる。
**めきめき**（副詞） 目だって。きわだって。例：メキメキ上達する。
**めくされがね**（名詞） 目腐れ金。すこしばかりの金。例：こんなメクサレガネで、済まそうというのか。
**めくじらたてる**（熟語） 他人の欠点を、言い立てる。例：そんなにメクジラタテて、他人のアラ捜さんといて。
**めくそ**（名詞） 目糞。目やに。メメクソとも。例：メクソ、鼻くそを笑う。
**めぐまれる**（動詞） 恵まれる。才能や機会などを運よく与えられる。例：環境と運にメグマレル。
**めぐみ**（名詞） 恵み。情けをかけること。例：メグミの雨。神様のおメグミや。
**めぐらす**（動詞） 巡らす。囲むようにする。まわるようにする。工夫する。例：幕を張りメグラス。はかりごとをメグラス。

**めくらめっぽ**（名詞） 盲滅法。見当もつけないで行動すること。例：メクラメッポに、逃げ回る。
**めぐりあう**（動詞） 巡り合う。廻り合う。めぐりめぐって会う。やっと出会う。例：ようやく大阪で、メグリアエたんや。
**めくる**（動詞） はがして取る。剝ぎ取る。例：古いポスターをメクル。
**めぐる**（動詞） 巡る。輪のようにまるく動く。例：日本各地をメグル。春が再びメグッてくる。
**めくれる**（動詞） 捲れる。巻いて剝ぐようになる。例：風で本がメクレル。
**めげる**（動詞） こわれる。くだける。例：そんなことしたら、立派な額がメゲてしまう。
**めこぼし**（名詞） 目零し。見落とし。例：気を付けてな、メコボシするなや。
**めざし**（名詞） 目刺し。いわしの干物。目に藁を刺して干したから。例：このメザシ、これだけで、いくらや。
**めざす**（動詞） 目ざす。目当てにする。目がける。例：今度こそ、優勝をメザシてがんばる。
**めざましい**（形容詞） 目覚ましい。非常にすばらしい。例：メザマシイ演技で魅了した日本体操選手団。
**めし**（名詞） 飯。米を炊いた食物。御飯。例：昼メシの時間。メシ粒。メシ炊き。
**めしあがる**（動詞） 召し上がる。食う、飲む、の敬語。例：もう一杯メシアガリませんか。

**めしつかい**（名詞） 召し使い。雇って身近に使う人。例：下男、下女、メシツカイ、いずれも現在は使われていない。物語などで、でくわす言葉や。

**めしとる**（動詞） 召し捕る。犯人を逮捕する。例：やっと少女殺人の犯人をメシトッた。

**めじろ**（名詞） メジロ科の小鳥。黄緑の背、目のまわりが白い鳥。例：メジロを飼って鳴き声を楽しむ。

**めす**（動詞） 召す。呼び寄せる、の尊敬語。飲む食う着るなどの尊敬語。例：どうぞ、遠慮なくメシあがって下さい。

**めず**（名詞） 針の穴。メドとも。例：メズが小さくて糸が通らぬ。

**めずらしい**（形容詞） 珍しい。まれである。めったにない。例：メズラシク春の雪や。

**めずらしもんくい**（名詞） 珍し物食い。メズラシモンズキとも。珍しいものばかり手に入れたい人。例：あいつは、メズラシモンクイや。

**めだつ**（動詞） 目立つ。人目を引く。例：立て看板はメダツように立てるんやで。

**めだま**（名詞） 目玉商品、の略。特売品のうち、特に目立つようにした商品。例：メダマばっかり買うて来た。

**めだるい**（形容詞） まどろこしい。もどかしい。例：メダルイ息子ですけど、今後ともよろしく。

**めちゃ**（名詞） 筋道の立たないこと。度をはずれていること。例：メチャを言うな。もっとよくかんがえるんやな。

**めっきゃく**（名詞） 滅却。消えて滅びること。例：心頭メッキャクすれば、火もまた涼し。

**めっきり**（副詞） 際立って。目にはっきり、の意。例：メッキリ老けたなあ。

**めっそうな**（形容動詞） とんでもない。例：汚職やて、メッソウナ。お金なんて一円ももろてまへんで。

**めっそうな**（形容動詞） どういたしまして。メッソウモナイとも。例：お土産おおきに。メッソウナ、つまらんもんで。

**めったと**（副詞） 決して。例：メッタト、そんなことをいうもんじゃない。

**めったに**（副詞） ほとんど。まれにしか。下に打消。例：彼は。メッタニ休まない。

**めったやたら**（形容動詞） むちゃくちゃに。むやみに。例：メッタヤタラに、他人の家の庭の木、伐ったらあかん。

**めっちゃ**（名詞、副詞） 度をはずれている。大変に。例：あいつ、メッチャ、スピード出しよる。

**めつぼ**（名詞） 目のかたきにする意。特定の者に目を付けて責める意。例：いつも私をメツボに取る人がいる。

**めつぼう**（名詞） 滅亡。滅び絶えること。例：室町幕府メツボウ。

**めて**（名詞） 馬手。右手。例：馬の手綱をとるさかいメテって、言うんや。

**めでたい**（形容詞） 喜ぶべきだ。祝うべきだ。例：米寿のメデタイ誕生日や。

**めど**（名詞） 目標。目当て。目＋処、が語源。例：いつ完成するか、メドがつかん。

**めとはなのあいだ**（熟語） 目と鼻の間。ごく近いこと。例：京都と大津とはメトハナノアイダや。

**めぬきどおり**（名詞） 目抜き通り。目立つ通り。中心街。例：京都のメヌキドオリや。

**めのこ**（名詞） 目での概算。目分量の意。例：メノコで、八百メートルか。

**めのこざんにょ**（名詞） 目の子勘定。おおよその概算。例：メノコザンニョで、利益は五百万や。

**めのしょうがつ**（名詞） 目の正月。珍しいものを見て楽しむこと。目の保養。例：きれいな花火やな。メノショウガツや。

**めのたまがくろいあいだ**（熟語） 目の玉の黒い間。生きている間。例：メノタマガクロイアイダは、相続はさせん。

**めのどく**（名詞） 目の毒。見ると欲しくてたまらぬもの。例：プラモデルの店は子供にはメノドクや。避けて通ろう。

**めまぐるしい**（形容詞） 目まぐるしい。眼前の動きが激しくて目がまわりそうな意。例：メマグルシイ世の中。

**めまつ**（名詞） 雌松。赤松。黒松を雄松というのに対する語。例：門松は、子孫繁栄を願い、雄松とメマツを立てたもんや。

**めめくそ**（名詞） 少し。ほんの少量の意。目＋糞、が語源。例：メメクソほどの埃でも、電子機器には悪いんや。

**めめじゃこ**（名詞） めだか。めだか科の淡水産小魚。例：みとに、メメジャコ、いっぱいおるわ。

**めめず**（名詞）みみず。貧毛目の環形動物。細長く円筒形の体で、多数の輪のような節でできていて地中に住む。例：魚の餌のメメズ、取ってきて。

**めやす**（名詞）目安。目標。標準。例：大阪城をメヤスにここから東二キロの通りや。

**めん**（名詞）面。顔につけるかぶりもの。人の顔。数学で広さのある図形。例：剣道のメンとコテ。顔メン。点と線とメン。

**めんきょ**（名詞）免許。政府や官公庁が許可すること。例：運転メンキョ状。

**めんくい**（名詞）面食い。気立てや人柄は考えず、面（容貌）ばかりを選ぶ人。例：うちの息子、メンクイやで、なかなか結婚でけん。

**めんこ**（名詞）男の子供の遊び。厚紙に面が印刷されたもの。地面に叩き付けて風圧で、相手の札をひっくりかえし、自分の持ち札にする遊び。例：メンコして、遊ばへん？

**めんじょ**（名詞）免除。義務などを許して除く意。例：消費税メンジョの店。

**めんじょう**（名詞）免状。免許の文書。例：囲碁三段のメンジョウ。

**めんぜん**（名詞）面前。人の見ている前。例：メンゼンで叱るのはかわいそうや。

**めんた**（名詞）動物の雌。雄、オンタに対する語。例：豚のメンタ、ようけ子を産みよった。

**めんたま**（名詞）目の玉。例：メンタマから火の出るほどひどい衝突や。

**めんだん**（名詞）面談。直接会って話すこと。例：委細メンダンの上、決定。

**めんどい**（形容詞）めんどうくさい。例：メンドイ計算が、ようけ残ったるわ。

**めんどくさい**（形容詞）邪魔くさい。わずらわしい。例：メンドクサイ実験がまだま残ってるわ。

**めんぼく**（名詞）面目。世間に対する顔向け。メンモクとも。例：メンボクを一新する必要がある。

**めんぼくない**（形容詞）面目無い。人に合わせる顔がない。ひどく恥ずかしい。例：また不祥事や。メンボクナイ。

**めんみつ**（名詞）綿密。細かく詳しい。手ぬかりがない。例：メンミツな調査と実験を繰り返す。

**めんめ**（熟語）目で睨んで幼児を叱る時の言葉。例：メンメ、そんなことしたらアカン。

**めんめづけ**（名詞）めいめいが名簿に名前を書き付けること。例：受付で、メンメヅケしてもろとくれ。

**めんめに**（名詞）めいめいに。面々に、が語源。それぞれが。各自に。例：メンメニ勝手なことを言うたらあかん。

**めんもく**（名詞）面目。人に合わせる顔。世間に対する誉れ。名誉。メンボクとも。例：メンモクを失う。

# も

**も**（名詞）喪。凶事。わざわい。死後近親者が家で慎む期間。例：モに服する。

**……も**（助詞）感動。または強意。例：六百三十四メートルモある塔がスカイツリーや。

**……も**（助詞）並列。または列挙。例：身モ心モ清めてから、拝殿で参拝するのや。

**……も**（助詞）追加。または添加。例：私モ、参加させてほしい。

**もー**（名詞）藻。一音節語の長音化。例：湖岸にモーが、ようけ浮いたるわ。

**もー**（名詞）牛（児童語、鳴き声語源）。例：モーが、たくさん牛小屋におるわ。

**もうい**（名詞）猛威。すさまじい威力。例：伊勢湾台風がモウイをふるう。

**もうええか**（熟語）もういいか。例：御飯、おかわり、モウエエカ。

**もうええやないか**（熟語）もうよいではないか。例：モウエエヤナイカ。許しておやり。

**もうえん**（名詞）猛炎。非常に激しく燃えあがる炎。例：風が強くすごいモウエンで、延焼がこわい。

**もうか**（名詞）猛火。激しく燃え上がる火、火事。例：モウカに包まれる。

**もうける**（動詞）設ける。用意する。設置する。例：委員会をモウケル。口実をモウケて断る。

**もうける**（動詞）儲ける。利益を得る。例：大金をモウケル。

**もうしあげる**（動詞）申し上げる。言う、の謙譲語。申すより敬意が高い。例：先生に、お別れをモウシアゲよう。

**もうしおくる**（動詞）申し送る。次々に言って伝える。例：引き継ぎ事項を、モウシオクル。

**もうしかねる**（動詞）申し兼ねる。言いにくい。事情があって言いたくても言えない。例：貴殿の息子さんのことで、モウシカネルことがあります。

**もうじき**（副詞）もうすぐ。例：モウジキ春や。

**もうしたてる**（動詞）申し立てる。強く意見を言い張る。例：警察に被害をモウシタテル。

**もうしひらく**（動詞）申し開く。意見を言い解決する。例：被害者として、訴えのモウシヒラキをする。

**もうじゃ**（名詞）亡者。死後、成仏できずに迷っている人。特に、金銭欲などの執念に取り付かれている人。例：我利我利モウジャ。金銭に取りつかれたモウジャや。

**もうしゅう**（名詞）妄執。迷いの心からおこる執念。かたくなに執着すること。例：仏道に精進してモウシュウを取り去れ。

**もうじゅう**（名詞）猛獣。肉食で荒々しいけもの。例：モウジュウの檻に、手を出してはならん。

**もうしわけほど**（熟語）申し訳ほど。少し。例：この松茸飯、モウシワケホドしか松茸入ってへんわ。

**もうす**（動詞）申す。語る、言うの謙譲語。例：モウシわけありません。モウシ開き。お待ちモウシています。

**もうせん**（名詞）毛氈。獣毛の繊維を使った敷物。例：赤いモウセンの上の雛人形。

**もうせん**（熟語）ずっと以前。例：モウセン、観音さんが焼けたやろ。

**もうせんな**（熟語）（今後は）もうしないな。例：嘘をつくようなことは、モウセンナ。

**もうそう**（名詞）妄想。事実でないことを事実だとかたく思い込むこと。例：それは、あなたの被害モウソウや。そんなモウソウは、早く捨てな。

**もうた**（熟語）貰った。例：お年玉、ようけモウタ。

**もうたら**（熟語）貰ったら。例：ようけモウタラ、貯金しときな。

**もうちょっとらしい**（熟語）もう少しそれらしい。例：モウチョットラシイ歌作れへんかな。

**もうて**（熟語）貰って。例：ようけモウテ、無駄づかいせんときなや。

……**もうて**（助詞）……ながら。例：テレビを見モウテ、勉強をするって、そんなことはでけん。

**もうてくる**（熟語）貰ってくる。例：運転免許モウテクルのは、いつやな。

**もうでる**（動詞）詣でる。社寺に参る。参詣する。例：平安神宮にモウデてから、美術館に入ることにする。

**もうねんがつく**（熟語）妄念がつく。なくなった人の怨念が残る。例：この幽霊ホテルは、事故で亡くなった人のモウネンガツイているんや。

**もうはつ**（名詞）毛髪。人の髪の毛。例：モウハツは黒い方が美人やって、昔からそう言われてきた。

**もうもく**（名詞）盲目。めくら。例：モウモク的な愛情を捧げる。

**もえさし**（名詞）燃え残り。例：焚火のモエサシ、片付けといて。

**もえる**（動詞）燃える。火が付いて炎が上がる。例：火事でモエ上がった、小学校の校舎。

**もえる**（動詞）萌える。草木が芽を出す。例：さわらびのモエ出づる春。

**もぎり**（名詞）捥り。劇場や映画館の入口で、入場券を改める係。例：モギリは、アルバイトの学生や。

**もくよく**（名詞）沐浴。体を洗って身を清める。例：斎戒モクヨク。

**もくれい**（名詞）黙礼。黙って礼をすること。例：多数の中やったので、先生には、モクレイしただけで、お別れした。

**もくろく**（名詞）目録。贈り物の品名を書いたもの。商品のカタログ。例：結納のモクロク。

**もげる**（動詞）捥げる。ねじきれる。ちぎれて落ちる。例：人形の手がモゲル。

**もし**（副詞）もしや。あるいは。仮定の意。例：モシ試合に負けたら、すぐに帰国する。

**もじ**（名詞）文字。漢字、かな文字、ローマ字など。例：モジどおり。

**もしかして**（副詞）もしも。ひょっとして。例：モシカシテ、間違っていたらごめんな。

**もたつく**（動詞）ぐずぐずしてはかどらない。例：オリンピックの会場問題、えらいモタツイたな。

**もたもたする**（動詞）のろのろしてはかどらない。例：何モタモタシてるんや。

**もたれる**（動詞）寄りかかる。例：柱にモタレたらあかん。

**もたれる**（動詞）消化しないでとどまる。例：餅がモタレたんか苦しい。

**もち**（名詞）長もちする。もとのままの状態が長く続く。例：これ食べたら、腹のモチが違う。

**もちおもり**（名詞）持ち重り。持ち続けていると、重く感じること。例：たった五分の道でもモチオモリがするわ。

**もちづき**（名詞）望月。満月。十五夜の月。例：モチヅキの明るさ。

**もちなおす**（動詞）持ち直す。元の状態にもどる。例：危篤状態やったが、大分モチナオシたんやて。

**もちなおす**（動詞）持ち直す。手をかえて持つ。例：重いさかいちょっと休んで、モチナオシたらどうや。

**もちはもちや**（熟語）餅は餅屋。人には、それぞれ専門がある。だから、そういう人に任すべきだ。例：モチハモチヤや。あの人に任そう。

**もちまき**（名詞）餅撒き。記念祭典などに、お供えの小餅を群集へ撒くように投げること。例：新築祝いのモチマキや。

**もちもかつぎもならん**（熟語）持つことも担ぐこともできない。どうにもならない意。例：縁談がこわれて、モチモカツギモナランわ。

**もちもさげもならん**（熟語）どうにもこうにもならない。持つことも提げることもできない。例：財布忘れて、モチモサゲモナラン。

**もちもちする**（動詞）ねばっこく歯切れが悪い。例：この串団子モチモチして、食いにくい。うまいんやけど。

**もちゃげる**（動詞）持ち上げる。例：ピアノ、舞台の上にモチャゲルんや。さあ、みんなで、よーい、しょ。

**もちゃつく**（動詞）モタツクとも。例：工事の進行が、モチャツク。

**もちろん**（副詞）勿論。いうまでもなく。例：モチロン、反対しない。賛成や。

**もつ**（動詞）持つ。手に取る。携帯する。自分のものにする。例：荷物をモツ。会費は、わしがモツ。

**もつ**（動詞）もちこたえる。例：危篤だが、明朝まで、モツかな。

**もっこ**（名詞）畚（もっこ）。フゴとも。例：モッコに木の枝や草の根入れて捨ててきて。

**もっさい**（形容詞）はっきりしない。やぼったい。地味でさえない。例：テレビ映りも、モッサイタレントやなあ。

**もっさり**（副詞）さっぱりしない。風采があがらない。例：モッサリした人。モッサリした料理。モッサリした服装。

**もったいつける**（熟語）勿体つける。えらそうにする。例：モッタイツケルな。あほう。

**もったいない**（形容詞）勿体無い。かたじけない。おそれおおい。例：御飯一粒でもモッタイナイ。捨ててしまうのは、モッタイナイ。

**もったいないこっちゃ**（熟語）恐れ多いことだ。ありがたいことだ。コッチャは事だの意。例：モッタイナイコッチャ。親の恩を忘れたらあかん。

**……もって**（助詞）……ながら。例：歩きモッテ、音楽聞いてる人。

**もっていかれへんやろ**（熟語）持って行くことができないであろう。例：わずかばかりの礼をモッテイカレヘンヤロ。

**もっていく**（熟語）持っていく。持参していく。例：寄付金をモッテイク。

**もってこいの**（熟語）持って来いの。おあつらえむきの。例：おまえにモッテコイノ仕事や。

**もってこれへんねん**（熟語）持って来れないのだ。例：ピアノ、運べへんし、モッテコレヘンネン。

**もってのほか**（熟語） 以ての外。とんでもない。例：病後の旅行など、モッテノホカや。あかん。あかん。

**もってまわる**（動詞） 遠回しな言い方ややりかたをする。例：そんなモッテマワッた言い方をせんときな。

**もってゆく**（熟語） 移動して行く。例：結局は、話をそこへモッテユク。

**もっともらしい**（形容詞） いかにも道理にかなっている感じがする。例：同じ謝るなら、モットモラシイ謝り方せんか。

**もっぺん**（副詞） もう一ぺん。もう一度。例：モッペン読んでみてくれへん。

**もてあそぶ**（動詞） 弄ぶ。手に持って遊ぶ。例：掛け軸をモテアソンだらあかんのよ。

**もてあます**（動詞） 持て余す。扱い方や処置に困る。例：沢山の子供をモテアマシております。

**もてなす**（動詞） 心をこめて手厚く取り扱う。例：国賓としてモテナス。

**もてはやす**（動詞） 取り立ててほめる。ほめそやす。例：若い人の間でモテハヤサれている歌や。

**もと**（名詞） 根もと。物事の起こり。原因。基礎。例：モトを正す。失敗は成功のモト。モトと末をあやまるな。

**もとすえ**（名詞） 元と末。根本的なこととつまらんこと。例：モトスエをよくみきわめることや。

**もどってくる**（動詞） 戻って来る。帰って来る。例：五年留学して祖国にモドッテクル。

**もとで**（名詞） 元手。利益を得る元になるもの。資本金。例：身体がモトデの商売や。

**もとめる**（動詞） 求める。捜し出す。尋ねる。要求する。例：幸福をモトメル。職をモトメル。

**もともと**（名詞） もとの通り。差し引きゼロ。例：それでモトモト、損得なし。

**もともと**（副詞） 元来。例：この建物は、モトモト学校やった。

**もなか**（名詞） 最中。まんなか。転じて和菓子の名。例：餅米粉を使った皮の中に、餡をいれたのがモナカや。

**ものいい**（名詞） 物言い。言葉遣い。例：モノイイが、丁寧でやわらかい。

**ものいい**（名詞） 物言い。言い合い。異議を出す。例：相撲の判定にモノイイがついた。

**ものいり**（名詞） 物要り。費用が多くかかること。例：モノイリな結婚式どすなあ。

**ものうり**（名詞） 物売り。物を売る人。例：買物がしにくい不便な土地やで、モノウリが来てくれるのを待ってるんや。

**ものおき**（名詞） 物置。すぐに使わぬものを、入れておく小屋。例：古い机、モノオキに仕舞うといて。

**ものおもい**（名詞） 物思い。心配してあれこれ考えること。例：モノオモイにふける。

**ものがたり**（名詞） 物語。散文の文学作品。例：平家モノガタリを研究する。

**ものがなし**（形容詞） 物悲しい。なんとなく悲しい。例：晩春の別離はモノガナシイものや。

**ものくいがええ**（熟語） なんでも食べてくれる人。例：好き嫌いをしない人をモノクイガエエってゆうね。

**ものさびしい**（形容詞） 物寂しい。なんとなく寂しい。例：モノサビシイ砂丘の晩秋。

**ものすごい**（形容詞） 物凄い。気味悪く、恐ろしい。例：モノスゴイ風やった。

**もののあわれ**（名詞） 自然や人生に触れておこる、しみじみとした深い感情。例：モノノアワレも面白さも残りなく、味わうことができる。

**もののふ**（名詞） 武士。さむらい。例：赤穂義士は、モノノフのかがみや。

**ものほし**（名詞） 物干し。洗濯物を干す場所。例：日当りのええモノホシが欲しいんや。

**ものほしそうに**（熟語） 物欲しそうに。なんとなくほしそうな様子。例：モノホシソウニ、そこに立っていると、馬鹿にされるぞ。

**ものまえ**（熟語） 大事な行事の前。例：モノマエに怪我せんといて。

**ものみ**（名詞） 物見。見張り。例：モノミ櫓を大きくして天守閣としたんや。

**ものもうで**（名詞） 物詣で。寺社に参拝すること。例：門前町やでモノモウデの人が多い。

**ものわすれ**（名詞） 物忘れ。物事を忘れること。例：近頃モノワスレがひどうなってなあ。

**もひとつ**（熟語） もう一つ。いま一歩。例：この汁粉、モヒトツの味や。

**もみくちゃ**（名詞） 揉まれてくちゃくちゃになること。例：満員で、巻いていた証書までモミクチャや。

**もみじ**（名詞） 紅葉。晩秋に木の葉が色づくこと。例：山の木々もモミジしてきた。

**もみじ**（名詞） 紅葉した楓。例：楓の若葉でも、モミジ言うてるわ。これはあかん。

**もみじがり**（名詞） 紅葉狩り。山野に紅葉見物に行くこと。例：嵐山にモミジガリに行く。

**もみだね**（名詞） 籾種。種籾とも。稲の種とする種籾。例：モミダネ、水に漬けたか？

**もみない**（形容詞） まずい。あじない。モムナイとも。例：こりゃモミナイ。誰ぞ、食うてくれんか。

**もみぬか**（名詞） 籾糠。籾がらのこと。米糠に対する語。例：苗床には種蒔いて、モミヌカかけたもんや。

**もも**（名詞） 桃。バラ科の落葉小高木。果実は大きくて美味。例：モモ色。モモの果樹園。

**ももける**（動詞） 布地などが、こすれて毛羽だつこと。例：ズボンの膝が、モモケてる。

**もものせっく**（名詞） 桃の節句。三月三日のひな祭り。例：モモノセックの雛人形。

**もやい**（名詞） 船をつなぎとめること。例：船のモヤイ、しっかりするんやで。

**もよおし**（名詞） 催し。催し物。計画。例：デパートの秋のモヨオシ。

**もらいずて**（熟語） 貰い捨て。贈り物を貰ったままで、返礼をしないこと。例：悪いけどモライズテにしておこか。

**もらいどく**（熟語） 貰い得。返礼を必要としない贈り物をもらうこと。例：得意先からのは、モライドクや。お返しはいらん。

**もらう**（動詞） 貰う。与えられたものを受けとる。例：卒業式の前日、写真を撮ってモラッた。

**……もらえるやろか**（熟語） ……もらえるだろうか。例：次の日曜日、手伝ってモラエルヤロカ。聞いとくれ。

**……もらえんやろか**（熟語） ……もらえないだろうか。例：すまんけど、梯子貸してモラエンヤロカ。

**もり**（名詞） 森。茂った木立のある所。例：鎮守のモリ。モリのこみち。

**もりこ**（名詞） 守り子。子守。子守女。例：上の女の子にモリコさせるわ。

**もりもん**（名詞） 盛り物、の意。神仏に供える菓子、果物。例：モリモンにする果物買うて来て。

**もろうた**（動詞） 貰った。例：卒業式に大きな花束モロウタ。

**もろこ**（名詞） コイ科の淡水魚。体長十センチの小魚。例：モロコの甘露煮。

**もろた**（動詞） 貰った。例：私も、記念品モロタよ。

**もろたら**（熟語） 貰ったら。例：ボーナス、モロタラ買うたろ。

**もろて**（熟語） 貰ってください、の略。例：機械故障やて、釣り銭モロテ。

**もろてきたんや**（熟語） 貰ってきたのだ。例：記念の花瓶をモロテキタンヤ。

**もろてもらう**（熟語） 貰っていただく。例：娘をモロテモラウことになりました。

**もろとく**（熟語） 貰っておく。例：領収書、捨てずにモロトクこと。

**もろとくれ**（熟語） 貰っておくれ。例：請求書モロトクレ。

**もろびと**（名詞） 諸人。多くの人。例：梅の花折りてかざせるモロビト。

**もろみ**（名詞） 醪。醤油の原料を仕込んだ、こす前のもの。例：モロミ、ようでけてるか。

**もん**（名詞） 時間。時刻。例：遅いモンに起きてくる。

**もん**（名詞） 者。例：早う来たモンから順番に並べ。

**もん**（名詞） 物。例：こんな固いモン食えん。炊きなおしてくれ。

**もんか**（名詞） 門下。門人。弟子。例：香川景樹のモンカやった。

**もんがい**（名詞） 門外。門の外。専門外の意にも。例：モンガイ不出。

**もんく**（名詞） 文句。文章中の語句。言い分。例：モンクがあるなら聞こう。
**もんくたれ**（名詞）　文句垂れ。よく苦情、理屈、批判などを言う人。例：なんかあると、すぐくってかかる、モンクタレや。
**もんこ**（名詞）　門戸。入口。一家。国の門。例：モンコ開放。貿易の自由化。
**もんじょ**（名詞）　文書。書き物。例：古モンジョの調査をしてるんや。
**もんぜん**（名詞）　文選。中国の漢詩文集。周から梁までの詩文を時代順に編集したもの。例：モンゼンをブンセンと読むと印刷用語となるから注意。
**もんだいいしき**（名詞）　問題意識。ある事柄を重要問題と意識し、積極的に解決しようとする姿勢。例：モンダイイシキが全くない。これではあかん。
**もんちゅう**（名詞）　門柱。門の柱。例：モンチュウを汚したらあかん。
**もんどう**（名詞）　問答。質問と応答。問答は、万葉期の言葉である。例：学生同士のモンドウが繰り返された。
**もんどく**（動詞）　揉んでおく。例：競技前に、肩をモンドクのが無難や。
**もんどり**（名詞）　川魚をとる魚具。例：ようけ魚がおるさかい、モンドリつけてみようか。
**もんばん**（名詞）　門番。門を守る番人。例：モンバンは、どこにいるのかな。
……**もんやさかいに**（熟語）　……ものであるから。例：体調が悪かったモンヤサカイニ、失敗してしもた。
……**もんやな**（熟語）　……ものだな。例：難しい読み方するモンヤナ。

# や

**……や**（助動詞）断定の助動詞。だ。この用法は、広範囲で使用頻度も多い。関西弁の代表的な述語を表す。ダ（関東弁）と、ヤ（関西弁）は語源が同じである。ニテアリ―デアリ―デアと変化し、デアからダと関東弁のダが発生。同じくデアから、ジャとなりヤという言葉ができたのである。例：もうじき時代祭りヤ。そうヤ。あっ、雨ヤ。ほんまヤ。今何時ヤ。

**……や**（助詞）……よ。例：早うせいヤ。遅れるで。急がんと。

**……や**（助詞）仮定条件、れば。確定条件、たら、の意。例：満点を取れヤ、そりゃ嬉しいやろ。大学の試験に落ちヤ、諦めな、しょうがないわな。

**やー**（名詞）矢。一音節語の長音化。例：ヤー、三本用意しな。

**やー**（数詞）八。一音節語の長音化。例：むー、なー、ヤー、ここ、とー。

**やあ**（感動詞）驚いたり思い付いたりした時のことば。例：ヤア、そうやったのか。それで、ようわかった。

**やあ**（感動詞）呼びかけ。例：ヤア、久しぶりやなあ。

**やあこい**（形容詞）やわらかい。例：ヤアコイ豆腐やなあ。冷や奴にならんわ。

**……やあならん**（熟語）……に堪えない。例：この絵は見ヤアナラン。

**……やい**（助詞）……しなさい。丁寧な命令。督促。例：隠してんと見せヤイ。

**やいと**（名詞）灸。焼＋処、が語源か。例：ヤイト、据えたろか。

**……やいなや**（熟語）したかと思うとすぐ。例：聞くヤイナヤ、飛び出した。

**やいん**（名詞）夜陰。夜の暗闇。例：ヤインに乗じて、小谷城に攻め入る。

**やうつり**（名詞）家移り。引っ越し。新築の家に入る時によく使う。例：ヤウツリは、いつや。

**やえ**（名詞）八重。幾つも重なること。例：ヤエ桜。ヤエ歯。

**……やが**（助詞）……だが。例：一生懸命、勉強したんヤガ、不合格や。

**やがく**（名詞）夜の勉学。例：ヤガクに行く。ヤガクに励む。

**やかたぶね**（名詞）屋形船。屋根のある遊覧船。例：ヤカタブネも、少なくなったな。

**……やかて**（熟語）……だって。例：おまえらヤカテ、そう言うてたやないか。

**やがて**（副詞）まもなく。そのうちに。例：ヤガテ、暖かい春になるやろう。

**やかましい**（形容詞）騒がしい。例：ヤカマシイ、静かにせい。

**やかましい**（形容詞）問題が多い。例：日照り続きで、水がヤカマシュうてなあ。

**……やがる**（熟語）……ている、……てある、の卑語。例：こんなところに車置いてヤガル。

**やかん**（名詞）薬罐。湯をわかす道具。例：ヤカンは、薬を煮るのに使ったのが語源や。

**やきいん**（名詞）焼き印。火で熱して物に焼き付ける金属製の印。昔はヤキジルシとも。例：ヤキインは、烙印のこと。

**やきがまわる**（熟語）焼きが回る。焼き過ぎて切れ味が鈍る。ぼけてくる。例：あの男、大分、ヤキガマワッたな。

**やきぐり**（名詞）焼き栗。皮を一部切り取り破裂しないように焼いた栗。美味。例：栗はヤキグリが一番うまいわ。

**やきば**（名詞）焼き場。火葬場。例：ヤキバまで、送ってくるわ。

**やきばた**（名詞）焼き畑。山野を焼き、肥料なしで作物を作ること。例：ヤキバタは、原始時代の農業のやりかたや。

**やきめし**（名詞）焼き飯。火に焙って焦がしたにぎり飯。チャーハン（中国語）、の意で使う人もいる。例：おにぎり、ヤキメシにして。

**やきもち**（名詞）焼き餅。焼いた餅。転じて、ねたみ、嫉妬、の意にも。例：ヤキモチを焼く。

**やきもん**（名詞）焼き物。焼いた料理。焼き魚。例：和えもの、酢のもの、ヤキモンとおつゆ。

**やきもん**（名詞）焼き物。陶器。例：ヤキモンの展覧会。

**やぎゅう**（名詞）野牛。野生の牛。例：

野放しの牛が、ヤギュウや。

**やきをいれる**（熟語） 焼きを入れる。筋金を入れる。鍛える。例：選手に少しヤキヲイレルか。

**やく**（名詞） 約。約束、の意。取り決め。例：大阪開城のヤクが成る。

**やく**（動詞） 焼く。火を付けて燃やす。例：野の草をヤク。

**やく**（名詞） 厄。わざわい。わざわいの来やすい時。例：ヤク年。四十九のヤクに、神社でおはらいしてもらう。

**やく**（名詞） 役。任務。勤め、の意。例：ヤク目。ヤク所。ヤク場。ヤク人。

**やぐい**（形容詞） もろい。崩れやすい。例：なんと、ヤグイ建物やなあ。

**やくざい**（名詞） 薬剤。薬品。くすり。例：薬局のヤクザイ師。

**やぐさい**（形容詞） 焦げくさい。きなくさい。例：ヤグサイぞ。火の用心は、ええか。

**やくざな**（形容動詞） 粗悪な。つまらぬ。例：ヤクザナ品やな。あいつ人間が、ヤクザニできとる。

**やくざもん**（名詞） 粗悪なもの。つまらないもの。例：この品ヤクザモンや。

**やくし**（名詞） 薬師。薬師如来。衆生の病気の患いや災難を除く仏。例：本尊は、ヤクシさんや。

**やくしゃ**（名詞） 役者。俳優。役目にあたる人。例：ヤクシャが一枚上や。

**やくしょ**（名詞） 役所。役人が公務を行う所。例：市ヤクショ。

**やくせき**（名詞） 薬石。薬品と治療法。例：ヤクセキ効なく、死に至る。

**やくそう**（名詞） 薬草。薬の原料となる植物。例：ヤクソウは漢方の薬局で、売っている。

**やくそく**（名詞） 約束。将来のことを取り決めること。取り決めたこと。例：ヤクソクを果たす。ヤクソクを反故にする。

**やくたいな**（形容動詞） 迷惑な。無理な。難儀な。例：えらいヤクタイナこと言うてきよったな。

**やくとく**（名詞） 役得。その役についているおかげで、自然に得られる利益。例：自治会長には、何のヤクトクもあらへん。

**やくどし**（名詞） 厄年。災難に遭うとされる注意すべき年。例：男、二十五、四十二、六十、女、十九、三十三、がヤクドシや。

**やくにん**（名詞） 役人。公務員。例：ヤクニンは融通がきかん人が多い。ヤクニン根性。

**やくみ**（名詞） 薬味。食物に添えて用いる香辛料。例：葱はヤクミやなあ。

**やくもん**（名詞） 役物の瓦。鬼瓦。紋瓦など。例：平瓦以外の瓦のことをヤクモンていうてるわ。

**やくよけ**（名詞） 厄除け。厄払い。例：ヤクヨケのお参りに行ってくるわ。

**やぐら**（名詞） 櫓。高い構築物。例：物見ヤグラ。火の見ヤグラ。ヤグラ太鼓。

**やけ**（名詞） 自暴自棄。すてばち。例：行き詰まってもヤケ起こすなよ。

**やけあと**（名詞） 焼け跡。火災で焼けた跡。例：戦災のヤケアトに茫然と立つ。

**やけおちる**（動詞） 焼けて棟が落ちる。焼けくずれる。例：出火からヤケオチルまで二時間、大きな建物やったでなあ。

**やけのやんぱち**（名詞） やけくそ。ヤケノカンパチとも。例：ヤケノヤンパチで、大きく振ったらホームランや。

**やけぶとり**（名詞） 焼け太り。火事のあと、かえって、事業や生活などが大きく豊かになること。例：補償金もろて、ヤケブトリの店や。

**……やけんど**（接続助詞） ……だけれど。例：少しぐらいわからへんねヤケンド、違反はあかん。

**やこう**（名詞） 夜行。夜行くこと。例：ヤコウ列車。ヤコウバス。

**やこう**（名詞） 夜光。暗夜に光を発すること。例：ヤコウ時計の文字盤。

**やこうれっしゃ**（名詞） 夜行列車。夜走る列車。例：ヤコウレッシャで故郷に帰る。

**やさい**（名詞） 野菜。畑で栽培する植物。青物。例：新鮮なヤサイが食べられる。

**やざいかざい**（名詞） 屋財家財。家の道具類一切。例：ヤザイカザイ、すべて捨てて引っ越した。

**やさおとこ**（名詞） 優男。気立て、動作などがやさしい男。例：あのヤサオトコでは、ラグビーは無理や。

**……やさかい**（接続助詞） だから。例：

明日は、雨ヤサカイ、遠足はないやろう。

**やさがし**（名詞）家捜し。家の中を残らずさがす。住む家をさがす意にも。例：一枚の免状、ヤサガシしても見つからん。

**やさき**（名詞）矢先。ことのはじまる寸前。ちょうどその時。例：外国に出かけようとしたヤサキ、病気再発や。

**やさしい**（形容詞）優しい。思いやりがある。すなおで、しとやか。例：ヤサシイ看護師さんの介抱を受ける。

**やし**（名詞）椰子。ヤシ科の常緑高木。果実は長円形で大きい。例：ヤシの実。

**やし**（名詞）香具師。てきや。祭り、縁日などに露店で安物を売る人。例：ヤシの品は悪いいうけど、たまにはええ品もあるわ。

**やしき**（名詞）屋敷。家の敷地。家を構えた一区画。例：武家ヤシキ。ヤシキ町。家ヤシキを売り払う。

**やじきたどうちゅう**（名詞）弥次喜多道中。気楽な旅行。例：楽しいヤジキタドウチュウや。

**やしなう**（動詞）養う。育てる。扶養する。世話をする。例：子をヤシナウ。年寄りをヤシナウ。

**やしなう**（動詞）養う。充実する。例：気力体力をヤシナウ。病気をヤシナウ。

**やしょく**（名詞）夜食。夜遅く食べる食事。例：仕事の都合でヤショクをとる。

**やしろ**（名詞）社。神社。神を祀るところ。例：大ヤシロ。ヤシロ内の駐車場。

**やしん**（名詞）野心。身分不相応の大きな望み。例：青年よ、ヤシンを持って生きよ。

**やしんぼ**（名詞）イヤシンボとも。例：また、ヤシンボしてるのか。

……**やす**（助動詞）なさい（尊敬の意をこめた命令）。例：急いでお行きヤス。

……**やす**（助動詞）なさる。例：お書きヤス。挨拶用語に多い、なさいの意。例：おきばりヤス。おいでヤス。ごめんヤス。おやすみヤス。おしまいヤス。

**やすい**（形容詞）安い。値段が安い。例：ヤスイ品。価格がヤスイ。

**やすい**（形容詞）易い。たやすい。めんどうでない。例：おヤスイ御用だ。言うはヤスク行うは難い。

**やすうけあい**（名詞）安請合い。仕事や依頼を軽々しくひきうけること。例：あんまりヤスウケアイしなさんな。

**やすかろわるかろ**（熟語）安かろ悪かろ。値段が安いものは品質が悪い。例：安いものは買うな。ヤスカロワルカロや。

**やすけない**（形容詞）品がない。安っぽい。例：そんなヤスケナイ言葉で、電話したらあかん。

**やすむ**（動詞）休む。仕事をしないで休息する。安らかにする。例：家でゆっくりヤスム。会社をヤスム。

**やすもん**（名詞）安物。値段の安い物。例：ヤスモン買いの銭失いや。

**やすやすと**（副詞）易々と。きわめて簡単に。例：戦後ヤスヤスト合格できた。

**やすらか**（形容動詞）安らか。穏やかで無事。心配がない。例：ヤスラカな毎日が続く。幸せや。

**やせぎす**（名詞、形容動詞）痩せた感じの。例：かわいくて、少しヤセギスの娘さん。

**やぜん**（名詞）夜前。昨夜。例：ヤゼンの町内会の集り、ご苦労さんでしたな。

**やそう**（名詞）野草。野山に自然に生える草。例：ヤソウでも、おいしく、栄養もある。

**やた**（名詞）稲穂や穂首のちぎれたもの。例：ヤタと藁すべを風で選り分けることをヤタタテって言うた。

**やたらに**（副詞）むやみに。みだりに。例：ヤタラニ押すな。危ないやないか。

**やちょう**（名詞）野鳥。野生の鳥。例：珍しいヤチョウを捜し、写真を撮る旅。

**やちん**（名詞）家賃。家を借りる代金。例：ヤチン、きちんと納めてるか。

**やっかいもん**（名詞）厄介者。他人の世話で暮らしているもの。または、居候。例：うちにヤッカイモンが、一人おるね。

**やっつける**（動詞）ヤッツケルとも。思い切ってする。相手をひどい目にあわせる。例：今度こそ、あのチームを、ヤッツケてやろう。

**やっこ**（名詞）奴。四角に切った冷や奴。例：この豆腐、ヤッコにしよか。

**やっさもっさして**（副詞）大騒ぎをして。例：八月の末に、ヤッサモッサして、ようやく出来上がったんや。

**やつし**（名詞）洒落者。めかし屋。めかすのが好きな人。例：あいつは村一番のヤツシや。

……**やっしゃる**（助動詞）尊敬。なさる。される。例：見ヤッシャル。助けヤッシャル。

**やつす**（動詞）身なりを変える。化粧する。めかす。逆に、身なりを落とす意にも。例：今日はヤツシて旅行かな。

……**やった**（熟語）……だった。……であったの意。後から気付く表現。古語ケリにあたる。例：ああ、そうか。十五日は休みヤッタ。

……**やったが**（熟語）……だったが。例：夕方ヤッタガ、まだ明るかった。

……**やったのや**（熟語）……だったのだ。例：このような古いいい伝えヤッタノヤ。

……**やったやろか**（熟語）……であっただろうか。例：何天皇の時ヤッタヤロカ。こんな事件があったんや。

……**やったら**（熟語）……であったら。例：うち先生ヤッタラ、しっかり言うてやったのになあ。

**やったんやで**（熟語）……だったのだ。例：うち、健康優良児ヤッタンヤデ。

**やっつける**（動詞）完成する、の強調。例：大仕事を見事にヤッツケた。

**やっつける**（動詞）相手をこらしめる。例：今日こそ敵のチームをヤッツケルぞ。

……**やって**（助動詞）……だって。伝聞で言いさす表現。例：大臣も出席しやはるんヤッテ。

**やってしもたる**（熟語）やっつけてやる。やっつけてしまう。例：こんな宿題、今晩中にヤッテシモタルわい。

**やってたかい**（熟語）やっていたか。例：若い頃に、君、煙草ヤッテタカイ？

**やってやって**（熟語）先へ進めてやって下さい。例：行列が見えるように、もう少し前へヤッテヤッテ下さい。

**やってんね**（熟語）やっているのか。例：何ヤッテンネ。こんなところで。

**やっとかめ**（熟語）やっとして。久しぶりだ。例：ヤットカメだねえ。元気かな。

**やっとくれ**（熟語）やってくれ。与えてくれ。例：少しでええさかい、御年玉この子にも、ヤットクレ。

**やっとこさで**（熟語）ようやくのことで。かろうじて。例：ヤットコサデ、合格や。

**やっとして**（熟語）長い間たってから。例：便り送ってから、ヤットシテ返事が来た。

**やっとのことで**（熟語）かろうじて。どうにかこうにか。例：ヤットノコトデマラソンのゴールに飛び込んだ。

**やっとる**（動詞）やっている。やっておる。例：元気にヤットルかな。

**やつはし**（名詞）八橋。池や小川など、橋板数枚を、少しずつつないだ橋。転じて、京都のせんべいの名。例：京都みやげのヤツハシ。

**やっぱし**（副詞）やっぱり。やはり。例：誰やと思たら、ヤッパシあんたやったんか。

……**やで**（助動詞）……だよ。……だということだ。例：式は六時ヤデ。

**やど**（名詞）宿。泊まる所。家。旅館。例：寝るには、わがヤドが一番ええ。

**やどがえ**（名詞）宿替え。引っ越し。転宅。ヤドガイとも。例：明日、ヤドガエや。

**やどりき**（名詞）宿木。寄生木。他の木に寄生する木。例：杉の大木のウロから、ヤドリギができている。

**やどる**（動詞）宿る。夜に泊まる。例：今晩ヤドルのは、どのホテルや。

**やな**（名詞）魚梁。木、竹をならべて、流れをせきとめて、魚をとる装置。例：琵琶湖に流れ込む川の中流に、ヤナが幾つか見られる。

……**やな**（助動詞）……だな。軽い断定。例：まあ挑戦してみるのヤナ。

……**やな**（助詞）……かな。軽い疑問。例：これぐらいヤナ？ 液量は。

……**やないか**（熟語）……ではないか（反語）。例：これでええヤナイカ。

……**やないか**（熟語）……ではないか（疑問）。例：ガス漏れヤナイカ？

……**やならん**（熟語）……するに堪えない。例：見ヤナラン。汚いやり方。

**やにこい**（形容詞）しつこい。例：ヤニコイ男や。いつまで喧嘩するつもりや。

**やね**（名詞）屋根。家屋をおおうもの。例：瓦ヤネ。藁ヤネ。

……**やねけれども**（熟語）……だけれども。例：昨日の話ヤネケレドモなあ。

……**やねん**（助詞）……なの。例：結果的に、よくないのはうちヤネン。

……**やはけ**（助詞）……だから。例：ビルが建っても、広場は助かる思てたんヤハケな。あかなんだわ。

**……やはる**（助動詞）……なさる。尊敬。例：しヤハル。言いヤハル。隣の御主人、怒ってヤハル。

**やぶいり**（名詞）店員・奉公人などが一時休暇で田舎の自宅に帰ること。例：ヤブイリは、盆と正月やった。

**やぶける**（動詞）破ける。やぶれる。

**やぶさめ**（名詞）流鏑馬。馬に乗って走りながら矢で的を射る競技。例：ヤブサメは、神社などの祭事として挙行されることが多い。

**やぶれる**（動詞）破れる。裂ける。こわれる。例：衣服がヤブレル。記録がヤブレル。

**やぶれる**（動詞）敗れる。負ける。例：沖縄でアメリカ軍にヤブレル。

**……やへん**（助動詞）……ない。打消。例：見ヤヘン。しヤヘン。起きヤヘン。

**……や……へん**（熟語）……は……しません。例：行きヤしまヘン。笑ヤしまへン。

**やぼ**（名詞）世情にうとい。洗練されていない。気が利かない。例：ヤボな男やなあ。

**やま**（名詞）山。山岳。盛り上がった土地。山林。鉱山。例：ヤマに登る。

**やまあい**（名詞）山間い。山と山との間。例：ヤマアイの集落。

**やまいき**（名詞）山へ仕事をしに行くこと。例：一年間のヤマイキ、二か月か。

**やまいぼけ**（名詞）病気づかれ。例：退院後、ヤマイボケで、寝てやるわ。

**やまが**（名詞）山家。山の中の家。例：ヤマガ育ち。

**やまがら**（名詞）山雀。シジュウカラ科の小鳥。例：庭にヤマガラが来てる。

**やまがわ**（名詞）山川。山中を流れる川。例：ヤマガワは、ヤマカワと違う。

**やまかん**（名詞）山勘。勘でやまが当ること。例：試験でヤマカンが当った。

**やまごえ**（名詞）山越え。山を越えること。例：ここからは、ヤマゴエで、京都へ入る方が早い。

**やまこする**（動詞）不相応の大きな商売をする。例：ヤマコシて、とうとう自己破産や。

**やまざくら**（名詞）山桜。バラ科の落葉高木。山中に咲く桜。葉が花より先に出る。例：この辺りヤマザクラが美しい。

**やまだ**（名詞）山あいの田。例：ヤマダの稲刈りや。機械が使えん小さい田や。

**やまと**（名詞）大和（奈良県）。本州倭国。日本国。例：うまし国ぞ、ヤマトの国は。ヤマト言葉。

**やまとだましい**（名詞）大和魂。日本人が持って生まれた良い精神。例：ヤマトダマシイを表すような桜の花の散り方だ。

**やまどり**（名詞）山鳥。キジ科の鳥。例：ヤマドリは、日本特産の鳥や。

**やまなみ**（名詞）山並み。連山。山脈。例：ヤマナミの美しい国。

**やまのかみ**（名詞）山の神。山の守り神。例：ヤマノカミの祭りが済まんと、山仕事に入れん。

**やまばと**（名詞）山鳩。ハトの一種。山に住む鳩。例：日本にいる野生の鳩がヤマバトや。

**やまびこ**（名詞）山彦。こだま。例：ヤマビコの答えが聞こえる。

**やまぶき**（名詞）山吹。バラ科の落葉低木。花は黄色。例：ヤマブキ色。

**やまみち**（名詞）山道。山中の道。例：野道を過ぎると、ずっとヤマミチや。

**やみとりひき**（名詞）闇取引。内緒でこっそり交渉するよくない商売。例：戦争中ヤミトリヒキをしないで餓死した裁判官がいた。

**ややこ**（名詞）赤ん坊。例：まあ、かわいらしいヤヤコ。

**ややこしい**（形容詞）複雑でわずらわしい。例：ヤヤコシイ問題やなあ。

**ややもすれば**（副詞）どうかすると、そうなりがちだ、の意。例：ヤヤモスレバ睡眠不足になりがちだ。

**……やら**（助詞）列挙……やら……やら。例：家ヤラ寺ヤラ店ヤラ、よう見えた。

**やらい**（名詞）矢来。竹を粗く組んで、人が近づけないようにした囲い。例：竹ヤライ。

**やらかす**（動詞）やる。する。とんでもない事をやってのける。例：失敗をヤラカシそうや。

**やらこい**（形容詞）やわらかい。例：ヤラコイうなぎや。ヤラコイ餅。

**やらしい**（形容詞） いやらしい。例：ヤラシイ話、せんといて。

**やらずぼったくり**（熟語） 与えずに奪うばかり。肥料を与えず収穫ばかり図る。例：ヤラズボッタクリの農業ではあかん。

**やらへん**（熟語） 与えない。ヤランより丁寧な表現である。例：今年は、お年玉ヤラヘン。

**やらん**（熟語） 与えない。あげない。やらぬ、の音韻変化。例：おまえには小遣いヤラン。

**……やらん**（補助動詞） ……してあげない。例：腹が立つから、教えてヤラン。

**やりかけ**（名詞） 仕事の途中。未完成の仕事。例：ヤリカケの研究を続ける。

**やりきれない**（形容詞） 遣り切れない。気持ちがおさまらない。例：総理の弁解がそらぞらしくてヤリキレナイ。

**やりたおす**（動詞） 勢いよくし続ける。例：激しい練習をヤリタオス学校や。

**やりたくる**（動詞） 徹底的にし続ける。例：市民ランナーで、ジョギングをヤリタクル男や。

**やりだす**（動詞） やりはじめる。例：ヤリダシたら最後までやりぬく男なんや。

**やりまくる**（動詞） 徹底的にし続ける。例：練習はヤリマクルだけではあかん。

**やりみず**（名詞） 遣り水。庭園に作った水の流れ。例：小さい庭やが、ヤリミズのある庭や。

**やりやがる**（動詞） する、の卑語。ヤル＋ヤガル。例：どんな事業でも、うまくヤリヤガル。特別の才能があるわ。

**やる**（動詞） 行う。する。例：ヤルだけヤッて見よ。

**やる**（動詞） 他人に物を与える。例：この本、君にヤルわ。

**……やる**（補助動詞） ……てやるの形。他人のために……する意。例：助けてヤル。抱き起こしてヤル。

**やれやれや**（熟語） 仕事を仕上げた気持ち。例：やっと完成。ヤレヤレヤ。

**……やろ**（助動詞） ……だろう。推量。例：これ、あんたの鉛筆ヤロ。

**やろう**（動詞） 与えよう。例：このノートでよかったら、おまえにヤロウ。

**……やろか**（熟語） ……だろうか。例：雨が降るヤロカ。

**……やろなあ**（熟語） ……だろうな。だろうね。例：この飛行機、遅れているのヤロナア。

**……やろまいか**（熟語） ……に違いなかろうよ。例：もうすぐ、地震も収まるヤロマイカ。

**やわ**（名詞） 夜話。夜する話。例：夜する話を本にまとめたものがヤワや。

**……やわ**（熟語） ……だよ。……だわ。例：一年の時ヤワ。怪我したの。

**……やわあ**（熟語） ……だなあ。……だよ。……だわ。例：汚い猫ヤワア。

**やわこい**（形容詞） やわらかい。ヤラコイとも。例：つきたてのヤワコイ餅や。

**やわっと**（副詞） 静かに。やんわりと。例：ヤワット言うてみ。

**……やわなあ**（熟語） ……だねえ。例：そうヤワナア。予報通りヤワナア。

**やわやわ**（副詞） ゆるゆる。ゆっくりゆっくり。例：ヤワヤワ、車進めてな。

**やわらか**（形容動詞） 固くない。考え方に融通性がある。例：ヤワラカ布団。ヤワラカナ頭脳の持ち主だ。

**……やん**（助動詞） ……ない。打消の意。例：あほなことしヤンときや。

**……やんか**（熟語） ……ではないか。例：待っててくれたら、行くヤンカ。

**やんちゃ**（名詞） いたずらっ子。例：隣の子、かわいいけど、ヤンチャよ。

**やんやん**（副詞） やいのやいの。例：そんなにヤンヤン言わんでも分かってるはずや。

**やんわり**（副詞） やわらかに。例：それとなく、ヤンワリ注意してあげたら。

# ゆ

**ゆー**（名詞） 湯。一音節語で長音で発音することが多い。例：ええユーやった。

**ゆー**（名詞） 柚。長音で発音することが多い。例：ユー入れた味噌。

**ゆあがり**（名詞） 湯上がり。風呂から出たばかりの状態。例：ユアガリの着物。

**ゆあげ**（名詞） 湯上がりタオル。例：ユアゲ、洗うて干しといて。

**ゆい**（動詞）　言え。例：先生に聞かれたら、そうユイな。

**ゆい**（名詞）　結い。仕事を互いにやりあうこと。例：田植えの手間賃、ユイにしよう。

**ゆいごん**（名詞）　遺言。死後のために言い残す言葉。例：ユイゴン書を残す。

**ゆいしょ**（名詞）　由緒。物事の起こり。経て来た筋道。例：ユイショある家柄。

**ゆいね**（名詞）　言い値のこと。例：向こうのユイネは、どうやった。

**ゆう**（動詞）　言う。イウ。ユウ。ユー。正確にどれか定めがたい。言うは、関西では、ユウに近い発音である。例：活用させると、言わないを、ユワないとは言わんのや。

**ゆう**（名詞）　柚のこと。例：ユウを入れた甘い味噌や。

**ゆうかいな**（熟語）　言うだろうか、言わない、の反語。例：うちがそんな悪口、ユウカイナ。

**ゆうかぜ**（名詞）　夕風。夕方に吹く風。例：浜からユウカゼが吹いて快い。

**ゆうがた**（名詞）　夕方。日の暮れ時。例：ユウガタの西の空。

**ゆうき**（名詞）　勇気。物事を恐れず立ち向かう気持ち。例：ユウキのある男性。

**ゆうぎり**（名詞）　夕霧。夕方立つ霧。例：朝霧もユウギリも万葉集に歌われている。

**ゆうぐれ**（名詞）　夕暮れ。夕方になってあたりが暗くなる頃。例：晩春のユウグレ、岸辺を散歩する。

**ゆうげん**（名詞）　幽玄。奥深い味わい、おもむき。例：ユウゲンは、我が国の中世の文学理念なんや。

**ゆうげん**（名詞）　有限。限りがあること。例：ユウゲン会社。ユウゲン責任。

**ゆうこく**（名詞）　幽谷。奥深く静かな谷。例：深山ユウコクにある温泉。

**ゆうさんかいきゅう**（名詞）　有産階級。財産があって生活が豊かな階級。例：ユウサンカイキュウ、つまり、ブルジョアジーのことや。

**ゆうし**（名詞）　勇士。勇気のある兵士、武士。例：日露戦争で戦ったユウシ。

**ゆうしょく**（名詞）　夕食。晩飯。例：宴会やで、今晩ユウショクは要らん。

**ゆうずう**（名詞）　融通。互いに金銭や物品を貸し借りする。例：ちょっと百万ほど、ユウズウしてくれんか。

**ゆうすずみ**（動詞）　夕涼み。夏の夕方外に出て涼むこと。例：日も暮れてきたし、外で夕涼みしよか。

**ゆうせいせいしょく**（名詞）　有性生殖。雌雄二つの生殖細胞が結合して新個体が発生する生殖法。例：高等な動植物にみられるのがユウセイセイショクなんや。

**ゆうた**（動詞）　言った。例：昨日、ユウタ通りや。

**ゆうたけど**（熟語）　言ったけれども。例：そこは、他人の土地やユウタケド、聞く耳持っとらんわ。

**ゆうだち**（名詞）　夕立。夏の夕方の急な俄か雨。例：ユウダチの雨が、にわかに降ってきたんや。

**ゆうたったのに**（熟語）　言ってやったのに。例：昨日ユウタッタノニ、また間違えたんかな。あほやな。

**ゆうたったらええのに**（熟語）　言うてやったらよいのに。例：あの人は、独身ではないとユウタッタラエエノニ。

**ゆうたやろが**（熟語）　言っただろうが。例：ここに車止めるな、ユウタヤロガ。

**ゆうたる**（動詞）　言ってやる。ユウテヤルとも。例：僕から、おやじにユウタルわい。

**ゆうちょうな**（形容動詞）　悠長な。ゆったりして、のんびり、気長で、急がない。例：そんなユウチョウナこと言うてたらあかん。

**ゆうづきよ**（名詞）　夕月夜。月の明るい夜。例：ユウヅキヨに野道を帰る。

**ゆうづくよ**（名詞）　夕月夜。例：ユウヅクヨ、野に清く照りわたる。

**ゆうて**（動詞）　言って、のウ音便。例：先生に、そうユウテ。

**ゆうて**（動詞）　教えてほしい。例：宿題のヒントだけでも、ユウテ。

**ゆうてえな**（熟語）　言ってほしいわ。言って、の願望。例：姉さんからユウテエナ。

**ゆうてしもた**（熟語）　言ってしまった。例：うっかり、答えまでユウテシモタわ。

**ゆうてたもれ**（熟語）　言って下さい。おっしゃって下さい。公家言葉のなごりである。例：親に、ユウテタモレ。

**ゆうてはるのや**（熟語） 言っておられるのだ。例：知事さんもユウテハルノヤ。そやで、賛成しとこ。

**ゆうてみれば**（熟語） 言うならば。例：配置転換、ユウテミレバ、会社やめよってゆうことやな。

**ゆうても**（熟語） 言っても。言ってみても何しろ。例：なんぼ親にユウテモ、頑固親父は聞く耳持たんしなあ。

**ゆうてやすけど**（熟語） 言ってなさるけれど。例：心配ないとユウテヤスケド本当は心配でたまらんのや。

**ゆうてやはる**（熟語） 言っていなさる。おっしゃっている。例：先生も、そんなこと、ユウテヤハッたわ。

**ゆうてやる**（熟語） 言ってあげる。例：背中の綻び、ユウテヤルとええわ。

**ゆうてやろ**（熟語） 言ってあげよう。例：わしから、君のおじさんに、ユウテヤロ。

**ゆうてらる**（熟語） 言っておられる。例：駅員さんも、大きな事故やユウテラルわ。

**ゆうてるで**（熟語） 言っているよ。例：早う元気になって教えてほしいと、学生たちも、ユウテルデ。

**ゆうてんか**（熟語） 言ってくれないか。例：兄貴からユウテンカ。うちから言えへんし。

……**ゆうてんねん**（熟語） ……言っているのか。例：今ごろ何ユウテンネン。

**ゆうといて**（熟語） 言っておいてね。例：お母さん、帰らはったら、そうユウトイテ。

**ゆうとかなあかん**（熟語） 言っておかねばだめだ。例：子供にはきつうユウトカナアカン。

**ゆうとかなんだ**（熟語） 言っておかなかった。例：他人の誘いに乗るなって、ユウトカナンダ。事件がおこってからではあかんけど。

**ゆうとくれ**（熟語） 言って下さい。例：あんたから隠居さんにユウトクレ。

**ゆうとくれやした**（熟語） 言って下さいました。例：隣の隠居さんが、町長さんに、昨日ユウトクレヤシタそうどす。

**ゆうとった**（熟語） 言っていた。例：子供等が、大賛成やと口々にユウトッタ。

**ゆうなぎ**（名詞） 夕凪。海辺で夕方、しばらく風の吹かないころ。例：ユウナギに、波が小さく寄せる岸に立つ。

**ゆうなみ**（名詞） 夕波。夕方に立つ波。例：近江のみ　ユウナミ千鳥　なが鳴けば　心もしぬに　古思ほゆ。

**ゆうならば**（熟語） 言うとするならば。例：琵琶湖の環境を傷つけない、ユウナラバ、自然にやさしくって言うことや。

**ゆうばえ**（名詞） 夕映え。夕焼けのこと。例：西の空のユウバエ、きれいやわ。

**ゆうひ**（名詞） 夕日。夕方の太陽。入り日。例：ユウヒが西の海に落ちる。

**ゆうびんちょきん**（名詞） 郵便貯金。郵便局で扱う貯金。例：ユウビンチョキンは、昔から国営の貯金やった。今は民営や。

**ゆうべ**（名詞） 夕べ。夕暮れ。例：オーケストラを聞くユウベ。

**ゆうやみ**（名詞） 夕闇。夕方月の上がるまでの闇。例：ユウヤミが迫ってきたが、月はまだ上らない。

**ゆうらん**（名詞） 遊覧。見物して回る。例：琵琶湖ユウラン船。

**ゆうりょく**（名詞） 有力。勢力、権力がある意。例：ユウリョクな候補者。

**ゆうれい**（名詞） 幽霊。死者の霊。例：ユウレイ屋敷の見せ物。

**ゆうをわかしてみずにする**（熟語） 湯を沸かして水にする。骨折りが無駄になること。例：せっかく家を建てて、住む人なしでは、ユウヲワカシテミズニスルようなもんや。

**ゆか**（名詞） 床。家で、地面より高く板を張り詰めたところ。芝居の舞台で、高くしたところ。例：ユカの修理や。

**ゆか**（名詞） 床。川べりの料理屋が架ける板張りの床。例：鴨川べりがユカ、洛北ではトコというてる。

**ゆがく**（動詞） 湯がく。野菜などのあくを抜くため、熱湯に潜らせること。例：山で採った蕗をまずユガクことや。

**ゆかた**（名詞） 浴衣。入浴後の着物。例：夕涼みのユカタ姿の女性。

**ゆがむ**（動詞） 歪む。ひずみ曲がる。例：レンズが悪く、顔がユガンで見える。

**ゆき**（名詞） 雪。大気中の水蒸気が寒気で結晶し落ちていくもの。例：大ユキ。ユキ景色。

**ゆきあたりばったり**（熟語） なりゆきのままに。一貫性のないこと。例：ユキアタリバッタリの意見をいうことは、恥ずかしい事や。

**ゆきあたる**（動詞） 突き当る。行き詰まって困る。例：難題にユキアタル。

**ゆきおこし**（名詞） 冬季に吹く降雪前の雷や風。例：ひどいユキオコシや。今晩は相当降るな。

**ゆきかえり**（名詞） 行き帰り。往復。例：ユキカエリのできる乗車券。

**ゆきがこい**（名詞） 雪害予防の藁や竹の囲い。例：水仙の周りのユキガコイ。

**ゆきき**（名詞） 往き来。行ったり来たりする意。例：車のユキキが絶えない。

**ゆきくれる**（動詞） 行き暮れる。途中で日が暮れる。例：ユキクレテ宿をさがす。

**ゆきげのみず**（名詞） 雪消の水。雪解けの水。例：ユキゲノミズに、歩きにくい道。

**ゆきちがう**（動詞） 行き違う。すれちがう。例：待ち合わせの約束をして行って、手違いのためにユキチガッてしまった。

**ゆきづまる**（動詞） 行き詰まる。物事がうまく行かずどうにもならなくなる。例：計画がユキヅマル。

**ゆきどけ**（名詞） 雪解け。除雪。例：玄関の前ユキドケしてな。

**ゆきなやむ**（動詞） 行き悩む。物事が思うように進まない。例：会場の建設にユキナヤム。

**ゆきのした**（名詞） ユキノシタ科の常緑多年草。例：ユキノシタの白い花。

**ゆきひら**（名詞） 行平鍋、の略。病人用の土鍋。例：ユキヒラでお粥作って。

**ゆきやけ**（名詞） 雪焼け。雪に反射する日光で皮膚が焼けること。冬、雪のころ皮膚が赤く腫れあがること。例：かわいそうにユキヤケで、手が腫れて。

**ゆきよけ**（名詞） 雪除け。雪害予防の雪囲いなど。例：水仙のユキヨケを作る。

**ゆく**（動詞） 行く。前方に向かって進んで行く。例：わが道をユク。和歌山にユク。

**ゆくえ**（名詞） 行方。進んで行く先。将来。例：雪崩でユクエ不明、三名。

**ゆくがはやいか**（熟語） 行くが早いか。到着するとすぐ。例：旅館にユクガハヤイカ、釣り支度や。

**ゆこか**（熟語） 行こうか。例：もうユコカ。みんな待っててくれるし。

**ゆざめ**（名詞） 湯冷め。風呂から出て、冷えて、悪感をおぼえること。例：ユザメせんといてな。

**ゆさん**（名詞） 遊山。山や野に遊びに出かけること。例：物見ユサン。

**ゆず**（名詞） 柚。ミカン科の常緑低木。黄色のいぼのある実。香味料や食用。例：ユズ湯。ユズ味噌。

**ゆすぐ**（動詞） 濯ぐ。すすぐ。例：この洗濯機、ユスグ時、おかしいで。

**ゆずりあい**（名詞） 譲り合い。互いに辞退し、相手方を先にすること。例：境界線をどこにするか、ユズリアイで円満に取り決めることができたんや。

**ゆずりうける**（動詞） 譲り受ける。他人の権利などを頼んで自分の手に入れること。例：親から株式をユズリウケル。

**ゆずりは**（名詞） 譲り葉。冬、葉が落ちないで、春新葉に譲るところから、新年の祝いに使う。例：ユズリハ、十枚ほどとって来て。

**ゆずりわたす**（動詞） 譲り渡す。物や権利を他人に譲って渡す。例：住宅をユズリワタス。

**ゆずる**（動詞） 譲る。他人に授け与える。例：教科書を後輩にユズル。

**ゆそう**（名詞） 輸送。船や車で送ること。例：ユソウ船が、潜水艦の攻撃でほとんど沈められてしまったんや。

**ゆたか**（形容動詞） 豊か。満ち足りたさま。豊富だ。例：晩年はユタカな生活を送ったようだ。

**ゆだねる**（動詞） 委ねる。任せる。委任する。例：判断を、国民にユダネル。

**ゆたん**（名詞） 長持ちの被い布。油単。例：ユタンって、定紋入りの被い布やな。

**ゆだん**（名詞） 油断。気を許すこと。注意を怠ること。例：ユダン大敵。

**ゆたんぽ**（名詞） 湯を入れて、患部を温めるもの。例：看護師さんに言うて、ユタンポ、頼んで来て。

**ゆったる**（熟語） 言ってやる。例：うちから、あいつにユッタルわ。

**ゆってない**（熟語）言ってない。ユウテナイとも。例：そんなあほなこと、ユッテナイわ。

**ゆでる**（動詞）茹でる。湯に入れて味を付けずに煮る意。例：卵をユデル。

**ゆどうふ**（名詞）湯豆腐。豆腐を煮ながら味付け醬油で食べる料理。例：おいしいユドウフ食べに行こか。

**ゆにゅう**（名詞）輸入。外国から物資を買い入れること。例：輸出に対して、ユニュウが多すぎる。

**ゆば**（名詞）湯葉。豆乳を湯煎にかけ表面の薄い皮を引き上げて乾燥させた食品。例：ユバは、精進料理に欠かせないんや。

**ゆび**（名詞）指。手足の先の分かれた部分。例：左右の五本ユビ。

**ゆびきり**（名詞）指切り。小指と小指。または、人差指と人差指をひっかけて契り合う。例：ユビキリ、いったん、金百両。

**ゆぶね**（名詞）湯船。浴槽。入浴用の湯を入れる大きな浴槽。例：ゆっくりとユブネにつかる。

**ゆまき**（名詞）湯巻き。女の腰巻き。イモジ、ユモジとも。例：ユマキを干す場所に気を付けや。

**ゆみ**（名詞）弓。矢を発射する武器。例：万葉期のユミは、丸木と弦のユミやった。

**ゆもじ**（名詞）湯文字。婦人の腰巻き。イモジとも。例：ユモジ、外に干すのは止めとくな。

**ゆり**（名詞）百合の花。例：ユリは万葉集にでてくる花や。

**ゆるい**（形容詞）緩い。きっちり締まってない。例：帯がユルイ。靴がユルくて脱げやすい。警戒がユルイ。

**ゆるご**（名詞）屑米。未熟米。砕け米。例：ユルゴで、粉ひいて団子作って。

**ゆるす**（動詞）許す。願いを聞き届ける。許可する。例：入会をユルス。

**ゆるり**（副詞）ゆっくり。例：ユルリと、お休み下さい。

**ゆるり**（名詞）囲炉裏。イロリ、ユルイとも。例：さあ、ユルリのまわりに、どうぞ。

**ゆれる**（動詞）揺れる。前後左右上下に動く。例：風で木がユレル。

**ゆわえつける**（動詞）ひもなどで結びつける。例：支柱を細い縄でユワエツケル。

**ゆわえる**（動詞）結わえる。括る（くくる）。イワエルとも。例：しっかりユワエといて。

**ゆわす**（動詞）言わせる。例：あいつの口からユワシてやれ。

**ゆわはった**（熟語）言われた。イワハッタとも。例：先生も、昨日そうユワハッタ。

**ゆわへなんだら**（熟語）言わなかったら。例：ユワヘナンダラ、平気で悪いことをしよる。

**ゆわへんもん**（熟語）言わないよ。言いはしないわよ。イワヘンモンとも。例：誰にもユワヘンモン。

**ゆわん**（熟語）言わない。イワンとも。例：管理してくれとはユワン。

**ゆわんことか**（熟語）それみたことか。心配していた通り。例：ユワンコトか、やっぱり事故が起こったやないか。

**ゆわんといて**（熟語）言わないで。イワントイテとも。例：済まんけど、ユワントイテ。

**ゆんで**（名詞）弓手。左手のこと。例：ユンデって言うのは、左手で弓を持つのでそういうんや。

**ゆんべ**（名詞）昨夜。昨晩。例：ユンベ、こんな事あったんやけど。

# よ

**よ**（名詞）世。世の中。例：我がヨの春。ヨに出る。

**よー**（名詞）代。時代。期間。一音節語で長音化することが多い。例：君がヨーは、千代に八千代に。

**よー**（名詞）世。代。一音節語の長音化。例：ヨーが、平和やでええなあ。

**よー**（名詞）夜。一音節語の長音化。例：ヨーの長いうちに済まそうな。

**よー**（名詞）余。一音節語の長音化。残り。例：お菓子のヨーは、おまえにやるわ。

**よー**（名詞）四。一音節語の長音化。例：ひー、ふうー、みー、ヨー、いー、むー。

**よいかげんな**（熟語） その場かぎりの無責任な。エエカゲンナとも。例：ヨイカゲンナ、弁解をするな。

**よいざめ**（名詞） 酔い冷め。酒の酔いが冷めること。例：ヨイザメに水頂戴な。

**よいしゅ**（名詞） 良い衆。素封家。ヨイシ、エエシュ、エエシとも。例：あっこの家は、代々ヨイシュやさかい、ようけ寄付しやはるわ。

**よいとこどり**（名詞） 良いところだけ選んで、別の一つにまとめ上げること。例：生地を虫が食うてるので、ヨイトコドリしてスカート作った。

**よいとしして**（熟語） 良い年して。年配者のくせに。例：ヨイトシシテ、何をいうてんねや。

**よいとよやまか**（掛け声） 盆踊りの掛け声。転じて、土木作業にも。例：江州音頭の掛け声は、ヨイトヨヤマカ、ドッコイシャノセ、やったな。

**よいのくち**（名詞） 宵の口。日暮れ早々。例：まだ、ヨイノクチやないか。もっと、ゆっくりしとくれ。

**よいのみょうじょう**（名詞） 宵の明星。日が沈んで間もなく西の空に見える金星のこと。例：ヨイノミョウジョウが西の空にまたたくのが見えるはずや。

**よいひやなあ**（熟語） よい天気ですなあ。エエヒヤナアとも。挨拶言葉。例：ヨイヒヤナア、芋掘りかいな。

**よう**（副詞） よく……しない。打消の語が対応。例：ヨウ答えられんわ。難しすぎてヨウ答えられん。

**よう**（副詞） よくもまあ、の意。例：ヨウ、言うわ。ぬけぬけと。

**……よう**（助動詞） 意志。しようと思う。例：溺れた人をなんとか助けヨウ。

**……よう**（助動詞） 推量。おしはかって思う。例：やがて日も暮れヨウ。

**ようあんた**（熟語） ようこそ、あんた、の意。挨拶で、どういたしましてに近い。例：伊勢のお土産、大きに。ヨウアンタ、つまらんもんで。

**ようい**（形容動詞） 容易。たやすい、意。例：問題解決は、ヨウイなことではない。

**ようい**（名詞） 用意。注意。準備。支度。例：外国旅行のヨウイをする。陸上競技だ。ヨウイ、ドン。

**よういうわ**（熟語） うまいことを言うものだ。よくもうまく言えたものだ。軽い揶揄。例：ヨウイウワ。うちの方が、迷惑してんねで。

**よういく**（名詞） 養育。養い育てること。例：子供のヨウイクって、大変なことよ。

**よういわんわ**（熟語） あほらしい。話にならない。あきれた。例：賄賂やて、ヨウイワンワ。なんにももろてへんで。

**ようおいでやす**（熟語） 挨拶言葉。よくいらっしゃいました。例：ごめんやす。へえい。ヨウオイデヤス。

**ようき**（副詞） 容器。入れ物。例：重箱の小さいようなヨウキがほしい。

**ようき**（副詞） 陽気。あかるく晴れやか。例：人生、ヨウキにいきましょう。

**ようくん**（名詞） 幼君。幼い主君。例：井伊家のヨウクンを、龍潭寺に預ける。

**ようけ**（副詞） たくさん。余計、が語源。例：御年玉、ヨウケもろた。

**ようさいるい**（名詞） 葉菜類。主として葉や茎を食べる野菜類。例：ヨウサイルイを作付けした畑。

**ようさん**（副詞） ひじょうにたくさん。ギョウサン、の音変化。例：ヨウサン、人、出てるわ。

**ようし**（名詞） 用紙。ものを書くための紙。例：原稿ヨウシ。

**ようし**（名詞） 要旨。重要な趣旨。または、だいたいの内容。例：企画の要旨をまとめる。

**ようし**（名詞） 容姿。すがたかたち。例：ヨウシ端麗。

**ようし**（名詞） 洋紙。西洋紙。例：普通の書籍の紙をヨウシというのは、和紙に対していうんや。

**ようし**（名詞） 養子。血縁関係のない人を、子供として戸籍に入れること。例：ヨウシ縁組み。

**ようじ**（名詞） 楊子。つまようじ。例：和菓子をお客さんに。ヨウジをつけてな。

**ようじ**（名詞） 用事。しなくてはならない事。例：ヨウジすませてから遊ぶのやで。

**ようじ**（名詞） 幼児。幼い子供。例：ヨウジ期の躾と教育が重要や。

**ようしょう**（名詞） 幼少。幼いこと。例：ヨウショウの頃は、弱い子やった。

**ようじょう**（名詞）養生。健康に気を配ること。病気の手当をする。例：手術後、二十日は、しっかりヨウジョウして下さい。

**ようしょくしんじゅ**（名詞）養殖真珠。人工的に飼育し増やした真珠。例：伊勢志摩の海のヨウショクシンジュ。

**ようじん**（名詞）用心。気を付けること。例：火のヨウジン、戸締まりヨウジン。

**ようす**（名詞）様子。ありさま。ぐあい。例：病人の御ヨウスは、いかがですか。

**ようすい**（名詞）用水。灌漑。飲用などのために引いた川、池、施設。例：農業ヨウスイ。ヨウスイ路。

**ようそうやろぞ**（熟語）そうでございましょうか、そうではありません、の意。どういたしまして、と同意。例：お土産大きに。ヨウソウヤロゾ。

**ようち**（名詞）幼稚。幼い。例：ヨウチ園の先生。

**……ようだ**（助動詞）喩えの助動詞。例：雪のヨウナ白さ。

**……ようだ**（助動詞）例示。例に示す意。例：先日発表なさったが、あのヨウナ話をしてみたら。

**……ようだ**（助動詞）不確かな断定。はっきりしないがそう思われる。例：戦艦大和の沈んだのは、このへんの海のヨウダ。

**ようふ**（名詞）養父。養家の父親。例：老いたヨウフの世話をする。

**ようへい**（名詞）葉柄。葉の一部で、茎や枝と連結している柄のような部分。例：茶は、ヨウヘイの若いうちに摘み取るのがええんや。

**ようへい**（名詞）用兵。戦いで軍隊を使うことの方法。例：日露戦争ヨウヘイと沖縄守備隊とのヨウヘイは、同じ日本陸軍でも全く違っていた。

**ようぼう**（名詞）要望。期待し望むこと。例：国会で、追加予算をヨウボウする。

**ようぼう**（名詞）容貌。顔かたち。例：生まれついてのヨウボウは、何ともならないやろ。

**ようまあ**（副詞）よくもまあの約。ヨクモマアとも。例：ヨウマア、勇気出して言うてくれはった、すまんこって。

**ようもようも**（副詞）よくもの強め。よくもよくも（相手に悪感情を持っている時）。例：ヨウモヨウモ、そんなことが言えるわ。あほらしい。

**……ようや**（助動詞）……だろうか。ヨウ（推量）＋ヤ（疑問）の意。例：社長から、昨日、お話したヨウヤと思いますけど。

**……ようや**（助動詞）……ようだ、の意。不確かな断定。はっきりしないが、そう思われる。例：新潟は、雪が降ったヨウヤ。戦艦大和の沈んだのはこのへんの海のヨウヤ。

**ようやく**（副詞）だんだん、しだいに。例：ヨウヤク桜がほころびかけました。

**……ようやっとくれやした**（熟語）……よくやって下さった。例：人のためにヨウヤットクレヤシタ。おおきに。

**……ようやないか**（熟語）ヨウ（意志）＋ヤ（断定）＋ナイ（打消）＋カ（疑問）、の意。……ようではないか。例：もう止めヨウヤナイカ。

**ようゆうてくれはった**（熟語）よく言って下さった。例：ヨウユウテクレハッタ。大事にならずにすみました。

**ようゆうといたのに**（熟語）十分に言い聞かせておいたのに。例：ヨウユウトイタノニどうしたんやろ。

**ようゆうとくれた**（熟語）よく言って下さった。例：ヨウユウトクレタ。おおきに。

**ようゆうわ**（熟語）とんでもない（そんなことできるか）。例：ヨウユウワ、そんなあほなこと、私に言わせるつもり？

**ようよう**（副詞）やっとのことで。例：今朝、ヨウヨウ宿題ができた。

**ようりょう**（名詞）容量。器物に入れることのできる分量。容積。例：ガソリンタンクのヨウリョウが大きい。

**ようりょう**（名詞）要領。事柄の要点。うまく処理する方法。例：学習指導ヨウリョウ。ヨウリョウが悪い男。

**……よか**（助詞）……より。……よりも、の意。例：この店ヨカ、あっちの店の方が、本が多い。

**よかぜ**（名詞）夜風。夜吹く風。例：冬のヨカゼ身にしみます。

**よかれあしかれ**（副詞）良かれ悪しかれ。良いにしろ悪いにしろ。例：ヨカレアシカレ人のうわさになってしまう。
**よき**（名詞） 割り木を作る時の斧。例：人の方に向いて、ヨキ使うなよ。
**よぎり**（名詞） 夜霧。夜立つ霧。例：ぬばたまのヨギリ。ヨギリの横浜。
**よくしつ**（名詞） 浴室。ふろ場。例：ヨクシツは、戦国時代の言葉らしい。
**よくじつ**（名詞） 翌日。あくる日。例：選挙は、ヨクジツ開票となります。
**よくせき**（副詞） よくよくの。余程の。例：あんな事するのはヨクセキのことや。ヨクセキ腹を空かせてたんやろ。
**よくどしい**（形容詞） 欲が深い。例：ほんまにヨクドシイことをする男や。
**よくよくのこと**（熟語） 思案の末のこと。例：自殺など、ヨクヨクノコトやったんやろ。
**よけいなこと**（熟語） 余計なこと。要らぬこと。例：ヨケイナコトせんといて。
**よけまい**（名詞） 余分。ヨケマエとも。例：花筒、三本はヨケマイや。
**よける**（動詞） 避ける。例：急に出て来た老人、ヨケラれへんわ。
**よこ**（名詞） 横。前後に対して左右、上下に対して水平の方向のこと。例：ヨコ風を受ける空港。
**よこぎる**（動詞） 横切る。横に通り過ぎる。例：行列をヨコギルのは失礼なことや。
**よこしま**（名詞） 邪。不正。ただしくない。例：ヨコシマな心をまず捨て去ること。
**よこすべりになる**（動詞） 横滑りになる。同程度の地位で、他の役職にかわる。例：通産大臣から財務大臣にヨコスベリニナル。
**よこたおし**（名詞） 横倒し。横に倒れること。例：トラックがヨコタオシになっとった。
**よこたわる**（動詞） 横たわる。横に長く伸びる。例：砂丘の向こうにヨコタワル日本海。
**よこづち**（名詞） 藁を打つ槌。槌の横面で打つ槌。例：藁、ヨコヅチで、よう打っといて。
**よこっちょ**（名詞） 横っちょ。横手。横。例：スーパーのヨコッチョの寿司屋。
**よごと**（名詞） 夜毎。毎夜。例：ヨゴトに聞く虫の声。
**よごと**（名詞） 吉事。よいこと。例：新年の雪は、ヨゴトのしるしや。
**よこびらたい**（形容詞） 横に平たく広い。例：駅に沿うてヨコビラタイ町や。
**よこぶえ**（名詞） 横笛。管を横に構えて吹く笛の総称。例：日本文学では、ヨコブエが出てくることが多い。
**よごみ**（名詞） よもぎ、の音転。例：ヨゴミ団子、作ってえな。
**よこみち**（名詞） 横道。わき道。例：話が、ヨコミチに逸れる。
**よこめ**（名詞） 横目。目だけで横を見る。例：ヨコメを使うと嫌われる。
**よこんちょ**（名詞） 横。横の側面。例：駅のヨコンチョの駐車場や。
**よさむ**（名詞） 夜寒。秋の末、夜が寒くなるころ。例：病雁のヨサムに落ちて旅寝かな。
**よさり**（名詞） 夜さり。夜。古語ヨサリツカタ、から来た語。例：ヨサリに、家に来て。
**よしあし**（熟語） 良くもあり悪くもあり。簡単に決めがたい。例：寄付するのもヨシアシで、あんまり誉めてくれよらん。
**よしきた**（熟語） よろしい引き受けた。例：わかった。ヨシキタ。
**よしず**（名詞） 葦簀。葭簀。葭で編んだ簾。例：ヨシズ張りの氷屋。
**よす**（動詞） 止す。やめる。中止する。例：そんなにいやなら、ヨスのが一番や。
**よすてびと**（名詞） 世捨て人。世間を見捨てたひと。例：金閣寺に入ったヨステビトや。
**よせい**（名詞） 余勢。余った勢い。例：ゴールした余勢で、オールを傷つけてしまった。
**よせとくれ**（熟語） 寄せとくれ。仲間に入れて下さい。例：うちも仲間にヨセトクレ。
**よせる**（動詞） 寄せる。近付く。一か所に集める。例：ヨセル波返す波。公園の鹿をヨセル。
**よせんかい**（名詞） 予餞会。旅立ちや卒業の前に行う送別会。例：卒業式前のヨセンカイや。
**よそ**（名詞） 余所。他所。例：ヨソの人。ヨソの家。ヨソの町。
**よそいき**（名詞） よそ行き。外出用、訪問用の服装。例：ヨソイキの着物。

**よそう**（動詞）　飯を茶椀に盛る。例：御飯ヨソッて。
**よそおい**（名詞）　装い。身づくろい。支度。例：卒業式の女子学生のヨソオイも、はなやかなこと。
**よそごと**（名詞）　他人事。他人の出来事。自分に関係のないこと。例：そんなにヨソゴトばかりいうて、とぼけなさんな。
**よそさん**（名詞）　他人の家。近隣の家。例：ヨソサンに迷惑掛けたらあかんえ。
**よそみ**（名詞）　よそ見。わき見。例：ヨソミして運転、危険やで。
**よそめ**（名詞）　よそ目。わきからちょっと見る。例：ほしい本をヨソメに見て、辞書の売り場にやってきた。
**よそもん**（名詞）　他所者。他所から来て当地に住んでいるもの。例：ヨソモンや言うて、除け者にしたらあかん。
**よだれ**（名詞）　涎。口の外に流れ出る唾。例：子供のヨダレかけ、かわいいな。
**よちひねる**（動詞）　考慮の余地はないかと苦しむ。例：AかBかヨチヒネル。
**よつあし**（名詞）　四つ足。獣の総称。例：ヨツアシの肉、仏さんに供えたらあかん。
**よつかど**（名詞）　四つ角。四つ辻。例：二つめのヨツカドを右へ。
**よっしゃ**（熟語）　よし、引き受けた。例：ヨッシャ。僕に任しときな。
……**よった**（補助動詞）　した。してくれた。親愛語。例：お茶を入れてくれヨッタ。家内は買物に出ヨッタ。

**よったり**（名詞）　四人。例：参加する友はヨッタリや。
**よつつじ**（名詞）　四つ辻。道路が十文字に交わっている所。例：四条河原町のヨツツジ。
**よつで**（名詞）　四つ手。四つ手網。例：小鮎漁は、ヨツデでやる。
**よってたかって**（熟語）　寄ってたかって。寄って集まって。例：ヨッテタカッテ、うちいじめはる。
……**よってに**（接続詞）　……だから、の意。例：そやヨッテニ値段もはりますわ。
**よっとくれんか**（熟語）　立ち寄って下さらんか。例：ちょっと、駅にヨットクレンカ。
**よっぴて**（副詞）　夜通し。徹夜で。例：昔はヨッピテ、連歌をやったそうや。
**よっぽど**（副詞）　よほど。かなり。例：ヨッポド、旅行がすきらしいわ。
**よとぎ**（名詞）　夜伽。お通夜。例：ヨトギにお参りなさるかな。
**よどむ**（動詞）　澱む。水や空気がたまって流れにくくなる。例：川の流れがヨドム。
**よなか**（名詞）　夜中。夜の最中。例：ヨナカに、看病するのは辛い仕事や。
**よなべ**（名詞）　夜なべ。夜の仕事。例：ヨナベ仕事は、藁縄綯い、藁草履作りが多かった。
**よのつね**（名詞）　世の常。世間にありがちなこと。例：思い通りにならないのがヨノツネや。

**よのなか**（名詞）　世の中。世間。社会。時代。例：物騒なヨノナカや。
**よのなかのみち**（熟語）　世の中の道。人間の道。人間の道理。例：すべなきものはヨノナカノミチ。
**よばい**（名詞）　男が夜に、女のもとへ通う。呼ばふ（古語呼び続ける）、が語源。夜這い、と意識しているのは、語源俗解。例：現代では、ヨバイなんて伝説や。
**よばれる**（動詞）　食べる。いただく。例：さあ、ヨバレよか。
**よばれる**（動詞）　御馳走になる。接待を受ける。例：来月の三日は、披露宴にヨバレルことになった。
**よばわる**（名詞）　呼ばわる。大声で呼ぶ。例：部下の安否を気遣い、大声でヨバワル広瀬中佐。
**よび**（名詞）　法事、慶事などの接待供応、呼び事。例：親戚のヨビがあって、行ってきた。
**よびごえ**（名詞）　呼び声。世間の評判。例：優勝のヨビゴエが高い横綱。
**よびだし**（名詞）　呼び出し。呼び出すこと。例：ヨビダシのベルが鳴る。
**よぶ**（動詞）　招待する。例：式のあと、ヨンでもろた。
**よぶ**（動詞）　食べる。例：うまそうやな。わしもヨンデもらおうか。
**よぶ**（動詞）　呼ぶ。大声で人を来させる。例：そんないやらしいことをすると、人をヨブわ。
**よぶこどり**（名詞）　喚ぶ子鳥。ヨビコドリとも。例：ヨブコドリは、カッコウの別称なんや。

**よまあへん**（熟語）読まない。例：うち、そんな本、ヨマアヘンわ。

**よみあわせる**（動詞）同じ内容の文書を読み合わせ誤りを直す。演劇では脚本を読み合わせて、良き演出、演技を考える。例：部員そろって。脚本をヨミアワセルのがいちばんええ練習になる。

**よみがえる**（動詞）蘇る。ヨミ（黄泉）からカエル意。生き返る。生還。例：ヨミガエルも万葉集に歌われている。

**よみがふかい**（熟語）読みが深い。思慮深い。賢い。例：さすがにヨミガフカイお方や。

**よみきかせる**（動詞）読み聞かせる。読んで聞かせてやる。例：子供にヨミキカセル本としてすぐれた本や。

**よみせ**（名詞）夜店。夜の露店。祭りなどに道端で物を売る店。例：夏祭り、金魚すくいのヨミセ、今年も出るやろなあ。

**よみそこなう**（動詞）読み損なう。読む機会を失うこと。例：子供のころヨミソコナッた本がなつかしく思い出される。

**よみち**（名詞）夜道。夜の道を歩く。例：ヨミチを歩いて我が家に帰る。

**よみちにひはくれん**（熟語）夜道に日は暮れん。夜が長いこと。例：ヨミチニヒハクレンで、ゆっくりしとくれ。

**よみとおす**（熟語）読み通す。終わりまで読んでしまう。例：『戦争と平和』をヨミトオシた。

**よみびとしらず**（熟語）詠み人知らず。勅撰和歌集で作者不明、または、明記できない、意。例：ヨミビトシラズの歌。

**よみや**（名詞）夜宮。宵宮。神社の祭礼の前夜におこなう祭り。例：ヨミヤの夜店で買うてもろた。

**よむ**（動詞）読む。文字を見て言葉や文章の意味を理解する。例：本をヨム。

**よむ**（動詞）詠む。詩歌を作る。例：短歌をヨム。

**よむ**（動詞）数を数える。例：枚数をヨム。

**よめ**（名詞）夜目。夜暗い時に見ること。例：ヨメ、遠目、笠の内。

**よめ**（名詞）嫁。妻。女房。若嫁。例：わしのヨメは、きついがええヨメや。

**よめいり**（名詞）嫁入り。嫁に行く儀式。例：狐のヨメイリ。

**よめさん**（名詞）嫁さん。花嫁。若嫁。若奥様。奥様。年齢に関係なく家の嫁。例：隣のヨメサン、きつい人や。

**よもぎ**（名詞）蓬。キク科の多年草。若葉を草餅にする。例：ヨモギは、万葉集に歌われている。ヨモギ餅。

**よもや**（副詞）まさか……（あるまい）。例：ヨモヤ戦争にはなるまい。

**よよ**（名詞）世々。代を重ねること。例：ヨヨの帝の願いでもあった。

**よらい**（動詞）寄りなさい。寄って下さい。例：近くへ来たらヨライ。

**……より**（助詞）……からの意。起点。比較の基準。例：十一月十日ヨリ、交通安全旬間。

**……より**（助詞）……しかの意。限定。例：締め切りまで三日ヨリない。

**よりあい**（名詞）会議。ヨリとも。寄り＋合い、が語源。例：今晩のヨリアイ、何時やったかな。

**よりあつまり**（名詞）寄り集まり。統一のない群集。例：筵旗を持った農民のヨリアツマリや。

**よりつき**（名詞）寄りつき。庭園内の簡単な休息所。経済用語。午前午後の最初の立ち会い、相場。例：ヨリツキで、しばらく休憩や。

**よりによって**（熟語）こともあろうに。例：ヨリニヨッテ可愛さのない嫁をもろたもんや。

**……よりは**（助詞）より（比較の基準、動作作用の起点）＋は、の意。例：今日ヨリハ、決して他言しません。

**……よりも**（助詞）より（比較の基準）＋も、の意。例：自分ヨリモ貧しい人。

**よる**（動詞）選る。選ぶ。例：この中で、ええ人、ヨルとええわ。

**よる**（名詞）夜。日の入りから日の出まで。例：ヨル夜中に出発か？

**よる**（動詞）寄る。立ち寄る。例：帰りにちょっとうちヨッとくれ。

**よる**（動詞）縒る。縒りをかける。例：縄をヨル。糸をヨル。

**よる**（動詞）寄る。寄り合いや会議のために集まること。例：今晩八時にヨッて下さい。

**……よる**（補助動詞）……テイルの意。テオルが語源。例：あいつがこんなことしヨルさかい、こっちは迷惑ばかりや。子供がよう泣きヨル。あの高校生、よう走りヨルわ。

**……よる ……しょる**（助動詞）使役。人にさせる。例：兄が私に寺参りさせヨル。先輩が、僕らにグランドを走らっショル。

**よるべ**（名詞）寄る辺。身を寄せ頼りとするところ。例：かわいそうにヨルベのない難民や。

**よれる**（動詞）よじれる。例：ロープがヨレルと、綱引きがでけん。

**よろける**（動詞）つまずく。よろめく。例：ヨロケルようにして出ていく。

**よろこばしい**（形容詞）喜ばしい。喜ぶべきだ。うれしい。例：ヨロコバシイ宝塚の入学式や。

**よろこぶ**（動詞）喜ぶ。うれしく思う。例：チームの優勝をヨロコブ。

**よろしい**（形容詞）まあよい。心にかなう。例：だいたいできたらヨロシイ。

**よろしい**（形容詞）要らない。例：今日のとこ、お魚はヨロシイわ。

**よろしゅう**（熟語）よろしく。挨拶言葉。例：御両親にヨロシュウ。

**よろしゅうおあがり**（熟語）食事を終えた人への挨拶。拙い料理をよく召し上がっていただきました、の意。例：御馳走さま。ヨロシュウオアガリ。

**よろしゅうおすか**（熟語）よろしいですか。例：この品、お包みしてヨロシュウオスカ。

**よろず**（副詞）万。すべて。いっさい。例：相談ごとヨロズひきうけます。

**よわい**（名詞）齢。年齢。例：よわい八十八。米寿の祝いや。

**よわい**（形容詞）弱い。身体が丈夫でない。力や勢力が小さい。例：ヨワイ身体では、世の中、生きて行けへん。

**よわみ**（名詞）弱み。弱さの程度。弱点。例：ヨワミにつけ込んで抵抗する。

**よわみそ**（名詞）弱味噌。弱い者、意気地のない者。ヨワムシとも。例：ヨワミソやなあ。また休んどるわ。

**よわる**（動詞）弱る。弱くなる。衰える。例：視力がヨワル。

**よわる**（動詞）弱る。処置に窮する。例：さてさて、ヨワッたことになった。

**よんだげる**（熟語）御馳走してあげる。招待してあげる。ヨンデアゲル、の約。例：友達、五人、今晩ヨンダゲル。

**よんでもらう**（熟語）呼んでもらう。御馳走になる。例：結婚披露宴にヨンデモラウ。

**よんどころない**（形容詞）やむを得ない。例：ヨンドコロナイ事情やし仕方ないわ。

**よんどくれ**（動詞）呼んで下さい。例：お父さん、ヨンドクレ（電話）。今度の一杯会、是非ヨンドクレ。

**よんべ**（名詞）昨夜。例：ヨンベは、ひどい雨やったなあ。

# ら

**……ら**（接尾語）……等。私ら、うちら、のように使う。必ずしも複数に限らず単数にも使う。謙譲の用法である。例：うちラの家ではそんな贅沢はしてないわ。

**らいう**（名詞）雷雨。かみなりを伴って降る雨。例：ライウ、まさに至らんとする。雷鳴、稲妻！

**らいげつ**（名詞）来月。今月の次の月。例：ライゲツのピアノの月謝、払うといて。

**らいこう**（名詞）来迎。高山の頂上で見る荘厳な日の出。例：富士山頂での御ライコウや。

**らいしゅん**（名詞）来春。来年の春。例：ライシュンといっても実は冬、来年の正月のことや。

**らいせ**（名詞）来世。死後に生まれる世界。あの世。例：ライセ未来の功徳。

**らいねん**（名詞）来年。今年の次の年。例：また、ライネン会おうな。

**らいはい**（名詞）礼拝。礼をして拝む。例：仏様など拝むことが、ライハイ。キリスト教ではレイハイというようや。

**らいひん**（名詞）来賓。招かれて来た客。例：運動会のライヒン席。

**らいひんせき**（名詞）来賓席。式や会に来た客の席。例：ライヒンセキの準備。

**らいれき**（名詞）来歴。今まで経てきた事の次第。例：故事ライレキ、つまり由来を知りたい。

**らく**（名詞、形容動詞）楽だ。心身が安らかで快い。ラークとも。例：ラクな問題やった。どうぞラクにしとくれ。

**らくあそび**（名詞）楽遊び。したい放題のことをして楽しみ遊ぶこと。不安なく遊ぶこと。例：隠居して、毎日ラクアソビや。

**らくがき**（名詞）落書き。書いてはいけないところに、悪戯書きをすること。例：ここのラクガキ、すぐ消して。

**らくじつ**（名詞）落日。沈みかけている太陽。入り日。例：船上から瀬戸内海のラクジツを見る。

**らくじょう**（名詞）落城。城が敵の手に落ちること。例：大阪城ラクジョウの様子をテレビドラマで見る。

**らくだい**（名詞）落第。試験に落ちる。不合格。例：入学試験にラクダイ。

**らくちょうしらべ**（名詞）落丁調べ。完成した書籍の脱落ページがないか調べること。例：届いた本のラクチョウシラベをしている。

**らくにしてもらう**（熟語）楽にしてもらう。永眠する。例：百十歳にもなったし、早くラクニシテモライたい。

**らくば**（名詞）落馬。馬から落ちること。例：第三コーナーで騎手がラクバ。試合は続行。

**らくるい**（名詞）落涙。涙をこぼすこと。例：女子小学生誘拐殺人、思わずラクルイした人も多かろうなあ。

**……らしい**（助動詞）推定。ようだ、に近い意。例：交通事故で、もうあかんラシイわ。春過ぎて、夏が来たラシイ。

**らちあかん**（熟語）ラチガアカンとも。物事がはかどらぬこと。きまりがつかないこと。例：いつまで待ってもラチアカンやないか。

**らちがあく**（熟語）埒が明く。区切りがつく。仕事のきまりがつく。例：もうじきラチガアクやろ。

**らちがええ**（熟語）容易である。効率的である。簡単だ。例：ラチガエエ仕事やなあ。これは。

**らっか**（名詞）落下。落ちる。例：ラッカ傘で安全にラッカする。

**らっか**（名詞）落花。花が散る。例：ラッカが雪のようや。ラッカ生を栽培するんやが、もっと軽い土がええ。

**らっきゅうする**（動詞）落球。一度受けたボールを落とすこと。例：野手同士が衝突してラッキュウシてしもた。

**……らる**（助動詞）られる。なさる。例：うちの爺さん、楽しんで畑に行ってラルわ。もうすぐ帰って来ラル。

**……られへん**（熟語）……事ができない。例：死なはったって信じラレヘン。

**……られる**（助動詞）受身。人から受ける。例：級友からいじめラレル。

**……られる**（助動詞）可能。ことができる。

例：この桑いちご食べラレルよ。
**……られる**（助動詞） 自発。自然とおこる。例：関西の丘陵地帯にいつしか栽培せラレルようになった。
**……られる**（助動詞） 尊敬。尊敬の気持ちが加わる。例：先生が家に来ラレル。
**らんかん**（名詞） 欄干。階段、橋の両側に落ちないようにつけた手すり。例：瀬田の唐橋のランカンにもたれて比良の暮雪を見る。
**らんぎょう**（名詞） 乱行。乱暴な行い。品行の悪い行動。例：目にあまるランギョウや。
**らんきりゅう**（名詞） 乱気流。不規則な気流。例：ランキリュウで、離陸できない。しばらく待機や。
**らんざつ**（形容動詞） 乱雑。だらしなくとり散らかしていること。例：机の上がこうランザツでは、勉強もできんはずや。
**らんせい**（名詞） 乱世。乱れた世の中。例：テロが起こり、難民の多いランセイを収める大人物は、出ないものか。
**らんにゅう**（名詞） 乱入。大勢がどっと乱暴に入ってくること。例：メーデーのデモ隊が、国会にランニュウ。

# り

**りー**（名詞） 理。一音節語の長音化した語。
例：この学説のりー、よくわからん。
**りー**（名詞） 利。一音節語の長音化した語。例：定期預金のりー、五年でいくらや。
**りえき**（名詞） 利益。もうけ。利得。例：リエキの配当は、どれぐらいか？
**りきし**（名詞） 力士。相撲を取る人。例：幕内のリキシ。三役のリキシ。
**りきゅう**（名詞） 利休下駄。日和下駄、の意。例：庭にリキュウ出しといてんか。
**りくち**（名詞） 陸地。周囲が海で、土地が高くなっている所。例：大リク。リク上競技。
**りくろ**（名詞） 陸路。陸上の交通機関。例：海路、空路、が使えないならリクロしかないな。
**りこう**（名詞、形容動詞） 安く買うこと。例：リコウな値段の、ええ壺や。
**りこう**（名詞、形容動詞） 利口。ききわけが良い。賢い。例：リコウに留守番してたな。これ褒美や。
**りじ**（名詞） 理事。法人や団体を代表し、事務を処理する職。例：私立大学のリジ。
**りじゅん**（名詞） 利潤。利益。もうけ。例：収益から経費を差し引いた残り、それが、リジュンや。
**りちぎ**（名詞） 律儀。まじめで、義理がたいこと。例：リチギ者の子だくさん。
**りっか**（名詞） 立夏。暦の上で、夏の初めの日。例：リッカは、太陽暦の五月の節句のころや。
**りっけんくんしゅこく**（名詞） 立憲君主国。議会制度のある君主国。例：象徴天皇だから、リッケンクンシュコクとは言えないのではないか。
**りっしゅう**（名詞） 立秋。暦の上で、秋の初めの日。例：リッシュウは、太陽暦の八月八、九日や。
**りっしゅん**（名詞） 立春。暦の上で春の初めの日。例：太陽暦で二月の二、三日が、リッシュンや。
**りっとう**（名詞） 立冬。暦の上で、冬の初めの日。例：リットウは、太陽暦で十一月の八、九日ごろや。
**りはつ**（名詞） 利発。賢いこと。例：兄弟みなリハツな子ばかりや。
**りふじん**（名詞） 理不尽。道理に合わないこと。例：リフジンなことをするアホな男や。
**……りゃ**（助詞） ……れば（仮定の意）。例：しっかり括りャ、車に載せて運べる。
**……りゃ**（助詞） ……れば（列挙の意）。例：あいつは、頭も良けりャ、機転もきくわ。
**りゃくぎ**（名詞） 略儀。簡略なやり方。例：いちいち御礼に参上すべきですが、リャクギながら、本状をもって御礼に代えさせていただきます。
**りゅうぐう**（名詞） 龍宮。海底にある想像上の宮殿。例：リュウグウで乙姫さんに出会う話。
**りゅうしつかおく**（名詞） 流失家屋。流されてなくなった家屋。例：津波によるリュウシツカオク、五千。
**りゅうせい**（名詞） 隆盛。勢いが盛んなこと。例：日本の国がリュウセイを極めたのは、平安の初期か。

**りゅうせい**（名詞）流星。ながればし。例：リュウセイは、天体の破片が地球に近づき摩擦熱で発光したもんや。

**りゅうちょう**（名詞、形容動詞）流暢。言葉をすらすらとよどみなく言う状態。例：リュウチョウな英語で、同時通訳や。

**りゅうひょう**（名詞）流氷。海水が氷結してできた氷が、割れて流れ漂ってできたものを言う。例：リュウヒョウ溶けて春風吹く北の海。

**りょうあし**（名詞）両足。両方の足。例：リョウアシの怪我で、相撲が取れん。

**りょうがん**（名詞）両眼。両方の目。例：ガスの爆発で、リョウガンをやられてしもた。

**りょうぐん**（名詞）両軍。敵と味方の軍勢。例：源氏と平家とリョウグンが屋島で戦う。

**りょうし**（名詞）両氏。二人の人。例：田中氏と山田氏、リョウシの選挙戦や。

**りょうし**（名詞）漁師。海や湖などで魚貝など水産物を獲る職業。例：伊勢の海のリョウシ。

**りょうし**（名詞）猟師。野山で狩猟を職業とする人。例：猪の駆除をリョウシに頼む。

**りょうし**（名詞）良師。良い先生。例：英語指導のリョウシに恵まれる。

**りょうじつ**（名詞）両日。二日。例：お申し越しのリョウジツ、不在にしております。

**りょうしゅ**（名詞）領主。領地、荘園の持ち主。例：近江の国のリョウシュ、佐々木氏の先祖代々の石仏が、数十体ある。

**りょうしゅうしょ**（名詞）領収書。金銭を受け取ったしるしに渡す書類。例：リョウシュウショ、お渡ししましたでしょうか？

**りょうしょう**（名詞）了承。納得して承知する意。例：土地の交換、リョウショウしました。

**りょうしょう**（名詞）良将。優れた将軍。例：日露戦争のリョウショウ、乃木将軍。

**りょうたん**（名詞）両端。両方のはし。例：長すぎるのでリョウタンを、三センチ切り取って下さい。

**りょうど**（名詞）領土。国家の領有する土地。例：北方四島は、本来日本のリョウドで、ロシアが、不法に占領したままだ。

**りょうにん**（名詞）両人。ふたり。例：どうぞ、御リョウニン様、こちらを向いて下さい。記念撮影です。

**りょうふう**（名詞）涼風。すずしい風。例：リョウフウさわやかな、湖畔の宿。

**りょうほう**（名詞）両方。二つの方面。二者。例：争いは、リョウホウが、譲り合って和解しましょう。

**りょうや**（名詞）良夜。月の明るく美しい夜。中秋の夜。例：リョウヤとは、ただ良い夜、良い晩、という意ではないんや。

**りょうやく**（名詞）良薬。よく効く薬。例：リョウヤク、口に苦し。

**りょうよく**（名詞）両翼。左右の翼。転じて、野球の左右の外野。例：リョウヨク合わせて四十メートルの飛行機。球場のリョウヨクに水たまりがある。

**りょうり**（名詞）料理。食品を調理したもの。例：料亭のリョウリがまずい。

**りょうりつ**（名詞）両立。両方とも成り立つこと。例：仕事と家庭のリョウリツを考えている。

**りょかく**（名詞）旅客。旅行する客、の意。例：リョカク機に搭乗する時間。

**りよく**（名詞）利欲。利益を欲する心。例：いつもリヨクばかり考えている男や。

**りょこう**（名詞）旅行。よその土地に出かけること。例：団体リョコウ。

**りょしゅう**（名詞）旅愁。旅先で感じるわびしさ。例：長く旅行を続けていると、リョシュウを感じるものである。

**……りょる**（助動詞）……り（動詞語尾）＋おる、の転。……ている、……ておる、の意。ヨウ……リョルと対応して複雑な感情を加える語。例：よう走リョル（走る能力がある）。さすが箱根駅伝のランナーや。よう降リヨル（降り続いて迷惑である）。また台風か。

**りろん**（名詞）理論。根本的原理にしたがって法則を体系化したもの。例：リロンだけで、実行の伴わない人。

**りんか**（名詞）隣家。隣の家。例：リンカとの境界が、いつも問題になる。

**りんこうせん**（名詞）臨港線。港の波止場まで引き入れた鉄道。例：神戸、横浜のリンコウセンも廃止された。
**りんじ**（名詞）臨時。必要な時に応じて行うこと。例：リンジ列車。リンジに運航する便。
**りんじゅう**（名詞）臨終。死に際。例：ごリンジュウです。皆さんお別れを。
**りんそん**（名詞）隣村。となり村。例：リンソンの役場まで出かけて調べる。
**りんてんき**（名詞）輪転機。筒上の印刷版の間に、紙を通し輪のように回して、印刷する機械。例：新聞はリンテンキで印刷されている。
**りんばん**（名詞）輪番。順を決めて回り番で仕事をすること。例：門番は、三人でリンバンや。
**りんびょう**（名詞）淋病。性病の一つ。泌尿器の病気。例：リンビョウに注意。

# る

**……る**（助動詞）れる（古語の可能）。例：もう少しまかルか（値段をまけることができるか、の意）。
**……る**（助動詞）尊敬。例：大きな紙に大きな筆で、上手に書かルわ。
**るい**（名詞）類。同種。同類。似た者同士、の意。例：ルイは、友を呼ぶ、という諺があったなあ。
**るいしんぜい**（名詞）累進税。所得額が多くなるにつれて率の高くなる税。例：たいした収入でもないのに、ルイシンゼイが追いかけてきた。
**るざい**（名詞）流罪。罪人を島流しにする刑罰。例：隠岐にルザイになった後醍醐天皇。
**るす**（名詞）留守。家人が外出して不在の意。また、その番をすること。例：旅行中はルスや。ルス番頼むわ。
**るす**（名詞）他のことに気を取られ、注意がそれる。考え無し。ぼけている。例：あいつ頭の中、ルスと違う？
**るてん**（名詞）流転。物事がとどまることなく移りかわること。例：万物は、かぎりなくルテンするものだ。
**るふ**（名詞）流布。世の中に広まること。例：世間に広くルフした学説。ルフ本。
**るり**（名詞）瑠璃。紫がかった紺色の宝石。例：ルリ色。ルリ鳥。
**るろう**（名詞）流浪。あてもなくさまよい歩く、の意。例：ルロウの旅。ルロウする難民。

# れ

**れい**（名詞）霊。精神。たましい。例：神棚に祖先のレイを祀っている。
**れい**（名詞）例。同じような物事。例：今までに、レイのない大事件や。
**れい**（名詞）礼。おじぎ。例：レイの仕方が悪いぞ。
**れいじょう**（名詞）礼状。お礼の手紙。例：お世話になった方にレイジョウを出したかな。
**れいせつ**（名詞）礼節。礼儀と節度。例：教育はレイセツを知ることから始まると言える。
**れいねん**（名詞）例年。いつもの年。例：行事予定は、レイネン通りでよろしいでしょうか。
**れいらく**（名詞）零落。落ちぶれること。例：レイラクは、元は草木の枯れ落ちることを言うた言葉やった。
**れきがく**（名詞）暦学。天体の動きやこよみを作る術の学問。例：レキガクは、暦道ともいったようや。
**れきし**（名詞）歴史。人間社会の変遷、経歴の記録。例：レキシ物語。
**れきぜん**（名詞）歴然。はっきりとして明らかだ。例：彼の犯行はレキゼンたる証拠を残している。
**れきだい**（名詞）歴代。代々。世々。例：レキダイの天皇、万世一系とは、ちょっと言いがたいようや。
**れっきとした**（熟語）出所が明確である。例：レッキトシタ証拠がある。
**……れる**（助動詞）受身。人から受ける。例：外国人に道を聞かレル。
**……れる**（助動詞）可能。ことができる。例：二時間で走レル。

……**れる**（助動詞）自発。自然とそうなる。例：子供の頃が思い出さレル。

……**れる**（助動詞）尊敬。尊敬の気持ちが加わる。例：外国の教授の話さレルことばはほぼわかる。

**れんか**（名詞）廉価。値段が安いこと。例：レンカ販売や。

**れんが**（名詞）煉瓦。粘土と土を練って長方形にして焼いた建築材料。例：レンガ造りの東京駅。

**れんが**（名詞）連歌。二人以上で、和歌の上の句と、下の句を、交互に読み続ける形式の歌。例：俳諧のレンガ。

**れんがけ**（名詞）連+掛け（掛け軸）。床の間に掛け軸を並べて掛けること。例：この軸、あの軸とレンガケにして。

**れんぎ**（名詞）連木。すりこぎ。例：レンギ、ちょっと貸して。うちがやってみる。

**れんじつ**（名詞）連日。引き続いての毎日。例：レンジツ大入り満員の夏場所や。

**れんじゅう**（名詞）つれ。仲間。連中。例：レンジュウ、感づいているのと違う。

**れんしょ**（名詞）連署。二人以上並べて署名すること。例：この文書は、レンショでお願いします。

**れんぞく**（名詞）連続。切れ目なく続いていること。例：祭日休日のレンゾクで、授業は、うまくいっているのか疑問です。

**れんや**（名詞）連夜。幾晩も続くこと。例：連日レンヤの東京空襲で、全く焼け野原や。

**れんらく**（名詞）連絡。知らせる。通報する。例：上司にレンラク、忘れるなや。

**れんりつないかく**（名詞）連立内閣。二つ以上の政党から大臣が出て成立した内閣。例：レンリツナイカクも、なかなかうまくいかんらしいわ。

# ろ

**ろー**（名詞）炉。一音節語で長音化した語。例：茶室のロー切ってある？

**ろー**（名詞）櫓。一音節語で長音化した語。例：和船のロー漕げる？

**ろー**（名詞）絽、の長音化。例：ローの着物出して。

**ろうえい**（名詞）朗詠。漢詩や和歌などに節を付け、声高く歌うこと。例：和漢の詩歌のロウエイが趣味なんや。

**ろうえい**（名詞）漏洩。液体や秘密が漏れること。例：国家の機密のロウエイ。

**ろうえき**（名詞）労役。命ぜられた肉体労働。例：捕虜として六十万人の若者がシベリアでロウエキに服した。

**ろうか**（名詞）廊下。部屋と部屋、建物と建物をつなぐ通路。例：長いロウカの拭き掃除が大変や。

**ろうかく**（名詞）楼閣。高い立派な建物。例：砂上のロウカク。

**ろうく**（名詞）労苦。心身の苦労。例：創立以来三十年の社員のロウクに、深く感謝いたしております。

**ろうし**（名詞）老子。中国の思想家。書名。例：ロウシは、無為自然を説いた本や。

**ろうじ**（名詞）路地。露地。細い通路。例：このロウジの奥や。

**ろうじゃく**（名詞）老若。老人と若者。ロウニャクとも。例：ロウジャク男女そろって花見や。

**ろうじょう**（名詞）籠城。城に立て籠もること。例：大坂城ロウジョウ策は、結果として失敗やった。

**ろうしょうふじょう**（名詞）老少不定。老人が先、若者は後に死ぬとは限らない。例：人の寿命は定めがたいことを、ロウショウフジョウというんや。

**ろうじん**（名詞）老人。年寄り。年とった人。例：ロウジンホーム。

**ろうぜき**（名詞）狼藉。乱暴な行い。例：ロウゼキ者や、取り抑えてくれ。

**ろうそ**（名詞）老僧、の約。若い当主の僧に対していう。例：ロウソ、やはる？

**ろうたい**（名詞）老体。年とった身体。老人の身。例：御ロウタイやで、身体に気を付けてな。

**ろうふ**（名詞）老父。年とった父。例：故郷には白寿（九十九歳）のロウフがいる。

**ろうぼく**（名詞）老木。樹齢の古い木。例：樹齢二千年の杉のロウボクや。

**ろうもん**（名詞）楼門。やぐらのある門。二階造りの門。例：国宝のロウモン。

**ろうよう**（名詞） 老幼。年寄りと子供。例：ロウヨウ婦女子の避難先はどこか？

**ろく**（名詞） 六。数の六つ。例：ロク月。ロッ法全書。ロク地蔵。

**ろくじゅうよしゅう**（名詞） 六十余州。日本国六十六国と壱岐、対馬、の意。例：ロクジュウヨシュウは、日本全国の意で、ロクジュウヨシュウの天下取りが秀吉ということになる。

**ろくすか**（副詞） まともに。満足に。例：こんなこともロクスカでけんのに、偉そうな口利くな。

**ろくでなし**（名詞） 役に立たない者。例：息子は、ロクデナシや。

**ろくに**（副詞） 十分に……ない。満足に……ない。例：ロクニ、食事も取れなかった。

**ろけん**（名詞） 露見。露顕。隠していた秘密や悪事が明るみに出ること。例：隠し事が、とうとうロケンしてしもた。

**ろじ**（名詞） 路地。家と家の間の狭い道。例：町屋の多い市街なので、ロジが多い。

**ろじ**（名詞） 露地。屋根の被いのない土地。例：ロジ栽培。

**ろっくにする**（熟語） 水平にならす（大工などが基礎工事などに使う）。例：丘の裾を削ってロックニスル。

**ろば**（名詞） 驢馬。ウマ科の哺乳動物。小型で、耳が長い。例：農耕用のロバはおとなしいので、子供の遊び相手や。

**ろはの**（名詞） 報酬のない。無料の。ロハは只。例：ロハノ仕事は、あかん。

**ろへん**（名詞） 炉辺。囲炉裏のはた。例：ロヘン談話。

**ろれつがまわらぬ**（熟語） なめらかに話せない。例：酔っぱらってロレッガマワラヌ。

**ろんぎ**（名詞） 論議。互いに意見を論じ合うこと。例：庶民のロンギを抑えるようなことをしてはならない。

**ろんご**（名詞） 論語。弟子たちが孔子の言行を集録した書。例：ロンゴ読みのロンゴ知らず。

# わ

……**わ**（助詞）よ、わい、の意。このワは、共通語のワではない。男も、ごく普通に、しかも広く使う。関西に、共通する用法である。例：わしも行くワ。おれも見てみるワ。おまえも抗議しな。僕も抗議するワ。

**わー**（名詞）輪。一音節語の長音化した語。例：ワーまわし、しょうか。

**わー**（名詞）和。一音節語の長音化した語。例：人のワー、大事にせんとなあ。

……**わい**（助詞）よ、の意。ワと同じ意味だが強い。男性語で同輩以下に使う。例：わしも行くワイ。どうもおかしいワイ。

**わいら**（代名詞）私等。例：ワイラの子供の頃は、川でよう遊んだわい。

**わか**（名詞）和歌。日本古来の歌。例：長歌、短歌、旋頭歌が、ワカやが、普通は三十一文字の短歌をさす。

**わかがえる**（動詞）若返る。若々しい気分になる。若くたち返る、意。例：ワカガエルも、万葉言葉や。

**わかぎ**（名詞）若木。生えてから年月のたたない木。例：植えたワカギ、ちょいちょい水やってな。

**わかくさ**（名詞）若草。芽を出したばかりの草。例：ワカクサの上に転がって空を眺めていたい。

**わがこ**（名詞）我が子。私の子。例：ワガコに対して、大事に育ってほしいと願う歌は多い。

**わかしゅ**（名詞）若衆。男の若者。例：江戸期のワカシュは、元服前の若者や。

**わかたけ**（名詞）若竹。その年に生えた竹。例：ワカタケは、緑色が鮮やかや。

**わかったるけど**（熟語）分かっているのだけれど。例：害があること、ワカッタルケド、止められん。

**わかな**（名詞）若菜。春先の野菜。例：ワカナを摘むのは、万葉の言葉や。

**わかまつ**（名詞）若松。樹齢の若い松。例：ワカマツは、小松を言う時もある。

**わがまま**（名詞）我がまま。身勝手。例：子供の頃から、ワガママな男やった。

**わがみ**（名詞）我が身。自分の身。例：ワガミよけれと思う心があかん。

**わかめ**（名詞）若布。こんぶ科の海草。例：ワカメは、万葉集にも歌われている。

**わかもの**（名詞）若者。年の若い人。青年。例：ワカモノの気持ちを理解してやれ。それで未来が展望できるのだ。

**わがや**（名詞）自分の家。例：ワガヤのことを、わが宿とも言うた。

**わからへん**（熟語）分からない。例：読み方がワカラヘン。関係がワカラヘン。

**わからへんねやが**（熟語）分からないのだが。例：事情がワカラヘンネヤガ、教えてくれへんかな。

**わからん**（熟語）分からない。例：帰り道がさっぱりワカラン。

**わかれる**（動詞）本来一つのものが、いくつかになる意。別れる。分かれる。例：夫婦がワカレル。道が二つにワカレルところを追分という。

**わき**（名詞）脇。かたわら。そば。例：そこの車のワキ、空けてやって。

**わく**（名詞）枠。細い材で、周囲を組んだもの。例：窓ワク。額縁のワク。

**わく**（動詞）湧く。水が地中から噴き出すこと。例：きれいな水がワク泉や。

**わく**（動詞）発酵する。例：酒がワク。醤油がワク。

**わくらば**（名詞）病葉。病気に冒された葉。例：健康な葉の中で、色づいた葉をワクラバって言うねん。

**わけ**（名詞）食べ残し。例：ワケせんと綺麗に食べるんやで。

**わけあり**（名詞）訳有り。なんらか事情があること、またその間柄。例：席をはずそうか。ワケアリの話、聞かん方がええ。

**わけぎ**（名詞）分葱。ネギの変種。例：ワケギは、根から茎が群生する。

**わけしり**（名詞）訳知り。世間の事情に通じ、分別のあること。例：爺さん、町内で一番のワケシリや。

……**わけやけど**（熟語）……わけだけれども。例：明日から休みになるワケヤケド気を緩めず頑張りや。

……**わけやね**（熟語）……わけなんだ。例：なんぼ上手に逃げても捕まるちゅう

ワケヤネ。

**わごう**（名詞）和合。仲良く睦まじく暮らすこと。例：家族のワゴウが、我が家で最も大事なんや。

**わざする**（動詞）害を与える。例：虫歯がワザシて、手術が化膿したんや。

**わさだ**（名詞）早稲を作る田。ワセダとも。例：ワサダは、早稲田と同じ古い言葉や。

**わざとがましい**（形容詞）わざとらしい。ことさらにしたように見せる。例：どうもワザトガマシイ。不自然や。

**わさび**（名詞）山葵。アブラナ科の多年草。谷川に自生。または栽培。香辛料。例：ワサビ醤油。ワサビ漬け。

**わざわざ**（副詞）特別に。例：ワザワザ印刷して、製本したテキストです。

**わし**（代名詞）私。俺。例：ワシ、そんなこと、よう知らんわ。

**わしら**（代名詞）私ら。俺ら。ラは謙遜。例：ワシラに、お上のことはわからへん。

**わす**（動詞）来られる。例：客僧も三人、ワシたで。庫裏に上がってもらうわ。

**わずか**（名詞、形容動詞）少し。例：ほんのワズカの品。ワズカな気持ち。

**わせ**（名詞）早稲。早生。早熟の品種。例：今年のワセは、台風にあわず、まるまるの豊作や。

**わたい**（代名詞）私。アタイとも。例：ワタイにも教えてえな。

**わだかまる**（動詞）不快な感情が心の中にしこりのように残る。例：心の中にワダカマルものがある。

**わたくし**（代名詞）私。個人。自分。例：ワタクシ小説。ワタクシの金。

**わたげ**（名詞）綿毛。綿の繊維、和毛（にこげ）に似たもの。例：タンポポの綿毛。

**わたしとこ**（代名詞）私の家。例：ワタシトコへ、来てくれへん。

**わたしぶね**（名詞）渡し船。人や物を対岸に渡す船。例：ワタシブネの船頭が渡し守や。

**わたしもり**（名詞）渡し守。渡し舟の船頭。例：村の渡しの船頭さんがワタシモリや。

**わたしら**（代名詞）私＋ら（単数で謙遜）。例：ワタシラ、そんなことでけへんわ。

**わたる**（動詞）一方から一方へつづいていく。例：川をワタル。廊下をワタル。

**わて**（代名詞）私（女性語）。例：ワテ、そんなんよう知らん。

**わな**（名詞）輪にして鳥獣を捕らえる縄や仕掛け。例：草原にワナを仕掛ける。

**わな**（名詞）罠。人を陥れる計略。例：悪いやつ、ワナにかけてやれ。

**……わな**（助詞）わよ、よ、の意。例：うちも、遅れるけど行くワナ。

**わに**（名詞）鰐。ワニ科の爬虫類の総称。熱帯地方の水辺に生息。皮を細工物に利用。例：日本にワニはいないので、ワニザメのことをワニというてるんや。

**わぬけ**（名詞）輪抜け。輪を潜り抜ける事。例：運動会のワヌケ、もう終わった？

**わびしい**（形容詞）侘しい。心細い。例：一人ワビシク山道を歩く。

**わぼく**（名詞）和睦。仲直りすること。例：昭和二十年の敗戦は、ワボクやなくて、無条件降伏や。

**わめく**（動詞）大声で叫び騒ぐ。例：津波が足もとまで迫ると、もうワメク人は居なかった。

**わや**（形容動詞）乱暴。無茶。例：こら、ワヤするな。

**わや**（形容動詞）駄目。台無し。例：せっかく苦労して作ったのに、すっかりワヤや。

**わやくそ**（形容動詞）すっかりだめだ。例：何もかもワヤクソや。

**わやくちゃ**（形容動詞）だめだ。だめで無茶苦茶だ。例：今朝は電車が遅れてワヤクチャやった。

**わら**（名詞）藁。稲や麦の茎を干したもの。例：ワラ縄。ワラ灰。

**わらう**（動詞）笑う。おかしさや嬉しさを表情や声に表すこと。例：ワライ声。ワライ顔。

**わらじ**（名詞）草鞋。藁を編んで足に結び付けて履く履き物。例：ワラジを履くで、旅に出る意を表すんや。

**わらすべ**（名詞）藁しべ。例：ワラスベ五本ほど取ってきて。

**わらび**（名詞）蕨。ウラボシ科の多年生シダ植物。渦巻き形の新芽は食用。例：山にワラビ、摘みに行く。

**わらべ**（名詞）童。こども。ワラワべとも。例：ワラベ歌。ワラベは見たり野中のばら。

**わらわ**（名詞）童。元服しない子供。

例：女のワラワ。

**わりあて**（名詞） 割り当て。仕事などを割り当てること。配当。分担。例：ワリアテが多すぎる。減らしてくれ。

**わりあてる**（動詞） 割り当てる。分けてあてがう。分担する。わりふる。例：仕事をみなにワリアテル。

**わりかた**（名詞） 割り合いに。例：ワリカタ計算早いな。

**わりと**（名詞） 割り合いに。比較的。例：ワリト、物分かりのええ奴や。

**わりぶち**（名詞） 割り当て分。例：ワリブチ出しとくよ。

**わりまい**（名詞） 割り当て分。ワリマエとも。例：寺の大修理のワリマイ、いくらや。

**わる**（動詞） 割る。こわす。砕く。例：花瓶をワル。

**わるい**（形容詞） 悪い。正しくない。質がよくない。例：ワルイ遊び。ワルイ商品。

**わるいき**（名詞） 悪い方へ悪い方へと行くこと。例：会費五万円に、服は汚れるし、傘は落とすし、ほんまにワルイキや。

**わるうしたら**（熟語） ひょっとしたら。まずく事態が動くと。例：ワルウシタラ、中止になるかもしれん。

**わるさ**（名詞） 悪戯。わるふざけ。例：そんなワルサしたらあかん。

**われ**（代名詞） 我。自分。例：ワレ関せずと、涼しい顔や。

**われ**（代名詞） おまえ。例：ワレ、今度の旅行行くかあ？

**われいちがちに**（熟語） われがちに。例：ワレイチガチニ、神木をめざして拝殿まで走った。

**われがちに**（副詞） 自分が一番先に。例：津波で、ワレガチニ、高台へ逃げる。

**われめ**（名詞） 割れ目。裂け目。例：岩のワレメからきれいな湧き水や。

**われる**（動詞） 割れる。こわれる。ひび割れする。例：日照りで、田がワレルかもしれん。

**わろてんか**（熟語） 笑っておくれ。例：ワロテンカ、うちの格好。

**わをかける**（熟語） 一段と大きくするおおげさにする。例：これはまた、ワヲカケた噂話や。

**わんりょく**（名詞） 腕力。腕の力。例：ワンリョクに訴える。ワンリョク沙汰。

# を

**を**（助詞） ヲ抜き。ヲを抜いた表現。例：そこの窓（×）閉めてくれ。レコード（×）かけてくれへんか。この用法は、関西では、広く使われ、無意識に、日常生活で多用されている。

……**を**（助詞） 目的。場所。起点。時間を示す。例：読書ヲする。岡山ヲ過ぎる。関西空港ヲ離陸。十時ヲ過ぎた。

# ん

……**ん**（助動詞） 打消。ない、ぬ、の意。例：知らン。判らン。口では表せン。

……**ん**（助動詞） 打消。ぬ、の撥音化。物事を打ち消す。例：返事をせン。

……**ん**（格助詞） のもの、の意。例：おまえンか。失った傘はあんなンやった。

……**んか**（助詞） のか、の意。例：おまえも行くンカ。

……**んといとくれ**（熟語） ないでください、ないでいてください、の意。例：セメント乾くまで入らントイトクレ。

……**んどくに**（熟語） しないうちに、しないで、の意。例：戦わンドクニ負けてしもたようなもんや。

……**んなもん**（熟語） そんなもん、からｓｏ音脱落。例：……ンナモン、すぐ取り返せるわ。

……**んや**（熟語） のだ、の意。例：早う行くンヤ。そうなンヤ。

……**んやって**（熟語） のだって、の意。例：先生の病気で。休講なンヤッテ。

……**んやないか**（熟語） のではないか、の意。例：寒さで凍死するンヤナイカ。

……**んやろか**（熟語） ないだろうか、の意。ないでしょうか。例：分けてもらえンヤロカ。

# あとがき

## ――関西言葉の漢語について――

「関西言葉の漢語」を、漢和辞典の領域だと除外することは許されない。日常語で、漢語は、そのまま主語ともなり、サ変動詞として述語となって、日本語に深くかかわってきている。「関西言葉の漢語」も、中央語としての機能を無視できないと考える。

ここで実例を挙げるには、膨大な量になるので、少量のラ行音の漢語だけを取り上げることにする。日本語に特に、大和言葉で、ラ行音ではじまる単語は多くない。次は、一例としてラ行音の「関西ことば」の漢語である。

雷雨　来春　礼拝　来賓　来歴　落第　落花　落下　欄干　乱雑　利益　力士　陸地　陸路　理事　利発　理不尽　流星　両人　両方　両翼　料理　旅客　理論　隣家　留守　流布　礼状　例年　歴然　廉価　連署　廊下　論議

これらの例を、一見して、いつの時代の言葉と思われるだろうか。よほどのアマノジャクでないかぎり、昭和期の言葉、二十世紀の言葉だなあと、感じると思うのである。

実は、これらは、一六〇三年の『日葡辞書』にある、当時の中央語「関西言葉」を並べたものなのである。関ヶ原の戦いが、一六〇〇年であるから、五世紀前の「関西の言葉」である。本書では、その『日葡辞書』の多くの漢語のうち、二十一世紀の現在、今も生きて使われている語のほとんどを見出し語として、取り上げている。

ちなみに、万葉集にある中央語「関西言葉の漢語」は次の語がある。しかし、平城、平安期以降の和製漢文や漢語の量からすれば、微々たるもので、用法、読み方、機能も現在の関西言葉と、関連は薄く少ないが、関西言葉であることは否定できない。

昼夜　慶福　三宝　礼拝　誦経　奉行　懺悔　過去　寿夭　飲食　歳月　病患　世俗　隠遁　原野　始終　存亡　人事　布施

『日葡辞書』には、多くの大和言葉があり、中世の中央語を、関西の言葉として、ポルトガル語に翻訳し、長崎で発行されている。協力した日本人は関西の人であることは間違いなかろうが、誰であるか、単数か複数かは、判らない。本書では漢語も大和言葉も、『日葡辞書』に登録されている語で、現在も生きている言葉のほとんどを取り上げている。

明治以後、生を享けた人間は、関東語である東京語が、二十一世紀の共通語の中心となったと思い込んでいるが、実は、明治維新後、歴史的中央語である関西語が、東京へ遷都とともに移動し、標準語となり、アクセントも関東アクセントに替えて、共通語となったのである。関西言葉や漢語を日本人がどう使ってきたか、調べを進めると、関西の言葉が、日本歴史の中央語であったことが、いよいよ確信されてくる。

関西の特殊な方言、お笑いの源泉のような少数の言い回しが、イコール関西の言葉ではない。歴史的に日本語の本来の中央語が、関西の言葉であり、現在の日本語の基礎となり根幹を成している言葉なのである。

これら本辞典の関西の言葉は、大げさに言えば、日本の文化遺産の集積である。活用して新しい日本文化を創造し、継承していただきたいと願う。

——関西言葉の外来語——

なお、関西では、室町時代から使われ今も生きている外来語に、次のものがある。
アルヘイトウ　カステラ　カッパ　カナキン　カルメラ　キリシタン　キリスト　コンペイトウ　サラサ　ジュバン　セミナリオ　タバコ　テンプラ　バテレン　バラック　パン　ビロード　ボタン　メリヤス
鎖国のころ、オランダ語が長崎から伝わり、中央語である関西言葉となった外来語もある。
アルコール　エーテル　エキス　カルキ　カルシウム　ギャマン　クレオソート　ゴム　シロップ　スポイト　ズック　ピント　ペンキ　マドロス　メス　レトルト　ランドセル
さらに、江戸時代の鎖国を経て、幕末から明治にかけて、英語が流入し、英米語の外来語は、簡単に挙げきれないほど、日常語として使われている。
アイス　アイデア　イコール　インク　ウォーター　エコノミー　エネルギー　オイル　オーバー　カード　ガイド　ギア　キャッチ　クラブ　グリーン　ケーブル　ゲーム　コイン　コスト　サイレン　サポート　シャッター　ショー　スカイ　スケート　セーター　セルフサービス　ソケット　ソフト　タイトル　タイム　チェック　チップ　ツアー　ディスク　テキスト　トータル　ドーナツ　ナース　ナチュラル　ニーズ　ニュース　ヌード　ネオン　ノイズ　ハイスクール　バザー　ピザ　ピストン　ファースト　ブック　ベッド　ベンチ　ポイント　ポケット　マイクロフォン　マーク　マナー　ミシン　ミラー　ムーンライト　メダル　メンバー　モーニング　モデル　ヤング　ユートピア　ヨット　ライバル　ラッキー　リーダー　リボン　ルール　レコード　レディ　ローカル　ロープ　ワルツ
これらの外来語のほとんどは、関西で使われ、全国に広がったと私は推定しているのだが、確たる根拠も文献もない。

本辞典はこれら関西で普及し広く使用された外来語を多く取り上げていたが、「関西言葉」という性質上、誤解を避けるために「関西言葉としての外来語」はすべて省略した。

二〇一八年　二月

増井　金典

**《著者紹介》**


増井　金典（ますい・かねのり）

1928年　滋賀県生まれ。

立命館大学大学院修士課程修了。

滋賀短期大学名誉教授。

主研究　国語学，助詞ガとハの研究。

主　著　『ことばのきまり中学文法』北大路書房，1968年。

『文章でどう表現するか』北大路書房，1978年。

『お母さんの国語』北大路書房，1979年。

『中学漢字の基礎と応用』北大路書房，1990年。

『衣食住語源辞典』（共著）東京堂出版，1996年。

『滋賀県方言語彙・用例辞典』サンライズ出版，2000年。

『語源を楽しむ』ベスト新書，2005年。

『笑われる日本語』ワニ文庫，2005年。

『誰も知らない語源の話』ベスト新書，2009年。

『日本語源広辞典［増補版］』ミネルヴァ書房，2012年。

『名言・格言・ことわざ辞典』ミネルヴァ書房，2015年。

他多数。



関西ことば辞典

2018年 2 月25日　初版　第 1 刷発行　〈検印省略〉

定価はケースに
表示しています

著　者　増　井　金　典

発行者　杉　田　啓　三

印刷者　田　中　雅　博

発行所　株式会社　ミネルヴァ書房

607-8494　京都市山科区日ノ岡堤谷町1

代表電話（075）581―5191

振替口座　01020-0-8076





創栄図書印刷・新生製本

ISBN978-4-623-08099-1

Printed in Japan